평양을 담다

― 역주 『평양지』 · 『평양속지』

옮긴이 이은주(李恩珠, Yi, Eun-ju) 서울대학교 국어국문학과를 졸업하고 「신광수 〈관서악부〉의 대중성과 계승양상」으로 박사학위를 받았다. 주요 논문으로는 「박문규의 집구시집 『천유집고』 연구」, 「일제강점기 개성상인 공성학의 간행사업 연구」, 「명 사신의 평양 제영시 연구」 등이 있다. 현재 서울대학교 기초교육원 강의부교수로 있다.

평양을 담다—역주 『평양지』·『평양속지』

초판 인쇄 2016년 5월 10일 **초판 발행** 2016년 5월 20일
옮긴이 이은주
펴낸이 박성모 **펴낸곳** 소명출판 **출판등록** 제13-522호
주소 서울시 서초구 서초중앙로6길 15, 1층
전화 02-585-7840 **팩스** 02-585-7848 **전자우편** somyungbooks@daum.net **홈페이지** www.somyong.co.kr

값 60,000원
ISBN 979-11-5905-066-4 93910
ⓒ 이은주, 2016

이 저서는 2008년 정부(교육과학기술부)의 재원으로 한국연구재단의 지원을 받아 수행된 연구임
(NRF-2008-361-A00007).

〈광여도〉 중 '평양부'

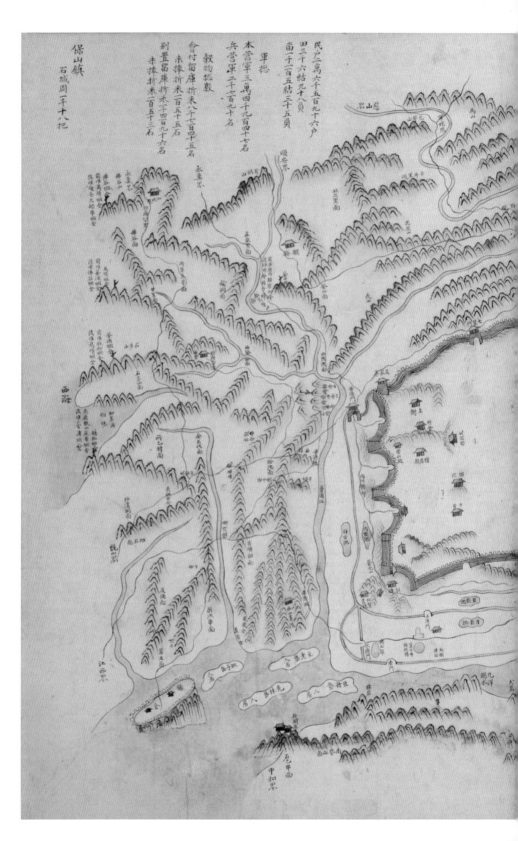

保山鎮
石城周三千十八把

民戸二萬六千五百九十六戸
田三十六結九十八員
畓二千一百五結二十五員
軍摠
本營軍三萬四千九百四十七名
兵營軍二千六百九十名
穀物揔數
會付留庫折米八千七百四十五名
未捧折米一百五十五石
別置留庫折米一千四百九十六石
未捧折米一百五十三石

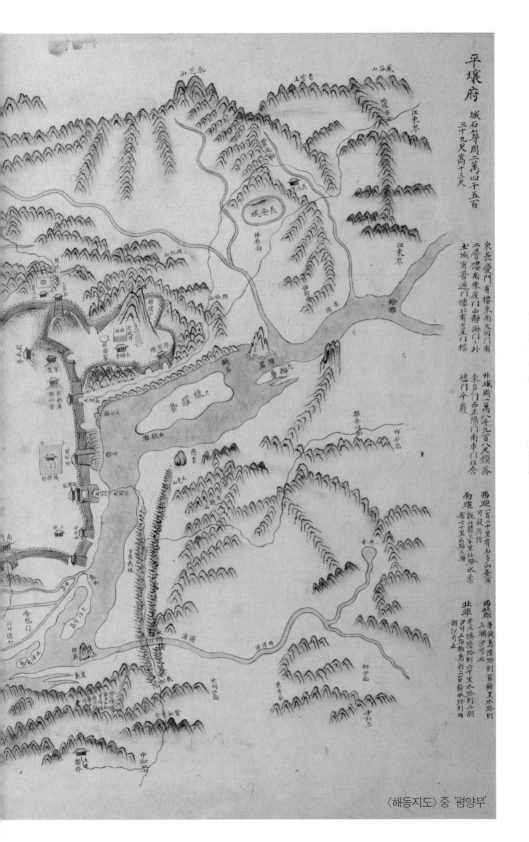

〈해동지도〉 중 '평양부'

규장각학술총서

12

평양을 담다
—역주『평양지』·『평양속지』

Gazetteers for the City of Pyongyang

: The Translation with Annotations of Pyongyangji(The town chronicle of pyongyang)

and Pyongyangsokji(the seguel to pyongyangji)

이은주

소명출판

특정한 인물과 특정한 사건이 공간의 인상을 규정짓기도 하지만, 대체로 우리가 떠올리는 공간의 이미지는 여러 정보가 축적된 것이다. 그중에서 지역의 이미지는 때때로 여러 문학작품이나 특별한 인물을 통해 만들어진다. 그러다가 점차 지방관 부임이나 여행 같은 여러 이유로 객관적인 정보에 대한 욕구가 커지게 된다. 조선중기부터 본격화된 읍지 제작의 배경에는 이러한 욕구가 자리 잡고 있을 것이다.

교통이 발달하지 않았던 조선시대에 읍지는 지역에 대한 여러 정보를 구축했고 다른 한편으로 지역의 이미지를 만들어내는 역할을 했다. 읍지 제작은 주로 그 지역과 관련된 수많은 서적들을 집대성하는 과정이라고 볼 수 있다. 평양읍지는 1590년에 평안도관찰사 윤두수가 간행된 『평양지』로 시작했고, 그 이후에 평양감영에서 간행된 일련의 읍지는 '속지(續志)'를 표방하면서 『평양지』라는 원지(原志)에 달라진 상황을 추가하는 형태로 제작되었다. '원지'에 해당하는 『평양지』에는 단군과 기자의 땅, 고려시대 묘청의 난이 일어난 곳, 정지상의 시 〈송인(送人)〉의 문학적 배경이라는 점을 포괄하면서도 반 이상의 분량을 할애해서 평양에 대해 지은 시문을 수록했다. 특히 중국 사신과 접반사가 지은 시를 대폭 수록하면서 이곳이 중국 사신이 사행길에 머무르면서 유람과 시를 지은 공간이라는 점을 부각시켰다. 그리고 『평양지』에 실린 시문은 『평양지선(平壤志選)』으로 따로 제작되어 유통되었다.

어떤 지역을 알기 위해서는 직접 가서 경험하는 방법 이외에 이 지역에 대한 정보를 집대성해놓은 읍지자료를 활용할 수 있다. 1774년에 신광수(申光洙)라는 문인이 평안도관찰사로 가는 채제공(蔡濟恭)에게 〈관서악부(關西樂府)〉라는 긴 시를 썼을 때 참고한 것도 『평양지』였다. 이렇게 해서 오랜 시간 동안 지역 차별과 무예를 중시하는 곳으로 알려졌던 평양은 중국 사신으로 대표되는 중화(中華) 문명이 들어온 공간이자 풍류지로서의 성격을 한층 더 확대시킬 수 있었다. 이렇게 보면 사람에 대한 인상이 늘 현재에 맞춰 변화하는 것이 아니듯이 공간에 대한 기억도 마찬가지이다. 어떻게 생각해보면 여전히 평양과 단절된 우리에게 전통적인 평양의 이미지는 평양 기생, 평안감사의 풍류지로 머물러 있는 셈이다.

신광수의 〈관서악부〉로 학위논문을 쓰면서 역자는 『평양지』를 비롯하여 일련의 평양읍지를 검토하였다. 읍지마다 편차가 있기는 하지만 평양읍지의 경우 평양의 시대적 변화를 일정하게 반영하는데, 그 가운데에서도 가장 충실하게 자료를 모은 읍지는 1590년에 간행된 『평양지』와 1730년에 간행된 『평양속지』이기 때문에 『평양지』와 『평양속지』의 역주 작업을 진행하였다. 지금은 우리가 가볼 수 없는 곳이지만 언젠가는 과거 평양에 대한 정보가 의미 있게 되는 날이 오기를 바라는 마음이다.

신광수의 〈관서악부〉로 박사학위논문을 쓰고 평양읍지 역주작업에 이르기까지 내내 이종묵 선생님의 조언과 도움이 컸다. 이후에 지역이라는 주제로 관심을 집중하게 된 것은 모두 선생님 덕분이다. 읍지는 성격상 여러 종류의 글이 종합되어 있기 때문에 생소한 내용이나 문체를 이해하는 과정에서 부족함을 많이 느꼈다. 해설과 2장을 중심으로 한 고문서 관련 부분은 양진석 선생님과 유현재 선생님의 도움을 받았다. 여러 차례 교정해주시고 여러 질문에 대해 충분한 답변을 주신 두 분께 감사한다. 그럼에도 번역상의 오류가 있다면 이는 전적으로 역자 책임이다. 번역문 전편을 교정해 주신 김수희 선생님, 어려운 질문에 대해 적절한 답변을 해주신 여운필 선생님, 강석중 선생님께 감사드린다. 길고 힘든 역주 작업에서 도움을 청할 분들이 있다는 것은 정말 감사할 일이다.

『평양지』, 『평양속지』 역주 작업을 할 수 있도록 실질적인 지원을 해준 규장각한국학연구원 HK 사업단과 관련 선생님께 감사드린다. 황재문 선생님께서는 번역 방향에 대해 조언과 격려를 아끼지 않으셨고 정호훈 선생님으로부터는 출판 과정에서 여러 도움을 받았다. 출판을 허락해 주신 소명출판 사장님과 꼼꼼하게 편집을 해주신 편집부에도 감사드린다.

내 모든 선택에 대해 늘 격려하고 지지해주신 부모님께 감사드린다. 역주 작업도 그랬지만 출판하기까지 예상보다 시간이 많이 걸렸다. 후련하고도 기쁜 마음을 가족들과 함께 나누고 싶다.

제1부_ 윤두수, 『평양지』

제2부_ 윤유, 『평양속지』

해설

『평양지』, 『평양속지』

『평양지(平壤志)』・『평양속지(平壤續志)』

1. 윤두수(尹斗壽) 편찬『평양지(平壤志)』의 제작 배경

윤두수(尹斗壽, 1533~1601, 자 子仰, 호 梧陰, 본관 海平)의『평양지(平壤志)』와 5대손(代孫) 윤유(尹游, 1674~1737)의『평양속지(平壤續志)』(표제에『속평양지(續平壤志)』라고 한 판본도 있지만 권수제(卷首題)에 따라 '평양속지'로 지칭)는 두 가지 측면에서 특기할 만하다. 한 집안에서 두 사람이 평안도관찰사를 역임하고 후손이 선조(先祖)가 편찬한 읍지를 계승하여 속지를 편찬한 것은 매우 드문 일이다. 특히 5대손인 윤유가 후손의 입장에서 윤두수의『평양지』의 체제를 그대로 따르면서 1590년 이후의 변화를 추가하는 방식으로『평양속지』를 제작했기 때문에『평양지』와『평양속지』는 편찬 시기는 다르지만 단일한 체제를 유지할 수 있게 되었다. 이런 측면에서 『평양지』와 『평양속지』는 읍지의 연속성을 명확하게 보여주는 자료라고 할 수 있다. 물론 윤유가 『평양지』의 체제를 따른 것은 윤두수가 선조이기 때문만은 아니었다. 『평양지』는 자연 지리와 행정적 정보에서부터 평양에 얽힌 이야기와 평양을 소재로 지은 제영(題詠)까지 한 지방에 대한 거의 대부분의 정보를 망라한, 비교적 안정적인 체제를 갖추고 있다.

윤두수는 이전에 『기자지(箕子志)』와 『연안지(延安志)』를 편찬했던 경험이 있었다. 이는 『평양지』 편찬에 있어 적지 않은 도움이 되었다. 윤두수의 저작으로는 『평양지』 이외에 『연안지』와 『기자지(箕子志)』, 『성인록(成仁錄)』이 거론되는데, 『기자지』와 『성인록』은 중국 사행 경험을 계기로 제작되었다. 윤두수는 1577년(선조 10) 사은사(謝恩使)로 중국에 간 적이 있었는데 연경에서 만난 중국인들이 기자(箕子)에 대해 물었을 때 제대로 질문에 답하지 못한 것을 부끄럽게 여겨 귀국 후 기자와 관련된 여러 자료를 수집하고 후대 사람들의 시문을 모아 1578년에 『기자지』를 편찬하였다. 『성인록』도 연경의 삼충사(三忠祠)에서 문천상(文天祥)의 초상을 보고 깊은 인상을 받았다가 이후 연안의 수령이 되어 송도(松都)를 왕래하던 중에 포은(圃隱) 정몽주(鄭夢周)의 화상(畵像)을 보고 문천상과 정몽주의 사적 및 이들에 대해 여러 사람들이 쓴 글을 모아서 만든 것이었다. 『기자지』의 편찬 경험은 1590년에 편찬한 『평양지』에 중요한 영향을 미쳤다. 윤두수는 「평양지 서문(平壤志序)」에서 『평양지』를 편찬하게 된 경위를 다음과 같이 밝혔다.

① 내가 예전에 『기자지(箕子志)』를 편찬하면서 이미 감당 못할 일을 한 잘못을 저질렀다. 지금 이 땅의 관찰사로 와서 또 3년을 지나는 동안 풍토

와 백성들의 사정에서부터 지난 일들에 이르기까지 또한 대략 듣고 본 바가 있었기에 "이 땅은 기자의 고장인데 『기자지』를 이을 책 한 권이 없어서야 되겠느냐"는 생각을 했다.

② 아아, 이곳을 지나는 사람들은 그저 높은 산과 깊은 강, 많은 인구와 풍부한 물산만을 보고는 조물주가 풍부하게 베풀고 인간사가 어쩌다 그렇게 된 정도로만 치부하고, 찬란한 문물과 끊임없는 번화함이 어디에서 비롯되었는지는 알지 못하니 그래서야 되겠는가.

윤두수는 평양이 기자의 옛 도읍지이고 정전(井田)의 자취 등 중국 삼대(三代)의 제도가 남아있으므로 『기자지』를 계승한다는 의식으로 『평양지』를 편찬했다. 이때 윤두수가 『평양지』에 방대하고도 상세하게 항목을 설정하여 제작할 수 있었던 것은 이전에 연안읍지를 편찬했던 경험과 무관하지 않을 것이다.

윤두수는 1580년에 연안도호부사(延安都護府使)가 되어 연안에 부임했고 그 뒤 1587년에 평안도관찰사가 되어 평양에 갔다. 「연안지 서문(延安志序)」을 보면 윤두수가 읍지의 효용성과 의미에 대해 어떤 생각을 하고 있었는지 짐작할 수 있다.

이제 이 지(志)에 실린 것을 보니 지리(地理)를 제일 앞세우고 건치(建置)를 다음으로 하고 관장(官長)과 인물을 그 다음으로 하였으며 사우(祠宇)와 전부(田賦) 따위도 모두 상세하게 기록하였다. 각각 조리가 있어 반듯반듯하고 문란하지 않아 뒷사람들로 하여금 수고로이 쌀을 쌓아 지형을 만들지 않아도 손바닥을 가리키듯이 쉽도록 만들었으니 문적에 의거해 행하면 혹

백을 분별하듯이 분명하여 장막 속에 앉아서도 사방 경내를 다 알 수 있다.

다만 윤두수의 문집『오음유고(梧陰遺稿)』에는「연안지 서문」,「염주지 목록 후어(鹽州志目錄後語)」등의 글이 실려 있어서 오해의 소지가 있다. '염주(鹽州)'는 연안(延安)을 가리키는 말이므로『염주지』또한 연안 읍지임에도『연안지』와『염주지(鹽州志)』로 달리 표기한 것이다. 윤두수가 쓴「연안지 서문(延安志序)」을 보면 부임한 이래 이 지방에 대한 기록이 없는 것을 애석해하고 있던 차에 진사 목효범(睦孝範)이 연안의 제반사항을 수록한 책을 썼다는 소식을 듣고 그 책을 본다는 구절이 있다. 현전하는『연안부지(延安府誌)』(규장각 소장〈규10889〉)에 윤두수의 이 서문이 실려 있으므로 목효범이 지은『연안지』가 바로 이 책일 것이다. 그러나 현전하는『연안부지』의 체제는 서문에서 언급한『연안지』와 체제가 다르고 훨씬 더 세분화된 항목으로 이루어져 있다(『연안부지』는 4권 3책). 해제에 따르면(한국인문과학원에서 간행한『조선시대 사찬읍지』32「연안부지」항목) 현전하는『연안부지』는 1581년에 윤두수가 주관하여 읍지를 편찬한 이래 1691년 부사 최석정(崔錫鼎)이 증수(增修)하였고 1876년에 부사 정기석(鄭箕錫)이 주관하여 체제를 일신하는 개편을 단행하여 초기 읍지의 모습이 거의 남아있지 않다.

『오음유고』에 수록된 글은「염주제 목록 후어(鹽州志目錄後語)」,「염주지 풍속 후어(鹽州志風俗後語)」,「염주지 관사 제명 후어(鹽州官師題名後語)」,「염주 인물 제명 후어(鹽州人物題名後語)」로,『염주지』의 해당 항목의 성격과 의미에 대해 쓴 글이다.「염주지 목록 후어」를 통해『염주지』의 체제를 재구성해보면 지리, 건물, 관장(官長), 인물, 사우(祠宇), 전부(田賦) 여섯 항목으로 구성되어 있고 여러 기문(記文)과 시편은 각각 해당하는 바에 부록(附錄)하였으며 불분권(不分卷)으로 되어 있다는 사실을 알 수 있다. 「염주지 관사 제명 후어」에는 "우선 늙은 아전(老吏)이 전하여 기록한 것에 따랐고 관직 교체 상황을 썼으며 간간이 말을 첨부하여 장차 올 후임자에게 보인다"라는 구절이 있다. 특히 현전하는 『연안부지』의 '풍속' 항목에는 「염주지 풍속 후어」가 그대로 실려 있으므로 위의 내용을 종합해 보면 『오음유고』에 수록된 『염주지』와 『연안지』는 동일한 문건이며, 윤두수가 목효범이 쓴 책의 해당 항목에 자신이 쓴 '후어(後語)'를 덧붙여서 간행했다고 볼 수 있다. 문집에는 수록되어 있지 않지만 『연안부지』의 서문의 끝에는 "萬曆九年辛巳三月癸未嘉善大夫行延安都護府使梧陰居士尹斗壽子仰序. 萬曆九年辛巳三月十九日始印六月初六日畢役印. 貢生李春明鄉吏李春歲洪大泗宋春晞車大楠律生金應璧假書員朴世光金彦俊"이 나와 있어 자료 수집 등의 구체적인 편찬 업무를 관속(官屬)들이 하는 등 일종의 공동 작업을 거쳤음을 알 수 있다.

주변 사람들 또는 후대 사람들이 윤두수가 『연안지』를 편찬했다고 인식한 것은 개인의 문집이나 저술과는 달리 이 지역과 관련된 여러 정보를 각종 자료에서 발췌해서 수록한다는 읍지 편찬의 특성 때문이다. 그래서 최립(崔岦)은 윤두수를 위해 쓴 신도비명에서 "공이 연안에 부임해서는 『연안지』를 지었고 평양에서는 『평양지』와 『기자지』를 지었다"고 기술했고, 『연안지』 편찬 당시 개성유수(開城留守)였던 동생 윤근수(尹根壽)는 발문(跋文)(『연안부지』에 수록)에서 "형이 연안으로 부임한 뒤 중국과는 달리 읍지가 없다는 것을 안타깝게 여겼다. 이에 자료를 찾고 노인들의 이야기를 구하는 등 각종 정보를 망라하고 수집하여 빠뜨린 것이 없었다. 세 달 뒤에 책이 만들어졌다는 것을 두루 알리고 활자본으로 간행하였다"라고 썼다. 실질적인 편찬자라고 할 목효범을 언급한 발문도 있다. 1577년에 연안부사를 역임하고 당시 광주목사(光州牧使)로 재직 중인 신응시(辛應時)는 발문에서(『연안부지』 수록) "내가 재직하고 있을 때 백성의 역(役) 부과, 공물 진상供上 등을 약간의 권으로 엮어 책으로 만들어 관례로 전하고 싶었고, 또한 상사(上舍) 목효범과 함께 도모하였으나 미처 이루지 못했다. 지리(地理), 건치(建置), 관사(官師), 인물(人物), 사우(祠宇)에 이르면 이는 실로 내 소견으로는 할 수 없는 바이나 (이 책에서는) 갖추어 수록하지 않은 바가 없으며 전부(田賦) 또한 마지막에 수록되어 있으니 이제야 어리석음과 지혜로움이 현격하게 차이가 난다는 것을 알겠다. (…중략…) 하늘이 아끼고 땅이 감추어둔 것은 공이 펼쳐서 오랫동안의 명승지로 이름나게 할 것을 기다린 것인데 이제 시작하였으니 이 어찌 산천과 인물에게 다행스러운 일이 아니겠는가?"라고 읍지 간행에 대해 평가한 바 있다. 그러므로 해제에서 언급했던 것처럼 이 읍지의 간행이 "편찬의 발의나 진행은 실제로 거의 지방 인사들에 의하여 이루어졌고 官長은 최종적인 협찬자에 불과한" 방식으로 진행되었다고 말할 수만은 없다. 『연안지』의 경우 신응시가 언급했던 것처럼 윤두수가 실질적인 작성자는 아니지만 읍지 편찬의 제반 작업을 주관하는 것 이외에 읍지의 체제와 방향성에 상당한 간여를 하고 있기 때문이다.

윤두수는 「연안지 서문」에서 읍지 편찬의 필요성에 대해 다음과 같이 기술한 바 있다.

연안은 명산이 우뚝 솟거나 대천이 흐르는 것은 없고 끊어진 언덕과 평평한 들판만 이어지는데 촌락이 조밀하여 닭과 개의 울음소리가 들리고 우물을 공동으로 써서 밥 짓는 연기가 서로 접하다 보니 백성들은 농사에 힘을 쏟아 조그마한 땅이라도 다투고 상인은 도로로 나와 기만하는 것이 풍속이 되었다. 게다가 호민(豪民)들은 송사를 즐겨하고 교활한 관리는 법을 농단하여 전제(田制)가 문란하고 부역(賦役)이 고르지 못하여 실제와 거짓을 구별할 수 없고 변칙과 속임수가 천태만상이다.

위에서 명시한 것처럼 읍지 편찬의 배경에는 문란한 사회 경제적 상황이 놓여 있다. 백성들의 다툼, 상인의 기만, 작은 일도 송사로 해결하려는 각박함과 세금과 부역에 만연해 있는 관리들의 부정을 막기 위해서 행정적인 정보들이 관리될 필요성이 있었고, 새로 부임해서 지방 사정에 어두운 수령이 통치에 활용할 전거자료가 있어야 했던 것이다. 그런 점에서 『연안지』에 수록된 항목은 전적으로 통치와 관련된 내용들임을 확인할 수 있다.

「염주지 목록 후어」에 따르면 '지리'에는 토질의 상태와 습속에서 숭상하는 바에 대한 내용이 포함되어 있으며 '건물'에서는 "가르쳐 기르고"(학교를 의미하는 것으로 보인다) 생활하는 장소에 대한 내용을, '관사제명(官師題名)'에서는 정치 실적의 포폄을 하기 위해 전임자의 명단을 제시하였다. '인물'에서는 조정에 천거할 훌륭한 선비의 명단과 도덕을 장려한다는 취지에서 효성 등 좋은 행실을 한 마을과 집을 제시했고, '사우(祠宇)'에서는 농사와 관련한 각종 제사신을 모시는 사당을 수록하였고, '전부(田賦)'에서는 과다한 징수를 막기 위해 토지에 매기는 부세(賦稅)와 공물로 바치는 물품을 정리하였다.

『연안지』의 편찬 경험이 윤두수의 『평양지』 편찬에 기여한 것은 확실하다. 『연안지』의 지리, 행정적인 정보와 시문의 추가는 『평양지』에서 대폭 확장된 형태로 재현되었다. 윤두수는 자연·인문 지리 및 지방

행정 운영과 관련된 제반 정보를 『평양지』 항목으로 넣었을 뿐만 아니라 상당히 많은 시문을 수록하여 평양의 문화적 전통과 자산에 대해서도 고려하고 있다는 점을 밝혔다.

2. 평양지의 계통과 서지사항 개관

1964년에 김병연(金炳淵)이 편집해서 발행한 『평양지』(古堂傳·平壤誌刊行會)에 수록된 「평양지 해제(平壤誌解題)」가 『평양지』, 『평양속지』에 대한 관련정보를 정리한 최초의 글이다. 간년 표기 등 부분적인 오류가 있음에도 불구하고 『평양지』 계통에 대한 정리와 기본적인 정보를 잘 정리해 놓고 있다는 점에서 매우 유용하다. 이 해제에 따르면 평양에 대한 읍지는 (1) 1590년에 윤두수가 편찬한 『평양지』('원지(原誌)'로 지칭), (2) 1730년에 윤유가 편찬한 『평양속지』('속지(續志)'로 지칭), (3) 1855년에 증보하여 간행한 찬자미상의 『평양속지』('후속지(後續志)'로 지칭)가 있으며 이밖에 (4) 일제식민지시기에 일본인들이 간행한 『평양지』와 (5) 1936년에 장도빈(張道斌)이 간행한 『평양지』가 있다. 이 가운데 (1), (2), (3)은 한문으로, (4)는 일본어로 주석이 달려 있으며 (5)는 국한문으로 작성되었다. 조선시대 읍지 (1), (2), (3)은 대체로 합본되어 전하며 20세기 이후에 간행된 두 읍지의 경우, (4)는 윤두수의 『평양지』를 대본으로 하여 주석을 단 정도로 그친 반면, (5)는 저자의 관점에서 새롭게 읍지를 서술했다. (5)는 체제도 ① 단군조선시대(檀君朝鮮時代), ② 열국시대(列國時代), ③ 고

구려시대(高句麗時代), ④ 신라시대(新羅時代), ⑤ 고려시대(高麗時代), ⑥ 조
선시대(朝鮮時代), ⑦ 최근시대(最近時代)라는 시대순 배열로 재구성하는
등의 큰 변화를 보인 바 있다.

(1), (2), (3)이 합본된 형태로 전하는 가장 큰 이유는 '평양속지'라는
이름에서도 짐작되듯이 윤두수가 편찬한『평양지』에서 완성된 체제를
제시한 뒤에 이후 읍지가 이 체제를 기준으로 당대의 내용을 추가하는
방식으로 제작되었기 때문이다. 한국역사정보통합시스템에 구축된
목록을 바탕으로 평양읍지의 서지사항과 소장 현황을 정리하면 다음
과 같다.

〈표 1〉 평양읍지의 서지사항 및 소장 현황

소장처	서 명	편찬자	편찬시기	권 수	비 고
서울대학교 규장각	평양지 [奎 4885]	윤두수, 윤유 등	1855년	2종 14책	원지 9권, 속지 5권, 후속지 2권 합 10책
	평양지 [古 4790-2]	윤두수	1590년	9권 2책	원지 수록
	평양지 [想白古 915.18-P993]	윤두수	1590년	1책(영본)	원지 9권 중 권1-4 외 결락
	평양지선 (平壤志選) [想白古 810.8-P989]	윤두수	간년미상	4권 1책	『평양지』 권6, 7, 8의 시와 권9의 문
	평양지선 [一簑古 811.03-Y97p] [奎 7809]	윤두수	간년미상	3권 1책 (65장)	『평양지』 권6, 7, 8의 시 藏書記:光緒十二年丙戌(1886)冊 主人韓明植(奎 7809)
	평양속지 [奎 1601]	윤유	1837년	5권 4책	중간본(증보)
	평양속지 [古 4790-1]	윤유	1730년	4권 2책	속지
	평양군 읍지 [奎 10923]	평양군	간년미상	1책(49장)	원지의 내용을 초록 '壙産' 항목 추가

서울대학교 도서관	평양지	김병연(金炳淵)	1964년	1책(원지 9권, 속지 5권, 후속지 2권 및 기타)	출판사 : 平南民報社, 古堂傳, 平壤誌刊行會(서울) 기타의 내용 「平壤誌解題」 「日政=治下의 平壤府略誌」 「北傀中央으로서의 平壤小誌」
	평양지	편자미상	간년미상	1책	출판사 : 東陽堂支店(神田, 일본)
	평양지	장도빈	1936년	1책	출판사 : 文明社(平壤)
	평양지선 [4790 81]	윤두수	간년미상	3권 1책	
국립중앙 도서관	평양지선 [한古朝45-23]	윤두수	간년미상	3권 1책	
	평양지 [古2772-4]	이승재(李承載)	1905년	불분권 2책	
	평양지	김병연	1964년	1책	출판사 : 평양지간행회
	평양지	장도빈	1936년	1책	출판사 : 平壤商工社(平壤)
	평양지 [한古朝62-77]	윤두수 小松直之進 補詳	1897년	9권 2책	출판사 : 東陽堂支店(神田, 일본)
	평양지 [한古朝62-177]	윤두수, 윤유	1730년	4책	원지 9권 2책 속지 4권 2책
	속평양지 [한古朝62-19]	윤유	1730년	4권 2책	속지
	평양속지 [古2772-2-1]	윤두수 등	1855년	1책(영본)	
한국학중앙연 구원 도서관 (장서각)	평양지 [K2-4326]	윤두수, 윤유 등	1855년	5책	원지 9권 속지 5권 후속지 2권 서지사항에서 '1777년' 표기는 오류.
	평양지 [K2-4327]	윤두수, 윤유 등	1837년	9책	원지 9권 속지 5권
	평양지	김병연	1964년	1책	출판사:平南民報社, 古堂傳, 平壤誌刊行會(서울)
	평양지선 [K4-339]	윤두수	간년미상	3권 1책	
전남대학교 도서관	평양지 [OC 2G2 평62ㅇ]	윤두수	1590년	9권 2책	원지
	평양지	김병연	1964년	1책	출판사:平南民報社, 古堂傳, 平壤誌刊行會(서울)
	평양지선 [OC 4A1 평61ㅇ]	윤두수	간기미상	1책(44장)	

소장처	서명	편찬자	연도	권책	비고
이화여자대학교 도서관	평양지 [915.13 윤317ㅍ]	윤두수		9권 2책	원지
	평양속지 [915.13 평72ㅅ]	윤유	1837년	4권 2책	속지
	평양지	김병연	1964년	1책	출판사 : 平南民報社, 古堂傳, 平壤誌刊行會(서울)
고려대학교 도서관	평양지 [대학원 B10 A95A]	윤두수, 윤유	1837년	4책	원지 9권 속지 5권 서지사항에서 '1897년' 표기는 오류.
	평양지	윤두수	1897년	2책	원지 9권과 부록 부록 : 壬辰平壤紀事 출판사 : 國文社(東京)
	평양지 [대학원 B10 A95]	윤두수	간기미상	1책(영본)	원지 9권
	평양지 [경화당 B10 A95 1]	윤두수	1590년	9권 2책	원지
	평양속지 [화산 B10 A95aA 1]	남정철(南廷哲)	1888년	2권 1책 (낙질본)	권上, 中 1888년 남정철(南廷哲) 서문
	평양지	김병연	1964년	1책	출판사 : 平南民報社, 古堂傳, 平壤誌刊行會(서울)
	평양지	장도빈	1936년	1책	출판사 : 平壤商工社(平壤)

소장처를 중심으로 정리한 이들 소장본은 「평양지 해제」에서 제시한 다섯 종의 평양읍지 계통을 대체로 아우른다고 할 수 있다. 평양읍지 관련 서지사항에서 주된 오류는 편찬자 문제인데, 그동안 가장 눈에 띄는 오류는 1730년에 편찬한 『평양속지』의 편찬자를 서문을 쓴 송인명(宋寅明)으로 지목한 것이었다.

『평양속지』의 편찬자인 윤유는 1727년에 평안도관찰사로 부임했고 송인명은 1729년에 평안도관찰사로 부임했다. 송인명은 「평양속지서(平壤續志序)」에서 윤유가 체직할 때 『평양속지』의 서문을 자신에게 부탁해서 쓰게 되었다는 경위를 밝힌 바 있으나 적지 않은 데이터베이스에서 편찬자 오류는 여전히 남아있다. 이승재가 편찬한 것으로 알려져 있는 『평양지』 또한 편찬자가 애매한 경우이다. 이승재는 1904년에 평양군수가 되어 부임했고 1905년에 「평양속지서」를 쓰게 되는데, 이 서문에서 김선팔(金善八)과 최은성(崔殷聖)이 와서 평양에는 1590년에 제작한 『평양지』가 있지만 시간이 흘러 이 지방의 인물과 상황의 변화가 누락되어 반영되지 못하므로 속지를 지어 세상에 전하려고 하니 이 전말을 글로 써달라고 부탁하는 정황을 소개하고 있다. 그러나 읍지의 경우 앞서 『연안지』의 경우에서도 실질적인 편찬자 목효범과 "최종적인 협찬자" 윤두수가 있었듯이 이 『평양지』의 경우에도 비슷한 맥락으로 보면 이승재를 편찬자로 볼 수도 있기 때문에 위의 목록 작성에서도 이 점을 고려하여 '이승재'를 편찬자로 보았다. 다만 1905년 속지의 경우 다른 속지와는 달리 이승재가 간행의 방향을 제시하는 등 간행 작업에서 주도적인 역할을 했는지의 여부는 확인되지 않는다. 어쨌든 이 『평양지』는 윤두수와 윤유로 이어지는 이전의 『평양지』를 수록한 것은 아니지만 속지를 간행한다는 의식 하에 항목별로 변화된 내용을 추가하는 방식으로 서술하였다.

이와 함께 고려대 도서관에 소장된 『평양속지』〈화산 B10 A95aA 1〉본을 언급할 필요가 있다. 이 자료에는 1888년에 평안감사 남정철(南廷哲)이 쓴 서문이 실려 있다. 고려대도서관의 서지사항에는 '이응담(李應聃)'이 편자로 나와 있는데 남정철의 「평양속지서(平壤續志序)」에 따르면 1855년에 『평양속지』가 간행된 지 31년이 흘렀고 다시 속지를 간행할 필요가 있다고 판단하여 1888년 봄에 "전초 십만(錢鈔十萬)"을 주고 사인(士人) 이응담(李應聃), 이근상(李謹相), 황석목(黃錫穆), 양학진(楊鶴鎭)에게 자료들을 망라하게 했다고 한다. 이 언급을 보면 자료를 수집하고 편집한 실무자는 위의 4명이지만 남정철이 『평양속지』 간행을 주도했다는 것을 알 수 있다. 다만 남정철은 이 서문을 쓸 당시 1년이 연장된 임기도

만료되는 시점이었기 때문에 읍지 완성을 보지 못한 채로 서문을 썼다.

　조선시대로 한정하여 위의 목록을 종합해 보면 다음과 같은 사실을 확인할 수 있다. 『평양지』가 1590년에 간행된 이후 '속지'를 표방한 읍지 간행이 1730년, 1837년, 1855년, 1888년 4차례 이루어졌다. 목록에 따르면 1590년에 간행된 원지는 9권, 1730년에 간행된 속지는 1837년 중간하면서 증보한 속지와 함께 4권 또는 5권으로 전하며 1855년에 간행된 속지는 2권, 1888년에 간행된 속지는 2권(현재 낙질본만 전하는 것으로 보이나 판심제에 '권상(卷上)', '인물(人物)', '권중(卷中)'이 혼용되어 있다. 판심제가 일정하지 않아 분명하게 말하기는 어렵지만 '상(上)', '중(中)'으로 표현된 것으로 볼 때 원본은 총3권으로 추정된다)이다. 남정철의 「평양속지서」에서도 『평양지』와 속지의 간행 양상이 간명하게 정리되어 있다.

　이렇게 정리할 때 해명해야 할 부분은 크게 세 가지로 나누어 볼 수 있다. (1) 서지사항에서 윤유의 『평양속지』가 5권 또는 4권으로 전한다는 점, (2) 평양감영에서 1837년에 증보한 내용이 무엇인가, (3) 중간본 속지, 후속지의 편찬자를 특정하는 것이다.

　(1)과 (2)은 서로 연관된 문제로, 결론부터 말한다면 윤유가 편찬할 때 『평양속지』는 분명히 전4권으로 구성되었다고 할 수 있다. 왜냐하면 권5에 수록된 글에는 서명응(徐命膺, 1716~1787), 김조순(金祖淳, 1765~1832), 정원용(鄭元容, 1783~1873), 심상규(沈象奎, 1766~1838), 정지검(鄭志儉, 1737~1784) 등 1730년 이전에 출생하지 않은 인물의 글 또는 작성 시점이 분명히 18세기 후반에서 19세기 초반까지로 추정되는 글들이 포함되어 있기 때문이다. 속지 권5 권말에 '정유맹춘기영중간(丁酉孟春箕營重刊)'이라는 판각은 이러한 맥락에서 보면 원래 4권으로 구성된 속지가 있는데 이를 정유년에 중간하면서 권5를 증보했다는 뜻으로 이해할 수 있지만, 자칫

속지가 원래 전5권이고 이 시기에 다시 간행했다고 오해될 소지도 있다. 전5권으로 이루어진 속지의 경우 그 앞에도 부분적으로 명단이 추가되는 등 증보된 사항이 있는데 그런 경우 '이하 속지(以下續志)'로 명기하여 1730년 간행 당시의 속지와 중간할 때 증보한 부분을 분별하고 있다.

(3)의 편찬자 문제는 여전히 해명하기 어려운 부분이다. 다만 중간본의 권말에 판각된 "기영중간(箕營重刊)"이 평양 감영에서 다시 간행했다는 뜻이며, 이전에 평안도관찰사 윤두수, 윤유가 읍지를 편찬했고 1888년에 이루어진 속지 간행도 평안도 관찰사 남정철이 간행을 주도했으므로 이 경우에도 평안도 관찰사가 편찬을 주도했을 가능성이 높다고 할 수 있다. 『평양지』에는 '환적(宦蹟)' 항목에 관찰사 명단을 수록하고 있는데 1590년 간행본의 경우 전임자 명단을 모두 제시한 것도 아니며 1575년에 부임한 김계휘(金繼輝)까지 싣고 있어 윤두수 자신을 제외하고도 그 사이에 부임한 이양원(李陽元), 이린(李遴), 노식(盧植), 유홍(兪泓), 유훈(柳塤), 김수(金晬)가 빠져 있다. 1730년 간행본의 관찰사 명단에는 윤두수에서 송인명까지 수록하고 있으나 예외적으로 편찬자가 송인명의 전임자인 윤유였다. 그러나 이 경우에는 전후 사정을 명확하게 밝혀주는 서문을 첨부하여 편찬자가 윤유라는 점을 명시한 바 있다. 1837년 간행본에서 관찰사 명단에 수록된 마지막 인물은 1833년에 부임한 정원용이며, 1855년 간행본에서는 1835년에 부임한 이기연(李紀淵)부터 1853년에 부임한 남병철(南秉哲)까지 수록하였다. 1835년에 부임한 이기연이 1837년 간행본이 아니라 1855년 간행본에 실려 있으며, 남병철과 마찬가지로 1853년에 부임한 이경재(李景在)가 1855년 간행본에 실려 있지 않은 점을 감안하면 1837년 속지는 이기연, 1855년 속지는 이경재가 편찬자일 가능성이 높다고 생각한다.

3. 윤두수의『평양지』와 윤유의『평양속지』의 체제 및 내용

　윤두수의『평양지』이후 거의 대부분의 평양읍지는『평양지』를 잇
는 '속지(續志)'라는 점을 천명하고 있다. 장도빈의『평양지』가 시대순
이라는 새로운 체제를 따르고 있다고는 하나 항목별로 기술하고 있으
며 대체로『평양지』에 달라진 내용을 추가하는 정도로 서술된 점을 보
면 평양읍지는 대체로『평양지』라는 체제를 기준으로 시대적 변화에
따라 변동사항을 추가하는 방식으로 제작되어 왔다고 할 수 있다. 그
러나 서술상의 충실도에서 윤유의『평양속지』는 이후 만들어진 다른
속지와 뚜렷하게 구분될 정도로 원지의 항목에 대해 상세한 정보를 싣
고 있다. 이와 함께 윤두수의『평양지』와 윤유의『평양속지』가 공유하
는 가장 큰 특징은 시문(詩文)에 상당한 비중을 할애하고 있다는 점이
다. 이 점은 윤두수가 편찬한『평양지』의 두드러진 특징이기도 하다.
평양 또는 평양의 유적에 대해 지은 시문에는 유명한 문인들의 작품에
서 사행길에 평양에 잠시 머무른 중국 사신들의 시문에 이르기까지 상
당히 광범위하게 수록하고 있어 평양이라는 지역에 대한 당대인들의
관심과 인식을 엿볼 수 있다.『평양지』에 수록된 시문은『평양지선(平
壤志選)』으로 만들어져 유통되었다.
　이 책에서 평양읍지 번역 작업의 대본(臺本)으로 윤두수가 편찬한
『평양지』와 윤유가 편찬한『평양속지』를 선정한 이유는 평양읍지의
계통과 성격을 적실하게 보여주는 자료라고 판단했기 때문이다. 곧 여
러 차례의 평양읍지 편찬(증보 포함)이 이루어지는 동안 윤두수의『평양
지』체제가 그대로 유지되었고 원지 이후의 평양읍지는 '속지'의 성격

을 띠면서 하나의 흐름을 유지하고 있다는 점, 윤유의『평양속지』가 원지 이후 편찬된 평양읍지 가운데에서 가장 모범적이고 충실한 속지의 모습을 보인다는 점을 고려하였다. 그런 이유로 각각 1590년과 1730년에 간행된 전9권, 전4권의 원지, 속지의 모습을 보여주는 판본은 규장각한국학연구원 소장본의 경우 판각상태가 비교적 좋은 〈奎 4885〉가 아니라 〈古 4790-2〉(원지), 〈古 4790-1〉(속지)본이라고 판단하고 이를 대본으로 선정하여 번역하였다. 또한 〈古 4790-2〉(원지), 〈古 4790-1〉(속지)본에는 〈奎 4885〉본에 없는 〈어제(御製)〉, 〈평양폭원총도(平壤幅員總圖)〉, 〈평양관부도(平壤官府圖)〉가 실려 있다.

체제를 기준으로 원지(1590)와 속지(1730)를 비교해보면 속지는 원지의 체제를 그대로 따랐고 간간이 더 첨부할 내용이 없는 경우에는 해당 항목에 "『평양지』에서 상세하게 나와 있다(詳舊志)"로 처리하였지만 이후 편찬된 읍지에 비해 대부분의 항목에 추가된 정보를 상세하고 충실하게 수록하였다. 시문을 제외하고 읍지에 수록된 항목을 제시하면 다음과 같다.

〈표 2〉 평양읍지에 수록된 항목(시문 제외)

	원지	속지		원지	속지		원지	속지		원지	속지
疆域	권1	권1	樓亭	권1	권1	橋梁	권2	권1	孝烈	권3	권2
分野	권1	권1	祠墓	권1	권1	土産	권2	권1	文科	권3	권2
沿革	권1	권1	公署	권1	권1	土田	권2	권1	武職	권3	권2
城池	권1	권1	倉儲	권1	권1	貢賦	권3	권1	蓮榜	권3	권2
部坊	권1	권1	學校	권2	권1	教坊	권3	권1	宦蹟	권3	권2
郡名	권1	권1	古蹟	권2	권1	院亭	권3	권1	古事	권4	권2
風俗	권1	권1	職役	권2	권1	寺宇	권3	권1	文談	권5	권3
形勝	권1	권1	兵制	권2	권1	戶口	권3	권1	神異	권5	권3
山川	권1	권1	驛遞	권2	권1	人物	권3	권1	雜誌	권5	권3

시문(詩文)은 원지에는 권6~권9, 속지에는 권3~권4에 실려 있다. 위의 항목을 보면 윤두수의 『평양지』가 자연환경과 유적, 관청, 제도 등의 행정적 정보와 함께 평양의 인물과 전해져 오는 이야기를 광범위하게 수록하고 있다는 사실을 알 수 있다. 「문담(文談)」, 「신이(神異)」, 「잡지(雜誌)」라는 항목을 설정하는 등 문적(文籍)에 비중을 둔 점은 다른 읍지와 비교할 때에 독특한 부분이다.

1581년에 편찬된 『연안지』와 『평양지』의 체제는 너무나 확연하게 차이를 보이기 때문에 윤두수가 『연안지』를 편찬해 본 경험이 있다는 점을 제외하면 『평양지』 체제의 대강은 중국의 『대명일통지(大明一統志)』를 따랐다고 볼 수 있다. 정재훈이 작성한 규장각해제에 따르면 『대명일통지』는 1463년 명나라에서 이현(李賢) 등이 편찬한 지리지로, 중국을 '경사(京師)', '남경(南京)', '중도(中都)', '홍도(興都)'의 네 부분으로 나눈 뒤 해당 부(府)에 건치연혁(建置沿革), 군명(郡名), 형승(形勝), 풍속(風俗), 산천(山川), 토산(土産), 공서(公署), 학교(學校), 서원(書院), 궁실(宮室), 관량(關梁), 사관(寺觀), 사묘(祠廟), 능묘(陵墓), 고적(古跡), 명환(名宦), 유우(流寓), 인물(人物), 열녀(烈女), 선석(仙釋)의 체제로 구성되었고 조선에서 편찬된 『동국여지승람』에 깊은 영향을 미쳤다고 평가된다. 1876년에 정기석이 편찬한 『연안부지』의 서문에서 동국문헌이 『일통지』의 범례에 따라 편찬되었다고 언급한 점에서 볼 수 있듯이 『대명일통지』는 지리지 편찬의 전범으로 인식되었고, 『평양지』 본문에서도 『대명일통지』를 인용한 대목들이 다수 보인다.

『평양지』에서 특기할 부분은 항목 다음에 항목의 설정 이유를 밝히는 양식을 조선에서 처음으로 제시한 것이며, 이 점은 서북부지방의 읍지에서 발견되는 특징으로 지적된 바 있다(양보경, 「조선시대 읍지의 성격과 지리적 인식에 관한 연구」, 서울대 박사논문, 1987). 윤두수가 중국쪽 읍지를 참고했는지 여부를 확인하기는 어려우나 일단 『연안지』 편찬에서 '후어(後語)'로 시도했던 부분임을 확인할 수 있다.

　시문 수록도 원지와 속지의 중요한 특징 중 하나로, 시문이 권6에서 권9, 총4권으로 읍지 전체에서 볼 때 상당 부분을 할애해서 수록하고 있다는 점도 특이하지만 무엇보다도 사행 온 명나라 사신들의 시가 상당수라는 점도 주목할 만하다. 이는 달리 말하면 평양이라는 지역의 문화적 성격을 '중화(中華)'의 문화적 세례에서 찾고 있다는 뜻이기도 하다. 실제로 원지나 속지에 따르면 평양의 명소, 대표적으로 누각의 경우 명나라 사신들이 이름을 새로 짓거나 바꾸는 경우도 종종 나와 있다. 이는 1837년 중간본에서 권5를 증보하면서 대부분 평안도 관찰사를 역임했던 전임자들의 작품을 수록한 것과는 대조되는 모습이다.

4. 참고한 기존 번역본에 대하여

　앞서 언급했듯이 읍지 제작은 대체로 기존의 자료에서 관련되는 내용을 선별하는 것이 대부분이기 때문에 『평양지』, 『평양속지』에 수록된 대부분의 내용은 전거자료가 있다. 윤두수의 원지에서는 이 점을 '인용서책(引用書冊)'이라는 항목으로 밝혀 놓았다. 『한서(漢書)』, 『후한서(後漢書)』, 『남사(南史)』, 『북사(北史)』, 『수서(隋書)』, 『당서(唐書)』 등 중국사서에 수록된 평양에 대한 정보와, 『삼국사(三國史)』, 『고려사(高麗史)』, 『동국통

감(東國通鑑)』 등 우리나라 사서에서의 관련 기록,『여지승람(輿地勝覽)』,
『요동지(遼東志)』 등 지리서에 수록된 부분,『청구풍아(靑丘風雅)』,『목은
집(牧隱集)』,『파한집(破閑集)』,『동문선(東文選)』,『속동문선(續東文選)』 등에
서 평양 관련 시문을 대폭 가져와서 수록하였다.

　본 번역서에서는 이 점을 고려해서 최대한 기존 번역문을 검토하여
참고자료로 삼았다. 특히 권4의 ‘고사(古事)’의 경우 거의 대부분의 내용
이『고려사(高麗史)』,『고려사절요(高麗史節要)』의 관련 기록을 발췌한 것
이므로 해당 번역문을 참조했고 이 점을 해당 항목 주석에서 밝혀 놓았
다. 평양의 유적과 적지 않은 시문의 경우『신증동국여지승람(新證東國
輿地勝覽)』「평양부(平壤府)」의 수록 내용과 겹치기 때문에 이 자료를 참
고했고 고전번역원의 번역 또한 참조해서 반영했다. 다만 일일이 주석
으로 번역본의 참조 여부를 밝히지는 못했고 그 대신에 번역작업에서
참고한 자료들을 다음의 참고문헌으로 제시하고자 한다.

| 참고문헌 |

자료

『평양지』(해설의 소장자료 참조)
『평양속지』(해설의 소장자료 참조)
이태진·이상태 편,『(조선시대) 사찬읍지』, 한국인문과학원, 1989.

논저

강희맹, 세종대왕기념사업회 편역,『(국역)사숙재집』, 세종대왕기념사업회, 1999.
권　근, 민족문화추진회 편역,『국역 양촌집』, 민족문화추진회, 1978.
김극기, 박성규 역,『김극기 한시선』, 다운샘, 2003.
＿＿＿, 김동욱 편역,『국토산하의 시정』, 이회문화사, 2008.
김부식, 고전연구실 역,『삼국사기』, 신서원, 1997.
김시습, 강원향토문화연구회 편역,『(국역)매월당전집』, 강원도, 2000.
김종서 외, 민족문화추진회 역,『신편 고려사절요』, 신서원, 2004.
김한규,『使朝鮮錄 연구』, 서강대 출판부, 2011.
문용식 외 역주,『여지도서』, 디자인흐름, 2009.
서　긍, 은몽하·우호 편, 김한규 역,『使朝鮮錄 역주』, 소명, 2012.
송시열, 민족문화추진회 편역,『(국역)송자대전』, 민족문화추진회, 1980.
신태영,『명나라 사신은 조선을 어떻게 보았는가』, 다운샘, 2005.
신의철 편저,『外案考』, 보경문화사, 2002.
윤두수, 권경열 역,『(국역) 오음유고』, 민족문화추진회, 2007.
윤용구 편저,『海平尹氏人脈』, 해평윤씨정풍회, 1995.
이규보, 민족문화추진회 편역,『이규보 시문선』, 솔 1997.
이기동 역해,『서경강설』, 성균관대 출판부, 2007.

이정구, 민족문화추진회 역,『(국역)월사집』, 민족문화추진회, 1999.
정두경, 정선용 역, 한국고전번역원 편,『동명집』, 한국고전번역원, 2009.
정영문,『(조선시대 사행록의) 텍스트와 콘텍스트』, 학고방, 2011.
동아대 석당학술원 역주,『(국역)고려사열전』, 민족문호, 2006.
차천로, 송수경 역,『(국역)오산집』, 민족문화추진회, 2005.
최 립, 민족문화추진회 역,『(국역)간이집』, 민족문화추진회, 1999.
한국역사연구회 조선시기 사회사 연구반,『조선은 지방을 어떻게 지배했는가』,
    아카넷, 2000.
문화재관리국 편,『淸選考』, 장서각, 1972.

인터넷 자료

고전번역원 한국고전종합데이터베이스 홈페이지
네이버 지식백과 역사기록물

번역 원칙

1. 이 책에서 번역한 『평양지』, 『평양속지』의 대본은 서울대학교 규장각한국학연구원 소장본 〈古 4790-2〉, 〈古 4790-1〉이다.
2. '본조(本朝)', '당저(當宁)' 등의 단어는 '조선(朝鮮)', 해당 임금의 시호로 대체하였다.
3. 본문의 협주(夾註)는 [註 :]로 처리하였다.
4. 산문의 경우 내용에 따라 번역자가 임의로 단락을 나누었다.

제1부

윤두수, 『평양지』

『평양지』 서문

〈어제(御製)〉 세조[光陵]

蕩蕩江流何窮盡	넘실거리는 강물은 언제나 다하랴.
有其源者皆如是	수원이 있는 것은 모두 이와 같으리.
堂堂洪業云何肇	당당한 대업은 어느 때에 비롯됐나?
渺寞冥冥無天地	아득하게 태곳적 천지가 없었을 때.
叨握瑤圖平禍亂	천하의 판도를 잡아 난을 평정했으니
豈予全賴用衆智	어찌 나의 공이랴. 모두 여러 사람의 지혜인 것을.
聘目千山成一界	천산을 바라보니 한 세계 이루었고
古今英豪無二致	고금의 영웅들은 하나같이 대단하네.
治戎省方求民瘼	군사를 훈련하고 순방하여 백성의 어려움 알려하니[1]
八教焉能獨前美	팔조목의 가르침이 어찌 전대에만 아름다우랴.[2]

「평양지(平壤志)」3

강물을 바라보며 우임금의 공적을 생각하고[4] 당(唐) 땅을 밟으면서 요임금의 기풍을 떠올리는 것은[5] 덕에 깊이 감화되고 땅이 멀리까지 품어주기 때문이다. 평양은 기자(箕子)의 옛 도읍이다.[6] 성의 남쪽에는 정전(井田)이 있는데 구획한 바가 분명하고 도랑이 네모반듯하여 천년이 지난 뒤에도 당시 삼대(三代)의 제도를 그려볼 수 있다. 성의 북쪽에는 토산(兎山)이 있다. 기자의 의관이 묻힌 곳으로 소나무가 하늘을 뒤덮을 정도로 빽빽하여 마을 사람들이 신성시 여겼고 지금까지도 믿고 공경하는

---

1 성방(省方) : 사방을 살핀다는 말로, 임금의 순행을 뜻한다. 『주역』 「관괘(觀卦)」 〈상(象)〉에 "바람이 땅 위에 부는 것이 관괘이다. 선왕은 이로써 사방을 순방하고 풍속을 관찰하여 교화를 베풀었다(風行地上, 觀. 先王以省方觀民設敎)"에서 나온 것이다.

2 이 시는 『조선왕조실록』 1460년 10월 16일 기사에 나온다. 이날 세조는 평안도와 황해도 선비들을 모아 향시(鄕試)를 보게 했다. 이후에 중궁(中宮) 및 세자(世子)와 함께 부벽루에 갔는데 현판의 제영(題詠)에 고려 의종(毅宗)의 시가 있는 것을 보고 이 시를 지었다.

3 윤두수의 문집 『오음유고(梧陰遺稿)』 권3에 「평양지 서문(平壤志序)」로 수록되어 있다.

4 치수(治水)를 하여 홍수 피해를 줄인 하(夏)나라의 우(禹)임금의 업적. 『서경』 「우서(虞書)」 〈대우모(大禹謨)〉에 "순임금이 말씀하셨다. 오너라, 우야. 홍수가 나를 경계하였는데 신뢰를 이루고 공을 이루었으니 오직 너의 현명함 때문이다(帝曰 : 來. 禹洚水儆予, 成允成功, 惟汝賢)" 구절이 나온다.

5 중국 고대 요(堯) 임금은 제곡(帝嚳)의 아들로 『제왕세기(帝王世紀)』에 "제요가 처음에 당에 봉해졌다(帝堯始封于唐)" 구절이 있다. 공영달은 이 구절에 대해 "요임금은 평양에 도읍을 정했고 순임금은 포판에 도읍을 정했는데 (…중략…) 모두 기주에 있다(堯都平陽, 舜都蒲坂, (…중략…) 皆在冀州)"라고 해석하였다.

6 기자(箕子)는 기자조선(箕子朝鮮) 시조라고 한다. 이름은 서여(胥餘), 또는 수유(須臾)다. 주 무왕이 상나라를 멸망시키자 동쪽으로 도망하여 고조선에 들어와 예의와 베 짜는 법, 팔조금법(八條禁法)을 가르쳤다고 한다. 나중에 한무제(漢武帝)에 의해 조선왕에 봉해졌다고 하지만, 기록으로 남아있지 않고 평양(平壤)에 남아 있는 기자묘나 사당 등도 모두 고려와 조선 시대에 만들어진 것이라고 한다.

곳이[7] 되었다. 그밖에는 이른바 기자궁(箕子宮), 기자정(箕子井), 기자장(箕子杖)이 있는데 모두 옛 도읍의 숭상할 만한 유물이니,『주역』의 '명이(明夷)',[8] 『서경』의 '홍범(洪範)'[9]으로 세상에 알려졌기 때문만은 아니다.

추강(秋江) 남효온(南孝溫)이 말한 "백성들이 많고 인정도 순박하여, 지금까지 예악의 고장이 되었네(人庬物情孚, 至今禮樂區)"[10]와, 위시량(魏時亮)[11]이 말한 "옛 일을 생각하니 마치 보이는 듯. 백마가 하늘에서 내려왔네(弔懷如有見, 白馬下天空)"는 실로 빈 말이 아니다. 『서전(書傳)』에는 "기자가 주나라가 석방시켜주는 것을 견딜 수 없어서 조선으로 도망쳤다. 무왕이 그 소식을 듣고는 조선후에 봉하였다(箕子不忍周之釋, 去之朝鮮. 武王聞之, 因以朝鮮封之)"[12]고 했고 함허자(涵虛子)는 "기자가 중국인 5천 명을 데리고 조선에 들어갔는데 시서, 예악, 의술, 음양술, 점술을 익힌 무리와 온갖 장인들이 모두 따라서 갔다(箕子率中國五千人入朝鮮, 其詩書禮樂醫巫陰陽卜筮之流百工技藝, 皆往焉)"[13]고 하였다. 그렇다면 그 옛날의 백성들은 모두 은나라의 신하들과 주나라의 순종하지 않는 백성들이 이곳으로 피해

---

7   첨의(瞻依) : 어버이를 뜻하는 말. 『시경(詩經)』「소아(小雅)」〈소반(小弁)〉에 "아버지말고 누굴 우리르며, 어머니 말고 누굴 의지하랴(靡瞻匪父 靡依匪母)"라는 말에서 나왔다.
8   『주역』의 명이(明夷) 괘 육오(六五) 문장은 "육오는 기자가 안으로 밝음을 감춘 것이니 바르게 하면 이롭다(六五, 箕子之明夷夷, 利貞)"이다.
9   『서경』「홍범(洪範)」에는 주 무왕이 기자에게 천도(天道)에 대해 묻자 기자가 홍범구주(洪範九疇)를 설명하는 대목이 나온다. 홍범구주는 중국 하나라 우임금이 남겼다는 정치이념으로 홍범은 대법(大法)을 구주는 9개 조항이라는 뜻이므로 9개 조항의 큰 법이라는 뜻이다.
10 〈기자묘 뜰에 참배하다(謁箕子廟庭)〉,『추강집(秋江集)』권1.
11 위시량(魏時亮) : 명대 문인. 자(字)가 공보(工甫), 경오(敬吾)이며 남창(南昌) 사람으로 사신으로 조선에 온 적이 있다.
12 『상서대전(尙書大傳)』권2「은전(殷傳)」〈홍범(洪範)〉조.
13 함허자는 중국 명 태조(주원장)의 17번째 아들 주권(朱權)의 호이다. 이 구절은 함허자의 저작 『천운소통(天運紹統)』에 실려 있다.

와 정착한 것이니,[14] 수양산(首陽山)에서 절개를 지킨 백이숙제나 동해 섬에 들어간 의인들과[15] 흡사하다고 할 수 있다. 오늘날의 유민이 비록 누구의 자손인지는 알 수 없으나 분명히 당시 아름답고 민첩한 은나라 선비[16]들의 후예들일 것이니, 한번 보게 되면 틀림없이 공경하는 마음이 들 것이다. 반고(班固)는 "삼방(三方)과는 달라서 온유하고 근실함이 풍속을 이루었다"[17]고 했고, 『수서(隋書)』에서는 "경술(經術)을 숭상한다", "유학하러 경도(京都)로 왕래하는 자가 길에 이어졌다"[18]고 하였으니 어찌 근거가 없이 그런 것이겠는가. 내가 예전에 『기자지(箕子志)』를 편찬하면서 이미 감당 못할 일을 한 잘못을 저질렀다. 지금 이 땅의 관찰사로 와서 또 3년을 지나는 동안 풍토와 백성들의 사정에서부터 지난 일들에 이르기까지 또한 대략 듣고 본 바가 있어 "이 땅은 기자의 고장인데 『기자지』를 이을 책 한 권이 없어서야 되겠느냐"는 생각을 하게

---

14 원문의 "爰得我直"은 『시경』「위풍(魏風)」〈석서(石鼠)〉에 나오는 구절이다. '直'의 뜻은 '宜'이고 이 구절은 "내 바른 곳을 얻으리라"는 의미이다.

15 도상(島上)의 의사(義士)는 한나라 초 전횡(田橫)을 따라 자살한 500명을 가리킨다. 『사기』「전담열전(田儋列傳)」에 따르면 제(齊)나라 왕 전영(田榮)의 아우 전횡은 한나라 고조(高祖)가 즉위하자 무리 500여 인을 이끌고 동해의 섬에 들어갔는데 한 고조가 그를 회유하여 부르자 가던 도중에 왕가로 한 고조의 신하는 될 수 없다며 자살하였다. 이 소식을 듣고 섬에 있던 500여 명도 모두 자결하였다고 한다.

16 부민(膚敏) : 아름답고 민첩함. 『시경』「대아(大雅)」〈문왕지십(文王之什)〉에 "은나라 관원들은 아름답고 민첩하여 주나라 서울에 가서 제사를 돕고 제사를 드릴 때 상나라 관복을 그대로 입었네(殷士膚敏, 祼將于京, 厥作祼將, 常服黼冔)" 구절이 있다.

17 『한서』「지리지」에 실려 있는 원문은 "그러나 동이족은 천성이 유순하여 삼방의 풍속과는 다르다. 그래서 공자는 도가 행해지지 않음을 슬퍼하며 뗏목을 바다에 띄워 구이로 살러 가고자 하였으니 이 때문일 것이다(然東夷天性柔順, 異於三方之外, 故孔子悼道不行, 設浮於海, 欲居九夷, 有以也夫!)"이다.

18 『수서(隋書)』「동이열전(東夷列傳)」에 "지금 요동의 여러 나라는 옷을 입을 때 관을 갖추기도 하고 밥을 먹을 때 제기를 사용하기도 한다. 경술을 숭상하고 문학과 역사를 좋아하여 경도에 유학 가는 사람들이 끊이지 않는다. 개중에는 그곳에서 죽거나 고향으로 돌아가지 않는 자들도 있다. 이것이 선대의 유풍이 아니라면 어찌 이럴 수 있겠는가?(今遼東諸國, 或衣服參冠冕之容, 或飲食有俎豆之器, 好尙經術, 愛樂文史, 遊學於京都者, 往來繼路, 或亡沒不歸. 非先哲之遺風, 其孰能致於斯也?)" 구절이 실려 있다.

되었다. 그래서 분에 넘친다는 것을 잊고서 9개의 편으로 나누고 36개 항목으로 분류하였다. 원래는 훗날 와유(臥遊)하는 자료로 삼고자 한 것이지 안목을 갖춘 지금 사람들의 완상을 의도했던 것은 아니었다. 아아, 이곳을 지나는 사람들은 그저 높은 산과 깊은 강, 많은 인구와 풍부한 물산만을 보고는 조물주가 풍부하게 베풀고 인간사가 어쩌다 그렇게 된 정도로만 치부하며 찬란한 문물과 끊임없는 번화함이 어디에서 비롯되었는지는 알지 못하니 그래서야 되겠는가. 공자가 말하기를 "은나라의 예(禮)를 내가 말할 수 있으나 송나라에서 충분히 이를 충분히 증명하지 못한 것은 문헌이 부족하기 때문이다"[19]고 하였으니, 만약 바다에 뗏목을 띄워[20] 구이(九夷)에서 살겠다는 뜻을[21] 이루었다면 분명히 평양 지역이 충분히 이를 증명할 곳이 되었을 것이다. 더구나 앞으로는 수나라 군대 100만과 당나라 군대 4만이 공격해 들어와 짓밟았고 뒤로는 몽고(蒙古)와 홍건적(紅巾賊), 묘청(妙淸)과 최탄(崔坦)이[22] 분란을 일

---

19 『논어』「팔일(八佾)」에 "공자께서 말씀하셨다. '하나라의 예는 내가 말할 수 있지만 (후예인) 기나라가 증명해 주지 못하며 은나라의 예도 내가 말할 수 있지만 (후예인) 송나라가 증거해 주지 못한다. 문헌이 부족하기 때문이니 자료가 충분하다면 나는 하나라와 은나라의 예를 증명해낼 수 있었을 것이다.'(子曰, 夏禮吾能言之, 杞不足徵也, 殷禮吾能言之, 宋不足徵也. 文獻不足故也. 足則吾能徵之矣)"가 나온다.

20 『논어』「공야장(公冶長)」에 "공자께서 말씀하셨다. '도가 행해지지 않으면 뗏목을 타고 바다로 나가겠다. 나를 따를 자는 아마도 자로이리라(子曰, 道不行, 乘桴浮于海. 從我者, 其由與)"가 나온다.

21 『논어』「자한(子罕)」에 "공자께서 구이에 살고자 하셨다. 어떤 이가 말했다. '누추할 텐데 어찌시려구요?' 공자께서 말씀하셨다. '군자가 사는데 어찌 누추하겠는가?'(子欲居九夷. 或曰 : 陋, 如之何? 子曰 : 君子居之, 何陋之有)"가 나온다.

22 『오음유고』원문에는 '雀坦'으로 되어 있어서 고전번역원 웹페이지에서 제공하는 번역문에서도 '작탄(雀坦)'으로 번역하고 있는데, '최탄(崔坦)'의 오기로 판단된다. '작탄(雀坦)'으로 읽을 경우 의미가 불분명할 뿐만 아니라 이 글의 문맥상 '몽고와 홍건적, 묘청과 최탄(蒙古紅巾, 妙淸崔坦)'으로 고유명사가 열거되는 것이 자연스럽다. 또한『평양지』의「연혁」과「고사」에서 최탄에 대한 기록이 여러 차례 등장한다. 최탄은 서북면병마사(西北面兵馬使)의 영리(營吏). 1269년(원종 10)에 임연(林衍)이 왕을 폐하고 안경공(安慶公) 창(淐)을 세우자 한신(韓愼)·이연령(李延齡)·계

으켜 온 성의 백성들이 어육 신세가 되고 수많은 전란 또한 오랫동안 겪었다. 조선 왕조에 이르러 바다와 같은 덕으로 포용하고 봄과 같은 화기(和氣)로 길러준 지가 거의 200여 년이 되는 동안 전란을 겪지 않아서 닭과 개조차도 편안해 한다. 모두 타고난 수명을 온전히 누리고 덕이 있고 장수하는 지역에 오랫동안 살고 있다. 이 지방 백성들이 혜택받은 것 또한 어떻겠는가? 이는 특별히 기록하지 않을 수 없다.

인용 서책

『한서(漢書)』, 『후한서(後漢書)』, 『남사(南史)』, 『북사(北史)』, 『수서(隋書)』, 『당서(唐書)』, 『삼국사(三國史)』, 『고려사(高麗史)』, 『동국통감(東國通鑑)』, 『청구풍아(靑丘風雅)』, 『여지승람(輿地勝覽)』, 『목은집(牧隱集)』, 『요동지(遼東志)』, 『파한집(破閑集)』, 『동문선(東文選)』, 『속동문선(續東文選)』

『평양지』 목록

- 1권 : 강역(疆域) 분야(分野) 연혁(沿革) 성지(城池) 부방(部坊) 군명(郡名) 풍속(風俗) 형승(形勝) 산천(山川) 누정(樓亭) 사묘(祠墓) 공서(公署) 창저(倉儲)
- 2권 : 학교(學校) 고적(古蹟) 직역(職役) 병제(兵制) 역체(驛遞) 교량(橋梁) 토산(土産) 토전(土田)

문비(桂文庇)·현효철(玄孝哲) 등과 모의, 임연을 벤다는 명목으로 난을 일으켰다.

- 3권 : 공부(貢賦) 교방(敎坊) 원정(院亭) 사우(寺宇) 호구(戶口) 인물(人物)
  효열(孝烈) 과공(科貢) 환적(宦蹟)
- 4권 : 고사(古事)
- 5권 : 문담(文談) 신이(神異) 잡지(雜志)
- 6권 : 시(詩)
- 7권 : 시(詩)
- 8권 : 시(詩)
- 9권 : 문(文)

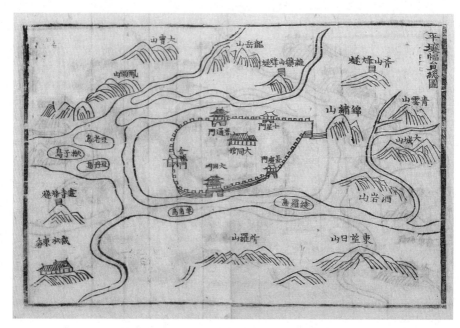

『평양지』(古 4790-2) 수록 〈평양폭원총도(平壤幅員總圖)〉

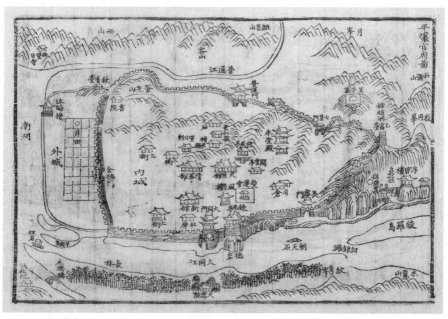

『평양지』(古 4790-2) 수록 〈평양관부도(平壤官府圖)〉

제1장 『평양지』 권1

「강역(疆域)」

옛날 우임금이 구주(九州)를 다스릴 때 먼저 영역을 정했고[1] 주나라는 제
후들에게 명하여 변방을 굳건히 지켰다.[2] 이 책은 이런 이유로 '강역'을 맨
앞에 두었다. 평양의 폭과 면적, 설치와 폐지가 일정했던 것은 아니므로 조
선[3]에서의 면적과 사방 경계면까지의 거리를 이 책에 서술하였다.

---

1 『서경』 「우공(禹貢)」에 "우임금이 땅을 나누었다. 산을 따라 나무를 베고 높은 산과
   큰 하천으로 경계를 정했다(禹敷土, 隨山刊木, 奠高山大川)" 구절이 나온다.
2 『서경』 「필명(畢命)」에 "거듭 구획을 정리하여 영역을 공고히 지켜서 사해를 편안
   케 하라(申畫郊圻, 愼固封守, 以康四海)"가 나온다. 이 구절은 주나라 강왕(康王)이
   태사(太師) 필공(畢公)에게 성주(成周, 주나라가 옮긴 도읍지 낙읍) 백성들을 잘 다
   스리라고 명한 내용이다.
3 본문의 '본조(本朝)'는 이해를 위해 모두 '조선(朝鮮)'으로 번역하였다.

「사경(四境)」[4]

동서간 거리는 179리(里), 남북간 거리는 97리.

동쪽 접경지역 상원군(祥原郡)까지는 50리, 강동현(江東縣)까지는 47리.

남쪽 접경지역 중화군(中和郡)까지 36리.

서쪽 접경지역 강서현(江西縣)까지 57리, 증산현(甑山縣)까지 72리.

북쪽 접경지역 순안현(順安縣)까지 49리.

서쪽에 접한 바다까지 90리. 평양부 감영에서 서울까지 582리.

「분야(分野)」[5]

'분야(分野)'에 대한 설은 『주례(周禮)』에서 나왔다. 보장씨(保章氏)는 구주(九州)의 땅이 위로는 28수 별자리에 대응되며 천재지변과 상서로운 일이 서로 부합하여 하늘과 땅이 어긋나지 않는다고 여겼다.[6] 그러므로 별자리의 변화가 곧바로 영향을 준다는 사실을 알아서 자세히 관찰하여 걱정하고 경계한다면 세상일에 도움이 되는 바가 없지 않을 것이다. 이 책에서는

---

4   사방의 영역. 다음에 서술한 지역 간 거리는 관아가 기준이다.
5   지역과 대응되는 별자리.
6   『주례(周禮)』에 "보장씨는 천문을 관장했는데, 별과 해와 달의 변화를 기록하여 천하의 길흉화복을 예측했고 별자리에 해당되는 땅으로 구주의 지역을 각각 별자리에 봉해서 모두 대응되는 별자리가 있었고, 이를 통해 재앙과 상서로움을 관찰했다(保章氏, 掌天星以志星辰日月之變動以觀天下之遷辨其吉凶. 以星土辨九州之地所封封域皆有分星以觀妖祥)"가 나온다.

그런 이유로 '분야(分野)'를 그 다음 항목으로 삼았다.

『한서(漢書)』에 따르면 "연(燕) 땅은 미수(尾宿)와 기수(箕宿)에 해당하고",[7] "낙랑(樂浪)과 현도(玄菟) 역시 여기에 속할 것이다"라고 하였다. 또 "현도(玄菟)와 낙랑(樂浪)은 한 무제(漢武帝) 때 설치했는데 모두 조선(朝鮮), 예맥(濊貊), 고구려(高句麗), 만이(蠻夷)이다"라고 하였다. 그러므로 우리나라는 미수(尾宿)와 기수(箕宿) 자리라고 통칭된다. 12궁으로는 석목(析木)[8]에 해당한다.

1449년(세종 31) 무렵에 혜성이 연(燕)에 해당하는 별자리에 나타나 일관(日官)[9]이 이 사실을 아뢰면서 우리나라와는 관련이 없다고 하였다. 우리 세종대왕께서는 깊이 우려하며 "우리나라도 연(燕)과 같은 별자리인데 어찌 관련이 없겠느냐?"라고 하였다.

1449년(세종 31) 가을 명나라 영종(英宗)이 북정(北庭, 오이라트 족)에게 대패하였고[10] 우리 세종대왕은 승하하셨으므로[11] 연(燕)과 같은 별자리라는 설은 거의 사실에 가깝다고 할 수 있다.

---

7   28수 중 각(角), 항(亢), 저(氐), 방(房), 심(心), 미(尾), 기(箕)는 동방 창룡(蒼龍) 7수에 해당한다.
8   12궁 중 석목(析木)에 해당하는 28수로는 미(尾), 기(箕), 두(斗)가 있다.
9   일관(日官) : 천체의 변화로 길흉을 가리는 일을 맡은 관직.
10 '토목(土木)의 변(變)'이라고 불리는 사건이다. 1440년경 몽고의 일족 오이라트가 명나라의 위협세력으로 부상했다. 오이라트는 조공으로 보낸 말 값을 명나라 환관 왕진이 제대로 치르지 않자 대동(大同)을 침공했고 1449년 영종이 친히 군대를 이끌고 출정하였으나 불리한 상황이라는 것을 깨닫고 퇴각하던 중 토목(土木)에서 대패하여 포로가 되었다.
11 세종이 세상을 떠난 해는 1450년이다.

「연혁(沿革)」

군읍의 설치와 폐지는 당시의 정치상황에 따라 결정된다. 서로 나누어지거나 통합되기도 하고 커지거나 작아지기도 하며 고을의 등급이 올라가거나 낮춰지기도 하는데 한 읍의 예를 보면 당시의 상황을 알 수 있다. 그래서 땅이 확장되고 축소되는 것, 고을의 등급이 올라가고 내려가는 것을 이 책에 서술함으로써 예부터 지금까지 흥성하고 쇠락한 자취를 보이고자 한다.

평양부는 원래 삼조선(三朝鮮)의 옛 도읍지이다. 당요(唐堯) 무진년(戊辰年)에 신인(神人)이 박달나무 아래로 내려와서 나라 백성들이 그를 임금으로 세웠고 평양에 도읍하여 이름을 단군(檀君)이라고 하였으니 이것이 전조선(前朝鮮)이다. 주 무왕(周武王)이 상(商) 나라를 멸망시킨 뒤 기자(箕子)를 조선(朝鮮)에 봉하였는데 이것이 후조선(後朝鮮)이다. 41대 후손 기준(箕準) 때에 이르러 연(燕)나라 사람 위만(衛滿)이 망명할 때 천여 명의 무리를 모아 와서 기준의 땅을 뺏고 왕검성(王儉城)에 도읍하니 이것이 위만조선(衛滿朝鮮)이다. 그의 손자 위우거(衛右渠)가 한(漢)나라의 조명(詔命)을 받으려 들지 않자 한 무제가 기원전 109년에 장수를 보내어 토벌하여 사군(四郡)[12]을 정하고 왕검성을 낙랑군(樂浪郡)으로 삼았다.

고구려는 427년(장수왕 15)에 국내성(國內城)[註 : 義州에 있다]에서 옮겨와 도읍하였고, 668년(보장왕 27)에 신라 문무왕(文武王)이 당(唐)과 협공하여 고구려를 멸망시켜서 이 땅은 결국 신라로 편입되었다.

---

12 한사군(漢四郡) : 기원전 108년에 중국 한 무제(漢武帝)가 위만 조선(衛滿朝鮮)을 멸망시키고 그 땅에 설치한 낙랑(樂浪), 임둔(臨屯), 현도(玄菟), 진번(眞蕃)의 네 군.

고려는 918년(태조 1)에 평양이 황폐해졌다는 이유로 염주(鹽州)·백주(白州)·황주(黃州)·해주(海州)·봉주(鳳州) 등 여러 고을의 백성들을 옮겨 인구를 채워서 대도호부(大都護府)를 만들었고, 오래지 않아 서경(西京)으로 삼았다. 960년(광종 11)에 서도(西都)로 개칭했고[13] 995년(성종 14)에 서경유수(西京留守)라고 하였으며 998년(목종 1)에 다시 호경(鎬京)으로 바꾸었다. 1062년(문종 16)에 다시 서경유수관(西京留守官)이라고 하고 경기(京畿) 4도(道)를 두었다. 1102년(숙종 7)에 문반(文班)과 무반(武班) 및 오부(五部)를 설치하였다. 1135년(인종 13) 서경의 중 묘청(妙淸) 및 유참(柳旵), 분사시랑(分司侍郞) 조광(趙匡) 등이 반란을 일으켜 군대를 보내 절령(岊嶺) 길을 끊어버렸다. 이에 원수(元帥) 김부식(金富軾) 등에게 삼군(三軍)을[14] 이끌고 가서 토벌하게 하고 유수(留守)·감군(監軍)·분사어사(分司御使)를 제외한 모든 관반(官班)을 없앴고, 곧 이어 경기(京畿) 4도(道)를 없애고 6현(縣)을 두었다. 1269년(원종 10)에 서북면병마사영기관(西北面兵馬使營記官) 최탄(崔坦)과 삼화교위(三和校尉) 이연령(李延齡) 등이 난을 일으켜 유수를 죽이고 서경 및 여러 성의 반란군들과 몽고(蒙古)에 투항했다. 몽고는 서경을 동녕부(東寧府)로 삼아 관리를 두고 자비령(慈悲嶺)을 분할하여 경계로 삼았다. 1290년(충렬왕 16)에 원(元)이 우리나라에 서경과 여러 성들을 돌려주어 마침내 다시 서경유수관이 되었다. 1369년(공민왕 18)에 만호부(萬戶府)를 설치하였다가 뒤에 평양부(平壤府)로 바꾸었다.

---

13 본문에는 '서경(西京)'이라고 되어 있으나 문맥과 참고자료에 따라 오기라고 판단하여 번역문에서는 '서도(西都)'로 고쳤다. 『신증동국여지승람』 「평양부」에는 '서도(西都)'로 개칭했다고 하였으며, 『고려사』 960년 3월 기사에서도 "개경을 고쳐 황도라고 하고 서경을 서도라고 하였다(改開京爲皇都, 西京爲西都)"라고 하였다.

14 삼군(三軍) : 고려 시대의 군제. 초기에는 전군(前軍)·후군(後軍)·좌군(左軍)·우군(右軍)·중군(中軍)이었으나 나중에는 나중에 전군과 후군을 없애고 삼군으로 만들었다.

조선에서는 이를 계승하면서 관찰사(觀察使)로 부윤(府尹)을 겸하게 하였고 서윤(庶尹)[註 : 4품], 판관(判官)[註 : 5품], 교수(教授)[註 : 6품], 찰방(察訪)[註 : 대동로(大同路) 각 역 관원을 겸직하였대]을 두었다. 참봉(參奉) 2명이 영숭전(永崇殿)에 입직하고 1명[註 : 지역민 또는 타처인]이 기자전(箕子殿)에 입직한다[註 : 임명[15]으로 정한다].

「성지(城池)」[16]

『시경』에서는 "저 북방에 성을 쌓게 하셨네(城彼朔方)"[17]라고 했고 『맹자』에서는 "해자를 판다(鑿斯池也)"[18]고 하였다. 성과 해자가 외적의 침입을 막는 것과 관련된 지는 오래되었다. 평양은 앞에는 강, 뒤에는 시냇물이 해자가 되었으니 이는 곧 하늘과 땅이 만들어준 것이다. 성(城)은 돌로 쌓았고 곽(郭)은 흙으로 만들어 안팎이 나누어졌는데, 이는 무뢰배를 막고 백성의 뜻을 공고하게 하는 데에 큰 역할을 했다. 예전에 해자를 설치한 것 역시 상세하게 기록하였다. 설치와 폐지가 일정하지 않았다는 사실을 보여주는 이유는 권계하고자 하는 깊은 뜻이 있어서이다.

---

15 차첩(差帖, 差貼) : 하급 관리의 임명 사령서(辭令書).
16 성과 해자.
17 『시경』「소아(小雅)」〈출거(出車)〉.
18 『맹자』「양혜왕(梁惠王) 하」에 "해자를 파고 성을 쌓아 백성들과 함께 지키면서 죽기를 다하면 백성들이 떠나지 않을 것이니 이것이라면 해볼 만합니다(鑿斯池也, 築斯城也, 與民守之, 效死而民弗去, 則是可爲也)"가 나온다.

부성(府城) 돌로 쌓았다註 : 고려 성종 때 쌓은 것이다. 둘레는 24,539자 (尺),[19] 높이는 13자이다. 한문(旱門)[20]은 6곳이다. 동문은 '장경문(長慶門)' 이고 누정이 있으며 서문은 '보통문(普通門)'이고 2층 누각에 자성(子城)[21] 도 있다. 남문은 '함구문(含毬門)'이고 누각이 있다. 북문은 '칠성문(七星門)'이고 누각이 있다. 정동문은 '대동문('大同門)'으로 2층 누각에 자성(子城)도 있다. 정남문은 '정양문(正陽門)'이다註 : 속칭 '노문(蘆門, 갈문)'이다. 수문(水門)[22]은 2곳이다. 하나는 장경문 성 아래에 있고 다른 하나는 대동문 아래로 2리쯤 떨어진 성 아래에 있다.

외성(外城)[23] 당포(唐浦) 가에 있다. 돌로 쌓은 것은 둘레는 8,200자, 흙으로 쌓은 것은 10,205자, 둘 다 높이는 32자이다. 두 개의 문이 있는데 남문은 '차피문(車避門)', 서문은 '다경문(多景門)'이다. 지금은 둘 다 무너져 버렸지만 세상에 전하는 바로는 이 성이 기자 때에 만들어졌고, 922년(고려 태조 5)에 서도(西都)에 도성을[24] 짓기 시작하여 6년 만에 완공되었다고 하는데 아마도 이 성인 것 같다. 『주관육익(周官六翼)』에는[25] '재

---

19 고려 및 조선시대 초기까지는 32.21cm를 1자로 했으나, 세종 12년의 개혁시에 31.22cm로 바꾸어 사용해 오다가 한말(1902년)에 일제의 곡척(曲尺)으로 바뀌면서 30.303 cm로 통용되었다.

20 한문(旱門) : 물의 흐름을 조절하기 위해 만든 성문.

21 자성(子城) : 본성(本城)에 딸려 따로 쌓은 성(城)

22 수문(水門) : 수갑(水閘). 물의 흐름을 막거나 유량을 조절하기 위해 성 내외의 물을 통과시킬 수 있게 만든 장치.

23 외성(外城) : 성 밖에 겹으로 쌓은 성(城).

24 재성(在城) : 도성(都城). 왕궁(王宮)과 관부(官府)를 포함한 왕성(王城)이며 임금이 있는 성이라는 뜻.

25 『주관육익(周官六翼)』 : 고려말에 김지(金祉)가 편찬한 유서(類書). 고려 전기 이후 각종 제도의 연혁을 집대성한 책으로 조선이 건국한 뒤 제도 정비 및 지리지 편찬의 기본사료가 되었다. 책 이름은 이색(李穡)이 서문을 쓰면서 지어주었고 편찬시기는 대략 우왕대 전후로 추정된다. 그러나 이 책은 현존하지 않고 실록과 지리지에 내용의 일부가 전한다.

(在)'가 우리말로 '견(畎)'이라고 하였다.[26]

대성산성(大城山城) 돌로 쌓았다. 둘레는 24,300자이다.

장안성(長安城) 대성산(大城山) 동북쪽에 있으며 흙으로 쌓았다. 둘레는 5,161자, 높이는 19자이다. • 고구려 평원왕이 586년(평원왕 28)에 평양에서 이곳으로 옮겨왔다. 성 안에는 안학궁(安鶴宮) 옛터가 있다.

적두산성(赤頭山城) 흙으로 쌓았으며, 평양강(平壤江) 서쪽에 있다. 둘레는 5,100자, 높이는 11자이다. 김부식이 쌓은 것으로 묘청이 반란을 일으키자 김부식이 이곳에 병력을 주둔시켰다.

「부방(部坊)」

부방(部坊)을 만든 이유는 백성들이 거주할 곳을 두어 백성들의 수를 안정시키기 위한 것으로, 옛날에 "그 집과 마을을 표창하던(表厥宅里)"[27] 뜻일 것이다. 이것으로 세금을 정하고, 이것으로 역(役)을 부과하였으므로 이 책에 쓰지 않을 수 없다.

---

26 이 구절은 '재성(在城)'의 어떻게 해서 '임금이 있는 성(王城)'을 의미하는가를 알려주는 구절로, 고대 우리말을 한자로 음차한 예로 이해하는 편이 설득력이 있다. 이럴 경우 '在'의 고려초 방언이 '畎'(견)인데 이것이 이두의 '견'(在)과 같고 '겨―'에 대한 차자표기에서 '在'가 발견되므로, '임금이 계신 城(御在城)으로 풀 수 있다(도수희, 「옛 지명 해석에 관한 문제들」, 『지명학』 3, 한국지명학회, 2000).

27 『서경』 「필명(畢命)」에 "좋고 나쁜 것을 분명하게 구별하여 그 집과 마을을 표창하라(旌別淑慝, 表厥宅里)"는 구절이 나온다.

인흥부(仁興部)[註 : 평양부 성내와 성외 서북 10리] 융흥부(隆興部), 융덕부(隆德部), 태흥부(太興部), 흥토부(興土部), 천덕부(川德部), 서시원(西施院), 합지(蛤池), 고순화(古順和)

의흥부(義興部)[註 : 평양부의 서쪽 지역] 상산(上山), 잉차곶(芿次串), 초리(草里), 잠진(箴津), 사기리(沙器里), 반석(班石), 반포(反浦), 금려대(金呂代), 초도동(抄道洞), 돈산(頓山), 소을촌(所乙村), 석다산(石多山), 불곡(佛谷), 감초(甘草), 흘이방(訖伊方), 둔전기(屯田機)

예안부(禮安部)[註 : 평양부의 동북 지역] 대동강(大同江), 추오미(推吾未), 생이(桂伊), 율사(栗寺), 지량(池梁), 남제산(南祭山), 협촌(脇村), 석을곶(石乙串)

지안부(智安部)[註 : 평양부의 북쪽 지역] 남형제산(南兄弟山), 서형제산(西兄弟山), 서제산(西祭山), 두용동(豆用洞), 유동(鍮洞), 수여(水餘), 소초(所草), 두등(豆等), 재경리(在京里), 불지방(佛知方), 오고미(吾古未), 눌산(訥山), 부산(斧山), 북형제산(北兄弟山), 시족(柴足)

「군명(郡名)」

고을의 이름은 산이나 시내 이름을 따서 짓는데, 시대에 따라 부르는 바가 모두 같을 수는 없다. 나라에서 기자 때 정한 이름으로 읍호(邑號)를 삼은 것은 이른바 "이름이 바르게 되어야 이치가 순조롭게 되기(名正而理順)"[28] 때문이다. 다만 옛날 사적이 일시에 잡다하게 나왔기 때문에 붙여진

---

28 『논어』「자로(子路)」에 "이름이 바르지 못하면 말이 순조롭지 않고, 말이 순조롭지

이름을 살펴보았을 때 혹 실제와 다를 우려가 있다. 그러므로 조금이라도 생략할 수 없다.

조선(朝鮮)[註 : 동쪽 가장자리에 있다. 해가 뜨는 곳이라 '조선'이라는 이름이 붙었다. •『사기(史記)』에 주석을 달아놓은 『사기색은(史記索隱)』에는 "조(朝)의 발음은 조(潮)이고, 선(鮮)의 발음은 선(仙)이다"라고 하였는데, 산수(汕水)가 있어서 이렇게 이름을 지었다.]

왕검성(王儉城)[註 : 옛 기록에는 단군의 이름이 왕검(王儉)이라고 한다.]

낙랑(樂浪)

장안(長安)[註 :『당서(唐書)』에 평양(平壤)을 또한 장안(長安)이라고 하였다.]

서경(西京)

서도(西都)

호경(鎬京)

유경(柳京)[註 : 최자(崔滋)의 〈삼도부(三都賦)〉[29]에 나온다.]

못하면 일이 이루어지지 않으며, 일이 이루어지지 않으면 예약이 흥기하지 못한다 (名不正, 則言不順, 言不順, 則事不成, 事不成, 則禮樂不興)" 구절이 있다.

[29] 최자의 〈삼도부〉는 서도(西都)의 변생(辨生)과 북경(北京)의 담수(談叟)라는 가상적인 인물이 강도에 왔다가 정의대부(正義大夫)를 만나 서로 각기 자기 고장의 풍물을 읊은 부(賦)이다. 삼도(三都)는 서도(西都, 평양)·북경(北京, 개성)·강도(江都, 강화)이다. 이 부에 "서쪽 유경(柳京)은 음란함으로 뒤엎어지고, 북녘 송도(松都)는 사치 때문에 백성들이 유리걸식했네(西柳兮以淫而顚覆, 北松兮由侈以流移)" 구절이 나온다.

「풍속(風俗)」

서로 불면 바람이 되고 서로 물들이면 풍속이 되니, 이는 같은 지역이기 때문이다. 기자는 이 때문에 문을 닫는 풍속이 없게 하였고 동천왕(東川王)[30]이 이를 계승하여 백성들이 왕의 은덕에 보답하느라 순사(殉死)하여 시원(柴原)이라는 이름이 붙을 정도였으나[31] 기자의 탁월함에는 미치지 못했다. 묘청은 임금을 배반하고 최정보(崔正甫)는 자신의 아버지를 죽였으니[32] 또 어떤 일이 이곳에서 일어날 것인가? 안타깝구나, 풍속이 사람을 변하게 하다니. 위정자가 이를 보면 어찌 염려하여 선으로 인도하려고 하지 않겠는가? 그렇지 않다면 어찌 "제나라를 한번 변화시키면 노나라의 경지에 이르게 할 수 있고, 노나라를 한번 변화시키면 선왕의 도의 경지에 이르게 할 수 있다(齊一變至於魯, 魯一變至於道)"[33]라고 하겠는가?

『한서』에 따르면 기자가 백성들에게 예의와 농사, 누에치는 법, 베 짜는 법을 가르쳤으며 백성을 위해 팔조금법(八條禁法)을 만들었다. 사람을 죽이면 즉시 사형에 처한다, 남에게 상해를 입힌 자는 곡식으로

---

30 동천왕(東川王) : 고구려 제11대 왕(재위 227~248). 동양왕(東襄王)이라고도 한다. 재위기간은 227~248년이다.

31 『삼국사기』「고구려본기」의 기록에 따르면 동천왕이 세상을 떠났을 때 왕의 은덕을 생각하여 따라 죽는 사람들이 많자 백성들이 작은 잡목(柴)을 잘라 그 시신들을 덮어서 '시원'이라는 이름이 붙게 되었다고 한다.

32 『조선왕조실록』 1588년 7월 4일 기사에 평양에서 제 아비를 시해한 최정보에게 형을 집행한다는 내용이 나온다.

33 『논어』「옹야(雍也)」에 "제나라를 한 번 변화시키면 노나라의 경지에 이르게 할 수 있고, 노나라를 한 번 변화시키면 선왕의 도의 경지에 이르게 할 수 있다(齊一變至於魯, 魯一變至於道)" 구절이 나온다.

배상한다, 남의 물건을 훔친 자는 데려다 노비로 삼으며 속죄하고자 하는 자는 1인당 50만 전(錢)을 내야 한다는 것이다.[34] 죄를 면한다고 해도 풍속에서 이를 수치스럽게 여기기 때문에 시집가거나 장가들 배우자가 없었다. 천성이 유순하여 삼방(三方)의 풍속과는 다르며 기풍이 유순하고 근실하다.

『후한서』에 따르면 천성이 유순하여 바른 도리로 다스리기 쉽다. 음주가무를 좋아하며 혹 관을 쓰고 비단옷을 입으며 밥을 먹을 때는 조두(俎豆)를 사용한다. 이른바 "중국에서 예를 잃으면 오랑캐(四夷)에게서 찾는다(中國失禮求之四夷)"[35]인 것이다. 이들의 풍속은 음식을 절제하고 집 꾸미기를 좋아한다.

『북사(北史)』에 따르면 부모와 남편이 죽으면 복상은 모두 3년이고, 형제가 죽으면 3개월이라고 한다.

『오대사(五代史)』에 따르면 사람들이 문자를 알고 삼년상을 치른다고 하였다.

『남사(南史)』에 따르면 사람들이 기력을 숭상하고 활쏘기, 칼, 창을 잘 쓰며 갑옷을 입고 전투를 익힌다고 한다.

후위(後魏) 때에는 여러 나라에 사저(使邸)[36]를 두었는데 제(齊)나라 사저가 첫 번째, 고구려가 그 다음이었다.[37]

---

34 8조법금의 전문은 전하지 않고 3개 조만이 『한서』 지리지에 전한다.
35 『삼국지』「위서(魏書)」 〈동이전(東夷傳)〉에 "비록 오랑캐의 나라이나 조두의 모습이 남아 있으니 중국에서 예를 잃으면 오랑캐에서 구한다는 것을 여전히 믿을 수 있다(雖夷狄之邦, 而俎豆之象存, 中國失禮求之四夷, 猶信)" 구절이 나온다.
36 사신이 머무는 관청.
37 『평양지』「풍속」은 고전번역원의 한국고전종합DB에서 제공하는 『신증동국여지승람』에 그대로 나와 있는 부분이다. 본 번역문에서는 이를 참고하되 경우에 따라 수정하였다. 특히 이 구절의 경우 한국고전종합DB에 상반되는 두 가지 번역이 나와 있어 유의할 필요가 있다. 이 구절은 여러 문헌에 인용되고 있는데 『해동역사(海東

『요동지(遼東誌)』에 따르면 성격이 유순하고 공손하며, 빌리는 문제에 대해서는 가차 없으며 복식은 검소하여 옛날의 유풍이 있다고 하였다.

『수서(隋書)』에 따르면 경술을 숭상하고 문학과 역사를 좋아하여 중국의 경도(京都)에 유학 가는 사람들이 끊이지 않는다. 개중에는 죽을 때까지 돌아가지 않는 자들도 있었으니, 이것이 선대(기자)의 유풍이 아니면 누가 이렇게 만들 수 있었겠는가라고 하였다.

『당서(唐書)』에 따르면 사람들이 바둑과 투호(投壺),[38] 축국(蹴鞠)[39]을 좋아한다. 산골짜기에 살며 풀로 지붕을 이었고, 오직 왕궁과 관청, 절만은 기와로 이었다. 가난한 백성은 한겨울에는 긴 구들[長坑]을 만들어 불을 지펴 온기를 취한다. 사람들은 학문을 좋아하여 빈천한 집에서도 서로 권면한다. 네거리 옆에는 경당(扃堂)[40]을 지어놓고 결혼하지 않은 자제들이 함께 모여 경서를 외고 활쏘기를 연습한다.

고려 이색(李穡)의 기문(記文)에 "사람들이 생업을 즐긴다(人士樂業)"[41] 구절이 있다.

조선 권근(權近)의 기문에 "고구려 때부터 무강(武强)을 숭상하였고, 고려 때에 요(遼)·금(金)과 국경을 접하여 점차 오랑캐 풍속에 물들게 되

繹史)』「교빙지(交聘志)」에는 이 구절을 위와 같이 사저(使邸)를 두는 내용으로 파악하여 번역하고 있으나 『신증동국여지승람』의 「평양부」에서는 이를 "후위 때 여러 나라 사신들의 시합에서 제나라 사신이 1등을 했고 고려가 2등을 했다"로 번역하고 있다. 이는 바로 앞의 『남사』 서술의 연장선상에서 파악했기 때문에 생긴 착오로 보인다.

38 병을 놓고 일정한 거리에 놓고 그 속에 화살을 던져 승부를 가리는 놀이.

39 삼국시대 때 성행했던 공차기. 타구(打毬)·농주(弄珠), 기구(氣毬)라고도 한다. 공은 가죽주머니로 만들어 겨를 넣거나 공기를 넣고 그 위에 꿩의 깃을 꽂았고, 공을 땅에 떨어뜨리는 사람이 지는 경기이다. 축국은 후에 제기차기로 변화되었다.

40 원문에는 '局'자로 되어 있으나 오자이다.

41 『목은문고(牧隱文藁)』 권1에 수록된 「서경풍월루기(西京風月樓記)」에 "더욱이 서경은 나라의 바탕이 되고 서북지역을 제압하며 사람들이 생업을 즐기니 기자의 유풍이 있다(況西京爲國根抵, 控制西北, 人士樂業, 有箕子之遺風焉)" 구절이 나온다.

어 풍속이 사납고 교만해졌다. 대저 백성들의 성품이 중후하고 솔직하여 선(善)으로 인도하면 쉽게 감화되고 맹렬하게 몰아치면 충분히 부강한 업적을 이룰 수 있다"[42]와 "평양은 기자가 예전에 봉해진 곳으로 8조목의 가르침으로 백성들이 예의를 알았고, 주몽(朱蒙) 이후로는 말타기와 활쏘기를 익혀 그 풍속이 결국 변하였다. 수(隋)·당(唐)의 막강한 병력으로도 굴복시키지 못했으니 그 용맹하고 강성함을 알 수 있다"[43] 구절이 있다.

「형승(形勝)」

위문후(魏文侯)는 "아름답군요. 산하의 군건함이 우리 위나라의 보배입니다",[44] 소강절(邵康節)은 "온 낙양성(洛陽城) 모두가 노닐 만하다"[45]라고 하였다. 무릇 산하의 아름다움은 하늘과 땅이 만드는 것이지 사람의 힘으로 할 수 있는 바가 아니다. 평양의 형승은 진(晉)나라 낙양보다 못하지 않으나 안타깝게도 이를 화려하게 글로 쓴 사람이 없어서 세상에 널리 알려지지 못했으니 어찌 흠이 아니랴. 이에 대강만을 선별하여 여기에 기록한다.

---

42 『양촌집(陽村集)』 권12 「평양성대동문루기(平壤城大同門樓記)」에 나온다.
43 『양촌집』 권19 「평양부윤 이공을 전송하는 시의 서문(送平壤府尹李公一原一詩序)」에 실려 있다.
44 『사기열전』 「孫子吳起」에 나온다. 이 구절은 위문후가 아니라 그 뒤를 이은 무후(武侯)가 배를 타고 서하(西河)를 지나다가 오기(吳起)에게 한 말이다.
45 소옹(邵雍)의 〈안락와에서 읊다(安樂窩中吟)〉에 나오는 구절로, 『평양지』 원문에는 "遍洛陽城皆可遊"라고 했지만 이 시의 구절은 "遍洛陽園身可遊"이다.

『고려사(高麗史)』에 따르면 "경계가 황해에 닿았고 땅이 북쪽 국경에 접해있다"[46]고 한다.

김부식(金富軾)이 말하기를, "북쪽으로 산을 등지고 삼면이 물에 막혀 있으며 성 또한 높고 험하다"[47]라고 하였다.

이색(李穡)의 기문에 "나라의 근본이 되는 곳으로 서북 지역을 제어하고 있다"[48]고 하였다.

권근(權近)의 기문(記文)에 "긴 강을 굽어보며 멀리 넓은 들판을 향한다"[49]고 하였다.

을밀대(乙密臺) 금수산(錦繡山) 정상에 있으며 평탄하고 탁 트여 있다. '사허정(四虛亭)'이라고도 한다.

봉황대(鳳凰臺) 부(府)에서 서쪽으로 10리 떨어진 다경루(多景樓) 서쪽에 있다. 삼산이수(三山二水)[50]의 승경이 있다.

능라도(綾羅島) 둘레가 12리이며 백은탄(白銀灘) 북쪽에 있다. 세상에서 전하기를, 성천(成川)에서 떠내려 왔다고 한다.

추남허(楸南墟) 주암사(酒岩寺) 뒷산이다.

만경대(萬景臺) 부 서남쪽에 있는 봉황대(鳳凰臺)에서 서쪽으로 5리쯤 떨어진 곳에 있다. 옛날에는 순화현(順和縣) 땅이었다. 지대의 높낮이가 완연하고 강산이 탁 트여 있어 경치가 호쾌하고 크다.

---

46 『고려사』「열전」〈김심언(金審言)〉에 "우리나라의 서경은 경계가 황해에 닿았고 땅이 북쪽 국경에 접해있다(我國家, 以西京, 境壓鯨津, 地連鴈塞)" 구절이 나온다.

47 『고려사』「열전」〈김부식〉에 나온다.

48 이색, 「서경풍월루기(西京風月樓記)」, 『목은문고(牧隱文藁)』 권1.

49 『양촌집(陽村集)』 권12 「평양성대동문루기(平壤城大同門樓記)」에 실려 있다.

50 이백의 〈금릉 봉황대에 올라(登金陵鳳凰臺)〉에 나오는 "삼산 봉우리는 하늘 높이 솟아있고, 두 줄기 물길은 갈라져 백로섬이 되었네(三山半落靑天外, 二水中分白鷺洲)"를 상기시키는 표현이다. 경기민요 〈양산도〉에 "삼산은 반락에 모란봉이요 이수중분에 능라로다"라는 구절이 있다.

춘양대(春陽臺) 관풍전(觀風殿) 북쪽에 있다. 민간에서 '위 마르터[上密德]'라고 부른다.

추양대(秋陽臺) 정양문(正陽門) 서쪽에 있다. 민간에서 '아래 마르터[下密德]'라고 부른다.

동양대(東陽臺) 장경문(長慶門) 안 북쪽에 있다.

청류벽(清流壁) 장경문(長慶門) 밖에 있다. 강 언덕은 부벽루를 왕래하는 길이 가장 기이하고 빼어나다. 중국 사신 공용경(龔用卿)[51]의 비석이 있다.

「산천(山川)」

산에서 구름이 나오고 못에서 수증기가 올라가서 천지간에 축적되고[52] 만고에 걸쳐 뒤섞여서 풍기(風氣)의 맥락에 따라 맺혔다가 흩어지는데 모두 세도(世道)의 바탕으로 삼기에 충분하다. 이 때문에 삼가 기록한다.

금수산(錦繡山) 부(府) 북쪽 5리에 있는 진산(鎮山)이다.

구룡산(九龍山) 부(府) 북쪽 20리에 있다. '대성산(大城山)'이라고도 한다. 옛 기록에는 산 정상에 99개의 못이 있었다고 하는데 지금은 3개의 못만 있다. 가뭄이 들 때 기우제를 하여 효험이 있었다. •『문헌통고』에

---

51 1537년(중종 32)에 조선을 방문한 명나라 사신.
52 적소(積蘇) : 쌓아 둔 마른 풀이란 말로, 높은 데 올라 바라보는 산천이 그와 같다는 뜻. 『열자』「周穆王」. "그 궁궐과 정자가 흙더미와 땔감용 풀더미 같았다(其宮榭若累塊積蘇焉)".

서 "평양성 동북쪽에 노양산(魯陽山)이 있다"고 했는데 바로 이 산을 가리킨다.

창광산(蒼光山) 부(府) 서남쪽 4리에 있다. 민간에서 전하기를 김부식이 군대를 이끌고 성을 포위하자 묘청이 짚 거적으로 이 산을 덮어 창고가 풍부한 것처럼 보이게 했다고 한다. 이 때문에 '창관산(倉觀山)'이라고도 한다.

목멱산(木覓山) 부(府)의 동쪽 4리에 있다. 황성(黃城)의 옛터가 있는데, '경성(絅城)'[53]이라고도 한다. 세상에서 전하기를 고구려 고국원왕(古國原王)이 구도성(九都城)에 있을 때 모용황(慕容皝)에게 패해서 이쪽으로 옮겨 왔다고 한다.

용악산(龍岳山) 부(府) 서쪽 28리에 있다. '농학산(弄鶴山)'이라고도 한다.

대보산(大寶山) 부(府) 서쪽 37리에 있다.

위산(葦山) 부(府) 서남쪽 20리에 있으며 남쪽으로 패수(浿水)와 가까이 있다.

형제산(兄弟山) 부(府) 북쪽 50리에 있으며 두 산이 나란히 솟아 있어 마치 형제 같다.

마산(馬山) 부(府) 북쪽 40리에 있다. 민간에서 전하기를 용마(龍馬)가 나와 노닐었다고 한다. 그래서 이런 이름을 얻었다.

부산(斧山) 부(府) 북쪽 30리에 있다. 민간에서 전하기를 어떤 용맹한 장수가 이곳에서 도끼로 적을 무찔렀다고 해서 이러한 이름을 얻었다.

덕암(德巖) 대동문(大同門) 밖에 있다. 우뚝 솟아 물을 막아낼 수 있다. 그래서 부의 사람들이 그 은덕을 고맙게 여겨 이러한 이름을 붙였다.

주암(酒巖) 부(府) 동북쪽 10리에 있다. 민간에서 전하기를 술이 바위

---

53 여기서 대본으로 삼은 규장각본(古 4790)에는 '絅城'으로 되어 있고 안정복의 『동사강목(東史綱目)』에서도 '絅城'이라고 했으나 규장각 소장본 『평양지』(규4885)에는 '강성(絅城)'으로 되어 있다. 고전번역원 한국고전종합DB 『신증동국여지승람』에는 '형성(絅城)'으로 읽고 번역하였다.

틈으로 흘러 나왔다고 하는데 그 흔적이 여전히 남아있다. 그래서 이런 이름을 얻었다.

이암(狸巖) 제연(梯淵) 남쪽에 있다.

대동강(大同江) 부(府)의 동쪽 1리에 있다. '패강(浿江)' 또는 '왕성강(王城江)'이라고도 한다. 그 수원은 둘인데, 하나는 영원군(寧遠郡) 가막동(加幕洞)에서 나와 남쪽으로 흘러 맹산현(孟山縣) 북쪽에 이르렀다가 다시 꺾여 서쪽으로 흘러 덕천군(德川郡) 경계까지 흐른 뒤 삼탄(三灘)과 합류하여 남쪽으로 흘러 개천군(价川郡) 경계에 이르러 순천강(順川江)이 된다. 순천군(順川郡) 경계에 이르러 성암진(城岩津)이 되고 자산군(慈山郡) 경계에 이르러 우가연(禹家淵)이 된다. 여기에서 동쪽으로 흘러 강동현(江東縣) 경계에 이르러 잡파탄(雜派灘)이 된다. 다른 하나는 양덕현(陽德縣) 북쪽 문음산(文音山)에서 나와 서남쪽으로 흘러 성천부(成川府) 경계에 이르러 비류강(沸流江)이 되고 다시 꺾여 남쪽으로 흘러 강동현(江東縣) 경계에 이르러 잡파탄과 합류하여 서진강(西津江)이 되고, 부성(府城) 동북쪽에 이르러 마탄(馬灘)이 되고, 부성 동쪽에 이르러 백은탄(白銀灘)이 되고 다시 대동강이 된다. 여기에서 서쪽으로 흘러 구진익수(九津溺水)가 되고 내려가 평양강(平壤江)과 합류하여 중화현(中和縣) 서쪽에 이르러 이진강(梨津江)이 되고, 용강현(龍岡縣) 동쪽에 이르러 급수문(急水門)으로 나가 바다로 들어간다.

고려 김부식은 "평양성은 오늘날 서경(西京)인 듯하며 패수(浿水)는 대동강이 맞다"고 하였다. 『당서』에서는 "평양성은 한(漢)의 낙랑군(樂浪郡)이다. 산을 따라 구불구불 성곽을 만들고 남쪽으로는 패수 물가에 닿았다"고 하였다. 『지(志)』[54]에서는 "등주(登州)에서 동북쪽 바다로 나가서 남쪽 해안을 끼고 가면 패강 입구 초도(椒島)를 지나 신라 서북쪽에 도달할 수 있다"고 하였다. 또 수(隋) 양제(煬帝)가 동쪽나라를 정벌한 다고 한 조서에서는 "큰 바다를 건너는 군사는 천리에 이어진 전선을 몰아 빠른 바람을 타서 번개처럼 달려가고 커다란 전함이 구름처럼 날아가 패강을 가로질러 곧장 평양으로 나아갈 것이다"[55]고 하였다. 이로써 말한다면 지금의 대동강이 패수라는 것은 분명하므로 서경이 평양이라는 것도 알 수 있다. 『당서』에서는 "평양성은 '장안(長安)'이라고도 하였다"고 하였으나 고기(古記)에서는 "평양에서 장안으로 옮겼다"고 하였으니 두 성이[56] 같은지, 거리가 얼마인지는 알 수 없다. 고구려는 처음에는 중국 북쪽 땅에 있었다가, 점점 패수의 근처까지 동쪽으로 옮겨 온 것이다.[57]

사마천의 『사기』「열전」에 따르면 "한나라가 흥하자 요동의 옛 변방을 수리하였으며 패수에 이르러 경계로 삼았다. 위만(衛滿)이 망명하여 동쪽으로 와서 변경을 넘고 패수를 건너 왕검에 도읍을 세웠다"고 하였으니 압록강을 패수로 여긴 것이다. 그리고 『당서』에서는 "평양성은 한(漢)의 낙랑군(樂浪郡)이며 남쪽으로 패수 물가에 닿았다"고 하였으니, 지

---

54 『신당서(新唐書)』「지리지(地理志)」를 가리킨다. 해당 구절은 "등주에서 바닷길로 동북쪽 방향으로 가는데 대사도·구흠도·말도·오호도까지 300리나 가야한다. 북쪽에서 오호해를 건너 마석산 동쪽의 도리진까지 200리나 된다. 동쪽으로 바닷가를 따라 청니포·도화포·행화포·석인왕·탁나만·오골강을 지나는데 800리나 된다. 다시 남쪽 바닷가를 따라 오목도·패강 입구 초도를 거쳐야 신라 서북쪽의 장구진에 도착할 수 있다(登州東北海行, 過大謝島·龜歆島·末島·烏湖島三百里. 北渡烏湖海, 至馬石山東之都裡鎮二百里. 東傍海壖, 過青泥浦·桃花浦·杏花浦·石人汪·橐駝灣·烏骨江八百里. 乃南傍海壖, 過烏牧島·浿江口椒島, 得新羅西北之長口鎮)"이다.

55 『수서』「제기(帝紀)」제4에 수록된 내용이다. 612년(영양왕 23) 정월에 수 양제가 고구려를 정벌하기 위해 조서를 내렸다.

56 『평양지』원문에는 '三城'으로 되어 있으나 이 글의 앞뒤 맥락과 『삼국사기』의 '二城' 기록에 따라 '두 성'으로 번역하였다.

57 『삼국사기』권 제37 「잡지(雜志)」제6에 수록된 내용이다.

금의 대동강을 가리키는 것이다. 또 『고려사』에서 "평산부(平山府) 저탄(猪灘)이 패강이며 백제의 시조(始祖)가 북쪽으로 패강을 경계로 삼았다. 당(唐)나라 황제가 패강 서포(西浦)에 배를 대고 돈을 깔고서[58] 육지에 내려 송악군(松岳郡)에 이르렀다"고 하였으니 아마도 이곳을 가리킨 듯하다. 이로써 보건대 우리나라 경내에는 원래 세 개의 패수가 있는데 예나 지금이나 많은 사람들이 확실히 아는 곳은 오직 대동강뿐이다.

고려 인종(仁宗)이 서경에 행차했을 때 묘청(妙淸)·백수한(白壽翰) 등이 큰 떡을 만들고 그 속을 비운 뒤 구멍 하나를 뚫어 익은 기름(熟油)을 채워 넣고 강에 던졌는데 기름이 수면 위로 떠올라 마치 오색(五色)처럼 보였다. 백수한 등의 무리가 "신룡(神龍)이 침을 뱉어 오색구름을 만든 것이니, 이는 매우 상서로운 조짐입니다. 백관들에게 축하하게 하소서"라고 하여 왕이 문공인(文公仁) 등을 보내 살펴보게 하였다. 기름칠한 가죽신을 만드는 자가 "익은 기름(熟油)은 물에 뜨면 특이한 색깔이 납니다"라고 하여 잠수를 잘하는 자를 시켜 그 떡을 찾아내었고 그제야 속임수라는 것을 알았다.

최자(崔滋)의 부(賦)[59]에 "여러 물줄기 모였으니, 이름이 대동이라. 맑은 강물 일렁일렁, 호경(鎬京)을 안고 풍수(灃水)를 모아온 듯.[60] 깨끗하여 흰 비단 간 듯, 맑기는 청동거울 같네 (…중략…) 닻줄을 풀고 목란(木蘭)배 띄워 중류에서 고개를 돌려보니, 황홀하여 그림병풍 안에 있는

---

58 『고려사』「고려세계(高麗世系)」에서 상세한 내용을 확인할 수 있다. 중국 당나라 숙종(肅宗)이 황태자로 있을 때 산천을 두루 유람하고자 하여 753년 봄에 바다를 건너 패강 서포에 이르렀다. 조수가 물러가고 강기슭이 진흙투성이가 되자 호종하는 신하들이 배 안에서 돈을 꺼내 땅 바닥에 깔고 그 위를 밟고 언덕에 올라갔다고 한다.

59 최자의 〈삼도부(三都賦)〉를 가리킨다.

60 주 무왕은 은나라를 멸망시킨 뒤 풍수(灃水)를 사이에 두고 은나라 수도였던 풍읍(豐邑)에서 맞은편에 있는 호경(鎬京)으로 천도했다.

듯하네(衆水所匯, 名爲大同. 晶溁晃漾, 抱鎬欲澧. 淨鋪素練, 皎若青銅. (…중략…) 爾乃解錦纜浮蘭舟, 中流回首, 怳然如在畫屛中也)"라고 하였다.

민간에서 전하기를, 한(韓)나라 때 이 지역에서 은종(銀鍾)을 만들었는데 매우 진귀한 보물이었다. 이웃나라에서 듣고 무게를 묻자 공격을 당할까 두려워 석벽을 파서 보관하려고 계획을 세웠다. 적병이 기습을 하여 정신없는 사이에 강물에 던져 버렸는데 덕암과 주암 아래에서 두 용이 이것을 서로 가지려고 싸우느라 강물이 온통 붉게 변했다. 주암의 용이 승리하여 가져갈 때 강물이 사흘간 역류하였다. 지금도 청류벽에는 숨겨둔 종의 흔적이 남아있고 주암 아래의 물이 맑을 때는 어부들이 간혹 하얀 기운이 비껴 반사되는 것을 알아본다고 한다.

평양강(平壤江) 부의 서남쪽 10리에 있다. 그 수원은 순안현(順安縣) 법홍산(法弘山)에서 나오며 보통문(普通門) 밖을 지나 구진익수(九津溺水)와 합류한다.

박금천(薄金川) 부의 북쪽 9리에 있다.

백은탄(白銀灘) 부의 동북쪽 4리에 있다. 물살이 세고 빠르며 한겨울에도 얼지 않는다.

적교포(狄橋浦) 부의 서쪽 25리에 있다. 그 수원은 부의 서쪽 사이현(沙伊峴)에서 나오며 평양강으로 들어간다.

양명포(揚命浦) 부의 서쪽 5리에 있다. •고려 묘청의 난 때 김부식이 적군의 식량이 다하여 잡을 수 있는 상황인 것을 알고 여러 장수들에게 명하여 토산(土山)을 쌓아올려 양명포로 넘어가서 적이 있는 성의 서남쪽 모퉁이에 이르렀다. 교인(僑人)[61] 조언헌(趙彦獻)의 계책에 따라 대포

---

61 남의 집이나 타향에서 임시로 머물고 있는 사람.

틀을 만들어 토산 위에 두었다. 그 규모가 높고 커서 무게가 수백 근이
나 되는 돌을 날려 성루(城樓)를 맞춰 부서뜨리고 이어 화구(火毬)를 퍼부
어 불을 지르니 적이 감히 가까이 오지 못했다. 토산의 높이는 8길(丈)이
고 길이는 70여 길, 너비는 18길이었다. •1213년(강종 2)에 포구의 강물
에서 큰 항아리만한 돌이 저절로 육지로 나와 120보쯤을 돌아 다녔다.

연포(燕浦) 부의 남쪽 10리에 있다. 그 수원은 부의 동쪽 당동(唐洞) 소
지(召池)에서 나와 구진익수로 들어간다.

마탄(馬灘) 부의 동쪽 40리에 있다. •묘청의 무리가 병졸들을 뽑아 훈
련시켜 관군을 막을 계획을 세웠다. 김부식은 후군(後軍)이 적고 약한
것을 염려하여 밤에 보병과 기병 1천 명을 보내 병력을 증강시켰다. 적
이 이를 알지 못하고 새벽에 마탄 자포(紫浦)를 건너 곧바로 후군을 공
격하였다. 중 관선(冠宣)이 군사 모집에 응해 종군하여 갑옷을 입고 큰
도끼를 메고 먼저 나와 적을 격파하여 10여 명을 죽였다. 관군이 승기
를 잡아 대파하자 적은 모두 짓밟히고 강으로 달려가 빠져 죽었다.

남포(南浦) 옛 이름은 당포(唐浦)이며 부의 서남쪽 5리에 있다.

구진익수(九津溺水) 부 남쪽 10리에 있으며 '마둔진(麻屯津)'이라고도 한다.

석포(石浦) 부 서쪽 11리에 있다. 그 서쪽 기슭에 바위가 있어서 이러
한 이름이 붙었다.

장고천(長鼓川) 부 북쪽 40리에 있다. 수원은 법홍산(法弘山)에서 나오
며 대동강으로 들어간다.

대정(大井) 부 남쪽 30리에 있다.

우정(牛井) 부 동쪽 20리에 있다. 민간에서 전하기를 "두 우물에 용이
있다"고 하여 가뭄이 들면 기우제를 지낸다.

풍정(楓井) 부 동쪽 율사(栗寺) 아래에 있다. 물고기가 있는데 모두 눈

이 하나만 있어서 사람들이 모두 신성시한다.

양각도(羊角島) 둘레가 3리이고 구진익수 가에 있다.

두로도(豆老島) 둘레가 21리이고 부의 서남쪽 10리에 있다. 주민들이 모여 산다.

독발도(禿鉢島) 둘레가 19리이고 부 서남쪽 12리에 있다. 마찬가지로 촌락이 있다.

두단도(豆段島) 둘레가 6리이고 부 서남쪽 10리에 있다. 인가(人家)가 있다.

이로도(伊老島) 둘레가 23리이고 부 서남쪽 35리에 있다. 인가(人家)가 많이 있다.

벽지도(碧只島) 둘레가 22리이고 부 서남쪽 25리에 있다. 인가도 있다.

보음통지(甫音筒池) 부 서남쪽 20리에 있다.

율사지(栗寺池) 부 동쪽 30리에 있다.

흘이방지(訖伊方池) 부 서쪽 40리에 있다.

일영지(日影池) 함구문(含毬門) 안에 있다.

월영지(月影池) 함구문 밖에 있다.

도영지(倒影池) 풍월루(風月樓) 북쪽에 있다.

장흥지(長興池) 다경문(多景門) 북쪽에 있으며 연꽃이 가장 많이 피어있다.

계림지(桂林池) 추양대(秋陽臺) 서쪽에 있다.

대설지(大舌池)·**소설지**(小舌池) 모두 보통문(普通門) 안 서쪽에 있다. 가뭄이 들 때 키[箕]를 씻었는데 효험이 있었다.

「누정(樓亭)」

강산이 빼어나고 성곽이 장대해도, 만약 누정이 없다면 또 무엇으로 우울한 마음을 풀어 맑고 탁 트인 마음으로 나아갈 수 있겠는가? 이것이 악(鄂) 지방에 악양루(岳陽樓)[62]가, 저(滁) 지방에 풍락정(豊樂亭)[63]이 만들어진 이유이다. 평양은 곳곳마다 모두 집을 지을 만하고 구비구비마다 즐겁게 노닐 만하다. 그렇지만 누정 건물을 지은 곳은 분명히 그 중 가장 풍경이 빼어난 곳을 골라서 마음을 둔 것이다. 이미 없어진 곳이라고 하더라도 또한 기록하지 않을 수 없다.

부벽루(浮碧樓) 을밀대(乙密臺) 아래 영명사(永明寺) 동쪽에 있다.

풍월루(風月樓) 읍호루(挹灝樓) 문 안 연선점(延仙店)의 옛 터[64]에 있다. 연지(蓮池)가 있다.

망월루(望月樓) 대동관(大同館) 서헌(西軒) 옆에 있다. 중국 사신 오희맹(吳希孟)이 편액을 바꾸어 '선월정(先月亭)'이라고 하였다.

읍호루(挹灝樓) 대동문루(大同門樓)이다. 감사 안윤덕(安潤德)이 지금 이름으로 바꾸었다. 큰 종이 있다.

---

62 악양루는 중국 호남성(湖南省) 악주(岳州府)에 있는 누각이다. '악(鄂)'은 현재는 호북성(湖北省)의 별칭이지만 이전 시대에는 동정호(洞庭湖) 부근을 가리키는 단어였던 것 같다.

63 저주(滁州)는 중국 안휘성(安徽省)에 있는 지명이다. 북송(北宋) 문인 구양수(歐陽修)가 저주의 태수(太守)가 되어 갔을 때 풍락정을 짓고 그 전말을 「풍락정기(豊樂亭記)」로 남겼다.

64 이색(李穡)의 「서경풍월루기(西京風月樓記)」에는 "영선점(迎仙店)의 옛터에 자리를 잡았다"고 하였다.

망원루(望遠樓) 대동강 동쪽 기슭에 있다.

영귀루(詠歸樓) 남포 가에 있다. 서윤 한구(韓鉤)가 옛날 그대로 중수하였다.

연광정(練光亭) 덕암(德巖) 성(城) 위에 있다. 감사 허굉(許硡)이 짓고 남곤 (南袞)이 이름을 붙였다. 1530년(중종 25)에 서윤 홍신(洪愼)이 크게 중수하였다. 1577년(선조 10) 서윤 유사규(柳思規) 또한 중수했고 서윤 장의국(張義國)이 이를 계승하여 완공하였다.

쾌재정(快哉亭) 대동관 동헌(東軒) 옆에 있다. 서윤 홍신(洪愼)과 판관 이수견(李壽堅)이 지었다. 상쾌하기가 비할 바 없다.

함벽정(涵碧亭) 부벽루 옆에 있다.

취원정(聚遠亭) 감사 이량(李樑)이 지었다.

군자루(君子樓) 감사 윤의중(尹毅中)이 지었다.

애련당(愛蓮堂) 풍월루 북쪽 연지(蓮池) 안에 있다. 1542년(중종 37)에 서윤 이원손(李元孫)이 짓고 서윤 유주(柳澍)가 따로 팔각문(八角門)을 만들었다.

열운정(閱雲亭) 대동찰방의 숙소[65] 위에 있고, '군마를 점검한다(簡馬)'[66]는 뜻을 가져왔다. 찰방 양사언(楊士彦)이 편액을 썼다.

연무정(演武亭) 함구문 성 밖에 있다. 1588년(선조 21)[67] 서윤 홍세공(洪世恭)이 처음 창건했다.

---

65 하처(下處) : 타지에서 머무는 숙소, 또는 임시로 머무는 곳.

66 간마지의(簡馬之意) :『춘추좌씨전』에 "대열 (大閱)한다는 것은 전차와 군마를 점검한 것이다(大閱, 簡車馬也)"가 나온다.

67 원문은 '무자년(戊子年)'으로 나와 있는데, 홍세공의 생몰년(1541~1598)에 따라 1588년으로 보았다. 이 해에 홍세공은 평안도구황경차관(平安道救荒敬差官)이라는 직임으로 파견되어 있었다.

「사묘(祠墓)」

두보(杜甫)의 시(詩)에 "우임금의 사당은 빈 산에 있는데, 가을바람이 해 질녘에 비껴 부네(禹廟空山裏, 秋風落日斜)"[68]가 있는데, 이 구절에 옛 일을 생각하며 사무치게 느끼는 뜻이 깊다. 본받을 만한 분이[69] 있고 그 시신이 묻혀 있는 곳이니 말을 타고 그냥 지나가지 않고 서글프게 탄식하고 숙연 하게 경모하는 자가 있으리라.

영숭전(永崇殿) 부(府)의 성 안에 있다. 바로 고려 장락궁(長樂宮) 옛 터이 다. 우리 태조 어진이 봉안된 곳으로 육명일(六名日)[70]에 제사를 지낸다. [제기(祭器)] 청동화로 1, 십품은[71]으로 만든 잔(十品銀盃) 3, 은으로 도 금한 별아(銀別兒) 1, 은자라(銀者羅) 1, 항금(項金) 2, 납환(鑞環) 24, 은젓가 락(銀筋) 1쌍, 놋쇠새옹(鍮沙用) 3, 놋쇠주발(鍮周鉢) 9, 놋쇠뚜껑(鍮盖兒) 3, 은우리(銀于里) 6, 계우리(桂于里) 4, 놋쇠촛대(鍮燭臺) 2, 놋쇠분(鍮盆) 3, 청 동향로(青銅香爐) 1, 놋쇠향합(鍮香榼) 1, 놋쇠 숟가락(鍮香匙)[72] 1

단군사(檀君祠) · **동명왕사**(東明王祠) 하나의 사당으로 같은 건물이다. 매 년 봄 · 가을에 향(香)과 축문(祝文)을 하사받아 중사(中祀)[73]로 제사를 지

---

68 두보의 시 〈우임금의 사당(禹廟)〉에 나오는 구절이다.
69 본보기가 될 만한 사람이나 본받을 만한 행동. 『시경(詩經)』 「대아(大雅)」 〈문왕(文 王)〉에 "문왕을 모범으로 삼으면 온 세상이 신뢰하리라(儀刑文王 萬邦作孚)" 구절이 있다.
70 여섯 명절을 가리키는 것으로 보인다. 설, 한식, 단오, 추석, 중양절, 동지.
71 십품은(十品銀) : 최상의 은.
72 '향시(香匙)'는 재를 돋우거나 정리할 때 쓰는 숟가락으로 여기에서는 '숟가락'으로 통일하여 번역하였다.
73 나라에서 지내는 제사의 하나. 국가의 제2등급(第二等級) 사전(祀典).

낸다. 1429년(세종 11)에 처음 설치했다.

정전(正殿) 3가(架) 4칸(間),[74] 동쪽 행랑 3칸, 서쪽 행랑 2칸, 전지기(殿直) 거처 2칸, 대문 3칸, 동서 협문 각 1

[양위놋쇠제기(兩位鍮祭器)] 형(鉶) 6, 작(爵) 6, 향합(香榼) 2, 용작(龍勺) 2, 희준(犧尊) 2, 상준(象尊) 2, 보(簠) 4, 궤(簋) 4, 뇌준(罍尊) 2, 향로(香爐) 2, 놋쇠 숟가락(鍮香匙) 1

• 『고려사』에 따르면 인리방(仁里坊)에 사우(祠宇)가 있는데 때때로 어압(御押)[75]을 하사받아 제사를 지냈다. 초하루와 보름 때 역시 관에서 제사를 지냈다. 읍의 사람들은 지금도 일이 생길 때마다 기도한다. 세상에서 전하기를 '동명왕성제사(東明王聖帝祠)'라고 하며 본조에 들어와 처음 두었다고 하는데 상고할 수 없다.

기자사(箕子祠) 단군사 옆에 있다. 내용은 『기자지(箕子志)』에 상세하게 나와 있다.

정전 3가 3칸, 동서 행랑 각 3칸, 신문(神門) 3칸, 동서 협문 각 1, 참봉 거처 3칸, 대문 3칸, 비각 3칸, 양전(兩殿) 재계청(齋戒廳) 7칸, 소문(小門) 2

[놋쇠제기(鍮祭器)] 형(鉶) 3, 작(爵) 3, 용작(龍勺) 2, 향로(香爐) 2, 향합(香榼) 1, 은 숟가락(銀香匙) 1, 보(簠) 2, 궤(簋) 2, 희준(犧尊) 2, 상준(象尊) 2, 뇌준(罍尊) 2

사직단(社稷壇) 부 서쪽에 있다.

[제기(祭器)] 놋쇠 보(鍮簠) 4, 놋쇠 궤(鍮簋) 4, 놋쇠 작(鍮爵) 2, 놋쇠 향로(鍮香爐) 2, 놋쇠 향합(鍮香榼) 2, 놋쇠 촛대(鍮燭臺) 3, 놋쇠 뇌준(鍮罍尊) 2,

---

[74] 칸(間)은 기둥과 기둥 사이 공간을, 가(架)는 기둥이 떠받치는 지붕의 들보인 도리의 개수를 말한다.
[75] 임금의 수결을 새긴 도장.

비(匕) 1

문묘(文廟) 향교에 있다. 오성십철(五聖十哲)[76] 모두 소상(塑像)이다. 1574년(선조 7) 조정의 명령으로 철거하고 예문(禮文)에 따라 목주(木主)[77]를 두었다.

대성전(大成殿) 3가 5칸, 동서 무(廡)[78] 각 7칸, 전영(前楹) 각 7칸, 동서 협소문(挾小門) 각 1, 신문 3칸, 좌우 소문 각 1, 대문 3칸, 동익랑(東翼廊)[79] 3칸 서익랑 2칸, 전찬청(奠饌廳) 3칸, 전사청(典祀廳) 6칸, 생문(牲門) 1칸

[놋쇠제기(鍮祭器)] 희준(犧尊) 2, 상준(象尊) 6, 뇌준(罍尊) 8, 보(簠) 133, 궤(簋) 133, 형(鉶) 15, 향로(香爐) 17, 작(爵) 139, 숟가락(匙) 16, 작점(爵坫) 36, 향합(香榼) 17, 촛대(燭臺) 30, 등잔(燈盞) 3, 시루(甑) 2

평양강사(平壤江祠) 봉황대(鳳凰臺) 위에 있다. 사전(祀典)[80]에서 서독(西瀆)[81]으로 삼아서 중사(中祀)를 지낸다.

[놋쇠제기(鍮祭器)] 형(鉶) 3, 보(簠) 2, 궤(簋) 2, 작(爵) 6, 향로(香爐) 1, 향합(香榼) 1, 촛대(燭臺) 2, 뇌준(罍尊) 1, 숟가락(匙) 1

성황사(城隍祠) 부 서쪽 4리에 있다.

청옥(廳屋) 3칸, 전영(前楹) 3칸, 동서 익랑 각 3칸, 대문 1칸

[놋쇠제기(鍮祭器)] 여제소(厲祭所) 겸용 보(簠) 2, 작(爵) 2, 향합(香榼) 3,

---

76 문묘에 봉안하여 합사(合祀)하는 공자(孔子), 안자(顔子), 증자(曾子), 자사(子思), 맹자(孟子) 5명의 성인과 공자 문하에서 학행이 뛰어난 제자로 손꼽히는 안회(顔回), 민자건(閔子騫), 염백우(冉伯牛), 중궁(仲弓), 재아(宰我), 자공(子貢), 염유(冉有), 자로(子路), 자유(子游), 자하(子夏) 등 열 사람을 아울러 일컫는 말.

77 나무로 만든 위패(位牌)나 신주(神主).

78 무(廡) : 전각 주위에 세운 행랑.

79 익랑(翼廊) : 문의 좌우편에 잇대어 지은 행랑.

80 제사에 대한 규범이나 규정.

81 사독(四瀆) : 국가에서 해마다 제사를 지내던 네 군데의 큰 강. 사독은 시대에 따라 달라졌는데, 조선 시대의 경우는 동독(東瀆)인 낙동강(洛東江), 남독(南瀆)인 한강(漢江), 서독(西瀆)인 대동강(大同江), 북독(北瀆)인 용흥강(龍興江)이다.

뇌준(罍尊) 1, 숟가락(匙) 1

여단(厲壇)[82] 부의 북쪽에 있다.

[놋쇠제기(鍮祭器)] 뇌준(罍尊) 2, 숟가락(匙) 2, 분(盆) 16

구진익수사(九津溺水祠) 부 서쪽 9리에 있다. 남쪽 기슭에 '원숭이 머리[猿頭]'라는 바위가 있다. 매년 봄·가을에 향을 하사받아 소사(小祀)[83]를 지낸다.

재실(齋室) 5칸

[놋쇠제기(鍮祭器)] 보(簠) 2, 궤(簋) 2, 작(爵) 6, 향로(香爐) 1, 향합(香榼) 1, 촛대(燭臺) 1, 뇌준(罍尊) 1, 숟가락(匙) 2

상갑사(上甲祠) 춘양대(春陽臺) 서쪽에 있다. 세상에서 전하기를 몽고병사들이 성을 포위하여 함락되려고 할 때 성 안에서 많은 쥐들이 하룻밤 동안 적병의 활줄을 모두 끊어놓아 적이 결국 물러났다고 한다. 성 안 사람들이 이 은덕을 감사하게 생각하여 제사를 지낸다.

재실(齋室) 4칸

[놋쇠제기(鍮祭器)] 보(簠) 2, 궤(簋) 2, 작(爵) 2, 향로(香爐) 1, 향합(香榼) 1, 촛대(燭臺) 2, 뇌준(罍尊) 1, 숟가락(匙) 1

부산사(斧山祠) 「산천」 항목에 상세하게 서술하였다. '전쟁을 싫어하는 신[厭兵神]'[84]이라고 한다.

[놋쇠제기(鍮祭器)] 보(簠) 2, 궤(簋) 2, 작(爵) 3, 향로(香爐) 1, 향합(香榼) 1, 뇌준(罍尊) 1, 숟가락(匙) 1

진명사(津溟祠) 덕암(德巖)에 있다.

---

82 돌림병을 예방하기 위해 주인이 없는 외로운 혼령을 국가에서 제사 지내주던 제단.
83 나라에서 지내는 제사(祭祀) 중에서 가장 규모가 작은 제사.
84 『신증동국여지승람』에서는 '압병(押兵)'이라고 하였다.

[놋쇠제기(鍮祭器)] 보(簠) 2, 궤(簋) 2, 작(爵) 2, 향로(香爐) 1, 향합(香榼) 1, 뇌준(罍尊) 1, 숟가락(匙) 1

진분사(津墳祠) 대동강 동쪽 기슭에 있다. 동대원(東大院)의 북쪽이다.

[놋쇠제기(鍮祭器)] 보(簠) 2, 작(爵) 2, 향로(香爐) 1, 향합(香榼) 1, 뇌준(罍尊) 1, 숟가락(匙) 1

진연사(津淵祠) 동망일사(東望日寺)[85] 남쪽 기슭에 있다.

[놋쇠제기(鍮祭器)] 보(簠) 2, 작(爵) 2, 향합(香榼) 1, 뇌준(罍尊) 1, 숟가락(匙) 1

진연사(津衍祠) 장수원(長水院) 서남쪽 기슭에 있다.

[놋쇠제기(鍮祭器)] 보(簠) 2, 작(爵) 2, 향합(香榼) 1, 뇌준(罍尊) 1, 숟가락(匙) 1

목멱사(木覓祠) 장소를 알 수 없다.

기자묘(箕子墓) 부 북쪽 토산(兎山) 위에 있다. 내용은 『기자지』에 상세하게 나와 있다.

동명왕묘(東明王墓) 부 남쪽 용산(龍山) 아래에 있다. 세상에서 전하기를 동명왕이 일을 아뢰려고 하늘로 올라갔다가 돌아오지 않았기에 태자가 그가 남긴 옥채찍을 여기에 묻었다고 한다. '진주묘(眞珠墓)'라고 한다.

---

85 원문의 '동망일(東望日)'은 『신증동국여지승람』 「평양부」에서는 '동망일사(東望日寺)'로만 확인된다. 사찰명을 '사(寺)'를 빼고 지칭하는 것이 일반적인 경우는 아니지만, 여기에서는 동망일사로 이해하였다.

「공서(公署)」

관(官)으로 백성을 다스리고 서(署)로 관료를 거주하게 한다. 공서(公署)라고 하는 것은 단순히 명령을 내리고 정사를 처리하는 곳일 뿐만 아니라 상하의 등급이 엄격하게 나뉘는 곳이다. 평양부는 중국 사신이 경유하는 곳이니, 사신의 접대에 어찌 조금이라도 소홀하겠는가? 사신의 왕래에 있어서도 또한 높낮이에 따라 묵는 곳이 다르다. 아래로는 각 사(司)에 이르기까지 또한 상세하게 기록하였으니 감히 번다하다고 생략할 수 없다.

대동관(大同館) 청옥(廳屋) 3칸, 전헌(前軒) 3칸, 후당(後堂) 3칸, 좌우 협문 각 1칸, 좌우 낭방(廊房) 각 7칸, 중문 1칸 문 좌우에 협문이 있다. 좌우 익랑(翼廊) 각 4칸 모퉁이에 문이 있고 각각 1칸이다. 대문 3칸 그 상루(上樓)는 3가 3칸이고 4면에 난간이 있다. 좌우 익랑 각 4칸

칙서각(勅書閣) 3칸 대청 뒤에 있다.

동헌 2가 1칸, 전영(前楹) 4칸, 좌우 영(楹) 각 2칸, 상방(上房) 2가 1칸, 후방(後房) 2칸, 분합(分閤)[86] 3칸, 동첨도영(東簷道楹) 3칸, 서첨조옥(西簷竈屋) 2칸

서헌 2가 1칸, 전영(前楹) 4칸, 좌우 영(楹) 각 2칸, 상방 2가 1칸, 후방 2칸, 분합(分閤) 3칸, 동첨도영(東簷道楹) 3칸, 서첨조옥(西簷竈屋) 3칸

향실(香室) 1칸

제위판봉안실(祭位版奉安室) 3칸

[구교방(舊教坊)] 청옥(廳屋) 2칸, 전영(前楹) 4칸, 좌우 방옥(房屋) 각 1칸, 행랑문 합쳐서 8칸

---

86 대청 앞에 들이는 네 쪽으로 된 창살문.

[정설청(正設廳)] 누옥(樓屋) 4칸, 고옥(庫屋) 3칸, 좌우 주옥문(廚屋門) 합쳐서 10칸

[수지국(收支局)] 청옥(廳屋) 3칸, 고옥(庫屋) 5칸, 주옥문(廚屋門) 합쳐서 15칸

청화관(清華館) 대동관 남쪽에 있다. 서윤 임중(林重)이 중수하였다. 성임(成任)이 편액을 썼고 성현(成俔)이 기문을 썼다.

청옥(廳屋) 3칸, 전후 영(楹) 각 3칸, 좌우 소문도(小門道) 각 1, 좌우 행랑 각 7칸, 중문 1칸, 좌우 익랑 각 4칸, 좌우 소문도 각 1, 낭랑(郎廊) 각 4칸, 대문 3칸

동헌 1칸, 전영(前楹) 3칸, 우첨도(右簷道) 3칸, 상방 2가 1칸, 후방 1칸, 분합(分閤) 2칸, 주옥(廚屋) 3칸, 북지망월소문(北至望月小門) 1

서헌 1칸, 전영(前楹) 3칸, 좌첨도(左簷道) 3칸, 상방 2가 1칸, 후방 1칸, 분합(分閤) 2칸, 주옥(廚屋) 3칸

[조현당(調絃堂)] 청옥(廳屋) 2칸, 전영(前楹) 2칸, 좌우 방 각 2칸, 행랑 9칸, 소문 3

[구동별실(舊東別室)] 청옥(廳屋) 3칸, 좌우 방 각 2칸, 동랑(東廊) 2칸, 소문 1

[삼청각(三淸閣)] 청옥(廳屋) 2칸, 전영(前楹) 4칸, 좌우 방 각 3칸, 행랑 12칸, 중문 1, 대문 2칸, 외랑(外廊) 3칸

풍월루(風月樓) 고려의 서경부윤 임모(林某)[87]가 짓고 한맹운(韓孟雲)이 편액을 썼다. 이색(李穡)의 기문이 있다.

청옥(廳屋) 5칸, 전후 영(楹) 각 5칸, 각도(閣道) 3칸, 대문루(大門樓) 3칸, 좌익랑 10칸, 우익랑 9칸, 주옥(廚屋) 9칸, 서문(西門) 1칸, 도무사공청(都務司公廳) 3칸

---

87 이색의 「서경풍월루기」에는 이름을 명시하지 않고 '임공(林公)'이라고만 하였다.

동헌 2가 1칸, 전영(前楹) 5칸, 좌우 영(楹) 각 3칸, 상방 2가 1칸, 후방 1칸, 좌익각(左翼閣) 1칸

서헌 2가 1칸, 전영(前楹) 5칸, 좌우 영(楹) 각 2칸, 상방 2가 1칸, 후방 1칸, 우익각(右翼閣) 1칸

[전례서(典禮署)] '장춘원(長春院)'이라고도 한다. 청옥(廳屋) 3칸, 전영(前楹) 3칸, 고옥(庫屋) 2칸, 악공청(樂工廳) 3칸, 기생청(妓生廳) 5칸

신관(新館) 풍월루 남쪽에 있다. 그 좌우 복도(廊)는 1580년(선조 13)[88] 여름 서윤 유주(柳澍)가 중수하고 누각을 만들었다.

청옥(廳屋) 3칸, 전후 영(楹) 각 3칸, 사방에 각각 천도(穿道) 1칸이 있다. 마당 삼면에 담을 둘렀다. 중문 1, 좌우 소문 각 1, 좌우 누각 각 5칸 누각 아래에도 각각 중청(中廳) 3칸이 있다. 좌우 방 각 1칸, 대문 1칸, 좌익랑 14칸, 우익랑 11칸

동헌 1가 1칸, 전영(前楹) 2칸, 상방 1칸, 후청방(後廳房) 2칸, 분합(分閤) 3칸, 좌익옥청(左翼屋廳) 1칸, 좌우 방 각 1칸

서헌 2가 1칸, 전영(前楹) 2칸, 상방 1칸, 후방 1칸, 분합(分閤) 2칸, 후장랑(後長廊) 22칸, 소문 1칸, 서대문 1칸, 좌익옥약시(左翼屋藥市) 3칸, 우익옥서사(右翼屋書肆) 2칸, 주옥(廚屋) 2칸, 작청루옥(作廳樓屋) 7칸, 동행랑 3칸, 서행랑 4칸

감사본아(監司本衙) 상방 2칸, 청옥(廳屋) 3칸, 전후 영(楹) 각 5칸, 서별실(西別室) 7칸, 북별실(北別室) 6칸, 동행랑 3칸, 서행랑 11칸, 남행랑 14칸, 외행랑 15칸

---

88 본문에는 '庚辰'이라고만 되어 있으나 뒤의 「창저」 '동사창' 항목에 나오는 '萬曆己卯庶尹柳澍' 구절을 참고하여 '경진년'을 1580년으로 보았다. '동사창' 항목에서 '만력 기묘년'은 1579년이다.

중동헌(中東軒) 2칸, 방옥 2칸, 전후 영(楹) 각 2칸

진서각(鎭西閣) 2가 3칸, 전후 영(楹) 각 3칸, 동루고(東樓庫) 7칸, 서행랑 7칸, 중문에 좌우로 협문이 있다. 좌익랑 4칸, 우익랑 2칸

응물헌(應物軒) 2가 2칸, 방옥 3칸, 전영(前楹) 4칸, 우영(右楹) 3칸

대문 3칸, 도사청(都事廳) 2칸 누각이 있다, 부관청(府官廳) 3칸, 주옥(廚屋) 처마 아래 합쳐서 20칸, 정설영(正設營)에는 청문도(廳門道)를 만들었는데 합쳐서 5칸, 소문 1칸, 마방(馬房) 10칸

[추향당(秋香堂)] 감사 이계맹(李繼孟)이 지었으며 국화를 많이 심었다. 청옥(廳屋) 2가 1칸, 전영(前楹) 3칸, 우영(右楹) 2칸, 방옥(房屋) 3칸, 주옥(廚屋) 1칸, 장문(墻門) 1, 부관청(府官廳) 5칸

도무사청(都務司廳) 3칸, 육방청(六房廳) 10칸, 지인청(知印廳) 5칸, 주사청(主事廳) 5칸

[전매국(典賣局)] 청옥(廳屋) 3칸, 전영(前楹) 3칸, 행랑 10칸, 대문 1칸

[심약당(審藥堂)] 청옥(廳屋) 3칸, 방옥(房屋) 1칸, 누고(樓庫) 3칸, 행랑 4칸, 대문 1칸

[율학당(律學堂)] 청옥(廳屋) 2칸, 행랑 7칸

[영리청(營吏廳)] 누옥(樓屋) 4칸, 후영(後楹) 5칸, 청옥(廳屋) 3칸, 좌우 행랑 12칸

보루관(報漏觀) 1531년(중종 26)에 감사 이기(李芑)가 창건했다. 1587년 (선조 20) 감사 김수(金晬)가 따로 십자각(十字閣)을 만들었는데 십자각은 2층 3가 4칸이다. 장생청(掌生廳)에는 아울러 경고(更鼓)[89]를 달아 이때부터 아침저녁으로 울렸다. 정종(定鐘)[90]은 읍호루(挹灝樓)에 있다.

89　초경(初更)에서 오경(五更)까지의 시각을 알리기 위하여 치는 북을 이르던 말.
90　통행금지를 알리기 위하여 밤마다 치던 큰 종.

서윤본아(庶尹本衙) 청옥(廳屋) 3칸, 동협실(東挾室) 1칸, 중문(中門) 1칸

[동헌] 청옥(廳屋) 2가 1칸, 좌방(左房) 1칸, 우방(右房) 2칸

[서헌] 청옥(廳屋) 4칸, 상방 2칸, 누옥(樓屋) 2가 3칸, 서별실 5칸, 중문 1칸, 중행랑 18칸, 주옥(廚屋) 12칸, 외행랑 16칸, 대문 1칸

판관본아(判官本衙) 청옥(廳屋) 3칸, 동상방(東上房) 2칸, 좌익누옥(左翼樓屋) 1칸, 우익낭옥(右翼廊屋) 3칸, 내행랑 17칸, 중행랑 20칸, 중문 1칸, 주옥(廚屋) 13칸, 행랑 7칸

동헌 2가 2칸, 방옥(房屋) 2가 2칸, 대문 1칸

찰방아(察訪衙) 당옥(堂屋) 2칸, 전영(前楹) 2칸, 좌익옥(左翼屋) 2칸, 우익옥(右翼屋) 3칸, 누고(樓庫) 6칸, 내외 행랑 15칸, 주옥(廚屋)과 고(庫)는 합쳐서 17칸, 마방(馬房) 21칸

지응고(支應庫)[91] 흥복사(興福寺) 옛터에 있다. 1554년(명종 9)에 판관 경대유(慶大有)가 중창(重創)했다. 청옥(廳屋) 3칸, 전후 영(楹) 각 3칸, 동영(東楹) 3칸, 누고(樓庫) 34칸, 누각 아래 청옥(廳屋) 3칸, 고옥(庫屋) 67칸, 중문 1, 대문 1칸

전주국(典酒局) 누옥(樓屋) 2칸, 전영(前楹) 2칸, 고옥(庫屋) 행랑을 합쳐서 46칸, 대문 1칸

영작서(營作署)[92] 청옥(廳屋) 1칸, 좌익랑 4칸, 좌익옥 3칸, 고옥(庫屋) 8칸, 누옥(樓屋) 4칸, 대문 1칸, 적거고(積炬庫)는 사방에 담장을 둘렀다, 고문(庫門) 2칸

감조소(監造所) 청옥(廳屋) 3칸, 고옥(庫屋) 1칸, 공장청(工匠廳) 22칸, 대문 1칸

---

91 지응(支應) : 공무로 출장한 관원에게 필요한 잡물을 해당지역의 지방관이 공급하는 것을 말한다.
92 영작서(營作署) : 조선시대에 함흥부, 평양부, 영변대도호부, 경성대도호부에 둔 토관(土官)의 종6품 아문. 권축과 장막 등의 일을 담당했다.

영고(營庫) 청(廳) 2칸, 고옥(庫屋) 3칸, 누고(樓庫) 6칸, 행랑 13칸, 대문루(大門樓) 1칸

영군기고(營軍器庫) 청루옥(廳樓屋) 3칸, 고옥(庫屋) 17칸, 전영(前楹) 4칸, 대문 1칸

도무사(都務司) 청옥(廳屋) 3칸, 전영(前楹) 3칸, 좌우익옥(左右翼屋) 각 4칸, 행랑 10칸, 중문 2칸, 대문 1칸, 적초고(積草庫)는 사방에 담장을 둘렀다, 고문(庫門) 1칸

유향소(留鄕所)[93] 청옥(廳屋) 2칸, 전영(前楹) 2칸, 좌익옥(左翼屋) 2칸, 우익옥(右翼屋) 행랑 합쳐서 9칸

사옥국(司獄局) 6칸, 수옥동서경(囚獄東西梗) 각 2가 3칸, 중문 1칸, 대문 1좌(座) 사방에 가시나무 담장을 둘렀다.

융기서(戎器署) 청옥(廳屋) 3칸, 고옥(庫屋) 23칸, 대문 1칸, 사방에 담장을 둘렀다.

교서국(校書局) 1564년(명종 19) 감사 정종영(鄭宗榮)이 처음 창건했다.

청옥(廳屋) 4가 3칸, 전후 영(楹) 각 3칸, 책판고(冊板庫) 26칸, 책고(冊庫) 4칸, 묵고(墨庫) 2칸, 유고(油庫) 2칸, 주옥(廚屋) 3칸, 외행랑(外行廊) 각수청(刻手廳) 합쳐서 8칸, 중문 1칸, 대문 1좌(座)

역학당(譯學堂) 청옥(廳屋) 3칸, 전영(前楹) 2칸, 행랑 20칸

운손서(雲孫署) 장경문(長慶門) 밖에 있고 15칸이다

호애당(護哀堂) 대동문 밖 남쪽에 있고 8칸이다.

---

93 조선시대 지방군현의 수령을 보좌하던 자문기관으로 지방의 유력자나 벼슬에서 은퇴한 자를 택하여 지방의 풍속을 교정, 향리의 부정방지 등 지방 자치에 활용하였다.

「창저(倉儲)」

창름(倉廩)과 부고(府庫)[94]를 두는 것은 백성을 위해서이다. 식량[95]을 잃어버린다면 나라의 근본을 어디에 의지할 것인가? 곡식을 빌려주고 거두어들이는 것을 아무렇게나 하지 않고 함부로 낭비하지 않도록 경계하는 것은 홍수와 가뭄의 재해를 염려하고 흉년이라는 우환에 대비하기 위해서이다. 평양의 창고에 쌓아둔 곡식은 보통 넉넉하다고 말하지만 해마다 원래 수량을 등재하지 않고 많이 빠뜨리니 이것이 비록 풍흉이 일정하지 않아 거둔 세금[96]이 그런 것이라고 해도 식견이 있는 자들이 우려하므로 상세히 기록하지 않을 수 없다.

본창(本倉) 청루옥(廳樓屋) 3칸, 고옥(庫屋) 6칸, 대문 1칸, 남관청(南官廳) 2가 3칸, 북관청(北官廳) 2가 3칸, 고옥(庫屋) 323칸, 누옥(樓屋) 3칸

동사창(東社倉) 재송원(栽松院)에 있다. 1579년(선조 12) 서윤 유주(柳澍)가 창건하였다.

청옥(廳屋) 2칸, 전영(前楹) 2칸, 익랑(翼廊) 3칸, 고옥(庫屋) 47칸, 고문(庫門) 1칸, 행랑 주옥(廚屋) 합쳐서 9칸, 대문 1칸

전미(田米)[97] 29,350석(石)

---

94 창름(倉廩)은 곡식 창고이고, 부고(府庫)는 재물 창고이다.
95 민천(民天): 백성이 하늘처럼 소중하게 여기는 것으로 식량이나 곡식을 의미한다.
96 원문의 "年歲使然"을 풍흉이 일정하지 않아서 거두는 세금에 편차가 있다는 의미로 이해했다. 『비변사등록』 1686년(숙종 12) 10월 5일 기사에 "임술년의 예에 따라 혹 연세를 낮추려고 한다(欲依壬戌例, 或減其年歲)"는 용례가 발견된다. 여기서 '연세(年歲)'는 그 해에 거두는 세금이라는 의미이다.
97 밭벼를 찧은 쌀. 또는 벼 껍질을 벗기지 않은 쌀.

조미(造米)[98] 7,260석

백조미(白造米)[99] 940석

증조미(蒸造米) 750석

콩(豆) 29,480석

붉은팥[赤豆] 80석

수수쌀[唐米] 430석

피잡곡(皮雜穀) 69,830석

창고에 보유한 수량(留庫數) 138,120석[100]

98 왕겨만 벗긴 쌀. 도정(搗精) 과정을 거친 정도에 따라 조미·갱미(粳米)·백미(白米) 등으로 구분된다.

99 백미(白米)로 생각된다. 백미는 현미를 도정하여 쌀겨층과 씨눈을 완전히 제거하여 식용으로 하는 배젖 부분만을 남긴 쌀.

100 이 책에는 '三'이 아니라 '二'처럼 보이나 〈규4885〉본에 따라 '三'으로 고쳐 번역하였다. 또한 위에 제시한 곡식량을 합하면 138,120석이다.

제2장 『평양지』 권2

「학교(學校)」

 교화는 풍속과 기강의 근원이고, 인재는 국가의 쓰임새이다. 삼대(三代) 때는 인륜을 밝혔고,[1] 동한(東漢) 때는 목동의 무리들을 모았으니,[2] 그 시

---

1 『맹자』「등문공장구(滕文公章句) 上」에 "상, 서, 학, 교를 세워서 가르쳤으니 상은 기른다, 교는 가르친다, 서는 활을 쏜다는 뜻이다. 하나라는 교라고 하고 은나라는 서라고 하며 주나라는 상이라고 하였으며 학은 하, 은, 주 삼대가 공통으로 사용했으니 모두 인륜을 밝히기 위해서였다(設爲庠序學校以敎之. 庠者, 養也, 校者, 敎也, 序者, 射也. 夏曰校, 殷曰序, 周曰庠, 學則三代共之, 皆所以明人倫也)" 구절이 나온다.
2 본문의 "東漢之聚牧豎"이 어떤 전거자료에 의거하여 표현한 것인지 분명치 않다. 여기에서는 전후 맥락상 후한 말기에 있었던 '당고(黨錮)의 옥(獄)' 사건을 가리킨다고 보았다. 환제(桓帝) 때 환관이 횡포를 부리고 정권을 농단하자 지방관과 태학(太學)의 학생들이 환관세력에 대항하였다가 금고(禁錮)에 처해지는 탄압을 받았다. 이렇게 볼 때 이 구절은 '당고의 옥' 이후 태학이 황폐해진 상황을 표현한다고 생각한다.

대가 다스려지고 어지러운 것이 어떠했겠는가? 하나는 잘 다스려졌고 하나는 어지러워서 후세의 귀감이 되기에 충분하니, 단지 원주(袁州) 이구(李覯)가 「원주주학기(袁州州學記)」[3]에서 언급했기 때문만은 아니다. 평양은 기자의 '홍범구주(洪範九疇)' 학문을 열었고 조선의 교화를 선도하여 인재 배출이 무성하였으니 볼 만하였다. 이 모든 것은 학교가 이루어낸 것이었다. 안침(安琛)공이 앞에서 만들고 김계휘(金繼輝)공이 뒤에서 확대하였으니 사문(斯文)은 이 책에서 중요하게 여기는 바이다.

명륜당(明倫堂) 대청 3칸, 전영(前楹) 3칸, 좌익옥(左翼屋) 3칸, 전영(前楹) 2칸, 우익옥(右翼屋) 3칸, 전영(前楹) 3칸, 동재(東齋) 10칸, 전영(前楹) 10칸, 서재(西齋) 8칸, 전영(前楹) 8칸, 대문 1칸, 동익랑 5칸, 서익랑 9칸, 주옥(廚屋) 7칸

　[작성고(作成庫)] 12칸 누옥(樓屋) 3칸

　[교수거처(教授居處)] 청옥(廳屋) 2칸, 전영(前楹) 2칸, 당옥(堂屋) 3칸, 동서익랑 7칸

장도회규(長都會規) 1519년(중종 14) 감사 안침(安琛)이 만들었다.

1. 교관(教官)은 임금께 아뢰어 청하거나, 이조에 공문서를 보내어, 문신(文臣) 가운데 재행(才行)이 있어 사표가 될 만 한 자를 선발하여 임명한다. 그들에게 음식과 물품을 제공[4]하는 제반 업무는 풍족하고 정결하게 하되 소홀히 하지 않도록 한다.

1. 교관 1인이 수많은 생도 모두를 가르치기는 어려우므로, 여러 생도 중 나이가 많고 덕이 있으며 경사(經史)에 어느 정도 통달한 2인을

3　이구는 북송 건창(建昌) 군남성(軍南城, 강서성 瀘溪) 사람으로, 자는 태백(泰伯), 우강선생(盱江先生) 또는 직강선생(直講先生)으로 불렸다. 이구는 「원주주학기」에서 교육의 중요성을 역설한 바 있다.

4　공돈(供頓) : 술을 내어 손님을 접대함. 또는 먹을 것과 물건을 대어 줌.

'학장(學長)'이라고 하고, 여러 생도를 가르치는 것을 돕게 한다.

1. 생도들은 도내 여러 읍의 교생(校生)[5]과 한량(閑良),[6] 업유(業儒)[7] 중에 연소하고 뜻이 있으며 어느 정도 경사(經史)의 대의를 파악하고 시문을 지을 수 있는 집안에서 몇 사람을 정해진 숫자 내에서 선발하여 가르치고, 생원, 진사 가운데에서 학문을 익히러 온 자들을 몇 명 뽑되 본도에 거주하지 않는 자와 수령의 자제는 포함시키지 않는다. 생도들은 3월, 6월, 9월, 12월[8]에 다시 선정하여 진퇴(進退)를 가린다.

1. 면포 500필을 매년 여름에 가산(嘉山), 정주(定州), 곽산(郭山), 선천(宣川), 철산(鐵山), 용천(龍川), 의주(義州) 등의 관아로 나누어 보낸다. 가을 이후에 그해가 풍년이냐 흉년이냐에 따라 상, 중, 하로 나누어 삼년이 상년(上年)이면 면포 1필마다 중미(中米) 12말,[9] 중년(中年)이면 10말, 하년(下年)이면 9말로 바꾸어, 각 읍창(邑倉)에 올려 보내며, 회계를 시행한다. 평양 또는 강서(江西), 용강(龍岡), 삼화(三和), 함종(咸從), 증산(甑山), 영유(永柔) 등의 관창(官倉)은 가산(嘉山) 등의 관에서 사놓은 쌀에 준하여 회계에서 감하여 기록한다. 매년 정월 초하루를 시작으로 삼아 지출하여[10] 사용한다.

1. 상년에 쌀 600섬[11]을 바꾸면 쌀 240섬으로 50명의 생도를 양성하는데 쓰고 쌀 360섬이 남는다. 중년에 쌀 400섬을 바꾸면 쌀 144섬으로

---

5 조선시대 각 고을의 향교에 등록된 학생.
6 무관이 될 수 있는 집안의 자제로서 아직 벼슬하지 못하여 직역(職役)이 없는 사람.
7 벼슬할 수 있는 집안의 자제로서 아직 벼슬하지 못하여 학문에 종사하는 사람.
8 본문의 '節季'의 번역은 음력 12월과 3, 6, 9, 12월 두 가지 모두 가능하다. 다른 향교의 학규에 비슷한 내용을 찾기 어려우나 원문 "每節季"의 '每'의 의미를 고려하여 각 계절의 마지막달이라는 의미로 번역했다.
9 여기에서는 본문의 '斗'를 '말'로 통일하여 번역하였다.
10 차하(上下) : 이두(吏讀)로, 나라에서 물품이나 돈을 지급하는 일.
11 여기에서는 본문의 '石'을 '섬'으로 통일하여 번역하였다.

30명의 생도를 양성하는데 쓰고 쌀 256섬이 남는다. 하년에 쌀 300섬을 바꾸면 쌀 96섬으로 20명의 생도를 양성하는데 쓰고 쌀 204섬이 남는다. 남은 쌀로는 이듬해 봄에 곡식이 귀해질 때 평양성 안의 시장가격에 따라 다시 면포 500필과 바꾸고, 쌀과 바꾸는 밑천을 만드는 정도로만 한다. 나머지 쌀의 수량은 감사에게 보고하고, 증가한 생도의 수를 헤아려서 해마다 법식으로 삼는다.

1. 상년에는 남은 쌀이 360섬인데, 1섬당 면포 1필 반과 바꾸면 500필의 면포를 얻게 되며, 쌀 26섬 10말이 남는다. 중년에는 남은 쌀 256섬을 1섬당 면포 2필과 바꾸면 면포 500필을 얻고 쌀 6섬이 남는다. 하년에는 남은 쌀 204섬을 1섬당 면포 3필과 바꾸면 500필을 얻고 쌀 37섬 5말이 남는다.

1. 쌀로 바꾼 뒤 그에 상응하는 면포와 쌀은 작성고(作成庫) 동경(東梗)에 보관하고 양생미(養生米)는 서경(西梗)에 보관한다. 매달 그믐에 도사(都事)[12]와 부관(府官)이 함께 자리하여 한 달 비용을 계산한 뒤 사고(私庫)에 둔다. 날마다 감고(監考)[13]와 장무(掌務)가 문을 열고 닫으며, 취사장무(炊舍掌務)에게 지급하여 여러 생도에게 음식을 제공한다.

1. 여러 생도 중에서 영리한 두 사람을 선발하여 매년[14] 유사(有司)로 삼아 여러 물품의 출납 수량을 조사하는 데 참여하게 하고 생도에게 제공하는 실태[15]를 살피게 한다.

1. 메주콩(末醬太) 30섬에 반태(飯太) 10섬을 더해 면포와 바꾼 뒤 남은

---

12 팔도(八道) 감영(監營)의 종오품 관직으로 감사 다음 관직이며 정원은 1원이다. 지방관리의 불법을 규찰하고 과시를 담당했다.
13 재정부서에서 전곡 출납의 실무를 맡거나 지방의 전세, 공물 징수를 담당하던 하급 관리.
14 과년(課年) : 해마다 빠지지 않고 꼭 함.
15 형지(形止) : 사실의 전말, 실태.

쌀은 관사에 필요한 물품[16]과 바꾼다.

1. 장 담그는 소금(造醬鹽) 10섬과 김치에 넣는 소금(沈菜食鹽) 10섬을 모두 영염(營鹽)으로 관에서 대신 지출한다.

1. 채소와 오이, 가지는 원두(園頭)[17]에서 나온 작물로서 원두의 여러 일에 사용하되 작성고를 살피는 일은 소홀히 해서는 안 된다.

1. 감사는 매월 한 번 향교 강당에서 강론을 하거나 제술[18]하는 일에 참석하여 상벌을 준다. 문신인 도사와 부관은 매월 세 차례 강당에 참석하여 상벌을 주며 방식은 감사의 예를 따른다. 비록 문신이 아니라 하더라도 또한 자주 왕래하여 살펴야 한다.

1. 첫 해에 무쇠 두모(頭毛) 4, 무쇠 솥(釜) 4, 무쇠 정(鼎) 4, 무쇠 화로구(火爐口) 4, 나무로 만든 긴 물통(木長槽) 2, 나뭇결 물통(木波槽) 4, 나무로 만든 긴 상(木長床) 6, 목세기 넓고 긴 상(木洗器廣長床) 2, 나무대반(木大盤) 5죽(竹), 나무소반(木小盤) 2죽, 나무접시(木貼是) 5죽, 도자기 큰 옹기(陶大瓮) 30, 도자기 중간 옹기(陶中瓮) 10, 도자기 작은 항아리(陶小缸) 10, 도자기 그릇(陶盆) 10, 도자기 시루(陶甑) 4, 큰북(大鼓) 1, 멍석(蒲茵) 50, 사발(沙鉢) 10죽, 큰 접시(大貼) 5죽, 사기접시(沙貼是) 13죽, 사기점음(沙點音) 5죽, 놋쇠 숟가락(鍮匙) 5 단(丹)을 갖추고, 각 처의 갈대삿자리(蘆簟)와 지의(地衣)[19]를 갖추어 작성고에 보관하고 손상되면 바꾼다.

1. 작성고의 감고(監考) 2인, 장무(掌務) 2인은 영부(營府)에 속해 있는 아전 중 글과 계산을 할 줄 알고 지조가 있는 자를 뽑아 임명하며, 2개

---

16 지용(支用) : 관사에 필요한 물품의 지급 또는 지출.
17 밭에 심어 기르는 오이, 참외, 수박, 호박 따위를 통틀어 이르는 말.
18 제술(製述) : 과거시험 과목 중 하나로 시(詩), 부(賦), 표(表), 전(箋), 대책문(對策文) 등의 여러 형식의 글을 쓰는 것.
19 가장자리를 헝겊으로 꾸민 제사 때에 쓰는 돗자리.

의 번으로 나누어 입번한다. 사령(使令) 80명은 감영 소속으로 정원[定體]에 넣어 4개의 번으로 나눈다. 창고지기 4명은 영부의 교노(校奴) 중에서 선발하여 2개의 번으로 나누어 역을 맡는다.

1. 취사장무(炊舍掌務) 2인은 제학서(諸學署) 관원 중에서 근면하고 건실하여 바쁜 업무를 감당할 수 있는 자를 뽑아서 임명하고 2개의 번으로 나누어 입번하여 문서를 담당한다. 제학서(諸學署)에 소속된 사령 30인은 부(府)의 역(役)을 빼주고 3개의 번으로 나눈다. 부목(負木)과 각처의 사환(使喚),[20] 도척(刀尺)[21] 4명, 식모 여종(食母婢) 4명, 물 긷는 여종 4명은 교노비(校奴婢)의 정원에 넣고 2개의 번으로 나누어 역을 맡는다.

1. 성전지기(聖殿直) 2명은 교노(校奴) 중에서 연로한 자를 뽑아 2개의 번으로 나누어 역을 맡는다.

1. 강당지기(講堂直) 4명은 교노(校奴)중에서 연로한 자로 하며 정원에 넣고 2개의 번으로 나누어 역을 맡는다.

1. 동서재지기(東西齋直) 4명은 교노(校奴) 중에서 연소한 자로 하며 정원에 넣고 2개의 번으로 나누어 역을 맡는다.

1. 날이 추울 때는 동서재(東西齋)의 부목(負木) 2명은 제학(諸學)의 사령 중에서 정해 투입한다.

1. 평양부에서 그해에 쌓아놓은 땔나무는 매년 9월에 수량을 헤아려 작성고에 옮겨놓고 담장 아래에는 하루치 쓸 양을 준비한다.

계유년(癸酉年)[22] 사목(事目)

1. 장도회(長都會) 유생(儒生)의 1년 역은 그저 반미(飯米)로 백조미(白造

---

20 잔심부름꾼.
21 지방관아에서 음식을 조리하던 사람.
22 1573년(선조 6)을 가리킨다. 본 번역문에서는 본문의 간지를 해당되는 연도로 바꾸었으나 이 경우에는 '계유년 사목'으로 지칭되었을 가능성이 있으므로 그대로 두었다.

米) 98섬 10말을 납부하는 것이다. 유생 16인의 1년치 식량은 76섬 12말로 계산하고, 남아 있는 21섬 13말을 빼면 싯가에 따라 5승 목면 74필을 살 수 있다. 각 관은 중화(中和), 강서(江西), 용강(龍岡), 삼화(三和), 함종(咸從), 증산(甑山), 영유(永柔), 순안(順安), 숙천(肅川), 안주(安州), 박천(博川), 운산(雲山), 영변(寧邊) 등 13개 관아에 나누어 납부하게 할 일.

1. 건어물 1,110미(尾)는 산지인 각 관 노강(老江), 안주(安州), 숙천(肅川), 영유(永柔), 증산(甑山), 함종(咸從), 삼화(三和), 광량(廣梁), 용강(龍岡) 등 9개 관아에서 공물장부 수량에 따라 납부하게 하여 쓸 일.

1. 제조한 콩(薰造太) 4섬은 각 관의 학위전(學位田)에서[23] 난 것으로, 돌아가면서 차례대로 납부하게 하여 쓸 일.

1. 봄·가을에 두 차례 각 관에서 감영에 올릴 소금 8섬을 대신 지출하고 차후에 납부하게 하여 쓸 일.

1. 붉은칠쟁반(朱漆盤), 나무접시(木貼是) 등은 양덕(陽德), 맹산(孟山) 등의 관에서 격년마다 각 1 죽(竹)씩 납부하게 하여 쓸 일.

1. 사기 23죽(竹)을 공물장부 수량에 따라 납부하게 하여 쓸 일.

1. 풀자리(草茵) 15엽(葉)은 공물장부의 수량에 따라 납부하게 하여 쓸 일.

1. 땔나무(柴草)는 감영에 속한 지인(知印),[24] 주사(主事), 장생(掌生), 의생(醫生), 생도(生徒), 각처의 서리(書吏), 사령(使令), 시바우치(時波赤),[25] 이마(理馬) 등에게 1인당 16속(束)을 납부하게 하고 군에 속한 사람은 제외할 일.

1. 보장목(補長木)의 품질은 5승(升)포인데 목면(木綿) 2동(同) 22필(匹) 반을 매년 받기를 바라는 자들에게 제급(題給)[26]하고 1필당 변리(邊利)로

---

23 고려와 조선 시대, 교육 기관의 경비를 충당하기 위해 국가나 민간에서 지급하는 토지.
24 함경도, 평안도의 큰 고을에 둔 향리직.
25 시파지. 매의 사육을 맡았던 관직.
26 관아에서 공문서나 백성의 소장·청원서 같은 데에 판결이나 지령을 적어서 내어주는 것.

반 필씩을 납부하게 한다. 1동(同) 12필(疋) 8척(尺) 8촌(寸)은 생도들이 삼진날과 중양절 잔치 용품과 필묵(筆墨), 등유(燈油), 채전(菜田)의 밭갈이 소 값으로 쓸 일.

서원(書院) 1577년(선조 10) 감사 김계휘(金繼輝)가 세웠다.

[인현당(仁賢堂)] 2가 3칸, 신문(神門) 1칸, 동서 협문 각 1, 대문 2칸

[서륜당(敍倫堂)] 대청 3칸, 전영(前楹) 3칸, 동서 옥(屋) 2칸, 서별실(西別室) 3칸, 동서재(東西齋) 각 7칸, 전영(前楹) 각 7칸, 남루각(南樓閣) 7칸, 누각 아래에 대문이 달려 있다.

원장거처(院長居處) 옥청(屋廳) 2칸, 전영 2칸, 서행랑 13칸, 소문 1칸

1. 서원을 세워 선비를 육성하는 것은 국가를 받들고 문학을 흥기시켜 인재를 만들려는 뜻이니 누가 마음을 다하지 않겠는가? 이후 감사와 부의 관원이 반드시 서원의 일에 있어 그 규모를 확충하고 규약을 어기는 일이 없게 한다면 사문(斯文)에 있어 어찌 다행이 아니겠는가?

1. 상시로 20명의 인원을 양성한다. 생원진사시를 준비하는 연소자 5%와 학문에 독실한 초시합격자 15%는 모두 입학을 허락한다.

1. 서신이 밖으로 나가면 안 된다. 여자가 들어오는 것도 안 된다. 술을 빚어서는 안 된다. 형벌을 내려서는 안 된다. 유학과 다른 부류[27] 및 시정잡배 역시 들어올 수 없다.

1. 수령의 자제 및 본부 관원을 보러 온 자 역시 출입을 금지한다.

1. 유생이 서원에 입학할 때에는 가문을 잘 선별하여야 할 뿐만 아니라 처신이 남다른 자 역시 입학을 불허한다. 만약 당장(堂長)과 유사(有司)가 사사롭게 추천하면[28] 함께 영구히 타지로 쫓아낸다. 합격자 또한 추

---

27 본문의 '異類'는 글자 자체로는 여러 가지 의미를 가질 수 있겠으나 여기에서는 유교와 다른 부류, 승려나 무당 등을 가리키는 것으로 보았다.

천할 때 잘 알지 못하는[29] 한 두 사람을 경솔하게 들이게 해서는 안 된다.

1. 몸은 이쪽에 있으면서 마음은 딴 곳에 있어 처음부터 끝까지 배움에 전념하지 않으면서 다만 요점 정리한 초집(抄集)만을 들고 다른 사람을 의식하여 입으로 외우며 출입이 일정하지 않는 자는 영구히 쫓아낸다.

1. 유생은 오로지 강론에 힘쓸 뿐 고을 정치의 득실 및 향당의 시비에 대해 말해서는 안 된다. 먼 지방 출신 선비는 작은 실수를 하더라도 용서하는 것이 마땅하며, 큰 잘못을 저지르면 쫓아낸다.

1. 서원의 책을 더럽히고 훼손한 자와 기둥과 벽에 낙서한 자는 영구히 쫓아낸다.

1. 거접생(居接生)[30]은 매달 세 차례 제술을 하며 3, 6, 9, 12월에 우등 3인을 뽑아 상을 주거나 조세나 부역을 면제한다.[31] 제술하지 않은 자는 벌을 준다.

1. 매 식년(式年)[32] 5월 그믐에서 6월말까지 대동접(大同接)[33]을 만들어서 10명을 더 충원하여 1달 동안 격일로 제술을 한다.

1. 3월 보름 후부터 8월 보름 전까지 삼시 세끼 급료로 주는 쌀은 조석 7홉(合), 점심 6홉(合)이다.

1. 생원·진사 중에서 청렴하고 명석하며 여러 사람들의 추대를 받은 2인을 선발하여 원장(院長)으로 삼는다. 사마시(司馬試) 출신이 아니

---

28 보거(保擧) : 관리를 임명할 때 재주가 있거나 공로가 많은 사람을 자기가 책임지고 천거하던 일.
29 반면지분(半面之分) : 얼굴만 겨우 알 뿐 교제는 얕은 사이.
30 거접(居接) : 과거에 응시하려는 사람들이 서원이나 서당에 모여서 함께 공부하는 일.
31 복호(復戶) : 조세나 그외 국가적 부담을 면제해 주던 일.
32 과거를 보거나 호적을 조사하는 시기로 정한 해. 자(子), 묘(卯), 오(午), 유(酉) 따위의 간지가 들어 있는 해.
33 개성부의 성균관에서 별시 응시자들이 성균관에 머무를 수 있게 하던 일.

어도 재주와 덕행이 있으면 후보에 올릴 수 있다. 모두 오랫동안 맡게 하며 과실이 없으면 자주 교체하지 않는다. 교체할 때는 서원에서 합의하여 할 만한 사람을 관에 고해 차출한다.

1. 서원에 있는 서책과 온갖 물건은 연말에 모두 점검한다.

1. 원장의 업무는 매우 중요하고 수고로우니 상응하는 보수를 주지 않으면 안 된다. 전결(田結)의 세금과 집에 부과된 역을 모두 감해주고 온전히 보장하여 선비를 양성하는 데 전력하도록 한다.

1. 양현감고(養賢監考) 2인은 경력[34]을 기준으로 감영의 아전에서 선정한다. 감영의 관리명부에 등재된 이복(里卜) 잡역(雜役)은 토관(土官)의 예에 따라 모두 조세 등의 일부를 면제한다.[35]

1. 서원에 속해 있는 하인은 적어도 70명을 밑돌지 않도록 한다. 만약 이 인원수에 미달하면 사환이 부족해지므로 원장과 여러 생도들이 관에 고해 충원한다. 부목(負木), 수소(修掃)가 모든 일 중에서도 가장 고되고 중요하므로, 잡역을 하는 사람들의 조세 등의 일부를 면제해 준다. 만약 죄를 저지르면 원장이 태형 50대로 직접 다스린다.

1. 하인은 모두 아끼고 불쌍히 여겨야 하니 공무가 아니라면 사사롭게 부려서는 안 된다. 사환이 사사롭게 노해 태형을 가할 때 만일 너무 지나치면 원장에게 알려 징계하여 다스린다.

1. 식당의 도기(到記)[36]에 날마다 서명하는 것은 모두 관학(館學)에서

---

34 경사(更事) : 세상일을 경험하는 것. 또는 경력.
35 견감(蠲減) : 흉년이나 기타 여러 가지 일들로 인해 나라에서 조세(租稅)의 일부를 면제해 주는 것.
36 성균관 유생들이 식당에 출입한 횟수를 적은 장부. 성균관 유생들은 동 · 서 재(齋)에 기숙하면서 매일 식당에 들어갈 때 도기에 서명을 했는데, 아침 · 저녁 2번 서명해야 원점(圓點) 1점을 주었고, 원점 300점을 취득해야 문과 초시(初試)인 관시(館試)에 응시할 자격이 주어졌다.

매월 말에 유사, 원장과 접견하여 3, 6, 9, 12월 세 달간의 합계를 가지고 성적을 매긴다.

1. 서원의 여러 일에서 여러 생도가 잘못을 했을 때에는 원장과 여러 생도가 협의를 해서 처리하고 만약 결정하기 어려울 때에는 관에 아뢰어 벌준다.

1. 송사를 해서 다투기를 좋아하고 자신의 이익을 위해 다른 사람에게 해를 끼치면서 유생으로서의 행실에 아랑곳하지 않는 자는 재주가 뛰어나더라도 내치고 들이지 않는다.

1. 일상용품은 원장이 관장한다. 3, 6, 9, 12월에 유사와 함께 조사하고 원래의 수에서 계산하여 빼고 남은 것을 장부에 기재하여 관에 고하고 관인을 찍어 후일의 증빙자료로 삼는다.

1. 연탄(硯炭)은 위전(位田)에서 소출한 것으로 바꾼다.

1. 서원에 바친 보장미(補長米)와 보장목(補長木) 및 위전을 병작(並作)[37]한 소출은 사류(士類)에게 나누어주지 않는다.

1. 화로에 쓸 땔나무, 능라도의 당죽(唐竹) 및 각처 둔전(屯田)[38]의 율무초(薏苡草)는 정해진 방식에 따라 영구히 공급한다. 정양문(正陽門)에서 성황당(城隍堂)까지는 풀 베는 사람의 출입을 엄금하고 부목(負木)이 수송하여 납부하도록 한다.

1. 학고당(學古堂)과 동서 협실(俠室), 남루(南樓)의 지의(地衣)는 영숭전(永崇殿)에서 제사를 지내고 걷는다. 식년(式年)마다 전체 수량을 제급(題給)한다.

1. 동서재(東西齋)의 삿자리(簟席)는 영작서(營作署)에서 차리도록 하며 지의(地衣)는 단군전과 기자전에서 제사를 지내고 걷는다. 식년(式年)마

---

37 소작인이 땅주인과 수확물을 똑같이 나누어 가지는 방식으로 농사를 지음.
38 둔전(屯田): 군량을 충당하기 위하여 변경이나 군사 요지에 설치한 토지

다 전체 수량을 제급(題給)한다.

1. 도배지는 관에서 필요할 때마다 조치한다.

1. 한 해의 등유에 쓸 들깨의 씨[39] 8섬은 보장목(補長木)을 분급하여 얻은 이자 면포로 싯가에 따라 바꾸되, 1필 가격이 7말(斗)이면 면포 17필이 되고, 1필 가격이 5말이면 면포 24필이 된다.

1. 장을 담그는 콩(醬太)은 위전에서 소출한 것으로 한다.

1. 절인 채소(鹽菜)는 관의 마늘밭(蒜田)과 무(菁根)의 관례에 따라 공급한다.

1. 어선 4척은 영유(永柔), 용강(龍岡), 함종(咸從), 증산(甑山)에서 각각 1척을 울매도(鬱每島)의 부(府) 토지세를 계산해서 빼고 해마다 수송하여 납부한다.

1. 감영의 소금 10섬은 함종(咸從)에서 봄·가을에 각 5섬을 매년 납부한다.

1. 수저와 놋쇠로 만든 부(釜)와 정(鼎)은 관에서 공물(公物)로 갖추어 놓고 각 장인(匠人)에게 망가질 때마다 만들라고 한다.

1. 붉은칠쟁반(朱漆盤) 2죽(竹)은 양덕(陽德), 덕천(德川), 성천(成川), 맹산(孟山)에서 각각 5엽(葉)씩 격년마다 수송하여 납부한다.

1. 사발(沙鉢) 4죽, 대접(大貼) 4죽, 반자(反子) 4죽, 종지(種子) 4죽, 보시기(甫兒) 4죽은 평양, 자산(慈山), 개천(价川), 숙천(肅川)에서 각 기물을 1죽씩 해마다 수송하여 납부한다.

1. 옹기(瓮) 10개는 강서(江西), 평양에서 각각 5개를 격년으로 수송하여 납부한다.

1. 길이 3발,[40] 너비 1발 1자인 긴 깔개(長茵) 30엽은 강서(江西), 용강

---

39 임자((荏子) : 들깨의 씨. 기름을 짜서 먹거나 등잔불을 켤 때 쓴다.
40 파(把) : 발. 양팔길이.

(龍岡), 삼화(三和), 함종(咸從), 증산(甑山), 영유(永柔)에서 각각 5엽씩 해마다 수송하여 납부한다.

1. 서원의 깔개(鋪陳)과 그릇은 외부로 반출해서는 안된다.

1. 서원의 강신(講信)[41]을 제외한 여러 모임의 술자리를 이곳에 마련해서는 안 된다. 서책과 둔전(屯田)은 별도의 책에 기록한다.

「고적(古蹟)」

"기장은 무성하게 자라나고, 피의 싹도 나오네(彼黍離離, 彼稷之苗)"[42]는 주나라 대부의 시이고, "어느 임금 궁인지 알 수 없건만, 건물 잔재가 절벽 아래에 있네(不知何王殿, 遺構絶壁下)"[43]는 두보의 시이다. 유적을 본 뒤 이러한 감회를 느껴서 배회하며 사방을 바라본다. 떠나고 싶다가도 다시 돌아오려는 생각이 드는 것은 어째서인가? 뜻은 다만 더 개탄스러울 따름이다.

기자궁(箕子宮) 터가 정양문(正陽門) 밖에 있다. 『기자지(箕子志)』에 상세하게 나와 있다.

구제궁(九梯宮) 동명왕의 궁으로 예전에는 영명사(永明寺) 안에 있었다.

---

41 향약이나 계, 향회 등의 구성원이 한 자리에 모여서 우의와 신의를 다짐하며 대화하는 일.
42 『시경』「王風」〈서리(黍離)〉에 나오는 구절이다. 나라가 망하고 난 뒤 옛 궁전 터의 기장을 보고 탄식하는 말로 세월의 무상함을 의미한다.
43 두보의 시〈옥화궁(玉華宮)〉에 나오는 구절이다. 옥화궁은 당태종의 이궁(離宮)이다. 황폐해진 옛 궁궐터를 지나면서 감회를 읊은 시이다.

• 『삼국사기(三國史記)』에 따르면 고구려 장수왕(長壽王)이 의주(義州) 국내성(國內城)에서 평양으로 도읍을 옮겼다고 하는데 그렇다면 동명왕이 원래 이곳을 도읍으로 삼지 않았다는 말이다. 혹자는 구제궁이 동명왕의 행궁(行宮)이라고 하는데, 이 설이 맞다.

기자정(箕子井) 정전(井田) 안에 있다.

문정(文井) · **무정**(武井) 모두 구제궁 터 안에 있다. 동명왕 때 판 것으로 다듬은 돌 모양이 완연하다.

청운교(靑雲橋) · **백운교**(白雲橋) 모두 구제궁 터 안에 있다. 동명왕 때 만든 것으로 자연스럽게 만들어진 것이며 인공적인 힘을 빌리지 않았다.

영명사(永明寺) 금수산(錦繡山) 부벽루(浮碧樓)의 서쪽 기린굴 아래에 있다.

기린굴(麒麟窟) 구제궁 안 부벽루 아래에 있다. 동명왕이 기린마를 이곳에서 길러서 후대 사람들이 돌을 세워 기록하였다. 세상에서 전하기를 왕이 기린마를 타고 이 굴로 들어왔고 땅 속에서 조천석으로 나와 승천했다고 한다. 그 말의 흔적이 지금도 돌 위에 남아 있다.

조천석(朝天石) 장경문(長慶門) 밖에 있다. 강에 조수가 빠져나가면 완전히 드러난다.

첨성대(瞻星臺) 옛터가 부 남쪽 3리에 있다.

패강진(浿江鎭) 신라 선덕왕(宣德王)이 782년(선덕왕 3)에 한산주(漢山州)를 순행하면서 백성들을 패강진(浿江鎭)으로 이주시켰다. 헌덕왕(憲德王)은 816년(헌덕왕 8)에 우봉(牛峯)의 태수에게 명하여 영유, 패강, 장성(長城)에 대해 아뢰게 했다. 혹자는 패강진이 황해도 우봉현(牛峯縣)의 패강(浿江)에 있었다고 한다.

용덕부(龍德部) 1086년(고려 선종 3)에 용덕부 삼가(三街)에 지경(地鏡)[44] 현상이 나타났는데 대략 70여 보(步)였고 마치 물에 비친 것 같았다.

1105년(고려 숙종 10)에 용덕부 제연(梯淵) 길에서 지경 현상이 또 나타났다. 민간에서 전하기를 이 땅을 '명월리(明月里)'라고 한다.

제연(梯淵) 부의 남쪽 3리에 있는데 바로 대동강 하류이다. 선종(宣宗)이 이 못에 행차했는데 임금의 누선(樓船)에 술을 싣고 물결을 따라 대동강에 이르러 활 쏘는 것을 보았다.[45] 1102년(숙종 7)에 이 못에 행차하여 잠수를 잘하는 금군(禁軍)에게 명하여 제연의 사다리 터를 찾도록 하였다. 금군이 땅에서 10자 위에 사다리 주춧돌(梯基石)이 있다고 아뢰었다.

기린각(麒麟閣) 부의 북쪽 5리에 있다. 인종(仁宗)이 1127년(인종 5)에 서경에 행차, 기린각에 거둥하여 승선(承宣)[46] 정항(鄭沆)[47]에게 명하여 『서경』의 「열명편(說命篇)」과 「주관편(周官篇)」을 강론하게 하고, 정지상(鄭知常)에게 명하여 『서경』의 「무일편(無逸篇)」을 강론하게 하였다. 종신(從臣)과 서경의 유신(儒臣) 25인이 시를 짓자 술과 음식을 하사하였다. 1132년(인종 10)에 다시 이 기린각에 거둥하여 윤언이(尹彦頤)에게 명하여 『주역』「건괘편(乾卦篇)」를 강론하도록 하였다.

정전(井田) 외성(外城) 안에 있다. 기자(箕子)가 구획한 정전의 흔적이 완연하다. 『기자지』에 상세하게 나와 있다.

개마대산(蓋馬大山) 『대명일통지(大明一統志)』에는 평양성 서쪽에 있다고 한다. 그 동쪽은 옛 동옥저국(東沃沮國)의 땅이다. •『자치통감(資治通鑑)』에 따르면 "수양제(隋煬帝)가 고려를 정벌할 때 좌(左) 12군(軍)이 개마(蓋馬) 등의 길로 나와 압록강 서쪽에서 모였다"고 하는데 주석에서는

---

44 원문에는 "地境"이라고 되어 있으나 지표면이 매우 가열되었을 때 지상의 물체가 반사된 것처럼 비치는 거울현상을 가리키는 "地鏡"의 의미로 쓰였다.
45 관사(觀射): 임금이 참관하는 활쏘기 행사.
46 고려시대 왕명의 출납을 관장한 관직.
47 이 책의 원문은 '정원(鄭沅)'이나 『고려사』에는 '정항(鄭沆)'으로 나와 있다. 번역에서는 『고려사』 기록을 따랐다.

"개마가 현도군(玄菟郡)에 속해 있으며 개마대산이 있다"고 하였다. 『한서』에서는 "현도군(玄菟郡) 서쪽 개마현(蓋馬縣)에 마자수(馬訾水)가 있다"고 하였고, 『당서』에서는 마자수가 압록강이라고 하였다. 고려 임언(林彦)의 「구성기(九城記)」[48]에서는 "동쪽으로는 바다에 이르고 남쪽으로는 장주(長州)와 정주(定州)에 이르며 서북쪽은 개마산에 끼어 있다"고 하였다. 9성(城)[49]은 지금 함경도에 속해 있으며 그 서북쪽으로 여진의 땅과 이어져 있으므로 평양의 땅이 아니다. 또 수나라 군사가 개마의 길로 나와 압록강 서쪽에서 모였다면 이 산은 아마도 압록강 밖 서북 경계에 있었을 것이다. 고구려가 강성할 때 요하(遼河)를 차지해서 이 산이 그 지역 안에 있었으므로 『대명일통지』에서는 평양을 고구려의 옛 도읍지라고 여기고 그대로 수록했을 뿐이었다. 그러나 정확하게 어디에 있는지 상세하지 않아서 "의심스러운 점을 그대로 전한다(傳疑)"는 말을 남겨 두었다.

마읍산(馬邑山) 『대명일통지』에 따르면 평양성 서남쪽에 있으며 당나라 소정방(蘇定方)이 마읍산을 빼앗고서 마침내 평양을 포위했다고 하였으니 바로 이곳이다.

시원(柴原) 고구려 동천왕(東川王)이 세상을 떠나자 나라 사람들이 그 은덕을 생각하며 모두 다 슬퍼하였고 장사를 지낼 때 무덤에 와서 자살하는 사람들도 매우 많았다. 나라 사람들이 작은 잡목을 잘라 그 시신들을 덮어서 마침내 이 지역을 '시원'이라고 하였다. 지금은 소재지가 상세하지 않다.

---

48 『고려사』「윤관전(尹瓘傳)」에 있다.
49 고려 1108년(예종 3)에 윤관(尹瓘)이 여진족을 정벌하고 쌓은 아홉 개의 성. 함주(咸州), 영주(英州), 웅주(雄州), 복주(福州), 길주(吉州), 공험진(公嶮鎭), 숭녕진(崇寧鎭), 진양진(眞陽鎭), 통태진(通泰鎭).

관풍전(觀風殿) 옛터는 춘양대(春陽臺) 남쪽에 있다. •김부식이 서쪽의 적을 토벌한 뒤 군대의 의장을 갖추어 경창문(景昌門)으로 들어와서 관풍전 서쪽 낭무(廊廡)에 앉아서 오군병마장좌(五軍兵馬將佐)의 하례를 받았다. 모든 성황신묘(城隍神廟)에 제사를 지내게 한 후 성내의 모든 백성들을 위무하고[50] 예전처럼 편안히 지낼 수 있게 하였다.

대화궁(大花宮) 옛터는 부의 북쪽 30리에 있다. 1128년(인종 6)에 임원역(林原驛)으로 옮겨 새 궁을 지었는데 나중에 '대화궁'이라고 하였다. 처음 터를 닦으려고 할 때 묘청이 최홍재(崔弘宰) 등 재신(宰臣) 3, 4인과 구당(勾當), 역사(役事), 원리(員吏)에게 모두 관복을 입고 차례대로 서게 한 후 장군 4명에게는 갑옷을 입히고 칼을 차게 해서 네 방향에 세워 두었다. 또 군졸 120명은 창(槍)을, 3백 명은 횃불을, 20명은 촛불을 들고 둘러서게 하였다. 묘청은 가운데에서 길이가 360보(步)나 되는 흰 마(麻) 끈 네 가닥을 네 번 당기며 술법을 행하였다. 스스로 말하기를, "이것은 태일옥장보법(太一玉帳步法)으로 도선선사(道詵禪師)가 강정화(康靖和)에게 전하였고 강정화가 나에게 전하였는데, 내가 늘그막에 백수한(白壽翰)을 얻어서 전하니 뭇 사람의 알 바가 아니다"고 하였다. 마침내 궁궐을 지으면서 궐내에 여덟 성인을 봉안하고 백두(白頭)를 우두머리로 삼았다. 정지상이 그 제문을 지었는데[51] 이르기를, "날쌔지 않고도 빠르며 다니지 않아도 이르나니 이를 이름하여 하나를 얻은 영(靈)이요, 없는 듯 하면서도 있고 차 있는 듯 하면서도 비었으니 대개 본래의 부처를 이르는 것이다. 오직 하늘의 명이라야 만물을 제어할 수 있고, 오직 흙의 덕이

---

50 『고려사』「열전」〈김부식〉에 나온다.
51 『고려사절요』에 나오는 대목으로 김안(金安) 등이 아뢰어 임원궁 안의 여덟 성인에게 제사드리기를 청하자 정지상이 그 제문을 지은 것이다.

라야 사방을 통치할 수 있다. 이에 평양 가운데 이 대화(大花)의 지형을 골라 궁궐을 새로 세우고 천지와 같이 공경하며 팔선(八仙)을 그 안에 모시고 백두(白頭)를 받들기 시작하니, 거룩한 빛이 계신 듯, 오묘한 작용이 앞에 나타나려고 하는구나. 황홀한 지진(至眞)은 비록 형용할 수 없지만 고요한 것이 실덕(實德)이니 이것이 바로 여래(如來)이다. 그림을 그려 장엄하게 하고 현관(玄關)을 두드려 흠향하기를 비나이다"라고 하였다. 묘청 등이 허황한 술수로 임금을 속이는 것이 대개 이러하였다.

주궁(珠宮) 옛터는 부 서쪽 10리에 있다.

용언궁(龍堰宮) 옛터는 부 북쪽 4리에 있다. 예종(睿宗) 때 술사들이 참서(讖書)로 왕에게 권하여 서경의 용언(龍堰)에 궁궐을 짓게 했고 때때로 순행하면서 내인(內人) 정극공(鄭克恭)과 사천소감(司天少監) 최자현(崔資顯), 태사령음덕전(太史令陰德全) 오지로(吳知老), 주부동정(主簿同正) 김위제(金謂磾) 등에게 용언 옛터를 보게 하고 양부(兩府)와 장령전(長齡殿) 수교(讎校) 유신들에게 회의하라고 명하였더니 모두 찬성하였으나 오연총(吳延寵)만이 안 된다고 하였다. 평장사(平章事) 최홍사(崔弘嗣) 등이 또 태사관의 장계에 따라 주청하기를, "임금께서 송도에 도읍을 정하신 것이 이제 200여년인데 왕업의 기틀을 이어나기기 위해서는 용언에 신궁을 짓고 도읍을 옮겨 조정에서 반포한 새로운 명령을 받는 게 좋겠습니다"라고 하였다. 오연총이 이를 반박하여 "지금 용언궁을 짓는 것은 세 가지 이유에서 불가합니다. 문종, 명종, 예종께서 미혹한 술수로 여러 차례 서경의 좌우에 궁궐을 지으신 뒤에도 길한 징조가 없어 후회하셨으니 이것이 첫 번째 불가한 이유이고, 최근에 남경(南京)에 개창한지 8년이 되었는데도 길한 징조가 없으니 이것이 두 번째 불가한 이유입니다. 서경과 남경의 옛 궁과 지금 지으려고 하는 용언과의 거리가 멀지 않고 지세의 길흉이 반드시 다르리라는 보장도 없습니다. 하물며 확실하게 효과가 있는 비결이 아닌데도 조정의 옛 궁을 버려두고 따로 새 궁궐을 만드느라 백성들의 집을 부수고 백성들을 들쑤신다는 것이 세 번째 불가한 이유입니다"라고 하였다. 왕은 결국 최홍사 등의 말에 따랐고 이때 의론은 이를 안타깝게 여겼다.

영춘루(迎春樓)・**청원루**(淸遠樓) 예전에는 부의 서쪽 9리 양명포(揚命浦)가에 있었다 최자(崔滋)의 부에 "다경루는 푸른 바다 위에 걸터앉았고, 청원루는 허공을 떠받치고 있네(多景跨滄海, 淸遠撑半空)"[52]라고 하였다.

다경루(多景樓) 부의 서쪽 9리 양명포 가에 있다. 언덕에 마주보게 돌로 지은 누각이며 그 상루(上樓) 아래로 배가 통하는데 지금 유적이 남아있다. 『고려사』에 따르면 예종이 1116년(예종 11)에 당포(唐浦)에 행차하여 옛 성의 문루에서 술자리를 열고 경치를 감상하면서 누각의 이름을 '다경루'라고 지었다. 누각이 있던 곳은 지금 가리킨 곳과는 다르지만 두 곳을 기록하여 후대에 아는 사람을 기다리고자 한다. 김부식이 묘청을 토벌할 때 강을 따라 성을 쌓았는데 선요문(宣耀門)에서 다경루까지 1,734칸이었다.

유미정(有美亭) 상안전(常安殿) 안에 있다. 고려 숙종이 1102년(숙종 7)에 미화정(美花亭)에서 연회를 열고 이름을 바꾸어 '유미정'으로 사액하였다. 이어 어제시 1편을 지은 뒤 유신(儒臣)들에게 창화하여 바칠 것을 명하였다.

대루선(大樓船) '가취횡장(歌吹橫長)'이라고 전서(篆書)로 쓴 편액이 있다. 민간에서 전하기를 강에서 얻었다고 한다. 1537(중종 32)년에 중국 사신 오희맹(吳希孟)이 다시 '승벽정(乘碧亭)'이라고 써서 편액을 달았고, 1567년(명

52　최자의 〈삼도부(三都賦)〉를 가리킨다. 『동문선』에는 '滄'이 '蒼'으로 되어 있다.

종 22)에 중국 사신 허국(許國)이 '벽한부사(碧漢浮槎)'라고 현판에 썼다.

유애비(遺愛碑) 부 남쪽 10리쯤에 재송원(栽松院)에 있으며, 서윤 이원손(李元孫)을 위해 세운 비이다. 떠난 지 18년 된 1558년(명종 13)에 관리와 백성들이 그의 정사를 추념하여 자금을 모아 비를 새웠다. 또 판관 김연광(金練光), 찰방 최언형(崔彦泂)의 선정비도 있다.

「직역(職役)」

사모를 쓰고 관대를 찬 어떤 관리가 처자를 부양할 만큼의 봉록이 없으면 고을 사람들은 명예롭게 생각하면서도 떠나갈까봐 두려워한다. 조정에서 관직을 둔 것에는 반드시 의도가 있을 것이다. 감영 소속과 부 소속의 관원을 모두 이 책에 상세하게 기록하였고 이른바 겸속(兼屬)도 빠뜨리지 않은 것은 그 인원수가 정해져 있다는 것을 보여서 사칭하는[53] 자가 없도록 하기 위해서이다.

토관(土官)[54]

[도무사(都務司)] 도무(都務) 1인[註 : 정5품], 교부(校簿) 1인[註 : 정6품], 전사(典事) 2인[註 : 정7품]

---

53 남건(濫巾) : 함부로 은자를 흉내내어 은자의 두건을 쓴다는 뜻이다. 은자가 아니면서 은자인 체 하는 것을 의미한다.
54 고려 및 조선시대에 평안도와 함경도 지방 사람들에게 특별히 베푼 벼슬. 지방 토호들을 회유하기 위해 관찰사나 절도사가 그 지방에서 유력한 사람을 선발하여 임명하였다.

[전례서(典禮署)] 장부(掌簿) 1인[註 : 종5품], 감부(勘簿) 1인[註 : 종6품], 전사(典事) 1인[註 : 정7품], 급사(給事) 1인[註 : 종8품], 섭사(攝事) 1인[註 : 종9품]

[제학서(諸學署)] 감부(勘簿) 1인[註 : 종6품], 관사(管事) 1인[註 : 정8품], 섭사(攝事) 2인[註 : 종9품]

[융기서(戎器署)] 감부(勘簿) 1인, 관사(管事) 1인, 섭사(攝事) 2인

[사창서(司倉署)] 감부(勘簿) 1인, 관사(管事) 1인, 섭사(攝事) 2인

[영작서(營作署)] 감부(勘簿) 1인, 관사(管事) 1인, 섭사(攝事) 2인

[수지국(收支局)] 장사(掌事) 1인[註 : 종7품], 급사(給事) 1인, 섭사(攝事) 1인

[전주국(典酒局)] 급사(給事) 1인, 참사(參事) 1인, 섭사(攝事) 1인

[사옥국(司獄局)] 섭사(攝事) 2인[註 : 종9품], 사부섭사(四部攝事) 각2인[註 : 종9품]

[진서위(鎭西衛)] 여직(勵直) 1인[註 : 정5품], 부여직(副勵直) 1인[註 : 종5품], 여과(勵果) 2인[註 : 정6품], 부여과(副勵果) 2인[註 : 종6품], 여정(勵正) 3인[註 : 정7품], 부여정(副勵正) 3인[註 : 종7품], 여맹(勵猛) 4인[註 : 정8품], 부여맹(副勵猛) 4인[註 : 종8품], 여용(勵勇) 5인[註 : 정9품], 부여용(副勵勇) 5인[註 : 종9품]

감영 소속(營屬)

육방(六房) 90명, 군겸(軍兼) 80명[註 : 정원은 『홍의장(紅衣帳)』에 상세하게 나옴]

지인(知印) 208명, 군겸(軍兼) 80명

주사(主事) 206명, 군겸(軍兼) 46명

장생(掌生) 82명, 군겸(軍兼) 30명

의생(醫生) 34명, 군겸(軍兼) 56명

생도(生徒) 40명, 군겸(軍兼) 48명

이서리(吏書吏) 4명, 군겸(軍兼) 4명

감서리(監書吏) 4명, 군겸(軍兼) 4명

통인(通引) 100명, 군겸(軍兼) 없음

시바우치(時波赤) 58명, 군겸(軍兼) 80명

취라치(吹螺赤) 34명, 군겸(軍兼) 16명

이마(理馬) 40명, 군겸(軍兼) 8명

효위(驍尉) 342명, 군겸(軍兼) 80명

책장(冊匠) 16명, 군겸(軍兼) 11명

각장(刻匠) 18명, 군겸(軍兼) 15명

각처 사령(各處使令) 20명, 군겸(軍兼) 20명

여러 장인(諸匠人) 190명, 군겸(軍兼) 90명

화포장(火炮匠) 16명, 군겸(軍兼) 12명

부 소속(府屬)

육방(六房) 40명, 군겸(軍兼) 15명

주사(主事) 90명, 군겸(軍兼) 25명

서원(書員) 50명, 군겸(軍兼) 60명

의생(醫生) 40명, 군겸(軍兼) 10명

역학생도(譯學生徒) 61명

율생(律生) 37명, 군겸(軍兼) 15명

전빈국(典賓局) 정원 및 임시 발령자[55] 30명, 군겸(軍兼) 10명, 사령(使令) 23명, 임인년(壬寅年)[56] 별차(別差) 13명

정설국(正設局) 정원 및 임시 발령자 13명, 군겸(軍兼) 25명, 사령(使令) 35명, 임인년 별차(別差) 5명

영작서(營作署) 진설(陳設) 30명, 군겸(軍兼) 10명, 사령(使令)[57] 24명, 임인

---

55 권차(權差) : 임시로 발령하여 벼슬에 임명함.

56 '임인년'은 이원손(李元孫)이 감사로 재직했던 1542년을 가리킨다. 평양에 재직할 때 폐단을 없애고 새로 규례를 만들었는데 이를 '임인년의 규례(壬寅規)'라고 한다.

57 이 책의 대본에는 '사(使)'라고만 되어 있다. 〈규 4885〉본에 따라 보충하였다.

년 별차(別差) 7명, 장인(匠人) 3명

전주국(典酒局) 별차(別差) 55명, 군겸(軍兼) 30명, 사령(使令) 18명

군기(軍器) 별차(別差) 10명, 군겸(軍兼) 2명, 사령(使令) 12명

사옥서(司獄署) 별차(別差) 5명, 군겸(軍兼) 4명, 사령(使令) 8명

일영위(一領尉) 38명, 군겸(軍兼) 2명

이영위(二領尉) 39명, 군겸(軍兼) 3명

삼영위(三領尉) 39명, 군겸(軍兼) 2명

이위(二尉) 157명, 군겸(軍兼) 10명

취라치(吹螺赤) 21명, 군겸(軍兼) 5명

포도수솔(捕盜隨率) 13명

시바우치(時波赤) 30명

객사 시바우치(客舍時波赤) 8명, 무신년(戊申年)[58] 설립

이마(理馬) 10명

지장(紙匠) 4명

수철장(水鐵匠) 5명

옹장(甕匠) 4명

진척(津尺) 11명

노야장(爐冶匠) 1명

원주(院主) 8명

누지기(樓直) 2명

도무사서리(都務司書吏) 36명, 사령(使令) 24명

향리(鄕吏) 4명

---

58 '무신년'은 1548년으로 생각된다.

「병제(兵制)」

누가 군대를 없앨 수 있겠는가? 군대의 설치는 오래되었으니, 백성들의 목숨을 지키고 나라의 위세를 나타내기 위해서이다. 병력 감소는 태평성세에 경계해야 할 바이고 병력 증강은 백성들에게 해가 되는 바인데, 예부터 다스려짐과 어지러움이 여기에서 비롯되지 않은 것이 없었다. 나라에서는 서쪽 변방에 대해 특히 간절해하고 진심을 다한다. 평양은 실로 병제에 바탕을 두고 있는 지역이므로 이 일을 더욱 상세하게 기록한다.

기병(騎兵) 720. 6개 번으로 나눈 보인(保人)과 솔정(率丁).[59] 호(戶)당 3인

보병(步兵) 1,260. 6개 번으로 나눈 보인과 솔정. 호(戶)당 2인

별시위(別侍衛) 1

예별(預別) 2

예정(預定) 10

갑사(甲士) 8

예갑(預甲) 7

수군(水軍) 호수(戶首)와 보인(保人)[60] 총828명

봉수군(烽燧軍) 호수와 보인 총96명

봉수(烽燧)

---

59 보솔(保率) : 예비군. 정군(正軍, 정규군)의 가사(家事)를 돕는 보인(保人)과 정군의 군무(軍務)를 돕는 솔정(率丁).

60 호보(戶保) : 정규군으로 근무하는 호수(戶首)와 그에 딸린 보인(保人). 두 집 또는 그 이상의 민호(民戶)를 군호(軍戶)로 편제하여 장정 한 사람을 정병으로 복무하게 하고 나머지 장정에게는 군역을 대신하여 포목을 거두어 들인다.

부산(斧山)은 북쪽으로는 순안현(順安縣) 독자산(獨子山)에 응하고, 남쪽으로는 잡약산(雜藥山)에 응한다.

잡약산(雜藥山)은 북쪽으로는 부산(斧山)에 응하고, 남쪽으로는 획사산(畫寺山)에 응한다.

획사산(畫寺山)은 북쪽으로는 잡약산(雜藥山)에 응하고 남쪽으로는 중화(中和) 운봉산(雲峯山)에 응한다.

해망(海望)

철화(鐵和)는 북쪽으로는 가막지(加幕只)에 응하고 남쪽으로 증산현(甑山縣) 토산(兎山)에 응한다.

가막지(加幕只)는 북쪽으로는 마항(馬項)에 응하고 남쪽으로는 철화(鐵和)에 응한다.

마항(馬項)은 북쪽으로는 불곡(佛谷)에 응하고 남쪽으로는 가막지(加幕只)에 응한다.

불곡(佛谷)은 북쪽으로는 영유현(永柔縣) 대선곶(大船串)에 응하고 남쪽으로는 마항(馬項)에 응한다.

「역체(驛遞)」

역참을[61] 두어 명령을 전하는 것은 옛날부터 그러했다. 대동(大同) 일대는 중국 사신들이 경유하는 곳이자 사령(使令)들이 끊임없이 왕래하는 곳이다.

---

61 원문은 '陲'인데 〈규 4885〉본에 따라 '郵'으로 이해하고 번역하였다.

어떤 사람은 급하지 않은 일이라고 여기면서 보강하지 않으려는 뜻을 보이지만 사람과 말이 모두 넘어져서 도착하지 못하는 일이 생긴다면 어찌 걱정스러운 바가 아니겠는가? 하물며 이 역은 실로 감영의 문과 가까워서 일이 다른 곳의 갑절이 되기 때문에 더욱 체계적으로 계획하고 운영하지 않으면 안된다.

대동(大同)

상등마(上等馬) 10필, 1필당 밭 9결

중등마(中等馬) 20필, 1필당 밭 9결

하등마(下等馬) 90필, 1필당 밭 3결

관군(館軍) 540명, 여정(餘丁) 464명

노비 25구(口)

「교량(橋梁)」 천정(泉井)을 덧붙인다.

"11월에 사람이 다니는 다리(徒杠)를, 12월에 수레가 다니는 다리(輿梁)를 갖춘다면 강을 건너는 것을 걱정하는 백성들이 없을 것이다",[62] "백학이 화표로 돌아오듯 다리에 모여들고, 청룡 같은 다리 그림자 물에 비치네(白鶴歸華表, 靑龍落水中)",[63] 두보의 시에 "대나무로 만든 구조(伐竹之構)"[64]

---

[62] 『맹자』「이루(離婁) 下」에 나온다. 자산(子産)이 정(鄭)나라 정치를 맡았을 때 사람들을 자신의 수레에 태워 강을 건너게 했다는 소식을 듣고 맹자가 말하는 대목이다.

[63] 두보의 시 〈이칠사마를 모시고 조강 위에서 대나무로 만든 다리를 보았다. 그날 완공되어 오가는 사람들이 추운 겨울날 물에 들어가지 않아도 되었다. 그래서 짧은 시

라고 하였다. 하물며 이십사교 밝은 달과[65] 3백 난간의 자라는[66] 옛 도읍의
빼어난 자취이니 어떠한가? 이것이 『평양지』에 모두 기록하고 감히 소홀
히 하지 않은 이유이다.

비석 앞 돌다리(碑石前石橋) 영숭전(永崇殿) 앞에 있다.

남산 아래 돌다리(南山底石橋) 영숭전 남쪽 길(南路)에 있다.

유씨 정동 돌다리(劉氏井洞石橋) 영숭전 가운데길(中路)에 있다.

경창문동 돌다리(慶昌門洞石橋) 보통문(普通門)에 있다.

찰방 구석 돌다리(察訪隅石橋) 열운정(閱雲亭) 동쪽에 있다.

연창교(連滄橋) 부 서남쪽 12리에 있다.

통한교(通漢橋) 부 서남쪽 5리에 있다. 민간에서 전하기를 동명왕이 통
한교 아래 구제궁(九梯宮)을 통해 승천했다고 한다.

연우교(延祐橋)

수구 돌다리(水口石橋) 상아(上衙) 서쪽 20보에 있다.

선암 돌다리(扇岩石橋) 선암 동북쪽에 있다.

청석교(淸石橋) 함구문(含毬門) 안 40보에 있다.

를 지어 이공에게 보낸다(陪李七司馬, 皂江上觀造竹橋, 卽日成, 往來之人免冬寒入
水. 聊題短作簡李公)에 나오는 구절이다. "날이 추우면 백학이 화표에 돌아오듯 다
리 앞 기둥에 모이고, 해가 지면 청룡 같은 다리 그림자를 물속에서 보리라(天寒白鶴
歸華表 日落靑龍見水中)."

64 두보의 앞의 시에 "대나무 베어 다리 만듦에 구조를 같게 하니, 옷 걷고 물 건너지 않
아도 오고갈 수 있네(伐竹爲橋結構同, 蹇裳不涉往來通)"가 있다.

65 두목(杜牧)의 〈양주 판관 한작에게 보내다(寄楊州韓綽判官)〉에 나오는 "이십사교
의 달 밝은 밤, 가인은 어디에서 피리를 가르치나?(二十四橋明月夜 玉人何處敎吹
簫)" 구절이다.

66 중국 소주(蘇州)의 오강(吳江)에 있는 수홍교(垂虹橋)를 노래한 송대 시인 정해(鄭
獬)의 〈수홍교에 대해 지어 동년 숙무비교에게 부치다(題垂虹橋寄同年叔楙秘校)〉
에 "삼백 개 난간이 다리를 둘러, 행인이 물결 위로 자라를 밟고 가는 듯(三百欄干鎖
畵橋, 行人波上踏靈鰲)" 구절이 있다.

법수두 돌다리(法首頭石橋) 현복현(玄福峴) 동쪽 세 갈래 길(三歧街)에 있다.

삼청 돌다리(三淸石橋) 삼청관 동쪽에 있다.

창고 앞 돌다리(倉前石橋) 창고 앞 20보에 있다.

창고 서쪽 돌다리(倉西石橋) 창고 서남쪽 30보에 있다.

마을문(里門)에서 장경문(長慶門)까지 안에 돌다리가 4곳이다.

하수구 돌다리(下水口石橋) 상아(上衙) 남쪽 30보에 있다.

평양강교(平壤江橋) 보통문 밖에 있다. 겨울에는 수레가 다니는 다리(興梁)가 된다.

흠배 돌다리(欽拜石橋) 허사방(虛沙坊)에 있다.

영제교(永濟橋) 재송원(栽松院) 서북쪽에 있다.

대제교(大濟橋) 중화(中和) 경계에 있다.

관선판교(觀善板橋) 대제교 하천 하류에 있다.

보통문(普通門) 안팎에 돌다리가 있다.

배다리(舟橋) 물금야(勿金野)에 있다.

돌우물 돌다리(石井石橋) 상원(祥原) 남쪽 길(南路)에 있다.

사근 돌다리(沙斤石橋) 합지(蛤池)에 있다.

광제교(廣濟橋) 적교원(狄橋院) 앞에 있다.

동천 돌다리(銅川石橋) 강서(江西) 경계에 있다.

개동교(介소橋) 귀구(龜丘)에 있다.

둔전기 돌다리(屯田機石橋) 개동교(介소橋) 상류에 있다.

슬화천 돌다리(瑟和川石橋) 평양강 상류에 있다.

강동 돌다리(江東石橋) 병현(並峴) 북쪽에 있다.

부산원 돌다리(斧山院石橋) 부산 북쪽 7리에 있다.

청수 돌다리(靑水石橋) 주암(酒岩) 산과항(山果沆)에 있다.

내성 우물(內城井泉) 75개, 1583년(선조 16)에 감사 노직(盧稙)이 다시 14개의 우물을 만들었다.

외성 우물(外城井泉) 107개, 그 가운데 기자정(箕子井)이 있다.

「토산(土産)」

"하늘의 도를 따르고 땅의 이익을 나누는 것"[67] 중 어느 것이든 땅에서 나오지 않은 것은 없다. 「우공(禹貢)」에서는 구주(九州)에서 나온 식물과 심은 작물을 등급으로 구별하여 말했고 토지에 따라 공물을 바치게 하였다.[68] 토산물을 모두 이 책에 기록하여 한 지역에서 생산되는 바를 보이고자 한다.

곡류(穀類)

기장(粱), 메벼(粳), 찰벼(糯), 벼(稻), 찰기장(黍), 메기장(稷), 보리(大麥), 밀(小麥), 검은콩(黑豆), 메밀(蕎麥), 차조(秫), 차조기(蘇子), 녹두(菉豆), 황두(黃豆), 콩(白豆), 팥(赤豆), 명아주(藜), 잡두(雜豆), 메조(粟), 율무(薏苡), 옥수수(唐黍)

과실류(果類)

배(梨), 밤(栗), 개암(榛), 대추(棗), 살구(杏), 오얏(李), 복숭아(桃), 청포도

---

67 『효경』「서인장(庶人章)」제6」에 나오는 구절이다. "하늘의 도를 따르고 땅의 이익을 나누어 삼가고 아껴 써서 부모님을 잘 모시는 것이 사람들이 해야 할 효이다(用天之道, 分地之利, 謹身節用, 以養父母, 此庶人之孝也)."

68 『서경』「우공(禹貢)」에서는 조세의 등급(厥賦)과 토지의 등급(厥田)을 나누어 기술하였다. "그 토질은 희고 부드러웠다. 조세의 등급은 상상이지만 (상중과) 겹치는 부분도 있다. 그 토지의 등급은 중중이었다(厥土惟白壤, 厥賦惟上上錯, 厥田惟中中)."

(靑葡萄), 흑포도(黑葡萄), 수박(西瓜), 앵두(櫻桃), 호두(楸子), 도토리(橡), 마름(菱角), 딸기(苺)

채소류(菜類)

미나리(芹), 비름(莧), 파(蔥), 부추(韭), 배추(白菜), 동아(冬瓜), 시금치(菠菜), 쑥(莪), 삼(蔘), 질경이(茉), 도라지(苦葖), 여뀌(蓼), 순무(蔓菁), 냉이(薺菜), 토란(芋), 순채(蓴)[註 : 대성산(大城山) 못에서 난다], 개자리(苜蓿), 마(薯蕷), 삽주(山薑), 상추(萵苣), 고사리(蕨), 차조기(紫蘇), 거채(蘧菜), 자총이(紫蔥), 당청(唐菁), 원추리나물(萱菜), 소채(蔬菜), 해홍나물(海紅菜), 둥굴레(萎)

나무류(木類)

홰나무(槐), 느릅나무(楡), 뽕나무(桑), 소나무(松), 버드나무(柳), 갯버들나무(楊), 단풍나무(楓), 옻나무(漆), 닥나무(楮), 가죽나무(臭椿), 가래나무(楸)

약재(藥材)

백출(白朮), 참마(山藥), 백지(百芷), 악실(惡實), 남등근(藍漆),[69] 갈근(葛根), 호분(蒿本), 대극(大戟), 참외꼭지(苽蔕), 두루미냉이(葶藶子), 사상자(蛇床子), 갈화(葛花), 욱리인(郁李仁), 승마(升麻), 형개(荊芥), 인진(茵陳), 토사자(菟絲子), 세신(細莘), 적작약(赤芍藥), 궁궁(芎藭), 백부자(白附子), 우슬(牛膝), 반하(半夏), 택사(澤瀉), 백선피(白鮮皮), 초삼릉(草三陵), 모향(茅香), 박하(薄荷), 토알(吐遏), 산장(酸漿), 연자(蓮子), 복분자(覆盆子), 사삼(沙蔘), 포황(蒲黃), 차전자(車前子), 자소엽(紫蘇葉), 선각(蟬殼), 유백피(楡白皮), 호장정(虎杖根), 노봉방(露蜂房), 위령선(威靈仙), 진규(秦艽), 상백피(桑白皮), 지유(地楡), 황기(黃耆), 창출(蒼朮), 송지(松脂), 피마자(蓖麻子), 지골피(地骨皮), 고삼(苦蔘), 괄루실(括蔞實), 누로(漏蘆)

---

69 이 책은 '漆'로, 〈규 4885〉 본은 '漆'으로 되어 있다. '藍漆'의 경우 다른 자료에서도 이
　　물명이 발견된다.

가축류(豢養類)

돼지(猪), 양(羊), 소(牛), 말(馬), 개(犬), 고양이(猫), 검은양(羔),[70] 닭(雞), 거위(鵝), 오리(鴨), 집비둘기(鴿)

새류(禽類)

꾀꼬리(鶯), 새(鳥), 까치(鵲), 기러기(鴈), 꿩(雉), 고니(天鵝), 오리(鳧), 까마귀(鴉), 기러기(鴻), 물오리(野鴨), 해오라기(鷺), 딱따구리(啄木), 달걀(鷄子), 부엉이(鵰), 수리(鵰), 황새(鸛), 갈매기(鷗), 뱁새(鷦鷯), 참새(雀), 제비(燕), 뻐꾸기(戴勝), 할미새(鶺鴒), 솔개(鳶), 메까치(山鵲), 가마우지(鸕鷀), 비오리(鸂鶒), 익새(鶂), 메추라기(鶉鶉)

짐승류(獸類)

호랑이(虎), 표범(豹), 승냥이(豺狗), 토끼(兎), 오소리(土猪), 고슴도치(蝟), 노루(獐), 삵(狸), 여우(狐)

어류(魚類)

잉어(鯉), 농어(鱸), 메기(鱴), 붕어(鯽), 미꾸라지(鰍), 적정어(赤頂魚), 학꽁치(針魚), 복어(江豚), 뱅어(白魚), 숭어(秀魚), 누치(訥魚), 드렁허리(鱔), 뱀장어(鰻), 가물치(鱧), 복어(河豚), 면어(綿魚), 자라(鼈), 웅어(葦魚), 쏘가리(錦鱗魚)

해산물(海錯)

게(蟹), 바지락(蛤蜊), 곤쟁이(紫蝦), 모래무지(鯊), 새우(鰕), 홍어(洪魚), 수조기(斑魚), 준치(眞魚), 참서대(舌魚), 민어(民魚), 병어(兵魚), 밴댕이(蘇魚)

기타 산물(雜産)

홍화(紅花), 섶누에실(蠶絲), 비단(錦), 베(布), 종이(紙), 소금(鹽), 마(麻), 목화(綿花), 참깨(眞荏)

---

70 이 책에는 '羔雞'를 한 단어처럼 붙여놓았지만 한 단어로 쓴 용례는 찾기 어렵다. 〈규4885〉 본에는 이 둘을 분리해서 수록하였으므로 이를 따랐다.

「논밭(土田)」

토양에는 건조한 것도 있고 습한 것도 있으며, 밭에는 비옥한 것도 있고 척박한 것도 있다. 평양 외성은 정전제 이외에도 모두 잘 정돈되어 있다. 모든 것은 산과 들을 포함하여 주인이 없는 곳이 없으므로 국가에서 세금을 부과하는 사항을 상세하게 기록하였으니 백성들이 숨기고 누락한 것을 단속하기 위해서 뿐만 아니라 마구 징수하는 병폐가 있을까 해서이다.

민전(民田) 15,013결(結)

수전(水田) 3,798결

정전(井田) 토양이 매우 비옥하다. 삼(麻子)과 무(蘿菖)를 심기에 가장 알맞다.

대동강 동쪽 들·상하 청수리(上下靑水里) 토양의 성질이 기름지다. 목면(木綿)이 가장 잘 자란다.

잠진(箴津)·**벽지도**(碧只島)·**잉차곶**(芿次串)·**초리**(草里)·**장광이도**(長光伊島)·**이도**(耳島) 등지 대부분 수전(水田)이 있다. 급수문(急水門)에 조수가 올라오면 대동강 하류의 맑고 찬 물이 가다 막혀서 흩어진 물살이 민전(民田)으로 흘러 들어간다. 곡식이 심지 않아도 저절로 자라고 가뭄이 들 때도 재해를 겪지 않는다.

관둔전율사(官屯田栗寺) 240섬지기(石落)[71]

---

[71] 이 글에서는 '승락(升落)', '두락(斗落)', '석락(石落)'을 각각 '되지기', '마지기', '섬지기'로 번역하였다. 1되지기는 볍씨 1되를 뿌려서 수확되는 논의 면적, 1마지기는 볍씨 1말을 뿌려서 수확되는 논의 면적, 1섬지기는 볍씨 1섬을 뿌려서 수확되는 논의 면적이다(1섬=10말, 1말=10되).

기장밭(稷田) 14일경(日耕)[72]

율무밭(薏苡田) 1일경

십장전(十場田) 1일경

능라도 둔전(綾羅島屯田) 한달 2일경

수박밭(西果田) 6일경

청태밭(靑苔田) 3일경

검암(檢岩)**·마정**(馬井)**의 새로 개간한 논**(加耕水田)[73] 16섬(石) 5마지기(斗落)

사방 각 리 둔전(四面各里屯田) 133일경

수전(水田) 7섬 10마지기

---

72 일일경(一日耕) : 소 한 마리로 하루에 갈 수 있는 면적.
73 가경전(加耕田) : 새로 개간(開墾)하여 경작하고 있지만 아직 토지대장인 양안(量案)에 올리지 않은 논밭.

제3장 『평양지』 권3

「공부(貢賦)」

토산물에 따라 공물(貢)을 부과하고 논밭을 점검하여 기과(起科)[1]를 부과한다. 논밭에는 등급의 고하가 있어 이에 따라 세금을 부과하고, 물산에는 나고 자란 바가 있으므로 그에 따라 공물을 바치게 한다. 평양은 관외(關外)에 있다. 진상할 물건을 요구할 때는 실로 가볍게 하고자 하나 백성들은 그래도 힘겨워하니, 해마다 풍년이 들지 않기 때문이다.[2] 삼가 이 책

---

1 기과(起科) : 개간한 땅에 일정한 연한이 지난 뒤 부과되는 세액.
2 소식(蘇軾)의 「초연대기(超然臺記)」에 "처음 이곳에 부임했을 때 해마다 풍년이 들지 않아 들에는 강도가 들끓었고 송사도 끊이지 않았으며 부엌은 적막하여 날마다 푸성귀만 먹고 살았다. 그래서 사람들은 내가 즐거워하지 않을 것이라고 생각했다 (始至之日, 歲比不登, 盜賊滿野, 獄訟充斥, 而齋廚索然, 日食杞菊, 人固疑余之不樂也)" 구절이 있다.

에 기록하여 백성들의 근심을 걱정하는 군주[3]에게 말해주어야 할 것이다.

공조(工曹) 멧돼지털(山猪毛) 2근, 작은 사슴 가죽(小鹿皮) 8장, 개가죽(狗皮) 10장, 옻(全漆) 3근, 족제비꼬리털(黃毛) 10가닥

개성부(開城府) 분봉상시(分奉常寺)[4] 납부 잣(柏子) 10말, 영지(芝草) 6근 4냥

봉상시(奉常寺) 제사용 어육 포(中脯) 3첩(貼)

상의원(尙衣院) 양모(羊毛) 4근 2냥, 영지(芝草) 16근, 홍화(紅花) 12근 10냥

군기시(軍器寺) 노루가죽(獐皮) 18장, 꿩 깃털(雉羽) 2,000개, 소뿔(鄕牛角) 12봉(筒), 여러 깃털(雜羽) 900개

제용감(濟用監) 여우가죽(狐皮) 5장, 무세포(巫稅布) 4필(疋), 수달피(水獺皮) 4장, 모장피(毛獐皮) 9장, 조초리(組綃里) 2근

선공감(繕工監) 숙마(熟麻) 85근, 생마(生麻) 20근

사재감(司宰監) 말린 돼지고기(乾猪) 5구(口), 말린 노루고기(乾獐) 7구

전의감(典醫監) 수유(酥油) 1정(丁), 용담초(龍膽草) 2근 6냥, 사향(麝香) 4부(部), 호두(虎頭) 1부, 연자(蓮子) 20근, 갈화(葛花) 4근, 자초(紫草) 4근, 운모(雲母) 8냥, 우여량(禹餘粮) 2근

혜민서(惠民署) 백복령(白茯笭) 3근, 영지(芝草) 4근, 운모(雲母) 1근, 우여량(禹餘粮) 2근, 궁궁(芎藭) 2근, 우황(牛黃) 1부, 적복령(赤茯笭) 3근, 용담초(龍膽草) 1근 6냥, 악실(惡實) 2근, 사상자(蛇床子) 10냥, 소와 양의 우유기름(牛羊酥油) 2정

---

3 『맹자』 「양혜왕 하」에 "백성들의 즐거움을 자기의 즐거움으로 여기면 백성들 또한 군주의 즐거움을 자신들의 즐거움으로 여기고, 백성들의 근심을 자기의 근심으로 여기면 백성들 또한 군주의 근심을 자기의 근심으로 여깁니다(樂民之樂者, 民亦樂其樂, 憂民之憂者, 民亦憂其憂)" 구절이 있다.
4 고려말과 조선초의 사농시(司農寺) 혹은 전농시(典農寺)를 세조때 봉상시에 병합시킨 뒤에 부르던 호칭.

사첨시(司瞻寺) 노비의 신공(身貢)[5]

내수사(內需司) 노비의 신공(身貢)

「교방(敎坊)」

고려 신하 김부식은 "송나라 사신 유규(劉逵)와 오식(吳拭)이 초빙되어 관에 있었다. 연회에 화장을 한 기생들을 계단 위에 불러 올려 입고 있는 넓은 소매의 웃윗[闊袖衣]과 색실 허리띠[色絲帶], 긴 치매大裙를 가리키며 '이것은 모두 삼대(三代)의 의복인데 여기에서 아직도 입을 것이라고는 생각지 못했다. 아마도 당(唐)나라의 옛 제도(遺制)일 것이다"[6]라고 하였다. 교방의 설립은 오래 되었으니 사신 행차[7]의 고단함을 위로하고 여행의 즐거운 이야기를 나누게 하기 위한 것이며, 또한 태평시대를 장식하는 일이다. 이 또한 기록하지 않을 수 없다.

기생 180, 악공 28

포구락(抛毬樂), 무고(舞鼓), 처용(處容), 향발(響撥), 발도가(撥棹歌), 아박(牙拍), 무동(舞童), 연화대(蓮花臺), 학춤[鶴舞], 여민락(與民樂), 만전춘(滿殿

---

5 조선 시대에 노비가 몸으로 치르는 노역(勞役) 대신에 납부하는 공물.

6 『삼국사기』권33 「잡지(雜志)」제2 '색복(色服)'에 나오는 내용이다.

7 원습(原濕) : 높고 평평한 지대와 낮고 습한 지대. 왕명을 받는 사람의 행로.『시경』「소아(小雅)」〈황황자화(皇皇者華)〉에 "휘황한 꽃이여, 언덕과 습지에 피었네(皇皇者華, 于彼原隰)" 구절이 나온다.

春), 감군은(感君恩), 보허자(步虛子), 쌍화점(雙花店), 한림별곡(翰林別曲), 서경별곡(西京別曲), 봉황음(鳳凰吟), 관서별곡(關西別曲)

「원정(院亭)」

원(院)과 정자(亭)의 설치는 피곤한 여행자를 위해서 뿐만 아니라 대부의 행렬이 도중에 비바람으로 역참을 그냥 지나치는[8] 일이 있을까 해서이다. 사람과 말이 멈춰 쉴 곳이 없다면 또 어떻게 여행의 피로를 풀 수 있겠는가? 이 책에 기록하여 예전에 있던 것은 지금 없앨 수 없으며, 지금 없는 것은 이후에 늘려야 한다는 것을 보여주려고 한다.

차문원(車門院) 다경루 서쪽 2리에 있다. 옛날 성문이었다.

봉국원(奉國院) 부 동북쪽 30리에 있다.

재송원(栽松院) 부 남쪽 11리에 있다. 재송원 주변에 소나무 수십 그루가 있다. 손님을 전별하는 곳이며 '재송정(栽松亭)'이라고도 한다.

부산원(斧山院) 부산에 있다.

대비원(大悲院) 부 동쪽 1리에 있다.

적교원(狄橋院) 부 서쪽 30리에 있다.

대정원(大井院) 부 남쪽 25리 대정(大井) 옆에 있다.

---

8   월참(越站) : 쉬지 않고 역참을 그냥 지나감. 역마를 갈아타는 곳을 들르지 않고 그냥 지나감.

보통원(普通院) 보통문 밖에 있다.

우정원(牛井院) 부 동쪽 20리 우정(牛井) 옆에 있다.

강복원(降福院) 부 서북쪽 10리에 있다.

안학원(安鶴院) 안학궁(安鶴宮) 북쪽에 있다.

「사우(寺宇)」

"이제껏 절에서 노닐다가, 다시 절에서 묵네(已從招提遊, 更宿招提境)"[9]라고 하였으니, 옛 사람들이 산과 중을 좋아하는 데는 틀림없이 이유가 있을 것이다. 평양의 사찰은 대부분 장엄하고 아름답지만 지금은 이른바 '선궁(禪宮)'을 모두 없애버렸으니 이 또한 인간사를 없앤 것이라 더욱 안타까워 기록한다. 그 이름이 없어지지 않게 하고자 남아있는 것을 기록할 뿐이다.

영명사(永明寺) 「고적(古蹟)」 항목에 있다.

금강사(金剛寺) 부 동북쪽 8리에 있었으나, 지금은 없어졌다.

흥국사(興國寺) 부 성안에 있었으나, 지금은 지응고(支應庫)가 있다.

남망일사(南望日寺) 마둔산(麻屯山)에 있었으나, 지금은 없어졌다.

북망일사(北望日寺) 소산(所山)에 있었으나, 지금은 없어졌다.

중흥사(重興寺) 병현(並峴)에 있었으며, 김부식이 묘청을 토벌할 때 관군을 중흥사에 주둔시켰다. 지금은 없어지고 돌기둥(石柱) 두 개만 남아있다.

---

9   두보(杜甫)의 시 〈용문 봉선사에서 노닐다(遊龍門奉先寺)〉에 나오는 구절이다.

흥복사(興福寺) 부 남쪽 100보에 있었으나, 지금은 없어졌다.

주암사(酒岩寺) 주암 근처에 있었으나, 지금은 없어졌다.

흥복사(弘福寺) 부 남쪽에 있었으나, 지금은 없어졌다.

인왕사(仁王寺) 성 남쪽에 있었으나, 지금은 없어졌다.

신호사(神護寺) 창관산(蒼觀山)에 있었으나 지금은 서원의 터가 되었다.

은봉사(隱鳳寺) 대성산(大城山) 순지(蓴池) 가에 있다.

광법사(廣法寺) 대성산에 있다.

동망일사(東望日寺) 소라산(所羅山)에 있다.

서망일사(西望日寺) 서산(西山)에 있다.

장경사(長慶寺) 부 성 안에 있었으나, 지금은 없어졌다.

두타사(頭陁寺) 대성산에 있다.

회룡사(回龍寺) · **용악사**(龍岳寺) 모두 용악산(龍岳山)에 있다.

송태사(松泰寺) 대보산(大寶山)에 있다.

용천사(用泉寺) 사기리산(沙器里山)에 있다.

환희사(歡喜寺) 백록산(白鹿山)에 있다.

화원사(花元寺) 자화산(玆花山)에 있다.

천림사(天林寺) 건지산(巾之山)에 있다.

원명사(元明寺) 눌산(訥山)에 있다.

「호구(戶口)」

논밭이 개간되자 우(虞)나라는 땅을 상으로 내렸고,[10] 호구가 늘어나자 한(漢)나라는 벼슬을 하사하였다. 인구수가 나라에 있어 이렇게 중요해진 지 오래되었다. 인구수의 증감을 조사해서 정치의 득실의 증거로 삼는 것은 이 책의 중요한 부분이다. 옛 기록에서 찾아보기가 어려워서 현재 상황을 기록하고자 한다.

실호(實戶) 8,265
잡탈(雜頉)[11] 3,116
도합 11,311호(戶)[12]
관노(官奴) 120
관비 59

---

10 『맹자』「고자(告子) 하(下)」에 "천자가 제후의 봉지에 들어가서 토지가 개간되어 있고 논밭이 정리되어 있고 늙은이를 봉양하고 현자를 존경하고 준걸한 인재가 지위에 있으면 상을 주는데 땅을 상으로 내린다(入其疆, 土地辟, 田野治, 養老尊賢, 俊杰在位, 則有慶, 慶以地)"가 나온다.
11 역과 같은 국가적 의무를 이행해야 할 경우 빠질 수 있는 공식적인 면제사유 이외의 다양한 이유를 들어 의무에서 면제되는 것. 부모가 돌아가셨거나 당사자가 중병에 들거나 불구자인 경우.
12 위에 제시된 실호와 잡탈의 합은 11,381호이다.

「인물(人物)」

선한 사람이 하늘과 땅의 법도를 지키는 기강이라면,[13] 강산은 호걸의 자양분이다. 평양은 산수가 맑고 아름다운 곳이므로 인재의 배출이 다른 읍의 갑절이 되는 것도 이상하지 않다. 잠시 『동국여지승람』에 기록된 바와 전해들은 것을 기록하여 본받아 훌륭한 행동을 하는 데에[14] 일조를 하고자 한다.

고구려

온달(溫達) 용모가 못생기고 우스꽝스러워서 사람들이 '바보 온달'이라고 불렀다. 양강왕(陽岡王)의 딸은 스스로 원해서 온달의 아내가 되었다. 나중에 주(周) 무제(武帝)가 요동(遼東)을 정벌할 때 선봉에서 격렬하게 싸워 수십여 명의 머리를 베자 여러 군사들이 승세를 타고 분격하여 크게 이겼다. 왕이 가상히 여기고 감탄하면서 "이 사람은 나의 사위이다"라고 하고 대형(大兄)[15] 벼슬을 내렸다. 평강왕(平岡王)이 즉위하자 온달이 상주하기를 "신라가 우리 한북(漢北) 땅을 차지하고 군현으로 삼아

---

13 『춘추좌씨전』 성공 15년에 나오는 구절이다. "한헌자가 말하였다. '극씨는 화를 면치 못하겠구나. 선한 사람은 하늘과 땅의 법도를 지키는 기강인데도 그것을 끊어 버렸다. 망하지 않고 무엇을 기다리겠는가.'(韓獻子曰 : 郤氏其不免乎. 善人天地之紀也, 而驟絶之, 不亡何待?)"

14 『시경』「소아」〈거할(車舝)〉에 "높은 산을 우러러보며 큰 길을 걸어간다(高山仰止景行行止)" 구절이 있다.

15 고구려 후기 직제 5품 벼슬.

서 백성들이 원통해 하며 부모의 나라를 잊지 못합니다. 바라옵건대 대왕께서 저를 불초하다고 여기지 않고 군대를 내려 주시면 가서 기필코 우리 땅을 수복해 오겠습니다"라고 하자 왕이 허락하였다. 온달은 전장으로 나가기에 앞서 "계립현(雞立峴) 죽령(竹嶺) 서쪽 땅을 우리가 수복하지 못한다면 돌아오지 않겠다"고 맹세하였지만, 결국 신라와 아단성(阿旦城) 아래에서 싸우다가 화살에 맞고 죽었다. 장사를 지내려고 했으나 관이 움직이려 하지 않았다. 공주가 관을 어루만지면서 "사생이 결판났으니 돌아가십시다"라고 하였다. 드디어 관을 들어 땅에 묻었다.[16]

을지문덕(乙支文德) 수(隋) 양제(煬帝)가 대장군 우문술(宇文述) 등에게 명령하여 고구려를 정벌하라고 하였다. 을지문덕이 사신을 보내 항복하는 척 하면서 "만약 군대를 철수한다면 왕을 모시고 황제가 계신 곳으로 가서 인사 올리겠습니다"라고 하였다. 우문술은 평양성이 험하고 견고하여 공략하기 어렵다고 생각했다. 그래서 을지문덕의 항복하는 말에 따라 방진(方陳)[17]을 만들어 돌아갔다. 살수(薩水)에 이르러 군대가 반 정도 건너고 있을 때 을지문덕이 공격하자 모든 군대가 무너져서 걷잡을 수가 없었다. 하루 밤낮 동안 압록강에 도착하였는데 간 거리가 450리였다. 애초에 아홉 개의 부대가 요하(遼河)를 건널 때에는 305,000명이었는데 요동성(遼東城)으로 돌아간 사람은 겨우 2,700명이었다.[18]

고연수(高延壽)·**고혜진**(高惠眞) 모두 고구려 종실의 성씨이다. 당 태종이 동쪽으로 쳐들어오자 북부 욕살(褥薩)[19] 고연수와 남부 욕살 고혜진

---

16 『삼국사기』권45 「열전」 제5 '온달'에 보다 상세한 내용이 전한다. 본 번역문에서는 『평양지』 본문이 축약되어 『삼국사기』와 정확하게 일치하지는 않으나 이하 『삼국사기』 열전에 실린 인물의 경우 박장렬 외 5인이 옮긴 『(원문과 함께 읽는) 삼국사기』(한국인문고전연구소, 2012)를 참고하였다.

17 고대에 쓰던 진법(陣法)의 하나로 군사들을 사각형의 대형으로 만들어 진을 치는 것.

18 『삼국사기』권44 「열전」 제4 '을지문덕'에 보다 상세한 내용이 전한다.

이 15만의 군사를 이끌고 안시성을 구원하러 갔으나 당 태종에게 붙잡혔다.

고려

오선각(吳先覺) 묘청의 난 때 거짓으로 어리석은 체 하면서 묘청의 무리에 끼지 않았다.

정지상(鄭知常) 초명은 지원(之元)이다. 어려서부터 총명하고 시의 성률을 잘 알았다. 장원급제하여 관력이 기거주(起居注)[20]에 이르렀다. 사람들이 말하기를, 김부식이 평소 정지상과 문학으로 나란히 명성을 날리자 불만이 쌓여 있다가 묘청의 일당이라는 것을 빌미로 하여 '죽여야 한다'고 말했다고 한다. 정지상의 시는 만당체(晩唐體)를 얻었고 절구(絕句)를 특히 잘 지었다. 시어는 맑고 화려했고 시운의 격조는 호방하고 뛰어나서 일가(一家)의 법도를 이루었다.

조인규(趙仁規) 자(字)는 거진(去塵)이다. 충렬왕(忠烈王) 때 사람이다. 모친이 해가 품으로 들어오는 꿈을 꾸고 나서 임신하였다. 태어나면서부터 영리하였고 장성하면서 공부를 시작하여 글 뜻을 대략 알게 되었다. 나라에서 영민한 자제를 뽑아서 몽고어를 익히게 하였는데 조인규도 선발되었다. 출중하지 못하여 3년을 두문불출하며 밤낮으로 부지런히

---

19 욕살(褥薩) : 고구려 후기의 지방지배조직은 대성(大城)·성(城)·소성(小城)의 3단계로 나누고 각각 지방관을 파견했는데, 그중 대성의 지방관. 고구려의 지방관은 행정과 군정을 모두 관장했다.
20 고려 시대, 중서문하성(中書門下省)에 속한 관직의 하나. 임금의 잘못을 간(諫)하고 백관(百官)의 비행을 규탄하는 일을 하였다.

공부한 끝에 드디어 이름이 알려지게 되었다. 원나라에 부탁할 일이 있을 때마다 반드시 조인규를 보냈기 때문에 서른 번이나 사신으로 가서 힘껏 나라를 위해 노력했다. 고려에 원한을 품고 있던 원나라 사신이 우리의 고유한 풍속을 바꾸려고 황제에게 건의하여 앞을 내다볼 수 없을 상황이 되었다. 조인규가 단신으로 원나라에 가서 황제에게 사리를 분명하게 설명하여 사태가 진정되었다. 서쪽과 북쪽 두 국경지대가 다시 우리에게 돌아온 것도 역시 그가 사신으로 가서 설득해서 이루어낸 공 덕분이었다. 관력(官歷)은 자의도첨의사사(咨議都僉議使司)에 이르렀고 평양군(平壤君)에 봉해졌다. 부(府)를 설치해 관속을 배치해 주었고 조회 때 옥대를 차고 일산을 쓴 채로 임금을 시종하도록 하며 찬배(贊拜) 때 이름을 부르지 않고 칼을 찬 채로 전각에 오르게 하였다. 나라에 큰 일이 있으면 첨의밀직(僉議密直) 1명을 그의 집으로 보내 자문을 구했다. 졸년은 72세이고 시호는 정숙(貞肅)이다.[21]

조서(趙瑞) 조인규의 아들이다. 충렬왕 때 과거에 급제하여 여러 관직을 역임했다. 동지밀직(同知密直)이 되어 곧바로 원나라에 들어가서 천추절(千秋節)[22]을 하례하자 황제가 회원대장군(懷遠大將軍)과 고려국부원수(高麗國副元帥)의 벼슬을 하사하였다. 고려로 돌아오니 왕 또한 검교찬성사(檢校贊成)으로 승진시켰다. 시호는 장민(莊敏)이다.

조련(趙璉) 조서의 동생이다. 여러 관직을 거쳐 첨의평리(僉議評理)에 올랐다. 이어 찬성사(贊成事)가 되었고 황제에게서 고려왕부단사관(高麗

---

21 『고려사』「열전」에 보다 상세한 내용이 전한다. 『평양지』 수록내용은 매우 축약된 내용으로 본 번역문에서『고려사』「열전」에 수록된 인물을 번역할 때에는 동아대 석당학술원에서 번역한『국역 고려사』(경인문화사, 2006)를 참고하였다.
22 황태자의 탄신일. 주로 중국 명나라 황태자의 생일을 가리키며 조선시대에는 이를 축하하기 위해 천추사를 파견했다.

王府斷事官)의 직임을 받았다. 왕이 일찍이 원나라에 있었을 때 조린이 권성사(權省事)로 5년간 있었다. 시호는 충숙(忠肅)이다.

조위(趙瑋) 조서의 동생이다. 관직은 첨의찬성사(僉議贊成事)에 이르렀고 평양부원군(平壤府院君)에 봉해졌다.

조덕유(趙德裕) 조련의 아들이다. 아버지의 벼슬을 물려받아 고려왕부단사관(高麗王府斷事官)으로 있었다. 성품이 청렴하여 권세있는 사람들을 두려워하지 않았고 영리를 추구하지 않았다. 관직이 판도판서(版圖判書)에까지 올랐다.

조린(趙潾) 조덕유의 아들이다. 신돈(辛旽)이 정권을 장악하고 있을 때 사람들은 다투어 옆에 붙었지만 조린은 단 한 번도 그 집에 가지 않았다. 오인택(吳仁澤) 등과 신돈을 죽이려고 모의하다가 해를 입었다.

조선

조준(趙浚) 조린의 동생이다. 고려말에 과거에 급제하여 통례문부사(通禮門副使)로 강원도에 부임하여 위엄과 은혜를 함께 베풀었다. 정선군(旌善郡)에 이르러 시 "동해를 씻어낼 날이 있으리니, 백성들은 눈을 씻고 맑아지기를 기다리라(滌蕩東溟知有日, 居民洗眼待澄淸)"[23]를 지어서 식견이 있는 자들이 그에게 큰 뜻이 있다는 것을 알았다. 나중에 우리 태조를 도와 개국공신이 되었고 관직은 영의정에 이르렀다. 시호는 문충(文忠)이고, 태조묘정(太祖廟庭)에 배향되었다.

조박(趙璞) 보문각직제학(寶文閣直提學) 조사겸(趙思謙)의 아들이다. 과거

---

23 『연려실기술』권2 「태조조 고사본말(太祖朝故事本末)」에 나온다.

에 급제하여 여러 관직을 거친 뒤 집현전제학(集賢殿提學)에 이르렀다. 개국정사좌명공신(開國定社佐命功臣)을 하사받았고 평원군(平原君)에 봉해졌다.

김통(金統) 의성(義城) 사람이다. 예조정랑(禮曹正郎)으로 있다가 사직하고 평양 별서(別墅)로 돌아왔다. 별서는 패강 아래에 있었는데 실로 서도(西道)에서 경치가 좋은 곳이었다. 공은 그곳에 살면서 즐거워하였는데, 그가 바로 모재(慕齋) 김안국(金安國) 선생의 증조부이다.

조오(曹䴏) 성품과 행동이 근실하고 효성과 우애에 돈독하여 온 마을 사람들이 칭송하였다. 언젠가 성안에 불이 나 불길이 이웃집으로 번졌을 때 조오가 무릎을 꿇고 구해달라고 하늘에 기도하였는데 곧바로 바람의 방향이 반대로 바뀌었다. 또 그의 형 조경(曹鯨)이 염병에 걸려 거의 죽을 지경이 되었을 때 조오가 곧바로 약을 구해 와서 병이 나을 수 있었다. 몸에도 별다른 상처[24]가 없어서 사람들이 모두 기이하게 여겼다.

이은영(李殷榮) 진사(進士)이다. 천성이 청렴하고 근실하였으며 다른 사람의 잘못에 대해 말하지 않았다. 아들 응허(應虛)가 청산(靑山)의 수령이 되어 부임하려고 할 때 "나 때문에 음식을 올려 보내지 말고, 그 고장 사람들에게 나누어주어라"며 타이르자 아들이 감히 말씀을 어기지 못했다. 그가 가난을 편하게 여기고 곤궁한 상황에서도 흔들리지 않는 것이 이와 같았다.

주인보(朱仁輔) 신분은 낮으나 뜻은 높았고, 집안은 가난했으나 속되지 않았다. 만년에 은거하면서 관풍동(觀風洞)에 집을 짓고 소나무 그늘 아래와 시냇가에서 거문고와 술을 마시며 즐거워하였다. 화초를 길러 골짜기가 아취를 이루자 명사들이 찾아와서 날마다 술을 마시고 시를 지었다.

24　원문의 글자는 '蟶'이나 어느 글자의 이체자인지 알 수 없다. 본 번역문에서는 앞뒤 맥락을 고려하여 '상처'로 번역하였다.

「효열(孝烈)」

효는 모든 행동의 바탕이고, 정절은 부인들의 절개이다. 세상의 교화가 쇠퇴해지면서 자신의 천성을 온전히 할 수 있는 자가 드물어졌으니, 나라에서 포상하여 정문을 세워 표창[25]하는 것이 세도(世道)이고 풍교(風敎)이다. 읍에 이러한 사람이 있는데 어찌 기록해서 후세에 전하지 않겠는가?

고려

박광렴(朴光廉) 성종(成宗) 때 사람으로 모란리(牧丹里)에 살았다. 어머니가 세상을 뜬 지 7일이 되던 날 홀연히 어머니의 모습과 닮은 마른 나무를 발견하고는 방에 두고 살아있는 것처럼 여기며 봉양하였다.

황수(黃守) 대대로 평양부에 거주하였다. 충숙왕(忠肅王) 때 부의 잡재서승(雜材署丞)이 되었다. 부모는 모두 나이가 일흔 남짓이었는데 매일 세 끼에 맛난 음식을 갖추어 부모에게 먼저 올린 뒤 상을 물리면 형제들과 함께 먹었는데 20여 년 동안 조금도 게을리 하지 않았다.[26]

---

25 정려(旌閭) : 효자·충신·열녀 등이 살던 동네에 붉은 칠을 한 정문(旌門)을 세워 표창하던 일로 요역을 면제주었고 경우에 따라 상으로 물건을 주거나 직무를 주기도 하였다.
26 『고려사』「열전」에 보다 상세한 내용이 전한다.

조선

백형(白亨) 부모가 모두 세상을 뜨자 묘 옆에 여막을 짓고 아침저녁으로 제사지내는 일을 삼년간 하였다. 이 일이 아뢰어져 정려문이 세워지고 조세나 부역을 면제받았다.

최부삼(崔夫三) 아버지가 고질병에 걸려 오랫동안 낫지 않자 왼손 무명지를 잘라 피를 약에 타서 드렸더니 병이 나았다. 이 일이 아뢰어져 정려문이 세워지고 조세나 부역을 면제받았다.

김경리(金景利) 아버지가 정신병에 걸려 몇 개월이 지나도 낫지 않자 오른손 무명지를 잘라 피를 약에 타서 드렸더니 병이 나았다. 이 일이 아뢰어져 정려문이 세워지고 조세나 부역을 면제받았다.

백현(白絢) 아버지가 세상을 뜨자 묘 옆에 여막을 짓고 상을 마친 뒤 어머니를 모시고 묘 옆으로 옮겨 살았다. 평안감사가 그 효행을 가상하게 여겨 영숭전지기(永崇殿直)에 임명했으나 어머니가 계신다는 2로 사양하고 나아가지 않았다. 이후 어머니의 상을 당하자 또한 정성을 다해 아침저녁으로 예를 갖추어 제사지내는 일을 20여 년간 하였으며 조금도 게을리 하지 않았다. 이때 나이가 72세였다. 이 일이 아뢰어져 정려문이 세워졌다.

김일광(金日光) 아버지가 고질병에 걸리자 손가락을 잘라 피를 약에 타서 드렸더니 병이 나았다. 이 일이 아뢰어져 정려문이 세워졌다.

김의광(金義光) 어머니가 고질병에 걸리자 손가락을 잘라 피를 약에 타서 드렸더니 병이 나았다. 이 일이 아뢰어져 정려문이 세워졌다.

전복룡(田伏龍) 어렸을 때 어머니가 병이 들자 손가락을 잘라 피를 약에 타서 드렸더니 효험이 있었다. 이 일이 아뢰어져 정려문이 세워졌다.

사노(私奴) **건금**(建金) 어머니가 병이 들었는데 약을 써도 효험이 없자 손가락을 잘라 피를 내어 드렸더니 병이 나았다. 이 일이 아뢰어져 정려문을 세워 표창하였다.

영노(營奴) **강철**(江哲) 형의 고질병을 걱정하여 손가락을 잘라 피를 마시게 했더니 효험이 있었다. 이 일이 아뢰어져 정려문을 세워 표창하였다.

영비(營婢) **춘개**(春介) 나이 갓 스물에 전염병을 만나 어머니와 가족들이 며칠 내에 연달아 죽었다. 그 아버지 또한 병으로 죽을 지경이 되자 마당에 상을 펴고 향을 피운 뒤 가운데 손가락을 불에 태워 하늘에 기도하면서 밤낮으로 울부짖자 그 병이 나았다. 이 일이 아뢰어져 조세나 부역을 면제받았다.

양녀(良女) **돈씨**(頓氏) 그 아비가 봄에 얼음 위에서 낚시를 하다가 물에 빠져 죽자 슬퍼하며 물가 기슭에서 몸을 던졌다. 다음날 두 시신이 서로 껴안은 채 물 위로 떠오르자 동네 사람들이 묻어주었다. 감사 노직(盧稷)이 그 묘를 짓게 하고 비를 세워 표창하였다. 이곳의 이름이 도리담(桃李潭)이다.

김질(金質) 부모가 세상을 뜨자 여막에서 3년간 지냈고 상이 끝난 뒤에도 슬퍼하는 마음이 끝이 없었으며 조금도 게을리하지 않았다. 이 일이 아뢰어져 정려문이 세워졌고 지금 100세인데도 몸에 병이 없다.

나덕집(羅德緝) 약관(弱冠)의 나이가 되기도 전에 부친상을 당하여 깊은 골짜기에 여막을 짓고 살며 몸소 제사음식을 차렸다. 밤중에 도둑이 들어왔다가 그가 혼자 살며 가진 것이 없는 것을 보고 가지고 있던 쌀 몇 말(斗)를 놓고 갔다. 이 일이 아뢰어져 조세나 부역을 면제받았다.

김란(金蘭)**의 계처**(季妻) **김씨**(金氏) 전(前) 훈도(訓導) 김수묵(金守默)의 딸이다. 남편이 풍질(風疾)에 걸리자 약을 구하기 위해 가지 않은 곳이 없었다.

남편이 죽자 밤낮으로 울며 몸소 제사 음식을 차렸다. 상이 끝나자 머리를 자르고 술과 고기를 먹지 않아 마을 사람들이 모두들 탄복하였다.

양덕유(楊德裕) 생원이다. 가풍이 순수하고 근실하였다. 부친상을 당하자 묘 아래에 여막을 짓고 슬피 울며 삼년상을 마쳤고, 나중에 모친상을 당하자 언 땅에 거적을 깔고 슬피 울기를 그치지 않았다. 눈물이 다하여 피가 나오고 입으로는 조금도 마시지 않았다. 친척과 마을 사람들이 만류하면 그럴 때마다 땅을 치며 말을 듣지 않았다. 한 달 남짓이 되자 빈소 옆에서 곧바로 죽었고 얼마 지나지 않아 그의 처도 또한 죽었다. 아들 의직(懿直)이 돈을 내어 예를 갖추어 세 사람의 장례를 지내니 마을 사람들이 칭송하였다.

이헌충(李獻忠) 부모를 섬기는 데에 독실했다. 집에 있을 때 재물을 사사롭게 사용하지 않았으며 맛있는 음식을 드리는 데 마음을 다했다. 부모가 연이어 죽자 묘 옆에 여막을 짓고 아침저녁으로 곡을 하며 제사 지냈고 각각 3년상을 마칠 때까지 한 번도 집에 내려가지 않아서 온 마을 사람들이 감복하였다. 조정에 아뢰자는 논의가 있으면 그럴 때마다 효자로 불리는 것을 수치로 여기면서 언제나 마을 사람들을 따라가 울면서 만류하였다.

초생(草生) 수군(水軍) 고귀성(高貴成)의 딸이다. 용인(傭人) 강논산(康論山)의 아내로 합지(蛤池)에 살았다. 강논산이 염병에 걸려 아프자 마음을 다해 병구완을 했고 그가 죽자 시신을 안고 울부짖었다. 어느 날 그동안의 물건을 모두 시부모에게 보내고 목을 매어 죽었다. 이웃 사람이 슬퍼하며 합장하여 장사지냈다. 이때 나이가 겨우 스물 하나였다.

「과공(科貢)」²⁷

선비는 농사를 짓다가 조정에 등용되면 마치 쇠가 용광로에 들어가고 구름이 용을 좇는 것처럼 좋은 시절에 변화의 묘를 부려 그날에 포부를 펼칠 수 있으니 그 뜻을 얻음이 어떠한가? 뜻은 따뜻하고 배부른 것에 있지 않고 행동은 전전긍긍했던 것을 잊지 않으며 내가 자처함이 바른 뒤에야 천명을 얻을 수 있다.²⁸ 모든 생도들이여, 노력하라.

조선

나축(羅軸)

이한(李瀚) : 판윤(判尹)

이진수(李進修) : 사간(司諫)

전용덕(田用德) : 판윤(判尹)

김청(金淸) : 판관(參判)

이승백(李承伯) : 문하평리(門下評理)

김경직(金敬直) : 문하시중(門下侍中)

현수(玄琇) : 문하평리(門下評理)

---

27 〈규 4885〉 본에는 '문과(文科)'라고 되어 있다.

28 『서경』「서백감려(西伯戡黎)」에 "임금이 말했다. '아아! 내가 살고 있는 것은 명이 하늘에 달려있어서가 아닌가?' 조이가 반대하며 말했다. '아아! 그대의 죄가 하늘에 많이 닿아 있는데 그대가 천명을 얻을 수 있겠습니까?'(王曰 : 嗚呼! 我生不有命在天?, 祖伊反曰 : 嗚呼! 乃罪多參在上, 乃能責命于天)" 구절이 나온다. 본 번역문에서는 '과거'에 대한 부분이므로 '책명(責命)'을 '명을 얻다'의 의미로 해석하고 번역하였다.

노세겸(盧世謙) : 좌윤(左尹)

이보(李寶) : 예조전서(禮曹典書)

이음(李蔭) : 공조전서(工曹典書)

이원충(李原冲) : 호조전서(戶曹典書)

양백지(楊百枝) : 호조전서(戶曹典書)

노혁기(盧奕奇) : 판윤(判尹)

나춘우(羅春雨) : 우찬성(右贊成)

한안해(韓安海) : 호조전서(戶曹典書)

윤운귀(尹云貴) : 개성윤(開城尹)

허승우(許承祐) : 직제학(直提學)

서언귀(徐彦貴) : 전서(典書)

윤회(尹晦) : 장령(掌令)

반서(潘瑨) : 개주사(价州使)

정태용(鄭台用) : 직제학(直提學)

박한충(朴漢忠) : 태주목사(泰州牧使)

유대승(劉大昇) : 부정(副正)

이호림(李好霖)

이하림(李賀霖)

이장림(李壯霖)

이대림(李待霖)

이우림(李遇霖)[註 : 오형제 모두 과거에 급제했다. 집은 외성(外城) 천덕부(川德部)에 있다]

이희귀(李希貴) : 용천군수(龍川郡守)

나진문(羅振文) : 문화현령(文化縣令)

이한겸(李漢謙) : 정주목사(定州牧使)

김현좌(金賢佐) : 덕천군수(德川郡守)

권기(權機) : 맹산현감(孟山縣監)

정치형(鄭致亨) : 순천군수(順川郡守)

이안귀(李安貴) : 안악군수(安岳郡守)

정효지(鄭孝智) : 증산현령(甑山縣令)

정인원(鄭仁源) : 평사(評事)

송경지(宋景智) : 장련현감(長連縣監)

강복(康福) : 예조좌랑(禮曹佐郞)

박형량(朴亨良) : 정언(正言)[29]

김회치(金懷値) : 교리(校理)

김학기(金學起) : 집의(執義)

최아(崔涐) : 현령(縣令)

안근(安根) : 판관(判官)

김적복(金積福) : 현령(縣令)

김상렴(金尙廉) : 전적(典籍)

김권(金權) : 전적(典籍)

김윤온(金允溫) : 전적(典籍)

김윤화(金允和) : 전적(典籍)

최부우(崔府隅) : 부사(府使)

김성경(金成卿) : 첨지(僉知)

김덕량(金德良) : 군수(郡守)

---

29 본문에는 '박형량'부터 '황석령'까지는 해당 페이지가 공백으로 처리되어 결락된 것으로 보이므로 〈규 4885〉 본에 따라 명단을 보충하였다.

이수녕(李壽寧) : 교리(校理)

홍승범(洪承範) : 정자(正字)

이무일(李無逸) : 현감(縣監)

이응허(李應虛) : 현감(縣監)

강의봉(康儀鳳) : 정랑(正郎)

황응성(黃應聖) : 부사(府使)

김태좌(金台佐) : 목사(牧使)

무직(武職)

양안식(楊安植) : 절제사(節制使)

이안길(李安吉) : 병사(兵使)

이달한(李達漢) : 목사(牧使)

노원식(盧原植) : 중군총제(中軍摠制)

이엄(李嚴) : 단련사(團練使)

장서(張瑞) : 군수(郡守)

노찬(盧瓚) : 군기윤(軍器尹)

반윤경(潘允瓊) : 상호군(上護軍)

박연(朴延) : 곽주사(郭州使)

김득흥(金得興) : 군수(郡守)

함유덕(咸有德) : 대호군(大護軍)

양미제(楊美弟) : 현령(縣令)

이자위(李自葳) : 부정(副正)

전정계(田井界) : 군수(郡守)

주인궤(朱仁軌) : 현감(縣監)

이휘(李徽) : 참군(參軍)

김자흥(金自興) : 첨사(僉使)

황석령(黃碩齡) : 군수(郡守)

이득방(李得芳) : 함종현령(咸從縣令)

김득견(金得堅) : 사온령(司醞令)

공효신(公孝信) : 참봉(參奉)

홍승경(洪承慶) : 사재령(司宰令)

이연(李延) : 군기정(軍器正)

김재사(金再思) : 자산군수(慈山郡守)

김익승(金益承) : 군기윤(軍器尹)

김효우(金孝友) : 참봉(參奉)

김효신(金孝信) : 송화현감(松和縣監)

김유성(金有聲) : 첨사(僉使)

장이덕(張以德) : 곡산군수(谷山郡守)

임대춘(林大春)[30]

최침(崔琛) : 개천군수(价川郡守)

김여상(金呂尚) : 첨사(僉使)

연방(蓮榜)[31]

노원조(盧元祖), 이포(李苞), 김중청(金重淸), 주영괴(朱映槐), 주정(朱楨), 노표(盧彪), 정여해(鄭汝諧), 노변호(盧卞浩), 김세영(金世榮), 정효례(鄭孝禮), 조구(趙球), 박운해(朴雲海), 김인귀(金仁貴), 김유손(金有孫), 문형(文亨), 정원덕(鄭元德), 강질(康秩), 이일(李逸), 김사도(金思道), 배지(裵智), 김계원(金季元),

---

30 본문에 이름 뒤에 '谷'자가 있는데 연문(衍文)으로 보인다. 〈규 4885〉본에는 이름만
    나와 있다.
31 연방(蓮榜) : 조선시대 사마시(司馬試)인 생원과(生員科)·진사과(進士科)에 합격
    한 사람들의 명단.

김치(金錙), 최유(崔游), 최겸산(崔兼山), 박현(朴賢), 김제손(金悌孫), 강효리(康孝理), 김니(金泥), 김의광(金義光), 최석정(崔碩汀), 이중관(李仲寬), 정자아(鄭自雅), 강중로(康仲老), 박계량(朴季良), 김추(金錘), 한극창(韓克昌), 김태손(金泰孫), 김길복(金吉福), 이암(李㲼), 황구(黃耉), 조문우(趙門隅), 황세문(黃世文), 최세웅(崔世雄), 강귀서(康龜瑞), 이붕(李鵬), 조탁(趙鐸), 김덕준(金德駿), 김만근(金萬斤), 양희사(楊希泗), 이무림(李茂林), 노언규(盧彦珪), 김은서(金殷瑞), 홍몽룡(洪夢龍), 김내윤(金乃潤), 이은영(李殷榮), 황근(黃勤), 이강(李剛), 김덕호(金德豪), 양덕희(楊德禧), 강언보(康彦輔), 강덕립(康德立), 이능방(李能芳), 노언벽(盧彦璧), 조삼성(曹三省), 조엄(趙淹), 전부민(田富民), 이인상(李仁祥), 김태우(金台佑), 김란(金蘭), 양덕유(楊德裕), 최국주(崔國柱), 황징(黃澄), 김명한(金溟翰), 김순우(金純祐), 노대민(盧大敏)

「환적(宦蹟)」

외직으로 나가는 것은[32] 뜻이 강해(江海)에 있다고 해도 칼 세 자루가 꿈속에 나타나야 운명이 아미(峨眉)로 정해지는 것이다.[33] 만약 안과 밖을 염

---

32 일휘걸수(一麾乞守) : 일휘출수(一麾出守). 외방의 관원으로 나가는 것. 중국 남송(南宋) 안연지(安延之)가 〈오군영(五君詠)〉 '완시평(阮始平)'에서 "누차 천거해도 관직 얻지 못하다가, 한번 불려 가더니 수령으로 나갔네(屢薦不入官, 一麾乃出守)"라고 하였다.

33 삼도입몽(三刀入夢) : 벼슬을 옮기다, 영전하다. 진(晉) 왕준(王濬)의 고사에서 나온 말이다. 『진서(晉書)』 「왕준전(王濬傳)」에 따르면 왕준이 어느 날 칼 세 자루를 들보에 올려 놓았는데 밤에 한 자루 더 올려 놓는 꿈을 꾸고 불길하게 생각하자 주부(主簿) 이의(李毅)가 "삼도는 고을 주(州)자인데 칼 한 자루를 더하였으니 '익주(益州)'

두에 두지 않고 임금과 신하를 급선무로 여긴다면 어찌 군자가 아니겠는가? 예전에 평양부의 제명기(題名記)를 살펴본 적이 있는데, 고려와 조선 초에 이름난 공경대부로서 이곳에 지방관으로 나온 사람들은 대부분 근면하고 일처리를 잘 하는 것으로 기대에 부응하였으니 틀림없이 평양부가 서쪽의 요충지여서 위급한 일과 관련된 곳이므로 신중하지 않을 수 없었기 때문이다. 과거에 왔던 사람들은 모두 제명기에 있기 때문에 번거롭게 다 기록할 수는 없다. 다만 『여지승람』의 '명환(名宦)'과 이곳 노인들에게서 선정을 베풀었다고 전하는 바를 채록하여 여러 공들의 이름이 영원히 남는 곳으로 삼고자 한다.

신라

김암(金巖) 김유신(金庾信)의 후예이다. 총명하고 영리하며 방술(方術)을 익히는 것을 좋아하였다. 당나라에 들어가서 숙위(宿衛)를 하였고 학교에 가서 음양가(陰陽家)의 기술을 배웠다. 대력(大曆) 연간에 귀국하여 패강진 두상(頭上)[34]이 되었다. 가는 곳마다 마음을 다해 다스리고 농한기[35]에 육진병법(六陳兵法)을 가르쳐서 사람들이 모두 편하게 여겼다. 황충이 서쪽에서 패강으로 들어와 논밭을 덮은 일이 있었는데 백성들

가 되므로 익주의 태수가 될 징조이다"라고 해석하였다. 나중에 왕준이 익주의 태수가 되었다고 한다. 익주는 사천성(四川省)에 해당하는 지역이기 때문에 사천성 가징부(嘉定府)에 있는 '아미산(峨眉山)'을 언급한 것으로 보인다.

34 신라시대의 관직명. '숙위두상(宿衛頭上)', '사신두상(私臣頭上)', '두상대감(頭上大監)', '두상제감(頭上弟監)'의 용례로 볼 때 각 해당 관청이나 관사의 장(長)을 일컫는 말로 짐작된다.

35 삼무(三務)가 봄, 여름, 가을의 세 철에 걸쳐 하는 농사일을 뜻하므로 원문의 "三務之餘"는 농한기를 가리킨다.

이 두려워하였다. 산 정상에 올라가 향을 올리며 하늘에 기도하자 갑자기 비바람이 크게 일어나 황충이 모두 죽었다.

고려

왕식렴(王式廉) 왕평달(王平達)의 아들이자 태조(太祖)의 종제(從弟)이다. 사람됨이 충직하고 용감하고 부지런하고 신중하였다. 태조가 평양이 황폐해지자 백성들을 이주시키고 왕식렴에게 가서 지키게 하였는데, 언제나 사직(社稷)을 보위하고 국토를 개척하는 것을 자신의 임무로 삼았다. 혜종(惠宗)이 몸져 눕자 왕규(王規)가 반역의 뜻을 품게 되었다. 정종(定宗)은 은밀하게 왕식겸과 변란에 대비할 방도를 모의하였다. 왕규가 반란을 일으키자 왕식렴은 평양에서 군대로 이끌고 호위하였으므로 왕규가 감히 준동하지 못했다.[36]

정악(廷鶚) 태조가 930년(태조 13)에 서경에 행차하여 학원(學院)을 세우고 정악을 서학박사(書學博士)로 임명하자 6부(部) 생도를 모아 가르쳤다. 후에 왕이 그가 학문을 흥기시켰다는 사실을 듣고 비단을 하사하여 권면하였고 곡식 100석(碩)을 하사하자 이를 학보(學寶)[37]로 삼았다. '보(寶)'는 우리나라 말이다. 전곡(錢穀)을 기부하여 원금은 보존하고 이자를 취해 오랫동안 이익을 남기기 때문에 '보'라고 한다.

채정(蔡靖) 유수(留守)이다. 원래 음성현리(陰城縣吏)로 청렴한 덕행이 있었다.

---

36 『고려사』 「열전」에 더 상세한 내용이 전한다.
37 학보(學寶) : 고려 전기에 설치되었던 일종의 장학재단인 보(寶).

박충숙(朴忠淑) 1011년(현종 2)에 부유수(副留守)가 되었다.

최사위(崔士威) 현종(顯宗) 초에 통군사(統軍使)가 되어 강조(康兆) 등의 무리와 함께 거란(契丹)을 방어하였다. 최사위가 여러 장군들을 이끌고 군대를 나누어 귀주(龜州) 북쪽 뉴돈(忸頓), 탕정(湯井), 서성(曙星) 세 길로 나가서 거란과 싸웠다. 절개와 직언으로 여러 차례 이바지하였다.

이방(李昉) 1011년(현종 2)에 부유수(副留守)가 되었다.

장영(張瑩) 1013년(현종 4)에 유수(留守)가 되었다.

이주헌(李周憲) 동주(洞州) 토산현(土山縣) 사람이다. 처음에는 하급관리에서 시작했는데 성실하다고 알려졌다. 성종(成宗)이 "쇠 중에서 유난히 맑게 울린다(鐵中錚錚)"라고 한 적이 있었다. 1016년(현종 7)에 유수(留守)가 되었다.

강감찬(姜邯贊) 원래 이름은 은천(殷川)이고 금주(衿州) 사람이다. 젊은 시절부터 학문을 좋아하고 기략(奇略)이 많았다. 1010년(현종 1)에 거란의 왕이 친히 군사를 거느리고 서경(西京)을 공격하였다. 우리 군이 패배했다는 소식이 전해져서 여러 신하들이 항복할 것을 의논하였는데 강감찬만은 "오늘 일의 죄는 강조(康兆)[38]에게 있으니 근심할 바가 못 됩니다. 다만 병력이 중과부적(衆寡不敵)이니 그 예봉을 피했다가 서서히 이길 방도를 도모해야합니다"라고 하며 마침내 왕에게 남쪽으로 피난갈 것을 권하였다. 강감찬은 개녕현(開寧縣)에 밭 12결을 가지고 있었는데 왕에게 아뢰어 군호(軍戶)에게 주었다. 1018년(현종 9)에 서경유수(西京留守)에 제수되었다. 왕이 손수 직첩을 써주면서 "1010년(현종 1)에 거란군이 쳐들어와서 깊숙이 한강변까지 들어왔었다. 당시에 강공(姜

---

38 고려 목종 때 인물로 거란군이 쳐들어 왔을 때 여러 번 물리치자 적을 가볍게 여기고 방심하다가 격파당하고 거란병에게 붙잡혀 죽었다.

公)의 계책을 쓰지 않았더라면 온 나라가 모두 오랑캐땅이 되었을 것이다"라고 하니 세상 사람들이 매우 영예롭게 여겼다.[39]

채충순(蔡忠順) 현종(顯宗)이 거란을 피해 남쪽으로 피난갈 때 따라 갔다. 여러 신하들이 놀라고 두려워하여 흩어져 달아났지만 채충순만은 떠나지 않았다. 1022년(현종 13)에 유수(留守)를 겸하였다.

이공(李龔) 1031년(현종 22)에 판유수(判留守)가 되었다.

원영(元穎) 1033년(덕종 2)에 부유수(副留守)가 되었다.

최호(崔顥) 1042년(정종 8)에 부유수(副留守)가 되었다. 판관(判官) 나지열(羅旨說), 사록(司錄) 윤렴(尹廉), 장서기(掌書記) 정공간(鄭公幹) 등과 함께 『양한서(兩漢書)』와 『당서(唐書)』를 새로 간행하여 올렸으므로 모두 작위를 하사받았다.

이장용(李藏用) 사록(司錄)으로 임명되었다.[40]

왕가도(王可道) 성종(成宗) 때 장원급제하여 장서기(掌書記)에 임명되었다. 1014년(현종 5)에 상장군(上將軍) 김훈(金訓)과 최질(崔質) 등이 변란을 일으켰다. 무신들이 정권을 잡게 되어 사납고 흉포한 자들이 문관직까지 겸직하고 대각(臺閣)을 차지해 정치가 중구난방이 되면서 조정의 기강이 문란해졌다. 왕가도는 화주방어사(和州防禦使)로 있다가 임기를 마친 후 개경(開京)으로 돌아와 집에서 칩거했다. 격분한 마음이 일어 몰래 일직(日直) 김맹(金猛)에게 "주상께서는 어찌하여 한나라 고조(高祖)가 운몽(雲夢)을 순유한 일을 본받지 않으시는가?"[41]라고 말하였다. 김맹이 그 뜻을 깨닫고 왕에게 은밀히 아뢰어 허락을 얻었다. 왕가도가 서기

---

39 『고려사』「열전」에 더 상세한 내용이 전한다.
40 『고려사』「열전」에 더 상세한 내용이 전한다.
41 유방이 초나라의 운몽에 순행간다는 것을 구실로 한신을 사로잡았던 일을 말한다.

(書記)로 있을 때 크게 인심을 얻었으므로 그를 임시로 서경유수판관(西京留守判官)으로 임명하고 먼저 가서 모든 준비를 갖추라고 급히 지시하였다. 이듬해 왕이 서경(西京)으로 행차하여 여러 신하들과 장락궁(長樂宮)에서 잔치를 베풀었다. 김훈 등이 취한 틈을 타서 군사를 동원해 급습하여 마침내 김훈과 최질을 죽였다.[42]

김심언(金審言) 목종(穆宗) 대에 유수(留守)가 되었다.

김문연(金文衍) 부사(副使)가 되었다.

곽상(郭尙) 청주(淸州) 사람이다. 선종(宣宗)의 병환이 위독해지자 곽상이 침상에서 병수발을 하였다. 숙종(肅宗)이 침실 문에 이르러 들어가서 문병하려고 하였으나 곽상이 "지금 주상의 병환이 위중하니 왕자께서는 오라는 명령이 없다면 곧바로 들어와서는 안 됩니다" 하며 끝내 들어오지 못하게 하였다. 숙종이 즉위하자, 곽상이 죽은 왕을 지성으로 모셨기 때문에 중용하고자 하였다. 호부상서(戶部尙書)로 임명한 뒤 지서경유수사(知西京留守事)를 맡겼다가 임기를 채우기도 전에 불러 형부상서(刑部尙書)로 삼았다.[43]

김약온(金若溫) 예종(睿宗) 대에 유수(留守)가 되었다.[44]

김정순(金正純) 김부식을 따라 서도(西都)의 적도를 토벌하였다. 후에 유수(留守)를 겸하였다.[45]

조위총(趙位寵) 의종(毅宗) 말에 병부상서(兵部尙書)를 지내다가 유수(留守)가 되었다. 정중부(鄭仲夫)가 의종을 시해하고 명종(明宗)을 왕으로 세우자 조위총이 군대를 일으켜 정중부 등을 토벌하려고 모의하였고 절

---

42 『고려사』「열전」에 더 상세한 내용이 전한다.
43 『고려서』「열전」에 더 상세한 내용이 전한다.
44 『고려사』「열전」에 더 상세한 내용이 전한다.
45 『고려사』「열전」에 더 상세한 내용이 전한다.

령(峏嶺) 이북의 40여개의 성에서 모두 호응하였다. 당시에 의종의 장례를 치르지 못하고 있었는데, 조위총이 임금을 시해하고 장례도 지내지 않은 죄를 성토하자, 그제야 초상을 치르고 희릉(禧陵)에 장사지냈다. 윤인첨(尹鱗瞻)을 보내어 조위총을 토벌하고 죽였다.[46]

정의(鄭顗) 청주(清州) 사람이고, 초명은 준유(俊儒)이다. 1217년(고종 4)에 정의는 대리(臺吏)로 서경분사(西京分司)에서 근무했다. 거란병이 침략하자 왕은 서경병마사(西京兵馬使)인 상장군(上將軍) 최유공(崔俞恭)과 판관(判官)인 예부낭중(禮部郎中) 김성(金成) 등에게 조서를 내려 서경의 군사를 이끌고 오군(五軍)을 도와 거란군을 치라는 지시를 내렸다. 이때 최유공은 가렴주구를 일삼아 군사들의 마음이 떠나 있었다. 그 중 군졸 최광수(崔光秀)가 출전을 거부하며 둑기(纛旗)를[47] 세워 군사를 불러 모은 후 되돌아 서경(西京)으로 진군했다. 최유공은 당황하여 어찌 할 바를 모르고 김성은 술에 취해 고꾸라져 인사불성이었다. 최광수가 마침내 서경에 웅거해 반란을 일으켜 스스로를 고구려흥복병마사(高勾麗興復兵馬使)·금오위(金吾衛)·섭상장군(攝上將軍)이라 칭하고는 막료들을 관직에 배치하고 정예군을 모집했다. 또 북계(北界)의 여러 성에 격문을 돌렸고 거사를 도모하기 전에 여러 신사(神祠)에 기도를 올렸다. 정의는 평소 최광수와 같은 마을에 살아 서로 잘 알고 지냈는데, 그 행동에 분노하여 교위(校尉) 김억(金億)·백유(白儒)·필현보(畢玄甫)·신죽(申竹) 등 10여 명을 이끌고 도끼를 소매 속에 감춘 채 최광수의 처소로 가서 함께 이야기를 나누다가 그를 찍어 죽였다. 또 그 일당 여덟 명을 죽이고는 나머지는 불문에 부치니 성 안이 마침내 안정되었다. 왕이 크게 기뻐하며 정의에게

---

46 『고려사』 「열전」에 더 상세한 내용이 전한다.
47 임금이 거둥할 때마다 행차를 알리는 깃발.

단계를 뛰어넘어 섭중랑장(攝中郞將)으로 임명해 내시(內侍)에 소속시키고 의관과 안마(鞍馬)를 내려 주었다. 김억과 백유에게는 별장(別將) 벼슬을 주었고 나머지 사람들에게도 상과 벼슬을 공로에 따라 내려 주었다. 정의는 여러 차례 승진해 장군(將軍)과 시랑(侍郞)을 거쳐 대장군에 임명되었다. 1233년(고종 20)에 필현보가 서경에서 반란을 일으키자 대신(大臣)들이 그를 회유해 귀순시키도록 결정을 내렸다. 필현보가 예전에 정의 밑에서 일한 적이 있었기 때문에 즉각 정의를 천거해 왕이 보내는 회유의 문서를 급히 전달하게 하였다. 대동강에 이르러서 수행원들이 너무 빨리 성으로 들어가서는 안 된다고 말렸지만 정의는 분연하게 "왕명을 받고 왔는데 어찌 조금이라도 지체하겠는가? 죽는 것이 내 본분이다"라고 말했다. 필현보를 만나자 그는 정의가 온 것을 기뻐하며 자기들의 지휘관으로 삼고자 하여 달래기도 하고 협박하기도 하였다. 그러나 정의는 끝내 굴하지 않고 살해당했다.[48]

장일(張鎰) 1252년(고종 39)에 다시 유수관(留守官)을 두고 이응(李凝)을 부유수(副留守)로, 장일을 사록겸장서기(司錄兼掌書記)로 삼았다.[49]

윤택(尹澤) 무송(茂松) 사람이고, 윤해(尹諧)의 손자이다. 늘 문정공(文正公) 범중엄(范仲淹)의 '백성들보다 먼저 걱정하고 백성들이 기뻐한 다음에 기뻐한다(先憂後樂)'의 어구를 외우며 "대장부로서 어찌 보잘 것 없이 살겠는가?"라고 하였다. 검열(檢閱)과 권참군(權參軍)으로서 법도에 맞게 물자를 공급했다. 충숙왕(忠肅王)이 발탁하여 서경부윤(西京府尹)으로 삼으려고 하였으나 품계가 낮다고 하여 판관으로 승진시켰다. 나중에 관직이 정당문학(政堂文學)에 이르렀다.[50]

---

48 『고려사』「열전」에 더 상세한 내용이 전한다.
49 『고려사』「열전」에 더 상세한 내용이 전한다.

민적(閔頔) 1309년(충선왕 1)에 부윤(府尹)이 되었다.[51]

민보(閔甫) 1310년(충선왕 2)에 부윤(府尹)이 되었고 존무사(存撫使)를 겸직하였다.

김사원(金士元) 1311년(충선왕 3)에 부윤(府尹)이 되었다.

방우선(方于宣) 1311년(충선왕 3)에 부윤(府尹)이 되었고 안정도존무사(安定道存撫使)를 겸직하였다.

장선(張宣) 1312년(충선왕 4)에 검교평리행부윤(檢校評理行府尹)이 되었다.

장항(張沆) 충혜왕(忠惠王) 때 부윤(府尹)이 되었다.

이언충(李彦忠) 부윤(府尹)이 되었다.

윤지표(尹之彪) 해평(海平) 사람이며 영의공(英毅公) 윤석(尹碩)의 아들이다. 성격이 너그럽고 모가 나지 않았다. 1347년(충목왕 3)에 부윤겸서북면존무사(府尹兼西北面存撫使)가 되었고, 관직이 지문하성사(知門下省事)에 이르렀다. 해평군(海平君)에 봉해졌고 시호는 충간(忠簡)이다. 목은(牧隱) 이색(李穡)이 장자(長者)의 풍모가 있다고 칭찬하였다.

김득배(金得培) 상주(尙州) 사람이다. 1368년(공민왕 17)에 부윤(府尹)이 되어 홍건적을 토벌하는데 공을 세웠다. 간신(姦臣) 김용(金鏞)의 손에 죽었다.[52]

정세운(鄭世雲) 광주(光州) 장택현(長澤縣) 사람이다. 1371년(공민왕 20)에 서북면도순찰사(西北面都巡察使)가 되었는데 이때 홍건적이 난입하였다. 정세운이 도당(都堂)에 이르러 분연히 소리쳤다. "나는 매우 한미한 출신으로, 나 같은 자가 재상이 되었으니 나라가 어지러워지는 것도 당연하다. 죽령(竹嶺) 이남의 거주자로 주상을 호종한 사람들에게는 양곡을

---

50 『고려사』「열전」에 더 상세한 내용이 전한다.
51 『고려사』「열전」에 더 상세한 내용이 전한다.
52 『고려사』「열전」에 더 상세한 내용이 전한다.

지급하지 않고 종군하도록 결정이 이미 내려졌는데, 지금 왜 시행되지 않는가? 국가 기강이 이와 같으니 어찌 난국을 바로 잡을 수 있겠는가?" 유숙(柳淑)에게 "내가 내일 출정할 것이니 공은 가서 군대를 점검하라"고 하였다. 유숙은 "전 부대가 이미 죽령의 대원(大院)에 당도해 있습니다"라고 보고하였다. 정세운이 "부대가 늦게 집결하면 공도 책임을 면할 수 없을 것이다"라고 엄포를 놓자 유숙이 즉시 가서 집결을 독촉하였다. 후에 전란이 평정되고 송경(松京)이 수복되었으나, 김용(金鏞)에게 죽임을 당하였다. 목은(牧隱)의 「증시중정공화상찬(贈侍中鄭公畫像讚)」[53]에 상세하게 서술되어 있다.

조선

임정(林整) 도순문사(都巡問使)로 부윤(府尹)을 겸직하였다.

조온(趙溫) 1392년(태조 1)에 도순문사(都巡問使)로 부윤(府尹)을 겸하였다.

윤창(尹彰) 해평군(海平君) 윤지표(尹之彪)의 손자이자 삼재(三宰) 윤진(尹珍)의 아들이어서 '소윤(小尹)'이라고 하였다. 조온(趙溫)과 함께 석성(石城)을 축조하였다.

이거이(李居易) 1394년(태조 3)에 서북면병마도절제사(西北面兵馬都節制使)로 윤(尹)을 겸하였다.

황희(黃喜) 1417년(태종 17)에 도순문사(都巡問使)로 부윤(府尹)을 겸하였다. 너그럽고 진중하고 소박하고 정직하였다. 전고(典故)에 능통했고 세종(世宗)의 조정을 보좌하여 재상이 되었으며 태평시대를 이루어냈다.

---

53 『목은문고(牧隱文藁)』 권12에 실려 있다.

홍여방(洪汝方) 당성(唐城) 사람이다. 1427년(세종 9)에 윤(尹)을 겸하였다.

권제(權踶) 권근(權近)의 아들이다. 관찰사(觀察使)로 부윤(府尹)을 겸하였다.

이원(李原) 윤(尹)이 되었다.

안숭선(安崇善) 1447년(세종 29)에 윤(尹)을 겸하였다.

한확(韓確) 1447년(세종 29)에 관찰사(觀察使)로 윤(尹)을 겸하였다.

기건(奇虔) 1453년(단종 1)에 부윤(府尹)이 되었다.

조효문(曹孝門) 1459년(세조 5)에 대사헌(大司憲)으로 와서 부윤(府尹)을 겸하였다.

이윤인(李尹仁) 1469년(예종 1)에 부윤(府尹)이 되었다.

김지경(金之慶) 1475(성종 6) 부윤(府尹)을 겸하였다.

이파(李坡) 부윤(府尹)을 겸하였다.

현석규(玄碩圭) 1478년(성종 9)에 부윤(府尹)을 겸하였다.

정괄(鄭佸) 1494년(성종 25)에 부윤(府尹)을 겸하였다.

유순정(柳順汀) 1504년(연산군 10)[54]에 부윤(府尹)을 겸하였다. 후에 '3대장(大將)'[55]으로 정국공신(靖國功臣)에 포함되었다.

안침(安琛) 1506년(중종 1)[56]에 부윤(府尹)을 겸하였으며, 학문을 일으키고 선비를 키우는 것을 자신의 임무로 삼았다.

이계맹(李繼孟) 김제(金堤) 사람이고, 호(號)는 흑석옹(黑石翁)이다. 1512년(중종 7)에 부윤(府尹)을 겸직하였다. 정도를 지키고 아첨하지 않았으며 말과 행동에 격식이 있었다. 중종 반정 이후에 이름난 재상이 되었다.

유담년(柳聃年) 1521년(중종 16)에 부윤(府尹)을 겸하였다. 인재를 알아

---

54 본문에는 연호가 '정덕(正德)'으로 되어 있으나 '홍치(弘治)'의 오기이다.
55 중종반정의 중심인물인 박원종(朴元宗), 성희안(成希顔), 유순정을 가리키며 '삼훈(三勳)'이라고도 한다.
56 본문에는 '갑인(甲寅)'이라고 하였으나 '병인(丙寅)'의 오기이다.

보고 적재적소에 임명하여 정암(靜庵) 조광조(趙光祖)가 병조(兵曹)에 오래 두어야 할 사람으로 여겼다.

윤은보(尹殷輔) 해평(海平) 사람이고, 영의공(英毅公) 윤석(尹碩)의 후손이다. 신중하고 과묵하며 공무에 힘썼다. 1525년(중종 20)에 부윤(府尹)을 겸직하였다.

이원손(李元孫) 1541년(중종 36)에 서윤(庶尹)이 되어 백성들에게 부역(賦役)을 징수할 때 절제가 있었고 관청에서 쓰는 물품도 넉넉하게 하여 '임인년의 규례(壬寅規)'라고 불리웠다. 10년 뒤에 백성들이 선정비를 세웠다.

민제인(閔齊仁) 1542년(중종 37)에 부윤(府尹)을 겸직하였다. 정사를 행하는 것이 평안하고 너그러웠다.

이준경(李浚慶) 자는 원길(原吉), 광릉(廣陵) 사람이다. 1545년(인종 1)에 부윤(府尹)을 겸하였다. 중후하고 검소하였으며 1547년(명종 2)에 홍수가 나서 유임[57]하자 한 해 동안 최선을 다해 구제해서 재해로 고통 받는 백성이 없었다. 나중에 상공(上公)이 되어 불안하고 위험한 상황을 잘 진정시켰다.[58] 중국사신 허국(許國)이 그의 사람됨을 칭찬하였다.

이윤경(李潤慶) 이준경(李浚慶)의 형이다. 천품이 매우 고상하고 온화하여 아낄 만하였고 검소함은 비할 바가 없었다. 1562년(명종 17)에 부윤(府尹)을 겸하였다.

정종영(鄭宗榮) 1563년(명종 18)에 부윤(府尹)을 겸하였다. 학문을 일으키는 데 힘을 썼다.

---

57 잉임(仍任) : 기한이 다 된 관리를 그 자리에 그대로 남겨둠. 이준경은 1545년에 평안감사로 부임했으므로 1547년에 임기가 다 된 상태였다.

58 본문의 "불안하고 위험한 상황을 잘 진정시켰다(能鎭危疑)"의 의미는 명종이 후사 없이 사망하자 선조를 옹립하고 원상(院相)이 되어 국사를 총괄한 일을 가리키는 것으로 보인다.

김덕룡(金德龍) 1566년(명종 21)에 부윤(府尹)을 겸하였다. 검소하고 소박하며 언행에 조심하였다.

오상(吳祥) 1568년(선조 1)에 부윤(府尹)을 겸하였다. 성격이 너그럽고 가혹하지 않았으며 교제에 있어 간소하였다.

김연광(金鍊光) 1573년(선조 6)에 판관(判官)이 되었다. 민생의 폐단을 없애는데 힘썼고 공무에 진력하여 백성들이 선정비를 세웠다.

김계휘(金繼輝) 자는 중회(重晦)이고 광산(光山) 사람이다. 1575년(선조 8)에 부윤(府尹)을 겸하였다. 고금(古今)의 일에 해박하고 선비를 아껴 학문을 일으켰으며 제반 업무를 잘 처리하였다. 후에 강개한 언사로 크게 현달하지 못했기에 사람들이 모두 안타깝게 여겼다.

제4장 『평양지』 권4

「고사(古事)」

소송(蘇頌)은 남이 옛 일을 인용하는 것을 들으면 반드시 출처를 조사하게 했고, 사마광(司馬光)은 새로운 일을 들으면 즉시 기록하고 말한 사람의 성명을 적었다. 그래서 당시에 민간에서는 "옛 일에 대해서는 자용(子容, 소송의 자)과 말하지 말고 요즘 일에 대해서는 군실(君實, 사마광의 자)에게 말하지 말라"고 했으니, 옛 사람들의 주도면밀한 마음씀씀이와 박학다식함이 이와 같았다. 평양은 본디 삼조선(三朝鮮)의 옛 도읍지이다. 지나간 일은 구름이 흩어지는 것 같고 영웅은 새가 지나가는 듯 덧없으며 남아있는 자들은 잘 모르고 지나가는 자들은 훌쩍 떠나가니 옛 일을 상고함에 있어 어찌 빠진 부분이 없겠는가? 이에 옛 역사를 살펴보고 그 중 한두 가지 일을 뽑아 호사가들과 공유하고자 한다. 지금 일 중에서 기록할 만한 것은 같은 뜻을 가진 사람이 이어 써도 무방할 것이다.

고구려[1]

247년(동천왕 21) 봄 2월 동천왕은 환도성(丸都城)이 전란을 겪어 다시 도읍지로 삼을 수 없다고 여겨 평양에 성을 쌓고 백성 및 종묘와 사직을 옮겼다. 평양은 원래 선인(仙人) 왕검(王儉)이 있던 곳이다. 어떤 사람들은 왕의 도읍이 '왕검(王儉)'이라고 한다.

276년(서천왕 7) 여름 4월 왕이 신성(新城)[註 : 어떤 사람들은 신성은 나라의 동북에 있는 큰 진(鎭)이라고 한대에 가서 흰 사슴을 잡았다.

296년(봉상왕 5) 가을 8월 모용외(慕容廆)가 쳐들어와서 고국원(故國原)에 이르렀다. 서천왕의 무덤을 보고 사람을 시켜 파게 하였는데 인부 중에 갑자기 죽는 사람이 생기고 무덤 안에서 노랫소리도 들렸다. 귀신이 있다고 여겨서 도중에 그만두고 물러났다.

302년(미천왕 3) 가을 9월 왕이 군사 3만 명을 이끌고 현도군(玄兎郡)을 침공하여 8천 명을 사로잡아 평양으로 옮겼다.

334년(고국원왕 4) 가을 8월 평양성을 증축하였다.

342년(고국원왕 12) 봄 2월 환도성(丸都城)을 수리하고 국내성(國內城)을

---

1 『평양지』의 고구려 기록은 대부분 『동국통감(東國通鑑)』과 『삼국사기(三國史記)』에 나온 평양 관련 내용들이다. 『동국통감』은 권재홍의 번역본(세종대왕기념사업회 편, 『국역 동국통감』, 세종대왕기념사업회, 1996)을, 『삼국사기』는 박장렬 외의 번역본(『(원문과 함께 읽는)삼국사기』, 한국인문고전연구소, 2012)을 참고하여 번역하였다.

쌓았다. 가을 8월 환도성으로 거처를 옮겼다.

343년(고국원왕 13) 가을 7월 평양의 동황성(東黃城)으로 거처를 옮겼다. 성은 서경 동쪽 목멱산(木覓山)에 있다.

371년(고국원왕 41) 겨울 10월 백제왕이 군사 3만 명을 이끌고 와서 평양성을 공격하였다. 왕이 병사를 이끌고 대항하다가 화살에 맞았다. 이 달 23일 돌아가셨다. 고국(故國)의 언덕에 장사지냈다.

375년(소수림왕 5) 봄 2월 초문사(肖門寺)를 창건하여 진왕(秦王) 부견(符堅)이 보낸 승려 순도(順道)에게 머무르게 하였다. 또 이불난사(伊弗蘭寺)를 창건하고 아도(阿道)에게 머무르게 하였으니, 이것이 우리나라 불교의 시초이다.

392년(광개토왕 2) 평양에 9개의 절을 창건하였다.

394년(광개토왕 4) 가을 8월 왕이 백제와 패수(浿水) 가에서 싸워 크게 이겼고 8천여 명을 생포하거나 목을 베었다.

408년(광개토왕 18) 가을 7월 동쪽 지방에 독산(禿山) 등 6개의 성을 쌓고 평양 백성들을 이주시켰다. 8월 왕이 남쪽 지방을 순행하였다.

427년(장수왕 15) 평양으로 도읍을 옮겼다.

607년(영양왕 18) 수(隋)나라의 황문시랑(黃門侍郎) 배구(裴矩)가 양제(煬帝)에게 말하기를 "고구려는 원래 기자를 봉한 곳으로 한(漢)나라와 진(晉)나라가 모두 군현으로 삼았습니다. 그런데 지금은 신하의 나라가 되려하지 않고 별도의 지역이 되었습니다. 양량(楊諒)은 어리석고 못나서 군대를 이끌고 나가서도 공이 없었습니다만, 이제 고구려 사신이 계민(啓民)[2]이 나라를 바쳐 교화에 따르는 것을 직접 보았으니 그의 두려

---

2 계민가한(啓民可汗 ?~609)은 동돌궐(東突厥)의 가한(칸:재위 ?~609)이다. 계민가한이 수(隋)나라에 투항함에 따라 문제(文帝)는 중국 북방의 초원지대를 세력권에

위하는 마음을 이용하여 우리에게 조공을 하도록 위협하옵소서"라고
하자 양제가 이 말을 따라 우홍(牛弘)에게 칙서를 내려 위협하였다. 왕
은 제후의 나라로서의 예를 지키지 않아서 양제가 쳐들어올까봐 걱정
하였다.

613년(영양왕 24) 봄 정월 양제가 나라 안의 군사를 징발하여 탁군(涿
郡)에 모이게 하고 백성들을 모집하여 효과(驍果)로 삼아 요동의 옛 성을
수리하여 군량을 비축했다. 2월 양제가 신하들에게 "고구려 같은 하찮
은 것들이 상국(上國)을 능멸하고 있다. 오늘날 (우리의 국력이) 바닷물을
뽑아내고 산을 옮길 수 있을 정도인데 하물며 이런 놈들은 어떻겠는
가?"라고 하고는 다시 정벌할 것을 논의하였다. 여름 4월 황제가 요수
(遼水)를 건너왔다. 우문술(宇文述)과 양의신(楊義臣)에게 평양으로 가게
하고, 왕인공(王仁恭)에게는 부여(扶餘)를 거쳐 신성(新城)으로 진군하게
하였다. 우리 병사 수만 명이 대항하여 싸우다가 왕인공의 강한 기병
(騎兵) 1천명에게 패하였다. 우리 군대는 성을 굳게 지켰다.

614년(영양왕 25) 봄 2월 양제가 백관들에게 조서를 내려 고구려를 정
벌할 것을 논의하였다. 며칠이 지나도록 감히 말하는 자가 없자 조서
를 내려 다시 나라의 병사를 징발하여 여러 갈래로 모두 진군하게 하였
다. 가을 7월 회원진(懷遠鎭)에 행차하였는데 이때 천하가 이미 혼란해
져 징발한 병사들이 대부분 기한이 넘도록 오지 않았고, 고구려 역시
곤궁하고 피폐해져 있는 상태였다. 수나라 장군 내호아(內護兒)가 비사
성(卑奢城)에 도착하자 고구려 군사가 맞서 싸웠는데 내호아가 이들을
이기고 평양으로 향하려고 하였다. 왕이 두려워하여 사신을 보내 항복

편입시킬 수 있었다.

하고 곡사정(斛斯政)을 돌려보냈다. 양제가 크게 기뻐하며 지절사(持節使)를 보내어 내호아를 불러 돌아오게 하였다. 8월 양제가 회원진(懷遠鎭)으로부터 군대를 철수하였다. 겨울 10월 양제가 서경(西京)으로 되돌아와서 우리 사신과 곡사정(斛斯政)에 대한 일을 태묘(太廟)에 고하고 왕을 불러 입조(入朝)하게 하였으나 왕은 끝까지 따르지 않았다. 양제가 장수들에게 빈틈없이 대비할 것을 명하고 다시 공격할 것을 기도하였으나 결국 실행되지 못했다.

644년(보장왕 3) 겨울 10월 평양에 눈이 내렸는데 색깔이 붉었다. 당태종(唐太宗)이 장안(長安)의 노인들을 불러 위로하며 "요동은 옛 중국의 땅인데 막리지(莫離支)가 자신의 왕을 죽였으니 짐이 가서 다스리겠다"고 하였다. 11월 당태종이 낙양(洛陽)에 이르렀다. 전 의주자사(宜州刺史) 정천숙(鄭天璹)이 이미 관직에서 물러나 있었다. 태종은 그가 예전에 수양제를 따라 고구려를 정벌했던 적이 있었기 때문에 행재소(行在所)로 불러 의견을 물었다. 그가 답하기를, "요동은 길이 멀어서 군량을 조달하기 어려우며 동이(東夷) 사람들은 성을 잘 수비하기 때문에 빠른 시일 내에 함락시킬 수 없을 것입니다"라고 하였다. 당태종은 "지금은 수(隋)나라에 비할 바가 아니다. 그대는 내 의견을 따르라"고 하고는 형부상서(刑部尙書) 장량(張亮)을 평양도행군대총관(平壤道行軍大摠管)을 삼아 강회(江淮)·영협(嶺硤)의 군사 4만 명과 장안과 낙양에서 모집한 군사 2천 명과 전함 500척을 거느리고 내주(萊州)에서 바다를 건너 평양으로 보냈으나 끝내 크게 이기지는 못했다.

660년(보장왕 19) 가을 7월 평양의 강물이 3일간 핏빛이었다. 겨울 11월 당나라에서 좌효위대장군(左驍衛大將軍) 글필하력(契苾何力)을 패강도행군대총관(浿江道行軍大摠管)으로, 좌정위대장군(左正衛大將軍) 소정방(蘇定

方)을 요동도행군대총관(遼東道行軍大摠管)으로, 호효위장군(戶驍衛將軍) 유백영(劉伯英)을 평양도행군대총관(平壤道行軍大摠管)으로, 포주자사(蒲州刺史) 정명진(程名振)을 누방도총관(鏤方道摠管)으로 삼아 각각 다른 길로 군대를 이끌고 쳐들어 왔다.

　661년(보장왕 20) 봄 정월 당나라가 하남(河南)·하북(河北)·회남(淮南) 67개 주(州)에서 병사 4만 4천여 인을 모아 평양 누방행영(鏤方行營)으로 가게 하였다. 또한 홍로경(鴻臚卿) 소사업(蕭嗣業)을 부여도행군총관(扶餘道行軍摠管)으로 삼아 회흘(回紇, 위구르) 등 여러 부(部)의 병사들을 이끌고 평양으로 가게 하였다. 여름 4월 임아상(任雅相)을 패강도행군총관(浿江道行軍摠管)으로, 글필하력(契苾何力)을 요동도행군총관(遼東道行軍摠管)으로, 소정방(蘇定方)을 평양도행군총관(平壤道行軍摠管)으로 삼아서 소사업(蕭嗣業) 및 여러 오랑캐 군사 35개 군대와 함께 수륙으로 길을 나누어 동시에 진군하였다. 당태종이 스스로 대장군을 이끌고자 했는데, 울주자사(蔚州刺史) 이군구(李君球)가 "고구려는 소국인데 어찌 중국의 국력을 기울일 필요가 있겠습니까? 만약 고구려가 망한다면 반드시 군대를 출동하여 지켜야 합니다. 군대를 적게 출동시키면 위신이 서지 않을 것이고 많이 출동시키면 백성들이 평안하지 못할 것입니다. 이는 온 나라 사람들을 전쟁으로 내몰아 피폐하게 하는 것입니다. 제가 생각하기로는 정벌하는 것보다 정벌하지 않는 것이 낫고, 멸망시키는 것보다 멸망하지 않게 하는 것이 낫습니다"라고 하였다. 이때에 무후(武后) 또한 만류하여 당태종이 중지하였다. 여름 5월 왕이 장군 뇌음신(惱音信)에게 말갈군(靺鞨軍)을 이끌고 신라 북한산성을 포위하게 하였다. 열흘이 되도록 포위를 풀지 않자 신라의 군량 수송이 차단되어 성안에서 두려워하였다. 갑자기 큰 별이 고구려 진영에 떨어지고 우레가 치며 비가 오고 벼락이 쳤다. 뇌음신 등이 의심스럽고 놀라서 퇴각하였다. 가을 8월 소정방(蘇定方)이 패강에서 고구려 군대를 격파하여 마읍산(馬邑山)을 탈취하고 마침내 평양성을 포위하였다. 9월 연개소문(淵蓋蘇文)이 아들 연남생(淵男生)에게 정예병 수만 명을 주어 압록강을 지키게 하니 당나라의 모든 부대가 건너오지 못하였다. 글필하력(契苾何力)이 압록강에 도착하였을 때 강에 얼음이 얼었다. 글필하력은 군사를 이끌고 얼음 위로 강을 건너 북을 두드리고 함성을 지르며 공격해왔다. 고구려 군사가 패하여 달아났다. 글필하력이 수십 리를 추격하며 3만 명을 죽였다. 남은 무리는 모두 항복하였고, 연남생은 간신히 자기 몸만 피하여 달아났다. 이때 마침 당나라에서 군사를 철수하라는 조서가 있었으므로 그들은 곧 돌아갔다.

662년(보장왕 21) 소정방이 평양을 포위했는데 마침 큰 눈이 내려서 포위를 풀고 물러갔다.

666년(보장왕 25) 9월 당 고종(唐高宗)이 연개소문 아들 연남생에게 조서를 내려 특진요동도독겸평양도안무대사(特進遼東都督兼平壤道安撫大使)로 삼고 현도군공(玄菟郡公)으로 책봉하였다. 겨울 12월 고종(高宗)이 이적(李勣)을 요동도행군대총관겸안무대사(遼東道行軍大摠管兼安撫大使)로 삼고, 사열소상(司列少常) 백안륙(伯安陸)과 학처준(郝處俊)을 부관으로 삼았으며, 방동선(龐同善)과 글필하력을 모두 요동도행군부대총관겸안무대사(遼東道行軍副大摠管兼安撫大使)로 삼고, 기타 수륙군 모든 부대의 총관들과 전량사(轉糧使)인 두의적(竇義積)·독고경운(獨孤卿雲)·곽대봉(郭待封) 등은 모두 이적의 지휘를 받게 하였으며 하북(河北) 여러 주의 조세는 모두 요동으로 보내어 군사용으로 사용하도록 하였다.

668년(보장왕 27) 봄 정월 우상(右相) 유인궤(劉仁軌)를 요동도부대총관

(遼東道副大摠管)으로 삼고, 학처준(郝處俊)과 김인문(金仁問)에게 그를 보좌하도록 하였다. 어사(御史) 가언충(賈言忠)이 임무를 받들고 요동(遼東)에서 귀국하였다. 고종(高宗)이 군대 내부 상황이 어떤지 물어보았다. 가언충은 "반드시 이길 것입니다. 예전에 선제(先帝, 당나라 태종)께서 고구려에 죄를 물었을 때 뜻대로 되지 않은 까닭은 적에게 빈틈이 없었기 때문입니다. 속담에 "군대에도 길잡이가 없으면 중도에서 돌아온다"는 말이 있습니다. 이제 연남생 형제끼리 싸워 우리의 편이 되었으므로 적의 내부 상황을 우리가 모두 알고 있습니다. 또한 장수들은 충성스럽고 군사들은 힘을 다하고 있기 때문에 반드시 승리한다고 말씀드리는 것입니다. 그리고 고구려의 비기(祕記)에는 '9백년이 되기 전에 틀림없이 80세의 대장이 멸망시킨다'는 말이 있는데, 고구려가 한나라 때 나라를 세워 지금 9백 년이 되었고, 이적의 나이가 80세입니다. 적들은 연이어 기근이 들어 백성들은 항상 약탈을 하고 팔려가며 지진으로 땅이 갈라져서 이리와 여우가 성에 들어오고, 두더지가 문에 구멍을 뚫고, 인심이 흉흉하니 이번 원정이 마지막이 될 것입니다"라고 하였다. 천남건(泉男建)이 부여성(扶餘城)을 구원하기 위해 다시 군사 5만 명을 보냈는데 이적 등과 설하수(薛賀水)에서 마주쳐 싸우다가 패하여 죽은 사람이 3만여 명이었다. 이적은 대행성(大行城)을 공격하였다. 여름 4월 혜성이 필성(畢星)과 묘성(昴星) 사이에 나타났다. 당나라 사람이 "혜성이 동북쪽에 나타났으니 고구려가 망할 징조이다"라고 하였다. 가을 9월 이적이 평양을 점령하였다. 이적이 이미 대행성(大行城)에서 승리하자, 각기 다른 길로 왔던 모든 군대가 이적과 만나 압록책(鴨淥柵)으로 진군하여 왔다. 고구려의 군대가 대적하여 싸우다가 이적 등에게 패하였고, 이적 등은 2백여 리를 추격해 와서 욕이성(辱夷城)을 함락시켜서 여러 성에서

도망치고 항복하는 자가 이어졌다. 글필하력이 먼저 군사를 이끌고 평양성 밖에 도착하고, 이적의 군대가 뒤따라와서 한 달이 넘도록 평양을 포위하였다. 보장왕이 천남산(泉男産)에게 수령 98명을 거느리고 백기를 들고 이적에게 항복하게 하였다. 이적은 예를 갖추어 접대하였다. 천남건은 오히려 성문을 닫고 수비하며 대항하였다. 그는 자주 군대를 출동하여 싸웠으나 그때마다 패하였다. 천남건은 승려 신성(信誠)에게 군사에 관한 일을 맡겼는데, 신성은 소장(小將) 오사(烏沙)와 요묘(饒苗) 등과 함께 이적에게 비밀리에 사람을 보내어 협조하겠다는 뜻을 전했다. 5일 뒤에 신성이 성문을 열자, 이적이 병사를 풀어 성 위에 올라가 북을 치고 함성을 지르며 불을 지르게 하였다. 천남건은 스스로 찔렀으나 죽지 않았다. 왕과 천남건 등이 붙잡혔다. 겨울 10월 이적이 귀국하려고 하자, 당 고종이 그에게 먼저 고구려의 왕 등을 소릉(昭陵, 당태종의 능호)에 참배하게 하고, 군용을 갖추어 개선가를 부르며 장안으로 들어와 태묘(太廟)에 참배하도록 하였다. 12월 고종이 함원전(含元殿)에서 포로를 전해 받았다. 고구려왕은 자신이 정치를 한 것이 아니라고 하므로 그 죄를 용서하여 사평태상백원외동정(司平太常伯員外同正)으로 삼았다. 그리고 천남산은 사재소경(司宰少卿)으로, 승려 신성은 은청광록대부(銀靑光祿大夫)로, 천남생(泉南生)은 우위대장군(右衛大將軍)으로 삼았다. 이적 이하 여러 사람들에게는 그 공로에 따라 벼슬과 상을 주었다. 천남건은 검주(黔州)로 유배시켰다. 고구려 지역의 5부, 1백76성, 69만여 호를 나누어 9도독부, 42주, 100현으로 만들고, 평양에 안동도호부(安東都護府)를 설치하여 이들을 다스리게 하였다. 우리의 장수들 중에서 공로가 있는 자들을 발탁하여 도독, 자사, 현령으로 삼아, 중국인들과 함께 이 지역을 다스리는데 참여하게 하였다. 우위위대장군(右威衛大將軍) 설인귀를 검교안동도호(檢校安東都護)를 삼아, 병사 2만을 거느리고 이 지역을 도와주고 위로하게 하였다. 이때가 고종 총장(總章) 원년(元年) 무진년(戊辰年)이었다.

669년(신라 문무왕9)[3] 2월, 왕(보장왕)의 서자 안승(安勝)이 4천여 호를 인솔하고 신라에 투항하였다. 여름 4월 당 고종이 3만8천3백 호를 강회(江淮)의 남쪽과 산남(山南)·경서(京西) 등 여러 주의 인가가 없고 광활한 지역으로 이주시켰다.

고려[4]

918년(태조 1) 9월 병신일 여러 신하들에게 유지를 내려 "평양은 옛 도읍지로 황폐해진지 오래지만 터가 그대로 남아있다. 그런데 가시나무가 우거지고 번인(番人, 여진족)들이 그 사이에서 사냥을 하며 옮겨 다니면서 변방의 고을을 침략하여 해가 크다. 마땅히 백성을 평양으로 이주시켜 변방의 수비를 견고하게 하는 것이 후대에 길이 이익이 될 것이다"라고 하였다. 드디어 평양을 대도호(大都護)로 삼고 사촌동생 왕식렴(王式廉)과 광평시랑(廣評侍郎) 열평(列評)을 보내 지키게 하였다.

919년(태조 2) 겨울 10월 평양에 성을 쌓았다.

922년(태조 5) 대승(大丞) 질영(質榮)과 행파(行波) 등의 가족들과 여러

---

3   본문의 '이년(二年)'은 당 고종 총장(總章) 2년을 가리킨다.
4   『평양지』의 고려 기록은 대부분 『고려사(高麗史)』, 『고려사절요(高麗史節要)』에 수록된 평양 관련 내용들이다. 『고려사』는 동아대 석당학술처의 번역본(『국역 고려사』, 경인문화사, 2008)을, 『고려사절요』는 민족문화추진회 번역본(『(신편)고려사절요』, 신서원, 2004)을 참고하여 번역하였다.

군현의 양가(良家) 자제를 서경에 이주시켰다. 왕이 서경에 행차하여 새로 관부와 관리를 두었으며 재성(在城)을 쌓기 시작했다.

927년(태조 10) 견훤(甄萱)이 왕에게 편지를 보내 "평양의 누각에 활을 걸고 말에게 패강의 물을 먹이겠다"고 하였다.

930년(태조 13) 여름 5월 임진 왕이 서경에 행차하였다. 6월 경자일 서경에서 돌아왔다.

931년(태조 14) 겨울 11월에 왕이 서경에 행차하여 친히 재계(齋戒)하고 제사를 지냈으며 주진(州鎭)을 두루 순시하였다.

932년(태조 15) 여름 5월 갑신일 여러 신하들에게 다음과 같은 유지(諭旨)를 내렸다. "지난번에 서경을 보수하여 백성을 이주시킨 것은 땅의 힘을 빌려 삼한(三韓)을 평정하고 장차 그곳에 도읍하려 하였기 때문이다. 지금 민가의 암탉이 수탉으로 변하고 큰 바람이 불어 관아가 무너지니 도대체 어찌하여 이러한 재난이 일어난다는 말인가?"

934년(태조 17) 봄 정월 갑신일 왕이 서경에 행차하여 북진(北鎭)을 두루 순행하였다.

943년(태조 26) 여름 4월 왕이 내전(內殿)에 가서 대광(大匡) 박술희(朴述希)를 불러 친히 『훈요(訓要)』를 내렸는데 그 5조의 내용은 이러하였다. "짐은 삼한(三韓) 산천의 음덕 덕분에 대업을 이루었다. 서경은 수덕(水德)이 순조로워 우리나라 지맥(地脈)의 근본이 되고 대업을 만대에 전할 땅이 될 것이니, 마땅히 2월, 5월, 8월, 11월[5]에 행차하여 1백일이 넘도록 머물며 나라의 안녕을 이루도록 하라."

사신(史臣) 이제현(李齊賢)이 말한다. "우리 태조께서는 왕위에 오른

---

5 사중(四仲) : 1년 12달 가운데 중춘(仲春), 중하(仲夏), 중추(仲秋), 중동(仲冬)을 이르는 말. 곧 음력 2월, 5월, 8월, 11월이다.

뒤에 김부(金傅)가 아직 귀순하지 않았고 견훤이 포로가 되기 전이었는데도 자주 서경에 행차하여 친히 북방의 변경을 순시하셨다. 그 뜻 또한 동명왕의 옛 영토를 마치 집안에 대대로 전해 오는 보물처럼 여겨서 반드시 석권하여 차지하려는 것이었으니, 어찌 계림(鷄林)과 압록강(鴨綠江)을 차지하는 일[6]에 그쳤을 뿐이겠는가?"

947년(정종 2) 봄 서경에 왕성을 쌓았다. 왕이 도참설(圖讖說)에 따라 서경으로 도읍을 옮기고자 장정을 징발하고 시중(侍中) 권직(權直)을 보내 궁궐을 짓게 했고 또 개경의 민호(民戶)를 빼어 서경의 인구를 채웠다.[7]

960년(광종 11) 서경을 서도(西都)로 고쳤다.

1010년(현종 1) 11월 신묘일 거란 임금이 친히 보병과 기병 40만 명을 이끌고 압록강을 건너 흥화진(興化鎭)을 포위하였다. 양규(楊規)와 이수화(李守和) 등이 굳게 지키고 항복하지 않았다. 기해일 강조(康兆)가 거란과 통주(通州)에서 싸우다가 패배하여 사로잡혔다. 경술일 거란이 곽주(郭州)를 함락하였다. 임자일 거란군이 청수강(淸水江)에 이르자 안북도호부사(安北都護府使) 공부시랑(工部侍郎) 박섬(朴暹)이 성을 버리고 도망가고 고을 백성이 모두 흩어져 도망갔다. 계축일 거란군이 서경에 이르

6 　조계박압(操鷄搏鴨):『삼국사기』권50「열전」제10 중 '궁예'에 대한 부분에서 나오는 내용이다. 918년에 당나라 상인 왕창근(王昌瑾)이 얻은 옛 거울에 쓰인 명문에 "상제(上帝)가 아들을 진마(辰馬)에 내려 보내 먼저 닭을 잡고 뒤에 오리를 칠 것이다. 사년(巳年)에 두 마리의 용이 나타나는데 하나는 푸른 나무(靑木) 속에 몸을 감추고 다른 하나는 검은 쇠(黑金) 동쪽에 모습을 드러내리라"고 하였다. 왕창근이 이 거울을 궁예에게 올렸고 궁예가 문인 송함홍(宋含弘), 백탁(白卓), 허원(許原) 등에게 이 구절을 해석하게 하였다. 이들은 '진마'는 진한과 마한이며 '푸른 나무'는 소나무니 송악의 왕건(王建)이며 '검은 쇠'는 '철(鐵)'이니 지금 궁예가 도읍한 철원을 가리키는 것이다. 궁예가 여기에서 일어났다가 여기에서 멸망한다는 징조이며 '먼저 닭을 잡고 뒤에 오리를 칠 것이다'는 왕건이 먼저 계림을 얻은 뒤에 압록강을 차지한다는 뜻이라고 해석했지만 궁예를 두려워하여 거짓으로 좋은 일이라고 아뢰었다.

7 　"왕이 도참설에 따라~채웠다"는『고려사』에 따르면 949년(정종 4) 3월 병진일의 일이다.

러 중흥사(中興寺)의 탑을 불태웠다. 갑인일 숙주(肅州)가 함락되었다. 신
유일 거란 왕이 서경을 공략했으나 함락시키지 못하자 포위를 풀고 동
쪽으로 갔다. 계해일 서경의 신사(神祠)에 회오리바람이 갑자기 일어나
거란의 군사와 말을 모두 쓸어버렸다.

1011년(현종 2) 5월 정해일 평양(平壤)의 목멱(木覓)·교연(橋淵)·도지
암(道知巖)·동명왕(東明王) 등의 신령들에게 훈호를 덧붙여 주었다. 가
을 7월 계유일 최사위(崔士威)를 서북면 행영도통사(行營都統使)로 삼았
다. 임진일 교서를 내려, "지난해 거란이 서경을 포위하였을 때 승려 법
언(法言)이 의롭게 용맹을 떨쳐 나라를 위해 목숨을 바쳤으니 수좌(首座)
로 추증하라"고 하였다. 8월 기사일 참지정사(參知政事) 최사위(崔士威)를
서경유수로 삼았다. 서경에 황성(皇城)을 쌓았다.

1012년(현종 3) 12월 서경 목멱사(木覓祠)에 신상(神像)을 만들었다.

1014년(현종 5) 3월 계미일 왕이 서경에 행차하였다. 갑오일 장락궁(長
樂宮)에서 여러 신하들에게 잔치를 베풀었다.[8]

1041년(정종 7) 겨울 10월 왕이 호경(鎬京)에 행차하였다. 신사일 왕의
행차가 대동강에 이르자 서경유수사(西京留守使) 참지정사(叅知政事) 황보
영(皇甫潁)이 강가에서 영접했다. 왕이 용선(龍船)을 타고 재상들에게 잔
치를 베풀고 장군 승개(承愷) 등을 시켜 활을 쏘게 했다. 우습유(右拾遺)
김상빈(金尙賓)이 간언하자 중지하고 선은관(宣恩館)으로 들어갔다. 기축
일[9] 왕이 영봉문(靈鳳門)으로 가서 백관들의 하례를 받은 후 주연을 베
풀었다. 이어 흥국사(興國寺)로 가서 분향한 후 장락궁(長樂宮)으로 자리
를 옮겼다.

---

8   『고려사』에 따르면 1015년(현종 6)의 일이다.
9   『고려사』는 '을축일'로 되어 있다.

1053년(문종 7) 겨울 10월 경자일 왕이 대동강에 이르러 누선을 타고 종친과 재추(宰樞)들에게 잔치를 베풀었다. 임인일 흥복사(興福寺)에 행차하였고, 대동강에서 누선을 타고 상장군 이상의 신료들에게 잔치를 베풀었다. 갑진일 효자와 효손, 의부(義夫)와 열녀, 홀아비와 과부, 고아와 자식 없는 노인들에게 음식을 대접하고 차등지어 물품을 내려주었다. 기유일 팔관회(八關會)를 열고 흥국사(興國寺)에 행차했다. 계축일 장락전(長樂殿)에서 상참(常參) 이상의 문반과 낭장(郎將) 이상의 무반들에게 잔치를 베풀고 차등을 두어 비단을 내려주었다. 갑인일 왕이 중흥사(重興寺)에 행차했다. 을묘일 왕이 서경을 떠나는 길에 대동강에서 누선을 타고 동쪽으로 강기슭을 바라보며 장군 정증(鄭曾) 등 여덟 명을 시켜 활을 쏘게 했다. 낭장 유현(惟現)이 쏜 화살이 강을 건너가자 왕이 칭찬하며 표창한 후, 종친·재추·시신들에게 잔치를 베풀었다. 병진일 서경유수사(西京留守使)·호부상서(戶部尙書) 왕이보(王夷甫) 등이 생양역(生陽驛)까지 나와 왕을 전송하자 각각 공복(公服) 한 벌씩을 내려주었다.

1056년(문종 10) 8월 무진일 서경유수(西京留守)가 보고하기를, "서경 안에서 진사과와 명경과 등 과거를 준비하는 사람들이 공부하는 서적은 대부분이 베껴 쓴 것이라 잘못된 글자가 많습니다. 비서각(秘書閣)에서 소장하고 있는 9경[10]과 『한서(漢書)』·『진서(晋書)』·『당서(唐書)』·『논어(論語)』·『효경(孝經)』 및 제자백가의 책과 역사책, 여러 대가들의 문집, 의서(醫書)·점복서(占卜書)·지리서(地理書)·율력(律曆)·산학(算學)에 관한 서적들을 여러 학원(學院)에 비치하게 해주십시오" 하니 유사(有司)에게 명하여 인쇄한 책 각각 한 부씩을 보내도록 하였다.

---

10 대체로 『주역(周易)』,『시경(詩經)』,『서경(書經)』,『효경(孝經)』,『예기(禮記)』,『춘추(春秋)』,『주례(周禮)』,『논어(論語)』,『맹자(孟子)』를 가리킨다.

1087년(선종 4) 8월 왕이 서경으로 행차했다. 신해일[11] 왕이 대동강의 누선에서 시신(侍臣)들에게 잔치를 베풀었다. 계축일 왕이 장락전(長樂殿)에서 정무를 보았다. 겨울 10월 왕이 관풍정(觀風亭)과 구제궁(九梯宮)을 유람하고 영명사(永明寺)에 행차하여 분향하였다. 용선(龍船)을 타고 대동강에 갔다가 밤이 되어서 돌아왔다. 왕이 홍복사(弘福寺)와 인왕사(仁王寺)에 행차한 뒤에 제연(梯淵)에 가서 누선을 타고 술자리를 베풀고 배로 대동강에 가서 활 쏘는 것을 구경했다.

1102년(숙종 7) 7월 왕이 서경에 행차했다. 대동강에 가서 용선을 타고 태자와 호종한 신하 및 서경의 문무 양반에게 잔치를 열어주고 수희(水戲)와 잡기(雜技)를 관람하다가 저녁 무렵 파한 뒤 장락전(長樂殿)으로 들어갔다. 갑자일 왕이 홍복사(興福寺)와 영명사(永明寺) 두 절에 행차하여 분향하였다. 이어 구제궁(九梯宮)으로 가서 영명사(永明寺), 부벽루(浮碧樓), 구제궁에 대해 시를 각각 한 수씩을 짓고 개경과 서경의 유신(儒臣)들에게 창화시를 올리게 하였다. 다시 용선(龍船)에 올라 신하들에게 잔치를 베풀었다. 경진일 왕이 제연(梯淵)가로 가서 자맥질에 능숙한 금군(禁軍) 다섯 명을 시켜 옛날 구제(九梯) 터를 찾게 했는데 그들이 뭍에서 열 자쯤 떨어진 곳에서 주춧돌을 발견했다고 보고했다. 이어 홍복사(弘福寺)로 가서 분향한 뒤 절 남쪽 강 언덕에서 활 쏘는 것을 사열하고 태자와 신하들에게 잔치를 베풀었다. 이 자리에서 친히 〈가을 날 호경 남쪽 강가에서 연회를 열다(秋日遊鎬京南河開宴)〉라는 제목의 4운시를 지어 개경과 서경의 유신들에게 보이자, 그들도 창화시를 지어 바쳤다. 저녁때에 궁으로 돌아왔다. 무인일 서경유수관(西京留守官) 참지정사(參

---

11 『고려사』에 따르면 9월 신해일의 일이다.

知政事) 곽상(郭尙) 등이 왕을 위해 장락전(長樂殿)에서 잔치를 열었다.[12]

1105년(숙종 10) 8월 왕이 서경에 행차하였다. 감진전(感眞殿)에서 태조(太祖)의 진영(眞影)을 참배하고, 이어 오성전(五星殿)을 참배한 후 장락전(長樂殿)에 가서 백관(百官)이 모인 가운데 하례를 받았다.

1107년(예종 2) 11월 왕이 서경에 행차했다. 당시 일관(日官)이 서경(西京)에 행차하여 장군을 출정시켜야 한다고 건의해서 이러한 행차가 있었던 것이다[註 : 윤관(尹瓘)에게 여진을 공격하게 하였다].

1108년(예종 3) 8월 삼사(三司)에서 패강도(浿江渡)의 한 여인이 한 번에 아들 셋을 낳았으니 전례에 따라 곡식 40섬을 내려 줄 것을 아뢰자 왕이 추가하여 50섬을 내려주라고 명하였다.

1109년(예종 4) 4월 동지추밀원사(同知樞密院事) 허경(許慶)을 보내 평양(平壤) 목멱산(木覓山)에 있는 동명왕(東明王)의 신사(神祠)에 제사를 올리게 했고 흥복사(興福寺)·영명사(永明寺)·장경사(長慶寺)·금강사(金剛寺) 등의 절에 문두루도량(文豆屢道場)을 열게 했다.

1116년(예종 11) 여름 4월 왕이 서경에 도착하자 대동강에 띄워놓은 배 위에서 술자리를 베풀었는데 어가(御駕)를 호종한 종친·재추·시신 및 서경유수와 분사(分司)의 3품 이상 관리들이 참석했다. 마침 일기가 맑고 화창해서 왕이 기뻐하며 시신들과 시를 창화하였다. 병인일 처사(處士) 곽여(郭輿)를 불러 상안전(常安殿)의 뒤쪽 화단(花壇)에 자리를 마련해 주고 친히 술과 음식을 내려주었다. 그때 문득 동남쪽 하늘에 흰 구름 몇 조각이 떠 있었는데 그 가운데 한 쌍의 학이 배회하는 것을 보고는 곽여를 시켜 시를 짓게 하고 왕도 또한 화답했다. 계유일 장락전에

---

12 "대동강에 가서" 부터는 『고려사』에 따르면 8월의 일이다.

서 신하들에게 잔치를 베풀면서 왕이 지은 시 한 수를 보여 주었다. 병자일 왕이 관풍전(觀風殿)으로 가서 태조의 옛 행재소(行在所)를 순시한 후, 구제궁(九梯宮)에 행차하였다. 저녁 무렵이 되자 영명사(永明寺)의 동각(東閣)으로 자리를 옮기고 제생(諸生)과 곽여(郭輿)를 불러 술자리를 베풀고 시를 창화했다. 무인일 왕이 구제궁에 행차했다. 임오일 왕이 홍복사(弘福寺)에 행차했다가 당포(唐浦)의 옛 성(城) 문루(門樓)로 자리를 옮기고 술자리를 마련해 경치를 흥겹게 구경한 후 문루를 '다경루(多景樓)'라고 이름지었다. 왕이 시를 짓고 글 짓는 신하들에게 화답시를 올리게 했다. 계미일 지서경유수사(知西京留守事)・호부상서(戶部尙書) 김약온(金若溫)을 시켜 어가를 호종하게 하고, 조영구(趙令龜)를 섭분사호부상서(攝分司戶部尙書)・지유수사(知留守事)로 삼았다. 갑신일 어가(御駕)가 서경을 떠나자 길 가에서 어떤 노파가 병에 넣은 술을 올렸다. 왕이 그 성의를 갸륵하게 여겨 한 번 맛본 후 시 한 수를 지었다.

1120년(예종 15) 8월 서경에 행차하였다. 정유일 홍복사와 영명사에 가서 조수(潮水)를 구경하였다.[13] 무술일 대동강에 행차하여 배를 타고 고기 잡는 광경을 구경하였다. 9월 왕이 영명사에 가서 조수를 구경하였다. 계축일 왕이 장락전(長樂殿)에서 신하들에게 잔치를 베풀면서 친히 〈수성명사(壽星明詞)〉를 짓고 악공을 시켜 노래로 부르게 했다.

1125년(인종 3) 8월 왕이 서경으로 행차하였다.

1127년(인종 5) 2월 왕이 서경으로 행차하였다. 경진일 태조(太祖)의 진전(眞殿)을 참배하였다. 3월 무신일 왕과 왕비, 두 공주가 홍복사에 들른 후 재추・근신(近臣)들과 대동강 중류에서 배를 타고 잔치를 베풀며

---

13 관조(觀潮) : 강이나 바다로 거슬러 올라오는 만조(滿潮)를 구경하는 일.

즐겁게 놀았다. 임자일 왕이 구제궁(九梯宮)의 천흥전(天興殿)으로 거처를 옮겼다. 병진일 왕과 왕비, 두 공주가 배를 타고 대동강을 따라 내려가며 잔치를 열고 즐겁게 놀았으며 재추와 시신을 불러 함께 잔치를 벌였다. 정사일 왕이 관풍전(觀風殿)으로 거처를 옮겼다. 7월[14] 서경(西京)과 서북도(西北道)에 황충의 피해가 있었다.

1129년(인종 7) 서경에 새 궁궐이 완성되었다. 2월 임진일 서경에 행차하였다. 3월 1일 기묘일 왕이 새 궁궐의 건룡전(乾龍殿)에서 신하들의 하례를 받았다. 서경 유수와 서경 부근의 목(牧)과 도호부(都護府)에서는 축하하는 표문을 올렸다.

1130년(인종 8) 8월 왕이 서경에 행차하였다. 임자일 왕이 홍경원(弘慶院)에서 아타바구신도량(呵吒波拘神道場)을, 선군청(選軍廳)에서 반야도량(般若道場)을 모두 27일 동안 열라고 지시했는데, 이는 묘청의 말을 따른 것이었다.

1131년(인종 9) 2월 왕이 서경에 행차하였다. 임오일[15] 왕이 서경에 행차하는 길에 국학(國學)을 거쳐 가자 여러 생도들이 그 앞길에서 영접했다. 그때 양정재(養正齋)의 생도인 최광원(崔光遠)이 글을 올려 현 정치를 논하는 상소를 올렸다. 3월 계사일 장락전(長樂殿)에서 인왕도량(仁王道場)을 열었다. 갑오일 왕이 대화궁(大華宮)에 행차하였다. 병신일 건룡전(乾龍殿)에서 여러 신하들에게 잔치를 베풀었다. 경자일 왕의 거처를 구제궁(九梯宮)으로 옮겼다. 신축일 왕이 영명사(永明寺)에 행차했다. 임인일 왕이 기린각(麒麟閣)에서 국자사업(國子司業) 윤언이(尹彦頤)에게 『역경(易經)』의 「건괘(乾卦)」를 강론하게 하였고, 승선(承宣) 정항(鄭沆)과 예부낭

---

14 본문의 '士月'은 '七月'의 오기이다.
15 『고려사』에 따르면 1132년(인종 10) 2월의 일이다.

중(禮部郎中) 이지저(李之氐)와 기거주(起居注) 정지상(鄭知常) 등에게 의문점을 토론하게 했다. 계묘일 정항에게 『예기』의 「중용편(中庸篇)」을 강론하게 한 다음, 제목을 내어주면서 태학박사(太學博士) 곽동순(郭東珣) 등 18명에게 시를 짓게 하였다. 병오일 관풍전(觀風殿)에서 인왕도량(仁王道場)을 열었다. 경술일 장락전(長樂殿) 문 밖에 임시로 장막을 친 전각에서 왕이 활쏘기를 사열했다. 4월 병술일 왕이 대동강에서 용주(龍舟)를 탔는데, 제사가 든 달이라 하여 준비한 악기를 연주하지 않았다. 이에 정지상이, "예법에 기일(忌日)은 있으나 기월(忌月)이 있다는 말은 들어보지 못했습니다. 만약 기월이 있으면 기년(忌年)도 있을 것입니다. 풍악을 울려서 모든 서경 백성들의 바람에 부응하소서"라고 건의하자 왕이 허락을 내렸다.

1134년(인종 12) 2월 서경에 행차하였다. 왕이 대동강에 이르러 용선(龍船)을 타고 호종한 재추와 시신(侍臣) 및 서경유수관(西京留守官)들에게 잔치를 베풀었다. 이때 갑자기 북풍이 사납게 불어와 배에 설치한 장막과 그릇 등이 모두 흔들렸고, 날씨가 몹시 추워져서 왕이 급히 일어나 옷을 갈아입고 어가를 재촉하여 궁궐로 돌아왔다. 3월 갑인일 왕의 거처를 대화궐(大華闕)로 옮기려고 어가(御駕)가 막 출발하려는 차에 거센 먼지바람이 불어 사람과 말이 나아갈 수 없었으며, 일산(日傘)을 든 자들도 나아갈 수가 없었다. 왕이 손수 복두(幞頭)를 누른 채 궁궐로 들어가니 바람이 약간 잠잠해졌다. 정묘일 왕이 서경으로부터 돌아왔다. 묘청의 말을 듣고 재앙을 피해 서경에 행차하려고 하였는데, 평장사수사공(平章事守司空) 김부식(金富軾)이 다음과 같이 아뢰었다. "이번 여름에 서경의 대화궁 삼십여 곳에 천둥 번개가 쳤습니다. 만약 이곳이 길지였다면 하늘이 반드시 이렇게 하지 않았을 것입니다. 이곳에서 재앙을 피하려는 것은 또한 잘못이 아니겠습니까? 하물며 가을 농작물을 아직 수확하기 전이라 주상의 행차가 지나가면 반드시 곡식을 짓밟게 될 것이니 이는 백성을 어질게 대하고 만물을 사랑하는 뜻이 아닙니다." 또 다시 간관과 함께 상소하여 극언하니 왕이 "말하는 바가 지극히 타당하다. 짐은 서쪽으로 행차하지 않겠다"고 하였다.

1135년(인종 13) 정월 묘청(妙淸)이 조광(趙匡)과 유참(柳旵) 등과 함께 서경에서 반란을 일으켰다. 왕이 김부식을 원수(元帥)로 삼아 중군(中軍)을 이끌게 하고 김정순(金正純)·정정숙(鄭旌淑)·노영거(盧令琚)·임영(林英)·윤언이(尹彦頤)·이전(李瑱)·고당유(高唐愈)·유영(劉英)에게 보좌하게 하였다. 이부상서(吏部尚書) 김부의(金富儀)에게 좌군(左軍)을 이끌게 하고 김단(金旦)·이유(李愈)·이유개(李有開)·윤언민(尹彦旼)에게 보좌하게 하였으며, 지어사대사(知御史臺事) 이주연(李周衍)에게 우군(右軍)을 이끌게 하고 진숙(陳淑)·양우충(梁祐忠)·진경보(陳景甫)·왕수(王洙)에게 보좌하게 하였다.

서경의 반란군들이 조서를 위조하여 양계(兩界)에서 군사를 징발하여 상황이 급박하게 되자 왕이 진숙과 이주연, 진경보, 왕수에게 우군 2천 명을 나누어 인솔하게 하고 동쪽 길을 통해 여러 성으로 가서 알리고 반란군을 수색해서 김부의에게 좌군을 인솔하고 먼저 서경에 가게 하였다. 왕이 양부(兩府)의 대신들을 불러서 출병에 대한 의견을 묻자 김부식이 여러 재상들과 의논하는 자리에서 "서경의 반역에 정지상(鄭知常)·김안(金安)·백수한(白壽翰) 등이 가담하고 있으니 이들을 제거하지 않고서는 서경을 평정시킬 수 없습니다"라고 하였다. 재상들이 그 말에 깊이 수긍하여 정지상 등 세 사람을 부른 다음, 몰래 김정순(金正純)에게 알려 날랜 군졸들에게 이 세 사람을 끌어내어 궁궐 문 밖에서 참수하게 하고나서 왕에게 보고했다.

왕이 천복전(天福殿)에 가자 김부식이 군복을 입고 들어가 뵈었다. 왕은 섬돌로 올라오라 명하고 친히 부월(鈇鉞)을 주어 보내면서 "도성문 밖의 일에 대해서는 명령을 이행한 여부에 따라 상벌을 주는 등의 전권을 행사하라. 그러나 서경 사람들은 모두 나의 자식들이니 그 괴수만을 섬멸하고 부디 많이 죽이지 말라"라고 하였다. 우군(右軍)이 먼저 가서 마천정(馬川亭)에 주둔하고 중군(中軍)이 금교역(金郊驛)에 주둔하였다. 순찰하던 기병이 서경의 첩자 전원직(田元稷)을 잡아 왔다. 김부식이 결박한 것을 풀어 주고 위로하여 돌려보내며 말하기를, "돌아가서 성안의 사람에게 말하라. 대군이 이미 출동하였으니 스스로 뉘우치고 귀순하는 자는 목숨을 보전할 수 있을 것이나 그렇지 않으면 천벌을 면하지 못할 것이다"라고 하였다. 당시 군사들이 오만한 마음에 금방 이기고 돌아갈 것이라고 생각하여 준비해 온 솜옷이 적은 데다 때마침 눈까지 내려 군사와 말이 추위에 떨고 굶주리게 되었다. 군사들의 사기가 떨어지자 김부식이 타이르는 한편 보급품을 지급하니 군대의 상황이 비로소 안정되었다.

왕이 홍이서(洪彝叙)와 이중부(李仲孚)를 서경의 반란군과 일당이라고 생각하여 그들에게 조서를 주어 효유하도록 하였다. 홍이서 일행은 천천히 가서 4일 만에 생양역(生陽驛)에 도착했으나 두려워하여 앞으로 나서지 못하고 역리(驛吏)를 보내 조서를 전하게 하고 돌아왔다. 김부식이 이 일로 홍이서를 평주(平州)에 가두고 이중부를 백령진(白翎鎭)에 유배 보냈다. 보산역(寶山驛)에 이르러 3일간 군사를 사열한 후 장수와 참모들을 모아 작전을 의논하자 모두 이렇게 말하였다. "전투는 신속한 것이 제일이니 먼저 간다면 적들을 제압할 것입니다. 지금 대군이 이미 출병하였으니 중무장을 그만두고 신속히 기동하여 적이 방심한 틈을 타서 불시에 공격한다면 저 조무래기 적들을 조만간 사로잡을 수 있을 것입니다. 만약 가는 곳마다 머무르게 되면 반드시 기회를 잃게 될 것이며 또 적들이 유리한 작전을 세울 시간을 벌게 할 것이니 우리에게 유리하지 않을 것입니다." 김부식이 말하였다. "그렇지 않다. 서경에서 반란을 계획한 지가 벌써 5, 6년이나 되었으니 그들의 작전은 주도면밀할 것이며 전투와 수비의 기구를 갖춘 뒤에 거사한 것이니 지금 방심한 틈을 타서 기습하기에는 이미 늦었을 것이다. 게다가 우리 군사는 적을 얕보는 마음이 있고 병장기도 제대로 정비되지 못했다. 이럴 때 갑자기 복병의 기습을 당하는 것이 첫째로 위험한 일이다. 또 견고한 성 아래에 군대를 주둔시켰는데 날이 춥고 땅이 얼어 방어벽을 채 만들기도 전에 불시에 적에게 기습을 당하는 일이 두 번째로 위험한 일이다. 또 적들이 조서를 위조하여 양계에서 징병을 하는데 여러 성에서는 의심하며 진위를 분별하지 못한다는 소식이 들리고 있다. 만일 어떤 간악한 자가 그들에게 호응한 뒤 안팎으로 결탁하여 보급로를 막아 버린다면 이보다 더 큰 재앙은 없을 것이다. 군사를 이끌고 샛길을 따라 적의 배후로 우회한 다음, 여러 성의 군량을 거둬들여 대군을 먹여야 한다. 어느 쪽이 옳고 그른지를 잘 타일러 서경의 적들과 분리시킨 다음 구원군을 보내 군사들을 쉬게 하고 적도들에게 격문을 살포하면서 서서히 대군이 다가가는 것이 최선의 방법이다."

드디어 군사를 이끌고 평주를 거쳐 관산역(管山驛)으로 가서 좌군과 우군이 집결한 다음 나란히 차례로 행군하였다. 김부식이 사암역(射嵒驛)과 신성부곡(新城部曲)을 거쳐 성주(成州)로 질러가서 하루 동안 군사를 쉬게 하고 모든 성에 격문을 보내 왕명을 받들어 적을 치겠다는 뜻을 알렸다. 또 군리(軍吏) 노인해(盧仁諧)를 보내어 서경에 가서 투항을 회유하게 하고 성 안의 사정을 정탐하게 하였다. 모든 군사를 이끌고 연주(漣州)에서 안북대도호부(安北大都護府)에 이르니 진숙과 이주연 등이 동계(東界)에서 와서 합세하였다. 앞서 녹사(錄事) 김자호(金子浩) 등을 시켜 조칙을 가지고 잠행하여 양계의 성과 진을 두루 다니면서 서경 사람들이 반역한 상황을 알리고 효유했으나 사람들은 그때까지도 관망만 하는 상태였다. 그러나 대군이 도착하자 여러 성에서 크게 두려워하며 관군을 맞아들였다. 김부식이 다시 막료들를 보내어 서너 차례 효유하자 조광 등이 버틸 수 없음을 알고 투항하려고 했지만 스스로 죄가 무거움을 알고 망설이면서 결정을 내리지 못하고 있었다. 평주판관 김순부(金淳夫)가 조서를 가지고 성에 들어가니 서경 사람들이 그제야 묘청과 유참(柳旵) 및 유참의 아들 유호(柳浩) 등을 참수한 다음 분사대부경(分司大府卿) 윤첨(尹瞻), 소감(少監) 조창언(趙昌言), 대장군 곽응소(郭應素), 낭장(郎將) 서정(徐挺) 등에게 김순부와 함께 조정에 가서 대죄(待罪)하게 하였다. 또 중군에 "삼가 조서의 뜻과 원수의 말씀을 받들어 괴수의 목을 베어 바칩니다. 양고기와 술을 군사들에게 먹여 위로하고자 하니 날짜를 정해 주시기를 바랍니다"라는 글을 보냈다. 이에 김부식이 녹사 백록진(白祿珍)을 보내어 왕에게 보고하게 하고 양부(兩部)에 글을 다음과 같이 보냈다. "마땅히 윤첨 등을 후하게 대우하여 스스로 뉘우칠 수 있는 길을 열어주시오."

재상 문공인(文公仁)・최유(崔濡)・한유충(韓惟忠)이 백록진에게 말하였다. "너의 원수는 곧장 서경으로 가지 않고 먼 길을 우회하여 안북으로 갔다. 우리들이 주상께 아뢰어 단 한 사람을 보내어 조서를 가지고 가서 항복하도록 효유하였다. 적이 항복한 것은 네 원수의 공이 아닌데 너는 무엇 때문에 왔는가?" 김순부가 성 밖에 도착하자 윤첨 등을 결박하였고 개경으로 들어갈 즈음에는 양부에서 법사(法司)를 보내 칼과 족쇄를 채운 다음 하옥할 것을 청하고 대간도 극형에 처할 것을 청하였다. 그러나 왕은 모두 허락하지 않고 포박을 풀어주고 의관을 갖추어 알현하게 한 다음 술과 음식을 주어 위로하고 객관에 머물게 했다. 그러나 곧 그를 옥에 가두고 묘청 등의 목을 큰 거리에 내걸었다. 김부식에게 은 약그릇을 하사하였다.

　조광의 무리들은 윤첨 등이 하옥되었다는 소식을 듣고 틀림없이 벌을 면하기 어려울 것이라고 생각하여 다시 반역하였다. 왕이 전중시어사(殿中侍御史) 김부(金阜), 내시 황문상(黃文裳)을 시켜 윤첨과 함께 가서 서경에 조서를 반포하였다. 그러나 김부 등이 위협하고 윽박지를 뿐 위무하지 않자 서경 사람들이 원망하고 분노하였다. 2월 서경의 반란군을 사주해서 김부와 황문상과 기타 따라온 자들을 죽였다. 윤첨이 태조의 영정을 안고 도망치자 그를 잡아서 죽이고 성을 굳게 지켰다. 김부식이 녹사 이덕경(李德卿)을 보내 효유하게 하였지만 다시 그마저 죽였다.

　김부식은 서경은 북쪽으로 산을 등지고 삼면이 바다로 막혀 있으며 성이 높고 험하여 쉽게 함락시키기 어려우니 성을 에워싸고 진영을 펼쳐서 압박해 들어가야 한다고 생각했다. 그래서 중군을 천덕부(川德部)에, 좌군을 흥복사에, 우군을 중흥사 서편에 주둔시켰다. 또 대동강이 교통의 요충지이므로 적이 만약 먼저 차지해 버리면 길이 막혀 통하지 않을 것이라고 판단하여 대장군 김양수(金良秀), 시랑 양제보(楊齊寶), 원외랑 김정(金精) 합문지후(閤門祗侯) 최자영(崔子英), 직장 권경량(權景亮) 등에게 군사를 이끌고 주둔하며 지키게 하고 '후군(後軍)'이라고 하였다. 또 진숙(陳淑), 낭중 왕의(王毅), 합문지후 전용(全鎔),[16] 안보구(安寶龜) 등에게 군사를 이끌고 중흥사의 동쪽에 주둔하게 하고 '전군(前軍)'이라고 하였다.

또 성 밖에는 민가가 매우 많았는데 병란이 일어나자 많은 장정들이 성으로 들어가서 군졸이 되었고 나머지는 산골로 도망가서 숨어 있었다. 김부식은 만약 이들을 불러들여 위무하지 않으면 반드시 서로 불러 모여들어 적의 첩자가 될 것이라고 생각하여 군리(軍吏)를 나누어 보내 잘 설득하여 돌아오게 하였다. 그러자 도망가서 숨었던 자들이 모두 나왔고 혹 양식을 가져와 군량에 보태라는 사람들까지 줄을 이어 찾아오니 이들에게 모두 의복과 식량을 공급하여 편안하게 살게 하였다.

서경 사람들이 선요문(宣耀門)에서 다경루(多景樓)까지 강을 따라 1,734칸의 성을 쌓고 6개의 문을 설치하여 출입을 막았다. 이보다 앞서 왕이 내시지후(內侍祗侯) 정습명(鄭襲明), 제위보부사(濟危寶副使) 허순(許純), 잡직서령(雜織署令) 왕식(王軾)에게 서경의 서남쪽 바다 섬으로 가게 하여 궁수(弓手)와 수군 4,600여 명을 모아 전함 140척을 가지고 순화현 남강에 들어가서 적선을 막게 하였다. 이때 상장군 이녹천(李祿千), 대장군 김태수(金台壽), 녹사 정준(鄭俊)·윤유한(尹惟翰), 군후 위통원(魏通元) 등을 보내 서해로부터 수군 함정 50척을 인솔하여 서경의 적을 토벌하는 데 돕도록 하였다.

이녹천이 철도(鐵島)에 이르러 지름길로 곧장 서경으로 향하려고 하였는데 마침 날이 저물고 썰물 때가 되었다. 정습명이 "물길이 좁고 얕으니 밀물 때 출발해야 합니다"라고 하였으나 이녹천이 듣지 않고 가다가 중간쯤에 이르러 물이 얕은 곳에서 배가 좌초되었다. 서경 사람들이 작은 배 10여 척에 기름을 적신 섶을 싣고 불을 질러 조수에 따라

---

16 본문에는 '金鎔'으로 되어있으나 『고려사』의 기록에 따라 고쳤다.

놓아 보냈다. 이보다 앞서 길가의 숲 속에 쇠뇌 사수 수백 명을 매복시켜 두었다가 불이 붙을 때 동시에 공격하기로 약속하였다. 불붙은 배가 다가와 불이 전함에 옮겨 붙자 쇠뇌가 한꺼번에 발사되었다. 이녹천이 우왕좌왕하며 어찌할 바를 모르고 있을 때에 병장기가 모두 불타고 사졸들은 물에 빠져 거의 다 죽었으며 김태수와 정준도 전사하였다. 이녹천은 쌓인 시체를 밟고 언덕으로 올라가서 간신히 죽음을 면하였다. 이 전투 이후 서경 사람들은 관군을 얕보기 시작했고 군졸을 뽑아 훈련시키면서 성을 수비할 작전을 세웠다.

김부식은 후군(後軍)의 병력이 적고 군세가 약한 것을 염려하여 밤에 몰래 보병과 기병 1천 명을 보내 병력을 증강시켰다. 적은 그 사실을 모르고 날이 밝을 무렵 마탄(馬灘)과 자포(紫浦)를 건너 후군을 공격해 진영을 불태우고 돌진해왔다. 승려 관선(冠宣)이 모집에 응하여 종군하였는데 갑옷 차림에 큰 도끼를 들고 먼저 출격하여 10여 명의 적을 죽이자 관군이 그 기세를 타고 적을 크게 격파하여 3백여 명의 목을 베었다. 적은 한꺼번에 짓밟히며 강으로 쫓겨 가 물에 빠져 죽었으며 병선과 병장기를 많이 노획하니 적의 기세가 크게 꺾였다.

당시 여러 군대가 야외에 주둔한지 수개월이 되었다. 김부식은 봄에서 여름으로 바뀌는 시기라 장마가 내려 적의 습격을 받을까봐 염려했다. 따라서 성을 수축하고 공격을 중지한 채 주(州)와 진(鎭)에서 올라온 병사들을 번갈아 쉬게 하며 농사일을 하게 하는 등 지구전을 펴면서 공격할 기회를 엿보려고 했다. 반대하는 자들이 모두 "서경 사람들은 병력이 적은데다 지금 우리는 거국적으로 군사를 동원했으니 마땅히 당장 소탕해버려야 합니다. 몇 달 째 결정을 내리지 못하고 질질 끌어 왔는데 심지어 성을 쌓아 수비만 한다면 약점만 보이는 것이 아닙니까?"

고 하였다. 김부식이 말하기를, "성 안에 군량이 넉넉하고 사기도 굳건하니 지금 공격해서는 이기기 어렵다. 작전을 잘 세워 성공하는 것이 가장 나은데 어째서 꼭 빨리 싸워서 사람들을 많이 죽여야 하겠는가?"라고 하고 마침내 지구전의 계획을 정했다.

북계의 주진과 서남쪽 근방의 군사들을 나누어 오군(五軍)에 예속시키고 각각 성을 하나씩 쌓게 하였다. 또 순화현(順化縣)의 왕성강(王城江)에 각각 작은 성을 쌓게 했는데 며칠 만에 축성이 끝나자 무기와 군량을 쌓아두고 성문을 다은 채 군사들을 쉬게 했다. 간혹 적과 교전을 벌였지만 크게 이기거나 지는 일이 없었다. 어떤 때는 여러 방향으로 성을 공격했지만 성벽이 높은데다 해자가 깊어서 화살과 돌에 맞아 살상된 적이 많았지만 관군 또한 부상자가 났다.

왕이 근신 최포항(崔褒抗)과 원외랑 조석(趙碩) 등을 보내 조서를 내려 설득했으며 김부식도 녹사 조서영(趙諝榮)과 김자호(金子浩), 강우(康羽) 및 승려 품선(品先) 등을 보내 온갖 수단으로 설득하고 투항하면 죽이지 않겠다고 약속하는 한편 적의 첩자나 나뭇꾼을 잡을 때마다 의복과 식량을 주어 돌려 보냈다. 그러나 조광 등은 조금도 항복할 의사가 없었고 요행히 나라밖에 우환이 생겨 관군이 스스로 물러가기를 바라고 있었다. 마침 금나라의 사신이 오자 적은 그들을 가로 막고 죽임으로써 양국 사이의 불화를 조성하려고 하였으나 관군이 이 계획을 미리 알고 경비를 강화하였기 때문에 적이 감히 도발하지 못하였다.

적도들은 자신의 일당이 투항할 것을 염려하여 아군의 중군이 발행한 것처럼 위조문서를 작성하여 사람들에게 보였는데 거기에는 "군대에서 사로잡거나 항복해 온 자들은 노소를 불문하고 다 죽여라"라고 쓰여 있어서 서경 사람들이 그것을 깊이 믿게 되었다. 그러나 얼마 후

항복한 사람들을 매우 후하게 대우한다는 사실이 알려지자 점차 귀순하게 되었다.

이때 조정의 신하가 다음과 같이 의견을 아뢰었다. "예로부터 군사를 쓸 때에는 마땅히 형세를 관찰하여야 하는 법이니, 어찌 해서 일시적인 손해만을 따지겠습니까? 우리가 비록 금나라와 화친을 맺고 있으나 저들의 의중을 헤아리기는 어렵습니다. 지금 군사 수만 명을 동원하고도 해가 넘도록 결판을 내지 못하니 만약 이웃의 적국이 틈을 타서 공격하고 거기에 예기치 않게 도적들의 우환까지 가중된다면 어떻게 그것을 제압하겠습니까? 청컨대 중신을 보내어 인명의 피해를 고려하지 말고 당장 격파하게 하옵소서."

왕이 이것을 김부식에게 보여주자 김부식이 아뢰었다. "신이 보건대, 서경은 천혜의 험고한 곳이라 쉽사리 함락할 수 없습니다. 게다 성 안에는 무장한 군사들도 많고 수비도 엄중합니다. 매번 용맹한 장수들이 먼저 올라가지만 겨우 성 아래에만 이를 뿐 아직 성가퀴를 뛰어 넘은 자가 없으며 운제(雲梯)와 충차(衝車)도 모두 소용이 없습니다. 어린 아이와 부녀자들도 벽돌과 기와를 던져 만만치 않은 역할을 하고 있으니 설사 오군(五軍) 모두 성에 보내 공격하게 한들 며칠 못 가서 용맹한 장수와 정예병사 들이 모두 화살과 돌에 맞아 죽게 될 것입니다. 적이 우리 힘이 다했다는 것을 알고 북을 울리고 함성을 지르면서 공격해 온다면 그 예봉을 당해낼 수 없을 것이니 어느 겨를에 나라 밖의 근심거리에 대비하겠습니까? 지금 수만의 군사들을 모아두고도 해가 넘도록 결판내지 못하는 것에 대해서는 노신(老臣)이 마땅히 그 잘못에 대한 책임을 감당하겠습니다. 그러나 변방의 수비와 도적의 변란도 걱정하지 않을 수 없습니다. 그러므로 완전한 계책을 세워서 이겨야만 군사들도 다치지 않고 나라의 위신도 꺾이지 않을 따름입니다. 전쟁에서는 자고로 속히 승리를 거두지 못할 때도 있는 법입니다. 이제 종묘사직의 신령과 현명하신 주상의 위엄에 기대어 은혜를 저버린 요망한 적을 즉시 섬멸할 것입니다. 바라옵건대 적의 토벌은 노신에 맡기고 편의대로 일을 수행할 수 있게 해주신다면 반드시 적을 쳐부수어 은혜에 보답하겠습니다." 왕 또한 옳다고 여겨서 결국 여러 사람들의 의견을 물리치고 그에게 위임하였다.

3월 오군이 일제히 공격하였으나 이기지 못하였다. 여름이 지나고 가을이 되어도 적과 대치하면서 승부를 내지 못했다. 10월 서경의 군량이 다 떨어져 노약자와 부녀자를 추려서 성 밖으로 쫓아내었는데 모두 굶주리고 여위어 사람의 모습이라 할 수 없었고 군졸들도 이따금 나와서 항복하였다. 김부식은 이제 공격하면 이길 수 있겠다고 판단하고 여러 장수들에게 명하여 토산을 쌓도록 했다. 먼저 양명포(楊命浦)의 산 위에 목책을 세우고 군영을 배치한 다음 전군(前軍)을 옮겨 거점으로 삼고 서남쪽 지역의 주현에서 군졸 23,200여 명과 승려 550명을 징발하여 흙과 돌을 운반하고 목재를 모아놓게 하였다. 장군 의보(義甫), 방재(方宰) 노충(盧冲), 적선(積先)에게 명을 내려 정예병 4,200여 명과 북계 주진의 전투병 3,900명으로 유격부대를 만들어 적의 약탈에 대비하게 하였다.

11월 모든 군사가 전군이 주둔한 곳으로 가서 토산을 쌓았는데 그 길이가 양명포를 넘어 적의 성 서남쪽 모퉁이까지 이르렀다. 밤낮으로 일을 독려하니 적이 놀라서 정예병을 출전시켰으며 또 성 위에 활과 쇠뇌 및 석포(石砲)를 설치하고 전력을 다해 저항했다. 관군은 상황에 따라 적절히 방어하면서 북을 울리고 함성을 지르며 성을 공격해서 적의 전력을 분산시켰다. 또 교인(僑人) 조언(趙彦)이 올린 계책에 따라 대포를 만들어 토산 위에 설치했다. 그 규모가 높고 크며 무게가 수백 근이 나가는 돌을 날려 성루를 부수고 불덩어리를 던져 태워버리니 적이 감히 접근하지 못했다. 토산은 높이가 8길이고 길이가 70여 길이었으며 너비는 18길로 적의 성과의 거리가 불과 몇 길이었다.

김부식이 오군을 모아 성을 공격하였으나 함락시키지 못하고 녹사 박광유(朴光儒)가 전사했다. 적이 밤에 군대를 셋으로 나누어 전군의 진영을 공격해왔다. 김부식이 승려 상숭(尙崇)에게 도끼를 들고 역습하게 하여 십여 명을 죽이게 하니 적병이 달아나 흩어졌다. 장군 우방재(于邦宰)와 김숙(金叔) · 적선(積先) · 김선(金先)[17] · 권정균(權正均) 등이 군사를 이끌고 추격하자 적이 무기와 갑옷을 팽개치고 성으로 쫓겨 들어갔다.

이듬해 2월 적이 우리가 토산을 쌓아서 압박한다고 생각하고 성안에 겹성을 쌓으려고 하였다. 김부식이 이 소식을 듣고 "적이 성을 쌓은들 무슨 소용이 있겠는가?"라고 하였다. 윤언이(尹彦頤)와 지석숭(池錫崇)이 "대군이 출병한지 이제 벌써 2년이 지났는데 오랫동안 대치하고만 있으면 일이 어떻게 될지 예측하기가 어렵습니다. 몰래 기습 작전을 펴서 적의 겹성을 파괴하면 성공할 수 있을 것입니다"라고 하였지만 김부식이 그 말을 따르지 않았다. 그러나 윤언이가 굳이 청하자 비로소 정예군을 세 길로 나누어 진경보(陳景甫), 왕수(王洙) 및 형부원외랑 박정명(朴正明), 합문지후 김예웅(金禮雄) 등에게 3천 명을 거느리고 중도를, 지석숭, 전용(全鏞), 전중내급사(殿中內給事) 이후(李侯) 등에게 2천 명을 거느려 좌도를 맡게 하였으며, 이유(李愈)와 합문지후 이영장(李永章), 김신련(金臣璉) 등에게 2천 명을 거느리고 우도를 각각 맡게 하였다. 장군

---

17 본문에는 '金'만 있으나 『고려사』 열전편 '김부식'에 따라 '金先'을 보충하였다.

공직(公直)이 인솔한 군대는 석포(石浦) 길로 들어가고 장군 양맹(良孟)은 당포(唐浦) 길로 들어섰다. 또 모든 부대가 공격로를 분담하여 공격하게 함으로써 적이 서남부 모퉁이에 몰려 수비하지 못하도록 하였다. 부대 편성이 끝나자 군사들에게 후하게 물품을 내려 준 뒤 김부식은 중군으로 돌아갔다. 밤 4경(更)에 경무장을 하고 말을 달려 전군에 가서 장수들에게 총공격을 명령했다.

정사일 날이 밝을 무렵 진경보의 군사가 양명문(揚命門)으로 들어가서 적의 목책을 뽑아버리고 연정문(延正門)으로 진격했고 지석숭의 군대는 성을 넘어 들어가 함원문(含元門)을 공격하고 이유의 군대 역시 성을 넘어 흥례문(興禮門)을 공격하였다. 김부식은 직속 부대를 이끌고 광덕문(廣德門)을 공격하였다. 적들은 아군의 토산이 미처 완성되지 못했다고 생각해서 방비를 하지 않고 있다가 아군이 총공격을 개시하자 당황해서 어찌할 바를 몰랐다. 김부식이 김정순(金正純)과 함께 전투를 독려하자 장병들이 다투어 진격했으며 모든 부대들도 북을 울리고 함성을 지르면서 불을 놓아 성안의 집을 태우자 적병이 크게 무너졌다. 관군이 승세를 타고 적의 목을 마구 베었다. 김부식이 명령을 내리기를, "적을 사로잡는 자는 상을 주고 항복하는 자를 죽이거나 약탈하는 자는 모두 죽일 것이다"라고 하니 군사들이 모두 칼을 거두고 진격하였다.

마침 날이 저물고 비가 내리자 군사를 지휘하여 퇴각하게 하고 사로잡은 자들과 항복한 자들은 순화현에 보내 음식을 제공했다. 이날 밤에 성안이 함락되어 소동이 일자 조광이 어찌할 바를 모르다가 온 가족과 함께 불을 질러 자결했다. 낭중 유위후(維偉侯)·팽숙(彭淑)·김현근(金賢瑾)은 모두 목매어 자결하였고 정선(鄭璇)·유한후(維漢侯)·정극승(鄭克升)·최공비(崔公泌)·조선(趙瑄)·김택승(金澤升)은 모두 목을 찔러 자결하였다.

무오일 서경 사람들이 괴수 최영(崔永) 등을 체포해 성을 나와 항복하니 김부식이 그들을 인계해 관리에게 넘기고 군사와 백성, 늙은이와 어린이, 부녀자들을 잘 위무한 다음 성으로 들어가서 집안을 지키도록 했다. 어사잡단(御史雜端) 이인실(李仁實)과 시어사(侍御史) 이식(李軾), 어사(御史) 최자영(崔子英)에게는 관부의 창고를 봉쇄하게 하고 군사를 나누어 모든 문을 지키게 하는 한편, 김정순과 윤언이, 김정황(金鼎黃)에게 군사 3천명을 이끌고 들어가 관풍전을 관아를 정돈하게 하였고 성 안에 엄명을 내려 약탈을 금지했다.

기미일 낭중 신지충(申至冲)을 수습병장사(收拾兵仗使)로, 이후(李侯)를 백성화유안거사(百姓和諭安居使)로, 박정명(朴正明)을 감검창고사(監檢倉庫使)로, 합문지후 이약눌(李若訥)을 객관수영사(客館修營使)로, 녹사 최포칭(崔襃稱)과 백사청(白思淸)을 성내좌우순검사(城內左右巡檢使)로 삼았다.

신유일 김부식이 군대의 의장을 갖추어 경창문(景昌門)으로 들어가서 관풍전 서쪽의 서(序)에 앉아 오군병마장좌(五軍兵馬將佐)의 하례를 받았다. 또 모든 성황신묘에 제사를 지내게 한 후 성 내 모든 백성들을 위무하여 안심시켰다. 또 병마판관 노수(魯洙)를 개경으로 보내 승전을 알리는 표를 올리게 했다.

임술일 왕명을 받아 최영과 대장군 황린(黃麟), 장군 덕선(德宣), 판관 윤주형(尹注衡), 주부 김지(金智)와 조의부(趙義夫), 장사(長史) 나손언(羅孫彦)을 참수하여 3일 동안 시가지에 효수하였다. 분사 호부상서 송선유(宋先宥)는 반란이 일어났을 때부터 병을 핑계로 두문불출하였고 장서기(掌書記) 오선각(吳先覺)은 바보인 척하며 적에게 가담하지 않았으며 대창승(大倉丞) 정총(鄭聰)은 효행으로 알려져 모두 마을에 정문(旌門)을 세워 표창하였다.

처음에 서경 사람들이 묘청 등을 참수하여 그 머리를 개경에 보내고 곧장 중군에 요청해 평상시처럼 유수관(留守官)을 보내달라고 하자 김부식은 노영거(盧令琚)를 보내 성에 들어가게 했다. 적이 그를 죽이려고 하자 의학박사 김공정(金公鼎)이 몰래 그 음모를 알려와 노영거에게 들어가지 못하게 하였다. 소감(少監) 위근영(韋瑾英)은 노모가 있어서 적을 배반할 수 없었기 때문에 한유관(韓儒琯), 안덕칭(安德偁), 김영년(金永年)과 함께 거짓으로 상여를 꾸며 장사를 지내는 것처럼 위장하고 성문을 나오려고 하였다. 이 일이 누설되어 위근영, 한유관이 잡혔는데 혹독한 고문을 당해 거의 죽게 되었는데도 끝까지 다른 사람들을 끌어들이지 않았기 때문에 안덕칭과 김영년은 죽음을 면할 수 있었다. 김공정, 위근영, 한유관, 안덕칭, 김영년 및 윤첨(尹瞻)의 친척 및 늙은이와 어린이, 불구자들은 모두 용서하였고, 나머지는 모두 개경으로 압송하여 하옥시켰다. 거세고 사납게 항거한 자들은 '서경역적(西京逆賊)' 네 글자를 얼굴에 새겨 먼 섬으로 유배보냈고 그 다음가는 죄인은 '서경' 두 글자를 새겨 향·부곡으로 나누어 유배보냈으며 그 나머지는 여러 주·부·군·현에 분산시켰고 처자식들은 편리한 거주지를 택하게 하고 양민이 되는 것을 허락하였다. 조광, 최영 등 7명과 정지상, 백수한, 묘청, 유참(柳旵), 유호(柳浩), 정선(鄭璇), 김신(金信), 김신의 동생 김치(金致), 이자기(李子奇), 조간(趙簡), 정덕환(鄭德桓) 등의 처자식은 모두 가산을 몰수하여 동북 여러 성(城)의 노비로 삼았다. 3월 왕이 좌승선(左承宣) 이지저(李之氐)와 전중소감(殿中少監) 임의(林儀)를 보내 김부식에게 의복과 안장 딸린 말, 금 허리띠 및 금 술그릇과 은 약그릇을 하사하였다.[18]

1137년(인종 15) 3월 을해일 서경에 지진이 발생했다.

1147년(의종 1) 11월 병자일 서경 사람 이숙(李淑)과 유혁(柳赫), 숭황(崇晃) 등이 처형되었다. 처음에 금나라의 제전사(祭奠使)가 돌아갈 때 이숙 등이 편지를 덧붙여 말하기를, "대국의 군사가 곧바로 서경에 이른다면 안에서 응하겠습니다"라고 하였는데 일이 발각되어 처형된 것이다.

1168년(의종 22) 3월 왕이 서경에 행차했다. 여름 4월 홍복사에 행차하여 남포에서 용선을 타고 재추와 근신들에게 연회를 베풀었다. 정유일 홍복사(洪福寺)에 행차했다가 다시 다경루에서 물놀이(水戲)를 연희한 자들에게 백금 2근을 하사하였다. 경자일 장락전에서 여러 신하들에게 잔치를 베풀었다. 임인일 하청절(河淸節)[19]을 맞아 또 장락전에서 잔치를 열었다. 갑인일[20] 영명사에 행차하여 대동강에서 뱃놀이를 하였다. 을사일 부벽루에 행차하여 신기군(神騎軍)이 말 탄 채 묘기하는 놀이를 관람하고 백금 2근을 하사하였다. 병오일 또 부벽루에 행차하여 물놀이를 관람하고 백금과 옷감을 하사하였으며 재추, 시신들과 배 안에서 잔치를 열었는데 한밤중에서야 끝났다.

1169년(의종 23) 3월 을해일 왕이 서경에 도착했다. 기묘일 왕이 영명사에 행차하여 대동강에 용선을 띄운 뒤 술자리를 마련하고 그길로 부벽루에 올랐다. 경진일 왕이 구제궁에 행차하였다. 임오일 영명사에서 배를 타고 홍복사(洪福寺)에 이르렀다가 인왕사로 갔다. 계미일 왕이 팔경정(八景亭)에 행차하여 물놀이를 관람하였다.

1170년(의종 24) 3월에 지문하성사(知門下省事) 최온(崔溫)을 보내 서경

---

18 '고적'의 대부분의 내용은 『고려사』 「세가」에 실려 있으나 묘청의 난과 김부식이 평정하기까지 과정을 담은 내용은 『고려사』 「열전」 김부식 편에 수록된 것이다.

19 고려 의종의 생일. 1146년(인종 24) 4월에 정해졌으며, 이후 매년 이날에는 임금이 백관들의 하례를 받고 잔치를 베풀었다.

20 『고려사』에서는 '갑진(甲辰)'으로 되어 있다.

노인당(西京老人堂)에서 제사를 지내게 했다.

　1174년(명종 4) 9월에 서경유수 조위총(趙位寵)이 군사를 일으켜 정중부(鄭仲夫)와 이의방(李義方)을 치려고 모의한 후 동북 양계의 여러 성에 격문을 보내 불러 모았다. 이에 절령(呪嶺 : 자비령) 이북의 40여 성에서 모두 호응했으나 유독 연주(延州)에서만 성문을 닫고 굳게 지켰다. 왕이 평장사(平章事) 윤인첨(尹鱗瞻)을 보내 3군을 거느리고 조위총을 치게 하였다. 윤인첨이 절령역에 도착하자 조위총이 군대를 보내 습격하여 대파시켰다. 조위총이 선봉으로 서경에 이르렀는데 이의방이 습격하자 패하여 달아났다가 대동강에 이르러서 흩어진 군사들을 수합하여 다시 성을 굳게 지켰다. 이의방은 성 밖에서 오랫동안 주둔했으나 조위총이 습격하여 물리쳤다. 이의방은 조위총의 아들 조경(趙卿)과 장군 우위선(禹爲善)을 잡아 참수하고 머리를 개경으로 보냈다.

　1175년(명종 5) 조위총이 군사를 보내 요덕현(耀德縣)을 습격하였다. 이때 이의방은 이미 처형된 뒤였다. 왕이 전중감(殿中監) 유응규(庾應圭)를 보내 효유하자 조위총이 표문을 올려 항복할 것을 청하였다. 유응규가 돌아가자 조위총이 후회하면서 정예 기병을 보내 동선역(洞仙驛)까지 뒤쫓아 갔으나 미치지 못했고 기병들은 분한 마음을 참지 못하여 관(館)의 관리를 베고 돌아갔다. 윤인첨이 서경을 공격할 때 조위총 측에서는 식량이 없어서 사람의 시체를 먹기에 이르렀다. 가끔 나와서 도발하였으나 윤인첨은 성벽을 굳게 하고 나가지 않았다. 조위총은 김존심(金存心)과 조규(趙規)를 금나라로 보내서 이의방이 왕을 내쫓고 시해한 죄를 아뢰게 하였다. 김존심이 도중에 조규를 죽이고 예안강(禮安江)에 오자 왕이 김존심을 내시합문지후(內侍閤門祗侯)에 임명하였는데, 조위총이 이 소식을 듣고 김존심의 처자식을 죽였다. 조위총이 다시 서언(徐彦) 등을 금나라로 보내서 절령 서쪽에서 압록강에 이르는 40여 성을 금나라에 복속시킬 것이니 군사를 원조해달라고 청하였다. 금나라 왕이 서언 등을 잡아서 보냈다.

1176년(명종 6) 조위총이 사람을 시켜 거사(居士)로 가장하고 서북의 주·진에 구원병을 청하게 했는데 정주(靜州)에 이르러 체포되었다. 조위총이 관군과 싸우다가 패한 척하고 달아나자 관군이 추격하여 용흥(龍興)의 덕부(德部)에 이르렀다. 조위총이 군사를 되돌려 공격하니 관군 중에서 죽은 자가 매우 많았다. 윤인첨이 서경의 통양문(通陽門)을 공격하고 후군총관(後軍摠管) 두경승(杜景升)이 대동문을 공격하여 격파하자 성중의 적병들이 크게 무너졌다. 마침내 조위총을 죽이고 머리를 함에 넣어 바쳤다.[21]

1216년(고종 3) 8월에 거란의 잔당인 금산왕자(金山王子)와 금시왕자(金始王子)가 휘하의 장수 아아(鵝兒)와 걸노(乞奴) 두 사람을 보내어 군사 수만 명을 이끌고 압록강을 건너 영삭진(寧朔鎭)과 정융진(定戎鎭)을 침범하게 하였다. 9월 서경의 군사가 거란과 조양(朝陽)의 풍단역(豊端驛)에서 싸워 160여 명의 머리를 베었으며 강에 빠져죽은 자 또한 많았다. 을묘일 서경의 군사가 성주(成州) 지구천(之狗淺)에서 거란병 1천여 명[22]을 만나 교전하여 목을 베고 사로잡은 사람이 모두 115여 명이었다.

1231년(고종 18) 8월 계사일 몽고병이 서경의 성을 공격하였으나 함락하지 못했다.

1232년(고종 19) 3월 왕이 서경도령(西京都領) 정응경(鄭應卿)과 전임 정주부사(靜州府使) 박득분(朴得芬)을 보내 배 30척과 수군 3천명을 이끌고

---

21 조위총의 난과 관련된 내용은 『고려사』「열전」 조위총 편에 수록된 것이다.
22 『고려사』에서는 '2천여 명'으로 되어 있다.

용주포(龍州浦)에서 출발하여 몽고로 가게 했는데, 그들의 요청에 따른 것이었다.

1233년(고종 20) 5월 서경사람 필현보(畢賢甫)와 홍복원(洪福源) 등이 선유사(宣諭使)로 온 대장군 정의(鄭毅)와 박녹전(朴祿全)을 죽이고 온 성 사람들과 함께 반란을 일으켰다. 12월 최우(崔瑀)가 가병(家兵) 3천 명을 보내 북계병마사 민희(閔曦)와 함께 토벌에 나서서 필현보를 사로잡아 개경으로 압송한 뒤에 저자거리에서 허리를 베어 죽였다. 홍복원은 몽고로 도망가서 그의 아버지 홍대순(洪大純)과 동생 홍백수(洪百壽) 및 그의 아들딸을 사로잡고 나머지 백성들을 섬으로 이주시키니 서경이 마침내 폐허가 되었다.

1253년(고종 40) 7월 신묘일 몽고군이 대동강을 건너 마탄(馬灘)으로 내려가 옛 화주(和州)로 향하였다.

1258년(고종 45) 6월 서북면병마사가 몽골의 척후기병이 서경을 통과했다고 보고하자 개경에서 계엄령을 내렸다.

1259년(고종 46) 2월 이응(李凝)이 서경에서 돌아와서 다음과 같이 말하였다. "왕만호(王萬戶)가 말하기를, '그대의 국왕은 백성을 사랑하지 않는가? 어찌하여 윤춘(尹椿)과 송산(松山)의 말만 듣고 항복하지 않는가? 항복한다면 추호도 침범하지 않겠다'고 하였습니다." 이때 왕만호가 군사 10령(領)[23]을 이끌고 서경의 옛 성을 수축하였으며 또 전함을 만들고 둔전을 개간하면서 오래 머무를 계획을 세웠다. 이 달 서경과 황주의 백성을 덕적도(德積島)로 이주시켰다.

1269년(원종 10) 10월 서북면병마사영의 기관(記官) 최탄(崔坦)과 한신

---

23   1령은 1천 명.

(韓愼), 삼화현(三和縣) 사람 전임 교위 이연령(李延齡) 정원도호부(定遠都護府)의 낭장(郎將) 계문비(桂文庇), 연주(延州) 사람 현효철(玄孝哲) 등이 임연(林衍)을 토벌한다는 명분을 내걸고 용강, 함종, 삼화의 사람들을 불러 모아 함종현령 최원(崔元)을 죽인 다음 밤에 가도(椵島)에 들어가서 분사어사 심원준(沈元濬)과 감창(監倉) 박수혁(朴守奕), 경별초(京別抄) 등을 죽이고 반란을 일으켰다. 최탄이 서경유수와 용주, 영주, 철주, 선주, 자주 5개 주의 수령을 죽였다. 서북 지역 여러 성의 관리들도 적에게 죽임을 당했다. 최탄이 몽고사신 톡토르(脫朶兒)에게 "고려 조정에서 백성들을 동원하여 섬으로 깊이 들어가려고 하므로 여러 성의 수령들을 죽이고 들어가 상국에 고하려 했습니다"라고 거짓말을 하였다. 의주부사 김효거(金孝巨) 등 22명을 붙잡아 몽고에 투항했다. 12월 왕이 탄령(炭嶺)에 당도하자 최탄 등 6명이 어가 앞에 술을 바쳤으나 왕이 이를 받지 않고 서경으로 들어가 태조진전을 참배하였다.

1270년(원종 11) 정월 왕이 박주(博州)에 머물러 있으면서 먼저 최동수(崔東秀)를 파견하여 몽고 도당(都堂)에 글을 보내 "천자께서는 우리 부자의 충성하는 간절한 정성을 불쌍히 여겨 끝까지 보호해 주십시오"라고 아뢰었다. 2월 최탄이 몽고에 군사 3천 명을 청하여 몽고 군사가 와서 서경을 진압하게 하니 황제가 최탄과 이연령에게 금패를, 현효철(玄孝哲)과 한신(韓愼)에게 은패를 차등 있게 주었다. 조서를 내려 몽고 영내에 복속하게 하고 이름을 '동녕부(東寧府)'라고 고쳤으며 자비령(慈悲嶺)을 경계로 삼았다. 경진일 왕이 표문을 올려 서경을 회복시켜 주도록 청하면서 그 대략적인 내용을 다음과 같이 썼다. "최탄과 이연령 등은 본래 국가에 원한을 가진 것이 아니라 권신이 왕의 폐위와 옹립을 마음대로 했기 때문에 처음에는 대의를 주창하여 군사를 일으킬 듯이 하였고, 원나라 조정에까지 진달하면서 세자를 위촉하기를 바라고 있었습니다. 이제 제가 곧 권신을 제거할 군사를 청하여 나라에 돌아가게 되면 바닷섬에 있는 신민들을 옛 수도로 되돌아오게 할 것입니다. 그런데 최탄 등은 마땅히 군사를 버리고 귀순하여야 하는데도 도리어 국토를 분할하여 직책과 조공을 각기 달리하려 하니 애초에 군사를 일으킨 명분과는 차이가 나는 것입니다. 천자는 온 천하를 한 집안으로 삼기 때문에 차별 없이 은덕을 베푸시며 제후는 백성과 함께 봉토를 지키면서 천자를 정성껏 섬겨야 하는 법인데 어찌 나의 백성들이 갑자기 지향을 달리할 줄 생각이나 했겠습니까? 엎드려 바라건대 여러 성을 돌려주시어 본국에 귀속되도록 해주십시오."

1275년(충렬왕 1) 10월에 왕이 서경에 당도했는데, 당시 서경은 동녕부(東寧府)에 속해 있었다. 왕이 은(銀)과 모시로 식량과 사료를 사서 호종하는 신하들에게 지급했다. 정묘일 왕이 숙주(肅州)에서 공주를 만났다. 서경대흥부녹사(西京大興府錄事) 양수(楊壽) 등이 왕을 호종하겠다고 자청해 따라갔으나 최탄(崔坦)이 기다리고 있다가 그를 붙들어 갔다.

1278년(충렬왕 4) 4월 왕이 서경(西京)에 머물면서 성용전(聖容殿)을 참배했다. 9월 일관(日官) 문창유(文昌裕)와 오윤부(伍允孚) 등을 시켜 서경에서 내년에 피서에 적합한 지역을 고르게 했다. 찬성사(贊成事) 원부(元傅) 등을 시켜 성용전(聖容殿), 동명묘(東明廟), 평양묘, 목멱묘(木覓廟) 등에 제사를 지내게 했다.

1293년(충렬왕 19) 10월 왕이 서경에 가서 성용전(聖容殿)을 참배한 후 평양군사(平壤君祠)·동명왕묘(東明王廟)·목멱묘(木覓廟)에 각각 사람을 보내 제사를 지내게 했다.

1303년(충렬왕 29) 10월 왕이 서경에 갔다가 황제가 입조를 불허하자 그대로 돌아왔다.

1310년(충선왕 2) 10월 왕이 민보(閔甫)를 평양부윤(平壤府尹) 겸 존무사(存撫使)로 임명했는데, 민보는 위구르인(回回人)이다.

1333년(충숙왕 후2) 4월 왕이 평양부에 당도해 어용전(御容殿)을 참배하였다. 기축일 왕이 대동강(大同江)으로 가서 물놀이 잔치를 베풀어 심왕(瀋王)[24]을 위로하고 저녁 무렵에 누선(樓船)을 타고 부벽루(浮碧樓)로부터 강을 따라 내려오니 그 노랫소리가 10리 밖까지 들렸다.

1347년(충목왕 3) 2월 평양윤 윤지표(尹之彪)를 서북면존무사로 삼았다.

1349년(충정왕 1) 윤7월 유혁(劉革)을 검교첨의평리(檢校僉議評理) · 평양윤으로 삼았다.

1352년(공민왕 1) 2월 유지를 다음과 같이 선포하였다. "기자(箕子)가 이곳에 봉해져 그 교화와 예악의 은택이 지금까지 전해오니 평양부에 명하여 그 사당을 수축해 제사를 지내게 하도록 하라."

1359년(공민왕 8) 홍두적(紅頭賊)의 괴수로 평장(平章)을 자칭한 모거헌(毛居獻)[25]이 군사를 4만이라고 떠벌리며 얼어붙은 압록강(鴨綠江)을 건너와 의주(義州)와 정주(靜州), 인주(麟州)를 함락시켰다. 정해일 서경을 함락시켰다.

1360년(공민왕 9) 정월 정세운(鄭世雲)을 서북면 도순찰사(都巡察使)로 임명하였다. 계묘일 형부상서 김진(金縝)과 환관 김현(金玄)이 기병 수백 기를 인솔해 서경으로 가던 길에 적병 3백 명과 마주치자 그중 1백여 명을 죽였다. 병오일 여러 군대가 생양역(生陽驛)에 주둔했는데 총 2만 명이었다. 마침 날씨가 추워져서 군사들의 손발이 동상에 걸리거나 쓰

---

24 본문에는 '藩王'으로 되어 있으나 『고려사』에 따라 고쳤다.
25 『고려사』에는 '모거경(毛居敬)'으로 되어 있다.

러지는 자들이 매우 많았다. 적들은 아군이 장차 진군하여 공격해 올 것을 알아차리고 포로로 잡은 의주와 정주 백성들과 서경 사람들 1만 명을 죽였는데 시체가 산더미처럼 쌓였다. 아군이 서경으로 진격했는데 먼저 진입한 보병 중에 밟혀 죽은 자가 1천여 명이었고 적군의 전사자도 무려 수천 명이었다. 적이 퇴각하여 용강(龍岡)과 함종(咸從)에 주둔하였다.

1369년(공민왕 18) 8월 평양에 이궁(離宮) 및 공주의 혼전(魂殿)을 짓고 물자를 준비하느라 백성들이 매우 고생하였다.

1388년(우왕 14) 4월 우왕이 최영과 둘이서만 의논해 요동 공격을 결정지었다. 우왕이 평양에 머물면서 각 도 병사들의 징집을 독려해 압록강에 부교(浮橋)를 놓게 하고 대호군(大護軍) 배구(裴矩)에게 감독하게 하였다. 임견미(林堅味)와 염흥방(廉興邦) 등에게서 몰수한 재산을 배편으로 서경에 운반하여 군사들에게 쓸 상금으로 충당하려고 했다. 우왕이 대동강으로 가서 온갖 놀이판을 벌여놓고 하루 종일 몽고 음악을 연주하게 했다. 순군만호부(巡軍萬戶府) 지인(知印)이 왕명을 위조해 군졸 10명을 귀환시키자 참수하고 그 머리를 효수했다. 임술일 우왕이 대동강으로 가서 부벽루(浮碧樓)에서 몽고 음악을 연주하게 하면서 스스로 호적(胡笛)을 불었다. 마부 한 사람이 벌거벗은 채 강에서 말을 씻겼는데 우왕이 이를 보고 자신을 모욕한다고 여겨서 참형을 명하였다. 이후로 왕은 대동강에 가서 돌아가는 것을 잊을 정도로 즐겼다. 5월 갑술일 우왕이 영비(寧妃)와 함께 부벽루에 가서 활쏘기를 하거나 격구놀이를 하였다. 경진일 좌군과 우군이 압록강을 건너 위화도(威化島)에 주둔했는데 탈영병이 길에 이어져 끊이지 않았다. 우왕이 해당 지휘관에게 참형에 처하도록 명했으나 막을 길이 없었다. 우왕이 풍월루(風月樓)에 갔다가 환관인 대호군(大護軍) 김길상(金吉祥)과 호군(護軍) 김길봉(金吉逢)을 죽였는데 아무도 그 이유를 알지 못했다. 을미일 우왕이 성주(成州) 온천까지 가서 밤새도록 몽고 음악을 연주하게 했다. 무술일 대군이 안주(安州)로 되돌아왔다는 소식을 들은 우왕이 말을 달려 개경으로 돌아가다가 밤에 자주(慈州)의 이성(泥城)에 이르러 "출정했던 장수들이 제멋대로 회군하고 있다. 너희 모든 군사와 백성들이 충성을 다해 막도록 하라"고 명하였다. 기해일 우왕이 평양에 가서 재물과 보화를 거두어들인 뒤에 대동강을 건너 밤에 중화군(中和郡)에 도착했다.

조선

1419년(세종 1)[26] 5월 왜구가 비인현(庇仁縣)에 쳐들어오자 평도전(平道全)을 조전병마사(助戰兵馬使)로 삼아 수하에 있는 왜구 16명을 이끌고 가게 하였다. 평도전은 본래 일본인이다. 이보다 앞서 평도전이 대마도와 밀통하여 말하기를, "조선에서 당신들을 야박하게 대접하고 있으니 만약 변방의 마을을 침략한다면 동요하여 반드시 옛날처럼 대우할 것이다"라고 하였다. 이에 이르러 백령도(白翎島)에서 적을 만나 싸워서 포로를 사로잡아 포로의 머리를 바치니 윤득홍(尹得洪)이 장계를 올려, "평도전은 원래 일본사람이라 힘껏 싸우려 하지 않았습니다. 신이 먼저 적과 싸워 적이 패하고 나서야 평도전이 도왔습니다"라고 하였다. 왕이 평도전을 평양에 귀양 보내라고 명하였다.

1460년(세조 6) 10월[27] 왕이 서경에 행차하였다. 부벽루에 올라 시를 짓

---

26 본문에는 '영락십오년(永樂十五年)'이라고 되어 있으나 1419년은 영락 17년이다.

고 여러 신하들에게 화답하라고 명하였다. 평안도와 황해도의 유생들을 모아놓고 좌의정 신숙주(申叔舟), 형조판서 박원형(朴元亨), 이조참판 이극감(李克堪), 도승지 성임(成任), 예조참판 강효문(康孝文), 예문직제학 오백창(吳伯昌), 예조정랑 권륜(權倫), 이조정랑 유계반(柳季潘),[28] 예조정랑 정침(鄭忱), 승문원교리 김관(金瓘)을 시험관으로 삼아 책문(策文)의 제목을 발표하였다. 두 도(道)에서 유자한(柳自漢), 최린(崔璘)을 각각 1등으로 뽑고 성가의(成可義), 강응형(姜應亨), 박형량(朴亨良)을 2등으로, 정자급(丁子汲), 이주손(李周孫), 김근(金根), 홍석보(洪碩輔), 서윤지(徐允志), 여호(呂箎), 백훈(白勛), 김회신(金懷信), 안근후(安謹厚), 유휴복(柳休復), 안돈후(安敦厚), 이인미(李仁美), 김학기(金學起), 윤수영(尹壽榮), 이명철(李明哲), 최아(崔峨), 안근(安根)을 3등으로 뽑았다. 또 무사 1,800명을 출신(出身)[29]으로 선발하였으니 세상에서 전하기를 '경진무과(庚辰武科)'라고 한다.

---

27 『조선왕조실록』 기사에 따르면 1460년 10월 16일의 일이다.
28 본문에는 '柳李磻'으로 되어 있다.
29 출신(出身) : 무과 급제자.

제5장 『평양지』권5

「문담(文談)」

말이란 본래 부득이해서 나온 것이고, 글은 자연스럽게 문장으로 이루어지는 것이다. 조정과 민간에 일이 없으면 사대부는 시와 술로 즐거워하니 이것이 바로 임금이 내려준 바이다. 시와 우스갯소리 중에서 평양을 언급한 것은 모두 기록하였다. 그 중에는 한담(閑談)도 있지만 세교(世敎)와 관련된 것 또한 많으니, 독자는 자세히 살펴보아야 할 것이다.

부벽루 뒤에 봉우리가 있는데 '모란봉(牧丹峰)'이라고 한다. 고려 때 왕이 이 봉우리에 행차하여 "북두칠성 서너 점(北斗七星三四點)"이라고 지었다. 어떤 사람이 나와서 "장구한 남산은 십천 년(南山萬壽十千秋)"이라고 대구(對句)를 짓자 왕이 몹시 대단하게 여기고 장원으로 뽑았다. '삼사(三四)'는 칠(七)이고, '십천(十千)'은 만(萬)이니 정확한 대구(的對)이다.[1]

학사 김황원(金黃元)이 부벽루에 올라 지금까지의 제영시를 보았는데 마음에 차지 않았다. 그 편액을 불사르고 하루 종일 난간에 기대 괴롭게 읊다가 겨우 "장성 한쪽에 물이 넘실거리고, 큰 들 동쪽 끝에 산들이 점점이 있네(長城一面溶溶水, 大野東頭點點山)" 구를 얻고 시상이 말라버리자 통곡하며 떠났다.

이인로(李仁老)의 『파한집(破閑集)』에 "예전부터 가을을 슬퍼한 송옥 이야기 들었는데, 이제 해질녘에 통곡했다는 김황원을 보네(昔聞宋玉悲秋日, 今見黃元哭斜陽)"라는 구절이 있다.

옛 사람이 시를 지을 때는 한 구절이라도 출처가 없는 경우가 없었다. 정승 이혼(李混)의 부벽루 시[2]의 "영명사 안에는 중이 보이지 않고, 영명사 앞에는 강이 절로 흐르네. 빈 산 외로운 탑이 뜰에 서 있고, 인적 없는 작은 배는 나루에 비껴있네. 하늘에 날아가는 새는 어디로 가려는지. 넓은 들에 동풍은 쉴 새 없이 불어오네. 아득한 지난 일을 물을 곳 없으니, 연기 사이로 지는 해가 시름겹구나(永明寺中僧不見, 永明寺前江自流. 山空孤塔立庭際, 人斷小舟橫渡頭. 長天去鳥欲何向, 大野東風吹不休. 往事微茫問無處, 淡烟斜日使人愁)"에서 1구와 2구는 이백(李白)의 "봉황대 위에 봉황이 노닐더니, 봉황 떠나니 누대는 비고 강물만 절로 흐르네(鳳凰臺上鳳凰遊, 鳳去臺空江自流)"[3]에, 4구는 위응물(韋應物)의 "나루엔 사람 없고 배만 절로

---

1 『동인시화(東人詩話)』에 실려 있다.
2 『동문선(東文選)』에 수록된 시 제목은 〈서경영명사(西京永明寺)〉이다. 〈古 4790-2〉 본은 이 단락의 중간부분에서 정지상의 〈송인〉시 단락까지 결락되어 있다. 〈규 4885〉 본으로 보충하여 번역하였다.
3 시 제목은 〈금릉 봉황대에 올라(登金陵鳳凰臺)〉이다.

비껴있네(野渡無人舟自橫)"**4**에, 5, 6구는 진사도(陳師道)의 "지나가는 새는 어디로 가려나? 바삐 떠가는 구름도 한가로운데(度鳥欲何向, 奔雲亦自閑)"**5**에, 7, 8구는 이백의 "모든 건 뜬 구름이 해를 가려서이니, 장안이 보이지 않아 시름겹구나(摠爲浮雲能蔽日, 長安不見使人愁)"**6** 구절에 바탕을 둔 것이다. 시구는 모두 출처가 있는데 점화(點化)한 것이 묘하며, 격률이 자연스럽게 정련되어 있다.

학사 김황원의 부벽루 시는 "장성 한쪽에 물이 넘실거리고, 큰 들 동쪽 끝에 산들이 점점이 있네(長城一面溶溶水, 大野東頭點點山)"이다. 나중에 일재(一齋) 권한공(權漢功)이 이 싯구를 이어 "흰 갈매기 나는 물결 위로 부슬비가 내리고, 누런 송아지 있는 언덕 남쪽에 점점이 산이네(白鷗波上疎疎雨, 黃犢坡南點點山)"를 짓고 스스로를 "이 시를 이어줄 나중의 어떤 사람(詩後有人)"이라고 여겼다. 그렇지만 역시 김황원을 압도한다고 할 수 있을까.

사간(司諫) 정지상(鄭知常)의 대동강 시**7** "비 그친 긴 둑에 풀빛이 짙은데, 님 보내는 남포에 슬픈 노래 울리네. 대동강 물은 언제나 마르려나. 이별의 눈물이 해마다 물결에 더하는데(雨歇長堤草色多, 送君南浦動悲歌. 大同江水何時盡, 別淚年年添作波)"를 연남(燕南) 사람 양재(梁載)**8**가 베낄 때 "푸른 물결 넘치게 하네(漲綠波)"로 하였다. 익재(益齋) 이제현(李齊賢) 선생이 "'作', '漲' 두 글자 모두 원만하지 않으니 마땅히 '푸른 물결 더하네(添綠波)'로 해야 한다"라고 하였는데, 내가 보기에 이것은 요체(拗體)를 잘 사용한

---

4   시 제목은 〈저주서간(滁州西澗)〉이다.
5   시 제목은 〈쾌재정에 올라(登快哉亭)〉이다.
6   시 제목은 〈금릉 봉황대에 올라(登金陵鳳凰臺)〉이다.
7   시 제목은 〈송인(送人)〉이다.
8   본문에는 '洪載'라고 되어 있으나 『익재집』에는 '梁載'로 되어 있다. 양재는 원나라 연남 태생으로 고려에 귀화한 인물이다.

것이다. 또 두보(杜甫)의 시 〈고상시에게 올림(奉寄高常侍)〉에 "하늘가 봄빛이 더디지는 해를 재촉하고, 이별의 눈물이 멀리 비단물결에 더해지네(天涯春色催遲暮, 別淚遙添錦水波)"가 있다. "물결에 더한다(添作波)"는 말에는 대체로 나름의 풍취가 있고 유래도 있는데 원본을 볼 수 없는 것이 한스러울 뿐이다.[9]

사간(司諫) 정지상(鄭知常)의 〈서도(西都)〉 시 "번화한 거리 봄바람에 보슬비 지나간 뒤, 먼지 하나 일지 않고 버들개지만 늘어졌네. 푸른 창 붉은 문에 흐느끼는 노랫가락, 이 모두 다 이원제자의 집이라네(紫陌春風細雨過, 輕塵不動柳絲斜. 綠窓朱戶笙歌咽, 盡是梨園弟家)"는 평양의 번화함과 기상을 4구로 모두 담아냈다. 후대의 작자들은 그 경지를 엿볼 수 없을 것이다.

조신(曺伸)의 『소문쇄록(謏聞瑣錄)』에 따르면 민간에서 평양을 서경(西京)이라고 한다. 서경의 정전과 을밀대, 관풍전, 기린굴은 옛 도읍의 유적인데, 천년 이하 된 것은 그 중 하나 둘 정도이다.

진산(晉山) 문량공(文良公) 강희맹(姜希孟)이 원접사(遠接使)가 되고 매계(梅溪) 조위(曺偉)가 종사(從事)가 되어 관서지방에 갔을 때 화창한 시가 매우 많았다. 강희맹이 조위에게 장난삼아 다음과 같은 절구를 지었다. "흔들리는 낭군의 마음은 바람에 나부끼는 버들개지요, 단란한 첩의 마음은 쟁반 위의 구슬이라. 구슬은 굴러도 쟁반 위에서만 구르지만, 버들개지는 만 리를 날아 끝내 찾기 어렵네(郎心飄蕩風中絮, 妾意團圓盤上珠. 珠行只在盤中轉, 絮飛萬里終難須)." "구화봉 꺾이고 대동강 막히면, 원앙의 꿈 깨자고 신명에게 맹세했네. 때마침 어딘가에서 온 낭자가, 온갖 교태부리며 옛 사람 망쳤다네(九華峯摧大同埋, 鴛鴦夢罷誓明神. 適來何處阿娘

---

9   『동인시화』에 실려 있다. 본문은 이혼의 부벽루시 5구에서 이 단락의 '본가풍운(本家風韻)' 앞까지 공백으로 결락되어 있는 상태이다. 〈규 4885〉 본에 따라 보충하였다.

子, 百媚千嬌誤舊人)." "붓 들고 비단 속옷에 천만 자 써주었는데, 한 글자 한 획마다 한결같은 마음이었네. 먹 흔적 바래기도 전에 낭군의 마음 변하니, 이제야 진시황이 책 태운 게 잘한 일임을 믿겠구나(點筆羅襦千萬字, 一字一畫一心鋒. 墨跡未漫郎心改, 始信秦皇烈焰功)."[10]

문량공 강희맹이 평양에 갔는데 예전에 잠자리를 모셨던 기생이 이미 늙어 있었다. 공이 가엾게 여겨서 다음의 시를 지었다. "십 년 만에 다시 관서에 왔더니, 기생 머리 희어졌고 나그네도 늙었네(十年重到關西地, 妓已皤皤客又翁)." 그 기생을 데리고 용만(龍灣)에 갔다가 돌려보내면서 다음의 시를 지었다. "패강에서 또 다시 늙은 기생 만났는데, 언젠가 좋은 날에 나와 노닐고자 했지. '용만(龍灣)은 예전에 갔던 곳인데, 유람할 때 수레로 가고 싶어요.' 한가롭게 쇠피리 불며 새 기교를 뽐내지만, 예쁜 머리 사라지고 성긴 머리 부끄럽네. 어느덧 도중에 운우의 정 흩어지고, 혼자서 객관에 드니 더욱 더 외롭네(浿江重見老倡兒, 隨我他年有好期. 自說龍灣曾訪處, 欲從車馬勝遊時. 閒吟鐵笛誇新巧, 略掃花髮愧漸稀. 不覺半途雲雨散, 獨來孤館轉孤危)."[11] 또 그 부채에 써준 시는 다음과 같다. "내 머리 검고 네 치마 붉었을 때, 취하여 거문고 들고 통군정에 올랐었지. 또다시 용만 땅에 온 게 꿈만 같으니, 노랫소리로 온 강 구름을 흐트린들 어떠리(吾猶墨鬢汝紅裙, 醉把長琴上統軍. 重到龍灣眞似夢, 不妨吹破滿江雲).", "십이 년 전 헤어질 때 주었는데 다시 와서 만나니 꿈이냐, 생시냐. 거울 속 예쁜 얼굴 달라진 줄 모르고, 여전히 정든 마음으로 옛 시절 얘기했네(十二年前贈別離, 重來相見夢耶非. 鏡中不識容華變, 猶把情悰說舊時)." 그 후 기생이 더욱 더 늙게 되자 기적(妓籍)에서 빠졌다. 그러나 매번 사신들이 평양에 올 때마

---

10 『사숙재집(私淑齋集)』권12 「부록」에 실려 있다.
11 『사숙재집』권12 「부록」에 실려 있다. 문집에는 '倡'이 '娼'으로 되어 있다.

다 기생은 언제나 강희맹이 부채에 써준 시를 바쳤고 대부분 시를 감상한 뒤에 후하게 상을 내렸다.[12]

사문(斯文) 한권(韓卷)이 사행(使行)을 가면서 평양에 도착했는데, 승소만(勝小蠻)이라는 기생이 미색과 기예를 모두 빼어나게 갖추고 있었다. 한권이 자못 마음에 들어 하자 관리가 승소만에게 잠자리 시중을 명했다. 그러나 승소만에게는 다른 친한 손님이 있었고 또 한권의 늙고 추한 모습에 화가 나서 등불을 등지고 앉아있다가 잠시 뒤에 달아났다. 그러자 한권이 다음의 시를 지었다. "평양의 어여쁜 승소만, 나이 겨우 열여섯에 옥 같은 얼굴. 비록 원앙의 꿈 이루지 못했지만, 그래도 꿈에 무산의 선녀를 본 것보단 낫네(平壤佳兒勝小蠻, 年纔二八玉容顔. 縱然未遂鴛鴦夢, 却勝高唐夢裏看)."

1450(세종 32) 세종이 평양에 행차했을 때 조효문(曹孝門)이 서거정에게 노래가사(樂詞)를 지어달라고 청했다. 서거정은 그냥 평장(平章) 이지저(李之氐)의 "대동강 물은 유리처럼 푸르고, 장락궁 꽃은 비단처럼 붉구나. 수레타고 유람함은 행락을 위해서가 아니라, 태평시대 산수를 백성과 함께 하려 함이네(大同江水瑠璃碧, 長樂宮花錦繡紅. 玉輦一遊非好事, 太平風月與民同)"[13]를 써주었다. 조효문이 기뻐하며 "평장공이 내 마음을 천백 년 전에 먼저 알았군요"라고 하였다.

중국 사신 장근(張瑾)이 〈기자묘(箕子廟)〉 시를 지어 "당시의 충신들 상왕의 마음 거슬려, 참던 이들은 노예 되고 사직은 망했네. 늙은 나이에 주 무왕을 만나 봉해졌으니 황천에서 탕왕을 뵐 면목이 없겠네(當時忠義忤商王, 隱忍爲奴社稷亡. 白首有封逢聖武, 黃泉無面見成湯)"라 하자 추강(秋江) 남

---

12 『사숙재집』 권12 「부록」에 실려 있다.
13 『동문선』 권19에 실려 있다. 시 제목은 〈서도 구호(西都口號)〉이다.

효온(南孝溫)이 이를 이 시를 비난하며 다음의 시를 지었다. "무왕이 수(受)를 미워하지 않았는데,[14] 성탕(成湯)이 어찌 주나라에게 노했으랴. 두 나라의 천명 바뀔 때, 성인은 원망도 탓함도 없으셨네. 교활한 아이 교만하고 음란하여 나의 좋은 계책 듣지 않았지. 나라는 망해도 도는 망하지 않아, 주나라 위해 홍범구주 진언했네. 낙서의 도가 전해져서, 떳떳한 인륜이 천하를 밝혔네. 이제야 알겠노라, 도는 공공의 기물이라, 전수함에 친함도 원수도 없음을. 장근이라는 소인배가, 이유도 없이 의심하는 마음을 품었네. 무왕의 스승이 된 것을 두고, 황천에서 부끄러우리라 하네. 개미가 큰 나무를 뒤흔들고, 매미가 봄가을을 모르는 것처럼. 옛 도읍에는 보리 이삭 패었지만, 패강의 물결은 유유히 흐르네. 밭에는 정전 구획 남아있고, 들판에는 삼과 뽕나무 무성하구나. 백성들도 많고 인심도 순박하여, 지금껏 예악의 고장이 되었네. 관서지방 유람하다 사당을 배알하니, 신령이 엄연히 머무르는 듯(武王不憎受, 成湯豈怒周. 二家革命間, 聖人無怨尤. 狡童逞驕淫, 不我聽嘉猷, 家亡道不亡, 爲周陳九疇. 洛書道有傳, 彝倫明九州. 乃知道公器, 傳授無親讎. 小人張瑾者, 平地生疑謀. 以師武王事, 指爲黃泉羞. 蚍蜉撼大樹, 螳蛄眜春秋. 古都麥漸漸, 浿江流悠悠. 田間遺井畫, 大野桑麻稠. 人厖物情孚, 至今禮樂區. 西遊謁祠宇, 神靈儼若留)." 사람의 소견이란 이리도 차이가 나는 법이다. 남효온의 시 같은 경우는 기자의 마음을 남김없이 다말한 것이다.[15]

추강 남효온이 다음과 같이 말하였다. "내가 예전에 관서지방을 유람할 때 근 백여 편의 시를 지었다. 이종준(李宗準)이 〈기자전(箕子殿)〉

---

14 『서경』「홍범」편에 "무왕(武王)이 은(殷)나라를 이기고 수(受)를 죽여 무경(武庚)을 세우니, 기자(箕子)가 돌아가 홍범(洪範)을 만들었다"가 있다. 수(受)는 은의 주왕(紂王)의 이름이다.
15 『추강집(秋江集)』에 실려 있다.

시의 초반부 두 연(聯) '무왕이 수(受)를 미워하지 않았는데, 성탕이 어찌 주나라에게 노했으랴. 두 나라의 천명 바뀔 때, 성인은 원망도 탓함도 없으셨네(武王不憎受, 成湯豈怒周. 二家革命間, 聖人無怨尤)'만을 뽑고, '이 시는 옛 작품을 능가하지만, 나머지는 뽑을만한 것이 없다.'고 하자 친구들은 그의 말이 너무 심하다고 생각했다. 내가 보기에 이제현의 시의 경우 졸옹(拙翁) 최해(崔瀣)는 전체 원고를 지워 버리고, 다만 '아마 화내겠지. 자던 손님 일찍 문을 열고, 뜰 앞 눈 덮인 소나무 보려 한다고(應嗔宿客開門早, 要看庭前雪壓松)'[16] 구만 남겨 놓았다. 이제현의 시재는 원나라에서도 활보할 수 있을 정도였고, 시집에 실린 시도 천만 편에 그치지 않았다. 내가 시를 배운 수준이 일천하고 관서지방을 읊은 시가 너무 적은데다 또 이종준의 시의 안목이 최해보다 낫다보니 내 시 네 구를 뽑아준 것만 해도 과분하다. 돌아와서 생각해보니 이종준의 비평이 매우 타당했다."[17]

중국사신 태사(太史) 공용경(龔用卿)과 황문(黃門) 오희맹(吳希孟)은 모두 풍류문사였다. 우리나라의 수려한 산천을 보고 자신도 모르게 흥이 일어 수레에서 내려 읊고 완상하기까지 했으며 강과 고개, 못과 정자를 지날 때마다 이름을 짓거나 옛 이름을 고쳐 새 이름을 현판에 써서 걸었다. 평양의 정자선(亭子船)을 '승벽정(乘碧亭)'이라고 짓고, '망월정(望月亭)'을 '선월정(先月亭)'으로 고쳤다.[18]

목은(牧隱) 이색(李穡)이 부벽루에 대해 "어제 영명사를 지났다가, 잠시 부벽루에 올랐네. 빈 성엔 달 한 조각, 오래된 바위엔 천고의 구름. 기린

---

16 『익재난고(益齋亂稿)』에는 '庭'이 '庵'으로 되어 있다. 시 제목은 〈산 속 눈 내린 밤(山中雪夜)〉이다.
17 『추강냉화(秋江冷話)』에 실려 있다.
18 『패관잡기(稗官雜記)』에 실려 있다.

마는 가서 돌아오지 않는데, 천손은 어디에서 노니는가? 길게 휘파람 불면서 돌계단에 기대니, 산은 푸르고 강은 절로 흐르네(昨過永明寺, 暫登浮碧樓. 城空月一片, 石老雲千秋. 麟馬去不返, 天孫何處遊. 長嘯倚風磴, 山靑江自流)"라는 시를 지었다. 경태(景泰) 초[19]에 시강(侍講) 예겸(倪謙)이 부벽루에 올라 이 시를 읽고 탄식하면서 "이 사람과 같은 시대에 살지 못한 것이 안타깝다"고 하였다. 그 뒤에 중국 사신이 오면 관찰사가 으레 우리나라 사람들의 작품을 떼어 내렸기 때문에 이 시 또한 남아 있지 않게 되었다. 가정(嘉靖) 연간에[20] 운강(雲岡) 공용경(龔用卿)이 기자묘를 참배했을 때 춘정(春亭) 변계량(卞季良)이 지은 비명(碑銘)[21]을 읽고 여러 번 찬탄하였으니 이색의 시가 어찌 변계량의 비명보다 못했겠는가. 공용경의 일행들에게 이 시를 보여주지 못한 것이 한스럽다. 비명 또한 시의 편액처럼 쉽게 떼어버릴 수 있는 것이 아니어서 운강이 볼 수 있었던 것일 뿐이다. 내가 보기에는 문장을 논할 때에는 잘 짓고 못 짓고를 논해야 할 뿐이지 굳이 중국에 얽매일 필요는 없다. 대동강에 대해서도 삼봉(三峯) 정도전(鄭道傳)의 〈강지수사(江之水辭)〉와 정지상의 "비 그친 긴 둑에 풀빛이 짙네(雨歇長堤草色多)" 시가 있으니, 만약 예겸과 공용경이 보았더라면 틀림없이 이색, 변계량의 작품과 함께 이들을 찬미하지 않았을 리 없다.[22]

지금까지는 중국 사신이 오면 지나는 길의 관찰사가 반드시 해당 지역의 경계선에 있는 관사(官司)에서 황제의 조서를 든 사신들을 맞이하고 그 지역의 경계가 끝나는 곳에 이르러 작별하였는데, 평안도 관찰사만은 안주(安州)에서 사신들을 맞이한 뒤 예(禮)가 끝나면 곧장 평양으로

---

19 예겸은 1450년(세종 32, 경태 1)에 조선에 왔다.
20 공용경은 1537(중종 32, 가정 16)년에 조선에 왔다.
21 『춘정집(春亭集)』 권12에 실린 「기자묘비명(箕子廟碑銘)」을 가리킨다.
22 『패관잡기』에 실려 있다.

돌아갔다. 이는 관찰사가 평양에서 부윤(府尹)을 겸하고 있어서 하급 관원들과 함께 사신을 맞으려고 했기 때문이었다. 그러나 이미 한 도(道)를 대표하는 인물인 만큼 혼자 그 의례를 달리하는 것은 실로 사리에 맞지 않다. 공용강이 편찬한 『사조선록(使朝鮮錄)』에서 지나가는 길에 여러 관원들이 맞이하고 전송하는 예를 기록하면서 "평안도 관찰사는 의순관(義順館)에서 기다렸다가 영접하고, 대동관(大同館)에 이르러 작별한다"고 하였는데, 공용경이 그때 잘못 기록하였거나, 마음속으로 그 일을 잘못되었다고 여겨서 정식 의례를 쓰고자 했던 것 같다. 그 뒤에 사신 왕학(王鶴)이 올 때 언관(言官)의 말에 따라 평안도 관찰사에게 명하여 앞으로는 『사조선록』의 예에 따라 의주에서 영접하게 하였으니 지나는 길에서 맞이하고 전송하는 예가 그때부터 하나로 통일되었다.[23]

1512년(중종 7)[24] 이상(貳相)[25] 이계맹(李繼孟)이 평안 감사가 되었다. 가뭄으로 흉년이 들자 헐뜯는 자가 말하기를, "이공이 덕암(德岩) 위에다가 따로 큰 누각을 지었는데, 규모가 크고 부역이 심하여 백성들이 매우 원망하고 괴로워한다"는 것이었다. 사재(思齋) 김정국(金正國)이 헌납이 되어 사간원의 동료들과 의논하여 "평양은 유람할 곳이 우리나라에서 가장 많으므로 따로 누각을 만들 필요가 없습니다. 또 흉년이 들어서 백성들이 곤궁한 상황에서 더 더욱 급한 일도 아니오니 추문하옵소서"라고 탄핵하니 곧 윤허가 내렸고 체임하도록 명하였다. 나중에 다시 들으니 그저 일 없는 관원들을 부렸고 규모도 두어 칸 정자를 지어

---

23 『패관잡기』에 실려 있다.
24 원문에는 '가정계유(嘉靖癸酉)'라고 되어 있으나 '가정' 연간에는 계유년이 없다. 『청선고』에 따라 1512년(중종 7, 정덕 7)으로 바로잡았으며, 간지는 '임신년(壬申年)'이다.
25 삼정승(三政丞) 다음 가는 벼슬이란 뜻으로, 좌우 찬성(左右贊成). 이계맹은 나중에 좌찬성을 역임했다.

열흘이 못 되어서 마쳤다고 하니, 그 잘못된 소문이 이와 같았다. 이공은 마음이 넓어서 후진들에게도 정성껏 대하였고, 비록 누가 헐뜯고 논박한다고 해도 조금도 개의치 않고 오히려 용기있게 말하는 선비라고 칭찬하였다. 얼마 되지 않아 공이 참찬(參贊)이 되었을 때 사재 김정국이 검상(檢詳)으로 공의 집에 갔다. 공이 술상을 내어 쾌활하게 말하기를, "듣자하니 나를 논죄하라고 주장한 자가 자네라더군. 이것은 소문이 잘못된 것이니 어찌 그 일을 마음에 두겠는가? 나는 예전부터 자네 형제의 지절(志節)을 가상하게 여겼으니 더욱 힘쓰고 게을리 하지 말게"라고 하며 오히려 선배들이 있는 데에서 칭찬하였다. 한번 논박되면 원망과 분한 마음을 가지고 그때마다 해를 입히겠다고 생각하는 사람들과는 기상이 같지 않았다.[26]

허국(許國)과 위시량(魏時亮)이 왔을 때 조정에서는 원접사[27]에게 조용히 종계변무(宗系辨誣)[28] 일을 고하도록 하였다. 그래서 원접사는 『목은집(牧隱集)』에 실려 있는 환조대왕(桓祖大王)과 이인복(李仁復)의 묘비[29]를

---

26 『해동야언(海東野言)』, 『기묘록보유(己卯錄補遺)』에 실려 있다.
27 허국과 위시량은 1567년에 조선에 왔고 그때 원접사는 박충원(朴忠元)이었다.
28 1394년(태조 3)부터 선조 때까지 명나라에 태조 이성계의 세계(世系)가 잘못 기록되었으니 시정해 달라고 주청했던 사건. 1390년(공양왕 2) 이성계의 정적이었던 윤이(尹彝)와 이초(李初)가 명나라로 도망가서 이성계를 제거할 목적으로 공양왕이 고려왕실의 후계가 아니라 이성계의 인척으로 이성계와 공모하여 명나라를 공격하려 한다고 모함하고 이성계는 이인임(李仁任)의 후손이라고 말했는데 명나라에서는 이 내용을 『태조실록』과 『대명회전(大明會典)』에 기록했다. 이 개정 요구는 1584년에 황정욱(黃廷彧)이 중찬된 『대명회전』의 수정된 등본을 가지고 돌아오는 것으로 일단락되었다.
29 『목은문고(牧隱文藁)』 권15에 수록된 「高麗國贈純誠勁節輔祚同德輔祚翊贊功臣, 壁上三韓三重大匡, 門下侍中判典理司事完山府院君, 朔方道萬戶兼兵馬使, 榮祿大夫判將作監事李公神道碑銘」과 「有元奉議大夫征東行中書省左右司郎中, 高麗國端誠佐理功臣, 三重大匡, 興安府院君, 藝文館大提學, 知春秋館事, 諡文忠公樵隱先生李公墓誌銘」을 가리킨다.

보여주면서 "이 글을 보면 태조와 이인임(李仁任)이 같은 이씨 집안이 아니라는 사실이 자명합니다. 이인복이 이인임의 형이기 때문입니다"라고 하였다. 허국이 이 글을 읽고 나서 "문장이 매우 좋은데 이 사람의 시편(詩篇)을 보고 싶습니다"라고 하자 홍순언(洪純彦)이 "시집을 갖고 오지 않았습니다만, 부벽루에 제영시를 지은 것이 있습니다"라고 대답하였다. 허국이 "당신이 한번 써보시오"라고 하여 홍순언이 마침내 "어제 영명사를 지났다가, 잠시 부벽루에 올랐네(昨過永明寺, 暫登浮碧樓)" 등을 써서 올렸다. 허국이 오랫동안 되뇌다가 "당신 나라에 어찌 이러한 시가 있단 말인가?"라고 하였는데, 그 말은 우리나라를 무시하는 것 같지만 마음속으로 목은의 시에 대해 탄복했다는 뜻이었다.

해악(海嶽) 허국(許國)이 돌아가는 길에 평양에 도착하여 "기자(箕子)가 주 무왕(周武王)에게 언제 봉해져서 여기로 왔는가?"라고 물었다. 원접사가 갑작스러운 질문에 당황하여 대답을 하지 못했다. 종사관 응교(應敎) 기대승(奇大升)이 옛 일을 상고하는 일에 능했으므로 자신만만하게 『사기(史記)』와 양한서(兩漢書), 『여지승람(輿地勝覽)』, 『동국통감(東國通鑑)』 등의 책을 참고했지만 해가 저물도록 봉해진 연도를 알 수 없었다. 나중에 『필원잡기(筆苑雜記)』에 "기자가 조선에 봉해진 것은 주 무왕 기묘년(己卯年)이다"라고 한 기록을 보게 되었지만 이른바 기묘년이 주 무왕의 몇 년을 가리키는 지 알 수 없었다. 이제 『통감(通鑑)』 「외기(外紀)」의 「주기(周紀)」에 "서백(西伯)이 붕어하고 그 아들 발(發)이 즉위하였으니 그가 무왕이다. 원년(元年) 기묘년에 기자를 조선에 봉하였으나 신하로 삼은 것이 아니었다"라는 기록을 보고 비로소 사가(四佳) 서거정(徐居正)이 이 책에 근거하여 『필원잡기』를 썼다는 것을 알게 되었다. 다만 해악 허국이 당시의 대유(大儒)이므로 『통감』 「외기」를 보지 않았을 리가 없다. 이는 틀림없이 그 날짜를 잊어버린 데다 기자의 옛 행적이 틀림없이 우리나라의 책에 실려 있으리라고 생각했기 때문에 물었던 것일 뿐이다. 비록 사소한 일이더라도 우리나라에서는 알지 않으면 안 되기에 기록하여 후대 사람들이 보도록 갖추어놓고자 한다.

평양성 서쪽에 골짜기가 있는데 '선연동(嬋妍洞)'이라고 한다. 다닥다닥 늘어선 무덤은 모두 기생들이 묻힌 곳이고, 이 때문에 이런 이름이 붙게 되었다. 청천(聽天) 심수경(沈守慶)이 사랑했던 기생도 여기에 묻혀 있다. 공이 절구 한 수를 지었는데, 그 3, 4구가 "사내가 한번 죽는 것은 면할 수 없으나, 선연동 속의 넋이라도 되리라(丈夫一死終難免, 當作嬋妍洞裏魂)"이었다. 공이 그 뒤에 충청도 관찰사가 되었을 때 권응인(權應仁)이 "인생에서 뜻 맞는 이는 남북이 따로 없겠으나, 선연동 속의 넋은 되지 마시오(人生適意無南北, 莫作嬋妍洞裏魂)"라는 교방가요(敎坊歌謠)를 지었다.[30]

중국사신이 오자 평양관역(平壤館驛)에 있는 우리나라 사람들의 시판(詩板)을 모두 철거하고 다만 대동강 선정(船亭)에 정지상의 "비 그친 긴 둑에 풀빛이 짙네(雨歇長堤草色多)" 시만을 남겨두었다. 호음(湖陰) 정사룡(鄭士龍)이 목은 이색의 부벽루 시 "어제 영명사를 지났다가, 잠시 부벽루에 올랐네(昨過永明寺, 暫登浮碧樓)"[31]는 묘하고 뛰어나서 사람들을 감동시킨다고 하였고, 중국 사신 예겸이 발을 구르며 "이 시가 정지상의 시보다 못하단 말인가?"라고 칭찬하면서 역시 남겨두고 떼어내지 않았다.

---

30 『송계만록(松溪漫錄)』에 실려 있다. 심수경이 지은 잡록인 『견한잡록(遣閑雜錄)』에 따르면 1559년(명종 14) 봄에 심수경이 충청도 관찰사로 부임했을 때 참판 권응창(權應昌)이 홍주목사(洪州牧使)로 있어서 그의 서제(庶弟) 권응인이 따라가 있었다는 것이다. 심수경은 그때 홍주 기생 옥루선(玉樓仙)을 좋아하고 있었으므로 권응인의 시가 징험이 되었다고 여겼다.

31 본문에는 "今登浮碧樓"로 되어 있으나 문집에 의거하여 고쳤다.

정지상은 외성교구(外城橋口) 사람이다. 노인들이 전하기를, "천둥과 번개가 치던 저녁에 그의 어머니가 교구(橋口) 못의 용에게 시집가서 임신하여 낳았다. 태어날 때부터 글을 알았고 3세 때에 강 위의 흰 갈매기를 보고 즉석에서 절구 한 수를 읊었는데, '깍깍 우는 백구 새, 고개를 말아 올려 하늘 향해 노래하네. 흰 털은 푸른 물 위에 떠 있고, 붉은 발로는 맑은 강물을 밟고 있네(喧喧白鷗鳥, 頭曲仰天歌. 白毛浮綠水, 紅掌踏淸波)'라고 한다." 신기하고 남다름이 이와 같았으니, 용의 자손이라는 말도 빈 말이 아니다.

재상 이준경(李浚慶)이 감사가 되었을 때 빈객들과 함께 춘양대(春陽臺)에 올라 강산에 대해 시를 짓고 "반드시 성인(聖人)이라야 이곳에 도읍을 세울 수 있다. 만약 성인보다 한 등급 낮다면 이 승경을 보고 틀림없이 탐닉하여 주색잡기에 빠질 것이고 반드시 망해 없어질 것이다"라고 하였다.

승벽정(乘碧亭).[32] 사간(司諫) 정지상의 시에 "님 보내는 남포에 슬픈 노래 울리네(送君南浦動悲歌)" 구절이 있다. 어떤 사람은 "여기는 동호(東湖)인데 '남포(南浦)'라고 쓴 것은 왜인가?"라고 하였는데, 이것을 흠으로 여기는 것은 정말 우스운 일이다. 옛날의 호사가가 누선을 타고 물결을 따라 내려와 영귀루(永歸樓) 앞에 정박하고는 술에 취한 채 영귀루에 올라가 이른바 사간 정지상을 시를 보고 감탄을 이기지 못하여, 그 누선의 편액을 떼어서 가지고 갔다. 그 뒤에 다시 따로 편액을 새겨 영귀루 누선에 걸었는데 지금까지도 걸려있다. 그 당시 어떤 사람이 장난삼아 시한 구절을 지었는데, "배 타고 저물녘에 물결 따라 내려와서, 정지상의

---

32 『평양지』 권5 「문담」에 언급된 내용이다. 중국 사신 공용경과 오희맹이 우리나라에 와서 지난 곳마다 이름을 짓거나 예전 칭호를 바꾸었는데 그 중 평양의 정자선(亭子船)에 '승벽정(承碧亭)'이라는 이름을 붙였다고 한다.

남포시를 훔쳐 갔다네(畵船斜日乘流下, 偸得南湖鄭子詩)"라고 한다.

유강(兪絳)이 감사가 되었을 때 빈객들과 함께 풍월루(風月樓)에서 잔치를 벌였다. 이때가 12월이었는데, 마침 산을 유람하던 어떤 서생이 있었는데 옷차림이 남루하고 구월산(九月山)에서 온 사람이었는데, 절구 한 수를 지어 좌중에 올렸다. 감사는 기상이 있다고 생각하고 또 그 행색을 가엾게 여겨 불러들인 뒤 정해진 시간 내에 지으라고 운자(韻字)를 불렀는데 말구(末句)의 운자로 부른 것이 '개(開)'자였다. 이때 유명한 기생 옥정연(玉井蓮)이 앞에 있었는데 얼굴이 너무나 예뻤고 노래 또한 잘 불렀다. 서생이 기생의 이름을 물어본 뒤 곧바로 진한 묵으로 기생의 왼쪽 뺨에 점을 찍고 말구(末句)를 완성시켰는데 "사군의 정치가 봄기운과 같아서, 옥정연이라는 꽃이 섣달에도 피었구나(使君政化同春氣, 玉井蓮花臘月開)"였다. 좌중에서 칭찬이 끊이지 않았으나 다만 "이는 분명히 '옥정연화(玉井蓮花)'일텐데 어찌하여 '왕(王)'자를 썼는가? 잘못 쓴 것이 아닌가?"라고 하였다. 서생이 대답하기를, "옥(玉)의 점 하나가 이미 옥정연의 얼굴에 있으니까요"라고 하였다. 감사가 깜짝 놀라 "자네는 시만 잘하는 것이 아니라 호걸지사이기도 하다"라고 하고는 하루 종일 자리에서 함께 즐거워하며 빈관(賓館)으로 그 기생을 보냈다.

해악 허국이 부벽루의 승경이 소주(蘇州)·항주(杭州)와 엇비슷하다고 찬탄하였다. 소주와 항주는 번화하고 아름답기가 천하에 비할 바 없는 곳이지만, 모두 사람의 힘으로 만들어진 것이다. 그러나 부벽루와 청류벽(淸流壁), 섬과 봉우리는 모두 하늘이 만들어 낸 것이니 부벽루가 소주와 항주보다 낫다고 하면서 떠났다.

해악 허국이 기린굴(麒麟窟)을 구경하다가 비를 만나서 영명사(永明寺)로 들어갔다. 불상을 보고 손을 모아 절을 하자 역관이 불편해하는 기색을 보였다. 허국이 "사람에겐 손님과 주인의 예가 있다. 내가 부처라서 절을 한 것이 아니라 부처가 절의 주인이라 그 주인에게 절을 한 것이다"라고 답하였다고 한다.

생원(生員) 한극창(韓克昌)이 시를 잘 짓는 것으로 이름이 났다. 감사가 그의 사람됨을 아껴 그를 불러 대화를 하였다. 그때 마침 과객 두 사람이 있었는데 성(成)씨 성을 가진 사람은 얼굴이 심하게 얽었고, 원(元)씨 성을 가진 사람은 코에 탈이 나서 앉아있던 기생들이 모두 다 비웃었다. 감사도 계속 놀리다가 한극창에게 시를 지으라고 명하였다. 한극창의 시는 "청화관에서 찬 봄기운 완상하는데, 두 객의 모습이 모두 단정치 않네. 성씨의 얽은 얼굴은 촘촘한 그물 같고, 원군의 빨간 코는 붉은 여뀌 같네. 길가 아이들 다투어 깔깔 웃고, 장막 아래 미인들도 함께 즐기려 들지 않네. 수치를 참는 것도 사나이의 일, 오늘 들른 평안도 일은 괘념치 마시게(淸華館裏賞春寒, 二客形容摠不端. 成子縛顔魚網密, 元君朱鼻荔支丹. 路傍兒輩爭騰笑, 帳下佳人愧合歡. 忍恥包羞男子事, 莫嫌今日過平安)"였다. 시를 올리자 온 좌중이 크게 웃었다. 한극창은 대성산(大城山) 아래에 집을 짓고 다음의 시를 지었다. "만년에 구룡산(龍山) 아래에 집을 짓고, 무심하게 흰 구름 거느리네. 멀리 들리는 소리는 바위로 떨어지는 개울물 소리, 차가운 풍경은 눈 내린 마을 모습. 골짜기 달은 한가롭게 문을 엿보고, 숲의 바람은 절로 문을 움직이네. 사람들은 돌아가고 개 한 마리가 짖는데, 울타리 너머로 관솔불이 피어오르는 저녁(晩築龍山下, 無心管白雲. 遠聲灘下石, 寒色雪中村. 洞月閑窺戶, 林風自動門. 人歸一犬吠, 松火隔籬昏)." 속세를 벗어나 표일(飄逸)한 풍격이 이와 같았다.

민간에서 전하기를, 김부식이 서경의 반란군을 평정한 뒤 누선에서 잔치를 열었다. 술기운이 오르자 시를 지었는데, "버들은 일천 가지로 푸르고, 복사꽃은 일만 송이로 붉구나(楊柳千絲綠, 桃花萬點紅)"였다. 돌연 하늘에서 정지상의 성난 목소리가 들리더니 "네가 버들가지와 복사꽃 송이를 세어 정확히 몇 개인지 알 수 있느냐? 어찌 '버들은 가지마다 푸르고, 복사꽃은 점점이 붉구나(楊柳絲絲絲綠, 桃花點點紅)'라고 하지 않느냐?" 고 꾸짖었다.

판관 김연광(金鍊光)은 몸소 여러 업무를 처리하였는데 힘든 일이 있어도 피하지 않았고 백성들에게 필요한 물품을 걷을 때도 절제가 있었으며 관에서 쓸 때도 낭비하지 않았다. 특히 생선과 술의 경우 조금도 더 걷거나 속이는 폐단이 없도록 힘썼다. 관원들과 백성들이 김연광을 그리워하여 선정비(善政碑)를 세우고, 고을 사람 정자(正字) 홍승범(洪承範)이 글을 지어 비석의 뒷면에 새겼는데 그 끝부분에 "어부들이 '물고기가 통발에 걸렸으니, 자라와 모래무지라네(魚麗于罶鱨鯊酒)'라고 노래하면 관원들은 '군자에게 술이 있는데, 맛있고도 풍성하네(君子有酒旨且多)'라고 화답하였다. 옆의 노인들도 이를 보고 '즐거워라. 우리 군자는, 백성들의 부모라네(樂只君子, 民之父母)'[33]라고 노래하였다"고 하였다. 식견이 있는 자들은 이 사람의 글에 이 태수의 실정이 잘 서술되어 있다고 여겼다고 한다.

빈객 중에 수령과 평소 친분이 있는 자가 있었다. 서울로 돌아갈 때 강가에서 술자리를 열었는데 술은 물처럼 밍숭맹숭하고 기생을 부르지도 않았다. 객이 장난삼아 웃으며 "수령께는 술을 탄 물이 있건만 저에게는 물결 더한 눈물이 없군요. 대동강물은 오래지 않아 마르겠습니다"라고 하자 수령이 크게 웃었다. 이 말은 사간 정지상의 "이별의 눈물 해마다 물결에 더하네(別淚年年添作波)" 시구에 바탕을 둔 것이었다.

---

33 『시경』 「소아(小雅)」 〈남산유대(南山有臺)〉에 나오는 구절이다.

「신이(神異)」

초(楚)나라 신하가 신이(神異)에 대해 말하였으니[34] 제해(齊諧),[35] 지괴
(志怪), 수이(殊異) 류일 것이다. 공자는 이에 대해 말하지 않았지만[36] 옛날
부터 전하는 기록 역시 있는 것을 없다고 속일 수는 없다. 옛 도읍의 산천
에 또한 어찌 영험한 사적이 없겠는가? 야사(野史)에서 전하는 바를 감히
없앨 수는 없다.

1546년(명종 1) 4월 22일에 우박이 크게 내려 토산(兔山)의 소나무가 모두
꺾여버렸다. 그러나 기자묘를 둘러싼 소나무는 조금도 다치지 않아서 사
람들이 모두 기이하게 여기면서 신명(神明)이 수호한 것이라고 하였다.

연광정이 기울어지자 마을 사람들이 수리를 하려고 하였다. 하루는
덕암(德巖) 아래로 서까래 하나가 무너져 들어갔는데 물위로 떠오르지
않았다. 이를 보고 사람들이 신룡(神龍)이 가져간 것이라고 여겼다.

1586년(선조 19)에 성에 둥지를 튼 까치가 새끼를 등에 업고 성 밖으로
둥지를 옮겼는데, 아무도 그 이유를 알지 못했다. 이튿날 성에 화재가
나서 불길이 백여 호의 집까지 옮겨 붙었고 길가의 나무들도 화를 면하

---

34 초(楚)의 굴원(屈原)이 지은 『초사(楚辭)』를 가리키는 것으로 보인다. 특히 「천문(天
問)」에는 신화와 전설이 망라되어 있으며 송(宋)나라 주희(朱熹)는 「천문」을 바탕으
로 해서 중국의 대표적인 신화집인 『산해경(山海經)』이 지어진 것이라는 의견을 피
력하기도 했다.

35 제해(齊諧) : 인명인지 서명인지 불분명하다. 『장자』 「소요유(逍遙遊)」에 "제해는
기괴한 것을 기록한 것이다(齊諧者, 志怪者也)" 구절이 나온다.

36 『논어』 「술이(述而)」에 나오는 구절이다. "공자께서는 괴력난신에 대해 말하지 않
으셨다(子不語怪力亂神)."

지 못했다.

부(府)의 모든 곳에 흉년이 들어서 황충(蝗蟲)이 없는 곳이 없었다. 그러나 서촌 용악산(龍岳山) 서쪽 기슭 용악동(龍岳洞) 한 마을만은 예부터 황충이 들어오지 못했다.

선암(扇巖)은 함구문(含毬門) 안에 있다. 민간에서 전하기를 바위를 두드리면 바람이 나온다고 해서 이러한 이름이 붙었다. 근래에 본부에서 관사(官舍)를 수리하려고 사람을 시켜서 바위를 뚫어 깨뜨리게 했는데 바람이 갑자기 불어 먼지를 일으키자 두려워하면서 중지하였다. 지금도 바위를 뚫은 흔적이 여전히 남아있다.

「잡지(雜志)」

대개 읍지에는 각각 나름의 분류가 있지만 그래도 피차간에 합치기 어렵거나 어느 한 곳에 귀속시킬 수 없는 경우가 있다. 그래서 흩어져서 전하지 못하게 될까봐 이 '잡지' 항목을 뒤에 덧붙였다. 허무맹랑하고 골계적인 내용이라 내 책임을 탓한다면 모면하기 어렵다는 것을 잘 알고 있다.

대성산(大城山)에는 예전에 99개의 못이 있었으나 지금은 모두 막혀버리고 3개의 못만 물이 마르지 않았다. 한 연못에는 물고기가 있는데 모두 흰색이어서 사람들은 백룡(白龍)이 그 속에 숨어있어서 그렇다고 여겼다 한다.

대동문(大同門) 밖의 강물 아래에 석성(石城) 몇 층이 있는데, 민간에서 전하기를 동명왕(東明王)이 쌓은 것이라고 한다.

대화궁(大花宮) 옛터에는 돌로 만든 물통이 있다. 민간에서 전하기를 묘청이 목욕하던 통이라고 한다.

이암(狸巖)은 예전에는 강 동쪽 언덕에 있는 집의 마당에 있었다. 그러나 강물이 언덕을 침식하여 지금은 물속에 잠겨 있다.

부산(斧山) 위에는 돌로 만든 장군상이 있다. 그 아래 서쪽으로 5리쯤을 '혈우(血隅)'라고 하는데 그 당시 피가 이곳까지 흘러 왔기 때문에 이러한 이름이 붙었다.

장경문(長慶門) 밖에서 주암(酒岩)까지 강을 따라 몇 리를 가면 바위를 뚫어 잔교를 만들어 놓았는데, 앞이 강물이고 뒤가 산이라 정말 이른바 바람이 잔잔하고 햇볕이 드는 곳이다. 길을 가다가 이곳을 지나게 되면 한겨울이라도 언제나 땀이 흘러서 속칭 '탈의우(脫衣隅)'라고 한다.

동대비원(東大悲院)에서 연천교(鷰川橋)까지 모래사장이 끝없이 이어져 있고 느릅나무와 버드나무가 울창하며 넓은 들판에서 바람이 불고 긴 강에서 시원한 기운이 불어와 '장림로(長林路)'라고 한다. 민간에서는 '노우주(老牛走)'라고 부른다.

양각도(羊角島) 동쪽에 배다리(船橋)가 있는데 민간에서는 '천사선창(天使船橋)'이라고 한다. 중국 사신이 강을 건널 때 강물을 따라 이곳으로 와서 정박했기 때문에 이러한 이름이 붙었다.

1547년(명종 2)[37]에 홍수로 강물이 불어나 장경문(長慶門)에 흙탕물이 난입하였고 성안의 민가가 모두 물에 잠겼다. 감사 이준경(李浚慶)이 감

---

[37] 감사 이준경이 1545년(인종 1)에 평안도관찰사로 부임했으므로 본문의 '정미년(丁未年)'은 1547년이다.

영에서 배를 타고 쾌재정(快哉亭)으로 옮겨갔다. 평소 충효를 자부했던 주민 김천복(金千福)이라는 자도 수해를 입어 처자식과 함께 뗏목을 탔는데 안악(安岳)의 경계에 이르렀을 때 물고기가 뗏목으로 뛰어 올라왔다. 그의 처가 매우 배가 고파 물고기를 먹으려고 하자 김천복이 못 먹게 하였다. 그리고는 뗏목 위에서 절을 하고 하늘에 기도하면서 "제가 예전에 부모님에 효도했고 임금이 돌아가셨을 때도 복상했는데 지금 이런 상황에 이르렀으니 하늘도 무심하십니다"라고 하였다. 그러자 잠시 후에 바람이 일어나 뗏목이 강기슭에 닿아서 살아날 수 있었다. 그해 장경문 밖의 언덕이 무너져서 기린굴의 기단이 완연히 드러났고, 조천석으로 향하는 길도 더욱 분명하였다. 나중에 어리석은 백성들이 뽑아버려 결국엔 그곳이 어디에 있었는지 알 수 없게 되었다.

외성(外城)의 지형은 평탄하고 확 트여 있으며, 곳곳마다 우물을 팠는데 그 깊이가 한결같다. 물이 차고 빠지는 것은 강의 조수에 따른 것으로, 여름에는 물이 더욱 맑고 차니, 패강과 수원이 통해있기 때문이다. 오직 기자정의 물맛이 다른 우물과 달랐다. 오상(吳祥)이 감사가 되었을 때 평소 소갈증이 있어서 이 물을 즐겨 마셨다. 물 긷는 자가 그곳이 멀다고 다른 우물의 물로 바쳤는데 공이 맛을 보고 그 사실을 알아차려서 물 긷는 자에게 물었더니 물 긷는 자가 결국 사실대로 아뢰었다.

시록(柴麓)은 부의 동쪽 30리에 있다. 무덤이 있는데 높이가 한 길이 넘는다. 근간에 도둑이 무덤을 파냈는데, 무덤 안 한 면의 돌 위에 몇 줄의 글자가 새겨져 있었다. 도둑이 무덤을 덮으려고 당기다가 깨졌는데 그 흔적이 아직도 남아있다. 고구려 동천왕 묘의 이름을 '시원(柴原)'이라고 했는데 지금 '시록'이라는 이름이 '시원'과 비슷해서 사람들이 동천왕의 묘가 아닐까 의심한다고 한다.

박금천(薄金川)에는 겨울에 흰 물고기가 있다. 마을 사람들은 그 사실을 몰랐다가 기생 옥진(玉眞)이 빨래를 하려고 냇가로 갔다가 처음으로 잡아서 관에 바쳤다. 이로 인해 11월, 12월 간에는 서강에서 흰 물고기를 잡는 것이 관례가 되었다. 무엇이든 있다가 없다가 하는 것이 아닌데 사람들이 그 사실을 모를 뿐이다.

1491년(성종 22)[38] 이후 뱃길이 통하면서 경향의 장삿배가 대동문 앞에 정박하여 물자를 교역했다. 성안 사람들은 저절로 그 이익을 누리게 되어 저녁이 되면 북을 치고 피리를 부는 등 오랫동안 태평성세의 기상이 있었다. 1537년(중종 32)[39]에 중국 사신 공용경과 오희맹이 돌아가는 길에 생양관(生陽館)에 이르렀는데 큰 비가 내려 강물이 붇게 되자 누선을 운행하기 어려웠다. 그래서 초우선(草于船) 두 척을 연결하고 누선의 판자와 정자를 그 위로 옮겼더니, 마치 원래 배를 제작한 것 같았다. 중국 사신은 무사히 강을 건너갔지만 지금은 상인들이 오지 않아 초우선을 구할 곳이 없어서 사람들이 안타까워한다.

정전(井田)은 외성에 있다. 기자(箕子)가 구획한 경계가 아직도 남아있다. 더러는 병합되고 더러는 길을 내는 바람에 옛 터가 거의 사라졌다. 1585년(선조 18)[40]에 서윤 김민선(金敏善)이 수리하여 바르게 하였다.

성 안은 여름에 원래 파리가 많아서 옷이나 음식이 잠깐 사이에 더러워진다. 상진(尙震)이 감사가 되었을 때 백성들에게 일과 시간에 파리를 잡게 했기 때문에 시장에서 파리를 파는 사람도 있었다. 상진이 나중

---

38 본문의 '신해년(辛亥年)'은 뒤의 '정유년'이 1537년인 것으로 볼 때 1491년을 가리키는 것으로 보인다.
39 본문의 '정유년(丁酉年)'은 공용경이 조선에 왔던 1537년을 가리킨다.
40 서윤을 역임한 김민선에 대해서는 찾기 어려우나 인천부사를 역임했던 김민선(1542~1592)와 동일인이라면 본문의 '을유년(乙酉年)'은 1585년이다. 여기에서는 1585년으로 번역하였다.

에 아들을 잃고 곡을 하며 "내가 평생 해를 끼친 일이 없었고 오직 평양에서 파리를 지나치게 많이 죽였다. 지금 상을 당해 곡을 하는 것이 어찌 그 업보가 아니겠는가?"라고 하였다.

기자의 지팡이가 전해진지 오래되어 그 마디가 거의 썩고 부러진 상태였다. 유홍(兪泓)이 감사가 되었을 때 구리를 덧대서 나무 상자에 넣어놓고 가지고 다니면서 어루만졌고, 생각할 때에도 옛 뜻이 많았다.

평양부에서는 오랜 풍습으로 객관에서 손님을 접대할 때 지위의 고하에 따라 각기 해당되는 처소가 있었다. 대동관 동헌과 서헌은 상객(上客)의 거처이고, 풍월루(風月樓)가 그 다음이며 청화관(淸華館)이 그 다음이다. 신관(新館)은 만호(萬戶) 및 권관(權管)과 서울로 가는 군관(軍官), 종사관(從事官)이 머무는 곳이었다. 비단 관아의 객사만 그런 것이 아니라 대동강 누선도 서울로 가는 사신과 당상관 이상이 아니면 탈 수 없었다. 이준민(李俊民)이 감사가 되었을 때 사인(舍人) 정언신(鄭彦信)이 순무어사(巡撫御史)가 되어 평양에 왔다. 이준민이 그 소식을 듣고 영접할 물품을 갖춘 뒤 연광정 위에서 기다리면서 삿자리배(簟船)만 강가로 보냈다. 정언신은 자신을 무시한다고 생각해서 타지 않았고 이준민이 사람을 시켜 재촉하는데도 듣지 않고 재송원으로 되돌아가려고 하였다. 이준민이 그 모습을 보고 상대하려고 하지 않고 관아로 돌아왔다. 이때 도사(都事) 이준(李準)이 누선을 보내 맞아 들였다. 두 사람의 기상을 여기에서 볼 수 있다.

영남(嶺南)에 옛 것을 좋아하는 어떤 사람이 있었는데 부벽루의 산수가 빼어나다는 이야기를 듣고 꼭 보고 싶다고 생각했다. 어느 날 홀연히 흥이 올라 대지팡이에 짚신을 신고 중화군(中和郡)에 들어왔는데 노잣돈은 이미 다 써서 아침밥도 먹지 못한 채 기어서 왔다. 대동강을 건넌 뒤 이른바 부벽루에 올라 난간에 기대어 풍경을 바라보려고 했는데 눈이 아찔해지고 고개가 꺾이면서 심장이 쿵쿵 뛰고 거의 죽을 지경에 이르렀다가 가까스로 죽음을 면했다. 영명사로 내려가서 느릿한 어조로 중에게 "나는 남쪽지방에서 태어나고 자라면서 이곳의 풍경이 좋다는 이야기를 많이 들었는데 이제야 부벽루가 이처럼 알려지지 않은 곳임을 알겠소"라고 하였다.

재상 이준경(李浚慶)이 감사가 되었을 때 누선에서 사신들을 위해 잔치를 열었다. 배가 덕암(德巖) 아래에 도착했을 때 갑자기 회오리바람이 장막에 불어 와서 누선이 꼼짝도 하지 않자 뱃사공이 어찌할 바를 몰랐다. 서윤 한구(韓鉤)가 연못의 용이 배에 있는 진귀한 보물을 탐내는 것이라고 생각하여 동이에 술을 가득 채워 강에 부었더니 그제야 배가 움직였다.

기생 월비(月飛)는 말 재주가 좋고 재치가 있었다. 행수기생이 되었을 때 감사가 여러 빈객들과 풍월루(風月樓)에서 큰 잔치를 열었다. 밤새도록 술에 취해 즐겁게 놀다가 동쪽 하늘에서 서광이 비치자 닭들이 어지럽게 울어댔다. 감사가 "이게 무슨 소리인가?"라고 묻자 월비가 "강에서 백로가 우는 소리예요"라고 대답했다. 다시 파루(罷漏)[41] 종소리를 듣고 "이건 또 무슨 소리인가?"라고 하자 월비가 "인정(人定)[42] 종소리예요"라고 대답하여 그 자리에 있던 빈객들의 칭찬이 이어졌다. 그 임기응변이 이와 같았다.

기생 무정개(武貞介)는 판관(判官) 유진동(柳辰仝)이 총애하여 여러 읍에 데리고 다녔는데, 때마침 종살이를 하는 전 남편을 보고는 슬피 울면서 눈물을 훔쳤다. 유진동의 하인이 "낭자의 정이 모두 저 사람에게

---

41 통행금지를 해제하기 위한 울리던 종소리. 새벽 4시쯤 33번을 쳤다.
42 통행금지를 알리던 종소리. 저녁 7시쯤 28번을 쳤다.

가 있으니 우리 주인님을 소중하게 여기지 않는 것을 알 수 있다"고 책망하였다. 그러자 무정개가 "너는 사리를 모르는 사람이구나. 내가 너의 주인을 위해 굳게 수절하다가 불행히도 다른 곳에 시집을 가서 나중에 너를 보게 된다면 이보다 열 배는 더 하리라"라고 대답했다. 말로 재빠르게 응수하는 것이 이러하였다.

백어동(白於仝)이라는 사람은 객관(客館)의 별차(別差)였다. 일찍이 초하루와 보름에 망궐례를 치를 때 전패(殿牌)[43]를 몰래 가져가 전악(典樂)[44]에게 그것을 관서 안에 두게 하였다. 전악은 바쁠 때라 그의 말을 따랐는데 이 한 때의 권모술수는 결국 고사(故事)가 되었다. 평양의 민속에서는 이를 거울삼아 자기의 직무가 아니라면 추호라도 서로 대신하지 않게 되었다.

대동문 안에는 좌우에 행랑이 있다. 이준경이 감사로 있을 때 처음 만들었다. 서울의 행랑과 똑같이 만들었기 때문에 쳐다보고 있으면 매우 아름답다. 유강(兪絳)이 감사로 있을 때였다. 마침 중국 사신이 강을 건너왔는데 불에 타버리자[45] 며칠 내로 개수하여 완공하였다. 이전에 비해 조금도 못한 부분이 없어서 사람들은 평양의 물자와 인력이 넉넉하다고 여겼다.

평양부에는 인물이 매우 많지만 무예에 대한 일은 거의 사라져서 일의 경중을 막론하고 준비된 바가 없었다. 기축년(己丑年)에 장계를 올려 함흥(咸興)의 제도처럼 무학(武學)을 설치해야 한다고 아뢰었고 각 읍의 무사 십여 명이 번을 나누어 무예를 배웠다. 이후에 무예가 점차 흥기하였다.

43　각 고을 객사에 둔 위패. '전(殿)'을 새겨 임금을 상징하는 위패로 삼아 지방 관원들이 배례하였다.
44　조선시대 장악원(掌樂院)에서 음악에 관한 업무를 맡았던 잡직(雜職).
45　회록(回祿) : 불이 나는 재앙.

목멱산사(木覓山祠)는 예전에 그 땅이 어디에 있었는지 알 수 없게 되어 제사지내지 못한 지가 오래되었다. 경인년(庚寅年)에 비로소 땅을 마련하여 단을 쌓고 일곱 개의 건물을 갖추었다. 최자의 〈삼도부(三都賦)〉에서는 "또 목멱산사가 있어, 농사를 관장하네. 밭을 갈지 않아도 벼가 산더미처럼 쌓이네(又有木覓, 稼穡是司. 不耕而禾, 積如京坻)"라고 하였다. 이 땅을 처음 마련한 다음날에 큰 비가 내려 이때 바야흐로 오랜 가뭄을 비로 해갈하였으므로 농민들은 이 땅이 감응한 것이라고 여겼다.

세상에서 전하기를 1460년(세조 6) 별시(別試) 때 세조 대왕이 친히 부벽루에 행차하여 서쪽 뜰 석탑 아래에서 문과를 설행하고, 동쪽 뜰 석벽 위에서 무과를 설행하였다. 능라도에서 장후(張侯)가 과거를 시행하면서 "평안도와 황해도 사람이 아니면 목을 베겠다"고 전하였다. 합격자 명단이 나온 뒤 유자한(柳自漢)이 타 지역 출신으로 장원이 되자 세조가 얼굴에 노기를 띠며 형벌[46]을 내리려고 하였다. 유자한이 엎드려 절하면서 "신은 진실로 이러한 일이 있을 줄 알고 있었습니다. 공자께서는 '아침에 도를 들으면 저녁에 죽어도 좋다(朝聞道, 夕死可矣)'[47]라고 하셨습니다. 신은 감히 죽음을 사양하지 않겠습니다"라고 하였다. 세조가 웃으며 그를 풀어주었다고 한다.[48]

---

46 본문에는 '形'이라고 되어 있으나 〈규 4885〉본에 따라 '刑'으로 해석하여 번역하였다.
47 『논어』「이인(里人)」에 나오는 구절이다.
48 『국조방목(國朝榜目)』과 『연려실기술(練藜室記述)』에 수록된 내용이다.

제6장 『평양지』 권6

「시문(詩文)」

말을 정련하면 문(文)이 되고 문을 정련하면 시(詩)가 된다. 시와 문은 모두 성정에 바탕을 두고 소리로 표출한 것이다. 평양에는 유교의 명현들이 왕래하던 수려한 강산과 풍부한 물산이 있어 충분히 옛 일에 대한 회포를 펼쳐내고 오늘날의 승경을 아울러서 품평하고 드러낼 수 있다. 여러 문장들이 충분히 볼 만한데도 만약 이를 모아두지 않는다면 장차 없어져 버릴 것이니 후대에 시를 채집(採詩)할 때 어디에 근거하겠는가? 이에 고금을 막론하고 모두 읍지에 싣는다.

세조(光陵) 어제(御製)

〈부벽루(浮碧樓)〉

蕩蕩江流何窮盡	넘실거리는 강물은 언제나 다하랴.
有其源者皆如是	수원이 있는 것은 모두 이와 같으리.
堂堂洪業云何肇	당당한 대업은 어느 때에 비롯됐나?
渺寞冥冥無天地	아득하게 태곳적 천지가 없었을 때.
叨握瑤圖平禍亂	천하의 판도를 잡아 난을 평정했으니
豈予全賴用衆智	어찌 나의 공이랴. 모두 여러 사람의 지혜인 것을.
聘目千山成一界	천산을 바라보니 한 세계 이루었고
古今英豪無二致	고금의 영웅들은 하나같이 대단하네.
治戎省方求民瘼	외적 방비하고 순방하여 백성의 근심 알려하니
八教焉能獨前美	팔조목의 가르침이 어찌 전대에만 아름다우랴.[1]

고려 예종(睿宗)

〈영명사(永明寺)〉[2]

清江西壁聳蓮宮	맑은 강 서쪽 절벽에 솟아있는 절
物像超然擬閬風	물상이 초연하여 신선의 거처 같네.
繞郭峯巒爭縹渺	성을 두른 봉우리는 저마다 아득하고

---

1   원문에는 '前'이 '專'으로 되어 있다. 여기에서는 실록에 수록된 시문에 따라 '前'으로 바꾸어 번역하였다. 이 시는 『평양지』 맨 앞과 권6에 두 차례 나오는데, 앞의 시 원문은 '前'으로 되어있다.

2   『신증동국여지승람』 권51 「평양부」에 실려 있다.

滿林花木鬪靑紅　숲에 가득한 꽃나무는 다투어 울긋불긋.

雨天輪艦塡樓下　비오는 날 수레와 배들이 누각 아래에 꽉 차있고

月夜笙歌泛水中　달밤에 생황 노래가 물 위를 떠가네.

今日單紗神考迹　이제 비단에 쓴 부왕의 필적을 보니

感傷依舊意無窮　슬픈 마음은 여전한데 뜻이 무궁하구나.

〈구제궁(九梯宮)〉[3]

路險東明闕　동명왕 궁궐로 가는 길이 험해서

停車解駕牛　수레를 멈추고 소 멍에도 끌렀네.

古城橫絶巘　옛 성이 절벽에 비껴 있고

高閣枕寒流　높은 누각이 찬 강을 향해 있네.

藻殿常開戶　궁전은 늘 문이 열려 있고

珠簾不下鉤　주렴은 걷은 채로 두었네.

勝遊眞可惜　승경 유람 진실로 아쉽기에

後約更高秋　가을에 다시 오리라 기약하네.

古宮遺趾在層巒　옛 궁터가 층층 봉우리에 있어

步履登臨眼界寬　걸어 올라와 보니 시야가 확 트이네.

曠野三邊山簇簇　넓은 들판의 삼면엔 산이 빽빽하고

長天一面海漫漫　하늘 한 편에는 바다가 넘실넘실.

3　『신증동국여지승람』 권51 「평양부」에 실려 있다.

곽여(郭輿)[4]

〈영명사(永明寺)〉

佛宇相連舊帝宮	절은 옛 궁궐과 이어져 있고
松楸千古有遺風	소나무와 가래나무는 천고의 유풍을 지니고 있네.
瑠璃殿屋凝空碧	유리빛 건물엔 하늘이 푸르게 엉겨있고
錦繡簾旌照水紅	비단 발은 물에 붉게 비치네.
夜靜船橫淸鏡裏	고요한 밤배는 맑은 거울 속에 비껴있고
月明樓倚畵屏中	달빛 밝은 누각은 그림 병풍에 기대있네.
十年一幸經三日	십 년 만에 요행히 사흘을 머물었는데
滿目煙波趣不窮	자욱한 물결 바라보니 뜻이 무궁하구나.

이승휴(李承休)[5]

〈조천석(朝天石)〉[6]

往來天上預天政	천상을 왕래하며 하늘 조정에 나가니
朝天石上麟蹄輕	조천석 위 기린마 발굽이 가벼웠네.

---

4 곽여(1058~1130) : 고려 전기 문신. 본관은 청주(淸州), 자는 몽득(夢得), 호는 동산
   처사(東山處士). 과거에 급제하여 벼슬을 하다가 물러나 있었는데, 예종이 즉위하
   자 곽여를 불러 후대했기에 사람들이 그를 '금문우객(金門羽客)'이라고 불렀다.
5 이승휴(1224~1300) : 고려 말 문신. 사는 휴휴(休休), 호는 동안거사(動安居士), 가
   리 이씨(加利李氏)의 시조. 서장관으로 원나라를 다녀왔으며 충선왕의 개혁정치 때
   특별히 기용되었다. 저서로『제왕운기(帝王韻紀)』와『내전록(內典錄)』이 있고 문
   집으로『동안거사집(東安居士集)』이 있다.
6 『제왕운기』의 한 구절을 가져왔다.

김인존(金仁存)[7]

〈대동강(大同江)〉[8]

雲卷長空水映天	창공에 구름 걷히고 물에 하늘이 비치는데
大同樓上敞華筵	대동루 위에 화려한 잔치 펼쳐졌네.
淸和日色篩簾幕	맑고 화창한 햇빛이 장막에 새어 들고
旖旎香煙泛管絃	나부끼는 향불 연기가 노랫소리 위로 떠가네.
一帶長江澄似鏡	한 줄기 긴 강은 마치 거울처럼 맑고
兩行垂柳遠如煙	두 줄로 선 수양버들은 연기처럼 아스라하네.
行看乙密臺前景	장차 을밀대 앞 경치를 바라보면서
自驗千年表未然	천 년간 숨겨진 일들을 더듬어 보리라.

김부식(金富軾)[9]

〈부벽루(浮碧樓)〉[10]

朝退離宮得勝遊 　조회 끝내고 궁궐 나와 승경 유람 즐기니

7　김인존(?~1127) : 고려 중기 문신. 자는 처후(處厚). 시호는 문성(文成). 최선(崔璿)
　　등과 『해동비록(海東秘錄)』을 산정했고 박승중(朴昇中) 등과 『시정책요(時政策
　　要)』와 『정관정요주(貞觀政要註)』를 편찬하였다.

8　『동문선』 권12에 실려 있다. 『동문선』에는 제3구 '簾'이 '帘'으로, 제8구 '千年'이 '十
　　年'으로 되어 있다. 『동문선』에서 작자로 명시된 김연(金緣)은 김인존의 초명이다.

9　김부식(1075~1151년) : 고려 중기 문신. 본관은 경주(慶州), 자는 입지(立之), 호는
　　뇌천(雷川). 묘청의 난을 진압했으며, 『삼국사기』를 편찬하였다.

10　『동문선』 권12에 실려 있다. 『동문선』에서는 시 제목이 〈서도 구제궁 조회에서 물
　　러나 영명사에서 쉬다(西都九梯宮朝退休于永明寺)〉이다. 『동문선』에는 제2구 '景'
　　이 '物'로, 제5구 '醋'가 '沽'로 되어 있다.

無窮景象赴雙眸　수많은 풍경들이 두 눈 앞에 몰려오네.

雲邊列岫重重出　구름 가엔 뭇 산들이 겹겹이 솟아있고

城下寒江漫漫流　성 밑엔 찬 강물이 넘실넘실 흐르네.

柳暗誰家酤酒店　버들 무성한 어느 집이 술파는 주점이고

月明何處釣魚舟　달 밝은 곳 어디에 낚시질 하는 배 있나.

牧之曾願爲閑客　두목은 한가한 나그네 되고 싶다 했지만[11]

今我猶嫌不自由　지금 나는 그것도 부자유스러울까 꺼리네.

정지상(鄭知常)[12]

〈남포(南浦)〉[13]

雨歇長堤草色多　비 그친 긴 둑에 풀빛이 짙은데

送君南浦動悲歌　님 보내는 남포에 슬픈 노래 울리네.

大同江水何時盡　대동강 물은 언제나 마르려나.

別淚年年添綠波　이별의 눈물이 해마다 푸른 물결에 더하는데.

11　당(唐) 두목(杜牧)의 〈8월 12일 체직된 후 삽계관으로 옮겨 살며 장구 4운을 짓다(八月十二日得替后移居雪溪館因題長句四韻)〉에 "경물은 올라가 보니 한가로움이 그제야 보이니, 원컨대 한가한 나그네 되어 한가롭게 가고 싶네(景物登臨閑始見, 願爲閑客此閑行)" 구절이 있다.

12　정지상(?~1135) : 고려 중기 문신. 서경 출신이며 초명은 지원(之元), 호는 남호(南湖). 서경에서 묘청 등이 난을 일으키자 가담해서 금나라를 정벌서경을 거점으로 묘청 등이 난을 일으키자, 적극 가담해 금나라를 정벌하여 칭제건원(稱帝建元)을 주장했으나 김부식이 이끄는 토벌군에게 패해 개경에서 참살되었다.

13　『동문선』 권19에 실려 있다. 시 제목은 〈님을 보내며(送人)〉이다.

〈서도(西都)〉[14]

紫陌春風細雨過	거리에 봄바람 불고 가랑비 지나가니
輕塵不動柳絲斜	먼지 하나 일지 않고 버들가지 늘어졌네.
綠窓朱戶笙歌咽	푸른 창 붉은 문에 생황 소리 흐느끼니
盡是梨園弟子家	이 모두 다 이원제자(梨園弟子)[15] 집이구나.

김극기(金克己)[16]

〈패강 나루터. 오학사의 시를 차운하다(浿江渡, 次吳學士韻)〉[17]

渡口前驅擁劍撾	선두 행렬이 나루터를 칼을 찬 채 건너니
驚風卷地曉飛沙	회오리바람이 땅을 말아 새벽 모래 날리네.
寒髥颯颯冰疑穟	흩날리는 수염에는 고드름이 맺혀있고
病眼濛濛雪眩花	흐릿한 눈은 눈빛으로 어지럽네.
鄕思望雲增宛轉	구름 보니 고향생각이 더욱 피어오르는데
客行隨岸幾欹斜	언덕길에서 나그네 발길은 얼마나 비틀거렸나.
隔林隱映看靑斾	숲 너머 어렴풋이 푸른 깃발 보이니
遙認前村酒可賖	앞마을에 술 파는 곳 있는 줄 알겠구나.

---

14 『동문선』권19에 실려 있다.
15 이원제자(梨園弟子)은 당 현종이 남녀 예인 수백 명을 뽑아 이원에서 가무를 배우게
   했는데, 이러한 예인들을 '황제이원제자'라고 불렀다. 이 시에서는 기생을 가리킨다.
16 김극기(?~?) : 고려 명종대 문신. 본관은 광주(廣州), 호는 노봉(老峰). 명종 때에 용
   만(龍灣)의 좌장(佐將)을 거쳐 한림(翰林)이 되었으며, 금나라에 사신으로 가기도
   하였다.
17 『동문선』권13에 실려 있다. 『동문선』에는 제3구 '疑'가 '凝'으로, 제7구 '隱映'이 '隱
   隱'으로 되어 있다.

〈구제궁(九梯宮)〉[18]

玉宇撑空起	옥우가 공중에 치솟아 있는데
重宮閱幾年	구중궁궐은 몇 년이나 되었나.
鳳輿今問俗	지금은 수레 타고 풍속을 살피지만
麟馭昔升仙	옛날엔 기린마 타고 신선되어 올라가셨네.
嶺抄藏鞭隴	고개 마루엔 채찍을 묻은 언덕이 있고
岩阿試茗泉	바위 주변엔 차를 달이던 샘물이 있네.
窟深穿地底	깊은 굴은 땅 밑까지 뚫려 있고
梯迥倚天邊	멀리 사다리는 하늘가에 기대 있네.
飮鎬周王樂	주왕(周王)은 즐겁게 호경에서 술 마셨고[19]
歌汾漢帝篇	한 무제는 사(辭) 지으며 분수에서 놀았네.[20]
遠人尋勝景	먼 곳에서 승경을 찾아 온 사람 중에
誰記路綿綿	그 누가 끝없이 이어지는 이 길을 적어주랴.

〈부벽루(浮碧樓)〉[21]

五色雲中白玉樓	오색구름 속의 백운루가
飛來地上稱天遊	땅 위에 날아왔으니 임금님 유람에 걸맞네.
屏開北檻千峯秀	북쪽 난간에 병풍처럼 펼쳐진 천 개 봉우리가 빼어나고,

18　『신증동국여지승람』권51 「평양부」에 실려 있다.
19　『시경』「소아」〈어조(魚藻)〉에 "임금님 호경에 계시는데, 어찌 즐거이 술 마시지 않으리오(王在在鎬, 豈樂飮酒)" 구절이 있다.
20　〈추풍사(秋風辭)〉를 가리킨다. 한 무제가 하동(河東) 지방을 돌아보고 후토신(后土神)에게 제사지낸 뒤 분수(汾水)에 이르러 강 중류의 배 위에서 여러 신하와 술 마시며 지은 작품이다.
21　『신증동국여지승람』권51 「평양부」에 실려 있다.

鏡瀉東軒一水流　동헌에는 거울처럼 쏟아지는 한 줄기 강물이 흐르네.

苔徑鎭容安虎錫　이끼 난 길은 지팡이를 짚기 좋고

柳汀曾被放龍舟　버드나무 물가에 예전엔 용주를 띄웠네.

至今聖藻留華牓　지금까지 어필이 시판에 머물러 있어

雲漢昭廻逈照幽　은하수처럼 환하게 멀리 어둔 곳을 비추네.

一點朱樓擇地成　붉은 누각 한 채를 땅을 골라 지었더니

風煙淨麗寫吳京　깨끗하고 고운 풍경 금릉(金陵)을 그려놓은 듯.

山橫北畔金蓮秀　북쪽에 비긴 산은 금빛 연꽃 피어난 듯

水注南涯玉簟平　남으로 흐르는 물은 옥자리를 깔아놓은 듯.

岩肱翠嵐禪榻暗　바위 사이에 이내 껴 선탑[22]이 어둑한데

渡頭紅日客帆明　나루터에 붉은 해 떠 돛단배가 환하구나.

華人處處稱甘露　중국 사신들은 가는 곳마다 '감로사'[23]라 일컫지만

比較淸軒浪得名　이 맑은 누각과 비교한다면 부질없는 명성일 뿐.

〈영명사(永明寺)〉[24]

蕭齋咄咄半空懸　절이 아슬아슬 반공에 솟았고

水影山光更接連　물빛과 산빛은 다시 맞닿아 있네.

燒盡鵲爐香一縷　향로에 향 한 줄기를 다 태운 뒤에

22　선탑(禪榻): 원뜻은 참선할 때 앉는 자리이지만 여기에서는 절을 대칭하는 단어로 이해하고 번역했다.

23　감로(甘露)는 중국 옛 전설에서는 천자가 나라를 잘 다스리면 하늘이 감응하여 내려 준다고 하는 단 이슬이다. 그러나 여기에서는 대개의 경우 평양을 보고 중국 강남(江南)을 연상했으며 이 시에서도 "금릉을 그려놓은 듯(寫吳京)"이라는 표현이 등장하는 것을 고려하여 '감로'를 중국 강소성 북고산(北固山)에 있는 감로사(甘露寺)를 가리키는 것으로 이해하고 번역하였다.

24　『신증동국여지승람』 권51 「평양부」에 실려 있다.

倚欄收拾好風煙　　난간에 기대 좋은 풍경 얻었네.

江頭禿嶺碧峥嶸　　강가 민둥 고개는 푸르고 가파른데
上起蕭宮枕月城　　그 위로 솟은 절이 월성[25]을 굽어보네.
鴈塔靜蟠波底影　　탑은 고요하게 강물 아래 그림자를 드리우고
鯨鍾高撼樹端聲　　범종[26] 소리는 높이 나무 끝을 뒤흔드네.
天開覩之臨慈氏　　하늘이 도솔천[27]을 열어 미륵부처 내려오고
地闢毘耶住正名　　땅이 비야리성[28]을 열어 유마힐[29]이 머물렀네.
憑仗兎宮千萬戶　　달빛에 수많은 집들이 의지하고 있으니
玉斤何處更修成　　옥도끼로 어디를 더 다듬어볼까.

石徑吉祥草　　　돌길엔 길상초[30] 돋고
金爐知見香　　　쇠 화로엔 지견향[31] 피어나네.

---

25 『삼국유사』에 "옛 평양성(平壤城)의 지세가 반달형의 신월성(新月城)이라 하여 도
사들이 남하(南河)의 용에게 주문으로 명하여 성을 증축시켜 만월성(滿月城)으로
만들고는 이로 인하여 용언성(龍堰城)이라 하였고 도참을 지어 '용언도(龍堰堵)' 또
는 '천년보장도(千年寶藏堵)'라 하였다"는 기록이 있다.
26 경종(鯨鍾) : 범종의 다른 이름이다. 종의 꼭지에 장식된 용의 이름이 포뢰(蒲牢)인
데 후한 반고(班固)의 『서도부주(西都賦註)』에 따르면 포뢰는 고래를 무서워하여
보기만 하면 우는데 그 울음소리가 꼭 종소리와 같았다고 한다.
27 본문의 '都之'가 『신증동국여지승람』에는 '都史'로 되어 있다. '도사(都史)'는 '도사다
(都史多)'로 도솔천(兜率天)을 뜻한다. 도솔천은 불교의 이른바 욕계(欲界) 육천(六
天) 중 넷째 층에 있는 하늘로, 미륵보살이 도솔천에서 천신(天神)들을 위해 설법하
고 있다고 한다.
28 비야리성(毗耶離城) : 유마힐이 살던 곳.
29 '정명(淨名)'의 오기이다. '정명'은 유마힐을 가리킨다.
30 석가모니가 보리수 아래서 성도할 때에 깔고 앉았던 풀.
31 불법에 대한 공부를 향에 비유하여 표현하여 계향(戒香), 정향(定香), 혜향(慧香), 해
탈향(解脫香), 해탈지견향(解脫知見香)이라고 한다. '해탈지견향'은 해탈에 대한 바
른 이해라는 의미이다.

追尋泉石勝	산수의 경치 좋은 곳 찾아서
洗滌市朝忙	속세의 바쁜 일들 씻어내네.
嶺月宵回晝	고개 위의 달은 대낮같이 밝히고
江風夏送涼	강바람은 여름에도 시원하구나.
爽如霄漢上	상쾌하기가 마치 은하수에서
仙轡命鸞凰	신선이 난새와 봉새 수레를 타는 듯하네.

尋空忽到側金園	공(空)을 찾다가 홀연 절[32]에 이르니
笑倚朱軒瞰碧瀾	웃으며 난간에 기대 푸른 강물 굽어보네.
野氣倩雲埋疊壁	들 기운은 구름과 함께 겹겹의 벽을 가리고
江聲憑雨吼回灘	강물은 빗소리와 함께 여울굽이를 울리네.
銀宮已訝遊方丈	은궁에 있으니 방장산을 노니는 것인가,
玉宇休要索廣寒	옥우에 있으니 광한전[33] 찾을 필요 없네.
先想下岩回首處	생각건대 바위를 내려가 고개를 돌려보면
晚嵐濃綠落霞丹	저녁 이내 짙푸르고 지는 놀 붉겠지.

紺宇淸高足勝遊	절이 맑고 높아 노닐기에 좋으니
憑欄卷箔久凝眸	발을 걷고 난간에 기대 오래도록 바라보네.
叢叢秀嶺撑空起	늘어선 산마루는 하늘을 떠받치듯 솟아있고

---

32 측금원(側金園) : 인도의 수달 장자(須達長者)가 세존의 공덕을 듣고 존경한 나머지 정사(精舍)를 건립하여 세존이 오게 하려고 하였는데 마침 기다 태자(祇多太子)에게 마침 큰 부지가 있어서 수달 장자가 그 땅을 사겠다고 하였다. 기다 태자가 농담으로 황금을 그 땅에 가득 깔면 팔겠다고 하자 수달 장자가 자기가 가지고 있던 황금을 모두 털어 가득 깔아 덮었다. 기다 태자가 감동하여 그 원지에 정사를 지어 세존이 거주하도록 했다는 고사에서 온 말이다. 이 시에서 '측금원'은 절을 가리킨다.
33 달나라의 궁전. 항아(姮娥)가 산다고 하는 달 속의 전각(殿閣)

淼淼澄江入海流	넘실넘실 맑은 강물은 바다로 흘러드네.
萬壑冷風隨一磬	골짜기의 찬 바람은 경쇠 소리를 따라가고
千波皎月趁三舟	강물의 밝은 달은 배 세 척을 따라가네.[34]
忘機却愛沙頭鷺	기심을 잊어 모래톱 해오라기도 어여쁜데
日落人歸更自由	해 지고 사람들 돌아가면 더욱 자유로우리라.

蕭宮隔世靜淵淵	절은 세속과 떨어져 고요하고 깊숙하니
疊巘南端水北偏	첩첩 산 남쪽 끝 강 북쪽에 있네.
龍女抱珠來貿貿	용녀는 여의주 안고 어렴풋이 나오고
鴈王街果下翩翩	기러기는 열매 물고[35] 훨훨 내려오네.
林中淨掃黃金地	숲 속 금빛 땅은 깨끗이 청소되고
浪底輕搖碧玉天	물 속 푸른 하늘은 가볍게 흔들리네.
笑謝煙霞無盡景	웃으며 감사하네. 산수의 끝없는 경관이
趣陪几簟共爭妍	고운 자태 뽐내며 내 자리로 다가오는 것에.

〈관풍전(觀風殿)〉[36]

殿宇連雲峭艶深	전각이 구름에 닿아 가파르고 깊숙한데
槐楓礙日鬱森沈	홰나무 단풍나무 해를 가려 어둑하네.
碧潭寫影淸如鏡	푸른 연못은 경치를 그린 듯 거울같이 맑은데
靈劍何年出外潯	신령한 칼이 언제 저 못에서 나왔는가.

---

34 '일월삼주(一月三舟)'를 염두에 둔 표현으로 보인다. '일월삼주'는 하나의 달을 세 척의 배에 탄 사람들이 각기 다른 눈으로 본다는 뜻이다.

35 안왕(雁王)은 부처를 가리킨다. 중국 당나라 시인 왕유(王維)의 시 〈감화사를 유람하다(游感化寺)〉의 "기러기는 열매 물어 새끼에게 먹이고, 어린 사슴 거침없이 꽃밭 위에 노니네(雁王銜果獻, 鹿女踏花行)" 구절을 염두에 둔 표현이다.

36 『신증동국여지승람』 권51 「평양부」에 실려 있다.

〈다경루 채상자사(多景樓, 採桑子詞)〉[37]

鼇頭轉處黃金闕	자라 머리 도는 곳에 황금 대궐에서
偶落人間	우연히 인간세계로 떨어졌네.
鳳輦追歡	임금님 수레 타고 와서 즐기는데
一眼瓊田萬頃寬	옥전을 한번 보니 만 이랑이나 넓구나.
長風忽起吹高浪	긴 바람 갑자기 일어 물결 높이 불어대니
膰湧銀山	마치 은산을 뒤집는 듯.
日已三竿	해는 이미 세 발이나 올랐건만
曉氣凄微送嫩寒	쌀쌀한 새벽 기운에 잠시 한기 느끼네.

〈다경루(多景樓)〉[38]

家園寂寂春將半	적적한 정원에 봄이 반쯤 지나는데
隨分春光猶爛熳	춘분[39]이라 봄빛은 오히려 흐드러졌네.
煙濃柳弱短長垂	짙은 안개 속 연한 버들은 길고 짧게 드리우고
雨歇花繁紅紫間	비 그친 뒤 만발한 꽃 울긋불긋하구나.
禁中憶昔同遊玩	궁중에서 지난날 같이 놀던 생각에
涕淚交零腸欲斷	눈물이 흘러내려 애간장을 끊는구나.
唯將尺素寫幽懷	그저 편지에 그윽한 회포를 쓰려다가
忘却疎狂詩酒伴	다 잊은 채 제멋대로 시와 술을 벗 삼네.

---

37 『신증동국여지승람』권51 「평양부」에 실려 있다. 채상자(採桑子)는 사패(詞牌) 이름이다.
38 본문에는 제목이 따로 명시되어 있지 않으나 앞의 사(詞)와 구별하기 위해서 번역자가 임의로 제목을 달았다.
39 '수분(隨分)'이 춘분(春分)과 관련하여 쓰인 예는 없으나 여기에서는 제1구 "봄도 반쯤 지나는데(春將半)"에 착안하여 음력 2월의 절기인 춘분과 연관지어 번역하였다.

〈기린굴(麒麟窟)〉[40]

朱蒙駕馭欲朝眞　주몽이 말을 타고 하늘에 조회하려고

嶺半金塘養玉麟　산 중턱 황금못에서 옥기린을 길렀다지.

忽隨寶鞭終不返　채찍을 떨어뜨리고 결국 돌아오지 않으니

梯宮誰復上秋旻　구제궁에서 누가 다시 가을 하늘에 오를까.

〈조천석(朝天石)〉[41]

麒麟一駕上朝天　기린마 한번 타고 하늘로 조회 가서

空使人間涕泫然　부질없이 사람들의 눈물 흘리게 했네.

唯有靈岩三四角　오직 신령한 바위 서너 개가

潮生潮落碧江邊　조수가 드나드는 푸른 강가에 있을 뿐.

朝眞不復下三天　조회 간 뒤 하늘[42]에서 다시 오지 않건만

一朶靈岩尙宛然　신령한 바위 하나가 아직도 그대로네.

收拾玉鞭藏底處　옥 채찍을 거두어 어느 곳에 묻었나.

北峯高柱白雲邊　흰 구름 가에 높이 서 있는 북쪽 봉우리에.

〈주암사(酒岩寺)〉[43]

振策尋崖寺　지팡이 짚고 벼랑 끝 절 찾아가서

殘陽獨倚樓　석양에 홀로 누각에 기대었네.

40　『신증동국여지승람』 권51 「평양부」에 실려 있다.

41　『신증동국여지승람』 권51 「평양부」에 실려 있다.

42　삼천(三天) : 신선이 사는 곳. 옥청(玉淸), 상청(上淸), 태청(太淸)을 삼청경(三淸境)
이라고 한다.

43　『신증동국여지승람』 권51 「평양부」에 실려 있다.

北峯深法苑　　　북쪽 봉우리엔 절이 깊숙이 있고

南浦湛禪流　　　남녘 포구엔 선승이 맑구나.

有杖解林虎　　　숲속 호랑이 싸움 말릴 지팡이[44]는 있지만

無盃驚海鷗　　　바다 갈매기를 놀라게 할 술잔[45]은 없네.

至今香火外　　　지금도 향불 피운 절 밖에선

魚鳥只同遊　　　물고기와 새들이 함께 노닐 뿐.

〈흥복사(興福寺)〉[46]

雨洗園花紅隱約　비에 씻긴 동산의 꽃 발그레 피었는데

煙迷巷柳綠欹斜　안개 낀 거리에 버들은 푸르게 비껴 있네.

誰分一段天工巧　누가 조물주의 공교로운 솜씨를 나눠 받아

錦繡粧成百萬家　비단으로 수많은 집을 단장했을까.

〈연창교(連滄橋)〉[47]

白沙青草又雲山　흰 모래 푸른 풀에 구름 덮인 산

況有長流去去閑　더구나 한가롭게 흐르는 긴 강물도 있구나.

滿眼風光不可極　눈에 가득한 풍광이 끝없이 펼쳐지니

一軒人在畫圖間　난간에 기댄 사람도 그림 속에 있는 듯.

44　고제(高齊) 중 조선사(稠禪師)가 지팡이를 휘둘러 호랑이 두 마리의 싸움을 멈추게
　　했다는 고사가 있다.
45　중국 당나라 시인 두보(杜甫)가 지은 〈현무선사 거실의 벽화에 쓰다(題玄武禪師屋
　　壁)〉의 "지팡이 짚고 나서면 학이 가까이 하고, 나무잔 타고 물 건너도 갈매기 놀라
　　지 않네(錫飛常近鶴, 杯渡不驚鷗)" 구절을 원용한 표현이다.
46　『신증동국여지승람』 권51 「평양부」에 실려 있다.
47　『신증동국여지승람』 권51 「평양부」에 실려 있다.

〈통한교(通漢橋)〉[48]

虹橋駕迥繞銀灣　무지개다리가 멀리 은하수를 둘렀으니

漢使星查幾往還　한나라 사신의 뗏목이 몇 번이나 오갔던가.

一片天孫機下石　한 조각 돌은 직녀의 베틀 받치는 바위

榴花歲久遍人間　석류꽃은 오랜 세월 세상에 널리 퍼져 있네.[49]

〈박금천(薄金川)〉[50]

一道飛川始發源　나는 듯한 한 줄기 냇물의 발원지는

紅衢斷處乳山根　인적이 끊어진 유산(乳山)에서 시작되네.

甘凉氣味宜烹茗　시원하고 단 맛이 차 달이기에 알맞아

苦被都人汲引喧　도성 사람들 물 긷느라 시끌벅적.

一水來從何處源　한 줄기 흐르는 물 어디에서 발원했나,

乳山山下白雲根　유산의 산 아래 백운(白雲)에서 시작되네.

試茶處處人相汲　차 달이려 곳곳에서 사람들이 길어가며

人去人來盡日喧　오고 가는 사람들로 온종일 시끄럽네.

〈임원역(林原驛)〉[51]

認得孤郵隔數峯　여러 산봉우리 너머 외로운 역 있으리니

林間聽取一聲厖　숲 사이로 삽살개 짖는 소리 들려서이네.

---

48 『신증동국여지승람』 권51 「평양부」에 실려 있다.

49 진(晉) 나라 장화(張華)의 『박물지(博物志)』 권6에 한나라 사신 장건(張騫)이 서역에서 안석류, 호도(胡桃), 포도 등을 가지고 돌아왔다고 하였다.

50 『신증동국여지승람』 권51 「평양부」에 실려 있다.

51 『신증동국여지승람』 권51 「평양부」에 실려 있다.

崩崖窈窱穿雲棧　깊고 험한 벼랑에선 구름사다리 지나고

絶磵伶俜度石矼　구불구불한 험한 시내에선 징검다리 건너네.

漠漠秦亭長復短　아득한 역원은 멀어졌다가 가까워지고

迢迢楚堠隻還雙　멀리 보이는 장승은 하나였는데 둘이네.

檣頭遠眺天無際　고래 들어 끝없는 하늘을 바라보자니

早晚行經北受降　장차 북쪽의 수항정[52]을 지나겠네.

〈영귀루(詠歸樓)〉[53]

雨過長江曉氣淸　비 내린 긴 강에 새벽 기운 맑은데

晴暉玉鏡照人明　햇빛 비쳐 옥거울인양 사람을 환히 비추네.

亂岩駭浪爭何事　바위와 물결은 무슨 일로 다투는지

相遇難禁怒罵聲　서로 만나면 성나 꾸짖는 소리 막을 길이 없구나.

兩槳悠悠河水淸　두 돛단배는 유유하고 강물은 맑은데

遠山如黛畵分明　먼 산은 마치 눈썹을 그린 듯 선명하네.

一樽酒醉不歸去　한 잔 술에 취해 돌아가지 않고 있으니

潮落沙頭鷗鳥聲　모래 가엔 썰물 지고 갈매기 소리 들린다.

鎬京地勝景雖多　평양 땅에는 승경이 많다고 하지만

遊賞遍憐帶郭河　유람에는 성을 두른 강물이 좋아라.

初放牙檣輕信浪　처음에 배 탈 땐 가볍게 물결 따라 가다가

忽傳羽觴快隨波　어느덧 술잔 돌리니 파도 따라 빨리 가네.

52　수항정(受降亭)은 압록강변에 있다.

53　『신증동국여지승람』 권51 「평양부」에 실려 있다.

黃鶯囀處杜工部　꾀꼬리 우는 곳의 두공부인가.[54]

白鷺飛邊張志和　백로가 날던 곳의 장지화인가.[55]

澤畔恐遭漁父笑　강가 어부의 비웃음 당할까 두렵지만

朱顔頹玉莫辭酡　얼굴에 취기 오르는 걸[56] 사양하지 말게나.

권한공(權漢功)[57]

〈영귀루(詠歸樓)〉[58]

磯邊綠樹春陰薄　낚시터의 푸른 나무엔 봄 그늘 엷고

江上青山暮色多　강가의 푸른 산엔 저녁 빛이 짙네.

宛在水中迷遠近　강 한가운데라서[59] 원근을 분간 못하니

芳洲何處竹枝歌　방주의 어디에서 죽지가를 부르는가?[60]

---

54 두보 시 〈꽃을 찾아 홀로 강가를 거닐다(江畔獨步尋花)〉 전7수 중 제6수에 "꽃 떠나지 못하는 나비들은 춤을 추고, 꾀꼬리 꾀꼴꾀꼴 제멋대로 노래하네(留連戲蝶時時舞, 自在嬌鶯恰恰啼)" 구절이 있다.

55 장지화의 사(詞) 〈어가자(漁歌子)〉에 "서백산 앞에는 백로가 날고, 복숭아꽃 흐르는 강엔 쏘가리가 살이 올랐네(西塞山前白鷺飛, 桃花流水鱖魚肥)" 구절이 있다.

56 퇴옥산(頹玉山) : 용모가 좋은 사람이 술에 만취된 것을 형용하는 말. 동진(東晉)의 산도(山濤)가 "혜강의 사람됨은 우뚝하여 마치 외로운 소나무 같고, 술에 취했을 때에는 마치 옥산이 무너지는 것 같다(稽叔夜之爲人也, 巖巖若孤松之獨立, 其醉也, 傀俄若玉山之將崩)"고 하였다.

57 권한공(?~1349) : 고려 후기의 문신. 본관은 안동(安東), 호는 일재(一齋). 원나라에 성절사(聖節使)로 다녀왔으며 뒤에 충선왕을 따라 원나라에 있으면서 총애를 받았다. 저서로 『일재일고(一齋逸稿)』가 있다.

58 본문에서는 같은 제목일 경우 부분적으로 시 제목 아래에 여러 인명과 시를 나열해 놓고 있으나 이 책에서는 번역자가 앞의 시 제목으로 생략된 시 제목을 보충해 넣었다.

59 『시경』 「국풍」 〈겸가(蒹葭)〉에 "물결 거슬러 헤엄쳐 따르려 해도, 멀리 물 가운데 계시네(遡游從之, 宛在水中央)" 구절이 있다.

60 『신증동국여지승람』 권51 「평양부」와 『동문선』 권21에 실려 있다. 시 제목은 〈황경 계축년 술에 취해 대동강헌창의 4글자를 얻어 짓다(皇慶癸丑酒酣得四書于大同江軒

〈부벽루(浮碧樓)〉

白鷗波上疏疏雨　흰 갈매기 나는 강물에 부슬비 오고

黃犢坡南點點山　누런 송아지 있는 언덕엔 점점이 산이네.

繡嶺日昏蝙蝠鬧　금수산에 날 저물어 박쥐들 소란한데

銀灘雲暝鷺鷥閑　백은탄은 구름 어둑한데 해오라기 한가하네.[61]

手携永明長慶僧　영명사와 장경사 중들의 손을 끌고

扁舟蕩漾江中流　대동강 중류에 배를 띄웠네.

宛在紅塵不到處　속세가 닿지 않은 곳에 있지만

更窮滄浪欲盡頭　다시 물결 다한 곳까지 가 보리라.

古來賢達知誰健　예부터 현달한 이들 중에 누가 건재하였나,

我醉欲眠君且休　나는 취해 이만 자려니 그대 잠시 쉬게나.[62]

月岩以南天下少　월암 남쪽은 천하에 드문 경치이니

朝天石老煙雨愁　조천석은 오래됐고 안개비는 시름겹네.[63]

窓〉〉이다. 『동문선』에는 제4구 '芳洲'가 '夕陽'으로 되어 있다.

61　『신증동국여지승람』 권51 「평양부」와 『동문선』 권21에 실려 있다. 『동문선』의 시 제목은 〈영명루(永明樓)〉이다. 시 원문은 『신증동국여지승람』과는 동일하나 『동문선』의 3, 4구와는 차이가 있다. 『동문선』의 3, 4구는 "흥이 나면 곧 와서 고삐 돌리기 잊나니, 긴 한가함이 이 잠시의 한가함만 하겠는가(有興卽來忘返轡, 長閑郡似此偸閑)"이다.

62　이백의 시 〈산에서 은자와 대작하며(山中與幽人對酌)〉에 "나는 취해 이만 자려니 자네는 갔다가, 내일 술 생각나면 거문고 갖고 찾아오게(我醉欲眠卿且去, 明朝有意抱琴來)" 구절이 있다.

63　『신증동국여지승람』 권51 「평양부」와 『동문선』 권7에 실려 있으며 시제가 〈부벽루 차운(浮碧樓次韻)〉이다.

조간(趙簡)[64]

〈영명루(永明樓)〉[65]

大平車蓋欲東還	태평시대 어가가 환경(還京)하려는데
金碧重輝錦繡山	금수산에 누각이 또다시 빛나네.
穿月棹聲連榻上	달을 뚫는 상앗대 소리[66] 평상 위에 들려오고
掛空燈影落波間	공중에 걸린 등불 빛은 물결 사이에 떨어지네.
銀灘釣叟魚同樂	백은탄의 어부는 물고기와 함께 즐기고
翠嶂禪僧鶴共閑	푸른 산의 선승은 학과 함께 한가하네.
對此若論多少景	이곳을 보고 풍경의 우열을 논한다면
南賓八詠摠無顔	남빈의 팔영[67]이 모두 다 무색하리라.

---

64 조간(?~?) : 고려 후기의 문신. 충선왕 때 형조시랑우간의대부(刑曹侍郞右諫議大夫)를 거쳐 밀직부사가 되었고 충숙왕 때 검교첨의평리(檢校僉議評理)를 역임했다.

65 『동문선』 권14에 실려 있으며 시제가 〈영명루 시에 차운하다(次永明樓韻)〉이다. 『신증동국여지승람』 권51 「평양부」에서는 '부벽루' 부분에 실려 있다.

66 우리나라 및 중국의 시화에 실려 있는 일화이다. 『해동역사(海東繹史)』 권47 「예문지(藝文志)」 6에는 출전을 『요산당외기(堯山堂外紀)』라고 명시하고 있다. 신라의 사신과 당나라 시인 가도(賈島)의 시 대결에 관한 내용으로 신라의 사신이 "물새들은 떠올랐다 물에 잠겼다, 산 구름은 끊어졌다 또 이어지네(沙鳥浮還沒, 山雲斷復連)"라고 하자 가도가 "상앗대는 물결 아래 달을 꿰뚫고, 배는 물속 하늘을 누르고 있네(棹穿波底月, 舡壓水中天)"로 응수했다는 내용으로 세부적인 내용은 시화마다 차이가 있다. 고려의 사신이라고 하거나 신라 사신이 최치원(崔致遠)이라고 지목한 경우도 있다.

67 남빈(南賓)은 중국의 지명. 양(梁)나라 심약(沈約)이 동양태수(東陽太守) 시절에 현창루(玄暢樓)에서 팔영시를 지은 적이 있다.

박의(朴義)[68]

〈영명사(永明寺)〉[69]

擬欲輕舟訪僧寺	가벼운 배를 타고 절 찾아가려고
狂歌醉舞流中流	노래 부르고 춤을 추며 중류로 흘러왔네.
臺前瀲灩一江面	누대 앞에 넘실넘실 한 줄기 강물,
島外出沒千山頭	섬 밖에 들락날락 여러 산봉우리.
興多遊子語擾擾	흥겨운 유람객들 왁자지껄 얘기하는데
道高老衲言休休	도 높은 늙은 중은 조용조용 말하네.
月岩峯上一輪月	월암봉 위에 뜬 저 둥근달은
照破人人今古愁	언제나 사람들의 시름을 환히 비춰주네.

형군소(邢君紹)[70]

〈일재의 대동선창에 차운하다(次一齋大同船窓韻)〉[71]

江中石老煙波沒	강 가운데 오래된 바위는 물결에 잠겨 있고
城上臺荒草樹多	성위의 황폐해진 대에는 초목이 우거졌네.

68　본문에는 따로 작자가 명기되어 있지 않으나,『동문선』과『신증동국여지승람』에는 박의(朴義)의 시로 나와 있다. 박의(?~1321) : 고려 후기 관료. 본관은 밀양(密陽). 충렬왕(忠烈王) 때 매와 개를 잘 다루어 총애받았다.

69　『신증동국여지승람』 권51 「평양부」와『동문선』 권15에 실려 있다.『동문선』의 시 제목은 〈영명사 시에 차운하다(永明寺次韻)〉이다.『동문선』에는 제5구 '遊'가 '游'로 되어 있다.

70　형군소(?~?) : 고려 말기 문신. 자는 성주(聖柱), 호는 경재(景齋). 평양윤(平壤尹)을 거쳐, 춘천(春川), 회양(淮陽), 강릉(江陵)의 삼도관찰사(三道觀察使)를 지냈다.

71　『신증동국여지승람』 권51 「평양부」와『동문선』 권20에 실려 있다.『동문선』의 시 제목은 〈서경에서 권일재의 대동강선창 시에 차운하다(西京次權一齋大同江船窓韻)〉이다.

好古客來何所感 옛 것을 좋아하는 나그네는 무엇을 느끼는가.
黃河一曲昔人歌 황하 한 곡조는 옛 사람의 노래일세.

〈영명사 부벽루(永明寺浮碧樓)〉[72]

江樓孤笛動龍眠 강 누각의 피리 소리 용의 잠을 깨우는데
醉裏風流白日仙 취중의 풍류로 보니 대낮의 신선이네.
遠樹似雲雲似樹 먼 나무가 구름인 양, 구름이 나무인 양,
長天浮水水浮天 높은 하늘이 물에 둥실, 물은 하늘에 둥실.
兩崖出沒高低岸 두 벼랑 사이엔 높고 낮은 언덕이 출몰하고
萬派朝宗巨細川 만 갈래 강물엔 크고 작은 냇물들이 모여드네.
一葉扁舟何處客 일엽편주의 나그네는 어디로 가는지,
茫茫獨去夕陽邊 아득히 석양 가를 홀로 가고 있구나.

이혼(李混)[73]

〈영명사(永明寺)〉[74]

永明寺中僧不見 영명사 안에 중은 보이지 않고

---

72 『신증동국여지승람』권51 「평양부」와 『동문선』권15에 실려 있다. 『동문선』에는
   제3구의 '樹'가 '뫼'로 되어 있다.
73 이혼(1252~1312): 고려 후기의 문신. 본관은 전의(全義), 자는 거화(去華)·일우
   (一宇)·태초(太初), 호는 몽암(蒙菴). 뒤에 예안백(禮安伯)에 봉해져 예안이씨의 시
   조가 되었다. 하정사(賀正使)로 원나라에 가서 그 곳에 있던 충선왕과 관제 개혁을
   결정하고 돌아왔고 충선왕이 원나라에서 즉위하자 대사백(大詞伯)에 봉해지고 벽
   상삼한공신(壁上三韓功臣)에 녹훈되었다.
74 『신증동국여지승람』권51 「평양부」와 『동문선』권14에 실려 있다. 『동문선』의 시
   제목은 〈서경 영명사(西京永明寺)〉이다.

永明寺前江自流　영명사 앞에 강만 절로 흐르네.

山空孤塔立庭際　빈 산 외로운 탑이 뜰에 서 있고

人斷小舟橫渡頭　인적 없는 작은 배는 나루에 비껴 있네.

長天去鳥欲何向　하늘 높이 나는 새는 어디로 가려는가,

大野東風吹不休　넓은 들에 동풍이 쉴 새 없이 불어오네.

往事微茫問無處　아득한 지난 일을 물을 곳 없으니

淡煙斜日使人愁　안개 긴 석양에 시름겹구나.

이지저(李之氐)[75]

〈서도 구호(西都口號)〉[76]

大同江水瑠璃碧　대동강 물은 유리처럼 푸르고

長樂宮花錦繡紅　장락궁 꽃은 비단처럼 붉구나.

玉輦一遊非好事　임금의 유람은 좋아서 하는 일이 아니라

大平風月與民同　태평시절의 경치를 백성과 함께 하려해서네.

---

75 이지저(1092~1145) : 고려 중기의 문신. 이자겸의 친족이었으나 가까이 하지 않았고 묘청·백수한과도 정치적 입장을 달리 했다. 참지정사판서경유수사(參知政事判西京留守事)를 지냈다.
76 『신증동국여지승람』 권51 「평양부」와 『동문선』 권19에 실려 있다. '구호(口號)'는 즉석에서 시를 짓는다는 뜻이다.

이방직(李邦直)[77]

〈서도에 어가를 호종하며(扈駕西都)〉[78]

春風信馬繞長城　봄바람에 말 타고 긴 성을 둘러 가니
水遠天長霽色明　물은 멀고 하늘은 길고 갠 날씨는 산뜻해라.
釣得溪魚挑野菜　시내에서 물고기 잡고 들판에서 나물 뜯어
午陰多處等閑烹　낮 그늘 많은 곳에서 한가하게 삶아 먹네.

이제현(李齊賢)[79]

〈서도에서 형통헌과 이별하며(西都留別邢通憲)〉[80]

露侵征袖曉寒多　이슬이 소매로 스며들어 새벽이 쌀쌀한데
酒盡離觴塞月斜　전별하는 술자리 끝나니 변방의 달이 지네.
誰料北窓螢雪客　누가 생각했으랴. 북창에서 공부하던 그대가
每年鞍馬走風沙　해마다 말 타고 모래 바람 속을 달릴 줄을.

77 　이방직(?~1384) : 고려 후기의 문신. 본관은 청주(淸州), 자는 청경(淸卿), 호는 의곡
　　(義谷). 집현전 대제학(集賢殿大提學)에 이르렀으며 낭천군(狼川君)에 봉해졌다.
78 　『신증동국여지승람』 권51 「평양부」에 1, 2구만 실려 있다.
79 　이제현(1287~1367) : 고려 후기의 문신. 본관은 경주(慶州), 초명은 지공(之公), 자
　　는 중사(仲思), 호는 익재(益齋)·역옹(櫟翁). 상왕인 충선왕의 부름을 받아 원나라
　　수도 연경으로 가서 만권당(萬卷堂)에 머물렀고 이로부터 그는 만권당에 출입한 요
　　수(姚燧)·염복(閻復)·원명선(元明善)·조맹부(趙孟頫) 등의 문인들과 교유할 수
　　있었다. 저서로 『익재난고(益齋亂藁)』와 『역옹패설』이 있다.
80 　『익재난고』 권1에 실려 있다. '형통헌'은 형군소(邢君紹)이다.

최해(崔瀣)[81]

〈대동강 선창에서 권일재의 시에 차운하다(次大同江船窓權一齋韻)〉

濃濃淡淡雲煙好　짙었다 옅었다 하는 안개가 좋은데

去去來來客子多　갔다가 왔다가 하는 나그네도 많구나.

極口道人難到處　사람들이 오기 힘든 곳이라고 말들 하지만

又因行迫未成歌　또한 갈 길 바빠 노래를 못다 부르네.[82]

홍간(洪侃)[83]

〈봉황대(鳳凰臺)〉[84]

鏡裏山光菡萏斜　거울 속 산 그림자에 연꽃이 비껴 있는데

古人長使後人嗟　옛 사람은 항상 뒷사람을 탄식하게 하네.

始封箕子名空在　처음 봉해진 기자는 이름만 부질없이 남아있고

遠徙秦人迹轉賒　멀리 옮겨왔던 진인은 사적이 더욱 아득하네.

鳲鵲觀傾松櫟暗　지작관[85]은 기울어 소나무 컴컴하고

81　최해(1287~1340) : 고려 후기의 문신. 본관은 경주(慶州). 자는 언명보(彦明父)·수옹(壽翁), 호는 졸옹(拙翁)·예산농은(猊山農隱). 최치원의 후손이다. 1320년 안축(安軸)·이연경(李衍京) 등과 함께 원나라의 과거에 응시하였는데 혼자 급제하여 1321년 요양로개주판관(遼陽路蓋州判官)이 되었다. 『동인지문(東人之文)』을 편찬하였고 문집으로 『졸고천백(拙藁千百)』이 있다.

82　『신증동국여지승람』 권51 「평양부」와 『동문선』 권20에 실려 있다. 본문에는 시 제목이 빠져 있어서 『동문선』의 시 제목을 따라 보충하였다.

83　홍간(?~1304) : 고려 후기의 문신. 자는 자운(子雲)·운부(雲夫), 호는 홍애(洪崖), 본관은 풍산(豊山). 문집으로 『홍애유고(洪崖遺稿)』가 있다.

84　『신증동국여지승람』 권51 「평양부」와 『홍애유고』에 실려 있다. 문집의 시 제목은 〈이몽암의 서경회고에 차운하다(次韻李蒙庵西京懷古)〉이다.

鳳凰臺沒草萊多	봉황대는 무너져서 풀만 무성하네.
時時峽雨飛成雹	이따금 협곡의 비는 날려서 우박이 되고
歲歲江槎臥放花	해마다 배가 멈춰선 곳에 꽃이 피네.
觳觫拖春耕野燒	소[86]는 봄날 들불 놓은 밭을 갈고
鉤輈隔葉和村笳	자고새[87]는 나뭇잎 너머에서 마을 피리에 화답하네.
隱儒能說紅綾餤	은거하는 선비는 홍릉담[88] 이야기를 잘 하고
桑女猶傳玉樹歌	뽕 따는 여인은 아직도 옥수가[89]를 전하네.
城郭鶴身來又去	성곽에는 학으로 변해[90] 왔다가 또 가고
古今蝸角靜還嘩	고금은 달팽이뿔[91]처럼 고요하다 다시 시끄럽네.
興亡袞袞何時盡	흥망은 연이으니 어느 때나 그치려나.
欸乃聲中水自波	여기여차 배 젓는 소리에 강물이 물결치네.

---

85 한 무제(漢武帝) 때 지은 운양 감천원(雲陽甘泉苑)에 있던 궁전.

86 '곡속(觳觫)'은 무서워서 벌벌 떠는 모습이지만 『맹자』 「양혜왕」의 "왕께서 말하기를, '그만 두어라. 나는 (그 소가) 두려워 벌벌 떨며 죄없이 사지에 나가는 것을 차마 보지 못하겠다.'(王曰 : '舍之. 吾不忍其觳觫若無罪而就死地.')" 구절에서 소의 모습을 형용하고 있으므로 이 구절의 '곡속'은 소를 가리키는 것으로 이해했다.

87 구주(鉤輈) : 구주격책(鉤輈格磔). 자고새의 우는 소리. 자고새의 울 때 '구주격책, 구주격책'으로 들려서 이런 이름이 붙었다.

88 당(唐) 나라 희종(僖宗)이 떡을 먹다가 마침 진사(進士)들이 곡강(曲江)에서 과거 급제를 자축하는 문희연(聞喜宴)을 한다는 소식을 듣고 어주(御廚)에 명하여 사람 숫자대로 홍릉병담(紅綾餅餤)을 하사했다.

89 진 후주(陳後主)가 즐겨 부르다가 나라를 망친 〈옥수후정화곡(玉樹後庭花曲)〉.

90 정령위(丁令威)가 천년 만에 학이 되어 요동의 성문 화표주(華表柱)에 날아와 앉았다는 고사.

91 달팽이의 뿔. 달팽이의 두 뿔 위에 만(蠻)과 촉(觸)의 두 나라가 있어 서로 다툰다고 한다.

김구(金坵)[92]

〈경자년 몽고에 조회하고 서경을 지나며(庚子歲, 朝蒙古過西京)〉[93]

扁舟橫截碧江水	작은 배로 푸른 강물을 가로 질러서
晚抵荒凉長慶寺	저녁에야 황량한 장경사에 도착했네.
悲詞輒欲弔江山	슬픈 노래로 강산을 조문하려 하니
恐有坤靈潛下淚	아마 땅 신령도 남몰래 눈물 흘리리라.
憶曾負笈遠追師	생각하면 멀리 스승님 따라 유학와서
正見西都全盛時	서도의 전성기를 마침 봤었네.
月明萬戶不知閉	달 밝은데 온 마을은 문 걸 줄 몰랐고
塵靜九衢無拾遺	먼지 없는 큰길에선 흘린 물건도 줍지 않았네.
如今往事盡如掃	이제 지난 일들은 모두 다 쓸어버린 듯
可憐城闕空靑草	가엾게도 궁궐에는 푸른 풀만 우거졌네.
鋤犁半入英雄居	호미와 보습이 영웅의 집을 갈아엎고
麻麥遍生朝市道	삼과 보리가 조정과 저자 길에 나 있네.
採桑何處蒨裙兒	붉은 치마 입고 뽕 따는 어느 집 아이가
哀唱一聲愁欲老	슬피 한 소절 부르니 시름겨워 늙을 듯.

---

92 김구(1211~1278) : 고려 말기의 문신. 자는 차산(次山), 호는 지포(止浦), 초명은 백일(百鎰). 서장관(書狀官)으로 원나라에 다녀왔으며 북경 여행의 기행문 『북정록(北征錄)』을 지었다. 『지포집(止浦集)』이 있다.

93 『지포집』 권1에 실려 있다. 문집의 시 제목은 〈서경을 지나며(過西京)〉이다. 문집에는 제4구 '坤'이 '神'으로 되어 있다. '경자년'은 1240년(고종 27)이다.

정몽주(鄭夢周)[94]

〈을축년 9월 사신 학록 장부, 전부 주탁을 모시고 서경 영명루에 올라 시판의 시에 차운하다(乙丑九月, 陪天使張學錄溥周典簿倬, 登西京永明樓, 次板上韻)〉[95]

使臣東下作淸遊	사신이 동국으로 와서 맑은 유람하니
俱是當今第一流	모두 지금의 일류 문인들이네.
玉節遠過遼海上	옥절 들고 멀리 요동 바다 지나서
黃花初見浿江頭	국화 필 무렵에 대동강 어귀에 있네.
人生有酒莫辭醉	인생사 술 있을 때 취한다 사양 말고
客裏對山聊可休	여행길에 산을 대하면 쉬어가도 좋으리.
萬國卽今歸混一	모든 나라가 지금 황제에게 귀의하는데
登臨不用起閑愁	올라가서 시름겨워 할 일이 뭐가 있으랴.

---

94 정몽주(1337~1392) : 조선 말기의 문신. 본관 영일(迎日), 자 달가(達可), 호 포은(圃隱), 초명 몽란(夢蘭)·몽룡(夢龍). 이인임 등이 주장하는 배명친원(排明親元)의 외교방침을 반대하다 유배되었고 후에 성절사(聖節使)로 명나라에 가서 대명국교(對明國交)를 회복하는 데 공을 세웠다. 이성계를 만난 뒤 귀가하던 도중 선죽교에서 방원의 부하 조영규(趙英珪) 등에게 격살되었다. 문집으로 『포은집』이 있다.

95 『신증동국여지승람』 권51 「평양부」와 『포은집』 권2에 실려 있다. '을축년'은 1385년(우왕 11)이다.

이숭인(李崇仁)[96]

〈차운(次韻)〉[97]

勝日同登百尺樓　좋은 날 함께 백척루에 올랐더니

長江袞袞自東流　긴 강 넘실넘실 동쪽에서 흘러오네

佳人媚嫵空青眼　미인은 아양 떨며 괜스레 반가워하고

遊子歸來欲白頭　나그네는 돌아오니 머리가 세려 하네.

岩勢遠廻猶未了　암벽의 형세는 멀리 돌아도 끝이 없고

物華生意不能休　물색의 생기는 쉼 없이 생겨나네.

吟邊却想龍潭路　시 읊다가 문득 용담 길 떠올리니

信美還如客裏愁　진실로 아름다우나 나그네길이라 서글프네.[98]

임밀(林密)[99]

〈풍월루(風月樓)〉[100]

使客登臨慰遠遊　사신이 올라와 객수를 달래는데

96　이숭인(1347~1392) : 고려 말기의 문신. 본관은 성주, 자는 자안(子安), 호는 도은
(陶隱). 예문관제학을 역임했고, 조선 개국 이후에는 정도전에 의해 장살되었다. 문
집으로 『도은집(陶隱集)』이 있다.

97　『도은집』 권2에 실려 있다. 시 제목은 〈부벽루 순문사 영공께 써서 드리다(浮碧樓次韻
錄呈巡問令公)〉이다. 『도은집』에는 제5구 '廻'가 '回'로, 제7구 '邊'이 '餘'로 되어 있다.

98　후한 말 위(魏)나라 왕찬(王粲)이 〈등루부(登樓賦)〉에서 "참으로 아름답긴 하다마
는 우리의 땅이 아니구나. 어찌 잠시 머물 수 있겠는가(雖信美而非吾土兮 曾何足以
少留)"라고 탄식하였다.

99　명나라 사신. 본문의 '실주(實周)'가 임밀의 호(號)인지는 불분명하다. 이숭인의 문
집에는 임밀을 '실주주사(實周主事)'로 지칭하기도 했다. 『동국통감』에 따르면 1374
년(공민왕 23) 4월에 탐라의 말 2천 필을 바치게 하라는 명을 받고 예부주사(禮部主
事) 임밀(林密)과 자목대사(孶牧大使) 채빈(蔡斌)이 고려에 왔다.

萬松青鎖翠雲浮　소나무가 둘러있고 푸른 구름 떠 있네.

風來四座不知暑　바람이 사방에서 오니 더위를 모르겠고

月到半天渾似秋　달이 중천에 떠오르니 온통 가을인 듯.

香動碧荷開水面　향기를 풍기는 푸른 연이 수면에 펼쳐 있고

影搖新柳近簷頭　그림자 흔드는 새 버들이 처마에 드리웠네.

倚欄明日還中土　누각에 오른 뒤 내일 중국으로 돌아가면

應說西京有此樓　틀림없이 서경에 이 누각 있었다고 말하리라.

이색(李穡)[101]

〈부벽루(浮碧樓)〉[102]

昨過永明寺　어제 영명사를 지나다

暫登浮碧樓　잠시 부벽루에 올랐네.

城空月一片　빈 성엔 달 한 조각,

石老雲千秋　오래된 바위엔 천고의 구름.

麟馬去不返　기린마는 가서 돌아오지 않는데

天孫何處遊　천손이 어디에서 노니는가.

長嘯倚風磴　길게 휘파람 불면서 돌계단에 기대니

山青江自流　산은 푸르고 강은 절로 흐르네.

---

100 『신증동국여지승람』 권51 「평양부」에 실려 있다.
101 이색(1328~1396) : 고려 후기의 문신. 본관은 한산(韓山), 자는 영숙(穎叔), 호는 목
　　은(牧隱). 이곡(李穀)의 아들이자 이제현의 문인이다. 대사성이 되어 김구용(金九
　　容)·정몽주(鄭夢周)·이숭인(李崇仁) 등을 학관으로 채용해 신유학의 보급과 발전
　　에 공헌하였다. 저서에 『목은문고(牧隱文藁)』와 『목은시고(牧隱詩藁)』 등이 있다.
102 『신증동국여지승람』 권51 「평양부」와 『목은집』 「목은시고」 권2에 실려 있다.

〈기린굴(麒麟窟)〉[103]

麟去白雲窟	기린마는 백운굴을 떠났고
龍歸芳草洲	용마는 방초주로 돌아갔네.
江山如昨日	강산은 마치 어제 같은데
有客獨登樓	나그네 홀로 누각에 올랐네.

정포(鄭誧)[104]

〈부벽루(浮碧樓)〉[105]

登臨盡日却忘還	온종일 누각에서 돌아가길 잊은 채
貪看樓前水與山	누각 앞의 산과 강을 맘껏 구경하네.
繞渚鷺明煙雨裏	물가의 해오라기는 빗속에 뚜렷하고
倚闌人在畵圖間	난간에 의지한 사람은 그림 속에 있네.
一天不礙心何限	온 하늘에 거침이 없어 마음은 끝이 없고
萬景爭牽眼未閑	온갖 경치에 이끌리느라 눈이 한가할 틈이 없네.
誰把蓬壺移此地	누가 봉래산을 이곳에 옮겨 놓았던가.
直將風骨換童顔	당장 내 모습을 동안으로 바꾸리라.[106]

---

103 『신증동국여지승람』 권51 「평양부」와 『목은집』 「목은시고」 권3에 실려 있다. 문집
의 시 제목은 〈다시 부벽루를 지나며(再過浮碧樓)〉이다. 문집에는 제1구 '麟'이 '驎'
으로 되어 있다.

104 정포(1309~1345) : 고려 후기의 문신. 본관은 청주(淸州), 자는 중부(仲孚), 호는 설
곡(雪谷). 최해(崔瀣)의 문인이다. 예문수찬이 되어 원나라에 가다가 귀국하던 충숙
왕을 배알하여 인정을 받아 좌사간(左司諫)으로 발탁되었다. 충혜왕 때에는 직간하
다가 면직되었고 무고로 유배되었다. 문집으로 『설곡집(雪谷集)』이 있다.

105 본문에는 〈부벽루〉 아래 여러 시인과 시가 나와 있으나 체제의 통일성을 위해 여기
에서는 시인-시 제목 순으로 표기하였다.

윤택(尹澤)[107]

〈부벽루(浮碧樓)〉

莫謂層崖高閣險	층층 벼랑 위 높은 누각 험하다 말게.
怳如騎鶴跨江流	마치 학을 타고 강물에 걸터앉은 듯.
野花颺彩明春意	들꽃은 색을 날리며 봄뜻을 밝히고
月露懸光影樹頭	달밤 이슬은 빛을 매달아 나무 끝을 비춘다.
爽氣浮雲微雨後	상쾌한 기운 뜬 구름은 가랑비 온 뒤 풍경,
綠陰芳草幾時休	녹음 방초는 언제나 그치려나.
樓前眼界窮無礙	누각 앞 시야가 거칠 것이 없으니
山與雲平不見愁	산과 구름 평평하여 시름이 보이지 않네.[108]

장부(張溥)[109]

〈부벽루(浮碧樓)〉

蘭橈飛櫓下滄溟	조각배 타고 노 저어 내려가
江上來尋浮碧亭	강가에 올라 부벽루를 찾아갔네.

---

106 『신증동국여지승람』 권51 「평양부」에 실려 있다. 문집에는 수록되어 있지 않다.
107 윤택(1289~1370) : 고려 후기의 문신. 본관은 무송(茂松), 자는 중덕(仲德), 호는 율정(栗亭). 연경에 머무르던 충숙왕에게서 후계자 추대의 부탁을 받고 공민왕을 세우려고 하였으나 충정왕이 즉위하면서 좌천되었다. 후에 공민왕이 즉위하자 밀직사에 들어가 제학을 거쳐 개성 부윤으로 치사하였고 정당문학 벼슬을 받았으나 사퇴하였다. 문집으로『율정집(栗亭集)』이 있다.
108 『신증동국여지승람』 권51 「평양부」에 실려 있다.
109 명나라 사신. 1385년(우왕 11) 9월에 단우(段祐) 등과 함께 명 태조의 조서를 가지고 왔다.

水底山光留住綠　강에 비친 산빛은 초록을 남겨두고

岩前樹色送來靑　바위에 어린 나무색은 푸른빛 보내오네.

離懷對景詩難就　떠날 생각에 풍경 봐도 시 짓기 어렵고

凉思吹入酒易醒　서늘한 기운 불어 와 술이 쉽게 깨네.

片餉登臨千古恨　잠시 올라 바라보니 천고의 한이 서려 있어

漫題歲月記曾經　그저 그동안 겪었던 세월을 써 보네.

停驂一上浿江樓　말을 멈춰 한번 패강의 누각에 올랐더니

翠浪重重檻外流　푸른 물결 겹겹이 난간 밖에 흐르네.

山色空餘詩客恨　산색은 부질없이 시객에게 한을 남기고

菊花還揷老人頭　국화는 도리어 노인의 머리에 꽂혔네.

同遊英傑情何厚　함께 노니는 영걸들 정이 얼마나 두터운가.

獨愧疎慵醉卽休　부끄러운 못난 나는 취하면 곧 쉬는구나.

四海一家恩寵裏　온 세상이 하나같이 은총 안에 있으니

登臨不用寫離愁　올라와서 시름을 토로할 일 없으리라.

주탁(周倬)[110]

〈부벽루(浮碧樓)〉

高樓百尺幾春秋　백 척 높은 누각 몇 해가 되었던가.

檻外長江日夜流　난간 밖 긴 강은 밤낮으로 흐르네.

110　명나라 사신. 1385년(우왕 11) 9월에 와서 우왕(禑王)을 책봉하여 왕으로 삼았으며
　　경효왕(敬孝王)의 시호를 '공민(恭愍)'이라고 내렸다.

薜荔年深縁石角 벽려는 오래되어 돌부리에 감겨있고

鸕鷀晝靜上灘頭 가마우지는 고요한 낮에 여울 어귀로 올라오네.

扶餘有土今猶在 부여의 옛 땅은 지금도 그대로 있고

箕子遺風久不休 기자의 유풍은 오랫동안 전해오네.

此際登臨共遊賞 이때 올라와서 함께 바라보노라니

滿前淸興解多愁 가득한 맑은 흥취 온갖 시름 풀어주네.[111]

육옹(陸顒)[112]

〈부벽루(浮碧樓)〉

孤舟晚泊近層樓 저물녘 배를 대니 누각이 가까워

爲愛登樓復捨舟 누각에 오르려고 다시 배를 버렸네.

風物暗隨時序改 풍경은 슬그머니 계절 따라 바뀌고

江山曾閱古今遊 강산은 예전부터 고금의 유람을 겪었네.

緣雲芳樹千峰合 구름까지 솟은 나무 천 봉우리 모여져 있고

岸夾桃花一水流 양 기슭의 복숭아꽃 사이로 한 줄기 강 흐른다.

回首未窮觀覽興 고개를 돌려보니 유상의 흥취 다하지 않아

紫簫吹月更夷猶 달 아래 피리 소리에 다시 머뭇거리네.[113]

---

111 『신증동국여지승람』 권51 「평양부」에 실려 있다.
112 명나라 사신. 1401년(태종 1) 2월에 예부주사(禮部主事) 육옹과 홍려행인(鴻臚行人) 임사영(林士英)이 황제의 조서를 받들고 왔다.
113 『신증동국여지승람』 권51 「평양부」에 실려 있다.

정도전(鄭道傳)[114]

〈부벽루(浮碧樓)〉

永明山下大江流	영명산 아래로 큰 강 흐르니
畫舸來尋浮碧樓	배를 타고 부벽루를 찾아왔네.
風笛正高天欲暮	피리 소리 드높고 날은 저무는데
煙波渺渺使人愁	물결이 아득하여 시름을 자아내네.[115]

정총(鄭摠)[116]

〈부벽루(浮碧樓)〉

江皐秣予馬	강 언덕에서 말에게 꼴을 먹이며
籍草坐移時	풀을 깔고 오래도록 앉아 있었네.
迥野平如掌	먼 들은 손바닥처럼 평평하고
高岑遠似眉	낮은 산은 눈썹처럼 아스라하네.
遶城江瀰瀰	성을 둘러 강은 넘실넘실 흐르고
隔岸樹離離	언덕 저편에 나무는 우거졌네.
邈矣八條教	아득한 팔조목의 가르침을

---

[114] 정도전(1342~1398) : 여말선초의 문신. 본관은 봉화(奉化), 자는 종지(宗之), 호는 삼봉(三峰). 이색의 문인이다. 조선 건국의 기초를 닦았으며 문집으로 『삼봉집』이 있다.

[115] 『신증동국여지승람』 권51 「평양부」와 『삼봉집』 권2에 실려 있다. 문집의 시 제목은 〈평양 부벽루에 쓰다(題平壤浮碧樓)〉이다.

[116] 정총(1358~1397) : 여말선초의 문신. 본관은 청주(淸州), 자는 만석(曼碩), 호는 복재(復齋). 고려말 이조판서를 거쳐 정당문학을 역임했으며 당시 중국에 보낸 표전문(表箋文)을 주로 지었다. 조선의 개국공신이며 정도전과 함께 『고려사』를 편찬했다. 문집으로 『복재집(復齋集)』이 있다.

誰能重設施　누가 거듭 베풀어 시행하리.[117]

이색(李穡)[118]

〈부벽루(浮碧樓)〉

城頭老樹猶遮日　성 어귀 늙은 나무는 오히려 해를 가려 주고
山頂高樓遠引風　산 정상 높은 누각은 멀리 바람을 끌어 오네[119]

권근(權近)[120]

〈부벽루(浮碧樓)〉

勝日聯鞍出郭遊　좋은 날 함께 말 타고 성곽을 노닐며
山前傑閣俯長流　산 앞에 높은 누각 긴 강을 굽어보네.
娟娟遠樹平郊外　하늘하늘 먼 나무 교외라 평평하고
泛泛扁舟古渡頭　넘실넘실 조각배는 옛 나루 어귀에 있네.

---

117 『신증동국여지승람』 권51 「평양부」와 『복재집』 상에 실려 있다. 시 제목은 〈18일에 대동강에 도착하다(十八日到大同江)〉이며, 총2수 중 제1수이다. 문집에는 제2구 '籍'이 '藉'로, 제4구 '高岑'이 '低峯'으로, 제5구 '邇'가 '繞'로 되어 있다.
118 본문에는 작자가 명기되어 있지 않다. 『목은시고』에 실려 있는 시이므로 여기에서는 작자를 명기하였다.
119 『목은시고』 권3에 실려 있다. 시 제목은 〈서경(西京)〉이며 『평양지』에 수록된 부분은 칠언율시 중 제5, 6구이다.
120 권근(1352~1409) : 여말선초의 문신. 본관은 안동(安東), 초명은 진(晉), 자는 가원 (可遠)・사숙(思叔), 호는 양촌(陽村)・소오자(小烏子). 조선왕조에 출사한 뒤 명나라에 가서 표전문제(表箋問題)를 해결하였고 조선의 문교시책을 다듬는 데 공헌했다. 문집으로 『양촌집』이 있다.

千載繁華相代謝　천 년간 번화함이 바뀌어가도

四時風景豈終休　사계절 풍경이 어찌 끝이 있으랴.

登臨悵望東南久　올라와서 창망하게 동남쪽을 바라보며

縹緲烟波送客愁　아득한 안개 낀 파도에 객수를 보낸다.[121]

〈대동강(大同江)〉[122]

箕子遺墟地自平　기자의 옛터는 땅이 절로 평탄한데

大同西折抱孤城　대동강은 서쪽으로 꺾여 성을 감쌌네.

烟波縹渺連天遠　물결은 아득히 하늘까지 이어졌고

沙水澄明澈底淸　모래 위 물은 맑아서 바닥까지 보이네.

廣納百川常混混　온갖 냇물 받아들여 언제나 콸콸 흐르고

虛涵萬像更盈盈　삼라만상을 담아내어 다시 넘실넘실.

沛然入海朝宗意　세차게 바다로 흘러들어가는 마음은

正似吾王事大誠　마치 대국을 섬기는 임금님의 정성 같네.

〈구제궁(九梯宮)〉[123]

紫翠峯巒控大邦　붉고 푸른 봉우리는 큰 나라를 두르고

芙蓉一朵揷長江　연꽃 한 송이는 긴 강에 꽂혀있네.

---

[121] 『신증동국여지승람』 권51 「평양부」와 『양촌집』 권5에 실려 있다. 시 제목은 〈무진 년 서도에 종군했을 때 지음(戊辰年西都從軍作)〉 중 '부벽루시 차운(次浮碧樓詩韻)' 이다. 문집에는 제1구 '聯'이 '連'으로, 제3구 '樹'가 '畄'로, 제4구 '泛泛'이 '汎汎'으로 되 어 있다.

[122] 『신증동국여지승람』 권51 「평양부」와 『양촌집』 권1에 실려 있다. 문집에는 제2구 '同'이 '江'으로, '折'이 '拆'으로, 제4구 '澈'이 '徹'로, 제7구 '沛'가 '霈'로 되어 있다.

[123] 『신증동국여지승람』 권51 「평양부」와 『양촌집』 권5에 실려 있다. 시 제목은 〈서도 잡영, 이대제와 함께 그 시에 차운하다(西都雜咏同李待制次其韻)〉 중 '구제궁(九梯 宮)'이다. 문집에는 제3구 '遺'가 '幽'로, 제7구 '脩然'이 '翛然'으로 되어 있다.

九梯宮廢尋遺址　황폐한 구제궁의 옛 터를 찾아보니

萬歲歌傳調舊腔　오랫동안 노래 전해져 옛 곡조를 부르네.

山海縱觀游目遠　산과 바다 마음껏 보니 시야가 트여있고

雲霞高步寸心降　구름 속을 거니니 마음이 누그러지네.

脩然白日登仙境　홀연히 대낮에 선경에 올라왔으니

定是人間未有雙　분명히 인간 세상에 이 같은 곳 없으리라.

〈영숭전(永崇殿)〉[124]

原廟深嚴面勢安　원묘[125]는 엄숙하고 터는 아늑한데

五雲飛繞翠松間　오색구름 뭉게뭉게 푸른 솔을 둘렀네.

江流袞袞思王澤　강물은 넘실넘실 왕의 은덕 생각하게 하고

天日明明識聖顔　해는 밝디 밝아 성인의 얼굴인 줄 알겠구나.

宮樹鳥啼春自老　궁궐 나무에 새는 우니 봄이 절로 저물고

禁門人靜晝常關　금문에는 인적 끊겨 낮에도 잠겨 있네.

永懷開國規模遠　나라 세운 원대한 규모 길이 생각하면서

再拜歸來恨滿山　재배하고 돌아오니 한이 산에 가득하네.

〈기린굴(麒麟窟)〉[126]

山前窟穴最深幽　산 앞에 동굴이 가장 깊고 으슥한데

聞道眞人昔此留　진인이 옛날에 이곳에 있었다고 하네.

---

124 『신증동국여지승람』 권51 「평양부」와 『양촌집』 권5에 실려 있다. 시 제목은 〈서도잡영,
　　이대제와 함께 그 시에 차운하다(西都雜詠同李待制次其韻)〉 중 '성용전(聖容殿)'이다.

125 원묘(原廟) : 정식 종묘를 세운 뒤에 또 건립한 종묘. 이때 '원(原)'은 거듭한다는 의
　　미이다.

126 『신증동국여지승람』 권51 「평양부」와 『양촌집』 권5에 실려 있다. 시 제목은 〈서도잡영,
　　이대제와 함께 그 시에 차운하다(西都雜詠同李待制次其韻)〉 중 '기린굴(麒麟窟)'이다.

麒麟自馴天上至　기린마 절로 길들어 하늘로 올라가고
鬼神爲導地中遊　귀신이 인도하여 땅 속에서 노닐었네.
冥冥有路通仙府　가물가물한 길은 신선의 세계로 이어지고
渺渺無蹤絶俗流　아득하게 자취 없어 속세와 끊어졌네.
語怪縱然非聖道　괴이한 이야기가 성인의 도는 아닐지라도
題詩聊記所傳由　시를 써 그저 전하는 바를 기록해 두네.

〈동명왕사(東明王祠)〉[127]

聞說鴻荒日　듣자하니 아득한 옛날
檀君降樹邊　단군이 나무 아래 내려오셨네.
位臨東國土　동쪽 땅에서 임금이 되었는데
時在帝堯天　때는 중국에 요임금 있을 무렵.
傳世不知幾　몇 세대를 전했는지 알 수 없으나
歷年曾過千　천 년의 세월을 지나왔다네.
後來箕子代　그 뒤에 기자의 대에 와서도
同是號朝鮮　똑같이 '조선'이라 이름 하였네.

---

127 『신증동국여지승람』 권51 「평양부」와 『양촌집』 권1에 실려 있다. 시 제목은 〈상고
시대 개벽한 동이왕(始古開闢東夷主)〉이다.

이첨(李詹)[128]

〈기린굴(麒麟窟)〉[129]

往事悠悠怪且神	아득한 지난 일이 괴상하고 신비하니
城東有窟號麒麟	성 동쪽에 있는 굴을 기린굴이라 하네.
明王從此朝天上	동명왕이 여기에서 하늘로 조회했다는데
巨石依然在水濱	큰 돌이 여전히 물가에 남아 있네.
沆水源深堪避世	원수(沅水)[130]의 수원처럼 깊어 세상을 피할 만하고
仇池穴窄僅容身	구지(仇池)[131]의 동굴처럼 좁아 겨우 들어갈 정도.
流傳足可供談笑	전설이 담소의 근거가 될 만하니
過客何煩辨僞眞	과객이야 구태여 진위 따져 무엇하랴.

〈조천석(朝天石)〉[132]

江石磐陁四面通	넓찍한 강 바위 사방으로 통해 있는데
朝天遺跡竟成空	하늘에 조회한 유적은 결국 사라져 버렸네.

---

128 이첨(1345~1405) : 여말선초의 문신. 본관은 신평(新平), 자는 중숙(中叔), 호는 쌍매당(雙梅堂). 조선 왕조에 출사하여 대사헌과 예문관대제학을 역임했다. 하륜 등과 『삼국사략』을 찬수했고 『저생전』을 지었다. 문집으로 『쌍매당협장문집(雙梅堂篋藏文集)』이 있다.

129 『신증동국여지승람』 권51 「평양부」에 실려 있다. 문집에는 실려 있지 않다.

130 원문의 '沆水'는 『신증동국여지승람』에서는 '沅水'로 되어 있다. '항수(沆水)'의 의미는 불확실하다. '원수(沅水)'는 『사기(史記)』에 굴원(屈原)이 참소를 받아 원수와 상수(湘水)를 건너 남쪽 해변인 장사(長沙)로 귀양갔다는 내용이 전하므로 '원수'의 착오가 아닐까 판단하였다. 다만 번역문에서는 원시는 원문 '항수((沆水)'를 따랐고 시 번역에서만 '원수(沅水)'로 바꾸어 번역하였다.

131 원문의 '仇池'는 『신증동국여지승람』에서는 '九池'로 되어 있다. '구지(仇池)'는 산 이름. 산에 동쪽과 서쪽 두 문이 있고 산 위에 1백 경(頃) 가량의 못이 있어서 이러한 이름이 붙었다. 두보의 시에 "만고의 세월 동안 구지혈은 몰래 소유천과 통해 있네(萬古仇池穴 潛通小有川)" 구절이 있다.

132 『신증동국여지승람』 권51 「평양부」에 실려 있다. 문집에는 실려 있지 않다.

蒼根屹立中泠水　　푸른 돌 뿌리가 우뚝 중류에 솟아 있고

白浪春撞兩岸風　　흰 물결이 양 기슭의 바람에 철썩이네.

雲物暗連麒麟窟　　구름은 아득히 기린굴에 이어지고

月華分照帝王宮　　달빛은 나뉘어 제왕궁에 비추네.

魚龍寂寞仙遊遠　　어룡은 적막하고 신선은 멀리 가서

留與苔磯坐釣翁　　남겨진 바위엔 낚시꾼이 앉아있네.

〈영숭전(永崇殿)〉[133]

朝暮齋官謁柘黃　　아침저녁으로 재관이 임금[134]께 배알하여

閟宮淸靜水沈香　　고요한 사당[135]에서 수침향[136]을 사르네.

箕封千載朝鮮國　　기자가 봉한 천 년의 조선국에

統合三韓祖聖王　　삼한을 통일한 성왕이시여.

入彩祥雲橫華岳　　상서로운 채색구름이 화악산에 비껴있고

重瞳瑞日照扶桑　　겹눈동자[137] 같은 해가 부상을 비추네.

鴻圖永固垂來裔　　원대한 왕업이 길이 후손에게 드리우니

玉葉金枝福祿昌　　임금의 자손들은 복록이 창대하리라.

---

133 『신증동국여지승람』 권51 「평양부」에 실려 있다. 문집에는 실려 있지 않다.
134 자황(柘黃) : 황적색의 임금의 옷.
135 비궁(閟宮) : 사당, 종묘.
136 물에 넣어 바로 가라앉는 침향.
137 눈에 눈동자가 두 개 있다는 뜻으로, 중국 순(舜) 임금의 눈동자가 둘이었으므로, 임금의 눈을 가리킨다.

김종서(金宗瑞)[138]

〈남포(南浦)〉[139]

送客江頭別恨多	님 보내는 강가에 이별의 한 많아
管絃凄斷不成歌	악기소리도 처량히 끊겨 노래를 부르지 못하네.
天敎風伯阻旌旆	하늘이 바람을 시켜 깃발을 막으니
一夕大同生晩波	하루 저녁 대동강에 늦은 물결 일어나네.

이극감(李克堪)[140]

〈남포(南浦)〉[141]

江上雪消江水多	강가에 눈 녹아 강물이 불었는데
夜來聞唱竹枝歌	밤이 되니 죽지가 노랫소리 들려오네.
與君一別思何盡	그대와 이별하면 그리움 어찌 다하랴.
千里春心送碧波	천리 떨어진 그리움을 푸른 물결에 보낸다.[142]

---

138 본문의 '余'는 '金'의 오기이다. 김종서(1383~1453) : 조선전기의 문신. 본관은 순천 (順天), 자는 국경(國卿), 호는 절재(節齋). 함길도관찰사가 된 뒤 7, 8년간 북변에서 육진(六鎭)을 개척해 두만강을 국경선으로 확정하는 데 공로를 세웠다.

139 『신증동국여지승람』 권51 「평양부」에 실려 있다.

140 이극감(1427~1465) : 조선 전기의 문신. 본관은 광주(廣州), 자는 덕여(德輿). 집현 전에 발탁되었고 사가독서를 하였다. 세조의 즉위를 도와 좌익공신이 되었고 형조 판서를 역임하였다. 신숙주 등과 함께 『국조보감』을 수찬하였고 『치평요람』, 『의방 유취』를 교정하여 간행하였다.

141 본문에서는 제목이 생략되어 번역자가 편의상 앞의 시 제목으로 보충하였다.

142 『신증동국여지승람』 권51 「평양부」와 『동문선』 권22에 실려 있다. 『동문선』의 시 제목은 〈대동강누선 시에 차운하다(次大同江樓船韻)〉이다.

김시습(金時習)[143]

〈부벽정(浮碧亭)〉[144]

不堪吟上浿江亭　패강 정자에서 시 짓기 어려우니

鳴咽江流腸斷聲　오열하는 강물소리 애간장을 끊는구나.

故國已鎖龍虎氣　옛 서울엔 용맹한 기상 어느덧 사라졌건만

荒城猶帶鳳凰形　황량한 성엔 아직도 봉황의 형상 남아있네.

汀沙月白迷歸鴈　달 밝은 강가에서 기러기는 길을 잃고

庭草烟收點露螢　안개 걷힌 뜰에 반딧불이 반짝이네.

風景蕭條人事換　풍경은 쓸쓸하고 인간사는 변해 가는데

寒山寺裏聽鍾鳴　한산사 안에서 범종 소리 들리네.

帝宮秋草冷凄凄　임금의 궁궐에는 가을풀이 쓸쓸하고

廻磴雲遮徑轉迷　구름 낀 돌계단은 길이 더욱 아득하네.

妓館故基荒薺合　청루 옛 터엔 냉이풀이 우거졌고

女墻殘月夜烏啼　성 담의 희미한 달 보며 까마귀가 우짖네.

風流勝事成塵土　풍류 넘친 사연들 모두 먼지 되었고

寂寞空城蔓蒺藜　적막한 빈 성에는 쐐기풀이 우거졌네.

唯有江波依舊咽　오직 강물만 예전처럼 울면서

滔滔流向海門西　넘실넘실 바다를 향해 흘러가네.

---

143 김시습(1435~1493): 조선 전기의 문인. 본관은 강릉(江陵), 자는 열경(悅卿), 호는 매월당(梅月堂)·청한자(淸寒子)·동봉(東峰)·벽산청은(碧山淸隱)·췌세옹(贅世翁), 법호는 설잠(雪岑). 생육신 중 한 사람이다. 『금오신화』의 작자이며 문집으로 『매월당집』이 있다.

144 이하 시들은 『금오신화(金鰲新話)』 「취유부벽정기」에 실려 있다.

浿江之水碧於藍　　패강 물결은 쪽빛보다 푸르지만

千古興亡恨不堪　　천고 흥망의 한을 이길 수 없네.

金井水枯垂薛荔　　우물엔 물이 말라 담쟁이만 드리웠고

石壇苔蝕擁檉南　　석단에는 이끼 끼어 버들이 늘어졌네.

異鄕風月詩千首　　타향에서 풍월 시 천 수를 읊고 보니

故國情懷酒半酣　　고향 그리움에 술이 반쯤 취했네.

月白倚軒眠不得　　달 밝은 밤 잠못 이룬 채 난간에 기댔더니

夜深香桂落毿毿　　깊은 밤 계화 향기가 살며시 떨어지네.

中秋月色正嬋娟　　한가위 달빛은 정녕 곱기만 한데

一望孤城一悵然　　옛 성을 바라보니 온통 서글퍼라.

箕子廟庭喬木老　　기자묘 뜰에는 교목이 늙어있고

檀君祠壁女蘿緣　　단군사 벽에는 담쟁이가 얽혀있네.

英豪寂寞今何在　　영웅은 적막하니 지금 어디에 있는가.

草樹依俙問幾年　　풀과 나무만 희미하니 몇 년이나 되었나.

唯有昔時端正月　　오직 그 옛날 둥근달이 있어

淸光流彩照衣邊　　맑은 빛이 흘러 나와 옷깃을 비추네.

月出東山烏鵲飛　　달 뜬 동산엔 까막까치 날아가고

夜深寒露襲人衣　　밤 깊어 찬 이슬이 옷에 스며드네.

千年文物衣冠盡　　천년문물이나 의관은 사라지고

萬古山河城郭非　　만고강산인데 성곽은 달라졌네.

聖帝朝天今不返　　성제는 조천하여 돌아오지 않는다고

閑談落世竟誰依　　이야기만 남았으나 무엇으로 믿나.

金輿麟馬無行迹　　황금수레 기린마도 자취가 없어져
輦路草荒僧獨歸　　풀 우거진 수레길에 중만 혼자 돌아가네.

庭草秋寒玉露凋　　찬 가을 뜰의 풀이 이슬에 시드는데
青雲橋對白雲橋　　청운교는 백운교를 마주보고 있네.
隋家士卒隨鳴瀨　　수나라 대군의 넋 여울 따라 울고
帝子精靈化怨蜩　　임금의 정령은 가을 매미 되었으리.
馳道烟埋香輦絕　　연기 낀 길에는 수레 자취 끊어지고
行宮松偃暮鍾搖　　소나무 우거진 행궁에는 저녁 종소리 울리네.
登高作賦誰同賞　　누각에 올라 시 지어도 누구와 감상하나.
月白風清興未消　　달 밝고 바람 맑아 시흥이 줄지 않네.

東亭今夜月明多　　동쪽 정자 오늘밤에 달빛 환한데
清話其如感慨何　　맑은 이야기하니 감개가 어떠한가.
樹色依俙青蓋展　　나무색 희미하게 청기와에 펼쳐있고
江流激灩練裙拖　　강물은 출렁출렁 비단치마 두른 듯.
光陰忽盡若飛鳥　　나는 새처럼 세월은 어느덧 지나가고
世事屢驚如逝波　　흐르는 물결처럼[145] 세상사에 자주 놀라네.
此夕情懷誰了得　　오늘 저녁 내 마음 누가 알아주랴.
數聲鍾磬出烟蘿　　몇 번 종소리가 연기 낀 숲속에서 들려오네.

---

145 두보의 시에 "황삼 입은 소년이여 자주 와서 즐기게. 당앞에 동쪽으로 흐르는 물 보
　　지 못했나(黃衫年少來宜數, 不見堂前東逝波)" 구절이 있다. 흐르는 물은 빨리 흘러
　　가는 세월을 의미한다

故城南望浿江分　옛 성에서 남쪽을 보니 패강이 선명한데

江碧沙明叫鴈群　강 푸르고 모래 밝은데 기러기떼 우는구나.

麟駕不來龍已去　기린마 오지 않고 용도 이미 떠나갔고

鳳吹曾斷土爲墳　봉황 울음 끊어졌고 흙은 무덤 되었네.

晴嵐欲雨詩圓就　갠 산에 비오려나 시는 원만히 이루어졌는데

野寺無人酒半醺　들의 절엔 인적 없고 술은 반쯤 취했네.

忍看銅駝沒荊棘　가시밭에 빠진 구리 낙타 차마 보겠는가.

千年蹤跡化浮雲　천년의 자취는 뜬 구름이 되었네.

草根咽咽泣寒螿　풀뿌리에서 쓰르라미 울어대는데

一上高亭思渺茫　높은 정자 올라보니 생각이 아스라하네.

斷雨殘雲傷往事　비 그친 뒤 구름에 지난 일 상심하고

落花流水感時光　낙화유수에 빠른 세월을 느끼네.

波添秋氣潮聲壯　밀물소리 가을이라 더욱 비장한데

樓蘸江心月色凉　강물에 어린 누각엔 달빛이 처량하네.

此是昔年文物地　여기가 그 옛날 문물이 있던 곳인데

荒城疎樹惱人腸　황폐한 성에 성긴 나무가 애간장을 끊게 하네.

錦繡山前錦繡堆　금수산 언덕에 비단이 쌓여있고

江楓掩映古城隈　강가의 단풍이 옛 성을 비쳐주네.

丁東何處秋砧苦　또닥또닥 어디서 다듬이 소리 들리나.

欸乃一聲漁艇回　뱃노래 한 가락에 고깃배 돌아오네.

老樹倚巖緣薜荔　바위에 기댄 고목엔 담쟁이 얽혀 있고

斷碑橫草惹莓苔　풀에 쓰러진 비석엔 이끼가 끼었구나.

凭欄無語傷前事　난간에 기대 말없이 지난 일에 상심하니
月色波聲摠是哀　달빛과 파도소리 모두 다 슬프구나.

〈대동루에 올라(登大同樓)〉[146]

大同波上大同樓　대동강 물결 위의 대동루에
無限雲山散不收　끝없이 구름산이 흩어져 거둘 수 없네.
楓落浿江秋水冷　단풍 떨어진 패강은 가을물이라 싸늘하고
霜清箕堞暮煙浮　서리 맑은 기자의 성엔 저녁연기 떠도네.
白鷗洲畔月千里　흰 갈매기 있는 모래섬엔 달빛이 천 리
黃葦渡頭風滿舟　누런 갈대 있는 나루엔 바람이 배에 가득.
因憶昔年興廢事　옛날의 흥망사를 생각하느라
登高一望思悠悠　누각에 올라 바라보니 생각이 아득하네.

예겸(倪謙)[147]

〈대동관(大同館)〉

平壤漢玄菟　평양은 한대의 현도땅
包山建城郭　산을 감싸 성곽을 세웠네.
居民夾城住　백성은 성을 끼고 살며
星散皆村落　마을은 모두 흩어져 있네.

---

146 『매월당집』 권4에 실려 있다.
147 명나라 사신. 한림원시강으로, 부사 사마순(司馬恂)과 함께 경제의 등극조서(登極詔書)를 반포하기 위해 1449년(세종 31) 12월 13일에 북경을 떠나 조선으로 왔다.

奉詔抵近郭	조서 받들고 성으로 오니
出迎動鼓樂	환영 나와 북소리 울리네.
龍亭覆黃繖	용정[148] 위에 황색 일산 쓰고
儀仗高鷙握	의장을 높이 올려 잡았네.
沿道陳百戱	길 따라 온갖 놀이 펼쳐지니
顚倒互觝角	재주도 넘고 씨름[149]도 하네.
彩輿向前導	채여[150]가 앞을 인도하니
搖曳爭歡躍	흔들흔들 다투어 기뻐하네.
更有大字書	다시 큰 글자가 쓰여 있어
旗幡半空卓	깃발[151]이 반공에 우뚝하네.
上書何所云	글을 올려 뭐라고 했던가.
大平事耕鑿	태평시대라 밭 갈고 샘 판다고.
鼇兩山相倚	두 개의 산대[152]를 서로 기대어
工巧勞結縛	솜씨 좋게 묶어 놓았네.
伶人競歌舞	배우들은 다투어 가무를 하고
懽呼振寥廓	떠들썩한 소리 널리 울려 퍼지네.
上女億萬計	부녀자들은 억만을 헤아릴 듯
走視笑且愕	달려와 보는데 웃기도 놀라기도.
借問此誰爲	이 사람 누구냐고 물어보니
觀察使韓確	관찰사인 한확이라.

---

148 옥책(玉冊)이나 금보(金寶) 따위의 나라의 보배를 운반할 때 쓰는 가마를 이르던 말.
149 각저(角觝) : 두 사람이 맞붙어 힘을 겨루며 활쏘기 • 말타기 등의 기예를 겨루는 놀이.
150 왕실의 의식이 있을 때에 귀중품을 옮겨 싣기 위해 사용하던 가마.
151 기번(旗幡) : 위엄을 갖추려고 사용하는 갖가지 깃발.
152 산대놀음 따위와 같은 민속놀이를 하기 위하여 큰길가나 빈터에 마련한 임시 무대.

下馬入館門　　　말에서 내려 객관에 들어서니

冠帶集僚幕　　　관원들이 관청 장막에 모여 있네.

再拜仍稽顙　　　재배하고 땅에 머리를 조아리니[153]

禮儀忻卒度　　　예의가 법도에 맞아 흐뭇하네.

爲使期不辱　　　사신이 되어 욕보지 않기를 바랄 뿐

眩譊非我樂　　　요란한 놀이는 내 즐거움 아니네.

但令海東涯　　　그저 해동의 나라에서

常戴皇恩渥　　　언제나 황제의 은혜를 받들게 하리라.

〈대동강(大同江)〉[154]

大同江水闊　　　대동강 물은 드넓은데

凍合似鋪瓊　　　구슬 깐 듯이 얼어붙었네.

迤邐遙通海　　　빙빙 둘러 멀리 바다로 이어지고

縈回近繞城　　　구불구불 가까이 성을 둘렀네.

不愁行處滑　　　미끄러운 건 걱정 않지만

惟畏裂時聲　　　얼음 깨지는 소리만은 무섭네.

涉岸皆平壤　　　언덕을 건너면 다 평평한 땅

州名喜穩情　　　고을 이름이 편안해서 좋구나.

〈대동문루(大同門樓)〉[155]

大同江上見樓臺　　　대동강 가에서 누대를 바라보니

門鎖荒烟晝不開　　　연기가 문을 감돌아 낮에도 닫혀있네.

153　계상(稽顙) : 이마가 땅에 닿도록 조아림.
154　『신증동국여지승람』 권51 「평양부」에 실려 있다.
155　『신증동국여지승람』 권51 「평양부」에 실려 있다.

飛棟入雲星可摘　기둥은 구름위로 솟아 별을 딸 만하고

虛窓近水月先來　창은 물에 가까워 달이 먼저 오는구나.

山羅屛障陰相合　산이 병풍처럼 둘러 그늘이 어울리고

樹隱簾櫳翠作堆　나무가 주렴을 덮어 푸른빛이 짙네.

咫尺無由一登覽　지척에 두고도 한번 오를 길 없으니

更言海外訪蓬萊　또다시 바다 밖 봉래를 찾겠다고 하랴.

진감(陳鑑)[156]

〈대동강(大同江)〉[157]

天書曉出大同城　조서를 받들어 새벽에 대동문을 나서니

送客樓船渡口橫　객을 태울 누선이 나루 어귀에 비껴 있네.

綠水靑山堪入畵　청산녹수는 그림 속으로 들어갈 만하나

閑花野草不知名　한가로운 꽃과 들풀은 이름도 알 수 없네.

華筵要遣遲遲飮　화려한 잔치에 더디게 마시고자

桂棹先敎緩緩行　배를 먼저 천천히 가라 했네.

肯爲留連淹使節　어찌 미적거리며 사신의 행렬 늦추리.

一鞭又逐馬蹄輕　채찍 들고 재촉하니 말발굽이 가볍구나.

---

156 명나라 사신. 1457년(세조 3) 6월 한림원 수찬(翰林院修撰) 진감(陳鑑)과 태상시 박사(太常寺博士) 고윤(高閏)이 영종(英宗)의 복위를 알리는 조칙(詔勅)을 가지고 조선을 방문했다.
157 『신증동국여지승람』 권51 「평양부」에 실려 있다.

〈부벽루(浮碧樓)〉

薰風徙倚夕陽樓　　훈훈한 바람에 석양 누각에 기대니
水浸嵐光帶翠流　　강물이 산 빛을 적셔 푸른빛으로 흐르네.
草木都含天地澤　　초목은 모두 천지의 은택을 머금었건만
江山不盡古今愁　　강산엔 고금의 시름 끝이 없어라.
心懸上國勞淸夢　　마음은 상국에 매여 꿈도 수고롭지만
身在他鄕說壯遊　　몸은 타향에 있어 유람을 이야기하네.
回首明朝便陳迹　　내일 아침 돌이켜보면 과거사 되리니
雲輻毋惜重淹留　　아낌없이 수레 타고 또다시 머물리라.[158]

蘭橈飛艣下滄溟　　조각배 타고 노 저어 내려가
江上來尋浮碧亭　　강가에 올라 부벽루를 찾아갔네.
水底山光留住綠　　강에 비친 산빛은 초록을 남겨두고
岩前樹色送來靑　　바위에 어린 나무색은 푸른빛 보내오네.
離懷對景詩難就　　떠날 생각에 풍경 봐도 시 짓기 어렵고
凉思吹入酒易醒　　서늘한 기운 불어 와 술이 쉽게 깨네.
片餉登臨千古恨　　잠시 올라 바라보니 천고의 한이 서려 있어
漫題歲月記曾經　　그저 그동안 겪었던 세월을 써 보네.[159]

---

158 『신증동국여지승람』 권51 「평양부」에 실려 있다.
159 앞에 나온 장부(張溥)의 시와 동일하다.

진가유(陳嘉猷)[160]

〈부벽루(浮碧樓)〉

矗矗江樓十二闌	높이 솟은 강 누각 열두 난간에선
一尊賓主共開顔	술잔 든 주객 모두 즐거운 얼굴.
雲房僧定禪心淨	운방의 중은 좌선하여 마음이 깨끗하고
石洞仙歸鶴背閑	석동에 신선 돌아가니 학의 등 한가하네.
酒散人登靑雀舫	술자리 파하자 다들 놀잇배[161]에 오르고
潮回鷗聚碧莎灣	썰물되니 갈매기는 풀 난 물굽이에 모여드네.
佳山勝水遊將遍	좋은 산수를 두루 구경했으니
別後能無夢往還	떠난 뒤에 어찌 꿈에라도 오지 않겠는가.

〈대동강(大同江)〉[162]

騶從如雲出曉城	구름 같은 시종들과 새벽에 성을 나서니
城東咫尺一江橫	성 동쪽 지척에 가로지른 한 줄기 강물.
錦筵酒勸中朝使	잔치에서는 중국 사신에게 술을 권하고
華扁詩留內翰名	편액에는 한림학사의 시를 남겨 두었네.
遠水疑從銀漢落	아득한 강물은 은하수에서 떨어지는 듯,
綵舟如在圖畵行	비단 배는 마치 그림 속에서 가는 듯.
風光儘可供吟興	풍광이 모두 시흥을 자아낼 만한데
何用樽前舞袖輕	술잔 앞에서 춤추는 소매가 무슨 소용이랴.

---

160 명나라 사신. 1459년 4월에 형과급사중(刑科給事中) 진가유(陳嘉猷)와 서반(序班) 왕월(王軏)우리나라에서 야인(野人)에게 관작을 준 일에 대해 힐책하는 황제의 조서를 받들고 왔다.

161 창작방(靑雀舫) : 뱃머리에 푸른색의 새를 그려 넣은 배로, 화려하게 꾸민 놀잇배.

162 『신증동국여지승람』 권51 「평양부」에 실려 있다.

김식(金湜)[163]

〈대동관(大同館)〉

四牡日驅馳	네 필의 말 날마다 달려
駸駸抵平壤	어느덧 평양에 도착했네.
朝鮮舊封土	조선은 예전의 봉토로
規制頗宏敞	규모가 매우 광대하네.
靑山半村市	청산은 반이 마을이고
遐睇入莽蒼	멀리 바라보니 아득하네.
居民聯葺屋	백성들은 초가집에 살면서
出餉具朝餉	새참 내가고 아침밥도 먹네.
聞詔從天來	듣건대 중국 사신 온다하니
歡抃式瞻仰	기뻐서 손뼉 치며 우러러보네.
駢肩夾周道	어깨 나란히 큰길로 오면
迎樂合群響	맞이하는 음악에 온갖 소리 더해지네.
館門候衣帶	관문에서 관원들 기다렸다가
再拜至稽顙	재배하며 땅에 머리를 조아리네.
東藩素秉禮	동쪽 나라가 본디 예의 있음을
玆焉亦可想	여기에서도 또한 알 수 있다네.
皇恩海內外	바다 안팎의 황제의 은혜는
億萬永宣朗	억만 창생들에게 영원히 비추리.

---

[163] 명나라 사신. 1464년 5월 정사(正使) 태복시 승(太僕寺丞) 김식(金湜)·중서사인(中書舍人) 장성(張珹)이 헌종(憲宗)의 즉위를 알리는 조서를 받들고 왔다.

〈대동강(大同江)〉[164]

浪高如屋雨如拳	집채만한 파도에 주먹만한 빗방울로
人在江頭泊畵船	사람들은 강가에 댄 배 안에 있네.
咫尺樓臺飛不上	지척의 누대는 날아서도 오를 수 없지만
尋常詩酒慣相牽	대단치 않은 시와 술에 늘 그렇듯 이끌리네.
便拚客路三千里	나그네길 삼천리를 저만큼 버려둔 채
算作浮生五百年	덧없는 인간사 오백년을 헤아려 보네.
安得魚龍齊起躍	어찌해야 어룡이 일제히 뛰어올라
掃開雲霧看靑天	푸른 하늘 볼 수 있게 운무를 걷어낼까.

장녕(張寧)[165]

〈대동강(大同江)〉[166]

平壤孤城發曉裝	새벽에 행장 꾸려 평양성을 떠나는데
畵船簫鼓麗春陽	풍악 울리는 놀잇배에 봄볕이 아름답네.
鳥邊雲盡靑山出	새 날고 구름 다한 곳에 청산이 솟아있고
渡口潮通碧海長	나루터의 밀물은 멀리 푸른 바다와 통하네.
共喜皇仁同大地	황제의 어진 마음이 온 천하에 있음이 기뻐
不知身在是他鄕	이내 몸이 타향에 있음을 깨닫지 못했네.

---

[164] 『신증동국여지승람』 권51 「평양부」와 『용재총화』 권1에 실려 있다.
[165] 명나라 사신. 1460년 3월에 흠차 정사(欽差正使) 예과 급사중(禮科給事中) 장녕(張寧)과 부사(副使) 금의위 도지휘(錦衣衛都指揮) 무충(武忠)이 조선에서 모련위 도독 첨사(毛憐衛都督僉事) 낭발아한(浪孛兒罕) 등 16인의 살육한 정황을 보고하라는 조서를 받들고 왔다.
[166] 본문에는 시 제목이 빠져 있어서 앞의 제목으로 보충하였다.

淸樽且莫頻相勸　　맑은 술 자꾸 권하지 말게.

四牡東風路渺茫　　사신의 행렬[167]은 동풍에 갈 길이 아득하니.[168]

〈부벽루(浮碧樓)〉

江流綠淨春無底　　푸르고 맑은 강물엔 봄이 무한정이니

地核籠蔥嵌春水　　땅속의 푸른빛을 봄물에 새겨놓았나.

輪囷蜃氣忄尒散　　뭉쳤던 신기루는 사르르[169] 흩어지고

十二彫欄晃若洗　　열두 난간이 씻은 듯 환해지네.

空明倒浸蔚藍天　　맑은 물엔 새파란 하늘 거꾸로 잠기고

煖香半落薠蕉渚　　따스한 향기가 천궁 물가에 풍기네.

綠雲淺淡翠烟沈　　푸른 구름은 옅게 끼고 파란 연기 잠겼는데

人在琉璃鏡光裏　　사람은 유리 거울 속에 있는 듯.

淸城仙客還從東　　청성의 선객이 동국을 다녀가는 길에

袖携紫玉登蒼虹　　옥피리를 소매에 넣고 무지개에 올랐네.

左招浮丘右關尹　　왼손으로 부구[170] 오른손으로 관윤[171] 부르며

酒酣擊鼓馮夷宮　　술에 취해 풍이궁[172]에 북을 치네.

馮夷醉臥呼不醒　　풍이는 취해 불러도 깨지 않고

滿屋蛟珠靘衣冷　　집에 가득한 교주들[173]의 푸른옷이 차구나.

---

167 사모(四牡):『시경』「소아」에 있는 시편. 사신의 고단한 임무에 대한 내용을 담고 있다.

168 『신증동국여지승람』권51「평양부」에 실려 있다.

169 본문은 '忄尒'로 되어 있으나 뜻이 불분명하여 〈규 4885〉본에 따라 '吹初'로 이해하고 번역하였다.

170 부구자(浮丘子) 또는 호구자(壺丘子). 전설상의 선인(仙人).

171 관윤자(關尹子). 춘추 시대 말기 때 사람. 도가 학파의 한 사람으로 일설에는 주(周) 나라 관령(關令) 윤희(尹喜)라고도 한다. 노자(老子)의 제자로 노자를 따라 관서 지 방으로 간 뒤 소식을 알 수 없다고 한다.

172 물의 신. 황하 수신(黃河水神). 하백(河伯).

明朝回望舊遊人　내일 아침에 함께 놀던 사람들 떠올려보면

一片江上夢中景　한 조각 강산이 꿈속 경치와 같으리라.[174]

[註 : 자주(自註)에 사신들이 평양으로 돌아와서 부벽루에서 잔치를 열었는데 누각 이름을 지은 뜻에 따라 온정균(溫庭筠)과 이상은(李商隱)의 시체를 본떠 단사(短詞)를 지어 흥을 기록한다고 하였다.]

고윤(高閏)[175]

〈대동강(大同江)〉

上國頒明詔　상국에서 조서를 반포하니

遐方接近臣　먼 지방에서 근신을 영접하네.

畵船斜渡遠　화선으로 멀리까지 비껴 건너고

高宴淺斟頻　화려한 잔치에 자주 술잔을 드네.

岸柳和烟暗　언덕 버들에 안개 끼어 자욱하고

江花帶雨新　강의 꽃은 비에 젖어 싱그럽네.

眼看題詠者　눈으로 제영시를 보노라니

俱是濟川人　모두 다 물 건너 온 사람들.[176]

不用紅粧用畵船　기생 없이 그림배를 타고선

---

173 바다에 교인(鮫人, 인어)이 있는데 울면 그 눈물이 구슬이 된다고 한다.
174 『신증동국여지승람』 권51 「평양부」에 실려 있다.
175 명나라 사신. 1457년(세조 3)에 명나라 영종(英宗)이 복위하여 등극한 조서를 반포하기 위해 조선에 왔다. 당시 정사(正使)는 진감(陳鑑), 고윤은 부사(副使)였다.
176 『신증동국여지승람』 권51 「평양부」에 실려 있다.

棹歌聲裏酒杯傳　　뱃노래 사이로 술잔을 전하네.

靑山直到江邊盡　　청산에서 곧장 강가에 도착하니

兩岸風吹楊柳烟　　양 기슭에 바람 불고 버들엔 연기 꼈네.

〈부벽루(浮碧樓)〉

九天飛下一凭欄　　난간에 기대니 하늘에서 내려온 듯

水色山光暎笑顔　　물빛과 산색이 웃는 얼굴에 어리네.

坐久只嫌啼鳥緩　　오래 앉아서 새 소리 싫증날 뿐

興窮猶戀白雲閑　　흥이 다해도 흰 구름은 좋구나.

風吹僧磬來幽檻　　바람 불어 경쇠소리 난간에 들리는데

潮送漁舟過別灣　　밀물은 고깃배를 밀어 다른 만을 지나네.

爭道人如呂仙子　　다투어 말하네. 사람들이 신선 같아서

醉乘黃鶴朗吟還　　술 취해 황학 타고 시 읊으며 돌아온다고.

滿地煙霞僧寺　　땅에 자욱한 안개 속의 절

數聲鷄犬人家　　닭과 개 소리 들리는 인가.

彷彿桃源路近　　무릉도원 가는 길과 가까운지

流水浮來落花　　흘러오는 물에 낙화가 떠 있네.

장성(張珹)¹⁷⁷

〈내가 한림 진감(陳鑑)과 왕경(王京)에서 조서를 가지고 왔다가 돌아
가는 길에 매번 술자리를 열었지만 오늘처럼 누각에 올라 취한 적은 없
었다. 빼어난 산수와 그윽한 풍물, 옛날에 지은 제영시 때문인데 거기
에 호조 판서 박원형(朴元亨), 예조 참판 노숙동(盧叔仝), 평안도관찰사 김
겸광(金謙光), 도승지 한명회(韓明澮)까지 모두 왕명으로 와서 전송하니
기쁨을 이기지 못하여 이 두 시를 지어 한 때의 즐거움을 기록하고 또
성정(性情)이 바른지의 여부가 어떠한지를 보이고자 한다(余與翰林陳先生,
自王京頒詔而歸, 每與宴飮, 未嘗有今日登樓之醉也. 蓋因山川之勝, 風物之幽, 題詠之古,
況朴戶曹盧參判金觀察韓承旨皆以其王命來送, 喜之不勝, 聊賦此二詩, 以記一時之樂, 且
以見性情之正否如也).〉

大同江上百尺樓	대동강 위에 백 자가 되는 누각
樓前江水年年流	누각 앞엔 강물이 해마다 흐르네.
天吳睡足碧綃冷	천오¹⁷⁸가 실컷 잔 뒤 찬 비단옷 입고
起駕蒼虯樓外遊	일어나 푸른 용 타고 누대 밖을 노니네.
翠旗搖搖拂雲霧	푸른 깃발 흔들흔들 안개를 떨치고
草樹芬芳更回互	꽃다운 풀과 나무들이 주위를 둘러싸네.
畵闌屈曲珠簾深	난간은 구불구불 주렴은 깊고
淸影重重散還布	맑은 빛 겹겹이 흩어졌다 깔리네.
廣陵狂客天邊來	광릉의 광객¹⁷⁹이 하늘가에 오니

---

177 명나라 사신. 1464년 5월에 김식(金湜)과 함께 왔다.
178 『산해경』 권9 「해외동경(海外東經)」에 나오는 물의 신. 조양(朝陽) 골짜기에 있고 사람
　　얼굴이 8개, 8개의 발에 8개의 꼬리를 가졌으며 모두 청황(靑黃)의 빛깔이라고 한다.
179 『진서』 「혜강전(嵇康傳)」에 따르면 진(晉)의 혜강(嵇康)이 거문고 곡명 광릉산(廣陵

羅衣舊染蟾宮槐　비단옷은 예전에 달 계수나무에서 물들인 것.

手把玻瓈瓶　손에 유리병을 들고

呼取葡萄醅　포도주 달라고 소리치네.

天吳天吳莫相訝　천오여, 천오여. 놀라지 말게.

會須一飮三百杯　마시면 삼백 잔을 마셔야 하나니.

酒酣試縱管城兎　술에 취하자 시험 삼아 붓을 휘두르니

風雨淒其鬼神怒　비바람 몰아치고 귀신이 노한 듯.

天吳奔走不可招　천오도 달아나 부를 수 없으니

笑指靑山問歸路　웃으며 청산을 가리켜 돌아갈 길 묻노라.[180]

一碧浮空去不還　한 줄기 푸른 강은 가서 돌아오지 않는데

誰收佳景畵樓間　누가 멋진 경치를 거두어 누대에 그려냈나.

琅玕色映沿流樹　옥빛은 강가 나무에 비치고

翡翠光涵隔岸山　비취색은 언덕 너머 산에 담겨 있네.

鏡裏雲霞閑弄影　거울 속 구름은 한가하게 그림자와 놀고

空中日月自循環　하늘의 해와 달은 절로 돌고 도네.

莫敎仙子凌波去　능파선자[181]가 떠나게 하지 말게.

留與詩人解醉顔　시인과 함께 취한 얼굴 풀어보리니.

散)을 은자에게서 배웠다고 한다. 혜강이 죽을 때 이 곡을 타며 "예전에 원효니(袁孝
尼)가 가르쳐 달라고 했으나 안 가르쳐 주었더니 이제 이 곡조가 세상에서 아예 전
하지 않겠구나"라고 하였다. 광릉객(廣陵客)은 거문고를 잘 타는 사람.
180 『신증동국여지승람』 권51 「평양부」에 실려 있다.
181 능파선자(凌波仙子) : 물의 여신. '능파'는 땅 위를 가듯이 물 위를 사뿐히 걸어가는
것을 형용한 말이다. 위(魏)나라의 조식(曹植)아 자운 〈낙신부(洛神賦)〉에 "물결 위
를 사뿐사뿐 걸으니, 비단 버선에 물방울 튀네.(凌波微步, 羅襪生塵)"가 있다.

〈대동강을 건너면서 예조 판서 박원형(朴元亨)과 평안도관찰사 김겸광(金謙光)이 잔치를 열었는데 특별히 배에 남겨둘 시를 청하길래 즉석에서 써서 주다(渡大同江, 朴判書金觀察設宴, 別請詩留舟中, 卽席書與).〉

蕨老東風得放拳	마름이 봄바람에 주먹만 해져서
儘來江上阻行船	모두 강가로 와 뱃길을 가로 막네.
浪花噴雪眞堪懼	물결이 하얗게 일어나 몹시 두려운데
竹葉浮香且漫傳	대나무 잎 향기 또한 널리 퍼져가네.
醉去只言春似海	취기가 가시니 봄이 바다 같다고 하지만
愁來還恐夜如年	걱정이 밀려오니 밤이 일 년 같아 두렵네.
韓公已矣憑誰訟	한공[182]이 없으니 누구에게 하소연하랴.
聊賦新詩記別筵	그저 새로 시 지어 전별연을 기록하네.

기순(祁順)[183]

〈부벽루(浮碧樓)〉

畫欄朱棟瞰深淸	난간 기둥에서 깊고 맑은 강물 굽어보는데
山勢回環兩岸平	산세가 빙 둘러있고 양 기슭은 평평하네.
萬頃寒光浮不去	만 이랑 물결엔 찬 빛 떠 사라지지 않고
一簾飛翠捲還生	주렴의 푸른빛은 걷어도 다시 생겨나네.

---

182 한공(韓公)이 누구를 지칭하는지는 불분명하다. 한유(韓愈)를 가리킬 가능성도 있어 보인다. 당 목종(唐穆宗) 때 진주(鎭州)에서 왕정주(王庭湊)가 반란을 일으키자 한유는 심주(深州)의 포위를 풀고 수비장수 우원익(牛元翼)이 떠날 수 있도록 설득하라는 황제의 명을 받아 사신으로 가서 임무를 달성하고 돌아왔다.

183 명나라 사신. 1476년 1월에 호부낭중(戶部郎中) 기순과 행인사좌사부(行人司左司副) 장근(張瑾)이 황태자의 책봉을 알리는 조서를 받들고 왔다.

晴川芳草難爲句　맑은 강 푸른 풀은 시로 쓰기 힘들고

野渡孤舟易感情　나루의 외로운 배는 감정을 쉽게 자아내네.

兩部戲遊今寂寞　양부[184]의 놀이 지금은 적막한데

獨留佳景壯西京　좋은 경치만 남아 서경을 빛내네.[185]

〈대동강(大同江)〉

浿水蒼茫繞古城　패수는 아득하게 옛 성을 둘렀는데

隔江遙見碧山橫　강 너머 아스라이 푸른 산 비껴있네.

安東都護空陳迹　안동도호부[186]는 한갓 옛 자취

破虜將軍謾有名　파로장군[187]은 그저 이름만 남았네.

對景不妨隨處樂　경치를 보니 어느 곳이건 즐겁지 않으랴.

泛舟聊當賞春行　배를 띄우며 그저 봄 경치 감상하네.

留題摠是中朝使　남겨진 시는 모두 중국 사신들,

應有邦人識重輕　이 나라 사람들도 경중을 분별했으리라.[188]

樓船淸曉送行裝　새벽에 누선에서 행장을 전송하니

雲淡風輕日載陽　엷은 구름, 살랑 바람에 날씨가 화창하네.

綠蟻滿浮金盞艷　술지게미가 가득 떠 있는 술잔은 탐스럽고

---

184 중국 고대의 악대(樂隊) 중 앉아서 연주하는 좌부악(坐部樂)과 서서 연주하는 입부악
　　(立部樂)을 말한다. 임금이 신하에게 특별히 성대한 음악을 하사할 때 양부를 갖춘다.
185 『신증동국여지승람』 권51 「평양부」에 실려 있다.
186 안동도호부(安東都護府)는 당나라가 668년 평양에 설치한 군정 기관이다. 고구려
　　를 멸망시킨 당나라가 이 지역을 지배하기 위해 평양에 세운 기관. 이후 신라와 고
　　구려 유민들의 반발과 대항으로 결국 당나라는 676년 평양에서 철수해 도호부를 요
　　동 지방으로 옮겼다.
187 당나라가 고구려를 침공할 때 실질적 총사령관인 이세적(李世勣)을 가리킨다.
188 『신증동국여지승람』 권51 「평양부」에 실려 있다.

碧鱗爭獻玉梭長　푸른 물결이 밀려오는 옥북은 유장하네.

雲山伴我添詩興　구름 낀 산이 함께 하여 시흥이 더해지고

簫鼓催人到醉鄕　퉁소소리 북소리에 더욱 더 취기 오르네.

笑問浿江何處盡　대동강 어디에서 끝나는지 웃으며 물어보니

扶桑東去路微茫　부상에서 동쪽으로 가면 길이 아득해지리라.

浮碧樓前兩度過　부벽루 앞을 두 차례 지나니

煌煌龍節照江沱　빛나는 부절이 강물에 비치네.

日輪穿動浪花碎　햇빛이 일렁이니 물결이 부서지고

雨脚積來嵐氣多　빗발이 몰아오니 이내 기운 자욱하네.

怪石槎牙撑砥柱　괴석이 울퉁불퉁[189] 지주처럼 버티고 있고

靈源迢遞接銀河　강물은 구불구불 은하수에 닿았으리.

前朝爭職無窮恨　이전 왕조에서 전쟁하던 끝없는 한이

都逐春風入棹歌　모두 봄바람 따라 뱃노래에 들어오네.[190]

高吟恐驚水底龍　시 읊으니 물 아래 용을 놀라게 한 듯,

促席緩酌何從容　가까이 앉아 천천히 마시니 얼마나 조용한지.

樓舡蕩槳起烟浪　누선이 흔들흔들 물결을 일으키니

疑是米家書畵舫　마치 미불(米芾)의 서화 실은 배[191]인 듯.

沙頭對立雙鷺鵝　모래사장에 마주 선 한 쌍의 해오라기

---

189 사아(槎牙) : 나뭇가지나 바위가 모가 지도록 얽히거나 드러난 모양.

190 『신증동국여지승람』 권51 「평양부」에 실려 있다.

191 송의 화가 미불이 자신의 서화와 고서화를 배에 싣고 강을 유람해서 황정견이 시를
지어 "맑은 강에 밤마다 광채가 달을 비추니, 분명히 미불의 서화 실은 배로구나(澄
江夜夜虹貫月, 定有米家書畵船)"라고 하였다.

驚飛直傍雲山過　놀라서 곧바로 운산 옆으로 날아가네.

主人愛客事遠迎　주인이 손님을 사랑하여 멀리 맞으러 가서

錦筵吹徹雲和生　비단 자리에서 피리불고 거문고[192] 뜯는구나.

江醅滿泛春葡萄　넘실대는 강물은 마치 봄 포도주인 듯

醉看兩頰生紅桃　취해서 보니 두 볼엔 복숭아빛 어렸네.

魯城山色連雲烟　노성의 산빛이 구름에 이어졌는데

就中綽約多神仙　그 안에는 아리따운 신선이 많다네.

追隨無路空大笑　따라갈 길 없어 공연히 크게 웃노라니

學仙不似還家好　신선 배움도 집으로 돌아가는 것만 못하리라.

九重深處光明宮　구중 깊은 곳 광명궁에도

環珮亦與群仙同　환패[193] 또한 여러 신선과 같다네.

人生天地任去留　사람이 태어나 천지간에 마음껏 가고 머무르는데

肯甘海外違中州　어찌 해외를 좋다하고 중국을 마다하리오.

感君瀛洲塵九斛　영주의 옥가루 9섬[194]에 대해 그대에게 감사하니

却愧臨岐酬未得　이별에 즈음해 못 갚고 가서 부끄럽네.

明朝別去天渺茫　내일 아침 떠나면 하늘은 아득하고

馬前遒路多羊腸　말 앞의 갈 길은 양의 창자 같으리.

相思一夜頭堪白　하룻밤 상사몽에 머리가 모두 세리니

鳳凰山高鴨江綠　봉황산은 높고 압록강은 푸르리라.[195]

192　운화(雲和) : 거문고의 별칭.
193　허리에 매는 둥근 모양의 옥.
194　우승유(牛僧孺)의 『현괴록(玄怪錄)』에 나오는 이야기로, 귤 속의 두 신선이 바둑을 두며 내기한 물건 중 하나이다.
195　『신증동국여지승람』 권51 「평양부」에 실려 있다.

장근(張瑾)¹⁹⁶

〈평양회고(平壤懷古)〉

朝鮮有國臨東海	조선이라는 나라가 동해에 있는데
箕子封來幾千載	기자를 봉한 지 몇 천 년이 흘렀네.
就中平壤是雄都	평양에 나아가 웅도를 세웠으니
昔時形勝今猶在	옛날의 형승이 지금도 남아있네.
岡巒迂鬱田野平	산세는 구불구불 들판은 평평하고
樓臺雄堞空中橫	누대와 성곽은 공중에 비껴있네.
秦初遠作遼東徼	진나라 초에 멀리 요동외요¹⁹⁷를 두었고
漢末新傳王儉城	한나라 말에 새로 왕검성에 전하였네.
何年倂入夫餘裔	어느 해에 부여의 후예에게 합병되었다가
復自丸都遷此地	다시 환도성¹⁹⁸에서 이 땅으로 천도했네.
沃沮濊貊紛來歸	옥저와 예맥이 다투어 귀순해오니
渺渺東西六千里	아득히 동서로 6천 리나 되었네.
隋兵三擧空擾攘	수나라가 세 번 거병하였지만 공연한 소란,
可堪秘記符唐皇	해낼 수 있는 비기는 당나라에게 있었네.
全山得捷薛仁貴	온 산에서는 설인귀가 이겼고¹⁹⁹

---

196 명나라 사신. 1476년 1월에 기순(祁順)과 함께 왔다.
197 요동외요(遼東外徼)는 진나라 때 요동 바깥에 세운 요새라는 뜻으로『한서』「조선전」의 기사에 진(秦)이 연(燕)을 멸망시킨 뒤에 요동외요에 속하게 하였다는 내용이 있다.
198 평양으로 옮기기 전 고구려의 옛 도읍. 98년(산상왕 1)에 축성하였으나 245년(동천왕 19)에 위(魏)나라의 관구검(毌丘儉)에게 함락되었다.
199 644년에 당 태종이 고구려 침입을 위해 군사를 모집하자 장사귀(張士貴)의 부하로 지원하여, 645년 요동(遼東) 안시성(安市城) 전투에서 공을 세워 유격장군(遊擊將軍)으로 발탁되었다. 665년에 고구려의 연개소문(淵蓋蘇文)이 죽은 뒤, 그의 장남 연남생(淵男生)이 아우 연남건(淵男建)과 연남산(淵男産)에게 쫓겨 당나라에 원병을 청

浿水成功蘇定方　패수에서는 소정방이 공을 세웠지.[200]

振衰繼絶不旋踵　흥망성쇠가 끊임없이 이어지다가

五代之餘遭有宋　오대가 지난 뒤에 송나라를 만났네.

玄菟樂浪息紛爭　현도와 낙양에 분쟁이 종식되어

使介聯翩奉朝貢　사신이 끊임없이 조공을 바쳤네.

嵩岳遷都久已成　숭악에 천도한지 이미 오래 되었으니

長安舊治名西京　평양의 옛 수도를 서경이라고 하였네.

魯陽城古人非昔　노양성은 유구해도 사람은 옛 사람 아니고

馬邑峯高地有靈　마읍봉은 높아서 그곳엔 신령이 있다네.

胡元不道圖吞併　원나라는 무도하여 병탄하려 했으니

分疆直抵慈悲嶺　국경이 곧바로 자비령까지 내려왔네.

西京內屬將百年　서경이 복속된지 백년이 되는 동안

嬴得腥風汗邊境　오랑캐 기운이 변경을 더럽혔네.

聖明德化覆八區　성명의 덕화가 세상에 미치니

樂天字小古所無　즐거워하며 소국을 보살핌은 예전에는 없던 일.

鴨江東畔長安道　압록강 동쪽 평안도는

還入朝鮮舊版圖　다시 조선의 옛 판도에 들어갔네.

居民熙熙事耕鑿　백성은 평화롭게 밭 갈고 우물 파며

하자 고구려와의 전투에 참가했다. 667년에는 요동(遼東)의 신성(新城)을 공격하여
고구려의 내분으로 쉽게 점령하였고, 연남생((淵男生)의 반란군과 합류하여 남소성
(南蘇城)・목저성(木底城)・창암성(蒼巖城) 등의 성을 점령하고 회군하였다. 668년
에는 부여성을 공격하여 점령하였으며, 이적(李勣)의 군대와 합류하여 고구려 평양
성 점령에 공을 세웠다. 당나라가 평양에 안동도호부를 두어 군정을 실시하자, 설인
귀(薛仁貴)는 검교안동도호(檢校安東都護)로서 군정 총독(總督)이 되었다.

200 661년(고구려 보장왕 20)에는 나・당 연합군을 거느리고 고구려 평양성(平壤城)을
포위 공격하였으나 결국 전세가 불리해지자 철군하였다.

女解蚕桑士知學　아녀자는 누에 치고 선비들은 학문하네.

中華氣習漸染漾　중화의 풍습에 점차 물들어

文物衣冠宛相若　문물과 의관이 완연히 비슷해졌네.

使臣奉詔天上來　사신들 조서 받들어 중국에서 오면

登高覽勝襟懷開　높이 올라 승경 바라보며 회포를 푸네.

不須弔古重惆悵　옛 일을 생각하며 슬퍼할 필요 없으니

寫景新詩聊爾裁　경물 보고 새로 시를 그저 지을 뿐.

〈대동강(大同江)〉

春雪消時江水滿　봄눈이 녹아 강물이 불어나고

春日舒長夜初短　봄 햇살 길어지고 밤이 짧아지네.

忘機唯有江上鷗　기심을 잊은 건 강가의 기러기뿐,

春來春去都不管　봄이 오고 가는 것 모두 상관하지 않네.

我因奉使來海東　나는 사신으로 동쪽 나라에 왔는데

陽春到處皆春融　봄기운이 도처에 있어 모두 따사롭구나.

自是皇恩覃萬物　이제부터 황제의 은혜 만물에 미치리니

眼前花鳥盡從容　눈앞의 꽃과 새 모두 화평하네.

〈부벽루(浮碧樓)〉

畫船泛罷又登樓　뱃놀이 마친 뒤 다시 누각에 오르니

樓外江山景倍幽　누각 밖 강산은 경치가 더욱 그윽하네.

鳥帶烟光橫水面　안개에 비친 새는 수면을 가로지르고

日浮彩色上窓頭　채색 물결에 떠오른 해는 창에 솟아오르네.

一樽酒盡情無已　한 잔 술 다해도 정은 다함이 없고

七字吟成興不休　칠언시를 지어도 흥은 그치지 않네.

醉倚欄干望歸鴈　취한 채 난간에 기대 돌아가는 기러기 보노라니

數行書寄慰親愁　몇 줄 편지 써서 부모님 근심을 위로하리라.

危樓百尺倚江風　백 자 높은 누각 강 바람에 기대어

隔斷飛塵十丈紅　열 길 홍진을 멀리 떠나있네.

鴈帶烟光橫塞外　연기 속 기러기는 변방 밖으로 비껴가고

日浮霞彩上窓東　노을빛 띤 해는 창문 동쪽으로 올라오네.

百篇詩賦襟懷豁　백 편 시에 가슴이 탁 트이고

萬壑雲烟眼界空　일만 골짜기 구름 연기에 아무것도 안 보이네.

醉拍欄干望西北　취해 난간 두드리며 서북쪽을 보노라니

五雲凝處是宸宮　오색구름 엉긴 곳이 바로 대궐이네.[201]

동월(董越)[202]

傑棟層簷出薜蘿　높은 누각 층층 처마가 덩굴 밖으로 솟았는데

凭高一望意何多　한번 올라 바라보니 감회가 얼마나 많은가.

遠峯秀聳郞官筆　먼 봉우리 우뚝 솟으니 낭관의 붓인가.

斷岸斜穿織女梭　끊어진 언덕 가로 지른 건 직녀의 북이네.

江雨釀寒來樹抄　강 비는 추위를 빚어 나무 끝에 오고

---

201 『신증동국여지승람』 권51 「평양부」에 실려 있다.
202 명나라 사신. 1488년 3월에 정사(正使) 우춘방 우세자 겸 한림원 시강(右春坊右世子
兼翰林院侍講) 동월(董越)과 부사(副使) 공과 우급사중(工科右給事中) 왕창(王敞)이
왕을 효유하는 조서를 받들고 왔다.

嶺雲分暝落岩阿	고개 구름은 어둠을 나누어 바위 가에 떨어지네.
悠悠不盡登臨興	등림의 흥은 유유히 다함이 없어
又上蘭舟聽棹歌	또 다시 목란주에 올라 뱃노래를 듣노라.[203]

穿雲尋石磴	구름 뚫고 돌계단 찾아가고
衝雨上高寒	비를 맞고 높고 찬 누각에 오르네.
樹色凌飛翼	푸른 나무는 나는 새보다 높고
江聲入畫欄	강물 소리는 난간까지 들려오네.
誰敎風力峻	누가 센 바람을 일으켰나.
自覺酒腸寬	절로 술 배가 늘어남[204]을 알겠네.
黃鶴磯邊意	황학이 바위 가에 있는 뜻은
分明付大觀	분명히 널리 보려고 함이리라.

〈대동강(大同江)〉

曉風吹上木蘭舟	새벽 바람이 목란주에 불어오니
倚棹停杯看碧流	돛대에 의지해 술잔 멈추고 푸른 강물 바라보네.
汀樹帶烟迷渡口	안개 낀 강 나무는 나루터에 희미하게 있는데
漁蓑衝雨傍磯頭	비 맞은 어부의 도롱이는 낚시터에 있네.
氷盤膾斫銀絲細	흰 소반에 회를 써니 은실처럼 가늘고
石鼎茶翻雪浪浮	돌솥에 차 달이니 흰 거품 떠오르네.
已遣前驅戒行李	이미 앞선 행렬에 떠날 채비 분부했으나

---

203 『신증동국여지승람』 권51 「평양부」에 실려 있다.
204 남송(南宋)대 사람 육유(陸游)의 시 〈봄놀이 4수(春游四首)〉에 "성 남쪽 풀밭에서 술 마실 수 있겠지만, 어찌 술 배가 바다처럼 넓겠는가?(城南籍草可痛飮, 安得酒腸如海寬)" 구절이 있다.

一尊仍爲主人留　한 잔 술 마시며 주인 위해 잠시 머무네.[205]

樓船重泛出通津　배를 거듭 띄워 나루를 나왔더니
細細晴波漾麴塵　잔물결이 연초록빛[206]으로 일렁이네.
翠柳嫩搖絲裊娜　푸른 버드나무 흔들려 버들이 살랑살랑,
靑山倒浸碧嶙峋　푸른 산 거꾸로 잠겨 푸른빛이 우뚝우뚝.
壺觴又勸歸來客　돌아가는 길손에게 술잔을 거듭 권하지만
詩句難留過去春　시구로도 지나가는 봄을 잡아두기 어렵네.
却訝鳧鷗似相識　도리어 물새들이 나를 알아본다는 듯
水濱沙渚往來頻　물가 모래사장에 자주 오고 가네.

晴日鷗波好放船　맑은 날 갈매기 물결[207]은 배 띄우기 좋은데
正逢江岸柳飛綿　때마침 강기슭엔 버들이 솜처럼 나네.
壺傾綠酒回靑眼　술병 기울여 따른 술이 다시 반갑고
盤出淸氷碎老拳　접시 위 맑은 회는 노련한 손길로 썰었네.
沙脚蒲芽抽白嫩　모랫가 부들싹은 희고 여리게 돋았고
波心魚網躍鱗鮮　강 가운데 어망에는 물고기 펄떡이네.
臨流愛看春山色　강가에서 봄 산색을 좋아서 바라보니
不覺令人坐屢遷　나도 몰래 자리를 여러 차례 옮겼네.

---

205 『신증동국여지승람』 권51 「평양부」에 실려 있다.
206 국진(麴塵) : 학자초(鶴子草)라는 닝쿨풀의 꽃 이름. 꽃이 담황색(淡黃色)으로, 중국
　　주(周)나라 때 왕후와 제후의 부인들이 봄에 입었던 이런 색깔을 옷을 입어서 국진
　　의(麴塵衣)라고 하였다. 당(唐)나라 사람 양거원(楊巨源)의 시 〈절양류(折楊柳)〉에
　　"물가의 버드나무 연초록 실, 그대가 말 세우고 꺾어준 버들가지(水邊楊柳麴塵絲,
　　立馬煩君折一枝)" 구절이 있다.
207 구파(鷗波) : 백구파(白鷗波). 번득이는 물결을 흰 갈매기에 비유한 것.

왕창(王敞)[208]

〈부벽루(浮碧樓)〉

山閣凌空起	산의 누각은 하늘 높이 서 있고
孤雲快雨飛	한 조각 구름은 비 기운 담고 가네.
好花臨驛路	예쁜 꽃은 역로 가까이 있고
小艇占漁磯	작은 배는 낚시터에 있네.
石磴斜通郭	돌계단은 성을 향해 비스듬히 있고
烟村半掩扉	연기 낀 마음엔 반만 문을 닫았네.
主人留客意	주인이 길손을 잡으려는 뜻 있으니
薄暮肯言歸	저물녘에 어찌 돌아간다고 말할까.

輕陰時作暝	옅은 그늘은 가끔 어두워지고
斷岸且維舟	깎아지른 벼랑엔 배가 있네.
不意皇華使	예기치 않게 황제의 사절 되어
眞成赤壁遊	진정한 적벽 유람 할 수 있었네.
江山供老眼	강산을 이 늙은 몸의 눈으로 보고
酒盞散春愁	술을 마시니 봄 시름이 흩어지네.
花柳如相待	꽃과 버들이 나를 기다리는 듯하여
東歸盡日留	동쪽으로 가서 종일 머물렀네.

---

208 명나라 사신. 1488년 3월에 동월(董越)과 함께 왔다.

남효온(南孝溫)[209]

〈단군묘정에 배알하다(謁檀君廟廷)〉[210]

檀君生我靑丘衆　단군께서 우리 백성을 낳으시고

敎我彝倫浿水邊　대동강 가에서 인륜을 가르치셨네.

採藥阿斯今萬世　아사달서 산신이 된 지 만세가 되었으니[211]

至今人記戊辰年　지금도 사람들은 무진년[212]을 기억하네.

안평대군 용(安平大君 瑢)[213]

〈대동강(大同江)〉

弭節春遊別有情　여유로운 봄놀이에 특별히 감회 있으니

舟船行處午鷄鳴　배 타고 가는 곳에 닭이 우는구나.

浿江設險眞天造　대동강의 험한 곳은 하늘이 만들었으니

羸馬由來不渡澠　여윈 말은 민수[214]를 건너올 방법 없네.

---

209 남효온(1454~1492) : 조선 전기의 문신. 본관은 의령(宜寧), 자는 백공(伯恭), 호는 추강(秋江)·행우(杏雨)·최락당(最樂堂)·벽사(碧沙). 김종직(金宗直)의 문인이며 생육신(生六臣)의 한 사람이다.「육신전(六臣傳)」을 써서 당시 금기시된 사육신에 대한 기록을 남겼다. 저서로『추강집』과『추강냉화(秋江冷話)』·『사우명행록(師友名行錄)』이 있다.

210 『추강집』권3에 실려 있다.

211 『삼국유사』「고조선」조에 단군이 아사달에 은둔하여 산신이 되었다는 내용이 있다.

212 단군이 나라를 세운 때가 당요(唐堯) 무진년(戊辰年)이라는 설에 따른 표현이다.

213 안평대군(1418~1453) : 세종의 셋째 아들이다. 자는 청지(淸之), 호는 비해당(匪懈堂)·낭간거사(琅玕居士)·매죽헌(梅竹軒). 무이정사(武夷精舍)를 짓고 담담정(淡淡亭)을 지어 수많은 책을 소장하였고 문인들을 초청하여 자주 시회를 열었다. 계유정난으로 강화도에 귀양갔다가 교동(喬桐)으로 옮겨져 사사되었다.

214 민수(澠水) : 전국 시대 제(齊) 나라에 있는 강물 이름.『춘추좌전』에 제후(齊侯)가

진둔(陳鈍)[215]

畫船綺席最多情	그림배의 잔치에 가장 감회가 깊으니
花鳳于飛彷彿鳴	수놓은 봉황새[216]는 날아올라 우는 듯하네.
滿酌金杯方壓飯	가득 찬 술잔을 다 못 마실 지경인데
主人猶喚酒如澠	주인은 오히려 술을 가득 가져오라 하네.

조빈(趙鑌)[217]

日斜風起浪紋多	해질녘 바람 불어 물결 일어나고
濯錦佳兒隔岸歌	강가[218]의 아가씨들 언덕 너머에서 노래하네.
莫謂君門千里遠	궁궐이 천리 길 멀리 있다 하지 마오.
一江淸興亦恩波	온 강의 맑은 흥취 또한 은택이리니.

연회를 베풀며 "민수처럼 술도 많고 산처럼 고기도 쌓였다(有酒如澠 有肉如陵)" 구절이 있다.

215 명나라 사신. 1452년 8월 이부 낭중(吏部郎中) 진둔(陳鈍)과 행인사 사정(行人司司正) 이관(李寬)이 황태자 책봉을 알리는 조서를 받들고 왔다.

216 화봉(花鳳) : 금실로 꽃과 봉황을 수놓은 비단 '사화봉(絲花鳳)'을 가리키는 것으로 보인다.

217 조빈(생몰년 미상) : 자는 여경(礪卿), 본관은 배천(白川). 행성균관사예(行成均館司藝)을 역임했다는 기록만 있고 그 외 구체적인 인적사항은 미상이다.

218 탁금(濯錦) : 중국 사천성 성도(成都) 부근을 경우하는 금강(錦江)으로 성도 완화계(浣花溪)의 별칭이라고도 한다. 대동강을 성도의 금강에 견주어 표현한 것으로 보인다.

신종호(申從濩)[219]

〈정사 동공이 대동강에 배를 띄운다는 시를 차운하여(次正使董公泛大同江韻)〉[220]

平蕪淡淡接煙津	평평한 들은 아스라이 나루에 닿았는데
鏡面澄澄絶點塵	거울처럼 맑아 한 점 티끌 없네.
酒影暖涵金沆瀣	술 그림자 따뜻하여 황금 이슬 담았고
山光晴侵玉嶙峋	산색은 맑아 봉우리가 강에 잠겼네.
四千里路將歸客	사천 리 길을 돌아갈 나그네,
九十韶光欲暮春	구십 일의 경치가 저물려는 봄.
別後相思渺空濶	이별 뒤에 그리움 아득하리니
天涯莫惜寄書頻	멀리 떨어져 있어도 자주 편지 보내게.

김흔(金訢)[221]

〈청화관에서 묵으며 정지상 시의 운을 쓰다―장난삼아 숙강에게 주다(宿淸華館, 用鄭知常韻―戲贈叔强)〉[222]

曾說箕城樂事多　평양에 즐거운 일 많다더니

---

219 신종호(1456~1497) : 신숙주의 손자. 본관은 고령(高靈), 자는 차소(次詔), 호는 삼괴당(三魁堂). 『여지승람』을 정정하여 『동국여지승람』으로 다시 찬술하는 작업과 『성종실록』 편찬에 참여하였다. 문집으로 『삼괴당집』이 있다.

220 『속동문선』 권8에 실려 있다. 『동문선』에는 제3구 '沆'이 '沉'으로, 제4구 '侵'이 '浸'으로, 제7구 '渺'가 '眇'로 되어 있다.

221 김흔(1448~1492) : 조선 전기의 문신. 본관은 연안(延安), 자는 군절(君節), 호는 안락당(顏樂堂). 김종직의 문인이며 질정관(質正官)으로 명나라에 다녀왔다. 문집으로 『안락당집』이 있다.

黃岡風物亦堪歌　황강[223]의 풍물도 노래 부를 만하네.
君意似今雲不定　그대 생각은 흔들리는 봄 구름 같고
我心如古井無波　내 마음은 물결 없는 오래된 우물 같네.

이덕숭(李德崇)[224]

〈대동강(大同江)〉

丫髻雙鬟嬌意多　양 갈래로 쪽진 기생들 교태를 부리며
舟中曾聽踏春歌　배에서 삼월 삼짇날[225] 노래를 불렀지.
重遊未遂尋芳約　다시 꽃놀이 하자던 약속은 이루지 못하고
孤負西湖月似波　홀로 서호를 떠나니 달이 물결 같아라.

曖雲芳草興何多　구름 낀 방초에 흥이 이리 많은가.
隔岸嘗聞欸乃歌　강 너머 언덕엔 뱃노래 소리 들리네.
却恐明朝風雨惡　문득 내일 아침 비바람 칠까 두려우니
江中莫遣早生波　이른 아침부터 강에 물결 일지 말기를.

---

222 『안락당집』권1에 실려 있다. 문집에는 제3구 '슥'이 '春'으로 되어 있다. 제목에 나와 있는 '숙강(叔强)'은 권건(權健)의 자(字)이다.
223 북송(北宋)의 문인 소식(蘇軾)이 호북성(湖北省) 황강현(黃岡縣)의 적벽에서 〈전적벽부(前赤壁賦)〉를 지었다. 이 시에서는 대동강 기슭을 황강의 적벽으로 비유하여 표현한 것이다.
224 이덕숭(?~?) : 조선 전기의 문신. 본관은 전의(全義). 어우동(於乙宇同) 간통사건과 연관된 이난(李瀾)·어유소(魚有沼) 등을 탄핵하였다. 내사간이었을 때 했던 탄핵이 왕에 대한 난언죄(亂言罪)로 탄핵 받아 옥사가 일어났으며 나중에 이 사건이 다시 문제가 되어 효수되었다.
225 '春'은 '靑'의 오기로 보인다. 답청(踏靑) : 삼월 삼짇날. 이날은 새 봄을 기뻐하며 음식을 마련하여 산이나 계곡을 찾아 꽃놀이를 한다.

노공필(盧公弼)[226]

〈풍월루(風月樓)〉[227]

薔薇花發續殘春	장미꽃 만발하여 남은 봄을 이어가고
風月樓高絶點塵	풍월루 높이 솟아 한 점 티끌 없네.
爛醉欲歸歸不得	잔뜩 취해 돌아가려해도 갈 수 없는 건
滿池明月更留人	강에 가득한 달빛이 나를 잡아서네.

이원(李黿)[228]

〈부벽루에 올라(登浮碧樓)〉

老樹陰陰蔭蒼苔	노목이 우거져 푸른 이끼 끼었고
日晩江山翠靄開	저물녘 강산엔 푸른 기운 서렸네.
數點輕鷗橫島去	점점이 갈매기는 섬을 가로질러 날아가고
一天疎雨渡江來	온 하늘 가랑비는 강을 건너 다가오네.
暖沙水濺潮初落	모래 가에 강물 흐르니 썰물이 빠질 무렵
古寺扉關僧未回	오래된 절엔 문 닫혀있고 중은 오지 않네.

---

226 노공필(1445~1516) : 조선 중기의 문신. 본관은 교하(交河), 자는 희량(希亮), 호는 국일재(菊逸齋). 갑자사화에 연좌되어 유배되었다가 중종반정 때 다시 등용되었다. 명나라에 가서 중종 즉위의 경위를 설명하고 명나라 왕으로부터 권서국사(權署國事)의 칙지를 받아 귀국하였다. 그 공로로 원종공신(原從功臣) 1등에 녹훈되고 영중추부사(領中樞府事)에 올랐다.
227 『속동문선』 권10에 실려 있다.
228 이원(?~1504) : 이제현의 7세손으로 본관은 경주(慶州), 자는 낭옹(浪翁), 호는 재사당(再思堂). 김종직의 문인으로 사가독서를 했으며 무오사화 때 유배되었다가 갑자사화로 참형당하였다. 저서로 『금강록(金剛錄)』과 『재사당집』이 있다.

往事只憑千歲塔　지난 일 그저 천년 탑에 맡기고
行藏付與謫仙盃　진퇴는 적강한 선인의 술잔에 맡기네.

제7장 『평양지』 권7

「시(詩)」

조위(曺偉)[1]

〈팔영(八詠)〉[2]
을밀대 봄구경(密臺賞春)[3]
荒臺峩峩錦綉山　금수산의 높이 솟은 누대,

1　조위(1454~1503) : 조선 전기의 문신. 본관은 창녕(昌寧). 자는 태허(太虛), 호는 매
　　계(梅溪). 성절사(聖節使)로 명나라에 다녀오던 중 무오사화가 일어났는데 김종직
　　(金宗直)의 시고(詩稿)를 수찬했다는 이유로 의주에 유배되었고, 그곳에서 유배가
　　사 〈만분가(萬憤歌)〉를 지었다. 문집으로『매계집』이 있다.
2　『신증동국여지승람』권51 「평양부」와『매계집(梅溪集)』권3에 실려 있다. 문집의
　　시 제목은 〈평양팔절(平壤八絶)〉이다.
3　문집에는 제1구 '綉'가 '繡'로 되어 있다.

斷崖斗絕臨江灣　가파른 벼랑은 강을 굽어보네.

一夜東風花似錦　하룻밤 봄바람에 꽃은 비단 같고

煙光草色春斑斑　안개 낀 풀빛은 봄이라 아롱졌네.

流光鼎鼎如飛鳥　세월은 새처럼 훌쩍 지나가건만[4]

滿眼韶華十分好　눈 가득한 봄 경치 정말 좋구나.

明朝携酒擬重尋　내일 아침 술 들고 다시 오려하는데

却恐花殘春已老　꽃이 지고 봄 저물었을까 두렵네.

부벽루 달구경(浮碧翫月)[5]

半空高棟翔虹霓　무지개 서린 반공에 정자 있어

俯瞰大野群山低　들판을 바라보니 산들은 나지막하네.

憑欄正值桂輪上　난간에 기대니 마침 보름달이 둥실

到浸萬頃靑玻瓈　강물에 잠기니 만 이랑이 푸른 유리빛.

空明上下漾寒碧　밝은 달은 위아래에서 푸르게 일렁이고

金影閃閃蘆花白　금빛이 반짝반짝 갈대꽃이 희구나.

夜深不禁風露寒　깊은 밤 찬 바람과 이슬 막을 길 없기에

更喚飛仙吹鐵笛　다시 쇠 젓대를 불어 신선을 불러오리라.

영명사 중을 찾아(永明尋僧)

江雲黯黯如抹漆　강 구름 옻칠한 듯 깜깜할 때

雪花滿地深沒膝　흰 눈이 땅에 가득 무릎까지 쌓였네.

騎驢曉出長慶門　나귀 타고 새벽에 장경문을 나서니

4　정정(鼎鼎) : 시간이 빠른 모양.
5　문집에는 제4구 '到'가 '倒'로 되어 있다.

石磴路滑驢頻叱　미끄러운 돌길에 나귀만 자주 꾸짖네.

古寺居僧尙掩扃　절의 중은 아직도 문을 열지 않고

隔墻冉冉茶煙靑　담 너머 하늘하늘 차 연기가 푸르구나.

呼僧談笑共煨芋　중을 불러 담소하며 함께 토란 구우며

坐久風來聞塔鈴　앉아있다 보니 바람결에 탑의 방울소리 들리네.

보통문에서 객을 전송하며(普通送客)[6]

紅樓高壓綠楊路　푸른 버들길에 붉은 누각이 솟아있는데

遊絲落絮飛無數　버들개지와 버들솜이 무수히 날리네.

朝來一雨濕輕塵　아침 한 차례 비로 먼지는 가라앉고

燕舞鶯啼春正暮　제비 날고 꾀꼬리 우니 봄은 저물어가네.

日邊何處是神京　하늘 끝 어디에 명나라 수도가 있을까?

騑騑四牡催嚴程　사신 행차[7] 부지런히 여정을 재촉하네.

一尊酒盡各分袂　한 잔 술 다 마시고 서로 작별하는데

陽關三疊斷腸聲　양관곡 삼첩[8]에 애간장이 끊어지네.

차문에서 배 띄우며(車門泛舟)[9]

城南咫尺古渡頭　성 남쪽 지척엔 옛 나루터 있는데

江水澄澄如潑油　맑디 맑은 강물은 기름을 뿌린 듯.

6　문집에는 제7구 '尊'이 '樽'으로 되어 있다.

7　사모(四牡) : 네 필의 숫말.『시경』「소아」의 편명. 왕명을 봉행하는 사신을 위로하는 내용의 시이다.

8　이별노래. 중국 당나라 때 '양관곡(陽關曲)' 또는 '위성곡(渭城曲)'이라 불리던 금곡(琴曲)인데, 이 곡에 왕유(王維)의 〈送元二使安西〉 시를 가사로 채용하여 불려졌고 송나라 때 마지막 구를 세번 겹쳐 연주해서 '양관삼첩'이라고 한다.

9　문집에는 제3구 '水'가 '盡'으로 되어 있다.

潦水天高積陰散　장마 그쳐 높은 하늘엔 먹구름 흩어지고

風煙澹澹橫素秋　연기가 일렁일렁 가을날에 비껴있네.

試泛扁舟並灘瀨　여울에도 배를 띄워 봤더니

滿耳江聲聽澎湃　귀에 가득 강물 소리 쟁쟁하네.

酒酣相答欸乃歌　술에 취해 뱃소리에 화답하는데

白鷗飛沒蒼茫外　흰 갈매기가 푸른 하늘로 날아가네.

연당에서 빗소리 들으며(蓮塘聽雨)[10]

石甃方池深更淨　벽돌로 두른 네모 연못은 깊고도 고요하니

萬朵亭亭欄相映　만 가지 꽃송이가 아름답게 서로 비치네.

靚粧曉日鬪嬌嬈　새벽햇살에 단장하여 아리따움을 다투고

翠蓋紅雲搖綠鏡　푸른 연잎과 붉은 연꽃이 거울 속에 흔들리네.

寶闌十二樓上頭　열 두 난간 누각 위에서

湘簾捲上珊瑚鉤　담황색 발을 걷어 산호 고리에 걸었네.

嘈嘈雨點聑醉夢　후두둑 빗소리에 취한 꿈 깨고 나니

忽驚六月涼如秋　6월이 가을처럼 시원해서 놀라네.

구룡산의 저녁 산색(龍山晚翠)[11]

連巒迤邐如盤龍　용 서린 것처럼 산맥은 구불구불

絶壑窈窕深幾重　골짜기는 깊숙하니 얼마나 깊은가.

嵯峨黛色更奇絶　우뚝 솟은 푸른산은 더욱 빼어나서

10　문집에는 제2구 '欄'이 '爛'으로, 제5구 '闌'이 '欄'으로, 제6구 '湘'이 '緗'으로 되어 있다.
　　여기에서는 문집에 따라 번역하였다.
11　문집에는 제1구 '迤邐'가 '邐迤'로, 제3구 '峨'가 '嵯'로, 제7구 '煩'이 '頤'로 되어 있다.

畫中描出金芙蓉　그림 속에 그려진 금빛 부용화로구나.

半邊帶雨歸雲黑　반쪽엔 비 내려 먹구름 돌아가고

雲盡蒼蒼數峯立　구름이 지나가자 푸른 봉우리가 서 있구나.

晚來挂頰爽氣多　저녁 되어 바라보니 상쾌한 기운

已覺霏霏嵐翠濕　부슬부슬 산기운에 이미 젖어 있구나.

마탄의 봄물(馬灘春漲)

浿江日夜流滔滔　대동강은 밤낮으로 넘실넘실 흐르더니

春來染出碧蒲萄　봄 되어 청포도색으로 물들었구나.

雪消流澌幾篙漲　눈 녹아 강물은 얼마나 불어났나.

奔灘怒薄崩洪濤　성난 듯 흐르던 여울이 파도에 무너지네.

篙師絶叫不得榜　뱃사공은 절규하며 노도 젓지 못하니

一葉輕舠迷所向　일엽편주는 갈 곳 몰라 헤매이네.

乘流一瞥過酒岩　물결 타고 순식간에 주암을 지나서야

桂橈穩泛桃花浪　배는 유유히 봄물[12] 위를 떠가네.

12　도화랑(桃花浪) : 음력 2월 복사꽃 필 때에 봄비가 오고 난 후에 산골짜기의 얼음이 녹아서 흐르는 물.

성현(成俔)[13]

〈기도팔영(箕都八詠)〉[14]

을밀대 봄구경(密臺賞春)[15]

雲間錦繡山光濃	구름 사이 금수산엔 산색 짙은데
牡丹紫翠環重峯	모란봉이 푸르게 겹겹이 둘러섰네.
臺空石老荒蘚合	대는 비고 돌은 오래되어 이끼가 덮였고
仙子一去尋無蹤	신선은 한번 간 뒤 찾아도 자취 없네.
東風幻出韶機早	봄바람이 일찍 봄 풍경을 만들어 내
爛熳群紅復芳草	활짝 핀 꽃들에 푸른 풀이 돋았네.
都人絲管競良辰	도성 사람들 악기 들고 좋은 날 나가서
酒酣齊唱春光好	술에 취해 모두들 봄빛 좋다 노래하네.

부벽루 달구경(浮碧翫月)[16]

彩翬跂翼紅崢嶸	처마 높은 채색 누각은 붉게 솟았는데
上下倒影搖空明	강에 비친 그림자가 허공에 일렁이네.
姮娥簸揚玉斧手	항아가 옥도끼로 잘 다듬었는지[17]

---

13 성현(1439~1504) : 조선 전기의 문신. 본관은 창녕(昌寧), 자는 경숙(磬叔), 호는 용재(慵齋)·부휴자(浮休子)·허백당(虛白堂)·국오(菊塢). 1488년에 평안도관찰사로 있으면서 조서를 가지고 온 명나라 사신 동월(董越)과 왕창(王敞)의 접대연에서 시를 수창하였고 그 해에 동지중추부사(同知中樞府事)로 사은사가 되어 다시 명나라에 다녀왔다. 대제학을 역임하였고 청백리에 녹선되었다. 저서로 『용재총화(慵齋叢話)』, 『허백당집』, 『악학궤범』, 『부휴자담론(浮休子談論)』이 있다.

14 이하 총 8수의 시는 『신증동국여지승람』 권51 「평양부」와 『허백당집(虛白堂集)』 권11에 실려 있다. 본문에는 시 제목이 생략되어 있으나 문집의 시 제목으로 보충하였다.

15 문집에는 제6구 '復'이 '覆'으로 되어 있다.

16 문집에는 시 제목 중 '翫'이 '玩'으로, 제5구 '紗'이 '紛'으로 되어 있다.

17 옥부수월(玉斧脩月)과 관련된 내용으로 보인다. 중국 당나라 때에 단성식(段成式)

十二欄曲凝瑤瓊	열두 난간엔 옥구슬 엉겨 있네.[18]
桂花紛絲落香雪	계화꽃은 눈처럼 어지럽게 날려서
散作淸輝照肌骨	흩어져 맑은 빛 되어 내 몸을 비추네.
洞簫聲斷江雲空	퉁소소리 끊어지니 강 구름도 사라졌고
起瀉黃流雙耳熱	술[19]을 따라 마셨더니 두 귀가 뜨겁구나.

영명사 중을 찾아(永明尋僧)[20]

江頭寒雲橫素練	강 어귀 찬 구름이 흰 비단을 펼친 듯
滕六吹弄瑤花片	눈의 신[21]이 구슬같은 눈송이를 불어대네.
蹇驢偘側石徑高	나귀 타고 높고 가파른 돌길에 비틀거리며
桑門親訪維摩面	몸소 불도 높은 스님[22]을 찾아왔네.
茶餠細作蚯蚓號	다병(茶瓶)에 차 끓이는 소리는 지렁이가 우는 듯
看經夜燭紅流膏	경서 읽으랴 밤에 촛불이 붉게 흘러내리네.
鬢絲禪榻風颼颼	흰 머리로 앉은 선탑엔 바람이 우수수 부는데
夜闌共作蒼松濤	깊은 밤 소나무에 물결소리 일어나네.

이 지은 『유양잡조(酉陽雜俎)』에 실려 있는 이야기로, 어떤 사람이 달이 둥글지만 오목하게 들어간 곳에 8만3천개의 호(戶)있어서 늘 수리하지 않으면 안 된다며 보따리를 여는데 도끼 두어 자루와 옥설반(玉屑飯) 두 덩이가 있었고, 이 밥을 먹으면 일생 병이 없을 것이라고 했다고 한다.

18 남조악부(南朝樂府) 〈서주곡(西洲曲)〉에 "난간 열두 구비에, 드리운 손은 옥처럼 희네(欄干十二曲, 垂手明如玉)" 구절이 있다.

19 황류(黃流) : 술을 가리킨다. 『시경』 「대아」 〈한록(旱麓)〉에 "깨끗한 옥술잔엔 노란 술이 들어 있네(瑟彼玉瓚, 黃流在中)" 구절이 있다.

20 문집에는 제5구 '餠'이 '瓶'으로 되어 있다.

21 등류(滕六) : 눈을 맡은 신의 이름.

22 상문(桑門) : 범어(梵語)의 음역. 사문(沙門), 곧 승려를 가리킨다.

보통문에서 객을 전송하며(普通送客)

城西一路平如砥	성 서쪽 길은 숫돌처럼 평탄한데
挾路垂楊連十里	길가의 수양버들 십 리 길에 이어졌네.
裊裊黃金萬縷絲	하늘하늘 금빛의 만 가닥의 버들가지도
不繫春風遠遊子	봄바람에 길 떠나는 사람을 잡지 못하네.
輕塵不起微雨過	가랑비 지나가 먼지 하나 일지 않건만
幽燕回首愁雲多	변경23을 바라보니 시름겨운 구름 가득.
攀裾把酒不忍去	이별 잔에 옷자락 잡아 차마 떠날 수 없는데
旁人更唱驪駒歌	주위에선 또다시 이별가24를 부르네.

차문에서 배 띄우며(東門泛舟)

南湖流水淸漣漪	남포의 물결은 맑고 찰랑거리는데
淡粧濃抹如西施	옅은 단장 짙은 칠이 서시처럼 아리땁네.
蘭橈桂棹揚素波	흰 물결 일으키며 노 저어 가는데
水中倒影千蛾眉	물속에 비친 수많은 눈썹 같은 산 그림자.
笳鼓哀吟碧雲暮	저물녘 푸른 구름에 피리와 북소리 구슬프니
白鷗驚蕩春風羽	흰 갈매기는 놀라 봄바람에 휠휠 나네.
壺觴今古幾人遊	술병 들고 고금에 몇 사람이 노닐었던가.
腸斷沙頭芳草路	봄풀 돋은 모래사장에서 애간장 끊어지네.

---

23 유연(幽燕) : 유주(幽州)와 연주(燕州). 하북 북부와 요동 각부, 변방을 가리킨다.
24 이구가(驪駒歌) : 객(客)이 떠나려 할 때 부르는 가곡(歌曲)의 이름. 『한서(漢書)』「왕식전(王式傳)」에, "여러 사람에게 노래를 부르는데 '이구가'라고 한다(謂歌吹諸生曰 歌驪駒)"라 했고, 복건(服虔)의 주에, "『대대례』에 보이는 일실된 시의 편명으로 손님이 떠나려 할 때 노래를 부른다(逸詩篇名也. 見大戴禮, 客欲去, 歌之)"라고 하였다.

연당에서 빗소리 들으며(蓮塘聽雨)[25]

玉井荷花香婀娜	연못의 연꽃은 향기가 은은하고
紅雲蘸鏡嬌將舞	물에 비친 붉은 구름은 나풀거리네.
顚風吹雨飜翠蓋	바람 불고 비 내려 푸른 잎이 뒤집어지니
無數明珠跳萬朵	무수한 구슬이 만 가지에 튀어 오르네.
水晶簾動生微凉	수정렴은 한들한들 미풍에 흔들리고
畫屛銀燭新秋光	그림 병풍 은촛대에 가을빛이 새롭네.
巫山夢斷忽驚起	무산의 꿈을 깨고 놀라 일어나서는
寶瑟彈和雙鴛鴦	거문고를 뜯어 한 쌍의 원앙새에게 화답하네.

구룡산의 저녁 산색(龍山晩翠)[26]

長空澹澹浮晴嵐	높은 하늘에 담담한 아지랑이 떠오르니
連巒疊嶂濃於藍	첩첩한 산봉우리가 남색보다 짙구나.
芙蓉暖翠晩逾好	푸른 연꽃인 듯 저녁에 더욱 좋아
行人矯首停遊驂	나그네는 고개 들어 가던 말을 멈추네.
斜陽瀲灩紅欲死	석양은 일렁이며 붉은 빛 사그라드니
丹楓飜鴉水雲裏	단풍나무의 갈가마귀 구름 속으로 사라지네.
若爲喚倩摩詰手	만약 왕유[27]의 솜씨를 빌릴 수만 있다면
盡描淸景移屛紙	맑은 경치를 모두 다 병풍에 옮기련만.

---

25 문집에는 제6구 '畫'가 '盡'으로 되어 있다.
26 문집에는 제3구 '暖'가 '暖'으로, 제4구 '矯'가 '橋'로, 제7구 '喚'이 '笑'로 되어 있다.
27 왕유(王維) : 중국 성당(盛唐)의 시인이자 화가. 자는 마힐(摩詰)이며 남송화(南宋畫)의 시조로 추앙된다.

마탄의 봄물(馬灘春漲)[28]

春江流澌半篙漲	봄 강이 눈 녹아 반쯤 불어나니
拍岸奔迸桃花浪	강기슭을 치며 흐르는 복사꽃 물결.
漁人爭唱竹枝詞	어부들은 다투어 죽지사를 노래하고
傲睨滄溟刺輕舫	푸른 물결 바라보며 노를 저어 가네.
船頭鯉魚吹菱花	뱃머리의 잉어는 마름꽃을 불어대고
釣絲裊裊隨風斜	낚싯줄은 하늘하늘 바람 따라 기운다.
得魚沽酒不計錢	잡은 고기로 술 사먹으러 돈 따지지 않고
往輸歌吹紅樓家	노래 부르며 홍루의 기생집에 간다네.

이륙(李陸)[29]

〈대동강(大同江)〉[30]

臨流飮酒不辭多	강가에서 술 많다고 사양 않고 마시니
天地其如浩浩歌	천지는 마치 〈호호가〉[31] 같구나.
細雨芳洲尋有處	가랑비 내리는데 모래섬을 찾아가니
水仙無若更凌波	더욱 수선화[32]만한 것이 없네.

---

28 문집에는 제4구 '睨'가 '視'로, 제8구 '樓'가 '縷'로 되어 있다.
29 이륙(1438~1498): 조선 전기의 문신. 본관은 고성(固城), 자는 방옹(放翁) · 부휴자 (浮休子), 호는 청파(靑坡). 두 차례 명나라에 사행을 다녀왔으며 『성종실록』 편찬에 참여하였다. 저서로 『청파집』과 『청파극담(靑坡劇談)』이 있다.
30 『청파집』 권1에 실려 있다. 시 제목은 〈대동누선 시에 차운하다(次大同樓船韻)〉이 다. 문집에는 제3수 제2구 '應響'이 '響應'으로 되어 있다.
31 중국 송나라때 시인 마존(馬存)의 〈호호가(浩浩歌)〉를 염두에 둔 언급으로 보인다. 〈호호가〉에 "크고 넓음을 노래하니, 천지만물이 나를 어이하리(浩浩歌, 天地萬物如 吾何)" 구절이 있다.

江天日暮水光多　해질녘 강에는 물빛이 짙푸른데

畫鷁時聞皓齒歌　배[33]에는 이따금 미인의 노랫소리 들리네.

南浦幾人方送客　남포의 몇 사람이 나그네 전송하나.

明朝又見漲新波　내일 아침엔 새로 불어난 강물을 보게 되리라.

晚泛空明浩氣多　저녁에 강에 배 띄우니 호기가 넘치는데

江山應響數聲歌　강산에선 몇 곡조 노랫소리 울려 퍼지네.

一湖更有西施美　강물에 다시 아름다운 서시가 있어

滿面粧成十里波　만면에 단장하고 십리 물결 위에 있네.

이장곤(李長坤)[34]

〈부벽루(浮碧樓)〉

明之灌之在殷山　은산[35]에 있는 명지[36]와 관지[37]가

邀我共作箕城行　나를 불러 함께 평양 여행 떠났네.

箕城絶觀浮碧樓　평양의 빼어난 경관 부벽루에는

32　능파선자(凌波仙子) : 수선화(水仙花)의 이칭.

33　화익(畫鷁) : 익조(鷁鳥)를 그린 배. 익조는 백로와 비슷한 모양의 큰 새인데, 풍랑을
　　잘 견뎌 낸다고 해서뱃머리에 이 새의 형상을 새겨 걸어 놓았다고 한다.

34　이장곤(1474~1519) : 조선 중기의 문신. 본관은 벽진(碧珍), 자는 희강(希剛), 호는
　　학고(鶴皐)·금헌(琴軒)·금재(琴齋)·우만(寓灣). 김굉필(金宏弼)의 문인이며 갑
　　자사화 때 유배되었다가 중종반정 이후 출사하였다. 문집으로『금헌집』이 있다.

35　은산(殷山) : 평안남도 순천 지역의 옛 지명.

36　안처명(安處明)을 가리킨다. 연산군, 중종대의 문신 안처명은 안침(安琛)의 맏아들이다.

37　유관(柳灌)을 가리킨다. 유관(1484~1545)은 자는 관지(灌之), 호는 송암(松庵). 본
　　관은 문화(文化)이다.

大同江水樓前横	대동강 물이 누각 앞을 가로지르네.
朱甍影落蛟人國	붉은 누각 그림자가 물 속[38]에 떨어지고
風軒月戶開雲屛	바람 불고 달 비치는 누각엔 구름 병풍 열었네.
汀之盛甫兩同年	정지[39]와 성보[40]는 둘 다 동년이요,
洛陽才子權文卿	낙양의 수재는 권문경[41]이네.
諸公冠蓋盡盍簪	여러 공들의 수레가 모두 모여서[42]
竟日胡盧聞德聲	온종일 웃으며 덕담을 듣네.
元龍豪氣隘宇宙	원룡의 호기로는 우주가 좁고[43]
孔融酒亞黃金瓶	공융의 술은 황금병에 버금가네.[44]
淋漓錯綜亂無巡	잔뜩 취해 어지러이 술잔을 돌리니
罰籌蝟起連千觥	벌주로 이리저리 마셔 천 잔의 술이 되었네.

---

38 『술이기(述異記)』에 교인은 고기와 같이 물속에서 살면서 베를 짜는데 울면 눈물이 모여 구슬이 된다고 한다.

39 최희정(崔希汀)을 가리키는 것으로 보인다. 최희정의 생몰년은 미상, 본관은 전주(全州). 자는 정지(汀之), 호는 덕촌(德村). 직제학 담(霮)의 후손이며 조광조(趙光祖)의 문인이다.

40 누구를 가리키는 지는 불분명하다.

41 누구를 가리키는 지는 불분명하다.

42 합잠(盍簪) : 친구들이 모임. 『주역』「뇌지예(雷地豫)」 괘에 "공경들은 예정대로 하면 크게 얻는 바가 있으니 의심하지 않으면 친구들이 다 모이리라(九四由豫, 大有得, 勿疑朋盍簪)" 구절이 나온다.

43 후한(後漢) 때 사람인 진등(陳登)을 가리킨다. 진등의 자는 원룡(元龍)이며 백성을 구할 큰 뜻을 지니고 있었다고 한다. 허사(許汜)가 유비(劉備)와 천하의 인물을 논할 때, 허사가 말하기를 '전에 하비(下邳)를 지나며 진원룡을 찾아가니, 그가 주객의 예도 없이 자기는 큰 침상에 올라가 자고 객인 나를 아랫상에 눕게 하였다.'고 하였다. 이 말을 들은 유비는 '자네가 국사(國士)의 이름을 가지고도 나라를 구하는 데 마음을 두지 않고 밭과 집을 물어보니 들을 가치가 없어서 자기가 백 척 다락에 눕고 당신을 바닥에 눕힌 것이다. 어찌 그저 높은 평상과 낮은 평상의 사이만이겠는가?'라고 대답하였다.

44 『후한서』의 「공융열전」에 따르면 후한(後漢) 때 사람 공융은 손님들과 술 마시기를 좋아하여 "자리에 빈객이 항상 가득차고, 술통 속에 술이 떨어지지만 않는다면, 더이상 근심할 것이 없다(座上賓客常滿 樽中酒不空 吾無憂矣)"고 했다.

開襟各展平生抱　마음을 열고 각자 평생의 포부를 펼치는데

此日意氣侯王輕　이날 의기로 보면 임금도 가벼울 정도.

青山細雨水半篙　청산에 가랑비 내리는데 물은 반 상앗대가 불어서

俄頃浪花連天平　잠시 뒤 물보라 쳐 평평한 하늘과 맞닿았네.

青雲橋下萬柄花　청운교 아래 만 가지에 핀 꽃,

永明寺裏鍾磬淸　영명사 안의 범종과 풍경소리 맑네.

摛錦鋪繡綾羅島　비단을 펼친 듯한 능라도,

酒岩夕照搖空明　주암의 낙조는 하늘에 일렁이네.

危欄乍倚骨欲仙　난간에 잠시 기대 선인이 되려하니

風駕兩腋遊蓬瀛　양 겨드랑이 날개 돋아 봉래산과 영주산을 노니리라.

歸來惆悵已陳迹　돌아오니 서글프게도 모두 지난 자취,

空山夜夜心魂驚　빈산에서 밤마다 마음이 놀라네.

隔岩同看一輪月　바위 너머 함께 보름달을 보건만

思君不見傷我情　그리워도 볼 수 없어 마음만 아프네.

闤闠十載長傴僂　십 년간 도성에서 굽실거리다가[45]

邇來快意西南行　이렇게 서남 땅 오니 기분이 상쾌하네.

去年蹤迹湖南遍　작년에는 호남 땅을 두루 다녔고

今年蹤迹關西橫　금년에는 관서 땅을 가로질러 다니네.

關西形勝華箕都　관서의 승경에선 평양이 화려한데

長江爲帶山爲屏　긴 강이 띠를 두르고 산이 병풍처럼 감쌌네.

朱樓百尺俯明鏡　백척 누각 아래 맑은 거울 흐르고

---

45 구루(傴僂) : 원래는 곱사등이라는 뜻이었으나, 굽실거리며 아첨만 한다는 뜻으로 도 쓰임.

壁間騷詠皆名卿	절벽에 제영시는 모두 공경대부가 썼네.
蒼波渺渺櫓鴉軋	아득한 푸른 물결에 노 젓는 소리 들리고
薄暮洲渚鳴根聲	저녁 모래섬에 밀려드는 물결 소리.
權君設筵邀諸公	권군[46]이 여러 공들 불러 잔치를 열고
雕欄反坫陳罍瓶	채색 난간 술자리에 술병들을 놓았네.[47]
纖波瀲灔洞庭春	넘실거리는 잔잔한 물결은 봄의 동정호라
挹彼注玆黃金舩	저 물결 떠서 이 황금술잔에 붓고 싶구나.
狂呼縱飲倒接䍦	마음껏 마시고 소리치며 두건을 뒤집어쓴 채[48]
世事付與浮雲輕	세상일은 가볍게 떠가는 구름에 부치네.
落霞孤鶩供詩眼	저녁놀과 외따오기는 모두 시에 담을 만하고
芳草十里連原平	방초 십리는 평원과 이어져 있네.
樓前寸碧抹輕烟	누각 앞의 푸른 하늘에 안개가 서렸다가
凍雨一洒樓中淸	한 차례 찬 비에 씻겨 누각이 맑아졌네.
靑山螺髻縹緲間	소라 모양의 푸른 산은 어렴풋한데
落日半掩空江明	저녁 해가 반쯤 졌건만 빈 강이 환하네.
脩然喪我混眞妄	불현듯 나를 잊으니 현실인가, 환상인가.
緱山鶴駕遊蓬瀛	구산[49]에서 학 타고 봉래와 영주를 노니네.

---

46 권균(權鈞, 1464~1526)으로 생각된다. 이장곤이 활동할 시기에 평안도관찰사 중
   권씨성을 가진 유일한 인물이다. 본관은 안동(安東). 자는 정경(正卿), 호는 유연당
   (悠然堂)이며 1513년에 평안도관찰사에 임명되었다.
47 반점(反坫) : 술잔을 올려놓는 잔대. 『논어』 「팔일(八佾)」에서 관중이 예의를 알았느
   냐는 질문에 "임금이라야 문을 병풍으로 가리는데 관중도 문을 병풍으로 가렸으며
   두 나라 임금이 만날 때라야 술잔을 올려놓는 잔대를 만드는데 관중도 술잔을 올려
   놓는 자리가 있으니 관중이 예를 안다면 누가 예를 모르겠는가?(邦君樹塞門, 管氏
   亦樹塞門, 邦君爲兩君之好有反坫, 管氏亦有反坫. 管氏而知禮, 孰不知禮?)"로 답하는
   내용이 나온다.
48 이백(李白)의 〈양양가(襄陽歌)〉에 "현산의 서쪽으로 해 저물 때, 두건 뒤집어쓰고
   꽃 아래를 서성이네(落日欲沒峴山西, 倒著接䍦花下迷)" 구절이 있다.

三花樹影王母簾　삼화수[50]가 서왕모의 자리에 있는데

俗緣未除仙曹驚　속세의 인연 남아있어 신선들이 놀라네.

歸來依舊骨腥膻　돌아오니 예전처럼 몸에 비린내 나니

仙凡永隔難爲情　선계와 범계가 완전히 막혀 마음이 애달프네.

〈1505년(연산군 11) 가을 7월 어느 날 병조판서(兵曹判書) 임사홍(任士洪) 공이 원접사(遠接使), 형조판서(刑曹判書) 이손(李蓀)이 선위사(宣慰使), 형조참의(刑曹參議) 권인행(權仁杳)공이 성절표사(聖節表使)가 되어 관찰사 유순정(柳順汀) 공, 종사의정부검상(從事議政府檢詳) 성몽정(成夢井), 병조정랑(兵曹正郞) 윤구수(尹龜壽)와 함께 누각에 올라 경치를 바라보며 완상하였다. 얼마 지나지 않아 비바람이 갑자기 일어나 옷을 적시고 얼굴에 뿌려대어 노래하는 기생이 모두 비에 젖었다. 병조판서 임사홍 공이 절구 한 수를 지어 그 일을 기록하자 그 자리에 있던 사람들이 모두 화운하여 각기 시판에 써서 후대 사람들이 볼 수 있도록 하였다고 한다(弘治乙丑秋七月有日, 兵曹判書任公以遠接使刑曹判書李公宣慰使刑曹參議權公聖節表使與觀察使柳公從事議政府檢詳成兵曹正郞尹, 同登樓上覽賞. 未久風雨忽作, 沾衣洒面, 歌妓皆濕, 兵曹任公就一絶, 以記其事. 在座咸和, 各寫於板, 以爲後看云).〉[51]

49　『열선전(列仙傳)』「왕자교(王子喬)」에 나오는 이야기이다. 구산은 하남성(河南省)에 있는 구씨산(緱氏山)의 준말로, 왕자교가 도를 터득하여 신선이 된 뒤에 학을 타고 구씨산(緱氏山)에 내려와서 피리를 불었다고 한다.

50　삼화수(三花樹) : 인도(印度)에서 나는 패다수(貝多樹)의 다른 이름. 이 나무는 1년에 꽃이 세 번 핀다고 하여 붙여진 이름이다. 이백(李白)이 〈명고가-오애산으로 돌아가는 숙부를 전송하며(鳴皐歌奉餞從翁淸歸五崖山居)〉에 "가실 때 마땅히 숭소 사이를 들르시어, 날 생각하여 삼화수를 꺾어 보내시길(去時應過嵩少間, 相思爲折三花樹)" 구절이 있다.

51　6명이 같은 자리에서 지은 시이므로, 여기에서는 예외적으로 시 제목 아래 6명의 이름과 시만 제시하였다.

임사홍(任士洪)[52]

天風知我欲遲回	바람이 늦게 돌아가려는 내 마음 알아
吹捲江濤作雨來	물결을 말아 올리고 비를 뿌리네.
滿座新粧紅半濕	새로 단장한 기생들의 붉은옷은 반쯤 젖었지만
還催羯鼓更傳杯	도리어 갈고[53]를 재촉하며 다시 술잔을 전하네.

이손(李蓀)[54]

潮頭初見小艇回	조수 밀려오자 작은 배 돌아오니
知是漁人罷釣來	어부가 낚시 마치고 오는 것이구나.
忽有天邊秋雨過	홀연히 하늘 끝에 가을비 지나가니
一樓形勝入停杯	누각의 형승이 멈춘 술잔 속에 들어오네.

유순정(柳順汀)[55]

溪橋小路面潮回	시내 다리 작은 길에 조수가 밀려올 때

---

52 임사홍(?~1506) : 조선 중기의 문신. 본관은 풍천(豊川), 초명은 사의(士毅). 자는
　　이의(而毅). 효령대군(孝寧大君)의 아들 보성군(寶城君)의 사위이다. 갑자사화를
　　주도해 훈신 계열을 축출하는 데 앞장섰으나 중종반정 때 처형되었다.
53 장고처럼 생긴 북의 일종.
54 이손(1439~1520) : 조선 중기의 문신. 본관은 광주(廣州), 자는 자방(子芳). 중종반
　　정 때 공을 세워 정국공신 3등으로 한산군(漢山君)에 봉해졌다.
55 유순정(1459~1512) : 조선 중기의 문신. 본관은 진주(晉州), 자는 지옹(智翁), 호는
　　청천(菁川). 1504년에 평안도관찰사를 역임했다.

訪舊尋幽古寺來　오래되고 그윽한 옛 절을 찾아왔네.
一雨催詩過江去　시를 재촉하는 한바탕 비가 강을 지나간 뒤
剩收秋氣入深杯　남은 가을 기운이 술잔 속에 들어오네.

권인행(權仁㤽)[56]

登臨盡日便忘回　온종일 누각에 있다가 돌아갈 것 잊었는데
風滿江樓山雨來　바람이 누각에 가득하고 산엔 비가 내리네.
堪笑顚狂先醉臥　미친 듯 술 취해 누운 모습 우습다지만
一身萬里別離杯　만 리 길 떠날 이 몸의 이별주라네.

성몽정(成夢井)[57]

落日江樓客未回　저물녘 누각에 객이 여태 있는데
萬山秋意雨初來　단풍 든 산들에 비가 오기 시작하네.
華筵一罷便陳迹　화려한 잔치 파하면 곧 지난 일 되니
欲瀉黃金三百杯　황금 삼백 잔을 따르고 싶구나.

56　권인행(?~?) : 본관은 안동, 자는 석과(碩果).
57　성몽정(1471~1517) : 조선 중기의 문신. 본관은 창녕(昌寧), 자는 응경(應卿), 호는
　　장암(場巖). 중종반정에 가담하여 정국공신(靖國功臣) 4등에 녹훈되었다. 대사간,
　　도승지, 이조참판, 예조참판을 역임했다.

윤구수(尹龜壽)[58]

乘興高樓晚未回	흥취 오른 누각에서 저물도록 있는데
一江風雨滿空來	강에 비바람이 온 하늘에서 오네.
憑欄更把紅裙醉	난간에 기대 다시 기생들과 취하며
坐待黃昏月入杯	황혼녘 달이 술잔에 들어오길 기다리네.

남곤(南袞)[59]

身御冷風上絶陘	찬바람 맞으며 절벽을 올랐는데
眼隨飛鳥入靑冥	눈길은 푸른 하늘로 나는 새를 따라가네.
描寫只慙詩力劣	묘사하려 해도 못난 시 재주 부끄러우니
山靈應復勒山庭	산의 영령이 산정에 글을 새기게 하리라.[60]

驛路炎塵使者行	후텁지근한 역로에 사신이 행차하니
風光引我滯嚴程	풍광이 나를 이끌어 일정을 늦추게 하네.

---

58 윤구수(?~?) : 조선 중기의 문인. 본관은 파평, 자는 경수(大年). 1496년과 1501년 식
   년시에 합격했고 이후 주서(注書), 병조정랑, 태안군수를 역임했다.

59 남곤(1471~1527) : 조선 중기의 문신. 본관은 의령(宜寧), 자는 사화(士華), 호는 지
   정(止亭)・지족당(知足堂). 김종직의 문인이며 기묘사화를 일으켜 조광조 등 신진
   사림파를 숙청하였고 영의정을 역임했다.

60 남제(南齊) 때 인물 공치규(孔稚圭)가 지은 「북산이문(北山移文)」에 "종산의 영령과
   초당의 신령이 연기로 하여금 역로를 달려가서 산정에 이문(移文)을 새기게 하였다
   (鍾山之英, 草堂之靈, 馳煙驛路, 勒移山庭)" 구절이 있다. 주옹(周顒)이 북산에 함께
   은거하다가 변절하여 해염령(海鹽令)이 되었는데 나중에 다시 은거하려하자 공치
   규가 이 글을 지어 주옹을 풍자하였다.

長江西北大同水　서북쪽에 있는 긴 강은 대동강이고

勝地古今箕子城　고금에 걸쳐 승경은 기자성이네.

形勢依然山鎭峙　형승은 예전 그대로 진산이 솟아있건만

英雄過去鳥飛輕　영웅은 가버리고 새만 훌쩍 날아가네.

留連光景非吾事　경치 감상은 우리의 일 아니니

莫把文章枉托名　문장으로 잘못 이름을 남기지 말게.[61]

〈대동강(大同江)〉

百丈緣崖引畫船　백 길 벼랑에 그림배를 댔더니

千年興廢夕陽前　천년 흥망이 석양 앞에 있네.

一時賓主相逢地　일시에 주인과 객이 만난 곳이라

嶽色秋容共倍姸　단풍 든 산색이 곱절이나 곱구나.

一區形勝古依然　한 지방의 형승이 예전과 같은데

城市丘陵幾變遷　성시와 구릉은 얼마나 변했던가.

不盡登臨千古恨　올라가서 바라봐도 천고의 한 다할 수 없어

小詩聊欲答雲煙　시를 지어 그저 운무(雲霧)에 답하려네.

61　본문에 시 제목이 빠져있다. 전거자료를 찾기 어려워 여기에서는 부득이하게 시 제
목을 넣지 못했다.

이행(李荇)[62]

〈연광정(練光亭)〉[63]

浿水東奔不復西　패수는 동쪽으로 흘러 다시 오지 않으니

奇巖終古作全堤　기이한 바위는 예부터 튼튼한 제방이 되었네.

經營已被高人識　이 정자 지을 때 고사(高士)가 이미 알아주었고

模寫仍煩大手題　경치 묘사에는 거장이 시를 지어주었네.

浮碧與玆名竝重　부벽정과 이 정자 이름을 나란히 하니

落霞從此價還低　'낙하' 구절[64]도 이제부터 값이 낮아지리라.

亭前萬景淸如許　정자 앞 만경창파 이처럼 맑으니

洗盡行塵未有泥　나그네 먼지 씻어주어 진흙이 없구나.

정사룡(鄭士龍)[65]

〈연광정(練光亭)〉

華構因岩架水西　벼랑 가 누각은 강 서쪽에 세워져

---

62 이행(1478~1534) : 조선 중기의 문신. 본관은 덕수(德水), 자는 택지(擇之), 호는 용재(容齋)·창택어수(滄澤漁水)·청학도인(靑鶴道人). 홍문관대제학과 좌의정을 역임하였고 『동국여지승람』의 신증(新增)을 맡았다. 문집으로 『용재집』이 있다.

63 『용재집』 권8에 실려 있다. 시 제목은 〈연광정 시에 차운하다(次韻練光亭)〉이다. 문집에는 제1구 '東'이 '平'으로, 제7구 '景'이 '頃'으로 되어 있다.

64 당(唐)나라 초기에 홍주 자사(洪州刺使) 염백서(閻伯嶼)가 유명한 등왕각(滕王閣)을 중수한 기념으로 중양절에 큰 연회를 베풀고 참석한 손님들에게 서문을 짓게 하였다. 예상치 않게 왕발(王勃)이 어린 나이로 나타나 서문을 짓기 시작하자, 처음에는 코웃음을 치다가 "저녁노을 외로운 따오기와 가지런히 날고, 가을물은 긴 하늘과 한 빛이로다(落霞與孤鶩齊飛, 秋水共長天一色)"란 구절에 이르러 손뼉을 치며 탄복하였다.

65 정사룡(1491~1570) : 조선 중기의 문신. 본관은 동래(東萊), 자는 운경(雲卿), 호는 호음(湖陰). 두 차례 명나라를 다녀와서 『조천록』을 남겼다. 문집으로 『호음잡고』가 있다.

捍江頑骨却成堤　튼튼하게 강물 막아 제방이 되었네.

開亭勝事誰經始　정자를 지어 즐거운 모임 누가 시작했나.

作記仙才自品題　기문 남긴 뛰어난 문재를 스스로 품평해보네.

寒漲縮氷沙觜竪　추위 풀리고 얼음이 녹아 모래톱 솟아있건만

尖風聳膊帽簷低　매서운 바람에 어깨를 웅크리고 모자를 눌러썼네.

登臨未禁歸心迫　누각에 오르니 돌아가고 싶은 마음 금할 길 없는데

鴻迹他年付雪泥　언제나 기러기 자취를 눈 진창[66]에 부치려나.[67]

소세양(蘇世讓)[68]

〈연광정(練光亭)〉

庭前徙倚日斜西　저물녘 뜰 앞을 배회하니

亭下溶溶水拍堤　정자 아래 넘실대는 강물이 제방을 치네.

止老當年初揭號　지로[69]는 올해 처음 당호를 지었고

容齋此日更留題　용재[70]는 이날 다시 시를 남겼네.

江從白鳥飛邊淨　강은 흰 새가 날아가자 고요해지고

---

66 소식(蘇軾)의 〈자유의 민지회구 시에 화답하며(和子由澠池懷舊)〉에 "인생이 가는 곳마다 무엇과 같은가? 응당 눈 진창에 남긴 발자국 같으리(人生到處知何似, 應似飛鴻踏雪泥)" 구절이 있다.

67 문집 『호음잡고(湖陰雜稿)』에 실려 있지 않다.

68 소세양(1486~1562) : 조선 중기의 문신. 본관은 진주(晋州), 자는 언겸(彦謙), 호는 양곡(陽谷)·퇴재(退齋)·퇴휴당(退休堂). 1521년 영접사(迎接使) 이행(李荇)의 종사관으로 명나라 사신을 맞았고, 1533년 지중추부사에 올라 진하사(進賀使)로 명나라에 다녀왔다. 판서와 좌찬성을 역임했다. 문집으로 『양곡집』이 있다.

69 호가 지재(止齋)인 권제(權踶)를 가리킨다.

70 이행(李荇)의 호이다.

天向平蕪盡處低　하늘은 들판이 다하는 곳에 나지막하네.

十載宦遊雙鬢改　십년간의 벼슬살이에 귀밑머리 희어졌으니

臨流思濯滿衣泥　강물에 옷에 가득 묻은 진흙 씻을 생각하네.[71]

최세절(崔世節)[72]

〈연광정(練光亭)〉

紅亭鳥革大江西　화려한[73] 정자가 큰 강 서쪽에 있고

芳草垂楊十里堤　녹음방초와 수양버들 십리 제방에 있네.

遠岫微茫來望眼　시야에는 아스라한 먼 산이 들어오고

平蕪迢遞入新題　새로 지은 시엔 아득한 들판이 담겨 있네.

興亡舊部民何在　망한 옛 고을의 백성들은 어디에 있나.

遊賞今宵月欲低　이 밤에 구경하는데 달이 지려고 하네.

塵世百年眞一瞥　백 년의 인간사 정말 순식간이니

悲歡合付醉如泥　슬픔과 기쁨 모두 한껏 술로 달래리라.

71　『채근담』에 "몸을 세우되 한 걸음 더 높이 세우지 않는다면 먼지 속에서 옷을 털고
　　진흙탕 속에서 발을 씻는 것과 같으니 어찌 초탈할 수 있겠는가(立身不高一步立 如
　　塵裡振衣泥中濯足 如何超達?)" 구절이 있다.

72　최세절(1479~1535) : 조선 중기의 문신. 본관은 강릉(江陵), 자는 개지(介之). 호는
　　매창(梅窓). 1528년에 하정사, 정조사로, 이듬해에는 성절사로 명나라에 다녀왔다.
　　황해도관찰사, 경상도관찰사, 강원도관찰사를 지냈고 공조참판을 역임했다.

73　조혁휘비(鳥革翬飛) : 추녀에 새가 조각되고 처마에 꿩이 조각되다. 궁전처럼 화려
　　함을 비유하는 말.

성세창(成世昌)[74]

〈연광정(練光亭)〉

華亭高構浿江邊	화려한 정자가 대동강 가에 우뚝하여
春晚煙花滿眼前	늦은 봄 풍경이 눈앞에 가득하네.
爲客不堪傷往事	나그네 신세라 지난 일 슬퍼할 수 없건만
倚欄猶覺聳吟肩	난간에 기대니 시 읊는 어깨 솟아있네.[75]
朱甍影裏魚吹浪	강에 비친 누각에선 물고기가 물결을 일으키고
綠柳陰中人喚船	푸른 버들 그늘 안에선 사람들이 배를 부르네.
腸斷一聲何處笛	애 끊는 소리는 어느 곳의 피리소리인가.
夕陽驚起白鷗眠	석양에 잠자던 흰 갈매기 놀라 날아가네.

당고(唐皐)[76]

〈평양을 조망하다(平壤登眺)〉

我過鴨綠江	내가 압록강 건너
十日到平壤	열흘 만에 평양에 이르니

---

74 성세창(1481~1548) : 조선 중기의 문신. 본관은 창녕(昌寧). 자는 번중(蕃仲), 호는 돈재(遯齋). 주문사(奏聞使)와 사은사로 명나라에 다녀왔고, 좌의정을 역임하였다. 글씨·그림·음률에 정통하여 3절(三絶)이라 불렸다. 저서로는 『돈재집』, 『식료찬요(食療纂要)』가 있다.

75 소식(蘇軾)의 시 〈초상화를 그린 하수재에게 주다(贈寫眞何秀才)〉에 "또 보지 못했는가, 눈 속에 나귀를 탄 맹호연이, 눈썹을 찌푸리고 시를 읊으니 움츠린 어깨가 산처럼 높은 것을(又不見雪中騎驢孟浩然, 皺眉吟詩肩聳山)" 구절이 있다.

76 명나라 사신. 1521년(중종 16) 12월에 한림원 수찬(翰林院修撰) 당고(唐皐)가 상사(上使), 병과 급사중(兵科給事中) 사도(史道)가 부사(副使)로 명 세종(世宗)의 즉위를 알리는 조서를 받들고 왔다.

朝鮮此西京	이것이 조선의 서경
箕子有遺響	기자의 유풍이 있네.
城南臨浿水	성 남쪽엔 패수 가여서
亭臺足幽賞	구경할 만한 누대가 있네.
快哉時一登	쾌재정에 한 번 올라가면
餘者歸指掌	나머지가 한눈에 들어오네.
詰朝踏氷過	새벽에 얼음을 밟고 가서
兼旬迄來往	20일 만에 서울을 다녀왔네.
館伴政府僚	관반은 정부의 관료로
襟度本開爽	도량이 본디 드넓었네.
爲我十遊期	나를 위해 열흘간 유람을 정하고
預戒勿誼攘	떠들지 말라 미리 경계했네.
察使勞將迎	관찰사가 수고로이 나를 맞아
小酌同畵舫	화방에 술자리를 차렸네.
須臾就彼岸	이윽고 강 너머 기슭에 가서
入城駕復枉	성안에 올라 다시 수레 타네.
始登練光亭	비로소 연광정에 올라
撫榻坐弘敞	의자에 앉으니 자리가 널찍하네.
德岩在其下	덕암이 그 아래에 있는데
綠崖多灌莽	푸른 벼랑엔 잡목이 우거졌네.
斯亭據高顚	이 정자가 꼭대기에 있어
跬步俯深廣	몇 걸음만 가도 강물이 보이네.
飄飄曳飛練	마치 비단이 펄럭거리는 듯
詎可計十丈	십여 길을 어찌 헤아리리.

寒氷全未融	찬 얼음은 다 녹지 않아
耀日增炫晃	해에 비쳐 더욱 번쩍이네.
漁舟鞋底小	고깃배가 발 밑에 자그마하여
三三復兩兩	둘씩 셋씩 강물에 떠 있네.
遊鱗出深潛	물고기들은 깊은 물속에서 나와
巨細或罹網	큰 놈 작은 놈 그물에 걸리네.
登臨興方濃	올라가 보니 흥이 더욱 높아져
浮碧動遐想	부벽루에서 먼 생각에 잠기네.
驅車出東門	수레를 몰아 동문을 나서서
銳意極搜訪	열심히 경치를 탐방했네.
朝天有巨石	조천석이라는 큰 돌이 있어
昕夕水蕩漾	아침저녁으로 물이 출렁거리네.
行行梯乙密	가고 또 가 을밀대에 올라가니
高樓見標榜	높은 누대에 현판이 보이네.
北枕錦繡山	금수산을 북쪽으로 두니
玆山獨雄長	이 산이 홀로 우뚝하네.
一洲界雙溪	모래섬이 강물을 두 갈래로 나누어
燕尾頗相倣	제비꼬리와 자못 흡사하네.
茅屋依沙汀	초가는 물가 모래 옆에 있고
漁歌聲慨慷	어부의 노랫소리 강개하여라.
主人戒匏樽	주인이 술잔치를 벌여서
我因留半餉	이 때문에 반나절 머물렀네.
薄暮山下去	저물녘에 산에서 내려오니
心目俱融朗	마음과 눈이 모두 즐겁구나.

| 玆遊得奇觀 | 이번 유람에서 본 기이한 장관을 |
| 歸以詫吾黨 | 돌아가서 친구들에게 자랑하리라.[77] |

〈평양승적(平壤勝蹟)〉[78]

금수산(錦繡山)

布帛已足貴	비단도 이미 충분히 귀한데
文彩歸錦繡	금수산은 문채까지 갖췄네.
東風作春姸	동풍이 봄 풍경을 만들어내어
郊行亦明畫	들길 걷노라니 또한 환하구나.

모란봉(牧丹峯)

牧丹有仙峯	모란이라는 신선 봉우리 있어
雄峙此邦鎭	우뚝 솟아 이 나라 진산 되었네.
我來浮碧樓	내가 부벽루에 찾아 왔다가
凌顚興未盡	꼭대기에 오르니 흥이 그지없네.

대동강(大同江)

浿江夫如何	패강은 대체 어떠한가.
一帶浮紺碧	한 줄기 검푸른 빛 떠 있네.
舟中輕往來	배는 가볍게 오고 가지만
鱗介多未識	어패류는 대체로 모르는 것들.

---

77 『신증동국여지승람』 권51 「평양부」에 실려 있다.
78 『신증동국여지승람』 권51 「평양부」에 실려 있다.

덕암(德巖)

可是岩納水	덕암에 물이 들어와도 괜찮은 건
要使水回石	물이 바위를 휘돌아나가게 해서이네.
城郭無憂虞	성곽에 강물 범람의 걱정이 없어져
居民盡歸德	주민들이 모두 은덕에 귀의하네.[79]

주암(酒巖)

酒池覆商宗	주지육림(酒池肉林)으로 상나라 망해서
遺恨此中洩	남은 한을 여기에 쏟았나.
所貴相君正	중요한 건 임금을 바르게 돕는 일
傳岩有麴蘗	술 빚는 누룩[80] 있는 바위라고 전하네.[81]

능라도(綾羅島)

芳洲十餘里	꽃다운 물가 십 여리에
綾羅爛成島	비단이 찬연히 섬을 이뤘네.
豈無父母心	어찌 부모의 마음이 없겠는가.
爲民作襁褓	백성 위해 강보를 만들리라.

백은탄(白銀灘)

江水浩浩去	강물은 넘실넘실 흐르는데

---

[79] 『신증동국여지승람』에 따르면 덕암이 우뚝 솟아 물을 막아내기 때문에 부의 사람들이 그 은덕을 고맙게 상각하여 이러한 이름이 붙여졌다고 한다.

[80] 은 고종이 부열을 재상에 임명하면서 "내가 만약 술을 만들거든 그대가 누룩 역할을 해주고 국을 끓이거든 그대가 소금과 매실 역할을 해주기 바란다(若作酒醴, 爾惟麴蘗. 若作和羹, 爾惟鹽梅)"고 하였다. (『서경』「說命 下」)

[81] 『신증동국여지승람』에서는 '부(傳)'로 읽고 '부암(傳岩)'으로 해석하였으나 이 번역문에는 문맥상 '傳'으로 읽고 번역하였다.

玆灘浮白銀	이 여울엔 백은이 떠 있는 듯
無乃守國禁	나라의 금령을 지키려고
棄捐四通津	내버려서 나루로 흐르는 게 아닐까?

기린굴(麒麟窟)

東明有良馬	동명왕이 좋은 말을 가졌는데
云是行天麟	하늘로 다니는 기린마라 하네.
麟趾尚有跡	기린마의 발자국이 아직 있건만
公族今幾人	공의 일족은 지금 얼마나 되나.

조천석(朝天石)

人仙馬亦仙	사람도 신선이고 말 또한 신선이니
水去石不去	물은 흘러가도 바위는 남아있네.
至今馬跡存	지금까지 말발굽 자국이 남아 있어서
父老指遺處	노인들이 그 자리를 가리킨다네.

정전 유제(井田遺制)

曉出城南門	새벽에 성 남문을 나서니
九一見形制	정전에 형태가 드러나 있네.
秦令如牛毛	진나라 법령이 번잡했어도[82]
阡陌猶不廢	밭둑길은 아직도 남아 있구나.

---

[82] 소털과 같다는 표현은 법령을 세분화하여 백성의 생활을 가혹하게 규제하는 것을 말한다. 두보(杜甫)의 시 〈옛일을 술회하다 2(遣古)〉에 "진 효공(秦孝公)이 법 제정을 상앙에게 일임하자, 법령이 쇠털처럼 세밀하게 되었다네(秦時任商鞅, 法令如牛毛)"라는 표현이 나온다.

을밀대(乙密臺)

崔嵬錦繡山	높디높은 금수산에
有臺名乙密	'을밀'이라는 대가 있네.
俯瞰深岩中	깊은 바위 속을 굽어보니
疑是竈鼉室	자라가 사는 집인 듯.

연광정(練光亭)

一川淨如練	한 줄기 시내가 명주처럼 깨끗한데
斯亭涵川光	이 정자가 시내 빛에 젖어있네.
往來放舟人	배를 타고 오가는 사람들
都在水雲鄕	모두 수운향에 있구나.

쾌재정(快哉亭)

幽亭俟賓館	그윽한 정자는 손님을 맞는 곳
淸風有時來	맑은 바람이 때때로 불어오네.
試看滌煩署	보게나, 더위가 가신 곳이라
此景殊快哉	이 경치가 자못 상쾌하구나.

풍월루(風月樓)

樓前開蓮池	누각 앞에 연못을 파서
尋常足風月	보통 때도 경치가 좋네.
我當雪霽來	내가 마침 눈 개인 뒤 와서
景致復奇絶	경치는 한층 더 빼어나네.

부벽루(浮碧樓)

高樓俯晴碧	푸른 강물 위 높은 누각이
正據乙密臺	바로 을밀대에 기대있네.
間時小輪蹄	한가한 때 작은 수레 타고 왔더니
明月自去來	밝은 달이 절로 오가네.

기자묘(箕子墓)

一遷入松林	오솔길로 소나무숲에 들어가서
歇馬拜墓臺	말을 멈추고 묘대에 절하네.
高山夙仰止	높은 풍모로 일찍부터 우러렀는데
使節今初來	사절로 이제야 처음 왔구나.

문묘(文廟)

東方重文敎	동쪽 나라가 문교를 숭상하여
遙遙洙泗波	공자(孔子)의 물결이 널리 미쳤네.
王祀擬中華	나라의 제사가 중국 제도를 따라
崇報諒亦多	숭배하고 보답함이 또한 지극하네.

단군사(檀君祠)

開國何茫然	아득한 옛날에 나라를 열었으니
朝鮮此鼻祖	조선에 이 분이 비조이네.
荊棘非剪除	가시덩굴을 베지 않았다면
伊誰樂東土	누가 동국을 낙토로 만들 수 있었겠는가.

기자사(箕子祀)

崇祀近檀君	단군사 옆에 사당 세워 숭배하니
春秋擊牛豕	봄가을에 소와 돼지를 잡는구나.
八條今幾存	팔조목 중 지금 몇이나 남았는가.
東國尊化理	동국 사람들이 교화의 정치를 존숭하네.

동명왕사(東明王祠)

東明雄三韓	삼한의 웅주였던 동명왕이
仙逝世代久	신선이 된지 오래되었네.
叢祠在西京	사당이 서경에 있어
有人酹雞酒	사람들이 닭과 술로 제사 드리네.

사도(史道)[83]

덕암(德岩)

岩起江流衝	바위가 솟아 강물 막아내어
城無江水厄	성안에 홍수의 재난이 없네.
安土數千年	몇 천 년간 편안히 살아서
人以岩爲德	사람들이 바위를 덕스럽게 여기네.

---

83 명나라 사신. 1521년 12월에 당고(唐皐)와 함께 왔다. 이하 평양의 승적에 대한 시는
    『신증동국여지승람』 권51 「평양부」에 실려 있다.

문묘(文廟)

乘槎本虛語	배 타고 오겠다는 말은 본디 빈 말이나
遺敎還東漸	남긴 가르침이 오히려 동쪽으로 전해졌네.
我來接諸儐	내가 와서 접빈하는 이들을 만나니
衣能效前禰	옷 모양이 공자의 옷 모양 닮았네.

단군사(檀君祠)

檀君何所始	단군이 언제 비롯했던가.
聞說始於堯	말 들으니 요 때 비롯되었네.
去今四千載	지금부터 4천 년 전이나
遺廟在山椒	사당이 산마루에 남아 있네.

기자사(箕子祠)

化鶴幾千秋	학이 되신 지 몇 천 년이건만
歲時享籩豆	해마다 때가 되면 제사 드리네.
人民半是非	백성들은 모두다 달라졌지만
城郭尙依舊	성곽은 여전히 그대로구나.

동명왕사(東明王祠)

高麗始有國	고구려가 나라를 세웠을 때
王號留東明	왕의 이름이 동명이었네.
要知德厚薄	그의 덕이 두터운지 박한지는
專祠在西京	서경에 있는 사당으로 알겠네.

백은탄(白銀灘)

市貿盡禁銀	시장에서 은 매매 금하는데
誰令滿前灘	누가 앞 여울에 채운 것일까.
貪夫休作態	욕심 많은 사람들아, 잡으려 말고
只好水中看	그냥 물속에 두고 보게나.

금수산(錦繡山)

山石多五色	산의 돌은 오색찬란하고
花木更交加	꽃나무는 얼기설기 겹쳐있네.
樵子穿雲去	구름 뚫고 가는 나무꾼은
分明入彩霞	선명하게 노을 속으로 들어가네.

모란봉(牧丹峯)

聞道牧丹峯	듣건대 모란봉에
牧丹花已老	모란꽃이 벌써 시들었다 하네.
莫恨峯無花	봉우리에 꽃 없다 한탄마오.
峯名亦自好	봉우리 이름 또한 절로 좋으니.

주암(酒巖)

何日岩流酒	언제 바위에서 술이 흘러 나왔을까.
岩中有酒神	바위 안에 주신이 있었나보네.
至今流不盡	지금까지 끝없이 흘러나오는지
平壤多醉人	평양엔 술 취한 사람 많구나.

을밀대(乙密臺)

錦繡山上頭	금수산 꼭대기에
一臺平如掌	손바닥처럼 평평한 대.
恐有天上仙	아마도 하늘 위 신선이
乘風時來往	바람 타고 가끔 왕래할 듯.

풍월루(風月樓)

淸風無定期	맑은 바람은 일정한 기약이 없는데
明月誰能擾	밝은 달은 누가 어지럽힐 수 있으랴.
風動荷香飛	바람이 움직이니 연꽃 향이 날고
月轉樓陰倒	달이 움직이니 누각 그림자 달라지네.

연광정(練光亭)

長江白練拖	긴 강은 흰 명주를 끄는 듯
亭子倒江面	정자가 강 위에 거꾸러졌네.
波搖日月光	물결이 해와 달의 빛을 흔들어
煌煌飛玉電	번쩍번쩍 번개 같은 흰 빛이 날아오르네.

조천석(朝天石)

當日朝天事	그 때 하늘에 조회한 일은
傳來理謬幽	전하는 말이 이치에 맞지 않네.
獨有江邊石	오직 강가에 돌이 있어
至今馬蹄留	지금까지도 말발굽 자국 남아있네.

기린굴(麒麟窟)

騎馬朝天去	말을 타고 하늘로 조회하러 갔는데
茫茫未可回	아득해져 다시 돌아오지 않았네.
後人看此窟	후대 사람이 이 굴을 보니
猶似馬出來	여전히 말이 나올 듯하네.

정전(井田)

制廢井畫存	제도는 없어졌으나 정전 구획은 남아있어
我見生感慨	내가 보니 감회가 생겨나네.
井上有人家	정전 구획 위에 인가가 있는데
不知井內外	정전의 안인지 밖인지 알 수가 없네.

대동강(大同江)

江水傍城郭	강물이 성곽 감돌며 흘러
流入斷山去	우뚝한 산으로 흘러가네.
乘槎欲尋源	배를 타고 수원을 찾으려하나
不知在何處	어느 곳에 있는지 알 수 없구나.

쾌재정(快哉亭)

解去風塵後	속세를 떠난 뒤에
忽到此亭來	문득 이 정자에 이르렀네.
懷共雙眸豁	마음과 두 눈 모두 활짝 트이니
如何不快哉	어찌 유쾌하지 않으리.

부벽루(浮碧樓)

樓倚錦繡山	누각은 금수산에 기댄 채
面俯浿江水	앞으로는 대동강을 굽어보네.
浮影碧波中	푸른 강물 위로 경치가 떠 있고
朱欄落鏡裏	붉은 누각은 거울 위로 떨어졌네.

능라도(綾羅島)

旣有錦繡山	기왕에 금수산이 있으니
更看綾羅島	다시 능라도를 보노라.
東人戒驕誇	동국 사람은 사치를 경계하여
衣裳多素縞	흰색 옷을 많이 입네.

〈부벽루에 올라(登浮碧樓)〉

浮碧來遊日	부벽루에 놀러 왔던 날은
星軺西去時	사신의 수레 타고 돌아가던 때.
山光添好色	산색엔 좋은 빛이 더해졌고
江水正如澌	강물은 마치 눈 녹은 듯 흐르네.
沙岸荒村暮	강가 황량한 마을엔 해가 지고
雲山過鳥遲	구름 낀 산엔 새가 더디 나네.
歸猶興未已	돌아와도 흥이 그치지 않아
短句記追思	짧은 시 지어 추억을 쓴다.

〈연광정(練光亭)〉

練光初上德岩亭	덕암의 연광정에 막 올라가서

睇遠憑高雙眼靑　　높은 곳에서 멀리 바라보니 두 눈 가득 푸르네.

山向簷前常擁翠　　처마 향해 있는 산은 언제나 푸르고

人從鏡裏靜揚舲　　강물 위의 사람들은 고요하게 배를 젓네.

氷融我亦樓船過　　얼음 녹아 나 또한 배 타고 지나가고

日暮誰能蓋軫停　　해 저무는데 누가 수레를 멈출 수 있으랴.

歸路忽忽難盡興　　갈 길은 바빠도 흥을 다하기 어려우니

他時贏取記曾經　　훗날 옛 유람 기록을 꺼내보리라.

〈평양의 부벽루와 연광정 두 누각은 모두 대동강 가에 있다. 당고(唐皐)와 내가 처음 왔을 때는 공무를 마치지 못해서 이곳을 올라가 보지는 못했다. 이에 황성으로 돌아가기 며칠 전에 이행(李荇)[84]공이 이곳에 오게 될 때 한번 유람을 하자고 약속했다. 막상 이곳에 왔더니 날씨가 화창하고 강물이 녹아서 다시 얼어붙지 않을 것 같았다. 건너고 보니 두 누각의 분위기가 예전에 비할 바가 아니었다. 내 생각에는 산천 또한 이공(李公)이 손님을 아끼는 마음을 알고 있는 것 같다(平壤浮碧練光二樓俱臨大同江上, 唐君與予初來時, 以公事未了不及登眺. 玆西歸先數日李相預約過時一遊. 迨至天氣融和, 江水如澌, 不復止以氷. 渡則二樓之風味非昔日可比, 予蓋以山川亦能解李相愛客之心也).〉

我問江中水　　묻노니 강물이

如何徹底淸　　어찌 이리 맑은가.

來時識面過　　왔을 땐 보기만 하고 지났다가

歸日見心明　　돌아갈 때 보니 마음이 맑아지네.

---

84 본문의 '이공(李公)'은 이때 접반사였던 이행(李荇)을 가리킨다.

氣轉氷隨泮　　날씨가 달라지니 얼음이 녹고

風和舟自平　　바람이 따뜻해져 배가 편안하네.

山川能愛客　　산천이 길손을 아껴주니

爲解主人情　　주인의 마음을 잘 아는 듯.

유인귀(柳仁貴)[85]

〈부벽루(浮碧樓)〉

錦纜徐牽泊近洲　　비단 닻줄 천천히 당겨 물가에 댄 뒤

更携春酒上江樓　　다시 봄 술 가지고 강 누각에 오르네.

滿城烟景眞堪畵　　성 가득한 안개 풍경 정말 그림 같은데

誰起重泉顧虎頭　　누가 저승의 고개지[86]를 불러들였을까.

이청(李淸)[87]

〈부벽루(浮碧樓)〉

古國城頭聳一樓　　옛 도읍 성 어귀에 솟은 누각은

85　유인귀(1463~1531) : 조선 중기의 문신. 본관은 진주(晉州). 자는 자영(子榮), 호는
　　수재(睡齋). 사간원 정언으로서 폐비 윤씨의 추숭을 반대하였다가 회덕으로 유배되
　　었다가 중종반정이 일어나자 풀려나왔다. 성균관대사성에 올랐다. 문집으로『수재
　　집』이 있다.

86　호두(虎頭) : 중국 동진(東晋)의 화가 고개지(顧愷之)의 소자(小字).

87　이청(1483~1549) : 조선 중기의 문신. 본관은 한산(韓山), 자는 계아(季雅). 기묘명
　　인(己卯名人)의 한 사람이다. 이조정랑에 올랐고 사은사로 중국에 다녀왔으며 경상
　　도관찰사와 함경도관찰사를 역임했다.

千秋經了幾風流　천 년간 몇 번의 풍류를 겪었을까.

檻前碧水偸僧眼　누각 앞 푸른 물은 중의 눈을 훔치고[88]

雲外靑山露佛頭　구름 밖 푸른 산엔 부처 머리가 드러나 있네.

半世閑忙從去住　세상의 한가함과 바쁨은 거취에 따른 것,

百年醒醉任浮休　백년 인생 취하고 깨어있음은 그저 덧없네.[89]

思家戀闕憑欄久　고향 생각 대궐 생각에 한참을 난간에 기대니

日暮烟波無恨愁　저물녘 연기 낀 물결에 시름은 끝이 없네.

윤은필(尹殷弼)[90]

〈부벽루(浮碧樓)〉

金碧高低壓上巓　단청한 누각이 높게 솟아 산봉우리를 누르고

危巖玉蠱俯淸川　옥을 겹친 듯한 가파른 벼랑은 맑은 물 굽어보네.

人從嵐壁尋幽磬　사람은 이내 낀 절벽 따라 풍경소리를 찾아가고

鳥沒藤蘿破暝烟　새는 등 넝쿨로 사라졌다가 연기를 깨고 나네.

刺刺游魚爭入網　팔딱거리는 물고기들 다투어 그물로 들어오고

娟娟嘉客似登仙　멋진 나그네는 신선이 된 듯.

英雄千古紛華地　이 번화한 곳에 있던 천고의 영웅들,

共把深杯意惘然　함께 가득한 술잔 드니 마음이 서글프네.

---

88 서거정의 〈용천관 시에 차운하다(次龍泉館韻)〉에 "푸른 강물은 스님의 눈을 훔치고, 푸른 산은 부인의 쪽찐 머리 같네(江碧偸僧眼, 山靑學婦鬘)" 구절이 있다.

89 부휴(浮休):『장자』「각의(刻意)」에 "성인의 삶은 물 위에 떠 있는 것과 같고, 그가 죽었을 때는 쉬고 있는 것과 같다(其生若浮, 其死若休)" 구절이 있다. 인생의 무상(無常)함을 의미한다.

90 윤은필(?~?): 조선 중기의 문신. 본관은 해평(海平). 자는 상로(商老). 동지사가 되어 명나라를 다녀왔고 벼슬은 이조참판에 이르렀다.

심언광(沈彦光)[91]

〈부벽루(浮碧樓)〉

練光浮碧俯江流	연광정과 부벽루가 강을 굽어보는데
流水無情抱二樓	강물은 무정하게 두 누각을 감싸 안았네.
松櫟依依城郭古	소나무 잡목은 무성한데 성곽은 오래됐고
英雄寂寂姓名留	영웅은 적막하여 이름만 남았구나.
瑤笙縹緲吹三島	생황소리는 어렴풋이 삼도[92]에 불고
仙鶴飄飄過十洲	선학은 표표히 십주[93]를 지나가네.
也識君恩隨處足	임금의 은혜가 가는 곳마다 충만함을 알겠으니
百年茲地一奇遊	백년 인생에 이 땅에서 진귀한 유람을 했네.[94]

---

91 심언광(1487~1540) : 조선 중기의 문신. 본관은 삼척(三陟), 자는 사형(士炯), 호는
　 어촌(漁村). 함경도관찰사를 역임했고, 벼슬이 우참찬에 이르렀다.

92 삼도(三島) : 전설상의 세 섬인 봉래·방장·영주.

93 십주(十洲) : 도가(道家)에서 말하는 바다 가운데에 있어서 신선들이 산다고 하는 열
　 개의 산. 『해내십주기(海內十洲記)』에 "한무제가 서왕모가 이미 말했던 팔만의 큰
　 바다 가운데 조주(祖洲), 영주(瀛洲), 현주(玄洲), 염주(炎洲), 장주(長洲), 원주(元
　 洲), 유주(流洲), 생주(生洲), 봉린주(鳳麟洲), 취굴주(聚窟洲)가 있다고 한 말을 들었
　 는데 이 열 개의 주는 인적이 아주 드문 곳이었다"라고 하였다.

94 『어촌집(漁村集)』 권4에 실려 있다. 시 제목은 〈평양 부벽루 시에 차운하다(平壤次
　 浮碧樓韻)〉이다. 문집에는 제6구 '飄'가 '飆'로, 제7구 '處'가 '地'로 되어 있다.

유희령(柳希齡)[95]

〈부벽루(浮碧樓)〉

今古消沈只此樓	옛 일은 지나가도 이 누각만은 남아
西京往事付東流	서경의 과거사를 동쪽으로 흐르는 강물에 부치네.
天邊驟雨驅雲脚	소나기는 하늘가로 구름을 몰아내고
洲上殘暉落水頭	석양은 모래가 물 위로 떨어지네.
滿耳笙歌吟更聒	귓가에 가득한 노랫소리는 부를수록 시끄럽고
關心瑣屑醉來休	마음에 걸렸던 자잘한 일들은 취해서야 사라지네.
福星請照留金地	복된 별이 이 청량한 땅을 비추어
濯盡長途觸熱愁	폭염 찌는 긴 길을 모두 씻어줬으면.

조사수(趙士秀)[96]

〈부벽루(浮碧樓)〉

城外長江凝不流	성 밖 긴 강은 얼어 흐르지 않는데
江邊危石起朱樓	강가 벼랑엔 붉은 누각 우뚝 서있네.
麒麟窟古麟何去	오래된 기린굴에 기린마는 어디로 갔나.

---

95 유희령(1480~1552) : 조선 중기의 문신. 본관은 진주(晉州), 자는 원노(元老) · 자한 (子罕), 호는 몽암(夢菴) · 몽와(夢窩) · 몽노(夢老) · 몽초(夢草). 성절사로 북경에 다 녀왔고, 을사사화에 연루되어 유배되었다가 유배지에서 죽었다. 『표제음주동국사략 (標題音注東國史略)』, 『대동시림(大東詩林)』, 『대동연주시격(大東聯珠詩格)』, 『송시 정운(宋詩正韻)』, 『조종시율(祖宗詩律)』을 편찬하였고 문집으로 『몽암집』이 있다.

96 조사수(1502~1558) : 조선 중기의 문신. 본관은 한양(漢陽), 자는 계임(季任), 호는 송강(松岡). 벼슬이 좌참찬에 이르렀다.

錦繡山靑錦獨留　푸른 금수산엔 비단만이 남아있는데.

激浪得風喧極浦　세찬 물결소리 바람 타고 포구까지 들리고

歸鴉背日度芳洲　돌아가는 까마귀는 해를 등지고 모래톱을 지나네.

箇中最是描詩處　그 가운데 가장 좋은 건 시로 묘사한 곳,

人在木蘭舟上遊　사람은 강에 띄운 목란주에 있네.

이사균(李思鈞)⁹⁷

〈쾌재정(快哉亭)〉

神物千年已化梭　신룡(神龍)은 천년 세월에 북 같은 강물 되어

江山輸與飮無何　강산을 비추며 한껏 술을 마시네 하네.⁹⁸

亭臨野逈天全落　정자는 들판 향해 아득히 있어 하늘이 나지막하고

水割沙馳岸盡斜　물은 물가로 흘러 강기슭이 경사가 졌네.

安相重營游刃巧　안공이 중건했으니 일을 잘 처리했고⁹⁹

洪君增制策勳多　홍군이 증축했으니 공적이 많네.

蘇仙快閣名眞副　소동파와 쾌각, 명실이 상부한데

更著秋霄月裏娥　다시 가을 하늘엔 달이 떠 있네.

97　이사균(1471~1536) : 조선 중기의 문신. 본관은 경주(慶州), 자는 중경(重卿), 호는
눌헌(訥軒). 폐비 윤씨의 복위를 반대하여 유배되었다가 중종반정으로 풀려났다.
기묘사화 때 조광조 일파로 몰려 좌천되었지만 다시 등용되어 이조판서를 역임했
다. 문집으로『눌헌집』이 있다.

98　'일음무하(日飮無何)'의 약칭. 만사를 제쳐 놓고 날마다 술만 마신다는 뜻이다.

99　유인(游刃) : 일을 처리하는 데 매우 익숙하여 침착하고 여유 있음을 말한다.『장자
(莊子)』「양생주(養生主)」의 포정해우(庖丁解牛)의 고사(故事)에서 나온 말이다. 포
정이 소를 잡을 때 칼이 살점과 살점 사이의 틈이 있는 곳으로 나아가 마치 춤추는
것과 같았다고 한다.

관찰사 안침(安琛)이 정자를 보수하고 이름을 지어 현판을 건 지 어언 30년이 되었다. 이제 터와 규모를 넓혔으니 서윤(庶尹) 홍신(洪愼)이 실제로 그 일을 주관하여 정자의 빼어남이 비로소 크게 드러났다.

공용경(龔用卿)[100]

〈등조 시에 차운하며(次登眺韻)〉

守株與壯遊	머물러 있는 것과 떠나는 것
所見何霄壤	보는 바가 얼마나 천양지차인가.
多聞遍足跡	많이 듣고 두루 다녔으니
史遷有遺響	사마천의 영향을 받아서이네.
西京萃佳勝	서경엔 승경이 모여 있어
芳草正堪賞	꽃다운 풀도 때마침 감상할 만하네.
溪山當馬前	시내와 산이 말 앞에 있어
歷歷如指掌	손바닥 보듯 또렷하구나.
昔人歌舞地	옛 사람들이 춤추고 노래하던 곳
回首驚已往	돌아보니 이미 지나가 버렸네.
我來及暮春	늦은 봄날에 찾아 왔더니
風煙更森爽	바람과 안개가 더욱 상쾌하네.
館伴知我心	관반사가 내 마음 알아서
開筵息勞攘	술자리를 열어 피로를 풀게 했네.

---

100 명나라 사신. 1537년 3월에 한림원수찬관(翰林院修撰官) 공용경(龔用卿)과 호부급사중(戶部給事中) 오희맹(吳希孟)이 황태자 탄생을 알리는 조서를 받들고 왔다.

依岸柳陰中	언덕 가 버드나무 그늘 속에서
靑簾列畵舫	푸른 주렴이 놀잇배에 쳐져 있네.
黃門同我行	황문[101]이 나와 함께 와서
命車一相枉	수레 타고 이곳에 왔네.
嵬嵬孔子祠	높디높은 공자의 사당,
廟庭赫弘敞	사당의 뜰은 넓고 탁 트였네.
挹灝泛晴瀾	읍호[102]하여 맑은 물결이 넘실대고
練光闢榛莽	연광[103]이 무성한 수풀을 여네.
灘浪浮白銀	여울에는 백은이 떠 있고[104]
德岩峙高廣	덕암은 높고 넓게 솟아있네.
浩浩大同江	넓디넓은 대동강엔
流沫數千丈	세찬 물결이 수천 리를 가네.
樓臺浮天碧	누대가 푸른 하늘 위에 떠 있고[105]
牧丹耀日晃	모란봉은 햇빛에 반짝이네.
兎山與檀君	토산과 단군사는
一望歸羅網	한 눈에 보이네.
更上快哉亭	다시 쾌재정을 올라가니
默默起淸想	고요히 맑은 생각 일어나네.

---

101 '급사황문(給事黃門)'은 궁중에서 급사하는 벼슬이름으로 여기에서는 호과급사중
　　(戶科給事中)인 부사 오희맹을 가리킨다.
102 하늘의 청명한 기운을 끌어당긴다는 의미의 '읍호(挹灝)'와 평양의 읍호루를 가리키
　　는 중의적인 의미로 쓰였다.
103 비단같은 강물의 빛깔을 뜻하는 '연광(練光)'과 평양의 연광정을 가리키는 중의적인
　　의미로 쓰였다.
104 흰 물결이라는 의미와 백은탄을 동시에 가리킨다.
105 부벽루를 염두에 둔 표현이다.

井田有遺制	정전에는 남은 흔적 있어
懷古窮探訪	기자를 회고하며 자취를 찾아가네.
飮酒石岩下	바위 아래에서 술을 마시니[106]
渺渺綠波漾	아득하게 푸른 물결 일렁인다.
丹梯登乙密	사다리 타고 을밀대 올라가니
風月動漁榜	바람과 달에[107] 고깃배가 일렁이네.
朝天石麒麟	조천석엔 기린마 있으니
萬皇誰爭長	임금 중에서 누가 으뜸이었던가.
芳島綾羅文	아름다운 섬은 비단의[108] 무늬 같고,
晴山錦綉倣	비 갠 산은 수놓은 비단을[109] 본뜬 듯.
拭目箕子祠	눈을 씻고 기자 사당 바라보니
攖心生慨慷	강개한 마음 생겨나네.
歷覽意不盡	두루 봤지만 뜻은 끝이 없어
對景開尊餉	경치를 바라보며 술자리를 여네.
茲行良不負	이 유람 진실로 기대를 저버리지 않아
意氣實軒朗	의기가 실로 상쾌하구나.
燈前裁短歌	등잔 앞에서 단가를 지어
聊以示朋黨	그저 벗들에게 보이려 하네.

〈대동관에 묵다(宿大同館)〉

平壤古都留巨鎭　평양은 옛 도읍이라 큰 진이 남아있지만

---

106 주암을 염두에 둔 표현이다.
107 풍월루를 염두에 둔 표현이다.
108 능라도를 염두에 둔 표현이다.
109 금수산을 염두에 둔 표현이다.

村墟榛莽半人家　마을 터엔 수풀 우거지고 반만 인가라네.

一江烟水開城郭　한 줄기 연기 낀 강이 성곽으로 이어졌고

十里松陰覆苑沙　십리 길 소나무 그늘이 동산의 모래를 뒤덮었네.

王國尙聞連海嶠　나라는 아직도 바닷가와 이어져 있다는데,

客途幾欲遍天涯　나그네 길은 거의 하늘 끝까지 누비는 듯.

仲春已破暮春至　한창 봄은 이미 지나고 늦봄이 되어

又見橋頭飛柳花　또 다시 다리 어귀에서 날리는 버들개지 보네.

〈영귀루에 올라 저녁에 가랑비를 맞으며(登詠歸樓晚遇微雨)〉

浴沂正及暮春時　마침 기수에서 목욕하는 늦봄이 되어

閒向西湖泛綠漪　서호를 향해 가서 푸른 물결에 배 띄웠네.

風捲浪花浮白雪　바람이 물결을 말아 흰 눈 같은 포말이 떠 있고

雨翻楊柳散淸絲　비가 버들을 휘날려 푸른 실이 흩어졌네.

殘紅映水澄江色　강에 비친 저녁놀에 강물은 맑고

返照侵簾入酒巵　주렴 사이로 석양이 술잔에 어리네.

烟景滿懷無住著　안개 낀 풍경에 회포를 둘 데 없으니

不妨江關詠歸遲　강의 관문 영귀루로 천천히 가볼까.

〈부벽루(浮碧樓)〉

縹緲孤亭俯碧灣　아득한 정자는 푸른 강물 굽어보는데

層巒空翠泛晴瀾　산봉우리 푸른빛이 맑은 물결에 떠 있네.

淸尊白日松花老　대낮에 술 마시니 송화가 떨어지고

滾滾江聲隱畫欄　넘실대는 물소리에 난간에 기댔네.

無數輕鷗泛碧湍　　　무수히 나는 갈매기 푸른 여울에 떠 있는데
浮嵐高幷畫樓寒　　　떠 있는 이내와 같은 높이의 누각이 차구나.
採芝何處尋仙子　　　어느 곳에서 지초 캐는 선인을 찾을까.
閑看鷄鶒滿石灘　　　한가롭게 강가에 가득한 해오라기 바라보네.

銀河東下綠波深　　　은하수 동으로 흘러 푸른 강물 깊어졌고
烟艇微茫繫柳陰　　　연기 긴 배는 아득히 버들 그늘에 매여 있네.
晩上高樓亂春色　　　저물녘 높은 누각에는 봄빛이 어지러운데
流燈點點在江心　　　유등(流燈)은 점점이 강 가운데 있구나.

已有靑山出　　　청산에 나왔더니
時來白鷺翔　　　때때로 백로가 날아드네.
浮雲連樹色　　　뜬 구름은 나무색과 이어졌고
旭日動江光　　　아침 해는 강물에 일렁이네.
漁艇凌波亂　　　고깃배가 강물 위로 떠가고
岩花入座香　　　바위의 꽃이 술자리에 날아드네.
隔村數茆屋　　　저 너머 마을 초가집 몇 채에
隱隱映垂楊　　　은은히 수양버들 비치네.

潮滿皆連浦　　　밀물이 모두 포구에 이어지고
樓高不礙雲　　　높은 누대는 구름도 가리지 못하네.
纜牽靑雀渡　　　닻줄을 당기니 푸른 참새가 지나가고
波動白鷗群　　　물결이 일렁이니 흰 갈매기 모여드네.
碧練浮天外　　　푸른 강물엔 하늘이 떠 있고

朱甍接水濆　　붉은 누각은 물가에 접해 있네.

憑欄凝睇處　　난간에 기대 응시하는 곳엔

烟霧正繽紛　　안개가 어지럽게 엉켜있구나.

〈대동강(大同江)〉

郭外林團屋　　성 밖 숲엔 집들이 모여있고

亭濱水向城　　정자 옆엔 강이 성으로 흐르네.

嶺雲頭上黑　　산 구름은 머리 위에서 어둑하고

江樹眼中明　　강의 나무는 눈앞에 환하네.

隱浪傳杯遠　　물결 사이로 술잔을 멀리 권하고

凌風舞袖輕　　바람 타고 춤추는 소매가 가볍구나.

浦鷗似相識　　물가의 갈매는 나를 아는 듯

容易往來迎　　쉬이 오고 가며 반기네.

樓船百丈繫城東　　누선이 백 길 성 동쪽에 매여 있는데

渺渺滄波侵碧空　　아득한 푸른 강물이 하늘에 스며드네.

簫鼓中流飛燕雀　　풍악 울리는 강물엔 제비와 참새 날고

巾袍半壁驚魚龍　　사람들 벼랑 위에 있어 어룡이 놀라네.

靑簾布幕浮晴浪　　푸른 주렴 친 장막 물결 위에 떠 있고

畵舫雕欄對雪峯　　배의 화려한 난간은 설봉을 마주 하네.

萬里乘槎共天遠　　만 리 뱃길은 하늘만큼 먼데

此身如在畵圖中　　이 몸은 마치 그림 속에 있는 듯하네.

路出通津洇水東　　길을 나서 대동강 동쪽 나루로 가니

海門高浪泛晴空　바다로 가는 높은 물결엔 하늘이 떠 있네.

遙岩欲近天邊鶴　먼 바위는 하늘 끝 학에 가까워지려 하고

曉日時吟水底龍　아침 해에 때때로 강 아래에선 용이 읊는구나.

波撼鷗湨分萬派　물결이 강물을 흔들어 만 갈래로 나누고

氣蒸鰲背走群峯　신기루는 자라 배[110]에서 피어올라 산으로 가네.

紛紛戰鬪前朝事　어지럽게 싸웠던 전 왕조의 일들

都在江流一鏡中　모두 거울 같은 강 물결에 있네.

〈망월정(望月亭)〉

緩步循廣除　넓은 계단 따라 천천히 걷노라니

淸輝射綺疎　맑은 달빛이 비단에 반사되어 성그네.

明蟾掛山角　밝은 달은 산봉우리에 걸려 있고

花影散扶疎　꽃 그림자는 무성한 나무[111]에 흩어져있네.

亭子傍山隈　정자는 산모퉁이에 있고

雲光夜夜開　구름 사이 달빛은 밤마다 환하네.

層簷非近水　누각이 강 가까이 있어서가 아니라

爲有月明來　달이 밝게 비쳐 와서 그런 거라네.

高館敞虛亭　높은 관사의 확 트인 정자에선

山光割昏曉　산색이 저녁과 새벽으로 나뉘네.

110　오배(鰲背) : 큰 자라의 등에 얹혀 있다는 동해(東海)의 신산(神山).

111　나무가 무성하다는 뜻이다. 도잠(陶潛)의 시 〈산해경을 읽고(讀山海經)〉에 "초여름
　　에 풀과 나무 자라서, 집을 에워싸고 나뭇가지 울창하네(孟夏草木長, 遶屋樹扶疎)"
　　구절이 있다.

| 醉來時一登 | 취했을 때 한번 올랐더니 |
| 暝樹驚山鳥 | 어두운 숲에서 산새가 놀라네. |

〈평양 승적(平壤勝蹟)〉
덕암(德岩)

巨石捍江流	큰 바위가 강물을 막아
江水折而東	강물이 꺾여 동으로 흐르네.
居民免魚鼈	백성들은 물고기 신세 면했으니
咸歸保障功	모두 보호해주는 공 덕분이네.

주암(酒岩)

巖以酒爲名	바위 이름을 술이라 지었기에
我來夫何有	찾아왔더니 술은 어디에 있나.
疑是武陵津	아마도 무릉의 나루터에
仙家泛春酒	선인이 봄술을 띄웠던 걸까.

백은탄(白銀灘)

灘水激淸流	여울이 맑은 강물에 부딪혀
浪花白如銀	물보라가 은처럼 희네.
夜潮春雨過	밤 밀물에 봄비가 내려
渺渺闊無津	아득하고 끝없이 넓네.

금수산(錦繡山)

| 晴日紫霞明 | 맑은 날 붉은 안개 환하고 |

春山開錦繡　봄 산이 비단처럼 펼쳐졌네.

色映錦袍鮮　빛이 비단 도포에 비쳐 선연한데

六馬行春晝　여섯 필 말이 봄 낮에 지나가네.

을밀대(乙密臺)

山巓乙密臺　산꼭대기의 을밀대는

高敞披草萊　풀숲을 헤치고 높게 트여있네.

玉露擎仙掌　옥 이슬을 승로반에 올려놓은 듯

時聞笙鶴來　때때로 신선의 생황 소리 들리네.

모란봉(牧丹峯)

平開玉井蓮　활짝 핀 옥정의 연꽃[112]

秀出牧丹朶　빼어나게 솟은 모란꽃송이.

我值花開時　내 마침 꽃피는 시절에 와서

望峯鼓江舸　봉우리 바라보며 배를 두드리네.

부벽루(浮碧樓)

碧瓦蕩銀河　푸른 기와가 은하수에 일렁이고

朱甍照漢水　붉은 기와가 한강을 비치네.

倒影侵樓臺　거꾸로 선 그림자 누대로 들어오니

人在畵圖裏　사람이 마치 그림 속에 있는 듯하네.

112　중국 화산(華山) 꼭대기 옥정(玉井)에 핀 연꽃. 한유(韓愈)의 시 〈고의(古意)〉에 "태
화봉 옥정의 연은, 꽃잎이 열길이요 잎은 배 만하네(太華峯頭玉井蓮, 開花十丈藕如
船)" 구절이 있다.

연광정(練光亭)

白練橫晴漢	흰 비단이 맑은 하늘에 비껴있고
烟光淨一川	안개 빛이 한 줄기 강물에 차네.
危亭天上坐	높다란 정자가 반공에 있어
彷彿欲登仙	마치 신선 되어 하늘로 오를 듯하네.

정전 유제(井田遺制)

南郭分阡陌	남쪽 성곽으로 길이 나뉘었는데
田區畫井中	논밭이 우물 정자로 구획되었네.
至今平壤民	지금도 평양의 백성들은
猶識商家風	여전히 상나라 풍속으로 알고 있네.

조천석(朝天石)

朝天往何處	하늘에 조회하러 어디로 갔을까.
突兀聳鰲背	우뚝하게 자라 등 위에 솟았네.[113]
山雨欲來時	산에 비가 내리려고 하는데
分明響霞佩	또렷하게 울리는 신선의 패옥소리.

풍월루(風月樓)

| 風月滿高樓 | 바람과 달이 누각에 가득한데 |
| 主人興不淺 | 주인의 흥은 깊기만 하네. |

---

113 강물 위에 솟아 있다는 의미이다. 『열자(列子)』「탕문(湯問)」에 발해(渤海) 동쪽의
다섯 산이 파도에 떠밀리자 상제가 다섯 마리의 자라로 하여금 이를 떠받치게 했다
는 전설이 언급되어 있다.

坐待荷花池　　연꽃 핀 연못에 앉았노라니
流雲出高巘　　구름이 산봉우리에서 피어오르네.

기린굴(麒麟窟)

養馬不在廐　　말을 마구간이 아니라
乃在滄江濱　　푸른 강 물가에 길렀네.
更無渥洼種　　이제 다신 악와[114] 같은 말 없으리니
惟有石麒麟　　그저 기린마의 돌만 남아있네.

능라도(綾羅島)

芳島燦綾羅　　섬이 비단으로 찬란하니
稱此佳山水　　여기를 아름다운 산수라 하네.
欲借幷州刀　　병주의 가위[115]를 빌려와서
裁爲雲錦綺　　잘라서 운금[116] 비단을 만들었으면.

쾌재정(快哉亭)

快心不常得　　언제나 상쾌할 수는 없는데
獨喜快哉亭　　쾌재정에서는 유독 즐겁네.
一笑山月孤　　산에 뜬 달 보고 한바탕 웃으니
茫茫雲水淸　　아득하게 구름 낀 강이 맑구나.

---

114 악와신마(渥洼神馬). 악와(渥洼)는 중국 감숙성(甘肅省)의 강 이름. 『사기(史記)』
　　「악서(樂書)」에 따르면 한 무제(漢武帝) 원수(元狩) 3년에 이 강에서 신마(神馬)가
　　나왔다고 한다.
115 병주는 지금 중국 산서성 태원 지방. 예부터 철공기술이 발달하여 가위가 유명하다.
116 운금(雲錦) : 색채가 아름답고 구름무늬를 수놓은 중국의 고급 비단.

대동강(大同江)

江流日向東	강물은 날마다 동으로 흐르는데
一望連天碧	바라보니 푸른 하늘에 닿아있네.
仙槎渺何處	신선 탄 배는 아득히 어디에 있나.
海水來潮汐	바닷물이 밀물 되어 흘러오네.

읍호루(挹灝樓)

層樓跨江城	누각이 강가 성에 걸터앉으니
灝光挹淸灝	물결색이 맑은 기운을 떠온 듯.
渺渺凌紫霄	아득하게 하늘에 닿을 듯한데
望中見蓬島	바라보니 봉래산이 보일 듯.

문묘(文廟)

東方守文敎	문교를 지킨 동쪽 나라에선
敬道崇廟貌	도를 공경하여 사당을 숭상하네.
皇化重儒風	황제의 교화가 유풍을 중시하니
漸摩知所效	교화[117]의 효험을 알 수 있구나.

단군(檀君)

檀君開國土	단군이 이 나라를 열어
誅茅樹區宇	띠집을 만들고 구역을 만들었네.

---

[117] 『한서(漢書)』 「동중서전(董仲舒傳)」에 "태학을 세워 국도에서 가르치고 상서를 세
워 고을에서 교화하되, 인으로 백성들이 젖어들게 하고 의(義)로 백성들을 연마시켜
야 한다(立大學以敎於國, 設庠序以化於邑, 漸民以仁, 摩民以誼)" 구절이 있다.

| 至今邦之人 | 지금도 이 나라 사람들은 |
| 稱爲朝鮮祖 | 조선의 시조라고 한다네. |

기자묘(箕子墓)

靑山芳綠苔	청산에 푸른 이끼 무성한 곳에
封壤築高臺	터를 잡아 높은 대 지었네.
使車一瞻拜	사신들이 한 차례 우러러 절하는데
蕭瑟悲風來	우수수 쓸쓸한 바람이 불어오네.

기자사(箕子祠)

古廟蔓藤蘿	덩굴이 뒤덮인 옛 사당이
屹立檀君右	단군사 옆에 우뚝 서 있네.
丹靑儼如故	단청은 예전 그대로인데
春秋薦椒酒	봄가을에 제삿술[118]을 올리네.

동명왕사(東明王祠)

東明開高麗	동명왕이 고구려를 세워
故都在平壤	도읍을 평양에 두었네.
廟貌始何年	사당은 언제 세웠던가.
至今猶祀享	지금까지도 제사를 지내네.

---

118 초주(椒酒) : 조피 열매를 섞어서 빚은 술. 새해 아침에 조상을 숭배하며 제사를 지
  내거나 가장(家長)에게 축수(祝壽)할 때 초주(椒酒)와 백주를 올린다.

오희맹(吳希孟)[119]

〈대동관(大同館)〉

星軺淸曉正騑騑　수레가 새벽에 쉼 없이 달리는데

風引龍章上翠微　바람결에 사신들 푸른 산에 오르네.

護節鼓隨邊月動　부절 받드니 변방의 달 따라 북소리 울리고

瞻天心逐塞鴻飛　하늘 보니 변방의 기러기 따라 마음이 날아가네.

唐宗戰處寒烟冷　당 태종 싸우던 곳엔 안개만 차갑고

煬帝行宮古木稀　수 양제의 행궁에는 고목이 성그네.

一路山川堪弔古　산천으로 가는 길에서 옛 일을 애도하니

馬蹄隨步泛淸暉　말발굽 가는 곳마다 푸른 빛 감도네.

〈대동강. 운강의 시에 차운하다(大同江次雲岡韻)〉

畵船搖曳過江東　그림배 노를 저어 강 동쪽을 지나는데

瀲灩桃波湛碧空　넘실대는 봄물에 푸른 하늘 비치네.

半掩緗簾飛燕雀　반쯤 드리운 주렴에 제비와 참새 날아들어

幾番挑浪變魚龍　몇 번이나 물결 쳐서 어룡들을 놀라게 했나.

天開巨塹分平壤　하늘이 큰 해자를 파서 평양을 나누었나니

雲盡孤城見遠峯　구름 끝 성에서는 산봉우리 보이네.

共眺仙槎送仙客　함께 배를 바라보며 나그네를 전송하니

旋旗簫鼓亂流中　깃발과 풍악소리가 물결 위에 있구나.

---

119 명나라 사신. 1537년(중종 32) 3월에 공용경(龔用卿)과 함께 왔다.

〈부벽루(浮碧樓)〉

一江環四郭	강이 사방 성곽을 둘렀고
百尺起層樓	백 자의 층루가 솟아있네.
水色雲疑入	물빛은 구름이 스며든 듯,
簾光雨欲流	주렴 사이 빛은 빗줄기 같네.
黿鼉時出沒	자라가 때때로 출몰하고
荇藻自沈浮	마름꽃이 절로 뜨고 가라앉네.
萬嶺懸淸樹	봉우리에는 나무가 걸려있고
千波擁石洲	물결은 모래톱을 둘러쌌네.
奇峯隨座對	누각에 앉아 기이한 봉우리 보고
亂艇倚欄收	누각에 기대니 여러 배들 들어오네.
草霧逢岩合	안개 낀 수풀은 바위와 합쳐지고
泉琴入澗稠	샘물 소리는 시내로 흘러 커지네.
魚燈搖浪裏	고깃배 등불이 강에서 일렁이고
松韻響山頭	소나무 소리가 산에서 울리네.
梯上橫霧跡	사다리 위엔 안개가 끼어있고
簷邊雜鳥啾	처마 옆엔 여러 새들 지저귀네.
江歸三日海	강은 사흘 만에 바다로 가는데
流順幾千秋	몇 천 년을 흘러간 것일까.
不盡吹嘯興	시로도 흥취를 다하지 못해
眞成秉燭遊	등불 들고 유람을 하네.

渺渺憑高處	아득하게 높은 곳에 올랐더니
凄凄碧影還	쓸쓸하게 찬 그림자 돌아오네.

春陰生巨壑　봄 그늘은 골짜기에서 생겨나고

雲氣度前山　구름 기운은 앞산을 지나네.

翠靄浮虛檻　푸른 아지랑이 누각에 떠 있고

寒光起暮灣　찬 빛은 저녁 물가에서 일어난다.

停驂瞻北極　말을 세워 북극성을 바라보니

萬里欲飛攀　만 리 길을 날아서 가고 싶구나.

〈평양 승적(平壤勝蹟)〉

풍월루(風月樓)

清賞宜四時　사계절 내내 완상하기 좋은데

吟風還弄月　바람을 읊고 다시 달을 즐기네.

倒影錦蓮池　연꽃 핀 연못에 달빛 비치고

秋波綠塵絕　가을 물결에는 티끌 하나 없네.

부벽루(浮碧樓)

危簷控江起　높다란 처마가 강가에 솟아있고

碧影浮亭臺　푸른 그림자가 누대에 떠 있네.

悠悠同江潮　유유한 모습이 강물과 같아

暮去朝復來　저녁에 사라졌다 아침에 나타나네.

연광정(練光亭)

長江如拖練　긴 강물 비단을 펴 놓은 듯

亭上集明光　정자 위엔 맑은 빛 모였네.

俯瞰憑欄處　난간에 기대 바라보니

幽幽非世鄕	그윽한 모습 속세가 아니구나.

금수봉(錦綉峯)

曉峯落同江	아침 봉우리가 대동강에 비치니
萬頃波紋綉	만경창파가 비단처럼 피어나네.
嵯峨挿靑霄	우뚝한 모습 푸른 하늘에 꽂은 듯,
綺旆當春晝	비단 깃발이 봄 낮을 만난 듯.

모란봉(牧丹峯)

造化鼓地靈	조화옹이 땅 신령을 시켜
瑤花産雄鎭	구슬꽃을 큰 진에 피어나게 했나.
對此牧丹峯	이 모란봉을 바라보고 있으니
幽香襲未盡	그윽한 향기 끝없이 밀려오네.

능라도(綾羅島)

靑翠雲霞間	푸른빛이 구름 사이로 비치니
古名綾羅島	예부터 능라도라고 이름 붙였네.
綾羅難剪裁	비단을 잘라내기 어려워서
空爲石上褓	그저 바위 위에 덮어둔 걸까.

덕암(德巖)

河濯斯滄浪	이 창랑은 씻을 만하고[120]

---

120 굴원(屈原)의 「어부사(漁父辭)」에 "창랑의 물이 맑으면 내 갓끈을 씻고 창랑의 물이
흐리면 내 발을 씻으리라(滄浪之水淸兮, 可以濯吾纓. 滄浪之水濁兮, 可以濯吾足)"

可翫斯岩石　　　이 바위는 구경할 만하네.
由來民物康　　　예전부터 백성들을 건강하게
保障仰仁德　　　보호해주어 인과 덕을 우러렀네.

주암(酒巖)

酒池爲所傾　　　술 연못을 기울였는지
酒巖何爲洩　　　주암에서 어찌 쏟아질까.
斯跡顧云美　　　이 유적 아름답다하지만
佐須投栢櫱　　　잣나무와 황경나무 심어야하리.

승벽정(乘碧亭)

江色涵澄碧　　　강 빛은 푸른색을 머금었고
烟槎架浪浮　　　안개 긴 배에는 물결이 치네.
登龍豁巨眼　　　승천하는 용도 눈을 크게 뜨고
三醉洞庭秋　　　동정호에서 세 번 취하리라.[121]

읍호루(挹灝樓)

萬頃泛江沱　　　만경창파에 배 띄웠더니
層樓浮碧波　　　층층 누각은 강물에 떠 있네.
端拱雲烟接　　　앉아서 보니 구름과 안개 이어있고
淸光散綠柯　　　맑은 빛이 푸른 나무에 퍼져있네.

구절이 있다.
121 중국 당나라 때 팔선(八仙) 중 한 사람인 여동빈(呂洞賓)의 시에 "악양루에서 세 번
취해도 아무도 몰라보니, 낭랑히 시를 읊으며 동정호를 날아 지나갔네(三醉岳陽人
不識, 郎吟飛過洞庭湖)" 구절이 있다.

백은탄(白銀灘)

茫茫造江波　　　아득하게 흐르는 강물

翻空白如銀　　　물결 쳐서 은처럼 희네.

獨有滄浪叟　　　홀로 창랑의 노인이

貪心付斯津　　　욕심을 이 나루에 부치네.

기린굴(麒麟窟)

麒麟何所有　　　기린마는 어디에 있나.

此窟藏麒麟　　　이 굴 안에 기린마 있었네.

當時廐馬名　　　당시의 기르던 말 이름으로

遺跡傳今人　　　자취가 지금 사람에게도 전하네.

조천석(朝天石)

當年馬跡存　　　그때의 말 자취 남아있고

古石猶不去　　　오래된 돌도 그대로 있네.

風度琅玕聲　　　바람 부니 옥돌 소리 나는데

渾似鳴鸞處　　　마치 난새 우는 소리 같아라.

정전(井田)

生平慕周官　　　평생 주나라를 흠모하더니

此地如周制　　　이 땅이 주나라 제도 같구나.

幽幽城南間　　　그윽한 성의 남쪽 땅에

規畫猶不廢　　　정전의 흔적이 아직 남아있네.

을밀정(乙密亭)

躋跳美斯臺	아름다운 이 누대 올라갔더니
瑤草自叢密	예쁜 꽃이 절로 한아름 피었네.
卜築峯之顚	봉우리 위에 터 잡아 지어놓으니
幽然接瓊室	그윽하여 옥으로 만든 궁전 같네.

문묘(文廟)

駐節參文廟	부절을 받들어 문묘를 참배하니
麟衣映泗波	성인의 옷이 사수[122]에 비치는 듯.
東藩崇敎祀	동쪽 나라에서 문교를 숭상하여 제사지내니
應識聖恩多	분명 성은이 넘침을 알리라.

기자묘(箕子墓)

道骨埋荒塚	선인[123]은 무덤에 묻혀 있고
寒泉繞石臺	찬 샘물이 석대를 감싸 흐르네.
松風淸夜響	맑은 밤 소나무에 바람 불면
應識度魂來	분명히 혼이 지나간 것이리라.

단군사(檀君祠)

| 神宇覆松蘿 | 소나무와 덩굴에 덮인 사당을 |
| 修誠祀藩祖 | 수리하여 국조로 제사 드리네. |

---

122 사수(泗水) : 공자가 제자들을 가르치던 곳 근처에 흐르던 강. 중국 산동성에 있는 사수(泗水)와 수수(洙水)는 공자의 학문을 가리킨다.
123 도골(道骨) : 선풍도골(仙風道骨). 선인의 모습과 도사의 골격. 범속을 초월한 풍격.

肇彼唐堯時	그 옛날 당 요임금 때에
此君始封土	단군이 처음으로 나라 세웠네.

기자사(箕子祠)

東國仰封澤	동쪽 나라에선 봉해준 은덕 감사하여
春秋享牢豕	봄가을로 제물 올려 제사지내네.
外王八條治	밖으로는 왕이 팔조의 법으로 다스렸고
內聖九疇理	안으로는 성인이 홍범구주로 다스렸네.

동명왕사(東明王祠)

弔古一登臺	옛 일을 생각하며 대에 올랐는데
東明逝已久	동명왕은 떠나간 지 이미 오래네.
初生此邦民	처음에 이 땅에 백성을 내셨으니
宜酹追遠酒	마땅히 추모하는 술을 올려야 하리.

쾌재정(快哉亭)

登臨恍塵外	올라갔더니 황홀하게 속세의 바깥
猶似洞天來	마치 신선 사는 동천에 온 듯하네.
壯景不能悉	장대한 풍경 이루 다 말할 수 없고
乾坤一快哉	세상이 온통 유쾌하구나.

공용경(龔用卿)

〈연광정(練光亭)〉

城上高亭俯碧江　성 위의 정자에서 푸른 강 굽어보니

茫茫烟艇列千艭　아득한 안개 속 배 천 척이 늘어섰네.

游魚出水紛無數　헤엄치는 물고기는 무수히 오가고

白鳥晴沙下一雙　흰 새는 모랫가에 한 쌍이 내려앉았네.

石壁橫雲搖遠樹　석벽에 낀 구름이 멀리 나무를 흔들고

海風吹浪入寒窓　바닷바람에 이는 물결이 찬 창에 들어오네.

浮金沈碧眞如練　금빛과 푸른색이 부침하니 정말 비단 같은데

一望層霄盡海邦　높은 하늘 바라보니 바다까지 닿겠네.

화찰(華察)[124]

〈연광정(練光亭)〉

水色分明濯錦江　물빛이 맑아 비단을 씻은 듯한 강인데

誰將匹練繫虛艭　누가 비단으로 빈 배를 매었을까.

仙人黃鶴知何許　선인은 황학 타고 어디를 갔는지

野老白鷗空自雙　늙은이와 흰 갈매기가 괜히 짝을 이뤘네.

漁笛一聲歸極浦　어부의 피리소리 포구에 들려오고

---

[124] 명나라 사신. 1539년 4월에 한림원 시독(翰林院侍讀) 화찰(華察)과 공과 급사중(工科給事中) 설정총(薛廷寵)이 각각 정사와 부사가 되어 황태자 책봉을 알리는 조서를 받들고 왔다.

風帆千片落晴窓　　바람 부는 천 편의 돛이 맑은 창에 비치네.
皇家慶澤寬如海　　황제의 은혜는 바다처럼 넓어서
頻送恩波及遠邦　　자주 은택을 이 먼 곳까지 보내주시네.

제8장 『평양지』 권8

「시(詩)」

설정총(薛廷寵)[1]

〈연광정(練光亭)〉

練光亭下大同江	연광정 아래 대동강
落日江頭放釣艭	저물녘 강가에 고깃배 띄웠네.
翠嶺倒流還疊疊	물에 비친 푸른 산은 오히려 겹겹이고
黃鶯隔岸自雙雙	언덕 너머 꾀꼬리는 절로 쌍쌍이 있네.
光搖河漢來浮棟	햇빛은 누각 비친 강물을 일렁이고

---

[1] 명나라 사신. 1539년(중종 34) 4월에 화찰(華察)과 함께 왔다.

波隱魚龍欲動窓　물결엔 창을 흔들려는 어룡을 숨겨 놓았네.
林館樓臺多氣色　숲 속 객사 누대에는 화사한 기색 많아
天涯猶見此名邦　하늘 끝에서도 이름난 이 땅이 보이리라.

임형수(林亨秀)²

〈대동강 배에서(大同江舟中)〉³

江上東風送畫船　강가의 동풍이 그림배를 보내고
隱天簫鼓起龍眠　하늘의 퉁소와 북소리가 잠든 용을 깨우네.
樓臺十里開靈境　십 리 길 누대는 선계를 열었고
珠翠千行迓水仙　천 갈래 물결 위에서 물의 선인을 맞이하네.
客裏光陰愁欲老　나그네 세월 수심으로 늙을 것 같은데
天涯詩酒興相牽　하늘 끝 이 곳의 시와 술이 흥취를 이끄네.
憑君莫說興亡事　그대에게 부탁하노니 흥망사를 말하지 말게.
東海桑田間幾遷　동해가 뽕나무밭 되었으니 몇 번이나 변했겠나.

2　임형수(1504~1547) : 조선 중기의 문신. 본관은 평택(平澤), 자는 사수(士遂), 호는
　　금호(錦湖). 사가독서를 했으며 부제학에 올랐으나 을사사화가 일어나면서 파면되
　　었으며 양재역 벽서사건 때에는 윤임의 일파로 몰려 유배된 뒤 사사되었다. 문집으
　　로 『금호유고(錦湖遺稿)』가 있다.
3　『금호유고』에 실려 있다. 문집에는 제2구 '隱'이 '殷'으로, 제5구 '愁'가 '吟'로 되어 있다.

소세양(蘇世讓)

〈차운(次)〉

水拍長干繫綵船	물결이 배에 묶인 돛대를 치는데
笛聲驚破白鷗眠	피리 소리가 잠자는 갈매기를 깨우네.
關西老將心先醉	관서의 늙은 장수는 마음이 먼저 취하건만
漢北遊人骨欲仙	서울의 나그네는 신선이 될 것 같네.
剩有歡情窮踐勝	남은 흥취 있어 곳곳의 승경을 누비니
幾回歸袂動遭牽	몇 번이나 돌아가려 해도 번번이 잡혔던가.
江山如許終陳迹	강산이 이러해도 결국 과거사 되리니
須向高樓席更遷	누각을 향해 자리를 다시 옮겨야겠네.[4]

신광한(申光漢)[5]

〈차운(次)〉[6]

大同江上泛樓船	대동강 가에 누선을 띄우니
誰遣紅粧對醉眠	취해 자는데 누가 좋은 경치 보냈나.

---

[4] 최연(崔演)의 문집 『간재집(艮齋集)』 권5에 실려 있다. 시 제목은 〈부벽루(浮碧樓)〉
이며, 최연의 시와 임형수, 소세양, 신광한, 엄흔의 차운시가 함께 실려 있다. 『간재
집』에는 제1구 '綵'가 '畫'로, 제4구 '骨'이 '首'로, 제5구 '剩'이 '賸'로 되어 있다.

[5] 신광한(1484~1555) : 조선 중기의 문신. 본관은 고령(高靈), 자는 한지(漢之)·시회
(時晦), 호는 낙봉(駱峰)·기재(企齋)·석선재(石仙齋)·청성동주(靑城洞主). 기묘
사화 때 조광조 일파라고 탄핵을 받았으나 후에 대사성으로 복직되었고 을사사화
때는 공신에 책록되었다. 예조판서와 좌찬성에 올랐다. 문집으로 『기재집』이 있다.

[6] 『기재집』 권5에 실려 있다. 시 제목은 〈대동강 누선에서 종사 임공의 시에 차운하다
(大同江樓船席上次林從事韻)〉이다. 문집에는 제3구 '地'가 '境'으로 되어 있다.

還有世間如此地　아직도 세상에 이런 곳이 있으니
若非蓬島是何仙　봉래도가 아니라면 어느 선경일까.
撑篙莫教羅裙濕　노 저을 때 비단옷 적시지 마오.
緩棹猶須錦纜牽　천천히 젓고 차라리 닻줄을 당기시게.
追憶舊遊渾似夢　옛 유람을 추억하니 온통 꿈같은데
白頭空歎歲時遷　백발로 그저 가는 세월 한탄하네.

최연(崔演)[7]

〈차운(次)〉[8]

半日留連倚畫船　반나절 그림배에서 머무르나니
遠簫長笛起鷗眠　유장한 피리소리가 갈매기를 깨우네.
樽開琥珀看如海　호박색 술은 바다처럼 보이고
人在蓬瀛望若仙　사람은 신선세계에 있어 선인 같이 보이네.
陶寫風懷詩興動　회포를 펼쳐내니 시흥이 동하고
驅除羈恨酒情牽　나그네 한을 몰아내니 주흥에 이끌리네.
明朝此會成陳迹　내일 아침엔 이 모임도 지난 일이 되리니
世事從來易變遷　세상사는 원래 쉽게 변하는 법이네.

7　최연(1503~1546) : 조선 중기의 문신. 본관은 강릉(江陵), 자는 연지(演之), 호는 간
　　재(艮齋). 을사사화가 일어나자 소윤에 가담하여 공신에 책록되었다. 병조판서, 한
　　성부판윤에 올랐다. 문집으로『간재집』이 있다.
8　『간재집』에는 제2구 '鷗'가 '鷺'로 되어 있다.

엄흔(嚴昕)[9]

〈차운(次)〉[10]

淸江鼓角擁樓船	맑은 강에 북과 나팔소리가 배를 에워싸니
徹骨淸風冷不眠	뼈에 사무치는 맑은 바람에 잠 못 이루네.
遠客自傷頻節序	나그네는 자주 바뀌는 계절에 상심하지만
傍人却訝是神仙	주변 사람들은 도리어 신선인가 의아해하네.
長吟苦被詩情惱	길게 읊노라니 시정에 괴롭고
欲去還遭酒興牽	떠나려 하니 주흥이 나를 잡는구나.
落日前峯無限好	저물녘 앞 봉우리는 끝없이 좋으니
何妨隨處座成遷	곳에 따라 자리 옮긴들 무슨 상관이랴.

〈부벽루(浮碧樓)〉[11]

極目長洲草色靑	모래톱 바라보니 풀색이 푸른데
煙波無限故鄕情	안개 낀 물결에 끝없는 고향 생각.
朝天石在人何處	조천석은 있는데 사람은 어디로 갔나,
浮碧樓空月獨明	부벽루는 비었는데 달만 홀로 밝구나.
故國千年離黍恨	천 년 옛 도읍지는 기장의 한만 어려있고
江城一曲落梅聲	강가의 성 한 구비엔 매화 지는 소리.
憑欄不用頻懷古	난간에 기대니 옛 생각 자주 할 필요 없구나.
愁緖多端種種生	수많은 걱정거리가 갖가지로 생겨나니.

---

9 엄흔(1508~1543) : 조선 중기의 문신. 본관은 영월(寧越), 자는 계소(啓昭), 호는 십
   성당(十省堂). 이조좌랑을 역임했다. 문집으로『십성당집』이 있다.
10 『간재집』에는 제1구 '淸'이 '晴'으로, 제2구 '冷'이 '泠'으로 되어 있다.
11 『십성당집』 하에 실려 있다.『간재집』 권5에 최연의 시와 임형수, 소세양, 신광한,
   엄흔의 차운시가 함께 실려 있다.

소세양(蘇世讓)

〈차운(次)〉 [12]

斷逕斜連鐵壁青　　끊어진 길에 푸른 절벽 경사졌는데

倦遊憐我十年情　　나그네 생활 지친 나를 위로하는 십년 간의 정.

微茫遠水鷗邊淨　　아스라이 먼 강물은 갈매기 주변도 맑고

縹緲遙岑鳥外明　　아득하게 먼 산은 나는 새 너머도 환하네.

渡口雲橫朝暮態　　나루터엔 아침저녁으로 구름 비낀 모습

城頭潮打古今聲　　성 어귀엔 예부터 물결치는 소리.

興亡衮衮憑誰問　　끝없는 흥망성세 누구에게 물어볼까,

醉後無端憾慨生　　취하고 나니 괜시리 감개가 새롭네.

신광한(申光漢)

〈차운(次)〉 [13]

江水悠悠江草青　　강물은 유유하고 강가의 풀은 푸른데

登臨二十九年情　　올라가서 이십 구년간의 풍정을 바라본다.

春坊舊曲聞麗代　　춘방의 옛 노래는 고려 때에 불렸고

古寺微鍾記永明　　옛 절의 은은한 종소리는 영명사이리라.

帆映遠山歸極浦　　먼 산을 비추며 배는 포구로 돌아가고

12　『간재집』에는 제8구 '憾'이 '感'으로 되어 있다.

13　『기재별집』권6에 실려 있다. 문집의 시 제목은 〈누 위에서. 또 엄종사의 시에 차운
하다(樓上, 又次嚴從事韻)〉이다.

浪衝危石送寒聲　바위를 치는 물결은 찬 소리를 보내네.

繡峯羅島華奢地　금수산과 능라도 화려한 곳에서는

開到繁花意自生　꽃이 활짝 피려는 뜻 절로 생겨나네.

최연(崔演)

〈차운(次)〉[14]

極目郊原盡放靑　들판을 바라보니 온통 푸른 빛

登樓隨處有詩情　누각에 오르니 가는 곳마다 시정이 생기네.

千尋疊嶂抽蔘立　첩첩 산봉우리는 비녀[15]를 꽂은 듯

萬斛方舟畫鷁明　큰 배[16]에는 익새를 선명하게 그려놓았네.

煙舞柳絲縈舞袖　연기처럼 늘어진 버들에 춤추는 소매도 너울너울

風傳灘響雜歌聲　바람이 전하는 여울 소리에 노래 소리가 섞이네.

百年興廢還多感　백년의 흥망성쇠에 도리어 감회가 많아지니

忽覺新愁爲暗生　홀연 새로운 시름이 남몰래 생겨나네.

14　『간재집』에는 제1구 '郊原'이 '原郊'로, 제3구 '蔘'이 '簪'으로 되어 있다.

15　제3구는 맥락을 고려하여 문집에 따라 '簪'으로 번역하였다.

16　만곡선(萬斛船)은 곧 만 곡을 적재할 만한 큰 배를 가리킨다. 진(晉)나라 때 용양장
　　군(龍驤將軍) 왕준(王濬)이 거대한 군함을 건조하여 군대를 거느리고 출전해서 오
　　(吳)를 멸망시켰다.

임형수(林亨秀)

〈차운(次)〉[17]

萬頃澄波一望靑	만경창파는 바라보니 푸른데
孤舟芳草感離情	배와 꽃다운 풀에서 이별의 슬픔 느끼네.
荒苔護合麒麟綠	황량한 이끼가 끼어 기린굴은 푸르고
片月長臨錦繡明	조각달이 오래도록 비쳐 금수산이 환하구나.
楊柳風煙迷酒旆	안개 긴 버드나무에 술집 깃발 보이지 않고
樓臺絃管雜江聲	누대의 풍악소리에 강물소리가 뒤섞이네.
汀洲日暮鳥飛盡	강 모래톱엔 저녁이라 새들은 다 날아가고
野渡無人潮自生	들판엔 인적 없고 밀물만 절로 밀려오네.

〈부벽루 자리에서 즉흥적으로 지어 한번 웃게 하고자 한다(浮碧樓席上 走筆又博一粲)〉[18]

雲霞萬古永明寺	구름과 노을 낀 만고의 영명사,
風月千秋浮碧樓	바람과 달 비치는 천추의 부벽루.
百變興亡問無處	무수히 변하는 흥망성세를 물을 곳 없는데
一區山水擬丹丘	이곳의 산수는 신선세계 같구나.
煙花況復逢佳節	봄날 풍경에 게다가 좋은 때를 만났으니
詩酒何妨作勝遊	시와 술 들고 승경 유람한들 어떠랴.
日落滄洲須秉燭	해 지면 모래톱에 등불을 잡고 가리니
此身元自等浮漚	이 몸은 원래부터 물거품 같구나.

---

17 『간재집』에는 제3구 '麒麟'이 '駬騏'으로 되어 있다.
18 『금호유고』에 실려 있다.

소세양(蘇世讓)

〈차운(次)〉[19]

山勢盤廻樹影稠	산세가 굽이굽이 숲 그림자 무성한데
煙雲千古護江樓	구름이 오랫동안 누각을 지켜줬네.
桃花浪漲環孤嶼	불어난 봄물이 외로운 섬을 두르고
楊柳陰多隔斷丘	그늘 드리운 버드나무는 언덕 너머에 있네.
仙子有時吹笛過	선인은 때때로 피리를 불며 지나가는데
美人何處惜春遊	미인은 어디에서 봄 유람을 아쉬워하나.
天涯悵望芳菲節	하늘가에서 싱그러운 계절을 슬피 바라보니
始覺羈蹤水上漚	그제야 알겠네. 나그네 길이 물거품 같은 것을.

신광한(申光漢)[20]

〈차운(次)〉[21]

長江不盡水悠悠	긴 강은 끝이 없어 강물은 유유한데
白首重來更倚樓	백발로 다시 와서 다시 누각에 기대네.
今日風流還入眼	오늘 풍류는 다시 눈에 들어오건만,
昔年羅綺已成丘	지난날 기생들은 모두 무덤이 되었구나.

---

19 『간재집』에는 제2구 '煙雲'이 '雲煙'으로 되어 있다.
20 본문에는 작자가 나와 있지 않으나 『간재집』에 따라 보충하였다.
21 『기재별집』 권6에 실려 있다. 문집의 시 제목은 〈부벽루. 임종사의 시에 차운하였고
    정영공에게도 보인다(浮碧樓, 次林從事韻, 兼示丁令公)〉이다. 『간재집』에는 제5구
    '新'이 '秋'로 되어 있다.

聊憑從事吟新句　그저 임종사(林從事)²² 따라 새로운 시를 읊다보니

欲向丁仙說舊遊　정선인(丁仙人)²³에게 옛 유람 말하고 싶네.

城郭不殊人事異　성곽은 그대로인데 인간사만 달라졌으니

存亡須信海中漚　사생존망은 물거품 같다는 걸 믿어야 하리라.

영위사(迎慰使) 정공(丁公)에게도 함께 보여주었다.

최연(崔演)

〈차운(次)〉²⁴

懷鄉戀闕意悠悠　고향 생각 임금 생각에 그리움 아득한데

遠客尋春上畫樓　먼 곳의 나그네 봄 구경 하러 누각에 올랐네.

不改江山成萬古　강산은 변함없이 만고의 세월 흘렀고

多情雲物勝三丘　구름은 다정하니 삼신산보다 낫구나.

地分淨界留淸賞　땅은 깨끗한 곳 나누어 맑은 유람 하게 하고

天與高人辦壯遊　하늘은 신선 같은 이를 내어 유람을 시켜주네.

佳會明朝忙聚散　즐겁게 모여도 내일 아침 되면 바삐 흩어지리니

謾悲身世似浮漚　그저 물거품 같은 이 신세를 슬퍼하노라.

22　시 짓는 자리에 함께 있었던 임형수(林亨秀)를 가리킨다. 1539년(중종 34) 4월에 중
　국 사신 화찰(華察)과 설정총(薛廷寵)이 나오자 원접사 소세양(蘇世讓)의 종사관(從
　事官)이 되었다.

23　1539년(중종 34) 4월 당시 영위사(迎慰使)였던 정옥형(丁玉亨)을 가리킨다.

24　『간재집』권5에 실려 있다. 문집의 시 제목은 〈부벽루 자리에서 즉흥적으로 지어 한
　번 웃게 하고자 한다(浮碧樓席上走筆又博一粲)〉이다. 최연의 시와 함께 임형수, 소
　세양, 신광한, 엄흔의 차운시가 실려 있다.

엄흔(嚴昕)

〈차운(次)〉[25]

長安南望路悠悠　남쪽으로 서울을 보니 길이 아득한데

遠客多情久倚樓　먼 곳에서 온 손님은 다정하여 오래 누각에 있네.

三月煙花渾異境　삼월의 봄 풍경 온통 색다른 세상 같건만

百年征戰但荒丘　백년의 전쟁으로 그저 황폐한 언덕만 남았네.

風流落魄繁華地　풍류가 쓸쓸해진 번화한 땅에서

笙鶴依俙汗漫遊　어렴풋한 신선은 한가하게[26] 노니네.

千里相逢還此別　천리 길에 서로 만나 다시 또 이별하니

眼看身世一浮漚　보건대 이내 신세 물거품 같구나.

정사룡(鄭士龍)[27]

〈연광정(練光亭)〉[28]

萬象供奇集座隅　기이한 온갖 경치가 이 자리에 모였으니

天公餉我百年無　하늘이 베풀어준 건 평생 보지 못한 풍경.

---

25 『간재집』과 함께 엄흔의 문집『십성당집』하에 실려 있다. 문집의 시 제목은 〈부벽루. 임형수의 즉흥시에 차운하다(浮碧樓. 次林士遂走筆韻)〉이며, 제6구 '汗'이 '汚'로 되어 있다.

26 『십성당집』에는 '汚'로 되어 있으나 맥락상 '汗漫'으로 이해하였다. '한만(汗漫)'은 신선처럼 한가히 노니는 것을 뜻한다. 『회남자(淮南子)』「도응훈(道應訓)」에 따르면 노오(盧敖)가 북해(北海)에서 노닐다 한 선비를 만났는데 그는 "내가 구해(九垓) 밖에서 한만(汗漫)과 만나기로 약속했으니, 내가 오래 머무를 수 없다"고 말했다고 한다.

27 정사룡(1491~1570) : 조선 전기의 문신. 본관은 동래(東萊), 자는 운경(雲卿), 호는 호음(湖陰). 동지사가 되어 두 차례 명나라에 다녀와서『조천록』을 남겼다. 대제학, 판중추부사, 공조판서를 역임했다. 문집으로『호음잡고』가 있다.

28 『호음잡고』권2에 실려 있다.

輕雷忽送風和雨　천둥 쳐 갑자기 바람과 비를 보내주니

更借營丘水墨圖　또 다시 이성[29]의 수묵화를 빌려준 듯하네.

〈보통원(普通院)〉[30]

西行遄邁北來迂　서쪽으로 빨리 갔다가 북쪽에서 돌아오니

恨水橫分大小殊　바다로 대국과 소국이 나뉨이 한스럽네.

萬古箕都離別苦　오랫동안 평양에선 이별로 상심했으리니

二流如帶與之俱　두 물결은 띠처럼 어울려 함께 하네.

〈열운정(閱雲亭)〉[31]

靑林粉堞浸平潮　푸른 숲 흰 성가퀴 물결에 비치는데

勝士聯倫古亦無　뛰어난 선비들의 이 모임은 예전에도 없었네.

當日分留多物色　그 날 남아있던 많은 봄 풍경으로

夢中春草興難孤　꿈속에서 봄풀 보고도 흥이 많아지네.

양사언(楊士彦)·양사준(楊士俊)이 연이어 대동찰방(大同察訪)에 제수되었다.

〈모란봉(牧丹峯)〉[32]

萬仞層巓乙密臺　만 길 산꼭대기 위에 을밀대 있어

29　영구(營丘)는 중국 5대─북송 초 화가인 이성(李成)을 가리킨다. 전란을 피해 청주
　　(산동성 임치현)으로 옮겨왔는데 이 청주 땅을 영구(營丘)라고 했기 때문에 그후 이
　　성을 '이영구'라고 불렀다. 관동(關同), 범관(范寬)과 함께 화북계 산수화 양식에 큰
　　영향을 주었고 그것이 곽희(郭熙)에게 계승되어 '이곽파(李郭派)'라고 한다.
30　『호음잡고』권2에 실려 있다. 시 제목은 〈보통원에서 짓다(題普通院)〉이다.
31　양사언의『봉래시집』권1에 〈호음 정공의 시에 차운하다(次鄭湖陰韻)〉의 원운으로
　　실려 있다.『봉래시집』에는 제1구 '浸'이 '枕'으로, 제2구 '士'가 '事'로, '聯'이 '連'으로
　　되어 있다.『호음잡고』에는 실려 있지 않다.
32　『호음잡고』권6에 실려 있다. 시 제목은 〈모란봉 시에 차운하다(次牡丹峯)〉이다.

共將謝屐躡崖苔　함께 나막신[33] 신고 벼랑길 올라가네.

平看亂樹千家暮　앞을 바라보니 나무와 마을의 저녁풍경,

俯視長洲一帶回　아래를 굽어보니 모래톱 일대를 휘도는 물결.

浩浩機緘藏處大　드넓은 물결은 담겨있는 곳이 커서이니

茫茫興廢眼中來　아득한 흥망성쇠 눈앞으로 다가오네.

深杯雄辯商今古　술 마시고 얘기 하며 고금의 일 헤아리니

不覺心胸頓豁開　나도 모르게 마음이 탁 트이네.

〈영귀루─중국사신 공용경(龔用卿)의 시에 차운하다(詠歸樓次龔天使韻)〉[34]

柳陰江路撲綿時　버들 그늘이 강가 길에 가득 드리울 때

乘興登樓俯碧漪　흥에 겨워 누각에 올라 강을 바라보네.

潮近海來沈別浦　밀물이 바다에서 밀려와 포구가 잠기고

雨拖虹過洒餘絲　비가 무지개를 끌어와 버들잎을 씻어주네.

風尖透幔消殘醉　바람이 장막으로 스며들어 취기가 사라지고

水氣欺人引滿巵　물 기운은 어느 틈에 술잔을 가득 채우게 하네.

好古儒仙尋九一　옛 것을 좋아하는 선비가 정전을 찾아가서

却參形制得歸遲　정전의 자취를 본 뒤에 천천히 돌아가네.

이날 정전 유지(井田遺址)를 보았다.

33　사극(謝屐) : 앞쪽과 뒤쪽에 굽을 단 나막신을 말한다. 사씨는 남송(南宋) 때의 시인
사영운(謝靈運)을 가리키는데, 사영운이 산을 유람하면서 산을 오를 때에는 나막신
의 앞굽을 빼고 오르고 내려올 때에는 뒷굽을 빼고 내려왔다고 한다.

34　『호음잡고』권6에 실려 있다. 시 제목은 〈영귀루에 올라 쓴 시에 차운하다(次登詠歸
樓)〉이다. 1537년(중종 32)에 정사룡은 평양영위사(平壤迎慰使)가 되어 중국 사신
공용경(龔用卿)과 오희맹(吳希孟)을 맞이하다.

공용경(龔用卿)

〈쾌재정(快哉亭)〉

快哉亭近碧山頭　쾌재정은 푸른 산봉우리 가까이에 있어

浪跡于今說勝遊　오늘까지의 여행길은 승경 유람이라 할 만하네.

極目蒹葭滿城郭　눈앞의 갈대는 성곽에 가득하고

可人烟水傍林丘　마음에 맞는 안개 낀 강은 숲가에 있네.

新蒲出水直如劍　물 위로 갓 솟은 창포는 칼처럼 곧고

初月新雲曲似鉤　구름 사이로 나온 초승달은 고리처럼 구부러졌네.

歌罷仙璈春露冷　신선의 피리[35]의 가락 끝나니 봄 이슬이 찬데

一聲歸鶴過江洲　돌아가는 학 울음소리가 강가를 지나네.

설정총(薛廷寵)

〈쾌재정(快哉亭)〉

卽看青杏結枝頭　이제 보니 푸른 살구 가지에 열렸는데

荏苒風光過江遊　강 유람 하노라니 풍경이 휙휙 지나가네.

應有歸心懸鳳闕　궁궐 생각에 돌아갈 마음이 분명 있지만

暫抔詩興傍雲丘　구름 낀 산수로 인한 시흥을 잠시 풀려네.

江門烟景浮青舫　연기 낀 강에 푸른 배 띄우고

燕子簾籠捲玉鉤　발채의 제비 보러 주렴을 걷네.

35　선오(仙璈)는 신선이 부는 악기 이름.『한무제내전(漢武帝內傳)』에 "서왕모가 시녀
　　를 시켜 팔낭지오(八琅之璈)를 뜯고 운화지곡(雲和之曲)을 불게 했다" 구절이 있다.

初日錦袍乘一快　첫날 비단 옷 입고 유쾌한 유람 즐겼으니

他時夢落舊滄洲　언젠간 꿈에서 옛 유람한 창주로 가리라.

정사룡(鄭士龍)

〈쾌재정(快哉亭)〉

俯瞰魚鱗萬屋頭　바라보니 물고기 비늘 같은 수많은 집들

層霄嘯傲倚天遊　반공 위에서 시 짓고 즐기니 하늘을 유람하는 듯.

陶雲捲莳橫拖岫　뭉게구름이 걷혀져 산이 드러나고

謝練微茫曲抱丘　비단 물결은 아득하게 언덕을 안고 굽이치네.

荷蓋媚晴鋪鏡面　연잎 일산의 고운 빛이 거울 같은 수면에 깔리고,

槐陰分綠入簾鉤　홰나무 녹음의 선명한 푸른빛이 주렴에 들어오네.

亭顔得快遮樓堞　정자 모습이 상쾌한데 성의 담에 가려지니

不放吟眸眺遠洲　눈으로 볼 수 없어 먼 모래톱만 바라보네.[36]

이희보(李希輔)[37]

〈쾌재정(快哉亭)〉

突兀華亭碧樹頭　우뚝한 정자가 푸른 숲 어귀에 있어

36　『호음잡고』 권2에 실려 있다. 시 제목은 〈운강의 쾌재정 시에 차운하다(次雲岡快哉
　　亭韻)〉이다. 문집에는 제2구 '倚'가 '擬'로, 제3구 '捲'이 '掩'으로 되어 있다.

37　이희보(1473~1548) : 조선 중기의 문신. 본관은 평양(平壤). 자는 백익(伯益), 호는
　　안분당(安分堂). 대사성 동지와 첨지중추부사를 역임했다. 문집으로 『안분당시
　　집』이 있다.

淸陰招我暫來遊　맑은 그늘로 잠시 놀러 가자고 나를 부르네.
千年古國餘殘堞　천년 고도엔 성의 흔적만 남아있고
什一遺基只古丘　열 개 남짓 터는 그저 언덕이 되었네.
大野長江輸酒興　넓은 들판 긴 강이 주흥을 일게 하고
落霞孤鶩摠詩鉤　노을과 해오라기가 모두 시가 되는구나.
斜陽遠眺眞成快　석양에 멀리 바라보니 정말로 유쾌한데
芳草靑連白鷺洲　녹음방초가 백로주까지 푸르게 이어졌네.

조인규(趙仁奎)[38]

〈쾌재정(快哉亭)〉

紅亭縹緲控城頭　아득한 정자는 성 어귀에 있는데
滿眼烟雲媚勝遊　눈에 가득한 안개 구름이 승경 유람과 어울리네.
涉遠直欲凌鶴背　멀리 가서 학의 등에 날고도 싶고
乘風終欲到蓬丘　바람 타고 봉래산에 닿고도 싶구나.
夢因懷古頻移枕　꿈속에서 옛날을 떠올리며 자주 침상을 옮기고
簾爲看山屢上鉤　주렴은 산을 보려고 자주 고리를 올리네.
平楚斜陽連十里　저물녘에 평지 숲이 십리가 연이어 있어
迢迢歸思遶長洲　아득한 고향 생각이 긴 물가를 두르네.

---

38 조인규(?~?) : 생몰년 미상. 조선 중기의 문신. 본관은 풍양(豊壤). 중국 사신이 우리 나라에 왔을 때 이안분(李安分)과 선위사(宣慰使)로 함께 갔다.

홍춘경(洪春卿)[39]

〈쾌재정(快哉亭)〉

畵拱翬飛古郭頭	옛 성 어귀에 화려한 누각이 나는 듯 있어
碧城如倚曲檻遊	마치 푸른 성에 기댄 누각을 유람하는 듯.
樽開竹葉香侵座	술잔의 죽엽은 향이 자리까지 풍기고
風落楊花雪滿丘	바람에 떨어진 버들개지는 눈처럼 언덕을 덮었네.
惱客野堂憎似錦	수심 깊은 나그네는 정자를 비단 같다고 싫어하고
窺窓破月愛如鉤	창을 통해 본 조각달은 고리 같아서 예쁘구나.
浿江西望微茫外	서쪽으로 아득한 대동강 너머를 바라보니
鳥沒靑山浪沒洲	새도 청산으로 사라지고 물결에 모래톱이 잠겼네.

박충원(朴忠元)[40]

〈쾌재정(快哉亭)〉

華構平臨浿水頭	화려한 누각이 대동강 가에 있으니
曾隨仙侶極遨遊	예전에 선인들 따라 맘껏 유람했었네.
庭槐迎夏陰當戶	뜰의 홰나무는 여름을 맞아 집에 그늘을 드리우고
野麥宜秋浪沒丘	들의 보리는 가을이 되면 물결처럼 언덕을 덮겠지.

---

39 홍춘경(1497~1548) : 조선 중기의 문신. 본관은 남양(南陽), 자는 명중(明仲), 호는 석벽(石壁). 성절사로 명나라에 다녀왔고 한성부우윤, 예조참의를 역임했다.

40 박충원(1507~1581) : 조선 중기의 문신. 본관은 밀양(密陽), 자는 중초(仲初), 호는 낙촌(駱村)・정관재(靜觀齋). 성절사 등으로 중국에 다녀왔으며 대제학과 병조판 서를 역임하였다. 문집으로 『낙촌유고』가 있다.

驚座談鋒霏玉屑　좌중을 놀라게 하는 이야기에 시문[41]이 넘쳐나고

絶倫書法照銀鉤　뛰어난 서법으로 잘 쓴 글씨[42]를 비추네.

眼前風物猶淸快　눈앞의 풍물은 여전히 맑고 상쾌한데

笙鶴茫茫隔十洲　선인은 아득하게 십주 너머에 있네.

화찰(華察)

⟨대동관 시에 차운하다(次大同館韻)⟩

聖王御極元無外　성왕이 등극함은 본래 다른 이유가 아니라

四海車書摠一家　세상의 수레와 글자를 하나로 만들려 해서네.

已見烽烟鎖戍壘　이미 봉화 연기가 변방을 감싼 것을 보았고

更聞聲敎曁流沙　다시 교화하는 덕이 강물처럼 흐른다고 들었네.

江頭使節頻相送　강가에서는 사절들을 자주 전송하니

天上恩波正未涯　천상의 은혜는 정말 끝이 없구나.

遙望翠華應返蹕　아득히 깃발[43] 보이니 천자께 돌아가는 것이라

夜來燈火喜生花　밤 되어 등불이 꽃처럼 빛나는 것을 기뻐하노라.

王欲誕邇方　왕께서 이 먼 땅까지 돌보려 하시어

絳節出平壤　절부를 들고 평양으로 나섰네.

---

41 옥설(玉屑) : 화려한 시문이나 언변.

42 은구(銀鉤) : 자획(字劃)이 매끄럽고 곧은 것을 형용하는 말로 뛰어난 서법(書法)을 의미한다. 두보(杜甫)의 ⟨진습유고택(陳拾遺故宅)⟩에 "지금 흰 벽이 매끄러운데, 붓을 휘갈기니 은구를 이은 듯(到今素壁滑, 灑翰銀鉤連)" 구절이 있다.

43 취화(翠華) : 천자가 출행(出行)할 때 쓰던, 물총새의 깃으로 장식한 깃발.

華轍交平沙	화려한 수레가 모래사장을 가로지르니
鏘鸞振淸響	옥 방울은 맑은 소리 떨치네.
元良始正位	황태자가 비로소 책봉되시니
萬國幷延賞	만국이 함께 축하드리네.
益道本無方	도를 위해서는 장소가 따로 없는 법
推恩運諸掌	은혜가 모두 손바닥 안에 있네.
東土正陽回	동쪽 나라에 정월이 돌아오니
春風屆寒往	봄바람이 추운 땅에 불어오네.
百卉枯復榮	온갖 꽃들이 시들었다가 다시 피고
山林蕭以爽	산의 나무는 졌다가 싱그러워지네.
物理數改移	자연의 이치로 자주 변화하니
化工亦勞攘	조화옹의 공 또한 수고롭구나.
激石流淸江	돌에 부딪쳐 흐르는 맑은 강물,
依岩過淸舫	바위를 따라 지나가는 맑은 배.
武陵津可問	무릉도원의 나루를 물을 수 있겠으니
瀛洲路非枉	영주로 가는 길이 틀림이 없으리라.
日月麗重明	해와 달이 아름답고도 밝고
亭宇豁弘敞	정자 건물이 넓고도 확 트였네.
高情落雲漢	고상한 정취는 은하수에 떨어지고
壯志闢林莽	장대한 의지로 숲을 열어젖혔네.
訪古興未畢	고적을 찾아가니 흥도 끝이 없고
登高意以廣	높은 누각에 오르니 뜻도 넓어지네.
朝鮮覓箕封	조선은 기자가 봉해진 나라
蓬島窺方丈	봉래도인가, 방장산인가.

萬像何森嚴	온갖 경물이 어찌 이리 대단한가.
三光盡昭晃	해와 달과 별이 모두 환히 빛나네.
徘徊啓天達	하늘로 열린 길을 배회하고
偃仰忘世網	한가롭게 쉬며 세상의 그물 잊네.
回首望中華	고개 돌려 중국을 바라보니
尊王起邈相	존주의 마음이 먼 나라에서 생겨났네.
海濱有遺賢	바닷가에도 현인이 있으리라
披榛試探訪	숲을 지나 깊이 찾아 나섰네.
地僻風景殊	외딴 곳이라 풍경이 낯설고
雲動天光漾	구름이 움직이니 햇빛이 일렁이네.
再陟乙密臺	다시 을밀대를 올라가서
擬揭淸虛榜	맑고 빈 마음을 내보이려 했네.
幻化本虛無	만물의 변화는 본래 허무하고
陰陽定消長	음양은 사라졌다 나타나는 것.
及時須有爲	때에 맞춰 훌륭한 일을 해야하나니
慕古將安倣	옛 것을 존모하는 일 어떻게 본받을까.
長嘯追風流	길게 휘파람불며 풍류재자를 추모하니
擊節歌慨慷	무릎을 치며 강개한 노래를 부른다.
王孫飮來宣	왕손은 술자리를 베풀고[44]
士女刲羊餉	부녀자들은 양을 잡아 대접하네.
言語非支離	대화는 지루하지 않고
衣冠亦高朗	의관 또한 고상하네.

---

44 '宣'은 본문에서는 지워져 있어서 〈규 4885〉본에 근거하여 보충하였다.

六合同一家　　천하가 한 집안이 되었으니
卒土皆吾黨　　온 땅[45]이 모두 우리 편이네.

〈평양승적 구21영에서 문묘는 넣지 않아야 한다고 생각하여 운강의 시에 차운하여 20운으로 짓다(平壤勝蹟舊二十一詠, 予謂文廟不宜混入, 次雲岡韻, 爲二十韻)〉

덕암(德岩)

中流砥玉柱　　물 가운데 지주가 있는데
江水還自東　　강물은 다시 동쪽에서 흐르네.
摠謂瞻依地　　모두 존경하여 의지하는 곳이라 하니
寧知固國功　　어찌 알리오, 나라를 지킨 공을.

주암(酒岩)

山鳥逐入飛　　산새들은 나를 좇아 날아오고
山花行處有　　산의 꽃은 가는 곳마다 피어있네.
醉心更盤桓　　취한 마음에 다시 서성이니
不爲巖中酒　　바위에 술이 있어서가 아니라네.

백은탄(白銀灘)

銀溪本天上　　은빛 시내 본래 천상의 것인데
人間灘亦銀　　인간세상의 시내 역시 은빛이네.

45　본문은 '卒'로 되어 있으나 〈규 4885본〉의 '率'로 번역하였다.

離離德星聚　　반짝반짝 상서로운 별들이 모여

恍忽到天津　　황홀하게 하늘의 나루에 닿았네.

금수산(錦繡山)

山花向春榮　　산꽃은 봄이 되어 피었고

山色麗如繡　　산색은 비단처럼 곱네.

寄語蒭蕘者　　땔나무꾼에게 말하노니

斧斤毋旦晝　　나무 베는 일 낮에는 하지 말기를.

을밀대(乙密臺)

煙霞百尺臺　　노을 진 백 척 누대

東土小蓬萊　　동쪽나라의 작은 봉래산이네.

仙人何處在　　선인은 어디에 있어서

千古不歸來　　천고의 세월동안 돌아오지 않나.

모란봉(牧丹峯)

南有芙蓉峯　　남쪽에는 부용봉 있는데

更見牧丹朶　　거기에 모란 가지 보이네.

雲間入望來　　구름 사이로 들어가서 보고난 뒤에

爲爾一停舸　　그대 위해 배를 세워 두었네.

부벽루(浮碧樓)

寒江落空碧　　찬 강에 푸른 하늘 비치는데

應是昆明水　　분명히 곤명수이리라.

| 高樓俯淸流 | 높은 누각에서 맑은 강 바라보니 |
| 雲影天光裏 | 구름 그림자가 하늘빛 속에 있구나. |

연광정(練光亭)

晴光幾千里	맑은 빛이 몇 천 리인가.
危亭落淨川	높은 정자가 맑은 물에 비치네.
忽聞環佩響	홀연 패옥 소리 들려오는데
疑有凌波仙	아마도 능파선자[46]가 아닐지.

정전 유제(井田遺制)

我聞千載上	내 듣기론 천 년 전에
仁政九區中	어진 정치가 천하[47]에 있었다 하네.
東土存遺制	동쪽 나라에 남은 자취가 있는데
依然三代風	여전히 삼대의 기풍 남아있네.

조천석(朝天石)

平壤有奇峯	평양에 기이한 봉우리 있어
岩岩出林背	바위마다 숲 밖으로 솟아나왔네.
迎風發淸音	바람을 맞아 맑은 소리 나니
應是朝天佩	분명히 조천하려는 패옥소리이리라.

---

46 능파선자(凌波仙子)는 물의 여신(女神)이 땅 위를 가듯 물 위를 사뿐히 걸어가는 것을 형용한 말로, 전하여 미인의 사뿐한 몸매와 고운 자태를 비유한다. 삼국 시대 위(魏)나라의 조식(曹植)이 상고 시대 복희씨(伏羲氏)의 딸 복비(宓妃)가 낙수(洛水)에서 익사하여 수신(水神)이 되었다는 전설에 의거해 지은 〈낙신부(洛神賦)〉에 "물결을 타고 사뿐사뿐 걸으니, 비단 버선에 물방울 튀어 오르네(凌波微步 羅襪生塵)" 하였다.

47 구구(九區) : 구주(九州)인 중국 천하를 가리킨다.

풍월루(風月樓)

畫棟憑虛空	화려한 누각은 허공에 기댔고
瑤池水淸淺	선경 같은 못엔 물이 맑고 얕네.
薰風天上來	훈풍이 하늘에서 불어오니
凉月出東巘	가을달이 동쪽 봉우리에서 떠오르네.

기린굴(麒麟窟)

德敎要荒外	덕화가 외딴 곳[48]에 있다가
流洋江水濱	강가로 넘실넘실 흘러왔네.
聖人在中國	성인이 중국에 계셨으니
無地不麒麟	어느 땅인들 기린마가 없었으랴.

능라도(綾羅島)

危崖掛奇樹	가파른 벼랑에 기이한 나무 걸려 있어
鳥啄露盤水	새들이 승로반[49]의 물을 쪼아 먹네.
雲靄半翠微	구름과 안개가 거의 푸른빛이니
相將結羅綺	이것으로 비단을 짜려고 하는 듯.

쾌재정(快哉亭)

壯志天邊客	장대한 뜻을 가진 하늘가의 나그네

---

48 요황(要荒): 요복(要服)과 황복(荒服)의 합칭으로, 서울에서 멀리 떨어진 변두리 지역을 가리킨다.

49 『한서』「교사지(郊祀志)」에 따르면 한 무제(漢武帝)가 건장궁(建章宮)에 설치한 구리 쟁반. 넓이가 7아름이며 이슬을 받아 내리는 기둥이 금경(金莖)인데, 길이 20장(丈)으로 위에 선인장(仙人掌)을 두어 이슬을 받아 내려서는 옥설(玉屑, 옥가루)을 타서 마셨다고 한다.

快心江上亭	호쾌한 마음으로 강가 정자에 왔네.
披襟一長嘯	회포를 펴서 길게 읊조리니
月白與淸風	달은 희고 바람은 맑게 부네.

대동강(大同江)

江水出崑崙	강물은 곤륜산에서 나왔는데
雲光盪淸碧	구름빛이 맑은 물결에 일렁이네.
川流本無心	강물은 본디 무심하나니
千古自潮汐	천고의 세월동안 밀려갔다 밀려오네.

읍호루(挹灝樓)

江樓試覽眺	강루에 올라 멀리 바라보니
江水何灝灝	강물은 어이 이렇게 드넓을까.
一鶴橫霄來	한 마리 학이 하늘을 가로지르는데
乘風下別島	바람 타고 또 다른 섬에 내려앉네.

단군사(檀君祠)

檀君昔分土	단군이 예전에 땅을 나눠
東方聿胥宇	동방에 터를 잡으셨네.[50]
永垂開國勳	영원히 개국의 공업을 열었기에
百世稱宗祖	백세 이후에도 조종이라 일컬어지네.

---

50 『시경』 「대아(大雅)」 〈면(綿)〉에, "고공단보가 아침에 말을 달려왔네. 서쪽 물가를 따라 기산 아래에 이르렀지. 이에 강씨 부인과 함께 와서 집터를 잡았다네(古公亶父, 來朝走馬. 率西水滸, 至于岐下. 爰及姜女, 聿來胥宇)" 구절이 있다.

기자묘(箕子墓)

春筍封春苔	봄 대나무는 이끼난 곳에 심어졌고
短碣倚荒臺	작은 비석은 황량한 대에 기댔네.
九原如可作	구천이 만약 있다면
淸風百世來	맑은 바람이 백세토록 불어왔으리.

기자사(箕子祠)

敬瞻百世師	백세의 사표를 우러러보니
如在吾左右	마치 내 옆에 계신 듯하네.
忽憶殷三仁	홀연히 은나라 세 현인[51]이 떠오르니
臨風再釃酒	바람 맞으며 다시 술을 올리네.

동명왕사(東明王祠)

朝鮮本舊封	조선은 본래 예전에 봉해진 곳
中興自平壤	중흥은 평양에서 비롯되었네.
所以東明王	그래서 동명왕이
千載專蒸享	천년 동안 제사를 받을 수 있었네.

설정총(薛廷寵)

〈대동관 시의 운을 쓰다(用大同館韻)〉

停車萬里來玆土   만 리 길 이곳으로 와서 수레를 멈추니

---

51 공자가 은(殷)나라 주왕(紂王)에게 간언한 비간(比干), 기자(箕子), 미자(微子)를 은나라의 어진 세 사람으로 꼽은 바 있다.

湖海襟期卽當家	드넓은 마음으로 이 곳에 이르렀네.
弔古訪幽行半嶺	옛 일을 추모하러 깊은 곳 찾아 산길을 다니고
登城觀射到平沙	성에 올라 활쏘기 관람하다 강가에 이르렀네.
未酬詩債留歸日	미처 수창 못한 시 빚은 돌아올 날을 기약하고
無數風光僻水涯	무수한 풍광은 물가에만 있구나.
爲報南薰能愛客	황제의 은덕에 보답하고자 나그네를 아껴주는데
芰荷閑放映洲花	마름과 연잎이 한가롭게 물가의 꽃을 비추네.

〈평양승적. 운강의 시에 따르되 읍호루를 넣고 문묘를 빼어 20영(詠)으로 만들었다. 문묘는 어떤 면에서는 승경이 아니라 성인의 도를 숭상하는 것이며, 또 감히 산천과 사당을 함께 읊을 수 없기 때문이다(平壤勝蹟. 用雲岡, 增入挹灝而去文廟, 爲二十詠. 蓋文廟非一方專勝尊崇聖道, 又不敢槩與山川祠堂題詠也).〉

덕암(德巖)

大同直下鯨波吼	대동강은 곧장 큰 바다로 흘러드는데
巨壁當流障去東	큰 울타리가 동쪽으로 흐르는 물결을 가로 막네.
一柱乾坤開闢宅	이 한 기둥은 천지가 개벽할 때부터 있었으니
龍門不用八年功	8년간 치수에 힘쓴 우임금의 공[52]이 아니네.

주암(酒巖)

| 天上酒星地酒泉 | 하늘엔 주성 있고 땅엔 주천 있으니 |

---

52 우 임금이 팔 년 동안 치수(治水)했다고 하는데, 용문과 관련하여 『이사열전(李斯列傳)』에 "우 임금이 용문을 뚫고 구하(九河)를 소통시킬 때 손발이 부르트고 얼굴이 누렇게 초췌하였다(禹鑿龍門, 疏九河, 手足胼胝, 面目黧黑)"는 구절이 있다.

酒岩之說其或有　주암의 전설도 아마 있었겠지.

當年若遇李謫仙　그때에 만약 이태백을 만났더라면

不用金龜解沽酒　금 거북으로 술 살 일 없었으리라.[53]

백은탄(白銀灘)

淸波白石江心麗　맑은 물결 가운데 흰 바위 아름다운데

斗轉河斜浸素銀　북두칠성이 돌아 은하수가 쏟아져 은이 잠겼나

却怪桃花貪出洞　문득 의심해 보네. 도화꽃이 골짜기에서 마구 나와도

翻翻江雨欲迷津　후두둑 강에 비 내려 나루가 보이지 않는 것일까.

금수산(錦繡山)

天然翠黛芙蓉姿　천연의 푸른 빛에 부용꽃 같은 자태

可奈春葩更錦繡　봄꽃에다 비단 두르니 이를 어찌하랴.

紫霞紅日照波明　자줏빛 붉은 해가 물결을 비추니

水府鮫人躍淸晝　강물 속 교인은 낮에도 뛰어 오르네.

을밀대(乙密臺)

露冷天高月滿臺　이슬 차고 하늘 높고 달빛 밝은 대

海中何處望蓬萊　바다 어디에서 봉래산을 볼 수 있을까.

相傳浪說仙人迹　선인의 자취라는 낭설만 전하는데

53　이백의 시 〈술을 보니 하감이 생각나 2수를 짓다(對酒憶賀監二首)〉의 "금거북 바꾸
어 술 사주던 곳, 생각하니 눈물이 수건을 적시네(金龜換酒處, 却憶淚沾巾)" 구절에
서 가져온 표현이다. '금구'는 천자가 고급관리에게 하사하는 장신구인데, 하지장
(賀知章)이 이백을 보고는 금 거북을 풀어 술을 사서 실컷 마셨던 일이 있었다. 이 시
는 하지장이 일찍 죽자 예전의 추억을 떠올리면서 지은 시이다.

不見仙人跨海來   바다 건너 온 선인은 볼 길이 없네.

모란봉(牧丹峯)

姚黃魏紫休爭春   노란빛 자줏빛 모란이여,[54] 봄을 다투지 말라.

秀出雲間奇朶朶   구름 사이로 솟아난 기이한 꽃송이들.

妬遊風雨莫頻來   유람을 질투하는 비바람 자주 내리지 마라.

有客黃州泛仙舸   황주에서 온 길손 놀잇배 띄우려 하나니.

부벽루(浮碧樓)

江帶天光俱入樓   강물과 햇빛이 모두 누각에 들어오니

客在樓中坐江水   누각에 있는 나그네는 강 위에 앉은 듯.

虛疑海上蜃氣昇   바다 위엔 신기루가 올라가는 것일까.

更恐身在蓬瀛裏   새삼 내 몸이 봉래산 영주산에 있는 듯.

연광정(練光亭)

天畔高亭近碧落   하늘 가 정자는 하늘에 닿을 듯한데

銀河瀉練浮晴川   은하수에서 쏟아진 비단이 맑은 강에 떠 있네.

五更月微牛女會   오경에 달이 희미할 때 견우 직녀 만나니

怳疑人世鄰神仙   황홀하여 인간세계가 선경인가 하네.

정전 유제(井田遺制)

朝鮮元是商周國   조선은 본래 상과 주나라

---

54 모란은 중국 당나라 때 낙양에 번성하였다. 특히 낙양의 위씨(魏氏) 집의 자모란(紫牡丹)과 요씨(姚氏) 집의 황모란(黃牡丹)이 유명하여 위자요황(魏紫姚黃)이라는 말이 생겨났다.

畫野分明井地中 들에 분명히 구획된 정전 땅.

我亦過滕兼適魯 나도 등나라, 노나라를 가보았지만

荒區無處問遺風 황량해져서 유풍을 물을 곳 없었네.

조천석(朝天石)

平臨北斗近洞霄 북두성 마주 보니 동소궁[55] 가까이 있어

稽首玉皇俯鼇背 옥황상제를 알현하며 자라 등 위의 산을[56] 굽어보네.

欲上峯頭望五雲 산봉우리에 올라 오색구름[57] 보려고 하니

承明恍惚歸星佩 황홀한 승명궁궐[58]에 별들이 귀의했네.

풍월루(風月樓)

淸風到樓樓上凉 맑은 바람 누각에 불어 누각이 시원하고

明月浸池池水淺 밝은 달 못에 비쳐 못의 물이 다 비치네.

客來坐撫南薰琴 나그네 와서 남훈금[59]을 어루만지며

鉤簾入月對東巘 주렴 걷어 달빛 비치는데 동쪽 산을 바라보네.

---

55 동소(洞霄) : 동소궁(洞霄宮). 동소궁은 중국 절강성 여항(餘抗)에 있는 유명한 도교의 사원.

56 오배(鼇背) : 전설에 따르면 동해에 있다고 하는 삼신산(三神山)인 봉래산, 방장산, 영주를 금자라가 등으로 받치고 있다고 한다.

57 오운(五雲) : 오색구름. 상서(祥瑞)를 뜻하는 말로, 황제의 궁성을 비유한다.

58 승명(承明) : 고대에 천자가 기거하는 좌우의 노침(路寢)이다. 한(漢)나라 때 승명전(承明殿)이 있었고 그 곁에 시신(侍臣)이 머무는 곳을 승명려(承明廬)라고 하였다.

59 남훈금(南薰琴)은 옛날 순(舜) 임금이 만들었다는 다섯 개인 오현금(五絃琴)으로, 남훈금을 타며 읊었다는 〈남풍(南風)〉 시의 '남풍지훈혜(南風之薰兮)'에서 따온 것이다. 내용은 "남풍의 훈훈함이여, 우리 백성들의 성냄을 풀어 주네. 남풍이 때맞게 불어 줌이여, 우리 백성들의 재물을 풍성하게 해주네(南風之薰兮 可以解吾民之慍兮 南風之時兮 可以阜吾民之財兮)"이다.

기린굴(麒麟窟)

當年東野柴車載	그때 동쪽 들판에 초라한 수레[60] 타고
淚落宣尼泗水濱	공자는 사수 가에서 눈물 흘렸겠지.[61]
神物正然人世見	신물을 정녕 인간세상에서 보다니
海隅何處有麒麟	외진 바닷가 어디에 기린이 있었나.

능라도(綾羅島)

鮫人誤落絳霞綃	교인이 붉은 비단[62]을 잘못 떨어뜨려서
散作綾羅照江水	흩어져 비단 되어 강물에 비치나.
多情文彩雙鴛鴦	아름다운 빛깔의 한 쌍의 원앙새 다정도 하여
日日沙頭弄春綺	날마다 모래 가에서 봄 비단 가지고 장난치네.

쾌재정(快哉亭)

何處能逢開口笑	만나 껄껄 웃을 수 있는 곳 어디이랴.
大同城內快哉亭	대동성 안 쾌재정이리라.
長江一帶明清練	긴 강 일대는 맑은 비단처럼 환한데
況值風煙四月清	더욱이 사월의 맑은 정취를 만났구나.

대동강(大同江)

| 城南小亭正練光 | 성 남쪽 작은 정자는 바로 연광정이고 |

---

60 시거(柴車) : 장식이 없는 수레. 전하여 초라한 수레를 말한다.
61 『춘추공양전(春秋公羊傳)』에 따르면 공자가 『춘추』를 쓰다가 노 애공(魯哀公) 14년 봄에 '서쪽으로 사냥하여 기린을 얻다(西狩獲麟)'에 이르러 절필하였는데 태평성세 의 조짐인 기린이 성왕이 없는 세상에 나왔다가 잡혀 죽은 것을 상심하여 눈물을 흘 렸다고 한다.
62 교초(鮫綃) : 교인(鮫人)이 짠 비단. 물에 들어가도 젖지 않는다고 한다.

城北危樓更浮碧　성 북쪽 높은 누각은 다시 부벽루이네.

孤舟來往者何人　외로운 배 타고 오가는 이 누구인가.

江聲日夜奔潮汐　강물은 밤낮으로 밀물과 썰물로 오가는구나.

읍호루(挹灝樓)

東人愛水隨處樓　동쪽 사람들 물 좋아해 가는 곳마다 누각 있으니

浮碧練光更挹灝　부벽루, 연광정에 다시 읍호루 있네.

吾聞仙人好居樓　듣기로는 선인이 누각에 있는 걸 좋아한다는데

不知曾否來三島　이전에 삼도에 가본 적은 있을까.

단군사(檀君祠)

檀君血食綿東土　단군 제사가 동쪽나라에서 이어져

松木森森蔭祠宇　소나무 울창하게 사당에 드리웠네.

三韓五都何紛紛　삼한의 다섯 도읍[63]은 어찌 이리 분분한가,

此是朝鮮第一祖　이 사람이 조선의 첫 번째 조상이네.

기자묘(箕子墓)

一種青山翳綠苔　이끼로 덮인 푸른 산을 두고

路人指點最高臺　행인들은 가장 높은 대를 가리키면서

云是商家箕子墓　상나라 기자의 묘라고 말하기에

使車迢遞上山來　사신의 수레가 끊임없이 산으로 올라가네.

---

63 『당서(唐書)』「동이전(東夷傳)」에 당 고종(唐高宗)이 백제(百濟)를 평정하고 그 땅을 나누어 오도독부(五都督府)를 설치했다고 했는데 오도독부가 웅진(熊津)·마한(馬韓)·동명(東明)·금련(金漣)·덕안(德安)이다.

기자사(箕子祠)

江城弔古訪箕祠　옛 일을 추모하러 기자사를 찾았는데

下馬踟躕循階右　말에서 내려 서성이다가 계단을 올랐네.

松風忽忽作琴聲　문득 소나무 바람 불어 거문고 소리 내니

怨恨分明語池酒　주지육림을 말하며 원망하는 것이 분명하리라.

동명왕사(東明王祠)

高麗開國東明王　고구려를 개국한 동명왕이

澤被東黎保封壤　백성들에게 은택 내려 봉토를 지켰네.

溪毛澗藻走傍人　시냇가 풀 마름 풀로 사람들 달려가니

知爾神靈永綏享　신령께 길이 제사드릴 줄 아는구나.

장승헌(張承憲)[64]

〈대동관 시에 차운하다(次大同館韻)〉

天分兩界限夷華　하늘이 경계를 나눠 화이를 구분했으나

憂樂情關摠一家　기쁨과 근심을 한 집안처럼 함께 하네.

藩主訃音通斗極　이 나라 왕의 부음이 황제에게까지 알려져

使華軺傳踏風沙　사신의 수레가 바람 부는 모래를 건너 왔네.

蒼茫道路行無紀　아득한 길은 갈수록 길이 험하고

---

[64] 명나라 사신. 1545년(인종 1) 4월에 사례감 태감(司禮監太監) 곽방(郭琜)과 행인사 행인(行人司行人) 장승헌(張承憲)이 1544년에 승하한 조선 중종(中宗)에 시호를 하사하는 조서를 받들고 왔다.

浩蕩恩光春未涯　넓은 은택에 봄도 아직 다하지 않았네.
東國君臣雙涕淚　동국의 군신들 두 눈에 눈물 흘리며
感恩悼惜眩生花　은혜에 감사하고 애도하느라 눈앞이 흐리네.

〈'평양승적' 16운이다. 〈평양승적〉 구 21영은 홍산태사(鴻山太史)[65]가
문묘를 포함시키는 것이 부적절하다고 하여 20영을 만든 것인데, 나는
단군, 기자, 동명왕도 마땅히 문묘의 사례처럼 해야 한다고 생각하여
16영으로 만들고 운강(雲岡)의 시에 차운하였다(平壤勝蹟十六韻. 平壤勝蹟舊
二十一詠, 鴻山太史謂文廟不宜混入爲二十詠, 予謂檀君箕子東明王宜亦如文廟例作十六
詠, 因次雲岡韻).〉

덕암(德岩)
天崩河水漏　하늘이 무너져 강물이 새어나와
潡蕩迷西方　넘실넘실 서쪽 땅에 자욱하네.
中流屹嵬石　중류에 우뚝한 바위가 있으니
砥柱有奇功　지주[66] 같은 기이한 공이 있네.

주암(酒岩)
仙人鍊金丹　선인이 단약을 단련하여
羽化無何有　날개 달고 무하유의 땅으로 갔네.
鷄犬盡飛昇　닭과 개가 모두 날아 올라갔는데
何獨遺酒岩　어찌 주암만을 남겨 두었을까.

65　설정총(薛廷寵)을 가리킨다.
66　황하(黃河)가 급류로 흐르는 곳인 맹진(孟津)의 강 복판에 우뚝 서 있는 돌기둥.

백은탄(白銀灘)

涉灘聽灘瀨	여울을 건넌 뒤 여울 소리 들리니
灘名名白銀	여울의 이름은 '백은'이라고 하네.
我家鶴灘上	우리 집은 학 여울에 있는데
來此問迷津	이곳에 와서 잃어버린 나루를 묻네.

금수산(錦繡山)

春山披草木	봄 산에 초목이 돋아나서
一望皆錦繡	바라보니 온통 비단이네.
不怨秋雨來	가을비 내린다고 원망하지 않으니
但願長淸晝	그저 맑은 낮 길어지기를 바랄 뿐.

을밀대(乙密臺)

仙人駕鶴去	선인이 학을 타고 가버린 뒤
乙密久蕪萊	을밀대는 오랫동안 황폐했네.
風送長松影	바람결에 솔 그림자 다가오니
如疑人迹來	마치 사람이 오는 것 같구나.

모란봉(牧丹峯)

巉峯鬱屼崔	산봉우리는 울창하고 우뚝한데
天葩秀奇朶	천상의 꽃이 기이한 가지에 피었네.
下映芙蓉花	아래로는 부용화를 비추어
蕩搖在江舸	강위의 배에 일렁이네.

부벽루(浮碧樓)

菁蔥萬疊山	만 겹의 푸른 산,
玻璃一片水	한 조각 유리 같은 물.
水影漾山光	강물엔 산 빛이 일렁이는데
盡入層樓裏	모두 누각 안으로 들어오네.

연광정(練光亭)

練光亭上作	연광정을 위에 만들어
滿壁映長川	온 절벽이 긴 강에 비치네.
解道澄江句	'맑은 강물'[67] 시를 깨닫고 나니
令人憶謝仙	신선 같은 사조가 떠오르네.

정전 유제(井田遺制)

私田環其外	사전은 바깥에 둘러있고
公田在其中	공전이 가운데에 있네.
公私各有界	공사가 각각 경계가 있으니
何事有貪風	어찌 탐하는 풍속이 있으리.

조천석(朝天石)

跨石握麟鬃	바위 위에서 기린마 타다가
何如騎鶴背	어찌하여 학을 타고 날아갔나.

---

67 '징강구(澄江句)'는 중국 남조 제(齊)나라 시인 사조(謝脁)의 싯구 "강은 맑아서 비단
이구나(澄江淨如練)"를 가리킨다. 본문의 시 구절은 이백이 지은 시 〈금릉성 서루
달빛 아래에서 읊음(金陵城西樓月下吟)〉 "강이 맑아 비단결이라" 그 뜻을 깨달아, 사
현휘를 그리워하노라(解道澄江淨如練, 令人却憶謝玄暉)"를 거의 차용하여 지었다.

朝天萬國心	하늘에 조회하는 여러 나라의 마음
長想凌風佩	바람 너머로 패옥 소리 늘 생각하네.

풍월루(風月樓)

淸風吹鶴來	맑은 바람이 날아오는 학에게 불고
明月映沙淺	밝은 달이 얕은 모래를 비추네.
高樓有佳人	높은 누각에 미인이 있어
開襟當絶巘	빼어난 산봉우리 보며 회포를 푸네.

기린굴(麒麟窟)

白日匿陽谷	해는 양곡[68]에 숨어있는데
春風吹海濱	봄바람이 바닷가에 불어오네.
王孫何處去	왕손은 어디로 떠나갔나.
荒草臥麒麟	황량한 풀밭에 기린마 누워있는데.

능라도(綾羅島)

白銀爛灘瀨	백은이 여울에 아롱지고
匹練拖江水	비단이 강물에 펼쳐있네.
小島名綾羅	작은 섬 이름이 '능라'인데
晴光絢霞綺	밝은 빛이 비단 놀에 어리네.

쾌재정(快哉亭)

繚繞天涯客	구불구불 하늘 가 나그네가

---

68 해가 처음 돋는 골짜기라는 뜻으로, 해가 돋는 곳.

來遊江上亭	강가 정자로 놀러 왔네.
塵心無所快	속세의 마음 즐거울 일이 없는데
槐樹今風淸	홰나무엔 지금 바람이 맑네.

대동강(大同江)

江水日夜流	강물은 밤낮으로 흐르는데
江色淨於碧	강물 빛은 푸르기보단 차네.
無數渡江人	무수히 강을 건너는 사람들
臨江候潮汐	강가에 서서 밀물 오기를 기다리네.

읍호루(挹灝樓)

大同流日夜	대동강은 밤낮으로 흐르는데
元氣共渾灝	기운은 언제나 드넓구나.
結樓在淸虛	맑고 깨끗한 곳에 누각을 지어
挹勝怳蓬島	승경을 거둬들이니 마치 봉래도인 듯.

양사언(楊士彦)[69]

〈유애비가(遺愛碑歌)〉

遺愛歌聲遠播[70]	'유애'의 노랫소리 멀리 퍼지니

---

69 양사언(1517~1584) : 조선 중기의 문신. 본관은 청주(淸州), 자는 응빙(應聘), 호는 봉래(蓬萊)·완구(完邱)·창해(滄海)·해객(海客). 문과에 급제하여 대동승(大同丞)을 거쳐 삼등(三登 : 평안남도 강동 지역)·함흥(咸興)·평창(平昌)·강릉(江陵)·회양(淮陽)·안변(安邊)·철원(鐵原) 등 8고을의 수령을 지냈다. 가사 〈미인별곡(美人別曲)〉과 〈남정가(南征歌)〉를 지었다. 문집으로 『봉래집』이 있다.

一夫謠萬人和　　한 사람이 노래하면 만 사람이 화답한다.

抱布握粟買貞玉　베와 곡식으로 빗돌을 사서 만드니

一片龜趺浿水涯　한 조각 비석은 대동강 가에 있구나.

浿水滔滔幾多時　대동강은 넘실넘실 얼마나 흘렀던가.

父老長言壬寅規　늙은이들은 임인년의 치적을 오래도록 말하네.

壬寅今已十八秋　임인년은 이제 벌써 18년이 흘렀으니

死者可作碑可休　죽은 이가 살아나면 비석은 그만두어도 되리라.

심수경(沈守慶)[71]

〈영귀루(永歸樓)〉[72]

江水中分燕尾流　강물은 나뉘어 제비꼬리처럼 흐르고

高樓俯壓白蘋洲　높은 누각은 흰 마름 있는 물가를 굽어보네.

連天極浦孤帆去　하늘과 이어진 포구엔 배 한 척 지나가고

繞郭長林晚靄收　성을 두른 긴 숲은 저녁놀을 거둬가네.

70　『봉래시집』권3에 실려 있다. 시 제목은 〈평양 선정비에 제함－비의 이름이 '유애'이
　　다. 평양 서윤 이원손의 것이다(題平壤善政碑－碑名遺愛, 平壤庶尹李元孫)〉이다. 문
　　집에는 제4구 '趺'가 '頭'로, '涯'가 '左'로, 제5구 '滔滔'가 '東流'로, 제6구 '父老長言'이 '吏
　　民爭言'으로 되어 있다. 이 시에 나오는 유애비(遺愛碑)는 이원손(李元孫)의 치적을
　　기념하기 위해 평양 백성들이 세운 비석이다. 이원손은 대간으로 권신 윤원형(尹元
　　衡)을 탄핵하다가 도리어 외직으로 밀려나 경성부사·평양소윤 등을 거쳐, 회양·삭
　　주·원주·의주·성주 등의 목사를 역임하였는데, 특히 평양에서는 폐단을 혁파하
　　고 임인년(1542년)에 규약을 제정한 것을 기념하는 유애비(遺愛碑)가 세워졌다.
71　심수경(1516~1599) : 조선 중기의 문신. 본관은 풍산(豊山), 자는 희안(希顔), 호는
　　청천당(聽天堂). 대사헌과 8도 관찰사를 역임하였으며, 청백리에 녹선되었다. 저서
　　로『청천당시집(聽天堂詩集)』과 『청천당유한록(聽天堂遺閑錄)』이 있다.
72　문집에 실려 있지 않다.

忙裏偶然諧宿願　바쁜 와중에 우연히 유람하려는 마음이 맞아

困餘猶得辦佳遊　피곤한 중에 오히려 좋은 유람 마련했네.

主人慰客眞多事　주인이 나그네 위로에 진실로 힘을 써

更遣笙歌滿畫舟　여기에 다시 피리소리가 배에 가득 울리게 하네.

정유길(鄭惟吉)[73]

〈서경도(西京圖)〉[74]

西京素稱佳麗地　서경은 본디 아름다운 곳이라 하였으니

檀下眞人始都此　박달나무 아래 진인이 처음 여기에 도읍했네.

中間千載太師來　그 사이 천 년 전에는 태사가 와서

八條遺風井田址　팔조목의 유풍과 정전 터가 남아있네.

平生夢想今見之　평생 꿈꾸다가 지금에야 보게 되니

十幅金屏開逶迤　열 폭 금병풍에 연이어 펼쳐 있네.

緬思割據互吐呑　돌이켜보니 군웅이 할거하여 서로 병탄하다가

73　정유길(1515~1588) : 조선 중기의 문신. 본관은 동래(東萊), 자는 길원(吉元), 호는
임당(林塘). 김상헌·김상용의 외할아버지이다. 홍문관·예문관의 대제학이 되어
문형(文衡)에 들어갔다. 진하사로 명나라에 다녀왔으며 명나라 사신이 왔을 때 접
반사로 나가기도 했다. 문집으로『임당유고』가 있다.

74　『명종실록』1560년 6월 2일 기사에 '서경도' 제작과 관련된 기록이 있다. 그전에 명
종이 승전색 최한형(崔漢亨)과 승지 이양(李樑)에게 명하여 영숭전(永崇殿)을 봉심
하게 하고 풍경을 그려오게 했었는데 이때 화가에게 명하여 채색하여 병풍을 만들
게 하고 정유길에게는 시를, 이양에게는 기문을 짓게 하였다는 것이다. 이 시는『임
당유고』상에 실려 있다. 문집에는 제6구 '逶'가 '邐'로, 제7구 '吐呑'이 '呑吐'로, 제8구
'始平'이 '旣畢'로, 제10구 '屬'이 '爲'로, 제14구 '使'가 '令'으로, 제22구 '被'가 '披'로, 제
24구 '沈'이 '枕'으로, 제29구 '永'이 '詠'으로, 제30구 '稱'이 '專'으로, 제39구 '盡'이 '跡'
으로, '空'이 '東'으로, 제42구 '舞'가 '吹'로, 제43구 '在'가 '至'로, 제44구 '芬苾'이 '苾芬'
으로, 제47구 '黃'이 '模'로, 제59구 '難'이 '亂'으로, 제60구 '同'이 '趨'로 되어 있다.

樂浪始平安東始 　낙랑이 비로소 평정하여 안동에서 시작했네.

經營未免壑藏舟 　나라 경영도 결국 변화[75]하는 법,

統三屬一歸麗氏 　세 나라를 하나로 통일하더니 고려로 귀결됐네.

年年巡幸春復秋 　해마다 봄가을에 순행했으니

長樂宮花大同水 　장락궁과 대동강에 꽃 피었었네.

前王遊豫後嗣荒 　앞의 임금은 행락하고 뒤의 임금은 황음하여

坐使金甌完又毁 　온전했던 황금 병[76]을 다시 깨뜨렸네.

終然神器歸有德 　결국 신성한 기물은 덕 있는 자에게 돌아가나니

聖祖陶甄無遠邇 　성조의 교화는 멀고 가까움을 가리지 않네.

回環襟帶作雄鎭 　빙 두른 금대처럼 웅대한 진지를 만들고

排置官司許分委 　관사를 배치하여 나누어 일을 맡겼네.

上通中國走神京 　위로는 중국과 통하여 수도로 가니

日夕紛紛冠蓋至 　밤낮으로 끊임없이 고관의 수레가 이르네.

栽松十里映官津 　재송원 십 리 길에 나루터가 비치고

畫船簫鼓被羅綺 　화려한 배엔 풍악 소리에 비단옷 입은 기생 있네.

吳中形勝粉堞橫 　오나라 형승에 흰 성가퀴 비껴있고

沆城樓閣靑煙起 　항주성[77]의 누각엔 푸른 연기 피어나네.

---

75 학장주(壑藏舟) : 사물이 끊임없이 변화하는 것. 『장자』「대종사(大宗師)」에 "배를 골짜기에 감추어 두고 어살을 연못 속에 감추어 두면 잘 감추었다고 할 만하다. 그러나 밤중에 힘 있는 자가 그것을 짊어지고 달아날 수도 있는데 어리석은 자들은 그 사실을 알지 못한다(夫藏舟於壑, 藏山於澤, 謂之固矣. 然而夜半有力者負之而走, 昧者不知也)" 구절이 있다.

76 '금구(金甌)'는 국가의 영토를 뜻하는 말로, 남조 양(南朝梁)의 무제(武帝)가 "우리나라는 마치 황금 단지와 같아서 하나도 상하거나 부서진 곳이 없다(我家國猶若金甌, 無一傷缺)"고 말했다는 고사에서 유래한 것이다.

77 〈규 4885〉본에는 '沆城'이 '杭城'으로 되어 있다. 대구(對句)인 점을 고려하여 〈규 4885〉본에 따라 번역하였다.

綾羅錦繡最明媚　능라도와 금수산이 가장 아름다우니

牧丹峯高窮俯視　모란봉 높은 곳에서 모두 다 내려다보네.

練光橫占快哉淸　연광정은 비껴 있고 쾌재정은 맑으며

風月遙添挹灝峙　풍월정이 멀리 풍광을 더하고 읍호루가 우뚝하네.

永歸臨浦管閑愁　포구 가에 있는 영귀루에서 한가한 시름 달래고

浮碧倚空稱四美　반공에 솟은 부벽루에서 좋은 네 가지를[78] 찬미하네.

經過不獨東方人　지나간 이는 우리나라 사람뿐만이 아니라서

品題亦有皇華使　지은 시문에는 중국 사신 이름도 있네.

城西普通絮飛飛　성 서쪽 보통문에는 버들개지 훨훨 날리고

折柳人看灞橋似　버들 꺾는 사람들 보니 흡사 파교[79] 같네.

奇蹤共說東明王　기이한 자취로는 모두 동명왕을 이야기하고

古迹宜尋永明寺　고적으로는 마땅히 영명사를 찾아가야 하리라.

麟超石在歲月深　기린마가 날아간 돌은 오래 지나도 남아있고

鳳去臺空雲樹靡　봉황이 가서 누대가 비니 구름 낀 나무 아스라하네.

興亡無盡水空流　끝없는 흥망성쇠에 강물은 그저 흐르니

富貴有窮名不死　부귀는 다해도 이름은 없어지지 않으리라.

前朝寺刹煙雨中　전 왕조의 절이 안개비 속에 있는데

聖代衣冠歌舞裡　이 태평시대엔 관원들이 노래 부르고 춤을 추네.

吾王報本無不在　임금께서는 선조의 은혜에 보답하지 않음이 없어

四時芬苾隆孝思　사 계절 맞춰 제사지내 극진하게 추모하네.

78　사미(四美) : 네 가지 아름다운 일. 곧 좋은 시절(良辰), 아름다운 경치, 구경하는 마음(賞心), 즐거운 일(樂事) 따위를 가리키는 말.

79　중국 당나라의 수도 장안의 동쪽에는 '파수'란 강이 흐르고, 거기 놓인 다리를 '파교(灞橋)'라 했다. 당시 대부분의 사람들은 파교에서 이별을 했고 늘어진 수양버들 가지를 꺾어 떠나는 사람에게 건넸다고 한다.

中官內相騎聯翩　조정의 관리와 정승들이 나란히 말 타고 와서

命視殿宇如親履　임금이 친히 오신 듯이 전각을 살피게 하시네.

餘事龍眠黃寫歸　나머지 일은 이공린[80]이 금색으로 그려 와서

風物森然呈玉几　빼곡히 갖추어 놓은 풍물을 임금께 바치네.

巖巒增秀水增麗　산은 더욱 수려하고 물은 더욱 고우니

似爲重瞳一顧喜　성상[81]께서 친히 보고 기뻐하실 듯하네.

崔滋作賦務誇張　최자는 부를 지어 과장에 힘썼고

權近題詩撮實理　권근을 시를 지어 실제 모습을 담았지.

爭如指授出宸衷　손가락으로 가리킨 듯 임금의 마음을 그려내니

點畵一一團衆史　점획 하나하나 여러 화가들이 함께 그렸네.

淋漓元氣聚於斯　흥건한 원기가 여기에 모여 있으니

百里湖山歸一指　백 리 강산은 천지[82]로 돌아가네.

微臣領略有餘趣　미천한 신하인 저도 넉넉한 흥취를 알겠으니

怳然身在長安里　마치 이 몸이 장안에 있는 듯.

治由同道難同事　다스림은 같은 도라도 같은 모습이기는 어렵지만

古今興亡同一軌　고금의 흥망성쇠는 모두 다 하나이네.

山河雖美不在險　강산이 아름다워도 험준한 지형이 없다면

天命靡常焉足恃　일정하지 않은 천명에 어찌 족히 기댈까.

---

80 용면(龍眠) : 송(宋) 나라의 저명한 화가(家) 이공린(李公麟)의 별호.

81 중국 순(舜) 임금의 눈동자가 둘이었으므로, 임금의 눈을 가리킴.

82 『장자』 「제물론(齊物論)」에 "손가락으로 손가락이 손가락이 아니라는 것을 나타내는 것은 손가락이 아닌 것으로 손가락이 손가락이 아님을 나타내는 것만 못하고, 말로 말이 말이 아님을 설명하는 것은 말이 아닌 것으로 말이 말이 아님을 설명하느니만 못하니 천지는 하나의 손가락이고 만물은 하나의 말이다(以指喩指之非指, 不若以非指喩指之非指也, 以馬喩馬之非馬, 不若以非馬喩馬之非馬也, 天地一指也, 萬物一馬也)" 구절이 있다.

願將此畫在鑑戒　바라건대 이 그림을 거울삼아서

永鞏鴻圖期不圮　영원히 대업을 이루시고 무너지지 않기를.

허국(許國)[83]

〈수레를 타고서 간의대부(諫議大夫) 위시량(魏時亮)과 함께 평양성(平壤城)의 동북쪽으로 나가 함께 강으로 가서 부벽루(浮碧樓)에 올랐다. 비가 와서 영명사(永明寺)에서 쉬었다가 저녁에 비가 개어 기린굴(麒麟窟)을 보았다. 그리고는 결국 배를 타고 남쪽으로 내려와 대동관(大同館)에 돌아와서 짓는다(巾車同魏諫議出平壤城東北, 並江行登浮碧樓. 雨憩永明寺, 晚霽觀麒麟窟, 遂泛舟南下還大同館作).〉

我行海國誰與娛　바닷가 나라에 오니 누구와 즐기랴.

賞心賴有山水俱　산수가 갖춰지니 유람할 생각이 나네.

平壤山水更奇絶　평양의 산수는 다시금 기이하니

樓臺縹緲江天虛　누대는 아득하고 강과 하늘은 공활하네.

探奇弔古興有餘　절경과 유적을 찾아가도 흥취가 가라앉지 않아

巾車復出城之隅　수레 몰아 다시 성 모퉁이를 나서네.

石壁如削江如紆　석벽은 깎은 듯 강은 구불구불

中懸一道凌嶔嶇　그 가운데 한 가닥 험한 길이 걸려 있네.

江流忽轉石磴高　강물이 굽이치는 곳에 돌층계가 높다랗고

青雲白雲垂兩橋　청운 백운 두 다리가 거기에 걸렸네.

83　명나라 사신. 1567년 7월에 한림원검토관(翰林院檢討) 허국(許國)과 병과좌급사중(兵科左給事中) 위시량(魏時亮)이 목종(穆宗)의 즉위를 알리는 조서를 받들고 왔다.

平臺逈絶臨江皐	평평한 대는 강가에 우뚝 솟았고
浮碧之樓高岧嶢	부벽루는 높이 서있네.
岧嶢回合抱崖石	높은 산이 휘감아 모여 벼랑을 에워싸고
江島前橫破江碧	모래섬이 앞에 놓여 푸른 강빛을 깨뜨리네.
鰲背微茫露一洲	자라 등엔 아스라하게 섬 하나 보이는데
又如彩虹半落江煙秋	오색의 무지개는 연기 속에 반쯤 잠긴 듯.
北崖小閣更隈隩	북쪽 기슭 작은 누각 다시금 깊숙한데
沈沈下瞰江水綠	조용히 내려 보니 강물은 푸르네.
微風龍鱗波蹙玉	미풍 불어 물결이 옥 같이 반짝이고
岸草汀花媚幽獨	강가의 풀과 꽃은 홀로 아리땁고 그윽하네.
江連山氣何杳冥	강과 이어진 산 기운은 어찌 이리 아득한지,
回看西倚之翠屏	돌아보니 서쪽으로 푸른 병풍에 기댔네.
牧丹片片照江色	모란봉엔 조각조각 강 빛이 비치는데
倒揷琉璃錦障明	유리 같은 강물에 비치니 비단 장막이 환하네.
岸南斜帶永明寺	물가 남쪽엔 비스듬히 영명사 있으니
錦障橫天落金地	비단 장막 하늘에 비껴 절에 떨어졌네.
門端尙懸高麗詩	문 끝에 아직도 고려 때 시가 걸려 있으니
當時具解中華字	당시에 중국 글자를 모두 알았구나.
山雲忽起山雨至	산에 구름 홀연히 일어나 산에 비 내리니
咫尺煙霞有靈閟	지척에 안개 끼어 신비로운 기운 도네.
晚晴着屐還登山	저녁에 비 개어 신 신고 다시 산에 오르니
千峯萬峯空翠寒	수많은 봉우리는 부질없이 푸르고 차네.
麒麟已去窟空在	기린마 떠나간 뒤 굴만 부질없이 남아 있고
古石仄疊苔痕斑	층층 쌓인 옛날 돌엔 돌이끼 끼어 있네.

聞說東明昔仙去	듣건대 동명왕이 신선되어 떠나갈 때
獨控麒麟出煙霧	홀로 기린마 타고 안개 위로 올랐다 하네.
朝天石上留蹄涔	조천석 위에는 말발굽 자국 남았건만
水沒江潭不知處	물에 잠겨 강 어디에 있는지 모르겠네.
嗟嗟此事竟荒唐	아아, 이 일은 결국 허무맹랑해졌으니
八駿不聞周穆王	주목왕의 팔준마 일 듣지 못했는가.[84]
枕中鴻寶徒自秘	침상 속의 홍보서[85]는 그저 절로 숨겨지고
小山無補淮南亡	소산은 도움 못 되어 유안은 죽었네.[86]
有酒且傾勿復道	술이 있으니 기울이고 다시 말하기 말게.
秋江極目傷秋草	가을 강 가득 보이는데 시든 풀에 가슴 아프네.
與君鳴笳放舸下中流	그대와 피리 불며 배 타고 강 내려오니
青天不動波如掃	푸른 하늘 고요하고 물결은 씻은 듯 깨끗하네.
却顧向來浮碧樓	문득 지나 온 부벽루를 바라보니
蒼蒼暮靄沈江島	푸른 저녁연기에 강의 섬이 잠겨 있네.

〈쾌재정(快哉亭)〉

| 危榭俯城隈 | 성 모퉁이 위에 높은 정자 있어 |

---

84 팔준마는 춘추 시대 주 목왕이 타던 여덟 필의 준마. 주 목왕이 이 팔준마를 몰고 서
　쪽 지방을 순수(巡狩)하였는데, 곤륜산(崑崙山)에 올라가 선녀(仙女)인 서왕모(西王
　母)를 보고는 즐거워서 돌아갈 것을 잊었다는 고사가 있다.
85 침중홍보(枕中鴻寶) : 『한서』 「유향전(劉向傳)」에 나오는 내용으로 '홍보서'는 도술
　(道術)에 관한 서적으로, 한(漢)나라 회남왕(淮南王) 안(安)이 베개 속에 홍보원비서
　(鴻寶苑祕書)를 남몰래 감춰두었다고 한다.
86 소산(小山)은 한나라 회남왕(淮南王) 유안(劉安)의 문객들이 만든 시체(詩體)이고,
　회남(淮南)은 유안을 가리킨다. 천하의 선비들이 그에게 귀의하여 내편(內篇) 21편
　과 중편(中篇) 8편으로 이루어진 『회남자(淮南子)』를 지어 황제에게 바치고 총애를 얻
　었다. 그러나 뒤에 역모를 꾸미다가 발각되어 자살하였다.

登臨亦快哉	올라와서 보니 역시 상쾌하네.
山光低卷幔	산 빛은 말아올린 휘장 아래에 있고
江色近銜杯	강 빛은 술잔과 가까이 있네.
雲樹千家市	마을과 저자엔 구름 낀 나무,
煙霄百尺臺	백 자 누대엔 안개 낀 하늘.
更憐遙望處	멀리 조망하는 이곳이 더욱 더욱 좋으니
荷芰水亭開	연잎이 물가 정자에 나 있네.

〈선월정(先月亭)〉

幽亭宜待月	그윽한 정자는 달 보기 좋은데
宴坐但迎風	술자리에 앉아 그저 바람만 쐬네.
江雨暮偏急	강의 비는 저녁에만 급히 내리고
林霜秋未空	숲의 서리는 가을이라 아직 남아 있네.
亂帆煙樹裏	돛배들은 안개 낀 숲 속으로 가고
疊嶂水雲中	첩첩 산들은 구름 낀 강물에 있네.
安得開晴望	어찌하면 맑게 잘 보이는 곳에서
清尊永夜同	맑은 술을 밤새도록 함께 마실까.

위시량(魏時亮)[87]

〈선월정(先月亭)〉

| 來時月不見 | 올 땐 달이 보이지 않았는데 |

---

87 명나라 사신. 1567년(명종 22) 7월에 허국(許國)과 함께 왔다.

去路月生遲	가는 길엔 달이 더디 떠오르네.
獨有吟弄意	오직 시를 읊을 뜻만 있으니
惺惺常自知	늘 밝게 깨어있음[88]을 알고 있네.

허국(許國)

〈연광정 저녁 풍경(練光亭晚眺)〉[89]

薄暮驅車江上來	저물녘에 수레 몰고 강가에 와서
練光亭俯大江開	연광정에서 대동강을 굽어보네.
長江萬古瀉空碧	긴 물결은 만고토록 푸른 물 쏟아 내고
天落銀河抱檻廻	하늘에서 떨어진 은하수는 누각을 휘도네.
平沙浩浩帶煙樹	모래사장 드넓은데 안개 낀 나무 있고
遠翠微茫見江嶼	먼 산은 아스라한데 강 섬이 보이네.
江頭亂石舞鯨鯢	강 어귀 바윗돌은 고래들이 춤추는 듯
橫波欲渡江潭去	물결을 가로질러 강을 건너가고 싶구나.
矗如鰲背負蓬山	우뚝하니 자라 등에 봉래산 얹은 듯하고
側疊江城裊碧灣	비스듬하게 강가 성이 푸른 강에 어른거리네.
睥睨百尺掛江樹	성가퀴[90]는 백 자 높이 강가 숲에 걸려 있고
樓臺倒影沖融間	누대는 강물 속에 그림자를 드리웠네.
輕舟片片疑落葉	일렁대는 가벼운 배 물 위에 뜬 낙엽인가

---

88 상성성(常惺惺) : 송(宋)나라의 사상채(謝上蔡)가 『심경부주(心經附註)』에서 "경은 늘 밝게 깨어있는 법도이다(敬是常惺惺法)"라고 하였다.
89 『해동역사(海東繹史)』 권51에 실려 있다.
90 비예(睥睨) : 성 위의 담.

散亂江風點飛雪　강바람에 어지러이 눈발이 흩날리네.

何異槎浮牛女津　견우직녀 나루 찾아가는 뗏목과 뭐 다르리,

還同棹下山陰月　산음[91]에서 달빛 아래 노 젓는 것과 같네.

落日浮雲江上秋　석양에 뜬 구름 있는 강가의 가을인데

平壤往事隨東流　평양의 지난 일들 강물 따라 흘러가네.

城南惟有井田在　성 남쪽엔 오로지 정전만이 남아 있고

古壇零落空山丘　옛 터는 쓸쓸하고 산 언덕 텅 비었기에

俯仰乾坤一揮手　하늘 보고 땅을 보며 손 한번 휘젓네.

日子河甥今在否　해의 아들 하백 사위[92] 지금도 있는지,

魚龍博水不成橋　어룡은 물결을 치고[93] 다리를 만들지 않네.[94]

禾黍遺墟堪酌酒　기장 자란 옛 궁궐에서 술을 마시니

我歌白雲繞坐飛　내 노래에 흰 구름이 자리를 돌아 날아가네.

醉拂城闉作釣磯　술 취한 채 성문 나가 물가 돌에 앉아서는

投竿忽動滄洲興　낚싯대 드리우니 창주의 흥취 홀연 일어

控鶴終期海嶠歸　학 타고 바닷가 산에 돌아갈 것을 기약하네.

91　왕자유(王子猷)가 산음에 살고 대안도(戴安道)가 섬계(剡溪)에 살았는데, 눈이 내린 밤에 왕자유가 술에 취해 배를 타고 섬계를 거슬러 올라 대안도의 집 앞에 이르렀다가 처음에는 흥이 나서 찾아왔는데 이제 흥이 식었기에 도로 돌아간다고 하고는 대안도의 집에 들어가지 않고 그냥 돌아왔다는 고사가 있다.

92　주몽의 아버지 해모수(解慕漱)를 가리킨다.

93　〈규 4885〉본에는 '博'이 '搏'으로 되어 있다. 문맥상 〈규 4885〉본을 따라 번역하였다.

94　어별성교(魚鱉成橋) : 고구려의 시조 동명왕 주몽의 신화에서 물고기와 자라들이 다리를 만들어서 구해주었다는 일화이다. 주몽 신화에 따르면 대소태자를 비롯한 금와왕 아들들의 시기로 주몽이 도망가다가 큰 강을 만났을 때 강에서 거대한 물고기와 자라가 떠올라 다리를 만들어 주어 무사히 도망칠 수 있었다는 내용이다.

〈풍월루에 오른 뒤 능파교를 건너 애련당에서 쉬면서 연을 보며 짓다(登風月樓, 渡凌波橋, 憩愛蓮堂, 觀荷有作)〉

南國芙渠花	남국의 연꽃
昔賢聊寄意	옛 선현이 뜻을 부쳤네.
芬芳播海隅	향기가 바닷가로 퍼져나가
臺沼足佳致	누대의 연못이 아취를 이뤘네.
層樓瞰淸冷	누각에서 맑고 찬 강을 보니
孤樹隱荷芰	나무 한 그루에 연꽃이 숨어있네.
水上臥長虹	물가엔 긴 무지개 누워있고
空中擧香袂	공중엔 향기로운 소매 들렸네.
凌波弄素影	넘실거리는 물결이 흰 달을 희롱하는데
俯檻散幽思	난간에서 바라보니 생각이 흩어지네.
殘蕚已飄紅	시든 꽃은 붉게 바람에 날렸건만
疎莖猶疊翠	성근 줄기는 오히려 더욱 푸르네.
杯搖暮霞色	술잔엔 저녁놀이 일렁이고
衣染秋霜氣	옷엔 가을 이슬 기운이 스며드네.
澹爾言與忘	담박한 모습에 말을 잊은 채
悠然心自媚	유유하게 마음으로 예뻐하네.
盈盈隔笑語	사뿐사뿐 저 너머 웃으며 말하는 듯
采采憶交契	눈부신 모습에 사귐을 떠올렸네.
落日更登樓	해질 무렵 다시 누각에 올라
風月見光霽	광풍제월[95]의 풍경을 보네.

---

95 『송서(宋書)』「주돈이전(周敦頤傳)」에 황정견(黃庭堅)이 주돈이를 존경하여 "내가 말하기를, 그분의 인품이 매우 고명하니 마음이 넓고 시원함이 마치 맑은 날의 바람

위시량(魏時亮)

〈연광정(練光亭)〉

練光亭迥枕城闉　연광정은 멀리 성을 베고 누웠고

山水空涵萬象新　산수가 머금은 온갖 경치가 새롭구나.

魚躍鳶飛許多景　물고기 뛰어 오르고 제비가 나는 수많은 풍경

高吟誰會得精神　시를 읊으니 누가 이 마음 알아줄까.

한세능(韓世能)[96]

〈대동강(大同江)〉

雪霽澄空玉宇浮　눈 개어 맑은 강에 하늘 떠 있는데

江山如畵一登樓　강산이 그림 같아 누각에 올랐네.

凍雲棲壁低瓊樹　절벽에 서린 언 구름은 나무 아래에 있고

別島拖烟界碧流　안개 낀 외딴 섬은 푸른 강물과 나뉘었네.

錦繡峯前舒遠目　금수산 앞에서 멀리 바라보고

麒麟石上憶仙遊　기린석 위에서 선인의 유람 떠올리네.

剛風獵獵吹衣袂　우수수 강풍이 옷소매에 불어오니

相對淸尊傍晩留　맑은 술 마주한 채 늦게까지 머무르네.

---

[96] 　과 비갠 날의 달과 같다(庭堅稱, 其人品甚高, 胸懷灑落, 如光風霽月)"이라고 하였다. 명나라 사신. 1572년(선조 5) 11월에 한림원 편수(編修) 한세능(韓世能), 이과 급사중(吏科給事中) 진삼모(陳三謨)가 신종(神宗)의 즉위를 알리는 조서를 받들고 왔다.

浿水蘭舟渡	대동강을 목란주로 건너는데
川塗凍雪眹	눈 내려 언 강물이 아득하네.
江山疑合壁	강산엔 해와 달이 함께 떠올랐나[97]
星漢試浮槎	은하수에선 뗏목을 띄워볼까.
倚棹仍看壁	배에 앉아 절벽을 바라보고
持杯共聽笳	술잔을 들고 함께 피리소리 듣네.
王程値佳景	사행길에 아름다운 풍경을 만나니
忘却在天涯	먼 타향에 있는 것을 잊어버렸네.

〈연광정(練光亭)〉

山城亭榭俯江津	산성과 정자가 강가를 굽어보니
浮碧南來更絶塵	부벽루에서 남쪽으로 가면 또다른 선계.
不盡波光淨如練	끝없는 물결 빛은 비단처럼 깨끗하고
無邊雪色白於銀	끝없는 설색은 은보다 희구나.
亂峯殘照樽中入	산봉우리에 지는 해 술잔에 들어오니
靑雀黃龍水面巡	푸른 새와 누런 용[98]이 강물을 누비네.
佳景滿前題不得	눈앞의 승경은 시로도 지을 수 없어
獨憑寥廓會吾神	홀로 이 드넓은 곳에서 정신을 모은다.

〈쾌재정(快哉亭)〉

景豁意自快	경치가 드넓어 뜻이 상쾌해지고

---

97 합벽(合壁) : 해와 달이 함께 떠 있는 것으로 음력 초하루에 나타나는데, 나라의 상
서로운 조짐으로 여겨졌다.
98 둘 다 놀잇배를 가리키는 것으로, 뱃머리에 푸른색의 새를 그려 넣은 청작방(靑雀
舫)과 누런 용을 그려넣은 황룡선(黃龍船)을 말한다.

時平心亦清　　때가 태평하여 마음 역시 맑네.

山高郡齋寂　　산은 높고 관사 서재는 적막한데

亭上理琴絃　　정자에서 거문고 줄을 가다듬네.

진삼모(陳三謨)[99]

〈대동강(大同江)〉

畫船高聳俯淸瀾　　높다란 그림배에서 맑은 강물 굽어보니

疊翠層巒一望寬　　첩첩이 푸른 산은 온통 드넓게 보이네.

渺渺浮雲連草樹　　아득한 뜬 구름은 초목으로 이어지고

皚皚積雪映江湍　　하얗게 쌓인 눈은 강물에 비치네.

滄波古渡銀灘近　　옛 나루에 물결치는데 백은탄이 가까이 있고

碧漢遙峯綾島寒　　먼 산이 은하수에 비치는데 능라도는 차네.

檻外風光看未盡　　배 밖의 풍경은 봐도 끝이 없건만

夕陽烟霧已瀰漫　　석양에 안개가 이미 자욱하구나.

99　명나라 사신. 1572년 11월에 한세능(韓世能)과 함께 왔다.

오상(吳祥)[100]

〈추향당(秋香堂)〉[101]

東籬曾愛賞	동쪽 울타리에서 즐겨 완상했었는데[102]
千載有同襟	천 년 후에도 같은 마음인 사람 있네.
晚色凌霜艶	가을에 눈서리 이기는 자태가 곱고
寒香泛酒斛	찬 향기는 따른 술잔에 떠 있네.
名流人又古	유명한 사람들은 옛 사람 되었건만
堂在我如今	당에 있는 나는 지금껏 있구나.
這裡悠然趣	여기에 유연한 흥취가 있으니
趣誰辨淺深	그 흥취 얼마인지 누가 알아줄까.

이산해(李山海)[103]

〈부벽루(浮碧樓)〉

麟馬朝天不記年	기린마가 하늘에 조회한 때는 알 수 없지만

---

100 본문에는 없으나 오상의 문집에 실려 있기 때문에 이에 따라 보충하였다. 오상(1512
~1573) : 조선 중기의 문신. 본관은 해주(海州), 자는 상지(祥之), 호는 부훤당(負暄
堂). 김안국의 문인이며 이조판서와 병조판서를 역임하였다. 김주(金澍)·민기(閔
箕)·정유길(鄭惟吉)·심수경(沈守慶) 등과 함께 8문장의 한 사람이며 문집으로
『부훤당유고』가 있다.

101 『부훤당유고』 「보유(補遺)」에 실려 있다. 시 제목은 〈추향당 시에 차운하다(次秋香堂
韻)〉이다. 문집에는 제3구 '晚色'이 '冷蕊'로, 제8구 '趣誰辨'이 '誰能瓣'으로 되어 있다.

102 도잠(陶潛)의 시 〈음주(飮酒)〉에 "동쪽 울타리 아래에서 국화를 따다가, 유연히 남
쪽 산을 바라본다(采菊東籬下, 悠然見南山)" 구절이 있다.

103 이산해(1539~1609) : 조선 중기의 문신. 본관은 한산(韓山), 자는 여수(汝受), 호는
아계(鵝溪)·종남수옹(終南睡翁). 북인의 영수로 정권을 장악했고 종계변무의 공으

江山如昨思依然　강산은 어제 같고 그리움도 여전하네.

斜陽半斂綾羅島　해가 반쯤 저문 능라도에는

千里平沙又瞑烟　천리 길 모래사장에 또 안개가 어둑하네.

정철(鄭澈)[104]

〈연광정에서 달을 바라보다(練光亭對月)〉[105]

深夜澄江靜不波　한밤의 맑은 강엔 물결이 고요한데

桂輪升壁素華多　보름달은 절벽 위로 떠 하얗게 빛나네.

天邊島嶼微微見　하늘 가 섬들이 희미하게 보이고

樓外汀洲漠漠斜　누각 밖 모래톱 아득하게 비껴있네.

超忽直疑游紫府　저 멀리 신선의 땅을 노니는 것일까,[106]

杳冥還似泛銀河　아득하여 마치 은하수에 떠 있는 듯.

萬家岑寂嚴城閉　온 집이 고요하고 성곽도 닫혀 있는데

唯有沙禽掠岸過　오직 모래 가엔 새만이 언덕을 스쳐 지나네.

〈차운(次)〉[107]

緣空一鏡委金波　하늘에 뜬 보름달이 금빛 물결에 비치는데

로 광국공신에 책록되었다. 문장에 능해 선조조 문장팔가(文章八家)의 한 사람으로
불렸으며 문집으로 『아계집』이 있다.

104 본문에는 '鄭徹'이라고 되어 있으나 '鄭澈'로 고쳤다. 정철(1536~1593) : 조선 중기
　　의 문신. 본관은 연일(延日), 자는 계함(季涵). 호는 송강(松江).

105 『송강속집』 권1에 총2수가 실려 있는데 그 중 제1수이다. 문집에는 제5구 '游'가 '遊'
　　로, 제8구 '唯'가 '惟'로, 제2수 제6구 '絳'이 '絳'으로 되어 있다.

106 자부(紫府) : 도가(道家)에서 전해지는 전설 속에 나오는 천상(天上)의 선부(仙府).

107 『송강속집』에는 〈연광정에서 달을 바라보다(練光亭對月)〉 제2수로 실려 있다. 문

朱箔疏織影更多　붉은 발이 성기어 달빛이 더욱 밝구나.

夜久素娥和露冷　밤 깊어 월궁항아와 이슬은 싸늘하고

樓高仙桂近人斜　누각이 높아 달 속 계수나무가 가까이로 기우네.

明籠水國迷銀界　밝음이 강가 이곳을 감싸니 은세계 희미하고

光溢天衢沒絳河　빛이 하늘에 넘쳐나니 은하수[108] 잠겼구나.

旅思悠悠愁不寐　나그네 심사 아득하여 걱정에 잠 못 이루는데

驚禽移樹幾飛過　놀란 새는 나무를 옮기며 몇 번이나 날아다니네.

신응시(辛應時)[109]

〈차운(次)〉[110]

重陰解駁月舒波　짙은 구름이 개어 달이 강물에 비치는데

想見清光此夜多　생각해 보니 맑은 달빛이 이 밤에 환하네.

極浦遙汀分曲折　멀리있는 포구와 물가는 굴곡이 분명하고

南箕北斗看橫斜　남기성과 북두성이 옆으로 비껴 있구나.

不眠高閣聞啼鶴　잠 못 이루는 누각에선 학 울음소리 들리고

欲曉層城掛落河　날 밝으려하는 층성에는 은하수 걸려 있네.

病肺自憐淹客枕　병든 가여운 신세로 객에게 묵어가라 붙잡았는데

집에는 제6구 '絳'이 '絳'으로 되어 있다.

108 문맥상 문집의 '絳河'를 따라 '은하수'로 번역하였다.

109 신응시(1532~1585) : 조선 중기의 문신. 본관은 영월(寧越), 자는 군망(君望), 호는 백록(白麓). 백인걸의 문인이며 『주자대전』 중에서 예에 관한 부분을 발췌하여 『주문문례(朱門問禮)』를 간행하는 등 풍속의 교화와 교육에 힘썼다. 문집으로 『백록유고』가 있다.

110 『백록유고』에 실려 있다. 시 제목은 〈연광정에서 달을 바라보며 정계함의 시에 차운하다(練光亭對月次鄭季涵韻)〉이다.

隔欄相喚未能過　난간 너머로 불러도 건너오지 않는구나.

이해수(李海壽)[111]

〈차운(次)〉

高亭坐待月流波　정자에 앉아 강물에 달 비치길 기다리니

不怕三更風露多　바람과 이슬 많은 삼경도 두렵지 않네.

銀闕忽從雲海湧　은빛 궁전이 홀연히 구름바다 따라 일렁거리고

玉娥偏向畫欄斜　옥 같은 항아는 난간 쪽으로만 기울어있네.

汀洲浩渺沙如雪　물가와 모래톱이 아득한데 모래가 눈 같이 희고

上下空明江接河　위아래가 환하여 강이 은하수에 닿았네.

瘦骨病來無好興　수척한 몸에 병이 들어 좋은 흥취 없으나

却慙良夜負相過　좋은 밤에 그대 찾아가지 못하여 부끄럽네.[112]

〈애련당(愛蓮堂)〉[113]

樓下方池淨　누각 아래 네모난 연못이 깨끗한데

淸漪匝一堂　맑은 물결이 당을 두르고 있네.

飛橋代羅襪　나는 듯한 다리는 비단 버선을 대신하고

---

111 이해수(1536(중종 31)~1599(선조 32). 조선 중기의 문신. 본관은 전의(全義), 자는
대중(大中), 호는 약포(藥圃)·경재(敬齋). 대사간, 대사성을 역임하였다. 문집으로
『약포유고』가 있다.

112 『약포유고』권1에 실려 있다. 시 제목은 〈연광정에서 달을 바라보며 송강의 시에 차
운하다(練光亭對月·次松江韻)〉이다.

113 『약포유고』권1에 실려 있다. 시 제목은 〈애련당에서 읊다(愛蓮堂有吟)〉이다. 문집
에는 제2구 '匝'이 '市'으로 되어 있다.

荷葉動新香	연 잎은 새롭게 향기를 풍기네.
月夜仙禽語	달밤에 학이 울음 울고
炎天水面涼	더운 날씨에 수면은 서늘하네.
歸時應更好	돌아갈 때에는 더욱 좋으리니
須飲碧筒漿	푸른 대통물을 꼭 마셔야 하리라.

박순(朴淳)[114]

〈차운(次)〉

映地開淸沼	밝은 곳에 맑은 연못 만들어서
栽蓮遶畵堂	연꽃 심어 단청한 당을 둘렀네.
浮波新葉淨	물에 떠 있는 새 잎이 차고
吹露曉風香	이슬에 부는 새벽바람이 향기롭네.
不待看秋艶	가을의 예쁜 모습 기다릴 것도 없이
唯憐挹夏涼	그저 여름의 시원한 느낌을 사랑하네.
自憐澄萬慮	가련하게도 온갖 근심 사라졌으니
何用吸瓊漿	술을 마신들 무슨 소용이랴.

---

[114] 박순(1523~1589) : 조선 중기의 문신. 본관은 충주(忠州), 자는 화숙(和叔), 호는 사암(思菴). 서경덕의 문인이며 벼슬이 영의정에 이르렀다. 이황을 사사했고 이이ㆍ성혼과 교유하였다. 문집으로 『사암집』이 있다.

신응시(辛應時)

〈차운(次)〉

略約凌波去	대충 약속하고 배 타고 갔더니
中池出小堂	못 가운데 작은 당이 솟아있네.
魚驚雙履響	물고기가 발자국 소리에 놀라고
荷疊萬錢香	연꽃이 짙은 향기를 겹겹이 둘렀네.
坐雨詩魂爽	빗속에 앉아있으니 시상(詩想)이 상쾌하고
眠霄鶴夢凉	밤에 잠드니 학의 꿈이 서늘하네.
何當避暑飮	어찌 더위를 피해 마시는 것이랴.
象鼻瀉天漿	코끼리 코 만들어[115] 술을 따르네.

정철(鄭澈)

〈차운(次)〉[116]

曾爲關外使	예전에 관문 밖 사신이 되었을 때
飛步上池堂	날 듯한 걸음으로 연못의 당에 올랐네.
五月芙渠滿	5월이라 연꽃이 가득했고

---

115 상비(象鼻): 술병의 주둥이가 구부러진 것을 표현한 말로, 소식(蘇軾)의 시 〈성 남쪽으로 배를 띄웠는데 모인 사람이 다섯이었다. 운을 나누어 시를 지었는데 '人', '皆', '苦', '炎' 네 글자를 얻었다(泛舟城南, 會者五人, 分韻賦詩, 得人皆苦炎字)〉에 "푸른 대통을 때때로 코끼리 코처럼 만들고, 백주는 쓴 연근 맛이 나네(碧筩時作象鼻彎, 白酒微帶荷心苦)" 구절이 있다.
116 『송강속집』 권1에 실려 있다. 시 제목은 〈애련당－평양에 있을 때 지었는데 현판이 지금도 있다(愛蓮堂－在平壤懸板尙在)〉이다. 문집에는 제3구 '渠'가 '蕖'로 되어 있다.

三更枕席香	한밤중엔 잠자는 자리도 향기로웠네.
隔年仙夢斷	세월이 지나 신선의 꿈도 깨어졌지만
重到客襟涼	다시 오니 나그네 마음이 시원하네.
會把如船葉	때 마침 배처럼 생긴 잎을 잡고서
留連酌玉漿	오랫동안 머무르며 술을 따르네.

성헌(成憲)[117]

〈쾌재정(快哉亭)〉[118]

故國登臨處	옛 도읍의 누각에 올라가보니
山河信美哉	산수가 진실로 아름답구나.
川原雲外樹	강가에는 구름 너머 숲이 있고
荷芰雨中杯	연잎은 빗속의 술잔 되었네.
井畫猶遺地	정전의 구획은 아직도 남아있고
江流更有臺	강에는 거기에 누대까지 있네.
逢迎兼勝友	접반사들 모두 좋은 벗이라
眞使笑顔開	진실로 파안대소 하게 만드네.

---

117 명나라 사신. 1568년(선조 1)에 병과급사중(兵科給事中)을 지낸 왕새(王璽)와 함께 황태자 책립의 조서를 반포하기 위해 사신으로 왔다.
118 『사암집』권2 〈사신으로 가는 성공의 '쾌재정' 시에 차운하다(次成天使快哉亭韻)〉의 원운(原韻)으로 실려 있다. "원운 '쾌재정. 해악(허국)의 운을 썼으며 기록하여 박대제에게 보여주며 가르침을 청하다(原韻快哉亭. 用海嶽韻, 錄似朴大宰請益)"라고 부기되어 있다.

황홍헌(黃洪憲)[119]

〈대동강에 배를 띄우고 급간 왕공(王公)의 시에 차운하다(泛大同江, 次
王給諫韻)〉

風落江寒橘柚黃	바람 부는 찬 강엔 귤나무 노랗고
畵船簫鼓晚相將	그림배엔 피리와 북소리가 저물녘에 울리네.
唧盃共醉藤蘿月	술 마시며 등나무의 달과 함께 취하니
火樹連城徹夜光	등불[120]은 성을 둘러 밤새도록 빛나네.

木落霜飛塞草黃	낙엽 지고 서리 날려 변방 풀 시들 때
延津此夜合干將	연진[121]에선 이날 밤 간장[122]을 만났겠지.
江山倘借藍田筆	강산은 마치 남전[123]의 붓을 빌린 듯
東壤千秋倍有光	동쪽 땅에서 천년동안 곱절로 빛났네.

---

119 명나라 사신. 1582년 10월에 한림원 편수(翰林院編修) 황홍헌(黃洪憲)과 병과 우급
사중(兵科右給事中) 왕경민(王敬民)이 황태자의 탄생을 알리는 조서를 받들고 왔다.

120 화수은화(火樹銀花) : 등불이나 불꽃놀이 등이 휘황찬란한 것을 비유하는 말이다.
중국 당(唐)나라 시인 소미도(蘇味道)의 〈정월십오야(正月十五夜)〉에 "화수와 은화
가 합하니, 성교의 철쇄가 열린다(火樹銀花合 星橋鐵鎖開)"라고 하였다.

121 연진검합(延津劍合) : 연진 나루(延平津)에서 용천검(龍泉劍)과 태아검(太阿劍)이
합쳐졌다는 진(晉)나라 시대의 고사. 『진서(晉書)』「장화전(張華傳)」에 나오는 이야
기로 풍성령(豊城令) 뇌환(雷煥)이 용천검과 태아검을 얻었는데 하나는 장화에게
주었다가 장화가 죽은 뒤 사라졌고, 하나는 뇌환이 죽은 뒤 그 아들이 차고 다니다가
연평 나루를 건너던 중 칼이 저절로 물속으로 빠져들어가서 사람을 시켜서 찾으니
칼은 보이지 않고 용 두 마리기 뒤엉켜 있었다고 한다.

122 중국 춘추 시대 오(吳)나라에서 유명한 칼 만드는 장인(匠人)의 이름.

123 만년(晚年)에 남전(藍田)의 망천장(輞川莊)에 은거했던 당(唐)나라의 시인 및 화가
인 왕유(王維)를 가리킨다.

〈부벽루(浮碧樓)〉

飛龍百尺鬱龍嵸	나는 용은 백 자 되고 서린 용은 우뚝한데[124]
極目烟霄四望通	안개 낀 하늘 바라보니 사방이 트였네.
山疊青螺浮碧漢	푸른 고둥 쌓인 듯 첩첩산중에 은하수가 떠 있고
江搖白練曳長虹	하얀 비단 일렁이는 강물엔 무지개 떠 있네.
芙蓉濫慶清笳細	연꽃은 활짝 폈는데 피리소리 가느다랗고
鸚鵡杯殘綠蟻空	앵무잔은 비어 있고 술도 다 마셔버렸네.
搔首幾回懷謝眺	생각해보니 몇 번이나 사조[125]를 떠올렸던가.
從來綵筆定誰雄	지금껏 문장으로 누가 나은지 정해보리라.

〈연광정(練光亭)〉

開樽坐江閣	강가 누각에 술자리 벌였는데
落日萬家烟	해질녘 온 마을에 연기가 나네.
卷幔山浮翠	장막을 올리니 산에 푸른 기운 떠 있고
行廚膾擊鮮	부엌에 가니 회를 떠서 신선하네.
放歌飛白雪	노래 부르니 흰 눈이 날리고
把酒問青天	술잔을 잡고 푸른 하늘에 묻노라.
歸路星河淡	귀로에 은하수 어렴풋한데
城頭列炬然	성 어귀엔 횃불들이 줄지어 빛나네.

---

124 '나는 용', '서린 용'은 각각 누각과 산을 가리킨다.
125 사조는 이백이 가장 존경하던 남제(南齊)의 시인으로 선성내사(宣城內史)가 되어
북루를 세웠다. 이 구절은 이백이 지은 〈가을에 사조가 세운 선성의 북루를 오르다
(秋登宣城謝眺北樓)〉 시의 "누가 생각했으리. 북루에 올라 바람 맞으며 사공을 떠올
릴 줄(誰念北樓上, 臨風懷謝公)" 구절을 염두에 둔 표현이다.

왕경민(王敬民)[126]

〈부벽루(浮碧樓)〉

岩前纔憩大同館	바위 앞 대동관에 잠시 쉬었다가
江上復登浮碧樓	강가 부벽루에 다시 올랐네.
寒日西沈自慘慘	찬 해는 서쪽으로 지는데 절로 쓸쓸하고
澄波南下何悠悠	맑은 강물 남쪽으로 흘러가니 얼마나 유유한가.
近洲鷗訝鏡中見	모래톱 근처 갈매기는 거울인가 놀라고
倚檻人疑天上遊	누각에 있는 사람은 천상의 유람인가 한다네.
歲晏相將弄酒盃	세모에 술 마시며 즐기려 하는데
瞻雲猶自生離愁	구름을 바라보니 오히려 이별의 근심이 생겨나네.

〈강에 배를 띄우며(江上泛舟)〉

江山晚同江夏黃	저물녘 강산은 황향[127]처럼 제일이라
中流樽酒喜相將	강 위에서 술 마시며 즐겁게 어울리네.
船頭鼓韻兼簫韻	뱃머리 북소리에 피리소리 어우러지고
城畔燈光映水光	성 가에 등불이 강물에 비치네.

遡游畫鷁已昏黃	강물 위의 뱃놀이에 이미 날은 저물었는데
東使清樽爲客將	조선 사신은 나그네인 나와 함께 술을 마시네.
對燈聯翩揮綵筆	등불 마주하고 나란히 붓 휘둘러 시 지으니
星明綺席倍輝光	별이 자리를 밝혀 곱절이나 밝구나.

---

126 명나라 사신. 1582년(선조 15) 10월에 황홍헌(黃洪憲)과 함께 왔다.
127 강하(江夏)에 사는 황향(黃香)을 가리킨다. '천하에 황향 같은 사람은 없다(天下無
雙, 江夏黃香)'는 말이 유행할 정도로 효성이 지극하고 선정을 베풀었다고 한다.

〈쾌재정(快哉亭)〉

倦矣過危嶺	지치는구나, 높은 고개 넘다보니.
快哉憩此亭	상쾌하여라, 이 정자에서 쉬었더니.
拂簷乾鵲度	처마를 스치며 까치가 지나가고
隔樹綵雲停	숲 너머에 오색구름 멈춰 있네.
水映澄如鑑	강물은 거울처럼 맑게 비치고
山橫儼似屛	산은 병풍처럼 장엄하게 비껴있네.
不緣承帝命	황제의 명을 받지 않았더라면
海國幾曾經	이 나라를 몇 번이나 올 수 있었을까.

최경창(崔慶昌)[128]

〈누선시에 차운하다(樓船次韻)〉[129]

水岸悠悠楊柳多	아득한 강가엔 버드나무 늘어졌고
小船遙唱採蓮歌	작은 배에서는 멀리 연 따는 노래 부르네.
紅衣落盡秋風起	가을바람 일어 붉은 꽃도 다 지고
日暮芳洲生夕波	해 저문 물가엔 저녁 물결 일어나네.

---

128 최경창(1539~1583) : 조선 중기의 문신. 본관은 해주(海州), 자는 가운(嘉運), 호는 고죽(孤竹). 양응정의 문인이며 당시(唐詩)에 뛰어나 백광훈 · 이달(李達)과 함께 삼당시인(三唐詩人)으로 불렸고, 문장에도 뛰어나 이이 · 송익필 등과 함께 8문장으로 일컬어졌다. 문집으로 『고죽유고』가 있다.
129 『고죽유고』에 실려 있다. 시 제목은 〈패강의 누선에서 짓다(浿江樓舡題詠)〉이다. 문집에는 제2구 '船'이 '舡'으로, 제4구 '夕'이 '白'으로 되어 있다.

임식(林植)[130]

〈누선시에 차운하다(樓船次韻)〉

長洲煙樹夕陽多　긴 모래톱 안개 낀 나무에 석양빛 가득한데
寶瑟瑤箏倚艷歌　거문고 아쟁을 고운 노래에 맞춰 연주하네.
芳醪百壺人欲醉　좋은 술 잔뜩 마셔 취하려 하는데
滿船離恨一江波　배에 가득한 이별의 한이 강물에 흐르네.

서익(徐益)[131]

〈누선시에 차운하다(樓船次韻)〉

南湖士女採蓮多　남호의 아낙네들 연밥을 많이 따며
曉日明粧相應歌　새벽부터 단장하고 서로 노래 부르네.
不到盈裳不回楫　치마 가득 담기 전엔 돌아가지 않으니
有時遙渚阻風波　가끔은 먼 물가에서 풍랑으로 고생하네.[132]

---

130 임식(1539~1589) : 조선 중기의 문신. 본관은 평택(平澤), 자는 숙무(叔茂), 호는 송파
(松坡). 홍문관교리, 예조정랑, 강계부사를 역임했다. 문집으로 『송파유고』가 있다.
131 서익(1542~1587) : 조선 중기의 문신. 본관은 부여(扶餘). 자는 군수(君受). 호는 만
죽(萬竹)・만죽헌(萬竹軒). 이조좌랑, 안동부사, 의주목사 등을 역임하였다. 문집으
로『만죽헌집』이 있다.
132 최경창의 『고죽유고』에 최경창의 시 〈패강의 누선에서 짓다(浿江樓舡題詠)〉의 차
운시로 함께 실려 있다. 『고죽유고』에는 제2구 '明'이 '靚'으로 되어 있다.

이달(李達)[133]

〈누선시에 차운하다(樓船次韻)〉

蓮葉參差蓮子多　연잎은 들쭉날쭉 연밥도 많은데

蓮花相間女郎歌　연꽃 사이로 아낙들 노래 소리.

歸時約伴橫塘口　돌아올 땐 물목에서 짝과 약속 지키려고

辛苦移舟逆上波　고생고생 배 저으며 물 거슬러 올라가네.[134]

임제(林悌)[135]

〈평양 즉사(平壤卽事)〉[136]

層城碧樹壓微瀾　성의 푸른 나무는 강물 위에 있고

天襯樓臺縹緲間　하늘로 솟은 누대는 아스라하네.

故國繁華今尙在　옛 도읍의 번화함은 지금도 남아있어

133　이달(1539~1612) : 조선 중기의 시인. 본관은 신평(新平), 자는 익지(益之), 호는 손곡(蓀谷)·서담(西潭)·동리(東里). 허균의 스승이며 서얼 출신이다. 당시를 열심히 배워 최경창·백광훈과 함께 삼당시인(三唐詩人)이라고 불렸다. 잠시 중국 사신을 맞는 접빈사의 종사관으로 일하기도 했다. 문집으로 『손곡집』이 있다.

134　『손곡시집』권6에 실려 있다. 시 제목은 〈채련곡 대동누선의 시에 차운하다(采蓮曲次大同樓船韻)〉이다. 문집에는 제3구 '歸'가 '來'로 되어 있다.

135　임제(1549~1587) : 조선 중기의 문인. 본관은 나주(羅州), 자는 자순(子順), 호는 백호(白湖)·풍강(楓江)·소치(嘯癡)·벽산(碧山)·겸재(謙齋). 성운의 문인이며 예조정랑과 홍문관지제교를 지냈으나 성격이 호방하고 벼슬길에 뜻을 잃어 이리저리 유람하다 39세로 죽었다. 「수성지(愁城誌)」·「화사(花史)」·「원생몽유록(元生夢遊錄)」 등 3편의 한문소설의 작자로 알려져 있으며 문집으로 『임백호집』이 있다.

136　『임백호집』권2에 실려 있다. 시 제목은 〈패강가(浿江歌)〉이며, 여기에는 전10수 중 제1수와 제6수만 제시되어 있다. 문집에는 제1수 제3구 '故'가 '古'로, 제2수 제2구 '正'이 '政'으로 되어 있다.

月明歌吹動江關　　　달 밝은 밤 노랫소리 강가에 울리네.

浿江兒女踏春陽　　　대동강 아가씨들 봄볕을 밟고
江上垂楊正斷腸　　　강위의 수양버들 애간장을 녹이네.
無限煙絲若可織　　　무수한 버들가지로 베를 짤 수 있다면
爲君裁作舞衣裳　　　임을 위해 춤출 때 입을 옷을 만들리라.

제9장 『평양지』 권9

이색(李穡), 「서경 풍월루기(西京風月樓記)」[1]

　1370년(공민왕 19) 가을 7월에 개성윤(開城尹) 임공(林公)을 안주의 장관
으로 삼으니 얼마 지나지 않아 군사와 정사가 다 잘 이루어졌다. 그 해
겨울 11월에 서경윤(西京尹 평양 부윤)으로 전임시키자 관내를 순찰하고
군사들을 거느렸으며 백성을 어루만져 위엄과 은혜가 더욱 드러났다.
이듬해 2월에 밀직부사로 승진시켰으니 이는 그 공을 포상한 것이다.
　공의 교화가 이미 크게 행해져 사람들이 기꺼이 공을 위해 일하고자 하
였으므로 이에 5월 초하루에 영선점(迎仙店) 옛터에 땅을 골라 누각 5칸을
짓고 단청을 칠해 5달 만에 준공하였다. 누각이 날아갈 듯 하여 동남쪽

1　『목은문고』 권1에 실려 있다.

여러 산이 바로 자리 아래에 있는 듯하고 그 앞에 다시 강물이 있다. 좌우에 연못을 파고 연꽃을 심으니 올라가서 바라보는 좋은 경치는 부벽루와 막상막하이고 화려함은 그 이상이었다. 상당 승지(上堂承旨) 한맹운(韓孟雲)의 글씨로 '풍월루(風月樓)' 석 자를 크게 써서 걸고 나 한산(韓山) 이색(李穡)에게 기문을 청하면서, "그대가 나에게 기문을 안 써주려고 하는 것은 내가 내 누각의 이름을 짓지 못해 그런 것이리라. 내가 여기에 흥취를 느끼는 것이 적지 않은데 그대가 그 뜻을 설명해 주겠는가?" 하였다.

내가 말하기를, "공의 높은 식견과 넓은 도량은 세상을 덮고도 남음이 있으니 누각의 이름도 이와 같다. 바람은 불어오되 방향이 없고 달은 가되 자취가 없으니 넓고 넓어 그 끝을 알 수 없다. 도(道)도 이와 같아 비록 태허(太虛)에 있을 때엔 본디 형상이 없으나 드러나게 하는 것은 오직 기(氣)의 작용에 의해서이다. 이 때문에 크게는 천지가 되고 밝게는 일월이 되고 흩어져서는 풍우와 서리, 이슬이 되고 우뚝 솟아서는 산악이 되고 흘러서는 강과 내가 되고 질서가 정연해서는 군신과 부자의 인륜이 되고 찬란하게 되어서는 예악과 형정(刑政)의 도구가 된다. 그 세도(世道)에 있어서는 맑고 깨끗하면 잘 다스려지게 되고 혼탁하면 어지럽게 되니 모두 기운이 형태로 드러난 것이다. 하늘과 사람 사이에는 간격이 없어서 감응이 어그러지지 않는다. 그래서 인륜이 펴지고 정치와 교화가 밝아지면 해와 달이 궤도에 따라 순행하고 바람과 비가 때를 맞추며 경성(景星)·경운(慶雲)·예천(醴泉)·주초(朱草)와 같은 상서로움이 이르는 것이고, 인륜이 무너지고 정교가 폐해질 때엔 일월에 변이 생기고 풍우가 재난이 되며 혜성이 날아 흐르고 산이 무너지며 물이 마르는 변고가 일어난다. 그러므로 치란의 기틀은 인사(人事)를 살피면 알 수 있고, 치란의 조짐은 풍월(風月)을 통해 충분히 알 수 있다. 지금

중원이 이제야 안정되어 사방에 근심이 없으니 이른바 다스려진 세상이다. 우리나라가 이 한가한 때에 정사와 형벌을 닦아 백성과 만물이 풍족하고 편안하며 강산이 맑고 고와 어디를 가든 음풍농월하지 못할 곳이 없다. 게다가 서경은 이 나라의 터전이 되고 서북쪽을 제압하고 있으며 사람들이 생업을 즐기고 기자(箕子)의 유풍을 가지고 있다. 이 누각은 한 부(府)의 승지(勝地)를 차지하여 손님들이 여기에 와서 술을 마시고² 투호 놀이를 한다. 시를 읊조릴 때면 바람이 불어와 몸이 상쾌하고, 달이 떠오르면 정신이 맑으며 좌우에는 연꽃이 향기로워서 정경이 유연(悠然)해지리니 어찌 즐겁지 않겠는가. 이는 태평시대의 사람이 되었기 때문이다. 그렇지만 익새가 바람에 밀려 뒤로 날자 성인이 붓을 들어 썼고³ 소가 헐떡거리자 사가(史家)가 기록하였으니⁴ 세상 사람들에게 경계시키려는 마음이 지극했기 때문이다. 이것이 공이 은미한 뜻을 부친 까닭일까. 천하의 일로 즐거워하고, 천하의 일로 근심하는 자가 아니라면 이런 말을 할 수 없을 것이다. 그렇지 않고 경치에 취해 오래도록 머무르기만 하면서 의리를 해치고 교화를 손상시키기만 한다면 군자로서 말하기를 부끄러워하는 바이다. 뒤에 오는 자들은 더욱 삼가야 할 것이다" 하였다.

---

2 일헌백배(一獻百拜) : 주인과 손님이 점잖게 술을 마시는 것. 『예기』 「악기(樂記)」에 "선왕(先王)이 이 때문에 음주에 관한 예법을 제정하였으니 이는 한 잔을 주고 받을 때에도 손님과 주인이 서로 백번 씩 절을 하기로 하여 종일토록 마시더라도 취하지 않도록 한 것이다" 구절이 있다.
3 여섯 마리의 익조(鷁鳥)가 송나라 도성 위를 지나갈 때에 강풍을 만나 뒤로 밀려서 날아서 송나라 사람들이 일종의 재이(災異)로 여겼는데, 공자가 『춘추(春秋)』 희공(僖公) 16년 조에 이 사실을 기록하였다.
4 『한서』 「병길전(丙吉傳)」에 서한(西漢)의 재상인 병길이, 사람들이 길에서 싸우다 죽고 다친 일은 묻지 않고, 소가 혀를 빼물고서 헐떡이는 것을 보고는 계절의 기후가 바뀐 것을 중시하여 자세히 물어보았다는 내용이 나온다.

권근(權近), 「대동문기(大同門記)」[5]

평양은 나라의 큰 진(鎭)이니 사신들이 경유하는 곳이요, 군사들이 모이는 곳이다. 그런데 그 성이 무너져 없어졌는데도 오랜 세월이 흐르도록 보수하지 못하였다. 그 문은 동쪽을 대동문(大同門), 남쪽을 함구문(含毬門)이라고 하는데 또한 모두 신축년(1361)의 난리[6]에 불타 버려서 방비가 튼튼하지 못하니 진실로 염려할 만하였다. 1392년(태조 1) 가을에 전하께서 처음 즉위하시자 이에 중추부(中樞府) 신하 조온(趙溫)을 평양윤(平壤尹)으로 임명하시니 이듬해에 정사가 잘 다스려지고 송사도 공평하여 백성들이 생업을 편안히 하게 되었다. 그해 가을에 왕명을 받들어 비로소 옛 성을 수축하고 그 이듬해 봄에 새로 두 문을 만들었다.

가을에 공사를 마치고 글을 보내 나에게 기문을 청하며 말하기를, "평양은 군사와 백성의 일이 고되고 풍속이 사납고 교만하여 옛날부터 다스리기 어렵다고 하였소. 재주 없는 내가 요행히 개국 초기에 외람되이 중한 직책을 맡게 되었는데 이곳에 부임한 뒤 밤낮으로 마음을 쏟아 방비를 굳건히 하려고 농한기에 성을 쌓고 성문은 중들을 시키니 모두들 나와서 부역하여 세 계절 만에 이룩하였소. 문루가 장대하고 성벽이 완전해서 이제야 나라의 울타리가 되는 곳이라고 할 만하나, 이는 내가 잘 한 것이 아니라 임금의 덕이니, 그대는 그 사실을 적어 성문의 대들보에 걸어서 후대 사람들로 하여금 없어진 것을 다시 만든 경위를

---

5 『양촌집』 권12와 『동문선』 권78에 실려 있다. 이 글의 제목은 「평양성 대동문루기(平壤城大同門樓記)」이다. 문집에 따르면 1394년(태조 3) 9월에 쓰여졌다.

6 1361년(공민왕 10)에 홍건적이 중국의 정부군에게 쫓겨 고려를 침략, 수도인 개경까지 함락했던 일을 말한다.

알게 하여 주시오"라고 하였다.

나는 말한다. "평양은 곧 고조선과 기자가 도읍한 곳이다. 구주(九疇)는 천인(天人)의 학설이고 팔조(八條)는 아름다운 풍속으로, 진실로 우리 동방 수천 년 예의의 교화를 이루게 한 것이니 아아, 아름답구나. 위만(衛滿) 때부터 고구려에 이르는 동안 오로지 무력만을 숭상하여 그 풍속이 크게 변하였고, 고려 때에 와서는 요(遼)·금(金) 원(元)나라와 국경을 접하게 되니 오랑캐 풍속에 물들어서 더욱 교만하고 사납게 되었다. 이는 중국의 기산(岐山)과 풍(豐)의 땅을 가지고 주(周)나라는 어질고 후덕한 교화를 일으켰고, 진(秦)나라는 용맹하고 사나운 기풍을 생기게 한 것과 같은 것이다. 대개 그 백성들의 성품이 온후하고 질박하여 선한 일로 인도하면 좇아 감화되기 쉽고, 사나운 것으로 몰고 나가면 부강한 사업을 이룰 수 있다. 삼가 생각건대 명(明)나라에서는 황제로 천하를 차지하여 지극한 정치를 천명하는데, 우리 전하께서는 대국을 정성껏 섬기고 아래로는 너그럽게 하셨으며 황제의 명을 받아서 '조선'이라는 국호를 회복하게 되었다. 그런데 이제 공이 어질고 화락한 자질로 가장 먼저 막중한 소임을 지고 이 도읍지에 부임하였으니 분명히 덕화를 선양하여 백성을 선한 일로 인도하며 이전의 교만하고 사나운 풍습을 변화시켜 예의의 교화를 일으키고 그 풍속을 다시 순박하게 할 수 있을 것이다. 태평성세의 유신(維新)의 정치에 참여함이 실로 여기서 시작되는 것이니 어찌 성곽의 견고함과 문루의 웅장함만 옛날보다 나을 뿐이겠는가. 내가 생각하니 이 문루에 올라 긴 강을 굽어보면 넓은 들판이 멀리까지 있어서 아침 햇살과 저녁 달빛의 온갖 경치가 모두 난간 아래에 가깝게 모여드니 수고롭게 멀리 수레나 말을 타고 가서 부벽루에 오르지 않고서도 한 지역의 뛰어난 경치를 모두 얻게 될 것이다. 훗날 내가 문루에 올라 구경할 수 있게 된다면 마땅히 먼저 백성들을 위해 황극(皇極)에서 펴신 말씀을 강론하여 백성들에게 기자의 은택이 점차 우리나라에 깊게 젖어들어 만대에 이르더라도 없어지지 않을 것이라는 점과 이번에 천자께서 국호를 내려주신 은혜와 전하께서 옛 터전을 회복하신 덕이 실로 무왕(武王)이 기자를 봉하고 기자가 조선을 다스렸던 것과 똑같은 일이라는 것을 알게 할 것이다. 또 백성들에게 타고난 천성은 중국과 오랑캐, 옛날과 오늘이 다름이 없다는 것을 알게 하여 진실로 노력하여 황극(皇極)의 가르침을 따른다면 신(神)과 인간이 조화되고 자손이 길하게 되어 대동(大同)의 뜻에 맞게 되리라는 것을 알게 할 것이다. 그런 뒤에 몇몇 친구들과 함께 술을 마시고 바람을 쐬며 강산의 아름다운 풍경을 둘러보고 가슴 속 흥취를 풀어 노닐면서 또한 공을 위해 시 한편을 지어 칭송하겠다."

정도전(鄭道傳), 〈강지수사(江之水辭)〉[7]

江之水兮悠悠	강물이여, 유유하구나.
泛蘭舟兮橫中流	목란배를 띄웠더니 중류에 비껴있네.
高管激噪兮歌聲發	피리 가락 높아지고 노랫소리 울리니
賓宴譽兮獻酬	손님은 잔치 즐겨 술잔을 드네.
或躍兮錦鯉	이따금 비단잉어 뛰어오르고
飛來兮白鷗	하얀 갈매기가 날아드네.
煙沈沈兮極浦	연기 자욱한 먼 포구에

---

7 『삼봉집』 권2에 실려 있다. 제목은 〈강지수사(江之水詞)〉이다.

草萋萋兮芳洲	풀이 우거진 꽃다운 모래섬.
覽時物以自娛兮	계절 풍광 바라보고 즐기면서
蹇忘歸兮夷猶	돌아갈 줄 모르고 서성대네.
景忽忽兮西馳[8]	햇살은 바삐 서쪽으로 달려가고
水沄沄兮逝不留	물은 넘실넘실 머물지 않고 떠나네.
曾歡樂之未幾兮	기뻐하고 즐긴 지 얼마 안 되어
隱予心兮懷憂	은연중에 내 마음엔 근심과 걱정.
嗟哉盛年不再至兮	아아, 청춘은 다시 오지 않고
老將及兮夫焉求	늙음이 닥쳐오리니 무얼 바라리.
軒冕兮儻來	벼슬이란 어쩌다 오는 것,
富貴兮雲浮	부귀란 뜬 구름.
惟君子所重者義兮	오직 군자에게 중요한 건 의(義)로
名萬古與千秋	천추만대에 이름을 남기는 것.
擧一杯以相屬兮	술 한 잔 들어 서로 권하노니
庶有企兮前修	우리도 옛 사람 높은 자취 따라보세.

8　문집에는 "景忽忽乎西馳兮"로 되어 있다.

정문형(鄭文炯)⁹

江之水兮悠悠	강물이여, 유유하구나.
亘萬古兮長流	만고에 뻗어 길이 흘러가네.
我祖兮有辭	우리 조부 글을 남기셨으니
調高千載兮無人酬	천고에 절창이라 수창할 이 없네.
古今兮明月	예나 지금이나 밝은 달에
浩蕩兮江鷗	넓고 넓은 강에 나는 갈매기.
麟馬去兮雲窟	기린마 떠나 구름 낀 기린굴,
鸚鵡歸兮芳洲	앵무새 돌아와 풀 우거진 앵무주.¹⁰
想天孫兮旣遠	천손을 상상하니 이미 아득한 옛 일,
撫往事兮夷猶	지난 일을 더듬으며 서성대누나.
覽江山兮如昨	강산을 바라보니 옛날 같지만
悲逝波之不留	슬프게도 흘러가는 물은 머물지 않네.
始感時兮興歎	처음엔 시대에 감개하여 탄식하다가
終重義而忘憂	나중엔 의를 중시하며 근심을 잊노라.
孰非善而可樂	선 아니면 무엇을 즐기며
孰非義而可求	의 아니면 무엇을 구하랴.

---

9 정문형은 정도전의 증손자이다. 이 시는『삼봉집』권2에 실려 있다. 시 제목은 〈차
   운ー관찰사공이 사신을 갔다가 돌아가는 날 지은 〈강지수사〉가 대동강루에 걸려
   있는데 공의 증손 문형이 평양의 관찰사가 되었을 때 차운하여 함께 걸었다(次韻ー
   按公使還日, 作江之水詞, 鏤揭大同江樓. 公之曾孫文炯按節箕甸時, 次韻仍竝揭')〉이
   다. 문집에는 제11구 '覽'이 없고, 제12구 '之'가 '兮'로, 제14구 '而'가 '兮'로, 제21구 '崑'
   이 '世'로, 제22구 '以'가 '而'로 되어 있다.
10 당(唐)나라 최호(崔顥)의 시 〈황학루(黃鶴樓)〉에 "비 갠 강엔 한양의 나무 선명하고,
    녹음방초는 앵무주에 우거져 있네(晴川歷歷漢陽樹, 芳草萋萋鸚鵡洲)" 구절이 있다.

彼死生之徃來兮　저 죽음과 삶의 오고 감이여

羌若休而若浮　쉬는 것과 같고 떠 있는 것과 같다네.

惟文章道義之不泯兮　오직 문장과 도의만은 없어지지 않으리니

垂令譽兮幾秋　명예를 드리움이 얼마나 되려나.

誦斯語於後昆兮　후대 자손에게 이 말을 외어 주노니

期世世以增修　대대로 닦아 나가길 기대하네.

서거정(徐居正), 「풍월루 중신기(風月樓重新記)」[11]

　평양은 삼조선(三朝鮮)과 고구려의 옛 도읍으로, 고려가 서경을 두었
다가 다시 호경(鎬京)이라고 하였으며 뒤에 만호부(萬戶府)를 설치했다
가 평양부로 이름을 바꾸었고 본조(本朝)에 들어와서는 이름을 그대로
썼다. 부(府)는 서북 한 도(道)의 도회지로, 땅은 넓고 해야 할 역할이 많
으며 풍속은 순박하다. 번화하고 아름답기가 우리나라에서 으뜸이고
이따금 신령스러운 자취와 기이한 형승이 있어 전 시대 인물의 풍류를
충분히 상상할 수 있다. 이 때문에 사대부로 벼슬하는 이들이 모두 이
곳을 좋아한다. 부의 북동쪽 6, 7리에 '부벽루(浮碧樓)'라는 누각이 있는
데 가파른 벼랑 위에 걸려 있고 아래로는 땅이 보이지 않을 정도로 높
이 있어 모든 승경을 모아서 가지고 있다. 그래서 사신들이 사명을 수
행하는 여가에 몇 걸음으로 갈 수 있는 곳이 아니었다.

11　『사가집』권1에 실려 있다.

1371년(공민왕 20)에 순문사(巡問使) 임후(林侯)가 처음으로 넓은 도회지 가운데 풍월루 5칸을 세웠다. 여러 산들이 둘러 있고 긴 강이 구불구불하며 아래로 연못을 굽어보면 위아래가 하늘빛이니 누각의 빼어난 경치가 부벽루와 막상막하이다. 손님들의 수레가 오면 그 때마다 누각에 올라 경치를 바라보면서 주인과 손님이 술잔을 주고받으며 조용히 스스로 흡족해하였고 누각의 승경도 부벽루보다 나아 그 이름을 한 부에 홀로 드날렸다. 다만 지은 지가 여러 해가 되어 이지러진 부분이 있었다. 1463년(세조 9)에 광산(光山) 김겸광(金謙光) 공이 이 부의 감사 겸 부윤이 되자 개연히 이를 중신할 마음을 갖게 되었고 재목을 모으고 대목을 시켜 공사를 시작하였다. 1465년(세조 11)에 현 감사 오백창(吳伯昌)이 후임으로 왔는데, 오백창 공은 일찍이 문무를 겸한 재목으로 서북의 행정에 종사하여 그 요해처를 관장하다가 얼마 안 되어 들어와 승정원 승지가 되었고 그 도의 감사까지 된 것이다. 아전과 백성들이 그를 두려워하면서도 아꼈고 정사가 통하고 교화가 행해지니 종래의 온갖 폐단이 모두 쇄신되었다. 이에 누각의 옛 터에 나아가 그 규모를 확장하여 가운데에 대청을 두니 넓고 탁 트여 상쾌하며 높고 환했다. 좌우에 협실(俠室)을 두고 협실 옆에 또 별실을 날개처럼 붙이니 그 큼직하고 깨끗함이 예전에 비해 더욱 웅장해서 보는 자가 좋게 여겼다. 누각이 완성되고 나서 내가 마침 사명을 받들고 오는 길에 들렀는데 때는 바야흐로 7월 16일이라 밝은 달이 중천에 뜨고 연꽃이 활짝 피어 붉은 향내가 은은하고 푸른 그림자가 한들한들하는데 난간에 기대 고금을 생각하니 산천의 경치의 정채가 그전보다 백배나 나았다. 오백창 공이 나에게 술잔을 주며 기문을 청하였는데 대저 이 누각의 아름다운 경치와 누각에 이 이름을 붙인 뜻은 목은 선생의 기문에 자세하니 내가 다시 무슨 군말을 덧붙이랴.

생각하건대, 산림이나 평지나 무릇 명승지는 바로 천지의 조물주가 숨겨둔 곳이다. 가끔 천지의 조물주가 숨겨둔 곳을 드러내어 풍류있는 인물이 완상하는 곳으로 삼는 경우가 있는데 이는 세상에서 흔히 만날 수 없는 것이다. 악양루는 파릉(巴陵)의 유명한 누각이요, 등왕각(滕王閣)은 남창(南昌)의 사치스러운 누각이며, 황강(黃岡)의 죽루(竹樓)와 남주(南州)의 황학루(黃鶴樓)가 천하의 걸출한 누각이다. 그러나 당초에 창건한 자가 앞서 짓기 시작하고 호사자가 뒤에 다시 중신(重新)하지 않았더라면 천지의 조물주가 그 천기(天機)의 오묘함을 드러낼 길이 없어서 천지 사이에 풍류 있는 인물들이 거의 없어지고 말았을 지도 모른다. 이제 수천 년 전 왕자의 옛 도읍인 평양에 '풍월루'라는 한 누각의 산천 승경이 앞에서 말했던 여러 걸출한 누각에 조금도 손색이 없으니 오백창 공이 중수한 일이 또한 수고롭고 아름답다고 할 만하다. 옛날에 등왕각이 중수되자 한유(韓愈)가 기문을 지었는데, 비록 재주 있고 현명한 한유조차도 자기의 문장이 삼왕(三王)과 이름을 나란히 하여 승경지에 남게 된 것을 영광으로 여겼다. 돌아보면 재주 없는 내가 이런 누각, 이런 승경지에서 목은의 뒤를 이어 이름이 놓이게 되었으니 이 어찌 다행이 아니겠는가. 그러므로 서툰 글솜씨라고 사양하지 않고 기뻐하며 쓴다.

신숙주(申叔舟), 「부벽루기(浮碧樓記)」¹²

1460년(세조 6) 초겨울 초하루¹³에 주상이 서쪽 지역을 순방하여 백성들의 어려움을 시찰하고 군사와 말을 정돈한 뒤 평양에 이르셨다. 평양을 옛 도읍이라고 하시며 왕명으로 평안도와 황해도 2개 도(道)의 선비들을 모아 책문을 내어 문사들에게 두 도의 시무(時務)를 물었다. 이때 어가를 명하여 부벽루에 올라 강을 내려다보며 무사들의 활쏘기를 관람하고 과거 시험을 보게 하였다. 평안도관찰사 조효문(曺孝門)이 절하고 헌수할 것을 청하자 호종한 여러 신하들에게 명하여 차례로 술잔을 올리도록 하고 술을 부어 돌리게 하셨고 어제시를 쓰고 여러 신하들에게 즉석에서 화답하여 올리라고 명하셨다. 조효문이 그 시들을 시판에 달도록 청하자 주상이 허락하고 신(臣) 숙주를 돌아보며 "네가 이 전말을 기록하라"고 하셨다.

신이 삼가 보건대 우리 전하께서 신무(神武)로 난을 평정하고 문치(文治)로 태평을 이루고도 오히려 스스로 편안히 계시지 않고 사방을 순시하며 군사를 다스리고 백성을 가엾게 여겼으며 언로를 열고 어진 선비를 구하는 일을 서둘러 마치 해낼 수 없는 듯이 조바심을 내셨다. 이에 또 누대에 올라가 보시면서 원대한 생각을 하며 천고를 어루만지고 경물로 촉발된 흥취를 시에 드러내 넓은 덕화로 세상을 어루만지니 이전 성왕을 따르는 뜻이 시의 자구(字句) 밖에 은연중에 나타났고 어제시(御製詩)가 찬

---

12 『보한재집』 권14에 실려 있다. 문집에 실린 글의 제목은 「평양 부벽루 어제기(平壤浮碧樓御製記)」이다.
13 『세조실록』 1460년 10월 16일 기사에 실려 있다.

란하게 빛나 강산을 두루 비추고 그 빛을 만세에 드리워 기자의 홍범구주와 아름다움을 나란히 하셨다. 이것은 서쪽 지방 사람들에게 천 년에 한 번 있을까 하는 행운이 아니겠는가. 여기에 오신 것이 어찌 백성들의 어려움을 살피고 군사와 말을 정돈하시는 데 그칠 뿐이겠는가.

김연지(金連枝), 「영주 제명기(營主題名記)」

관부(官府)에 제명(題名)은 오래전부터 있었다. 당(唐)의 「제사중승벽기(諸使中丞壁記)」,[14] 송(宋)의 「간원기(諫院記)」[15]가 그러한 예이다. 이는 이미 그들이 있는 곳을 기록하여 이 관청의 이름이 잊히지 않도록 보여준 것이다. 「영주 제명기」는 고려 때부터 시작되어 지금에 이르렀는데 500여 년 동안 빠진 것도 매우 많다. 지금 옛 전적을 살펴보고 『고려사』를 찾아보면서 더욱 많이 갖추어 고쳐 쓰고 책 상자에 넣어 보관하여 오랫동안 전하여 잃어버리는 일이 없게 하려고 한다. 이를 '순문사(巡問使)'라고 하고 '관찰사(觀察使)'라고 하는데 모두 한 시대 관직 이름의 연혁이다. '수령관(首領官)'은 '경력(經歷)'이라고도 하고 '도사(都事)'라고도 하는데 그 직책의 고하에 따라 부른 것이다. 지금 이 기문(記文)에 관직과 성명을 써서 밝게 드러내어 후대에 전하니 설령 천백 년이 지나더

---

14 당(唐)대 인물 유종원(柳宗元)의 「제사겸어사중승청벽기(諸使兼禦史中丞廳壁記)」를 가리킨다.
15 북송(北宋)대 인물 사마광(司馬光)의 「간원제명기(諫院題名記)」를 가리킨다.

라도 눈앞에 있는 듯이 분명할 것이다. 나중에 오는 자가 이를 계속 기록하여 중단됨이 없어야 할 것이다.

송처검(宋處儉), 「선생안 제명기(先生案題名記)」

1514년(중종 9) 봄 나는 가마에서 내린 뒤 며칠간 있었는데 아전이 서경유수의 제명기를 들고 와서 바쳤다. 내가 열람하던 중에 빠진 것이 있어 교관(教官) 이호림(李好霖) 공과 함께 교정하였다. 이 일이 끝난 뒤 이공이 나에게 서문을 지어달라고 청하였으니 나는 감히 글을 잘 쓰지 못한다는 이유로 사양할 수 없었다.

무릇 우리나라에서 오래된 도읍지로 평양만한 것이 없다. 단군, 기자에서 위만, 동명왕에 이르기까지 그 전해진 세대가 2,750여년인데도 그 유풍과 풍속이 아직도 남아있다. 특히 기자의 정전제와 팔조목의 가르침은 만세에 걸쳐 숭상하는 바이니 이곳에 온 사람 중에 누군들 보고 싶지 않겠는가? 그 때의 백성들에게 친히 가르친 덕이 깊었던 것이다. 아아, 지극하구나. 고려 태조의 「훈요십조」에서 "서경은 수덕(水德)이 조화롭고 순하며 우리나라 지맥의 근본이고 임금이 순행하여 머물면서 평안하도록 하여야 한다"고 하였으니 이는 바로 이곳을 중요하게 여겼기 때문이다. 태조의 즉위 초에 서경이 여러 차례 전란에 휩싸여 황폐해져 빈 터가 되자 백성들을 이주시키고 대도호(大都護)를 설치하였다. 처음에는 당제(堂弟) 대광(大匡) 왕식렴(王式廉)을 보내 지키게 하였고 또 참좌(參佐) 몇 사람을 두었다. 그 뒤에는 '유수(留守)'라고도 하고 '지휘(指揮)'라고도 했는데 모두 유명한 재상들로 이를 이어 임무를 맡겼으니 그 직무를 중요하게 여겼기 때문이다. 중엽 이후에는 '순문(巡問)', '존무(存撫)'로 바꿔 불렀고 말기에는 '도관찰사(都觀察使)'라고 했다. 녹사(錄事)와 참군(參軍), 도사(都事)와 경력(經歷)[16]을 두었는데 모두 감사의 막료이지만 여기에서는 기록하지 않는다. 소윤(少尹)과 판관(判官)은 수시로 늘어나거나 줄어들어 정원이 일정치 않다. 우리 조선에서는 전 왕조의 제도를 참작하여 마침내 평양을 유수부(留守府)로 삼고 감사(監司) 겸 부윤(府尹), 부의 관리로 소윤(少尹) 1인, 판관(判官) 1인을 두었는데 그 연혁은 다소간 차이가 있다.

무릇 부윤(府尹)을 겸하여 단독으로 통치하는 감사의 권한에 한 도의 청렴한 정치가 달려있다. 부관(府官)이 전담하는 수령의 책무는 한 읍의 다스림과 관련이 있다. 사방의 모든 수령들은 여기에 입각하여 관리는 마땅히 청렴하고 검소하며 관대함과 과단성을 가지고 명철하게 살피고 간소한 정치로 임하면서 밤낮으로 게을리 하지 않았고 처음부터 끝까지 변함이 없게 해야 한다. 그래서 백성들이 수령이 거처하던 감당나무를 칭송하는 노래[17]를 하게 해야 하고 세 가지 기이한 일을 만드는 정치[18]를 본받아 위로는 지방관[19]으로서의 중책을 저버리지 않고 아래

---

16 본문의 '經曆'은 '經歷'의 오기이다.

17 『시경』「소남(召南)」〈감당(甘棠)〉편의 내용은 감당나무 아래에서 살면서 선정을 베푼 주(周)나라 재상 소공석(召公奭)의 공덕을 기리는 내용이다.

18 삼이지정(三異之政) : 『후한서』「魯恭列傳」에 나오는 이야기로, 중국 후한 때 중모영(中牟令) 노공(魯恭)이 덕정을 베풀어 그 고을에 세 가지 기이한 일이 나타났던 것을 말한다. 누리가 다른 고을에 창궐했을 때 이 고을만은 누리의 해가 없었는데 당시 하남 윤(河南尹) 원안(袁安)이 소문을 듣고 그곳에 갔다가 어떤 아이가 새끼가 있다고 꿩을 잡지 않는 것을 보고 이 고을의 세 가지 기이한 일을 다음과 같이 말했다. 첫 번째는 덕화가 이루어져 이 고을에 누리의 해가 없다는 점, 두 번째는 어진 마음

로는 백성을 다스리는 직무를 놓치지 않게 된다면 어찌 위대하지 않겠는가. 만약 과세를 거두는 것에만 힘쓰고 빈객들에게 칭찬을 얻고자 하며 정치 상황의 판도에만 신경 쓰는 자라면 어찌 거론할 만하겠는가? 대저 사람의 잘잘못과 득실은 대체로 후대의 공론에서 나오는 법이다. 지금 쓴 제명기(題名記)가 오래되어도 없어지지 않는다면 그 사람의 잘잘못과 득실 또한 이에 따라 없어지지 않을 것이다. 전후 500년 동안의 일을 낱낱이 지적해서 의론할 수 있으므로 두려울 만하다. 후대 사람들은 옳은 것은 옳다고 여겨 권면할 것이고, 그른 것은 그르게 여겨 징계할 것이다. 권면하고 경계하는 데에 또한 크게 유익할 것이니 이 또한 위대하도다.

　　　·

동월(董越), 「풍월루기(風月樓記)」

　풍월루는 조선 평양성의 동쪽 모퉁이에 있다. 앞으로는 큰 거리를 굽어보고 뒤로는 연못을 굽어보며 성문과 객관이 동서에 마주 솟아 있으니 한번 바라보면 우뚝하여 마치 사람이 옷깃을 바로한 뒤 용모를 매만지고 단정히 앉아 있는 듯하다. 그래서 편히 앉아 다리를 뻗고 비스듬하게 기대앉았다가 서쪽으로 나온다고 해도 끝내 아무도 이 누각을 어지럽힐 수 없을 것이니 조선 서경의 으뜸이 되는 승경인 것이다. 서경

이 짐승에게까지 미친다는 점, 세 번째는 아이조차도 어진 마음이 있다는 것이다.
19　분우(分憂) : 임금의 근심을 나누어 맡음. 곧 지방 벼슬아치.

에는 머무를 정자와 객관 또한 많다. 대개는 모두 산세를 따라 방향을 잡았으므로 이른바 강 위의 맑은 바람과 산간의 밝은 달을 겸비하면서 장애물이 없이 시야가 트여있는 경관은 갖춘 곳도 있고 갖추지 못한 곳도 있다. 그런데 이 누각만은 이 모두를 갖추고 있으니 '풍월'이라는 큰 현판은 다른 누각이 아니라 반드시 이곳에만 있어야 할 것이다.

1488년(성종 19)에 황제께서 천자(天子)의 자리를 이으셔서 이를 여러 나라에 널리 알리기 위해 황문(黃門) 왕창(王敞)과 함께 조선에 사신으로 가라는 명을 받았다. 2월 그믐날에 평양으로 가는데 이때 달이 그믐달이어서 달이 아직 차오르지 않았고 봄바람도 그렇게 온화하지 않아서 이 누각이 있다는 말은 들었으나 제 때에 경치와 만나지 못한 것을 탄식하고 한 번도 오르지 않았다. 3월 16일 사신의 임무를 마치고 서쪽으로 돌아가던 중 열흘 만에 평양에 이르렀다. 그때에 관반인 이조판서 허종(許琮)이 다시 국왕의 교지를 받들어 나를 국경까지 배웅했는데 미리 약속한 서경 관찰사 성현(成俔)이 배를 대 놓고 대동강(大同江) 가에서 나를 기다리고 있었다. 그리고 또 남쪽으로 배를 타고 가 옛 성으로 들어가서 기자(箕子)의 유적(遺蹟)을 찾자고 청하였다. 드디어 닻을 풀어 이암(狸巖)으로부터 대동강을 건너 차문루(車門樓)에 올라가 기자가 구획했다는 정전의 구도(溝塗)인 곧은길을 따라 남문에서 몇 리를 가서 이 누각에 이르니 국왕이 벌써 병조판서 어세겸(魚世謙)을 미리 보내 이곳에서 잔치를 차려놓게 하였다.

촛불을 두 번 갈고서야 상을 물리고 이조판서와 관찰사도 처소로 돌아간 뒤 나는 왕창과 함께 난간에 기대어 마음껏 둘러보고서 가만히 웃으며 말하였다. "이 '풍월루'라는 이름은 역시 기대를 저버린 것이 아닌가? 처음 내가 이곳을 지나갈 때에 경치와 제 때에 만나지 못했는데, 이

제 수레를 돌려 돌아가는 도중에도 비바람이 또 몰아치니 아마도 조물주가 우리에게 유독 인색하여 동쪽나라의 풍월조차도 우리가 염치없이 취할까 염려해서가 아니겠는가. 아아, 광풍제월(光風霽月)을 가슴속에 간직한 자는 주자(周子)[20]요 음풍농월(吟風弄月)하며 돌아온 자는 정자(程子)[21]인데, 이전 성현의 유풍이 천고(千古)를 환히 보니 비록 뒤의 사람이 감히 그 울타리조차 바라볼 바가 아니나 청렴함[22]은 마땅히 우러러 사모할 것이요 뜻밖의 참소[23]는 마땅히 경계해야 할 것이네. 또한 일찍이 그 남겨진 가르침을 받들었고 이제 나아가 경치를 보고 그간의 기대가 채워지기를 원했으나 조물주는 나에게 이렇게 인색하게 굴고 있네. 게다가 정말 알 수 없는 점은[24] 나는 지금이나 옛날이나 좋은 밤에 귀로 제대로 소리를 듣지 못하고 눈으로 제대로 된 풍경을 볼 수 없었다는 점이네. 이는 다만 우리에게 있어서만 유감일 뿐만 아니라 이 누각조차도 또한 감상자를 만나지 못해서 자신의 텅 비고 맑은 기상이 사방에 알려지지 못한 것을 슬퍼하고 있으리라" 하고 결국 서로 돌아보며 한바탕 웃었다. 그날 밤에 누각 동서의 곁채에서 침상을 나누어 잤다.

---

20 북송(北宋)의 시인 황정견(黃庭堅)이 주돈이(周敦頤)의 인품을 "정견이 말하기를, 그의 인품은 매우 고명하며 마음이 시원하고 깨끗하여 마치 맑은 날의 바람과 비 갠 날의 달과 같다(庭堅稱：'基人品甚高, 胸懷灑落, 如光風霽月)"라고 평하였다.

21 북송(北宋)대 학자인 정호(程顥)가 "내가 주무숙을 재차 뵙고 나서 음풍농월하며 돌아온 뒤로 나는 증점(曾點)과 함께 하겠다는 뜻이 있게 되었다(自再見周茂叔後, 吟風弄月以歸, 有吾與點也之意)"고 하였는데, '주무숙'은 주돈이(周敦頤), '나는 증점과 함께 하겠다'는 『논어』에 나오는 공자의 말을 차용한 것이다.

22 낭의(囊衣) : 중국 한(漢)대 인물 왕길(王吉)의 고사에서 나온 말이다. 왕길이 청렴하여 임소에서 떠나올 때 재산이 없어 자루 하나만 들고 나왔다는 이야기로 '낭의'는 관리가 청렴하여 축재(蓄財)하지 하는다는 의미이다.

23 이의(薏苡) : 율무. 한(漢)나라 때 마원(馬援)이 교지(交趾)에서 돌아올 때 율무를 가져왔는데 간신들이 이것을 구슬로 만든 무소뿔을 뇌물로 받아온 것이라고 모함했다는 고사가 있다.

24 만불가성(漫不加省) : 제대로 살펴보지 못함.

다음날 관찰사가 이조판서를 통해 나에게 기문을 지어달라고 한사코 청하였다. 대저 우주는 내뿜는 기운으로써 만물을 고양시키고 해와 달은 사사로움 없이 빛을 받아들일 만한 곳에는 반드시 비춘다.[25] 만나는 바에 따라 취해도 막는 사람이 없고 아무리 써도 없어지지 않으니 예전 사람이 이를 '무진장(無盡藏)'이라고 불렀던 것이다.[26] 우리는 때를 맞추지 못하여 아쉬운 정을 잊을 수 없으니 또한 이때에 대해 썼을 뿐, 있고 없는 것에 그렇게 구애된 것은 아니었다. 이조판서는 청명하여 아낄 만하고 관찰사는 내면이 빼어나고 문채가 있으니 모두 풍월을 제대로 감상한 사람들이라 귀국할 때 한 차례 올라가자고 거듭 약속하였다. 비록 우리가 제대로 완상하지는 못했지만 이른바 '텅 비고 맑은 기상이 사방에 알려지는 것(虛明四達)'이라는 측면에서는 또한 이 누각이 헛되이 있는 것은 아닐 것이다. 누각을 창건하고 이름을 붙인 날짜는 이 나라의 읍지에 갖추어져 있으므로 여기에서는 생략한다.

---

25 『맹자』「진심 상(盡心上)」에 "해와 달은 밝음이 있으니 빛을 받아들일 만한 곳에는 반드시 비춰준다(日月有明, 容光必照焉)" 구절이 있다.
26 소식(蘇軾)의 〈적벽부(赤壁賦)〉에 "강 위의 맑은 바람과 산간의 밝은 달은 귀로 들으면 소리가 되고 눈으로 보면 빛을 이루는데, 이를 취하여도 막는 사람이 없고, 아무리 써도 없어지지 않으니, 이것이 바로 조물주의 무진장한 보배이다(惟江上之淸風, 與山間之明月, 耳得之而爲聲, 目寓之而成色, 取之無禁, 用之不竭, 是造物者之無盡藏也)" 구절이 있다.

당고(唐皐), 「연광정기(練光亭記)」

평양성은 조선에 있으니 기자의 옛 도읍이다. 이번에 내가 병과 급
사중(兵科給事中) 녹봉(鹿峯) 사도(史道) 선생과 함께 책력을 나누어주라는
명²⁷을 받들고 오는 길에 이곳을 지나다가 유적을 찾아 소회를 풀려고
했으나 사신의 임무로 한창 바쁠 때라 그럴 틈이 없었다. 새벽에 얼음
을 밟고 대동강을 건너 한양에 도착하여 일을 끝내고 돌아오는 길에 다
시 평양에 이르니, 이때에 강의 얼음이 이미 녹아 배를 타고 건넜다. 마
침 의정부좌참찬 이행(李荇)이 관반(館伴)으로 함께 오고 평안 관찰사 유
담년(柳聃年)이 나를 생양관(生陽館)에서 맞아 함께 배 안에서 조그만 술
자리를 벌였다. 술이 한두 순배 돌자 참찬이 역관을 시켜 성 위에 있는
정자를 가리키며 나에게 "이 연광정이 성문에서 그리 멀지 않으니 한
번 올라갔다가 기종(騎從)들이 다 강을 건넌 뒤에 객관으로 나가면 어떻
겠습니까?"라고 말하였다.

내가 허락하여 이에 녹봉과 함께 견여를 타고 성에 올라 한 바퀴 도
는 사이에 바로 정자에 이르렀는데 정자는 사방이 탁 트여 있었다. 그
앞이 덕암(德巖)인데 바위가 강가에 있어 밀려오는 물살을 막아내어 성
안의 주민들이 모두 그 은덕을 고맙게 여겼기 때문에 이렇게 이름을 붙
인 것이었다. 정자에서 왼편으로 3, 4리쯤이 금수산(錦繡山)이고 산꼭대
기에 을밀대(乙密臺)가 있는데 매우 평탄하고 트여 있으며 위에 사허정
(四虛亭)이 있고 산에 다시 우뚝 솟은 봉우리가 있는데 모란봉(牧丹峯)이
라고 부른다. 산 밑에 부벽루(浮碧樓)가 또 강가에 있고 아래에 기린굴

---

27 반삭(頒朔) : 천자가 제후들에게 이듬해의 책력을 그 해 섣달에 나누어 주는 일.

(麒麟窟)이 있는데 동명왕(東明王)이 말이 기르던 곳이다. 또 조천석(朝天石)이 있는데 세상에서 전하기를 왕이 여기서 말을 타고 하늘에 조회하였다고 한다. 그 앞에 능라도(綾羅島)가 있고 이 섬이 백은탄(白銀灘)과 이어져 있다. 동북쪽으로 또 10여 리에 주암(酒岩)이 있으니 일찍이 술이 바위 속에서 나왔다고 하는데 이들 모두가 정자의 왼편에 모여 있다. 정자의 오른편이 읍호루(挹灝樓)인데 성의 동문 위에 있으며 또 남쪽으로 5리쯤에 정전(井田)의 제도가 남아 있으니 정자의 오른쪽이다. 그 뒤에 풍월루(風月樓)가 있고, 누 앞에 연못이 있고 연못 안에 작은 섬이 있는데 규봉(圭峯) 동월(董越) 공이 동국에 사신으로 왔을 때 그 누각을 위해 기문을 지었다. 또 그 뒤는 쾌재정(快哉亭)으로, 이 정자는 대동관(大同館) 안에 있다. 또 금수산에서 일어난 지맥 하나가 꿈틀꿈틀 서쪽으로 뻗어 엎드렸다가 다시 일어나는 곳에 무덤이 있으니, 기자의 관패(冠佩)를 묻은 곳이다. 이상이 모두 이 정자가 차지한 경치인데, 유독 '연광'이라고 이름붙인 것은 대개 대동강에서 취한 것이다.

정자에 올라가 조금 앉아 있으니 참찬 이행이 다시 나를 불러 녹봉과 함께 부벽루를 유람하고 작은 술자리를 벌여 흥취를 다하였다. 그 사이 명을 받은 역관이 꿇어앉아 내게 "풍월루는 동월 공이 기문을 지었으나 이 정자는 이전부터 감식안을 가진 사람들 중에서는 본 사람이 없습니다. 두 공께서 처음으로 본 것입니다"라고 말하며 나에게 기문을 청하였는데 글이 서툴다는 이유로 사양했다. 이틀이 지나 정주(定州) 납청정(納淸亭)을 지나가는데, 이 정자는 내가 처음 지나갈 때 이름을 붙인 것이었다. 참찬이 다시 청하기를, "그러면 납청정의 기문을 지어주시겠습니까?" 하였다. 내가 웃으며 말하기를, "이미 이름을 지었는데 또 다시 글까지 짓는다면 저 정자는 사양하고 이 정자는 허락하는 것이 되는 셈이니 너무 치우친 것이 아니겠는가. 사양할 수 없다면 차라리 연광정의 기문을 짓겠다"라고 하니 참찬이 매우 기뻐하였다.

대저 천하의 물건 중에 도(道)에 견줄 만한 것으로는 물만한 것이 없다. 물이야말로 진실로 도의 상징이다. 그러므로 움직이는 것은 물의 본성이요, 허(虛)한 것은 물의 체(體)요, 비단 같은(練) 것은 물의 형상이요, 빛나는(光) 것은 물의 용(用)이다. 형상은 본성과 결합해 있어서 서로 떨어질 수 없고, 용은 체에 근본을 두어 갈라질 수 없는 것이다. 물이 항상 움직여 쉬지 않는 속성을 가지고 있지 않다면 비단 같은 빛깔 또한 때가 되면 사라질 것이고, 물이 텅 비어 받아들이는 속성을 가지고 있지 않다면 빛(光)의 작용도 때가 되면 없어질 것이니 그렇다면 어찌 물이 귀하겠는가. 군자가 도에 뜻을 둠에 있어 또한 물에서가 아니라면 어디에서 구하겠는가. 그러므로 모습에 걸 맞는 몸가짐을 하려면 본성을 다해야 하고, 용을 통달하려면 반드시 체(體)로 돌아가야 한다. 만일 본성은 놔두고 형상만 말하고 용(用)을 말하면서 체(體)를 도외시한다면 이목구비의 욕망이 때로는 사욕에 구속되어 삶을 두텁게 하는 부귀과 영달[28]이 나의 삶을 해치게 될 것이다. 공자가 "물이여, 물이여"[29]라고 말한 것은 물의 이러한 뜻을 취한 것이다. 이 나라에는 학문하는 선비가 많은데 이 정자의 이름을 '연광정'이라고 한 것은 우리 공자께서 남긴 뜻을 보아

---

28 송(宋)대 성리학자 장재(張載)의 「서명(西銘)」에 "부귀와 복과 은택은 장차 나의 삶을 풍부하게 할 것이고, 빈천과 근심걱정은 나를 단련시켜 이룸이 있게 할 것이다 (富貴福澤, 將以厚吾之生也, 貧賤憂戚, 庸玉汝於成也)" 구절이 나온다.

29 『맹자』「이루(離婁)」편에 나오는 구절이다. 제자인 서자(徐子)가 맹자에게 공자께서는 자주 물을 칭송하여 말씀하시기를, '물이여, 물이여!' 하셨는데 물의 어떤 점을 취한 것이냐고 묻자 맹자가 근원이 깊은 샘물은 졸졸 주야를 가리지 않고 끊임없이 흘러 패인 구덩이를 채우고 난 뒤 앞으로 나아가서 바다에 이르는데, 근본이 있는 것은 이런 것이므로 이 점을 취했던 것이라고 대답하는 대목이 있다.

서 그런 것이 아니겠는가. 그렇지 않고 물이 더러워도 혼탁한 줄을 모르고 넘실넘실 흘러도 그 맑은 줄을 모르며 나갈 때나 들어갈 때나 골몰하면서 스스로 산수 간에서 즐긴다고 말하며 맑은 물결과 굽이치는 여울을 바라보고 술을 마시고 시를 짓는 일들은 진실로 이 정자를 지은 애초의 뜻이 아니다. 이 또한 어찌 우리가 오늘 기이한 풍경을 보는 유쾌한 뜻이겠는가. 정자의 이름은 그 처음의 유래를 아직 물어보지 못했고 그저 여기 와서 유람한 시절과 참찬이 부탁한 뜻을 적었을 뿐이다.

안침(安琛), 「작성고 소서(作成庫小序)」

쓸 만한 괜찮은 물건들이 반드시 모두 중국에서만 나는 것이 아니다. 이역만리 먼 이곳에서도 많이 나니 세상에서 등용할 만한 인재의 배출도 어찌 이와 다르겠는가? 생각건대 윗사람이 어떻게 가르쳐서 기르느냐의 문제일 뿐이지 지역의 멀고 가까움은 문제가 되지 않는다. 우리나라의 평안도, 함경도 두 도(道)는 서쪽 끝과 북쪽 끝 지방이고 적국과 국경을 맞대고 있어 그곳 사람들은 모두 활쏘기와 말 타기를 업으로 삼을 뿐 시서(詩書)에 전념하지 않기 때문에 인재를 선발하는 과거에 급제하여 높은 벼슬[30]에 오른 사람이 별로 없다.

성종 대에 이계손(李繼孫) 공이 함경도관찰사로 나갔다가 개연히 학문

---

30 무사(膴仕) : 녹봉을 후하게 받는 높은 벼슬. 『시경』 「소아」 〈절피남산(節彼南山)〉에 "보잘 것 없는 인척을 후하게 쓰는 건 법도가 아니네(瑣瑣姻亞, 則無膴仕)" 구절이 나온다.

을 흥기시키겠다고 결심하여 함흥부에 도회(都會)를[31] 설치하고 상시적으로 50여 인을 양성하여 가르쳤다. 사람들이 기꺼이 이 일에 매진하니 두서너 해가 지나기도 전에 등과하여 높은 벼슬에 오른 사람이 계속 배출되었다. 성종이 이를 가상히 여겨 크게 포상하였으니 이 어찌 교육을 통해 습속을 바꿀 수 있다는 것을 분명하게 보여주는 일이 아니겠는가? 관서 사람들은 관북 사람들처럼 되지 못하는 것을 오래도록 부끄러워하였다. 전하(중종)가 즉위하신지 이듬해인 1507년(중종 2)에 영유현령(永柔縣令) 이종손(李終孫)의 간언을 채택하여 함흥부의 예에 따라 평양부에 도회(都會)를 설립하고 선비들을 양성하였다. 또 이 도의 요청에 따라 군자창(軍資倉)[32]의 면포(綿布) 500필을 선비를 양성하는 밑천으로 삼을 수 있게 하사하라고 명하셨다. 성왕께서 문(文)을 숭상하고 교화를 흥기시키려는 뜻이 얼마나 지극한가. 신하인 내가 생각건대 감사는 다스리는 업무 중에서 학문을 흥기시키는 일에 대해 직무상 마땅히 우선해야 하니 비록 명을 받지 않더라도 그래야 할 것인데 하물며 왕명을 받았다면 어찌 감히 즐겁게 이를 위해 조치하지 않겠는가. 이에 도사(都事) 이번(李蕃)과 서윤(庶尹) 이구진(李龜珍), 판관(判官) 유계선(柳繼先)과 함께 대처방안을 논의하여 뒤에 조목조목 기록하였으니 나중에 도주(道主)로 부관(府官)이 되는 자는 늘리거나 줄이지 말고 끝까지 변함없이 한다면 어른들은 덕이 있을 것이고 아이들은 나아가는 바가 있을 것이며 높은 재주에 큰 덕이 있는 자들이 훌륭하게 배출되어 성대하게 그 시대에 등용될 것이니 아름다운 일일 뿐만 아니라 선현에 대해서도 어찌 올바른 일이 아니겠는가.

---

31 고려 및 조선시대에 유생들의 면학을 장려하기 위해 매년 일정 기간 열렸던 일종의 강습회.
32 조선시대 군자감(軍資監)에 소속된 창고.

안윤덕(安潤德), 「학당보장 소서(學堂補長小序)」

평양은 기자(箕子)의 옛 도읍으로 백성들은 팔조(八條)의 가르침에 따
랐으니 진실로 군자의 땅이다. 위만(衛滿)이 땅을 차지한 뒤에 풍속이
사나워졌고 이전 왕조(고려) 말에는 묘청(妙淸)과 왕탄(王珇)의 무리가 난
을 일으켜 죄악을 쌓으면서 태사(太師)가 남긴 풍속과 가르침은 다시는
없게 되었고 사나운 기풍만 남게 되었다. 그러나 이 사나운 지역에도
좋은 성품이 사라지지 않아 지극한 도리가 미처 없어지기 전에 우리 조
선이 개국하여 성령(聖靈)으로 이어 그 도리를 붙잡아 이전 성인의 가르
침을 회복하고 사나운 풍속을 일소하여 예악(禮樂)과 문물(文物)이 성대
하게 되어 볼 만하였고, 나라의 서쪽 관문이 되는 승경지로 변모할 수
있었으니 이 어찌 우연한 일이겠는가?

다만 땅이 산과 이어지고 오랑캐를 방어해야 하기 때문에 성인들은
활쏘기를 숭상할 뿐 시서(詩書)에 매진하지 않았다. 상국(相國) 안침(安琛)
이 이 도의 관찰사가 되자 이를 안타깝게 여겨 문을 숭상하려는 의도로
작성고(作成庫)를 만들고 문리(文理)가 있고 남들을 가르칠 만한 선비를
뽑아 장도회(長都會)를 설립하였다. 이들을 지원하여 가르치고 양성하
는 방안이 모두 완전하게 갖추어졌으나 이 일이 추진되기 전에 병으로
사직하였다. 상국(相國) 김봉(金崶)이 뒤를 이어 이곳으로 와서 그 아름
다운 뜻을 따라 후학을 권면하였다. 내가 외람되이 부족한 재주로 벼
슬에 올라 1515년(중종 10) 여름에 막중한 책임을 맡게 되었으니 비록 재
주와 학문이 앞서 두 상군(相君)에 미치지 못하지만 학교를 흥기시키려
는 마음만큼은 나도 이들보다 못하지 않았다. 이곳으로 부임한 이래

관사의 무너진 부분을 수리하고 전각 중 비가 새는 부분을 고치려고 서윤 윤형(尹衡), 통판(通判) 민유(閔瑠)와 상의하여 단군, 기자, 문묘 세 전각을 개수하는 것을 필두로 동·서의 회랑과 재사(齋舍), 전사청(典祀廳), 제기고(祭器庫), 비각(碑閣) 등의 건물 일체를 수리하고 규모를 늘려 신축하였으며 담을 두르고 배설한 여러 제기와 제복(祭服) 또한 바꾸라고 명하였다. 이 작업은 백성들을 번거롭게 하지 않았으니 대공사는 비록 작은 뜻에서 시작되었으나 두 공이 마음을 써서 잘 계획하고 진행하는 능력이 없었다면 어찌 가능했겠는가. 얼마 지나지 않아 주상께서 여러 도의 제사지내는 곳에 관리를 보내 부정(不正)이 있는지를 조사하고 엄하게 처벌하였는데 우리 도는 처벌을 면했으니 어찌 다행이 아니겠는가. 좁고 퇴락한 학교 건물과 규정대로 하지 않은 제기와 제복은 비단 평양 한 부만 새롭게 바꾼 것이 아니라 한 도(道) 전체를 모두 새롭게 하도록 명하였으니 책에 뜻을 둔 선비가 찬란하게 배출되었다.

1516년(중종 11)에 향위(鄕圍)[33]에서는 도회(都會)에 있는 사람들이 모두 상위의 석차를 점하였고 5, 6명이 연이어 복시(覆試)에 합격하였으니 근래에 없었던 경사였다. 옛 사람이 말한바 "어딘들 재목이 나지 않겠는가?(何地不生材)"가 헛되지 않다는 것을 더욱 믿게 되었다. 올 봄에 내가 임기가 다 되어 체직하게 되었을 때 감영에 비축한 목면[34] 100매를 내어서 발전을 돕는다는 명목으로 재생(齋生)들에게 봄·가을에 상을 주거나 좋은 절기 때 쓸 비품으로 충당하도록 하고 회계에 올리되 원금은 남겨두고 이자를 가지고 매년 삼짓날과 중구날에 교관이 여러 생도들을 이끌고 답청(踏靑)을 하거나 높은 곳에 올라가 증점(曾點)이 노래하며 돌아

---

33 향시(鄕試). 지방에서 보는 과거 시험.
34 길패(吉貝) : 면화와 목면을 아울러 가리킨다.

오고 싶다는 흥취[35]를 따르고 두목(杜牧)의 "명정(酩酊)"[36] 구절에 화답하여 함께 옛 일을 떠올리고 유학에 대한 무한한 뜻을 가진다면 어찌 대단하지 않겠는가. 부적절한 곳에 함부로 써서 원금을 모두 소진하는 것은 내가 후임자에게 기대하는 바가 아니니 조심하고 조심할 일이다.

이사균(李思鈞), 「쾌재정 중신기(重新快哉亭記)」

이 도읍의 승경은 대동강 일대에 있으니 강 위에 있는 것으로는 부벽루(浮碧樓)와 영귀루(詠歸樓) 두 누각이 특별하며 나머지는 이루 다 말할 수 없다. 객관은 성 안에 있는데 무려 수백 칸이 될 정도로 넓고 탁 트여서 웅장하고 아름답기로는 이 일대에서 제일이다. 또 성 밖에 있는 여러 승경들은 이곳을 방문한 손님이라면 반드시 밖으로 나가서 감상해야 한다. 관사의 북쪽에 우뚝 솟은 돌벼랑 뒤에 작은 정자가 있는데 '쾌재정(快哉亭)'이라고 한다. 이곳은 높고 트여 있지만 규모가 작고 좁아 손님들이 풍악을 들으면서 즐길 만한 공간이 없다. 그래서 주인이 손님을 맞지 못하고 손님이 보러 오겠다고 청할 수가 없는 형편이라 이

35　『논어』에 나오는 대목으로, 공자가 제자들에게 각자의 포부를 물었을 때 증점은 "늦은 봄에 봄옷을 입고 어른 5, 6명과 동자 6, 7명을 데리고 기수에서 목욕하고 무우에서 바람 쐬고 놀다가 노래하며 돌아오고 싶다(莫春者, 春服旣成, 冠者五六人, 童子六七人, 浴乎沂, 風乎舞雩, 詠而歸)"고 답하였다.

36　중국 당나라 시인 두목(杜牧)이 지은 〈중양절에 제산에 오르다(九日齊山登高)〉의 "마음껏 술 마시는 중양절 좋은 날에, 산에 올라 해진다고 한탄할 필요 없네(但將酩酊酬佳節, 不用登臨恨落暉)" 구절을 가리킨다.

정자가 있다는 것을 알지 못하는 상황이 되었는데 현 관찰사 이기(李芑) 공이 이를 병폐로 여겨 서윤 홍신(洪愼), 판관 이수견(李壽堅)과 함께 상의하여 땅을 갈아 그 규모를 넓히고 합의를 얻어내어 규정을 하달하여 돌을 깎아 계단을 만들고 좁은 곳을 파서 넓게 만들었으며 새로운 자재와 오래된 자재를 섞어 써서 백성들의 양식과 인력을 축내지 않고 완공하였다. 건물은 5칸이고 방은 두 개로 만들었으며 단청을 발랐는데 건물의 규모가 넓을 뿐만 아니라 솜씨 좋게 잘 지었다.

성곽에서 동쪽으로 몇 보를 나서기도 전에 산과 강의 기이한 누대의 경치가 이 정자 한 곳에서 다 드러난다. 정자의 방은 앉아있기에 적당한 아늑함이 있고 마루는 내려다보기에 좋은 광활함이 있다. 바라보면 바람과 달이 있고 연꽃 향기가 스며들어 읍호루와 연광정의 상쾌함을 가지고 있으니 부벽루와 영귀루처럼 한 모퉁이에서 승경을 점유하여 이 모두를 감싸안을 수 없는 것도 아니다. 이를 성인(聖人)에 비유하자면 온화하고 맑은 성품으로 출사를 하여 대성(大成)한 자일 것이다. 주인의 경영 역시 마찬가지로 초안을 작성하고 자세히 검토했으며 윤색하는 것으로 마무리하는[37] 경우이다. 내가 군사 업무를 하는 중에 틈을 내어 수레를 타고 지역의 경계로 가서 공회(公會)를 주관하였다. 나는 정자에서 멀리 바라보며 회포를 풀고 10년간 속세의 먼지를 깨끗하게 씻었으나 승경 유람할 곳이 적다는 것을 이상하게 여겼고 늘 성곽 밖을 찾아다니면서도 상쾌한 정자가 이 작은 땅에 있다는 사실을 알지 못했다. 주인인 관찰사가 나에게 이 일에 대해 써주기를 청하였으니 아마

---

37 『논어』 「헌문(憲問)」에 "공자께서 말씀하셨다. '(정나라에서) 외교문서를 작성할 때에는, 비심이 초안을 작성하고, 세숙이 자세히 검토하였고, 외교가인 자우가 자구와 내용을 수정하였으며, 재상인 동리자산이 윤색하였다.'(子曰 : 爲命, 裨諶草創之, 世叔討論之, 行人子羽修飾之, 東里子産潤色之)" 구절이 있다.

도 내가 예전의 상황을 아는 상태에서 새로운 것을 보았기 때문일 것이다. 이에 감히 사양하지 못하고 쓴다.

작자 미상(無名氏), 「추향당 발문(秋香堂跋)」

당의 터는 본 관아에서 기르는 뒤의 밭인데, 밭 일꾼이 마구 침해하는데도 백년이 되도록 그 사실을 몰랐다. 1513년(중종 8) 감사 이계맹(李繼孟) 공이 이 지방을 다스리러 와서 머물다가 나중에 그 땅을 보고 남다르게 생각하여 거름을 나르고 밭두둑을 평평하게 하여 담장 안에 작은 당을 짓고 따뜻하거나 서늘할 때 한가하게 있을 곳으로 삼았다. 사람을 서울로 보내 각종 국화 뿌리를 가져다가 당의 동쪽과 서쪽에 나누어 심고 '추향당(秋香堂)'이라고 편액을 달았다.

평양의 승경은 우리나라에서 제일이며 중국에도 이름이 나서 누대와 꽃과 버드나무가 빼어난 곳이 적지 않다. 공의 아량과 빼어난 재주가 세상을 덮을 만한데 그가 완상하러 다니기에 적절한 곳은 바람이 불어오고 달이 비치는 정자가 아니라면 안 될 것이기에 그윽하고 조용한 곳으로 삼았으니 홀로 즐기는 바가 다른 곳에 있는 것이 아니라 이곳에 있었다. 매번 공무를 파한 뒤에 그윽한 흥취가 일어나면 거문고와 술을 가지고 당에 가서 가을날 저녁 경치 속을 천천히 노닐면서 시들고 어지러운 꽃들 옆에서 술을 마시고 시를 읊었다. 떨어진 꽃잎의 찬 향기가 술 취한 사람[38]의 옷에 스며드니 또한 동쪽 울타리[39]와 삼경(三

徑)⁴⁰의 아취가 은연히 마음속에 깃든 것을 알겠다. 옛날에 꽃을 사랑했던 군자로는 국화를 사랑했던 정절공(靖節公) 도잠(陶潛), 매화를 사랑했던 화정(和靖) 임포(林逋), 연꽃을 사랑했던 염계(濂溪) 주돈이(周敦頤) 같은 사람들이 있을 뿐이다. 그러나 모두 좋아하는 바가 한쪽에 치우쳐서 완물(玩物)을 하는 데로 흘러갔으니 공이 뜻을 둔 것을 어찌 사인(詞人)들이 말하는 '꽃에 홀려 임금을 모시지 않는(迷花不事君)'⁴¹ 자에 빗대어 말할 수 있겠는가. 공의 이름은 계맹(繼孟)이고 자는 의순(義醇)이다. 기개가 호탕하여 시속(時俗)에 따라 태도를 바꾸지 않았다. 벼슬은 의정부 좌찬성(議政府左贊成)에 이르렀다고 한다.

---

38 중성(中聖) : 성인에게 중독되었다는 말로, 술에 취했다는 뜻이다. 『삼국지』 「서막전(徐邈傳)」의 일화에서 나온 말인데 한(漢)나라 말엽에 기근이 심해서 조조(曹操)가 금주령(禁酒令)을 내리자 사람들이 술이라는 말을 피하기 위하여 청주(清酒)를 성인(聖人)이라 하고 탁주(濁酒)를 현인(賢人)이라고 불렀다. 이때 위(魏)나라 상서랑(尚書郎) 서막(徐邈)이 술을 매우 좋아한 나머지 금주령을 어기고 술을 마셨는데 적발되자 "성인에게 중독되었다(中聖人)"라고 익살을 부렸다고 한다.

39 도잠(陶潛)의 시 〈음주(飲酒)〉 " '동쪽 울타리에서 국화를 따며 유연히 남산을 바라보네(采菊東籬下, 悠然見南山)"에서 나온 말로, 단어 자체는 국화를 심은 동쪽 울타리라는 뜻이지만 은거한 도잠의 풍모를 나타내는 의미로 쓰였다.

40 세 갈래 길. 은사(隱士)의 집 뜰. 한(漢)의 은사 장허(張詡)가 뜰에 작은 길 세 갈래를 내고, 소나무와 대나무, 국화를 심은 뒤 친구 양중(羊仲), 구중(裘仲)하고만 사귀고 세상에 나오지 않았다고 한다.

41 이백의 시 〈맹호연에게 주다(贈孟浩然)〉에 "달에 취해 자주 술을 마시고, 꽃에 홀려 임금을 섬기지 못했네(醉月頻中聖, 迷花不事君)" 구절이 나온다.

민제인(閔齊仁), 「애련당기(愛蓮堂記)」[42]

　　풍월루의 북쪽에 연꽃을 심은 못이 있는데, 못은 큰 장방형으로 20보쯤 되고 가운데에는 섬이 있다. 둘레는 130여 자이고 높이는 몇 길쯤 되며, 그윽하고 한가하며 호젓하고 상쾌하여 정말 특별한 곳이다. 내가 서윤 이원손(李元孫)에게 "섬이 누각 앞에 있어 일상적으로 보이는 곳인데도 이렇게 황폐해졌으니 여기에는 숨겨둔 비경이 없는 것인가, 아니면 때를 기다려야 하는 것인가? 예사로 있을 작은 정자를 지으려고 하는데 그대가 아니라면 누가 적임자가 되겠는가?"라고 하였더니 서윤이 "자재가 있고 기와가 있는데 무엇이 어렵겠습니까?"라고 하고는 공사를 진척시켰다. 6월 초하룻날이 되자 섬의 높은 곳에 나아가 황폐한 부분을 제거하고 무너진 것을 보수한 뒤 3칸짜리 당을 지었는데 한 달쯤 지나서 완성하였다. 단청이 선명하고 날개를 펼친 듯이 넓어서 볼만하였다. 승경으로 따지면 풍월루와 막상막하지만 소쇄한 모습으로는 더 나았으며, 못 위에 걸칠 다리를 만들어 '능허(凌虛)'라고 하여 이 당에 출입할 때 통하게 하였다.

　　당은 섬 위에 있는데 사면에 연꽃이 있어 맑은 풍경의 아취가 이루 다 형용하기 어려울 정도였다. 소나기가 지나가면 흩어지는 구슬 소리가 들리고 살랑거리는 바람이 불어오면 나부끼며 뒤덮는 자태가 있었다. 햇빛을 받아 아리따운 꽃은 완상할 만하였고, 긴 푸른 죽통에서 흘러나오는 물은 마실 만하였다. 밝은 달빛, 작게 맺힌 이슬, 스며드는 진한 향기, 찬 잎이 떠 있는 거울 같은 연못, 맑고 빼어나고 온통 푸른 것

42　『입암집』「보유(補遺)」에 실려 있다. 글의 제목은 「평양 애련당기(平壤愛蓮堂記)」이다.

은 모두 당의 승경이다. 때때로 쉬는 날 흥취가 오르면 다리에서 걸어와서 난간에 기대 연못을 바라보며 손으로 장난을 치고 마음으로 감상을 하니 고요하고 담박하여 형용할 수 없는 생각이 든다. 또 때때로 술자리를 열면 정경은 고요하고 속세의 먼지가 차단되며 거문고의 곡조는 온화하고 노랫소리는 더욱 맑다. 술 마시고 시를 읊는 사이에 앞의 긴 푸른 죽통과 아리따운 꽃들을 바라보면 의젓한 모습이 마치 자리에 가득한 좋은 빈객들이 마음을 나누는 뜻으로 친히 상대하며 말없이 좋아하는 듯하다. 당을 '애련(愛蓮)'이라고 이름 붙인 것이 이 때문이다. 그러나 사랑스러운 연꽃만 있을 뿐이랴. 나는 예전에 옛 사람이 아끼는 것의 정신을 탐구했었는데 어찌 헛되었겠는가. 그 중 "가운데는 비어있고 밖에는 곧으며, 덩굴을 만들지도 않고 가지를 뻗지도 않는 것이 진실로 꽃 중의 군자이다"[43]라고 하였다. 오직 이것이 군자의 꽃이니 군자란 사람들이 아끼는 바이다. 비록 그러하나 우리 주자(周子)가 아니었다면 누가 그 아끼는 바를 알 수 있겠는가? 아아, 꽃 중의 군자는 그 모습이 드러나 있으므로 알기 쉽지만, 사람 중 군자는 그 덕이 감춰져 있어서 알기가 어렵다. 알기 쉬운 것도 아끼는 사람이 드문데, 하물며 알기 어려운 것은 오죽하랴. 나는 "나와 함께 할 자 누구인가?"라는 탄식[44]에 대해서 더욱 느끼는 바가 있었다. 아아, 선생이 아니라면 나는 누구와 함께 돌아갈 것인가.

43　주돈이의 「애련설(愛蓮說)」에 나오는 구절이다.
44　주돈이의 「애련설」에 나오는 "아아, 국화를 사랑하는 이는 도잠 이후로 드물고, 연꽃을 사랑하는 이는 나 같은 사람은 누구일까? 모란을 사랑하는 이는 마땅히 많으리라 (噫! 菊之愛, 陶後鮮有聞. 蓮之愛, 同子者何人? 牡丹之愛, 宜乎衆矣)" 구절을 가리킨다.

홍섬(洪暹) 「평양제영기(平壤題詠記)」[45]

누대를 시로 읊은 지는 오래되었다. 천하의 승경으로 황학루(黃鶴樓)와 봉황대(鳳凰臺)에 비할 만한 것이 없는 것은 아니나 이백(李白)과 최호(崔灝) 등 여러 공의 걸출한 작품이 사람들 입에 오르내린다. 그래서 천년이 지난 뒤에도 읊어지는 시구는 모두들 부러워하며 그렇게 짓고자 하고 직접 가서 눈으로 볼 수 없는 것을 한탄하면서 꿈꾸는 사이에 짓기도 한다. 그러니 누대는 시를 통해 더 빼어나게 되고, 시구는 누대로 인해 더 알려지게 된다. 그래서 누대에 제영시가 반드시 있게 된 지가 오래된 것이다. 평안도는 사신이 지나가는 지역이라 시판(詩板)의 가치가 높으니 다른 곳에서는 어느 곳도 이곳을 감히 따라할 수 없을 것이다.

1552년(명종 7) 겨울에 내가 평안도관찰사가 되어 평소에 읊던 것을 시판으로 살펴보니 비단 판각이 결락되고 잘못된 것만 있는 게 아니라 시판에 있었다가 없어진 것도 꽤 되었다. 문적(文籍)을 살핀 뒤『여지승람(輿地勝覽)』과『황화집(皇華集)』을 살펴 잘못된 부분을 바로잡고 빠진 부분을 보완하여 생양역(生陽驛) 서쪽에서 의순관(義順館)까지 다니며 한 달 남짓만에 일을 마쳤다. 생각건대 세월이 오래되니 사람들이 아끼며 보호하지 않고 때로는 풍우로 인해 마모되거나 무뢰배들이 두드려 없애버린 뒤라 비록 완전하게 모으고 싶어도 사본이 없어졌기 때문에 결국에는 망연하게 없어져서 다시는 어떤 사람이 어떤 시를 남겼고 어떤 시판이 어떤 누각에 걸려있었으며 남은 것은 얼마고 없어진 것은 얼마인지를 알 수 없게 되었다. 중국 사신들이 왔을 때『황화집』에 근거하

---

45 『인재집』권4에 실려 있다.

여 찾아보고 확인할 수 없는 부분이 있으면 그곳에는 반드시 "문(文)을 숭상함이 독실하지 않은 것이니 천자가 사행을 명하신 뜻을 경모한 것을 어디에서 볼 수 있을 것인가?"라고 적어두었으니 이것과 관련된 것이 어찌 중요하지 않겠는가? 이렇게 다 모아서 2통을 베껴 쓴 뒤 하나는 평양부에 두고 하나는 여러 읍에 나누어 문을 숭상하는 데에 있어 조금이나마 도움이 되고자 한다.

양사언(楊士彦) 「열운정기(閱雲亭記)」[46]

역관(驛館)은 오래된 것이니, 정(鄭)나라의 공손교(公孫僑)가 진(晉)나라 객관(客館)을 헐었던 데[47]에서 볼 수 있다. 우리나라는 하나같이 중국의 제도를 따라 경내의 모든 길에는 모두 전관(傳館)을 두었고 구현(駒峴)[48]을 넘어 생양(生陽)에서 의주(義州)까지 13개의 역이 있다. 조선에서 중국 사신을 맞아들이는 길에는 객사와 조망지, 피로한 손님을 맞이하는 예절이 다른 도의 열 배나 많으며 또 사사롭게 은(銀)을 가져 왔는지를 검사한다. 그래서 찰방(察訪)은 관례에 따라 유신(儒臣)을 보내니 마치 당(唐)나라에서 어사(御史)를 객관에 보낸 것과 같다. 대동관(大同館)은

---

46 『봉래시집』 권3에 실려 있다.
47 공손교의 사는 자산(子産)인데, 자로 더 알려져 있으며 정나라의 재상이었다. 『춘추좌씨전』에 공손교가 정나라 군주와 진(晉)나라에 갔을 때 진나라 군주가 노나라 군주의 상(喪)에 관한 일로 정나라 군주를 만나주려 하지 않았다. 그러자 공손교가 영빈관의 담을 헐게 하여 수레와 말을 안으로 들여놓았다는 이야기가 나온다.
48 평안도 중화군(中和郡)에 있던 고개 이름.

기자성(箕子城) 동상(東廂)에 있고 아래에 작은 관아(小衙)가 있는데 찰방이 머무르는 곳이다. 관아 위에는 작은 정자가 있는데 찰방의 관사는 보통 이름이 없으므로 산정(山亭)이라고 부른다.

1556년(명종 11) 겨울에 내 친구 청계옹(淸溪翁)이 와서 관사에 이름이 없는 것을 탄식하며 나에게 이름을 지으라고 청하기에 내가 '열운(閱雲)'이라고 말해 주었다. 청계옹이 기뻐하며, "나의 뜻이네" 하고는 즉시 손수 큰 글씨로 세 글자를 써서 벽에 못을 박아 걸고는 다시 나에게 기문을 청하였다.

내가 말하기를, "바위에 부딪혀 일어나되 두께를 합쳐도 한 마디 쯤 되는 것이 태산(太山)의 구름이다. 다만 기쁘게 할 뿐 손에 쥐고 그대에게 줄 수 없는 것이 농상(隴上)의 구름이다. 옛 사람들이 구름에서 취한 바가 이와 같으니 내가 무엇을 보고 이름을 붙였겠는가. 아아, 구름이란 허공에 있는 하나의 무물(無物)이다. 무심하게 나왔다가 자취도 없이 흩어진다. 푸른 개가 되었다가 흰 옷이 되었다가[49] 해도 순식간에 변해 결국 무형(無形)으로 돌아가니 나는 이것에 느낀 바가 있다.

아득한 긴 길을 객관에 투숙하며 왕래하고, 하루에도 수많은 사람들이 오색 깃발에 왕의 부절을 들고 구불구불한 길을 오면 역의 찰방은 분주하게 명령을 듣고 명령을 전달하러 말을 타고 달리면서 알리러 오간다. 전하는 아전들 중에는 편지를 들고 몇 권의 책과 물건을 점검하는 자, 구부정하게 짐을 지고 관부(館夫)들과 너니 나니 하며 서로 욕하는 자, 출발해서 달려가는 자, 장부를 살펴 대접하는 자, 견책을 당하여

---

49 두보의 시 〈탄식(可嘆)〉에 나오는 구절이다. 시는 다음과 같다. "하늘에 떠 있는 구름은 흰 옷 같은데, 잠시 푸른 개 모습으로 바뀌었네. 세상 일은 예나 지금이나 같건만, 인간만사에 일어나지 않는 일은 없구나(天上浮雲似白衣, 斯須改幻爲蒼狗. 古往今來共一時, 人生萬事無不有)"

침울하게 가는 자, 수레를 타고 천천히 다시 슬프게 돌아가는 자, 오는 자는 가고 가는 자는 오며 노래하면서 보내고 울며 전송하니 인간세상의 사생과 궁달, 슬픔과 기쁨, 만남과 헤어짐이 하나의 길 위에 모여있는[50] 것이다. 정자에서 모두 바라보면 결국 어떤 것도 세상에 잠시 머물다 가는 것이고 세상사는 뜬 구름 같다는 것이 여기에서 확연해진다. 신선이 여러 해가 지나도 죽지 않고 우뚝하게 홀로 있는 것과 무엇이 다르단 말인가. 이것이 내가 이렇게 이름을 붙인 까닭이다.

어떤 사람은 "구름은 말과 같은데 지금 우정(郵亭) 이름을 구름으로 붙이면서도 말이 하늘 위 구름 하나를 타고 가는 것이라고 비유하여 말하지 않으니 어째서인가?"라고 한다. 나는 "뜬 구름 하나가 어찌 사물과 나를 갈라놓겠는가? 마부의 마구간에 여러 준마가 있는데 씩씩한 말갈기를 가지고 있으며 비단 구름 보듯이 바라보고 돈을 엮어 울타리를 만들어주고 대추를 주어 기르면서 황금 안장을 깔고 좋은 채찍으로 제어하면 손님에게 올리는 물건으로서도 또한 영광일 것이다. 그러다가 하루아침에 굴레를 씌워지면 천리도 달리지 못하고 꼴과 콩풀을 먹여 배불리 먹을 수 없다. 뛰어난 자태와 골격은 수척해지고 배척당해 밖의 우리에 있게 될 것이며 소금 끄는 수레에 묶여 귀를 축 늘어뜨리고서 하늘을 향해 길게 울 것이다.

번화한 것도 사라져 없어지고 썩고 부패한 것도 새롭고 기이해지는 법이니 이는 말이 뜬 구름이라는 뜻이 아닐까. 말을 뜬 구름이라고 하는 것에서 충분히 인간사를 잘 알 수 있다. 『장자(莊子)』에 이른바 '말을 가지고 말이 말이 아님을 설명하는 것(以馬喻馬之非馬)'과 '만물도 하나의

말일 따름이다(萬物一馬也)'[51]가 이것이다. 아아, 다만 사람과 물이 정자 아래 구름이 된다는 것만을 알 뿐 내 몸이 이미 정자 위의 뜬 구름이 된 것을 깨닫지 못했으니, 이 뜻을 나는 누구와 함께 이야기 할 것인가?"라고 하자 청계옹이 정자에서 한 바탕 웃었다.

완구자(完丘子)가 1557년(명종 12) 천중절(天中節)[52] 전날 쓰다.

윤의중(尹毅中), 「군자루기(君子樓記)」

평양은 예부터 형승지로 강산과 경관의 아름다움은 여러 도(道) 중에서 으뜸이다. 내가 일찍이 왕명을 받아 여러 번 이 부(府)의 부벽루와 연광정, 영귀루, 쾌재정에 대해 말한 적이 있다. 무릇 특별하게 이름난 곳은 모두 올라가서 바라보았는데 우뚝하게 솟은 고개가 객수의 울적함을 펴게 해주었으니 진실로 명불허전이라 할 수 있다. 그러나 왕사(王事)는 일정이 있고 눈으로 채 다 보지 못하였기에 서울에서 10년간 있으면서도 언제나 꿈속에서 가보지 않은 적이 없었다.

1571년(선조 4) 여름에 평안도관찰사로 임명되어 이곳에 왔는데 마침 급한 일을 상의하느라고 관사[53]에서 쉴 틈이 없었다. 맑은 가을에 깃발

---

51 『장자』「제물론(齊物論)」에 있다.
52 천중절은 음력 5월 5일 단오의 별칭.
53 당발(棠茇): 주(周)나라 소공(召公)이 머물러 쉬던 감당(甘棠)나무를 말하는 것으로, 『시경』「소남(召南)」〈감당(甘棠)〉의 "무성히 자란 감당나무, 자르거나 베지 말라. 우리 소백께서 쉬셨던 곳이니라(蔽芾甘棠, 勿翦勿伐. 召伯所茇)"에서 나온 말이다.

을 돌려 돌아오니 구름도 한 점 없고 장부엔 이끼가 생겨났고 내가 도장을 찍을 일도 없었으니 고소장도 거의 없어 옛날과 같았다. 다시 옛 유적을 찾아갔더니 더욱 새로운 흥취가 생겨 중국 사신을 모시고 함께 올라 술을 마시며 즐거움을 함께 하였으니 이 또한 강호에 천리의 근심을 맡기고 끝없는 산수의 정취를 다하기에 충분하였다. 어느 곳인들 임금의 은혜가 없는 곳이 없었다.

다만 그 이른바 관아가 성 서쪽 모퉁이 궁벽한 곳에 있는데 형세가 좁고 건물이 낮으며 불을 켠 여러 집들 가운데 쑥 들어가 있었다. 공무를 마치고 한가할 때 갈건을 젖혀 이마를 내놓고 올라가서 바람을 맞고 회포를 풀고 싶어도 어느 곳에 가서 이 마음을 부칠 것인가? 이에 여러 부관(府官)들인 서윤 안관(安寬), 판관 민종도(閔宗道)와 상의하여 추향당(秋香堂) 서북쪽 깊숙한 곳에 땅을 골라 건물을 세워 아침저녁으로 휴식하고 나아가 활을 쏘는 곳으로 삼으려고 한다고 하니 모두가 환영하였고, 공사를 협력하여 계획하니 이견이 없었다. 나는 사람들의 생각이 다르지 않은 것을 기뻐하여 공사를 진행하였는데 자재는 쌓여져 있는 옛 물건들을 써서 새롭게 모을 필요가 없었고 일은 관노들을 모아서 백성들을 번거롭게 하지 않았다. 공사는 한 달이 채 안 되어 끝났다. 그믐날 누각에 올라 난간에 기대어 바라보니 곧바로 대동강 위에 있어서 만 이랑의 물결이 들어오고 모란봉의 이내 기운이 있는 것은 아니었지만 북쪽으로는 관풍전(觀風殿)으로 이어져 은은하게 정당(鼎堂)의 소나무를 비추고 서쪽으로는 푸른 바다 기운으로 이어져 아득하게 명멸하였다. 또 동남쪽 여러 봉우리가 점점이 드러나 뒷걸음쳐 달려오니 모두 푸른 빛을 모아 멀리서부터 다가와서 다투어 난간의 아래에서 기이한 풍경을 만들어내니 예전에 이른바 '집집마다 저녁연기(煙火萬家)' 또한 모두 전망 안에 들어온다. 안개에 가린 금빛 달은 아침저녁으로 천태만상으로 나를 위해 끝없는 광경을 비춰주니 이 누각이 가진 바가 이미 많지 않은가? 게다가 동서에 두 고니가 앞뒤로 바라보고 있으며 높은 성에서 구름 낀 긴 강을 바라보면 구름이 자욱하게 푸른 산에 기대 있고 큰 길에 오면 석양이 다투어 비쳐 빛나니 이것 역시 누각의 기이한 장관 중 하나이다. 나는 늙어서 비록 허리에 금띠를 두르고 어깨에 황간[54]을 들지는 못하지만 건장한 사내를 따라 어렴풋한 광경에 세 번 읍하고 공무를 마친 뒤에는 잠시 난간에 기대 술잔을 들면 달이 떨어지니 오직 생각하는 것은 자신을 반성하는 뜻(反求之義)이다. 자신보다 나은 사람의 재주가 뛰어나다 해도 원망하지 않고 바라보는 것이 덕이니 어찌 즐겁지 아니한가. 이미 이로써 부의 관료들에게 말하고 마침내 누각을 '군자(君子)'라고 명명하였으니 대개 그 다툼을 취한 것이다. 군자의 말은 『시경』에서 이른바 '유제(攸濟)', '유녕(攸寧)'[55]의 뜻인데, 실로 그 사이에 마음을 부치지 않은 적이 없었다. 아아, 나중에 이 누대에 오르는 자 또한 이렇게 이름을 붙인 이유를 알리라. 만약 기생을 안고 고금을 방랑하며 풍광을 완상하면서 오직 환락을 따르는 자들이라면 이는 내가 후대의 군자에게 기대하는 바가 아니다.

---

54 황간(黃間) : 황견(黃肩)으로, 쇠뇌(弩)를 가리킨다.
55 『시경』 「소아(小雅)」 〈사간(斯干)〉에 "우뚝 세워 공경한 듯, 화살처럼 기둥이 곧게 뻗고 용마루는 새가 놀라 변한 듯, 처마는 꿩이 날아간 듯, 군자가 올라 머무르는 곳이네. 평평하고 반듯한 정원, 높고 곧은 기둥, 쾌청한 대청에, 고요하고 넓은 구석방은 군자가 편안히 지내는 곳이네(如跂斯翼, 如矢斯棘. 如鳥斯革, 如翬斯飛. 君子攸躋. 殖殖其庭, 有覺其楹. 噲噲其正, 噦噦其冥. 君子攸寧)" 구절이 나온다.

성수익(成壽益), 「연광정 중수기(練光亭重修記)」

누대와 정자는 마치 다스리는 도와 관련이 없는 것 같지만 치란성쇠 (治亂盛衰)의 자취와 관련되지 않은 적이 없다. 그래서 잘 다스리는 사람 은 모두 잘 꾸며서 잘 다스려지고 있다는 것을 드러낸다. 평양은 평안 도에서 가장 형승이 아름다운 곳이며, 연광정은 평양에서 가장 빼어난 형승을 가지고 있다. 정자는 성 위에 있는데 규모가 협소하였다. 1577 년(선조 10)에 강이 불어나 성이 무너지고 정자도 함께 무너지자 평안도 관찰사 김계휘(金繼輝) 공이 옛 터에 중건하고 건물을 넓게 지었다. 다만 부의 관청이 앞에 있고 음식을 하는 곳이 뒤에 있으며 뜰은 좁고 담장 이 에워싸서 사객(使客)들이 출입할 때 어려울 뿐만 아니라 아전들이 앞 으로 나아갈 수도 뒤로 물러날 수도 없는 상황이라 이것이 이 정자의 문제였다.

지금 관찰사 이준민(李俊民) 공이 오고 서윤 장의국(張義國)이 연이어 와서 정치가 엄정해지고 맑아졌으며 없어진 많은 일들을 흥기시켰고 부의 관청을 계단 아래로 옮기고 빈터를 사서 요리하는 곳을 부 관청 서쪽으로 옮겼다. 또 앞문을 멀리 두어 사객들의 높은 수레가 지나갈 수 있도록 확장하였다. 이에 정자는 없어지지 않았고 뜰 역시 넓어져 서 사신들이 드나드는 데에도 장애가 없었고 아전들이 절하고 무릎을 꿇을 때에도 여유가 있었다.

아래를 내려다보면 넓은 강이 정자를 둘렀고 멀리 바라보면 우뚝 솟 아오른 산이 뜰을 감싸서 물가의 새와 안개 낀 나무, 민가와 저자거리 같 은 것들이 하나도 남김없이 드러났다. 정자의 아름다움은 이에 비로소 완전해진 것이다. 어느 날 관찰사가 올라 사방을 바라보다가 나에게 말하였다. "가려졌던 정자가 지금은 활짝 트였고, 좁았던 정자가 이제는 넓어졌으니 정자가 회포를 펼치게 하는 곳이 아니었다면 이렇게 만들지 않았을 것이네. 그 전말을 기록하여 후대 사람들에게 보여주게."

내가 물러나서 생각해보았다. "땅은 스스로 훌륭해지는 것이 아니라 사람을 통해 훌륭해진다. 저산(滁山)은 구양수(歐陽脩)를 만난 뒤에야 취옹정(醉翁亭)으로 세상에 알려졌고 파릉(巴陵)은 등자경(滕子京)을 만난 뒤에야 악양루(岳陽樓)로 알려졌다. 이 정자는 몇 사람의 관리를 거쳐 이제야 그 아름다움을 다할 수 있었으니 어찌 흥폐(興廢)에는 때가 있고 꾸며지는 데에는 사람을 기다려야 하는 것이 아니겠는가. 아아, 비록 장의국 군이 재주가 있다고 해도 관찰사가 발의하지 않았다면 일이 진척되지 않았을 것이고, 관찰사가 발의했다고 해도 장의국 군의 재주가 없었더라면 이루어내지 못했을 것이다. 위아래에서 함께 이 아름다움을 이루어낸 것이니 이 정자가 억만년의 장관이 된 것이며 영원히 국가의 태평성세의 상징으로 드날리게 된 것이다. 이는 기록하지 않을 수 없다."

노직(盧稙), 「돈씨비사(頓氏碑詞)」

展彼小女	저 소녀는
有令有德	아리땁고 착하네.
自免於懷	품에서 떨어진 뒤에도

猶愛是篤父兮	사랑스럽고 아버지를 잘 섬겼지.
其漁于江之深	아비가 강 깊은 곳에서 낚시하다가
氷隨波陷	얼음이 깨져 빠져서
身逐魚死	몸은 물고기 따라 죽어버렸네.
無生可見	살아서 볼 길이 없으니
有死寧隨	차라리 죽어서 따르려했나.
將身忽浮	몸을 던져 홀연히 떠오르니
聞者涕洟	소식 들은 사람들 눈물 흘렸네.
事異迎神	기이한 일이라 제사를 지내니
操同抱尸	두 시신이 꼭 안고 있었네.
善豈提覺	선한 일을 어찌 깨달아 아는 것이랴.
生自能知	태어나면서 능히 알았을 것이니
沈哀未泄	깊은 슬픔을 터뜨리지 않았네.
剩馥猶留古巷	남겨진 향기만 옛 마을에 남아있어
寥寥悠悠	쓸쓸하고 아득하네.
欲攷其行	그 행적을 찾아보려하니
有石于丘	무덤에 비석이 있네.

제2부

윤유, 『평양속지』

『평양속지(平壤續志)』 서문

「속평양지서(續平壤誌序)」

   평양에는 이전에 쓴 지방지가 있는데 고 명신 오음(梧陰) 윤두수(尹斗壽) 공이 쓴 것이다. 오음공은 중흥의 훈업이 있고 쇄락(灑落)한 풍모와 당당한 기상이 있어[1] 경생(經生)이나 장고(掌故)[2]의 직무를 하찮게 여기지 않고 분명히 이『평양지』를 쓰는 일에 매진했을 것이다. 진실로 평양 한 지방은 어진 성인이 도읍을 세운 곳이자 배와 수레가 모이는 곳이다. 인물과 풍요(風謠), 산천(山川), 형승(形勝)은 경관으로 찾아오는 사람들을 감동시키고 전설로 후세 사람들에게 믿음을 준다. 이『평양지

---

1   뇌락헌천지(磊落軒天地) : 뜻이 크고 높음.
2   옛 사실과 관례. 고사를 맡은 벼슬아치.

』는 체계가 정밀하고 모은 것이 섬세하게 갖추어져 있어 전후 수천 년간의 일들이 손가락으로 손바닥을 가리키듯이 찬연하다. 그 서문을 보면 반복해서 감개하는 대목에 시인의 당풍(唐風)[3]에 대한 감회가 있으니 여기에서 옛 사람들이 옛 것을 독실하게 좋아하고 자신의 의견을 말하는 데에 있어서 근실했으며 그의 만년의 사업 또한 여기에서 비롯되지 않음이 없었음을 알 수 있다. 안타깝구나, 오음의 뒤를 이어 이 도읍을 다스리러 온 자 중에 이를 계승할 수 있는 자가 아무도 없으니 중간에 전거로 삼을 옛 일이 빠져서 전해지는 바가 없었기 때문에 식자(識者)들이 이를 안타까워하였다.

1727년(영조 3) 오음공의 후손 해평(海平) 윤유(尹游)공이 선조의 뒤를 이어 이 도읍의 관찰사로 3년간 있으면서 다스림이 이루어지고 교화가 행해졌다. 그리고 이 읍지가 끝나지 않은 것에 분발하여 비로소 보고 들은 것을 망라하고 연혁을 참고하여 책 한 권을 만들어서 '속평양지(續平壤志)'라고 이름을 붙였다. 이에 평양 한 지역의 역사가 비로소 질서정연해져서 완전한 책이 되었으며 오음공이 편찬한 성대한 뜻을 제대로 끝내게 되었다. 혹자는 "오음공이 이곳에서 정사를 행했을 때는 틀림없이 핵심과 말단이 있었을 텐데 지금 윤유(尹游)공이 이 『속평양지』를 만듦에 있어 혹시 그 중요한 것을 버려두고 말단의 것에 치중하지는 않았는가?"라고 하기에 "윤유(尹游)공이 이 지방을 다스린 지 2년 만에 이미 향안(鄕案)[4]을 개수하여 명단을 바로잡았고 성을 쌓고 장군을 조련하였으며 한 지역의 조세를 투명하게 하여 백성들의 고충을 구휼하였

---

3   윤두수의 「평양지 서문」에서 언급했던 요(堯)임금의 기풍을 언급한 대목을 가리킨다.
4   유향소(留鄕所)를 운영하던 지방 양반들의 명부.

고 관청의 창고에 풍족하게 쌓아 군량을 여유 있게 하였으니 이 어찌 오음공이 말했던 다스림의 요체이자 급선무가 아니겠는가? 윤유(尹游) 공을 보니 이미 이를 모두 잘 하였고 남은 힘을 미루어 또 다시 선대를 이어 이『속평양지』를 완성하였으니 핵심과 말단을 논한다고 해도 이를 모두 겸비했다고 할 수 있을 것이다. 또 윤유(尹游)공은 기상이 웅걸하고 식견이 탁월하니 세상에서 품평을 잘하는 자들이 모두 참으로 오음공의 풍모가 있다고 하였다. 지금 자질구레한 한 지방의 일과 시문 같은 말단의 일에도 오히려 계승하여 서술하려고 하는데 하물며 이보다 큰 나라를 다스리는 일과 관리로서 업적에 있어서는 어떠하겠으며 또 어찌 더욱 훌륭한 자손이 되는 일[5]에 힘쓰지 않겠는가?"라고 대답하였다. 나는 윤유(尹游)공이 훗날 정사를 행할 때 분명히 오음공에게 누를 끼치지 않으리라는 것을 알겠다. 내가 외람되게도 윤유(尹游)공에게 인수인계를 받고 헤어질 때 이 책의 서문을 부탁받았기에 참람함을 잊고 이와 같이 쓴다.

1730년(영조 6) 2월 호산후인(壺山後人) 송인명(宋寅明) 쓰다.

---

5   지미(趾美) : 기린의 발의 아름다움이라는 뜻으로, 『시경』「주남(周南)」〈인지(麟趾)〉편에 나오는 말이다. 임금의 집안에 훌륭한 자손들이 많음을 뜻한다.

「범례」

- 이 『평양속지』를 만듦에 있어 조목과 체제는 한결같이 『평양지』[6]를 따랐고, 『평양지』에 수록된 것 중에서 지금 변경사항이 없는 것은 다시 반복하지 않았다.
- 『평양지』에 없는 것 중 증명할 문헌이 있는 경우에는 이를 보충하였다.
- 사안의 경중에 따라 이 책에서 상세하거나 간략하게 처리하였다. 예컨대 관청의 칸수는 간략하게 합산하였고, 창고의 돈과 곡식은 번거롭지만 일일이 헤아렸다.
- 열부(烈婦)와 열사(烈士)는 사안이 다르지만 절의라는 점에서 같으므로 같은 유형으로 묶어[7] 수록하였다.
- 과거급제자(科賈) 중에 간혹 부자와 형제가 순서가 뒤바뀐 경우가 있는데, 방목의 순서에 따라 썼기 때문이다.
- 무과(武科)는 대부분 모두 수록하지 않고 관력이 첨사(僉使)[8]인 경우에 한해 수록하였다.
- 음직(蔭職)은 『평양지』에서는 기록하지 않았지만 여기에서는 문관직과 무관직 아래 수록하였다.
- 부윤(府尹)과 서윤(庶尹)의 업적 중에는 쓸 만한 것이 분명히 많겠지

---

6 본문에서 "구지(舊志)"라고 한 부분은 이해를 위해 모두 『평양지』로 번역하였다.
7 권2 '효열(孝烈)' 항목으로 묶어서 처리한 것을 가리킨다.
8 조선시대 각 진관(鎭管)에 속했던 종3품 무관. 평안·함경도 지방의 독진(獨鎭)과 그 진관에는 수령이 겸하지 않고 전임무관(專任武官)으로서 첨절제사(僉節制使)를 두었는데, 이 경우에 첨사(僉使)라고 하였다.

만 상세하게 살피기가 어려우므로 부임한 해만을 썼다.

- 시문(詩文)의 차례는 모두 연대순이다. 다만 중국 사신의 작품을 맨 앞에 두어 왕명을 받드는 자들을 높였다.
- 시문은 너무 많아서 모두 수록하기 어려우므로 현존하는 사람의 작품을 빼고 옛 사람의 글만을 수록하였지만 모두 다 수집하지 못하여 분명히 빠뜨린 것이 많을 것이다. 그러므로 후대의 박식한 군자가 이 읍지를 잇기를 기다릴 뿐이다.

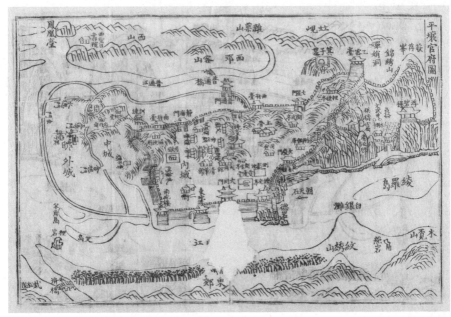

『평양속지』(古 4790-1) 수록 〈평양관부도(平壤官府圖)〉

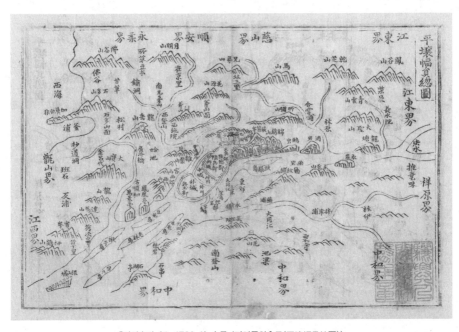

『평양속지』(古 4790-1) 수록 〈평양폭원총도(平壤幅員總圖)〉

제1장 『평양속지』권1

「강역(疆域)」 [註:『평양지』에서 상세하게 서술하였다.]

「분야(分野)」 [註:『평양지』에서 상세하게 서술하였다.]

「연혁(沿革)」

관찰사 겸 부윤(觀察使兼府尹)

도사(都事)

서윤(庶尹)

찰방(察訪) [註 : 예전과 같다.]

판관(判官)

교수(教授)

기자전 참봉(箕子殿參奉)

영숭전 참봉(永崇殿參奉) [註 : 지금은 없어졌다.]

순영중군(巡營中軍) [註 : 옛날에는 감사가 추천하여 주청하였으나 1690년(숙종 16)¹ 이에서 단일후보를 선정하여 임금의 재가를 받았다.]

숭인전감(崇仁殿監) [註 : 1612년(광해군 4) 이후 기자전 참봉을 숭인전감으로 바꾸고 선우(鮮于)씨가 세습하였다. 1721년(경종 1) 감사 권업(權𢢝)이 장계를 올려 전감으로 15년을 근무하면 관력이 쌓여 법전에 따라 전령(殿令)으로 승진하는데, 지금은 처음이니 관례에 따라 모두 전감으로 삼아달라고 주청하였다.]

보산만호(保山萬戶) [註 : 1681년(숙종 7)에 처음 설치하였으며² 별장(別將)을 승진시켜 삼았다.]

관성장(管城將) [註 : 1714년(숙종 40)에 처음으로 서윤(庶尹)이 겸대(兼帶)하도록 하다.]

숭령전³ 참봉(崇靈殿參奉) 2인 [註 : 1725년(영조 1)에 감사 이정제(李廷濟)가 장계를 올려 예조에서 임명해 달라고 요청하였다. 1729년(영조 5)에 감사 윤유(尹游)가 장계를 올려 사류(士類)의 신망이 있는 이 지역 출신자 중 세 후보자를 선정하여 보내면 이조(吏曹)에서 계문을 올려 임명해 달라고 청하였다.]

---

1   본문에는 "경오년(庚午年)"으로만 되어 있으나 『비변사등록(備邊司謄錄)』 1690년 10월 29일 기사에 평안감영 중군을 감사가 데리고 오는 폐해를 논하며 병조에서 추천하고 일정한 임기를 둘 것을 청하는 계문과 이를 윤허하는 내용이 있다. 이를 고려하여 '경오년'을 1690년으로 보았다.
2   『승정원일기(承政院日記)』 1682년 2월 4일 기사.
3   단군(檀君)과 동명왕(東明王)을 모신 사당(祠堂). 조선시대 초에 지었고, 1725년(영조 1)에 사액되었다. 봄·가을에 제사를 지냈다.

「성지(城池)」

부성(府城) 둘레는 『평양지』에 상세하게 서술하였다. 1624년(인조 2)에 성이 커서 지키기 어려워지자 그 서남쪽 일정 부분을 줄여 개축하였다. 영숭전(永崇殿) 서쪽 기슭에서 오동(烏洞)을 둘러 남쪽으로 가다가 동성(東城)에 이르기까지 둘레가 3,543자이며[註 : 자는 전제(田制)를 썼다], 서문과 남문을 두었으니 바로 지금의 내성(內城)이다. 함구문(含毬門)[註 : 없어졌다], 정양문(正陽門)[註 : 없어졌다], 보통문(普通門)은 모두 성 바깥에 있다. 1637년(인조 15) 이후 두 나라의 조약에 따라 부성(府城)을 다시 보수하지 않았기 때문에 퇴락한 지 오래되었다. 1685년(숙종 11)에 감사 유상운(柳尙運)이 비로소 남성(南城)을 축조하고 여장(女墻)[4]을 따라 민가(民家)를 지어 보이지 않게 하였고 감영의 창고를 만들어 전곡(錢穀)을 후일의 역(役)에 쓸 수 있도록 하였다. 1696년(숙종 22)에 감사 이유(李濡)가 장경문루(長慶門樓)를 세웠고, 1710년(숙종 36)에 감사 윤지인(尹趾仁)이 주작문루(朱雀門樓)를 세우고 또 성을 쌓을 자본금으로 곡물을 비축하였다. 1711년(숙종 37)에 감사 이제(李濟)가 처음으로 중국에서 보내 온 자문(咨文)[5]의 "방비하는 데에 신경을 쓰라(用心防守)"는 말에 따라 크게 수축하여 이듬해 가을에 성벽 몸체가 비로소 완전하게 갖추어질 수 있었다. 여장 294 타(垛)를[6] 쌓고 동서 암문(暗門)과 2곳의 급수문(汲水門), 초연대(超

---

4   성벽 위에 설치하는 낮은 담장으로 적으로부터 몸을 보호하고 적을 공격할 수 있는 구조물.
5   북자(北咨) : 청(淸)나라에서 조선에 보내온 자문(咨文). 자문은 연경 및 심양의 각 부와 주고받던 외교 문서.
6   성가퀴는 사이사이가 끊어져 있는데, 그 끊어진 구멍을 타구(垛口)라고 한다. 우리나라 석성의 여장은 열린 모양이 장구 모양이어서 시야를 넓게 확보할 수 있다. 타

然臺), 정해문루(靜海門樓)[註 : 서문], 칠성문루(七星門樓)[註 : 북문]를 세웠다. 서윤(庶尹) 황이장(黃爾章)과 중군(中軍) 정림(鄭琳), 장교(將校) 계운방(桂雲芳)이 공사를 감독하여 완공시켰다. 1714년(숙종 40)에 감사 민진원(閔鎭遠)이 여장 1,626타를 다 쌓은 뒤에 중영(中營)과[7] 장대(將臺)를[8] 세우고 동양지(東陽池)와 풍월지(風月池)를 팠다. 1716년(숙종 42) 감사 조태로(趙泰老)가 이어 장대(將臺) 4곳과 치각(雉角) 3곳, 포루(砲樓)[9] 20곳, 군포(軍砲) 41곳을 만들었다. 1724년(경종 4)에 감사 이진검(李眞儉)이 네 곳의 장대 아래에 네 개의 무기고를 만들고 무기를 보관해두자 성과 해자의 시설이 갖추어졌다. 1728년(영조 4)에 감사 윤유(尹游)가 장계를 올려 성안의 군사훈련을 창설하고 무기를 만들며 군졸에게 음식을 보내 위로할 것과 이틀 밤낮동안 성을 지키는 훈련을 하여 격년으로 준행하는 규정을 만들 것을 청하였다. 이때부터 군대와 백성이 비로소 성을 지키는 절차와 제도를 알게 되었다.

북성(北城) 1714년(숙종 40)에 감사 민진원(閔鎭遠)이 축조하였다. 둘레가 1,318보(步)이며 을밀대(乙密臺) 서북쪽 모퉁이에서 모란봉(牧丹峯)을 둘러 부벽루(浮碧樓)를 지나 본성(本城)의 동쪽 암문으로 이어져 있고, 동쪽과 서쪽에는 모두 문이 있다. 그 후 감사 조태로(趙泰老)가 장대, 문루, 포루를 세웠는데, 이보다 앞서 논의할 때 모란봉에서 내성이 내려다보이니 만일 적에 점령당하면 내성이 위험할 것이라고 하였다. 이제 그 봉

구로 끊어진 한 구간을 첩(堞) 또는 타(垜)라고 하며 첩이나 타의 갯수는 성벽의 길이를 가늠하는 기준이 된다.

7 중심 부대의 영문이나 진영.
8 군사를 지휘하는 장수가 올라서서 지휘하도록 성(城), 보(堡), 둔(屯), 수(戍) 따위의 높은 곳에 돌로 쌓은 대.
9 상대방의 공격으로부터 보호를 받으면서, 포(砲)를 설치하고 쏠 수 있도록 만든 구축물.

우리를 둘러 성을 쌓았으니 이제는 염탐 당할 걱정이 없어졌다고 한다.

옛 성(舊城) 아래에 글씨가 새겨진 돌이 있는데, "이 성은 42년만에 공사를 마쳤다"고 쓰여 있어서 옛날 사람들은 공력(功力)을 따지지 않고 견고하게 쌓는 것에 신경 썼다는 사실을 볼 수 있다. 민간에서 전하기를, 옛 성은 증토(蒸土)[10]로 쌓아서 지금 성이 있는 아래를 보면 흙을 팔 때 도끼가 아니면 들어가지도 않고 뿌리가 주먹만 한[11] 나무를 심으면 깊이 들어가지 않으니, 증토로 만들었다는 이야기가 허무맹랑한 것은 아닌 것 같다. 민간에서 전하기를 옛 성을 쌓을 때 장정들을 많이 뽑아 옷자락을 묶고 나란히 세운 뒤 용강(龍岡) 오석산(烏石山)의 돌을 전하게 했다고 한다. 이곳에 어찌 암석이 없어서 반드시 먼 곳에서 구했겠는 가? 그 뜻은 고려 태조께서 "서경은 수덕(水德)이 조화롭고 순탄하여 우리나라 지맥의 근본이다"고 하신 바에 있으니 그래서 옛날 사람들은 지맥을 상하게 할까봐 그랬던 것인가. 그 후 성을 쌓을 때에는 군기서 (軍器署) 서쪽 송당현(松堂峴)에서 돌을 파서 등에 지고 날랐기에 식자(識者)들이 탄식하였다. •정묘호란(1627) 후 이 성을 버리고 지키지 않자 명나라 사람 부총관 백등용(白登庸)[12]이 탄식하며 "이 성은 가로로 큰 강을 두르고 석벽에 높이 자리 잡아 한 면으로만 적을 맞을 수 있고 형세가 심히 장대한데도 등한시하고 버려두니 안타깝구나"라고 하였다. •『문헌통고(文獻通考)』에는 "평양에는 세 개의 성이 있는데, 첫째가 왕검성(王儉城), 둘째가 중도성(中都城), 셋째가 노양성(魯陽城)이다. 노양성은 이 성과의 거리가 30리이다"라고 했는데, 이곳이 바로 대성산(大聖山)

---

10 하얀 석회에 백색 점토와 찹쌀 물을 섞어 만든 흙.
11 근권(根拳) : 뿌리가 주먹과 같이 되다. '권(拳)'은 뿌리가 주먹을 쥔 것처럼 뭉쳐진 것.
12 본문에는 "백부총(白副摠)"이라고만 되어 있는데 병자호란 때 조선으로 온 명군 부총병 백등용(白登庸)으로 보고 번역문에 반영하였다.

이다. 왕검성이 바로 이 성이고 이른바 중도성은 정확하게 어떤 성을 가리키는지 모르겠다. 지금 모란봉을 보면 뒤에 옛 성터가 있고 서쪽으로 병현(並峴)에서부터 동쪽으로 주암(酒巖)을 둘러서 형세가 매우 좋으니, 이곳이 분명히 중도성일 것이다. 이 성의 삼면은 강으로 막혀 있고 오직 뒤쪽으로만 적이 들어올 수 있다. 모란봉이 성 안을 내려다보고 있는데 여기에 중도성을 쌓은 것은 적을 방어하는 길이어서일까? 옛 사람이 험준한 곳에 성을 쌓아 나라를 지키려는 계책이 심오하다.

외성(外城) 지세가 평평하고 낮아서 강물에 동남쪽이 얕게 잠긴다. 세상에서 전하기를 기자가 도읍을 세운 초창기에 성을 아홉 겹으로 쌓아 수해를 방비하였다고 한다. 기자는 은(殷)나라 사람으로, 경(耿)과 박(亳)의 이하(圯河)[13]를 보고 여기에 아홉 겹으로 만들었는데 수천 년 동안 크게 강물이 범람한 것이 몇 번인지 알 수 없으나 백성들이 수해를 입어 뿔뿔이 흩어지는 일이 없었던 것은 이 덕분이었던 것이니 실로 평양 백성들의 울타리로, 성왕이 후세를 염려한 것이 지극하다. 전후에 관찰사들은 다른 업무로 겨를이 없어 미처 수리하지 못했다. 시간이 점점 흐르면서 옛날에 축조한 것이 점점 무너지고 한두 겹만 남아 있더라도 또한 대부분 무너져서 성왕(聖王)의 옛 도읍이 거의 사라질 상황이었다. 1727년(영조 3)에 감사 홍석보(洪錫輔)가 봉급 300냥과 전미(田米) 100섬, 면포 50필을 내고, 1729년(영조 5)에 감사 윤유(尹游)가 돈 500냥, 면포 5동(同)[14]을 더 내어서 보역고(補役庫)를 새로 만들어 매년마다 남은 것을 가지고 수축하는 비용을 대었다. 1730년(영조 6)에 감사 송인명(宋寅明)

---

13 경박(耿亳) : 경(耿)은 은(殷)나라의 조을(祖乙)이 세웠던 옛 도읍지이고, 박(亳)은 주(周)나라의 반경(盤庚)이 이하(圯河)가 범람할까 걱정하여 은(殷) 땅으로 옮긴 도읍지이다.
14 물건을 묶어 세는 단위. 한 동은 먹 열 장, 붓 열 자루, 생강 열 접, 피륙 50필, 백지 100권, 곶감 100접, 볏짚 100단, 조기 1000마리, 비웃 2000마리를 이른다.

이 계문을 올려 위로는 소성(小城)에서 아래로는 영귀루(詠歸樓)에 이르기까지 모두 800보를 수축하겠다고 아뢰었다.

세조대에 남원군(南原君) 양성지(梁誠之)가 관서지방의 편의를 위해 18개 조항을 아뢰며 말하기를, "평양의 외성은 밖으로는 넓은 강물이 있고 안으로는 풍요로운 토지가 있으니 혹시라도 적군에 점령된다면 앞뒤로 적군을 맞게 될 것이니 내성의 수비가 매우 어려울 것입니다. 청컨대 고성(古城)을 증축하도록 하소서"라고 하였으나[15] 이 의견은 결국 실행되지 못했다. 그런데 1592년(선조 25)에 명나라 군대가 왜구를 격파했을 때 함구문(含毬門)을 통해 들어갔는데 함구문이 바로 중성문(中城門)이다. 지금은 내성만 쌓고 중성과 외성을 모두 버려두어 남원군의 의견과는 차이가 있기에 식자(識者)들이 몹시 한탄하였다.

대성산성(大聖山城) · **장안성**(長安城) · **적두산성**(赤頭山城) 지금은 없어졌다.

보산성(保山城) 돌로 쌓았고, 둘레가 800파(把)[16]이며 부의 서남쪽 70리쯤에 있다. 대동강이 아래로 흘러 사면이 물로 막혀 있다. 1627년(인조 5)에 감사 김기종(金起宗)이 본부의 창고를 새로 만들어 두었다.

장흥지(長興池) · **계림지**(桂林池) · **대설지**(大舌池) · **소설지**(小舌池) · **월영지**(月影池) 지금은 메워져 자취가 없어졌다.

일영지(日影池) 1712년(숙종 38)에 서윤 황이장(黃爾章)이 다시 파고 정자를 세웠다.

도영지(倒影池) 둘레는 72보이다. 1715년(숙종 41) 감사 민진원(閔鎭遠)이 파서 만들었다.

---

15 『조선왕조실록』 1455년 11월 10일 기사 참조.
16 파(把) : 양팔을 벌렸을 때 양손 사이의 거리. 정약용의 『경세유표(經世遺表)』에 "우리나라 말로 양팔을 벌렸을 때 그 1탁을 1파라고 한다(東語兩臂引伸, 其一應謂之一把)"고 하였다.

동양지(東陽池) 장경문(長慶門) 안에 있다. 둘레가 175보이고, 중앙에 작은 섬이 있는데 둘레가 38보이다. 1715년(숙종 41)에 새로 파서 물을 저장하였다.

풍월지(風月池) 도영지 남쪽에 있다. 둘레는 191보이고 중앙에 작은 섬이 있는데 둘레가 34보이다. 섬에는 예전에 애련당(愛蓮堂), 능허교(凌虛橋), 팔각문(八角門)이 있었는데 없어진 지 오래되었다. 1715년(숙종 41)에 다시 파내어 문과 당(堂), 다리 같은 것을 모두 복구하였다註 : 위에 언급한 못은 『평양지』에는 모두 「산천」 조목 아래에 수록하였으나 못은 성 안에 있는 것이므로 마땅히 「성지(城池)」 조목에 수록하여야 하므로 여기에 부기하였다.

「부방(部坊)」

[註 : 『평양지』에는 46개 방이었으나 지금은 바뀌어서 35개 방이 되었다.]

인흥방속(仁興部屬) 내천방(內川坊), 덕부방(德部坊)이 증설되었다.

의흥방속(義興部屬) 상산방(上山坊), 잠진방(箴津坊), 사기리방(沙器里坊), 돈산방(頓山坊), 흘이방(訖伊坊), 둔전기방(屯田機坊)은 나뉘어져 인접한 방에 부속되었다.

예안부속(禮安部屬) 협촌방(脇村坊)은 인접한 방에 합쳐졌다.

지안부속(智安部屬) 임원방(林原坊)을 증설하였다. 서형제산방(西兄弟山坊), 두용동방(豆用洞坊), 수여방(水餘坊), 불지방(佛知坊), 오고미(吾古未坊), 눌산방(訥山坊), 북형제산방(北兄弟山坊)은 나누어 인접한 방에 부속되었다.

「군명(郡名)」[註:『평양지』에서 상세하게 서술하였다.]

「풍속(風俗)」

  명 학사 송렴(宋濂)은 "기자의 나라로, 위로는 귀족(常尊)이 있고 아래로는 상민(等夷)이 있다. 실로 선왕(先王)의 유풍이 있어 중국과 엇비슷하게 보이므로 다른 나라의 경우처럼 말할 수 없다"[17]고 하였다.

「형승(形勝)」[註:『평양지』에서 상세하게 서술하였다.]

「산천(山川)」

  모란봉(牧丹峯) 바로 금수산(錦繡山)이다. 갑오년(甲午年)에 봉우리 정상에 성을 증축하여[18] 예전에 비해 1장 남짓 높아졌다.

---

17 송렴(宋濂), 「본국으로 돌아가는 고려 장상서에게 드리는 서문(贈高麗張尚書還國序)」(『송문헌공전집(宋文獻公全集)』 권1(『사부비요(四部備要)』 본))

18 『조선왕조실록』 1714년 10월 3일 기사에 성 수축의 허가를 요청하는 관찰사 민진원의 장계가 있으나 허락받지 못했다. 그 외에 방증자료를 찾지 못해서 구체적인 시기를 특정하지 못하여 번역문에서는 '갑오년'으로 처리하였다.

대통강(大通江) 『일통지(一統志)』에 평양성 동쪽에 있다고 하는데, 옛 이름은 패수(浿水)이다. 가운데에 조천석(朝天石)이 있는데 당(唐)의 소정방(蘇定方)이 패수에서 적군을 격파하던 곳이 이곳이라고 한다. 지금의 대동강(大同江)이다.

발로하(發蘆河) 『일통지』에 평양성 서쪽에 있다고 했다. 당(唐)나라의 이근(李謹)이 신라 군대를 이곳에서 격파했다고 하는데 지금의 서강(西江)이다.

양명포(楊命浦) 지금은 말랐다.

벽지도(碧只島) 『평양지』에서 상세하게 서술하였다. 임진왜란, 정묘호란, 병자호란 때 전란을 피해 달아난 백성들이 끝까지 목숨을 보전할 수 있어서 이때 '소 무릉도원(小桃源)'이라고 하였다.

봉도(蓬島) 둘레는 5리이다. 두로도(豆老島) 서쪽에 있으며 민전(民田)이 있다.

곤이도(鯤耳島) 둘레는 5리이다. 두로도 서쪽에 있으며 민전이 있다.

보음통지(甫音筒池)·율사지(栗寺池)·흘이방지(訖伊坊池) 지금은 없어졌다.

상석정(上石井)·중석정(中石井)·하석정(下石井) 모두 율사방(栗寺坊)에 있다.

냉정(冷井) 시족방(柴足坊)에 있다. 세상에서 전하기를 약수(藥水)라서 사람들이 대부분 병을 치료하기 위해서 목욕하러 온다.

「누정(樓亭)」

부벽루(浮碧樓) 1614년(광해군 6)에 감사 김신국(金藎國)이 중수하였고 1672년(현종 13) 서윤 윤이제(尹以濟)가 중수하였으며 1696년(숙종 22)에 서윤 윤성우(尹聖瑀)가 중수하였다[註 : 부벽루는 원래 영명사 남헌(南軒)에 있었는데, 홍상인(興上人)이 창건한 것이다. 고려 예종이 서쪽으로 순행할 때 여러 신하들과 연회를 열고 수창하였다. 평장사(平章事) 이오(李頫)가 옥당(玉堂)으로 호종하면서 '부벽루(浮碧樓)'라고 이름 지었다.]

연광정(練光亭) 1607년(선조 40)에 서윤 이홍주(李弘胄)가 중수하였고 1670년(현종 11)에 윤이제(尹以濟)가 중수하였다.

읍호루(挹灝樓) 1682년(숙종 8)에 서윤 홍유구(洪有龜)가 중수하였다.

애련당(愛蓮堂) 풍월지(風月池) 부분에 나와 있다.

망월루(望月樓)·**망원루**(望遠樓)·**영귀루**(詠歸樓)·**함벽정**(涵碧亭)·**연무정**(演武亭)·**취원정**(聚遠亭)·**군자루**(君子樓) 지금은 없다.

망일헌(望日軒) 옛 감영 북쪽에 있다. 1614년(광해군 6)에 감사 김신국(金藎國)이 창건하였고, 1661년(현종 2)에 감사 임의백(任義伯)이 중수하였다.

주변루(籌邊樓) 옛 감영 북쪽에 있다. 망일헌과 같은 시기에 창건되었으며 같은 시기에 중수되었다.

공금정(控襟亭) 관풍동(觀風洞)에 있다. 1691년(숙종 17)에 감사 민취도(閔就道)가 창건하였다.

열무정(閱武亭) 칠성문(七星門) 안에 있다. 1702년(숙종 28)에 감사 이세재(李世載)가 창건하였다.

장향각(藏香閣) 1692년(숙종 18)에 감사 심단(沈檀)이 창건하였다. 예전에는 옛 감영 앞에 있었는데 지금은 대동관 앞, 곧 감영의 교방(敎坊)에 있다.

장춘원(長春院) 예전에는 풍월루 터에 있었다. 1723년(경종 3)에 서윤 조하장(曹夏章)이 청형당(淸逈堂) 남쪽, 곧 평양부 교방으로 이건하였다.

초연대(超然臺) 동포루(東砲樓) 옛터에 있다. 1712년(숙종 38)에 감사 이제(李濟)가 창건하였다. 큰비로 무너져 재건하였으나 다시 무너지고 포루(砲樓)만 있다.

집승대(集勝臺) 중영치(中營峙) 위, 곧 장대에 있다. 1714년(숙종 40)에 감사 민진원(閔鎭遠)이 창건하였다.

선승대(選勝臺) 성 서남쪽 모퉁이에 있다.

공승대(供勝臺) 성 서북쪽 모퉁이에 있다.

취승대(聚勝臺) 을밀대 위, 곧 사허정(四虛亭) 옛 터에 있다.

납승대(納勝臺) 동성(東城) 장주암(藏舟巖) 위에 있다.

최승대(最勝臺) 모란봉 아래에 있다. 오른쪽은 오승대(五勝臺)이다. 1716년(숙종 42)에 감사 조태로(趙泰老)가 창건하였다.

양벽정(漾碧亭) 성 동쪽 암문(暗門) 밖에 있다. 1712년(숙종 38)에 이제(李濟)가 창건하였다.

기자정각(箕子井閣) 1606년(선조 39)에 감사 박동량(朴東亮)이 창건하였고 1691년(숙종 17) 서윤 이규징(李奎徵)이 중수하였다.

종각(鍾閣) 대동관 앞에 있다. 1726년(영조 2)에 감사 윤헌주(尹憲柱)가 창건하였고 큰 종을 만들어 달았다註 : 종은 예전에는 읍호루에 있었다. 갑오년[19]에 다시 만들어 장대에 옮겨 달았다가 이때에 다시 만들어 옮겨 달았다.

보통문루(普通門樓) 1644년(인조 22)에 중수하였다. 기해년[20]에 중수하면서 사방에 담장을 증축하였고 동쪽과 서쪽에 소문(小門)을 두었다.

석호정(石湖亭) 대동강 하류 30리에 있다. 판관(判官) 이백복(李百福)이 창건하였다. 문인 이진(李進)[21]이 예전에 이곳에 우거하면서 '협선정(挾

---

19 방증자료가 없어서 시기를 특정하지 않았다.
20 1644년부터 『평양속지』가 만들어진 1730년까지 '기해년'은 1659년과 1719년이다. 중수할 만한 시기라는 점에서는 1719년을 가리키는 것으로 추측되지만 구체적인 방증자료가 없어서 번역문에서는 시기를 특정하지 않았다.
21 이진(1582~?) : 자는 퇴지(退之), 호는 협선(挾仙), 본관은 연안이다.

仙亭)'이라고 고쳐 불렀다. 화초를 많이 심고 거문고를 연주하고 학을 길들이며 시와 술로 즐겼으며 한 시대에 문장이 뛰어난 사람들이 수창하며 함께 시를 지었으나 그 뒤에 정자가 없어졌다. 감찰(監察) 조관국(趙觀國)[22]이 중수하였고 1724년(경종 4)에 사람들이 돈을 모아 정자를 재건하였는데 예전에 비해 규모가 자못 크다.

도호정(陶湖亭) 연자포(燕子浦) 가에 있다. 처사(處士) 김정형(金鼎亨)이 창건하였다. 김정형은 그의 스승 돈암(遯庵) 선우협(鮮于浹)을 따라 전국의 산수 승경을 두루 유람한 뒤 돌아와서 이곳에 거처를 정하고 정자를 지어 자호(自號)로 삼았다.

「사묘(祠墓)」

영숭전(永崇殿) 태조 어진을 봉안하였는데 한(漢)나라 군국(郡國) 원묘(原廟)의 제도[23]를 따른 것이다. 정유재란(1597)[24] 때 영정이 없어지자 1615년(광해군 7)에 감사 김신국(金藎國)이 전각을 중수하고 다시 어진을 그려 봉안하려고 했으나 실행하지 못하였다. 1670년(현종 11)에 본전을

---

22 조관국(1637~1696) : 자는 맹빈(孟賓), 본관은 평양(平壤)이다.
23 원묘(原廟)는 원래의 정묘(正廟) 이외에 거듭 지은 종묘로, 중국 한(漢)나라 혜제(惠帝) 때 숙손통(叔孫通)의 건의로 처음 세웠다고 한다. 조선 태종은 1410년에 전주, 경주, 평양에 조선 태조의 영정을 봉안하여 어용전(御容殿)이라고 하였는데 그 뒤 1442년에 전주는 경기전(慶基殿), 경주는 집경전(集慶殿), 평양은 영숭전(永崇殿)이라는 호칭을 내렸다.
24 본문에는 '丁卯之亂'으로 되어 있으나 정묘호란은 1627년이므로 김신국의 재임기간과 맞지 않는다. 여기에서는 '丁酉'의 오기로 보고 고쳐서 번역문에 반영하였다.

헐고 나중에 남겨진 터에 감영을 옮겨 세웠다.

임진왜란 때 전주(全州) 경기전(慶基殿)의 수복(守僕)이 태조 영정을 짊어지고 섬으로 피란을 가던 중 마침 서울로 돌아가는 배를 만나 그 배를 타고 의주에 도착하여 행재소에 봉헌하였다. 선조가 매우 기특하게 여겨서 곧바로 벼슬을 제수하고 어진을 행궁에 봉안하였다. 왜적이 물러난 뒤 영숭전에 옮겨 봉안하였고 그 뒤에 경기전으로 돌려주어 봉안하였다.

숭령전(崇靈殿) 예전에는 단군과 동명왕의 사당이었다. 1725년(영조 1)에 감사 이정제(李廷濟)가 장계를 올려 사액해 달라고 청하였다.

숭인전(崇仁殿) 예전에는 기자의 사당이었다. 1612년(광해군 4)에 조삼성(曹三省), 양덕록(楊德祿), 정민(鄭旻) 등의 상소에 따라 '숭인(崇仁)'으로 이름을 바꾸고 선우식(鮮于寔)을 전감(殿監)으로 삼아 세습하게 하였다. 1637년(인조 15)에 비를 세웠다. 1679년(숙종 5)[25]에 「홍범(洪範)」을 보고 감흥이 있어 근신(近臣)들에게 단군사(檀君祠)와 함께 제사를 지내라고 하였다.

기자묘(箕子墓) 1593년(선조 26)에 왜구가 비석을 쳐서 부러뜨렸으므로 왜적이 물러난 뒤에 다시 새로운 비를 세웠다. 한호(韓濩)가 글씨를 쓰고 쇠못으로 옛 비석을 뚫어 새 비석의 뒤에 붙여서 옛 모습을 남겨 두었다. 1602년(선조 35)에 감사 허욱(許頊)이 정자각(丁字閣)을 세웠고 1706년(숙종 32)에 중수하였다. 묘의 동쪽에 예전에는 길이 있었는데 1728년(영조 4)에 감사 윤유(尹游)가 그 길이 내맥(來脈)[26]을 끊는 것을 안타깝게 여겨서 나무로 막고 북성문(北城門)으로 길을 통하게 하였다.

동명왕묘(東明王墓) 1725년(영조 1)에 감사 이정제(李廷濟)가 장계를 올려 봉분을 쌓고 묘역을 다듬게 해달라고 청하였다.

---

25 본문에는 "숙묘육년기미(肅廟六年己未)"라고 되어 있으나 기미년은 숙종 5년이다.
26 내맥(來脈) : 혈자리로 직접 들어오는 뒤쪽의 산줄기.

무열사(武烈祠) 서문 안에 있다. 1593년(선조 26)[27]에 감사 이원익(李元翼)이 창건하였다. 명나라의 병부상서(兵部尚書) 석성(石星)과 제독(提督) 이여송(李如松), 좌협장(左協將) 양원(楊元), 중협장(中協將) 이여백(李如栢), 우협장(右協將) 장세작(張世爵), 다섯 공의 화상을 걸었는데 정묘호란으로 석성과 이여백의 화상만이 남아있고 나머지는 모두 사라져서 위판(位版)으로 대신하였다. 화상은 이신흠(李臣欽)이 그린 것으로 가장 만족해한 작품이었고 명나라 사람들이 모두 흡사하다고 하였다. 처음에 이신흠이 명을 받고 군문에 들어와서 여러 공들에게 초상화을 그리겠다고 청하자 제독 이여송은 의자에 앉아서 그리라고 허락하고는 손으로 수염을 매만져서 덥수룩하게 만들고는 "내 얼굴은 대체로 온화하여 용맹한 모습이 거의 없으니 규염객(虯髯客)[28]처럼 그려달라고 하자 이신흠이 그 말대로 그렸다. 부총 양원은 본디 코의 세로주름이 입에서 나와 옆으로 뺨의 광대뼈 아래까지 가서 갑자기 꺾였다가 위로 올라와서 귀 뒤를 지난 다음 다시 꺾여 아래로 뺨의 광대뼈 앞에서 멈추는데 좌우가 모두 그러하였다. 양원의 아들이 이신흠에게 몰래 말하기를, "아버지께서는 이렇게 남다른 얼굴 모양을 갖고 있는데 어떤 사람은 매우 귀하다고 하고 어떤 사람은 불길하다고 하니 판단할 수가 없습니다"라고 하였다. 후에 양원은 남원성(南原城)에서 패배한 뒤 처형되었다.[29]

중국 사신 주지번(朱之蕃)이 정당(正堂) 남쪽 기둥에 "충성스런 마음 있고, 기개는 산과 강처럼 만 리에 웅혼하네. 위용과 덕업 있으시니, 깊은

27　본문에는 '癸卯'라고 되어 있으나 이원익의 재임기간이 1592~1595년인 것으로 볼 때 1593년인 '癸巳'의 오기로 판단된다.

28　당(唐) 나라 장열(張說)의 소설 『규염객전(虯髯客傳)』에 나오는 인물.

29　조경남(趙慶男)의 『난중잡록(亂中雜錄)』 1598년 8월 기사에 "명 나라 조정에서 양원(楊元)·진우충(陳愚衷)을 베어 머리를 우리 나라에 전했다"가 있다.

책략 가진 황제의 장수[30]를 삼한에서 제사지내네(義膽忠肝, 氣作山河雄萬里. 威容德範, 思深劍履奠三韓)"라고 쓰고 문의 처마에는 "장대한 책략으로 절개를 지켰다(壯猷完節)"고 썼다.

민충단(愍忠壇) 을밀대 북쪽에 있다. 1593년(선조 26)에 축조하여 명나라의 전사한 장병을 제사지냈다.

생사당(生祠堂) 창광산(蒼光山) 동쪽에 있다. 임진년에 부의 백성들이 감사 이원익(李元翼)을 위해 창건하였고 그 후 감사의 생사(生祠)는 모두 동일한 건물로 하였다.

「공서(公署)」

대동관(大同館) 1684년(숙종 10)[31]에 감사 허적(許積)이 중수하였고 1711년(숙종 37)에 서윤 황이장(黃爾章)이 문루(門樓)를 중수하였다.

동별관(東別館) 16칸으로 1648년(인조 26)에 서윤 유시정(柳時定)이 창건하였다.

서별관(西別館) 15칸으로 1650년(효종 1)에 유시정이 창건하였다.

향실(香室) **및 제위판봉안실**(祭位版奉安室) 감사 민유중(閔維重)이 문묘 서쪽 담 안으로 이건하였다.

---

30 검리(劍履) : 검리상전(劍履上殿). 옛날 중신이 제왕의 두터운 신임을 받고서 검을 풀거나 신발을 벗지 않은 채 임금 앞에 나아갔던 고사가 있다.
31 『청선록』에 수록된 허적의 부임시기를 고려하면 본문의 '甲午'는 '甲子'의 오기로 보인다.

청화관(淸華館) 51칸으로 1668년(현종 9)에 서윤 이기징(李箕徵)이 중수하였다.

풍월루 신관(風月樓新館)·**보루관**(報漏觀)·**호애당**(護愛堂) 지금은 없다.

청형당(淸逈堂) 청화관(淸華館) 남쪽에 있다.

상아(上衙) 영숭전(永崇殿) 옛 터이다. 1683년(숙종 9)에 감사 신익상(申翼相)이 창건하였고 1694년(숙종 20)에 감사 이유(李濡)가 처음으로 거주하였다.

사당(祠堂), 제청(祭廳), 내대청(內大廳), 동상방(東上房), 서상방(西上房), 서별실(西別室), 내책방(內冊房), 중책방(中冊房), 징청당(澄淸堂), 소요각(逍遙閣), 좌소정(坐嘯亭)[註 : 석가산(石假山)과 작은 연못이 있다], 연신당(燕申堂), 응수당(應酬堂), 선화당(宣化堂), 부관청(副官廳), 제청방(祭廳房), 상공수방(上供需房), 정설방(正設房), 약방(藥房), 비장청(裨將廳), 이마청(理馬廳), 동서부관청(東西副官廳) 모두 합하면 282칸이다.

각고별장청(各庫別將廳), 육방(六房), 지인방(知印房), 기수청(旗手廳)[註 : 예전에 우물이 있다]은 모두 동부관청(東副官廳) 아래에 있다. 기고사(旗鼓司), 주사방(主事房), 의생방(醫生房), 효위청(驍尉廳)은 모두 서부관청(西副官廳) 아래에 있다. 순영이방(巡營吏房), 관영이방(管營吏房)은 모두 공수청(供需廳) 앞에 있다. 장생방(掌生房), 율생방(律生房), 생도방(生徒房), 기패청(旗牌廳)은 모두 대문 밖 동쪽에 있다. 회계방(會計房)은 대문 밖 서쪽에 있다. 군관사후도청(軍官伺候都廳), 별무사청(別武士廳)은 모두 비장청(裨將廳) 앞에 있다. 반구정(反求亭)은 6칸으로 서쪽 담 안에 있다. 1707년(숙종 33)에 감사 조태구(趙泰耉)가 창건하였다.[註 : 예전에는 연지(蓮池)가 있다]

중영(中營) 『평양지』에서는 서윤의 관아였는데, 1646년(인조 24)에 감영으로 삼았다. 1694년(숙종 20)에 감영을 옮긴 뒤에는 중군(中軍)이 거처하는 곳이 되었다.

체영(體營) 예전에는 체찰사(體察使)[32]가 거처하는 곳이었고, 나중에는 중영(中營)이 되었으나 지금은 군문(軍門) 집물고(什物庫)이다.

이아(二衙) 『평양지』에서는 감사의 관아였는데, 1646년(인조 24)에 감사 박서(朴遾)가 서로 바꾸어 감영으로 옮겼다. 1655년(효종 6)에 서윤 최문오(崔文澳)가 중수하였다.

사당(祠堂), 동상방(東上房), 서상방(西上房), 내대청(內大廳), 책방(冊房), 중동헌(中東軒)은 1709년(숙종 35)에 서윤 신처화(申處華)가 재건하려고 공사를 시작하여 서윤 정복선(鄭復先)이 공사를 마쳤다. 경림당(敬臨堂)이 있으며, 근민당(近民堂)은 경림당 뒤에 있는데 1675년(숙종 1)에 서윤 황도광(黃道光)이 창건하였다. 제청(祭廳), 회계방(會計房), 누상고(樓上庫), 사후청(伺候廳), 공수청(供需廳)은 모두 합쳐 67칸이다. 삼애당(三愛堂)은 서쪽 담 안에 있는데 1648년(인조 26)에 서윤 유시정(柳時定)이 창건하였고, 그 서쪽에 1가(架)의 초각(草閣)을 짓고 연못을 파서 연을 심은 뒤에 '군자정(君子亭)'이라는 편액을 붙였다. 중군청(中軍廳), 관성군관청(管城軍官廳)은 모두 동쪽 담 밖에 있다. 원작청(元作廳), 형작청(亨作廳)은 모두 대문 밖 동쪽에 있다.

판관아(判官衙) 임진왜란 뒤에 체영(體營)이 되었다가 지응고(支應庫) 북쪽으로 이건되었다. 판관이 혁파된 뒤에 예방청(禮房廳)이 되었다.

유향소(留鄕所) 22칸으로 1683년(숙종 9)에 중수되었다.

문회소(文會所) 향교 앞에 있다.

사마소(司馬所) 서문(西門) 안 무열사(武烈祠) 옛 터에 있다. 갑자년(甲子年)에 창설되었다.

---

32 외적이 침입하거나 내란이 일어나는 등의 비상시에 임명되어 군대를 거느려 지휘하던 벼슬.

사옥국(司獄局)·**무기서**(武器署)·**교서국**(校書局) 예전에는 함구문 안에 있었는데 지금은 내성 안으로 옮겼다.

사학당(四學堂) 지금 융흥부(隆興部)로 옮겼다.

훈련청(訓練廳) 예전에는 내성 안에 있었다. 1725년(영조 1)에 오동(烏洞) 서쪽으로 이건하였는데 외성의 내맥(來脈)을 눌러 끊어버려서 풍수가 들이 꺼렸기 때문이라고 한다.

「창저(倉儲)」

천류고(泉流庫) 50칸으로 중영(中營) 서쪽에 있다. 호조에 속하며 1623 년(인조 1)에 관향사(管餉使)[33] 정두원(鄭斗遠)이 창설하였다. 칙사(勅使)에 대한 응대와[34] 연경으로 가는 사행 경비를 담당하였다.

금 73냥 2전 6푼, 은 85,795냥 6전 8푼, 동전 70,588냥, 각종 명목의 피 류 9,307필, 각종 명목의 삼승포(三升布) 902통(桶) 8푼, 각종 명목의 명주 4동(同) 36필, 면포 712동 10필, 모시 26필 26자, 각종 명목의 베 85동 1 필 15자, 각종 명목의 쌀 14,846섬 12말, 대두(大豆)·소두(小豆) 8,178섬 5 말, 각종 명목의 껍질을 벗기지 않은 곡식(皮穀) 10,129섬 14말.

영고(營庫) 41칸으로 예전에는 구 감영 남쪽에 있었는데, 지금은 새 감 영 앞으로 옮겼다.

---

33 평안도의 군량공급책임자. 평안감사가 겸직했음.
34 책응(責應) : 책임지고 물품을 내어줌.

금 85냥 6전, 은 115,769냥 3전, 동전 165,260냥, 각종 명목의 피륙 6,046필, 각종 명목의 명주 34동 21필, 각종 명목의 삼승포 299통 1필, 면포 5,037동 2필, 모시 22동 9필, 각종 명목의 베 202동 27필, 각종 명목의 쌀 7,815섬 10말, 대두·소두 926섬 7말, 각종 명목의 껍질을 벗기지 않은 곡식 3,081섬 10말.

영군기고(營軍器庫) 66칸으로 예전에는 영숭전 앞에 있었다. 1644년(인조 22)에 감사 김세렴(金世濂)이 창설하였고 그 후에 감사 유상운(柳尙運)이 관풍동(觀風洞)으로 이건하였다. 1714년(숙종 40)에 감사 민진원(閔鎭遠)이 대청(大廳)의 창고를 더 세워 무기와 잡다한 물건을 더 갖추었다.

은 2,238냥 2전, 동전 19,669냥 5전, 면포 193동 47필, 각종 명목의 쌀 3,653섬, 대두·소두 202섬, 각종 명목의 껍질을 벗기지 않은 곡식 12섬, 조총(鳥銃) 16,919자루(柄), 각종 포(砲) 3,009좌(坐), 활 4,766장(張), 화살 3,713부(部) 26개.

구영창(舊營倉) 34칸으로 예전에는 남포루(南砲樓) 위에 있었다. 1685년(숙종 11)에 감사 유상운(柳尙運)이 창건하였다. 1709년(숙종 35)에 감사 윤지인(尹趾仁)이 따로 성역(城役) 소속의 본창(本倉)을 만들어 성을 쌓을 때쓸 비용을 비축하였다. 1712년(숙종 38)에 감사 이제(李濟)가 서성(西城)안으로 이건하였다.

은 32,987냥 6전, 동전 52,368냥, 각종 명목의 피륙 109필, 각종 명목의 삼승포 106통 1필, 면포 61동 46필, 베 65동 34필, 각종 명목의 쌀 8,030섬 12말, 대두·소두 6,887섬 8말, 각종 명목의 껍질을 벗기지 않은 곡식 4,829섬 13말.

성역소(城役所)

은 692냥 1전, 동전 42,103냥, 면포 303동 21필, 베 58동 44필, 각종 명

목의 쌀 2,604섬 8말, 대두·소두 363섬 12말, 각종 명목의 껍질을 벗기지 않은 곡식 1,534섬 11말.

보군고(補軍庫) 19칸으로 처음에는 풍월루 옛 터에 있었다. 1682년(숙종 8)에 감사 이세화(李世華)가 창설하였고 1724년(경종 4)에 감사 오명항(吳命恒)이 진휼고(賑恤庫)와 자리를 맞바꾸어 지금은 장경문(長慶門) 안에 있다.

은 23,652냥 9전, 동전 35,519냥, 각종 명목의 피륙 361필, 각종 명목의 삼승포 1,122통 10필, 명주 23필, 면포 1,153동 22필 15자, 베 117동 19필 18자, 모시 11필 10자, 각종 명목의 쌀 32,986섬 9말, 대두·소두 11,438섬 6말, 각종 명목의 껍질을 벗기지 않은 곡식 8,828섬.

별향고(別餉庫) 11칸으로 장경문 안 보군고 옆에 있다. 1724년(경종 4)에 감사 오명항(吳命恒)이 창설하였고 비변사 소속이다.

은 21,407냥 5전, 동전 29,478냥 4전, 면포 615동 5필 20자, 각종 명목의 쌀 60,509섬 7말, 대두·소두 7,848섬 5말.

진휼고(賑恤庫) 45칸으로 처음에는 장경문 안에 있었다. 1706년(숙종 32)에 감사 박권(朴權)이 새 감영 창고의 구 건물에 창설했는데 1724년(경종 4)에 감사 오명항(吳命恒)이 보군고와 자리를 맞바꾸어 지금은 풍월루 옛 터에 있다.

은 12,911냥 9전, 동전 133,064냥, 피륙 60필, 각종 명목의 삼승포 90통 3필, 면포 114동 48필 25자, 모시 1동 40필, 베 5동 12필, 각종 명목의 쌀 35,618섬, 대두·소두 19,164섬 11말, 각종 명목의 껍질을 벗기지 않은 곡식 30,121섬 6말.

감조소(監造所) 35칸[35]으로 예전에는 서남성(西南城) 안에 있었다. 1699

---

35 본문의 '門'은 '間'의 오기로 판단된다.

년(숙종 25) 감사 홍만조(洪萬朝)가 새 감영 서쪽 담 밖으로 이설하였다. 여러 물건의 제조를 담당한다.

은 3,889냥 2전, 동전 5,003냥 8전, 피륙 31필 12자, 각종 명목의 삼승포 29통 4필 8자, 면포 2동 37필 23자, 명주 33자, 베 2동 22필 12자, 쌀·좁쌀 2,151섬 13말.

묵고(墨庫) 25칸으로 예전에는 산정치(山亭峙)에 있었다. 갑술년에 새 감영 앞으로 이설하였다.

동전 2,805냥, 면포 29필, 각종 명목의 쌀 1,293섬.

겸제고(兼濟庫) 39칸으로 예전에는 대동관 서쪽에 있었다. 1685년(숙종 11) 감사 유상운(柳尙運)이 창설하였고 1699년(숙종 25)에 감사 홍만조(洪萬朝)가 각 참의 쇄마(刷馬)를 관리하고 운영하여 번거롭게 백성들에게 역을 시키지 않았다. 1706년(숙종 32)에 감사 박권(朴權)이 새 감영 앞으로 이설하였으며 별마(別馬)[36]를 기르는 일을 담당한다.

은 13,560냥, 동전 40,763냥 7전, 각종 명목의 피륙 2,241필, 각종 명목의 삼승포 83통, 각종 명목의 명주 9필 13자, 면포 463동 46필, 각종 명목의 베 78동 44필 16자, 각종 명목의 쌀 5,927섬 12말, 대두·소두 2,122섬 13말, 각종 명목의 껍질을 벗기지 않은 곡식 5,573섬 3말.

지용고(地用庫) 예전에는 '보역고(補驛庫)'라고 불렀다. 1664년(현종 5)[37]에 감사 정만화(鄭萬和)가 창설하였고 1712년(숙종 38)에 감사 이제(李濟)가 지금의 명칭으로 바꾸고 겸제고(兼濟庫)와 합쳤다. 역말의 가격 부과[38]를 담당한다.

---

36 별마(別馬) : 임시 사행 때 보내는 말.
37 『청선고』에 따르면 정만화가 부임한 해는 1666년이므로 '甲辰'은 오기로 보인다.
38 첨가(添價) : 의미를 분명히 알기는 어려우나 '절가(折價)'와 혼용해서 쓰이는 사례가 있어서 비슷한 의미로 이해했다. 절가는 가격을 환산하여 결정하는 것이다.

은 8,355냥 6전, 동전 29,290냥, 피륙 1,778필 11자, 각종 명목의 삼승포 38통 3필, 명주 1동 12필, 면포 256동 46필 6자, 각종 명목의 베 114동 35필 3자, 각종 명목의 쌀 1,918섬 12말, 대두·소두 3,273섬 8말, 각종 명목의 껍질을 벗기지 않은 곡식 1,588섬 3말.

고마청(雇馬廳) 24칸으로 예전에는 구 감영 남산 아래에 있었다. 1644년(인조 22)에 감사 김세렴(金世濂)이 창설하고 우장(牛庄)[39]까지 가는 말을 삯을 주고 빌리는 일을 담당했다. 1699년(숙종 25)에 감사 홍만조(洪萬朝)가 새 감영 앞으로 이건하였다.

은 32,303냥 5전, 동전 44,441냥, 피륙 7,180필 15자, 각종 명목의 삼승포 126통 1필, 명주 46필, 베 207동 26필 22자, 면포 950동 4필 30자, 각종 명목의 쌀 6,042섬 10말, 대두·소두 5,512섬 1말, 각종 명목의 껍질을 벗기지 않은 곡식 6,242섬.

종마고(從馬庫) 1670년(현종 11)에 감사 민유중(閔維重)이 창설하였고 신구 수령의 교체시 마부와 말을 마련하고 감영의 각 처의 자리[鋪陳]를 수선하는 일을 담당하였다. 1724년(경종 4)에 감사 오명항(吳命恒)이 고마고(雇馬庫)로 통합하였다.

은 4,115냥 1전, 동전 17,240냥, 피륙 566필 5자, 각종 명목의 삼승포 144통 7필, 명주 47필 37자, 면포 139동 4필 27자, 베 30동 49필 32자, 각종 명목의 쌀 3,047섬 13말, 대두·소두 629섬 8말, 각종 명목의 껍질을 벗기지 않은 곡식 3,476섬 10말.

상채청(償債廳) 22칸으로 장경문 안에 있다. 1714년(숙종 40)에 감사 민진원(閔鎭遠)이 창설하였다. 이자를 운영하여 백성들의 오래된 조세 미

---

39 우장 : 만주 요녕성.해성현(海省縣)의 서쪽에 위치.

납분[40]과 관채(官債)를 갚는 데 사용한다.

은 285냥 6전, 동전 6,386냥, 면포 2동 40필, 각종 명목의 쌀 10,649섬 11말, 대두·소두 1,442섬 8말, 각종 명목의 껍질을 벗기지 않은 곡식 2,944섬 11말.

전판고(轉販庫) 10칸으로 장향각(藏香閣) 앞 저자 거리에 있다. 시장에서 바꾸기 편하도록 상채청의 전포(錢布)를 쌓아두었다.

관시고(管市庫) 34칸으로 대동관 앞에 있다. 1703년(숙종 29)에 감사 이세재(李世載)가 창설하였고 개시(開市)의 물건들을 담당한다.

은 3,910냥 3전, 동전 20,981냥, 피륙 105필, 각종 명목의 삼승포 1,342통 1필, 면포 191동 35필, 베 20동 6필 15자, 각종 명목의 쌀 1,594섬, 대두 19섬 4말, 각종 명목의 껍질을 벗기지 않은 곡식 1,198섬.

약고(藥庫) 8칸으로 선화당 서쪽에 있다. 감영을 열었을 때부터 창설되었다.

영선(營繕) 6칸으로 예전에는 서남쪽 각성(角城) 안에 있었다. 갑술년에 새 감영 서쪽 담 밖으로 이건하였다. 땔감을 담당한다.

섬학고(贍學庫) 19칸으로 1684년(숙종 10)에 감사 유상운(柳尚運)이 창설하였다. 처음에는 천류고(泉流庫)에 속해 있었으나 지금은 중영(中營) 동쪽에 있으며 각 재(齋)에서 선비를 양성하는 비용을 담당한다.

도회(都會)에서[41] 선비를 양성하는 규정은 1507년(중종 2)에 만들어졌

---

40 본문의 '구포(舊逋)'를 '오래된 포흠(逋欠分)'으로 이해하고 번역하였다. 포흠은 관가(官家)의 물건을 빌려서 없이 하거나 숨기고서 돌려주지 않는 것, 국가의 조세(租稅)를 납부하지 않는 것, 혹은 이러한 미납으로 인한 결손액이다.

41 고려 및 조선시대에 유생들의 면학을 장려하기 위해 매년 일정 기간 열렸던 일종의 강습회. 조선은 고려의 도회제도를 이어받아 중앙에는 4부 학당생, 각 도에서는 향교생도를 대상으로 봄·가을 두 차례 혹은 여름 한 달 도회를 열고 여기서 우수한 성적을 거둔 자는 소과의 향시를 면제하고 바로 소과 회시에 응시토록 하였다.

다. 처음에 감사 안침(安琛)이 장계를 올려서 군자감(軍資監)[42]에 면포 500필을 요청하여 여러 읍에 나누어주고 해마다 쌀로 바꾸어 여러 유생에게 공급하였다. 임진왜란과 정묘호란 이후에 여러 읍에 물품을 공급하는 것이 어려워지자 감사 김기종(金起宗)이 제언(堤堰)의 46섬 땅을 분할하여 지급하였다. 감사 민성휘(閔聖徽)는 22섬의 땅을 분할하여 지급하였고 감사 허적(許積)은 120섬의 땅을 분할, 지급하여 각 재(齋)에서 선비를 양성할 토지로 삼았다. 1664년(현종 5)에 학전(學田)[43]이 모두 제언사(堤堰司)[44]로 들어갔다. 1666년(현종 7)에 감사 이정영(李正英)이 학궁(學宮, 성균관)에 절수(折受)할[45] 곳을 개간하여 46섬 7말의 논을 만들어 각 재(齋)에 나누어 공급하였다. 1670년(현종 11)에 감사 민유중(閔維重)이 장계를 올려 용강(龍岡)과 함종(咸從)의 둔전(屯田) 97일경(日耕)과 논 126섬 8말의 땅을 각 재(齋)에 분급하여 각 재의 유사(有司)로 하여금 그 쌀과 곡물을 담당하여 그 재의 유생에게 공급하게 하였다. 1708년(숙종 34)에 감사 조태구(趙泰耉)가 각 재의 위토전(位土田)[46]을 섬학고에 소속시키고 매월 초하루에 각 재에 녹봉을 지급하였다.

각 재의 재장(齋長), 유사(有司) 10인[註 : 향교의 재장은 예전의 교수(敎授) 예에 따라 사창(司倉)에서 급료를 지급한다], 각 재의 재생(齋生) 61인, 동몽훈장(童蒙訓長) 1인, 각 재 감고(監考) 5인, 석다산 신통(石多山新筒) 논 20섬 5마지기 남제산 보음통(南祭山 甫音筒) 밭 14일반경(日半耕)과 논 18섬 7마지기,

---

42 조선 시대의 관청. 군수품의 저장과 출납에 관한 일을 관장하였음.
43 고려·조선시대 유학(儒學)을 가르쳤던 각 교육 기관의 경비에 충당하기 위해 지급된 토지. 학교전(學校田)이라고도 한다.
44 수리행정, 특히 제언(堤堰)과 보(洑)를 담당하였던 관청.
45 절수(折受) : 국가로부터 일종의 토지 소유권 증명서인 입안(立案)을 발급받거나 전조(田租)의 수조권(收租權)을 지급받는 행위.
46 관청·학교·절·능 등의 유지경비를 위해 설정된 토지.

남형제산(南兄弟山) 논 10마지기, 가산 다복통(嘉山多福筒) 밭 32일반경(日半耕)과 논 9섬 7말 8되지기, 야전통(野箭筒)[註 : 밭은 32일반경(日半耕), 논은 21섬 5말 8되지기], 강서 부석방(江西夫石坊) 밭 8일경(日耕)과 논 10섬 14마지기, 동부(東部) 논 7섬 13마지기, 사진방(沙津坊) 논 5섬 3마지기, 함종 송통(咸從 松筒) 논 24섬 2마지기, 삼화(三和) 밭 반일경(半日耕), 은 425냥 2전, 동전 1,255냥, 면포 25동 26필, 각종 명목의 쌀 3,206섬, 각종 명목의 껍질을 벗기지 않은 곡식 444섬.

이상은 감영의 각 곳간이다.

사창(司倉) 본창(本倉)으로 63칸이다.

각종 명목의 쌀 3,506섬 1말, 각종 명목의 껍질을 벗기지 않은 곡식 1,720섬 13말, 대두 · 소두 2,863섬 5말.

동창(東倉) 45칸으로 구 동사창(東社倉)이다. 임진왜란 이후 율사방(栗寺坊)으로 옮겼다. 1712년(숙종 38)에 서윤 황이장(黃爾章)이 서성(西城) 안에 있는 옛 감영의 창고 앞으로 옮겼다.

각종 명목의 쌀 1,099섬 11말, 각종 명목의 껍질을 벗기지 않은 곡식 1,641섬, 대두 · 소두 781섬 11말.

외서창(外西倉) 23칸으로 감초방(甘草坊) 나한사(羅漢寺) 옛 터에 있다. 1604년(선조 37)에 서윤 박엽(朴燁)이 창설하였고 서쪽 네 개 리(里)의 환곡[47]을 담당하였다.

각종 명목의 쌀 546섬 1말, 각종 명목의 껍질을 벗기지 않은 곡식 1,472섬 5말, 대두 · 소두 319섬 3말.

내서창(內西倉) 24칸으로 사창 북쪽에 있다. 1712년(숙종 38)에 황이장

---

47 조적(糶糴) : 환곡을 꾸어 주거나 또는 받아들이는 일.

(黃爾章)이 외서창의 곡물을 나누어 옮기고 창설하였다.

각종 명목의 쌀 1,046섬 10말, 각종 명목의 껍질을 벗기지 않은 곡식 689섬 2말, 대두·소두 251섬.

남창(南倉) 28칸으로 보산성(保山城)에 있다.

각종 명목의 쌀 573섬 14말, 각종 명목의 껍질을 벗기지 않은 곡식 1,534섬 7말, 대두·소두 418섬 10말.

진휼고(賑恤庫) 17칸으로 사창 북쪽에 있다. 1689년(숙종 15)에 서윤 강침(姜琛)이 창설하였다.

각종 명목의 쌀 1,172섬 2말.

북창(北倉) 예전에는 자모산성(慈母山城) 안에 있었는데 갑오년에 혁파되어 사창으로 소속이 옮겨졌다.

조왕창(助王倉) 예전에는 대동강 하류 조왕항(助王項)에 있었다. 1681년(숙종 7)에 서윤 홍유구(洪有龜)가 창설하였고 임진년에 혁파되어 동창(東倉)으로 소속이 옮겨졌다.

지응고(支應庫) 47칸으로 1685년(숙종 11)에 서윤 정협(鄭悏)이 재건하였다.

각종 명목의 쌀 589섬 13말, 대두 429섬 9말.

예방청(禮房廳) 20칸으로 지응고 북쪽의 구(舊) 판관 관아에 있다. 1685년(숙종 11)에 불이 났는데 지응고와 같은 시기에 재건하였다. 1721년(경종 1)에 또 다시 불이 나서 서윤 한배의(韓配義)가 재건하였다. 감영과 부에 생선과 고기를 공급하는 일을 담당한다.

동전 2,312냥, 면포 1동 22필, 쌀 942섬[註 : 300섬은 감영에서 나누어 지급한다].

제향고(祭享庫) 예전에는 동포루(東砲樓) 아래에 있었다. 1693년(숙종 19)에 판관 이두령(李斗齡)이 창설하였다. 1712년(숙종 38)에 서윤 황이장(黃爾章)이 유향청(留鄕廳) 동쪽 뜰로 이건하였다. 각 처의 제사에 쓰이는 물품을 담당한다.

전미(田米) 48섬 11말, 동전 21냥.

어염고(魚鹽庫) 12칸으로 청화관(淸華館) 대문 밖에 있다. 1712년(숙종 38)에 서윤 황이장(黃爾章)이 창설하였다. 감영과 부에 생선과 소금을 공급하는 일을 담당한다.

동전 3,500냥, 쌀 50섬.

대동고(大同庫) 10칸으로 청화관 앞에 있다. 1685년(숙종 11) 서윤 정협(鄭浹)이 창설하였다. 감영과 부에 과실(實果) 및 토산품이 아닌 어물(魚物)을 공급하는 일을 담당한다. 군관 400명을 두고 있으며 해마다 베를 거두어 필요한 용도에 충당한다.

은 200냥, 동전 1,324냥, 면포 4동 23필.

보민고(補民庫) 34칸이다. 1645년(인조 23)에 서윤 정창주(鄭昌冑)가 창설하였으며, 중국 칙사의 접대를 담당한다. 1724년(경종 4)에 어사(御史)가 장계를 올려 칙사 접대 물자를 두는 일에 대해 아뢰었다.[48] 군관은 100명이다.

동전 485냥, 면포 2동 35필, 각종 명목의 삼승포 9통 8필, 각종 명목의 쌀 475섬 3말, 각종 명목의 껍질을 벗기지 않은 곡식 257섬 11말.

보역고(補役庫)[49]

창설하였다.

동전 8.

균역고(均役庫) 19칸으로 예전에는 보민고 동쪽에 있었다. 1649년(인조 27)에 서윤 유시정(柳時定)이 창설하였다. 군관은 1,000명이다. 매년 베

---

48 『조선왕조실록』 1724년 11월 11일 기사 「비변사에서 관서의 칙사를 접대하는 일에 관해 아뢰다」와 관련된 것으로 보인다.

49 이 부분은 잘라낸 것처럼 보인다. 〈규 4885〉본에는 수록되지 않은 항목이다.

를 거두어 각종 무역의 자본금에 충당하였다. 1727년(영조 3)에 서윤 김도흡(金道洽)이 감영의 고마고(雇馬庫) 옛 터로 이건하였다.

은 560냥 4전, 동전 6,671냥 8전, 면포 7동 28필, 각종 명목의 쌀 3,239섬 11말, 각종 명목의 껍질을 벗기지 않은 곡식 483섬 9말.

종마고(從馬庫) 21칸으로 청화관 앞에 있다. 1685년(숙종 11)에 서윤 정협(鄭俠)이 창설하였다. 감영과 부에서 신·구 관리의 교대 때 갈아탈 말을 담당한다.

동전 570냥, 각종 명목의 쌀 306섬.

쇄마고(刷馬庫) 16칸으로 대동관 앞에 있다. 1667년(현종 8)에 서윤 이기징(李箕徵)이 창설하였다. 관사의 말을 기르는 일을 담당한다.

은 20냥 8전, 동전 798냥 2전, 전미(田米) 39섬.

평무고(平貿庫) 25칸으로 청화관 남쪽에 있다. 1659년(효종 10)에 판관 이치(李穉)가 창설하였다. 장인의 물품 제조를 담당한다.

각종 명목의 쌀 91섬, 각종 명목의 껍질을 벗기지 않은 곡식 40섬.

관사고(館舍庫) 8칸으로 청화관 북쪽에 있다. 1654년(효종 5)에 서윤 최문오(崔文澳)가 창설하였다. 병풍, 장막과 자리를 담당한다.

동전 29냥 2전, 전미(田米) 3섬 14말.

군기고(軍器庫) 25칸으로 예전에는 도무사(都務司) 남쪽에 있었다. 1648년(인조 26)에 불이 나서 1653년(효종 4)에 서윤 황위(黃暐)가 재건하였다. 1716년(숙종 42)에 서윤 이기헌(李箕獻)이 중수하였고 1720년(숙종 46)에 서윤 김상훈(金相勛)이 동창(東倉)의 북쪽에 이건하면서 그 건물은 토지대장과 호적(戶籍)을 두는 곳으로 삼았다.

조총 1,919자루, 화약 5,420근, 연환(鉛丸) 988,390개, 활 1,499장, 화살 1,317부 32개.

전안소(田案所) 25칸으로 옛 군기고이다. 1718년(숙종 44)에 서윤 성수웅(成壽雄)이 백성들의 요청에 따라 원금을 수합하여 이곳에 넣고 매년 이자를 가지고 얼음 보관과 인부가 짜는 초석(草席), 백석(白席) 등의 역에 지불한다.

동전 8,009냥 6전, 전미(田米) 860섬.

상채고(償債庫) 27칸으로 옛 감영 창고 터에 있다. 1715년(숙종 41)에 서윤 홍린(洪潾)이 창설하였다. 감영 상채고(償債庫)의 규모를 본떴다.

동전 84냥, 전미(田米) 4,008섬 10말.

목물고(木物庫) 11칸으로 평무고 앞에 있다.

동전 90냥, 각종 명목의 쌀 68섬 10말.

영작서(營作署) 15칸으로 목물고 서쪽에 있다. 횃불을 담당한다.

동전 112냥.

이상은 부의 각 창고이다.

강동창(江東倉) 15칸으로 장경문 안에 있다.

전미(田米) 1,195섬 5말, 대두 569섬 5말.

강서창(江西倉) 18칸으로 서문 안에 있다.

전미(田米) 657섬 4말.

상원창(祥原倉) 17칸으로 장경문 안에 있다.

전미(田米) 1,621섬.

증산창(甑山倉) 14칸으로 서문 안에 있다.

전미(田米) 369섬 13말, 대두 327섬 3말.

중화창(中和倉) 17칸으로 장경문 안에 있다.

전미(田米) 978섬 13말, 대두 254섬.

삼등창(三登倉) 18칸으로 장경문 안에 있다.

전미(田米) 305섬 3말, 대두 246섬.

이상은 여러 읍의 창고이다. 신묘년에 성을 쌓은 후에 창설하였다.

「학교(學校)」

향교(鄕校) 1592년(선조 25)에 왜란으로 불탔다. 1595년(선조 28)에 감사 이원익(李元翼)이 문묘의 동무(東廡)[50]를 재건하였다. 1601년(선조 34)에 감사 서성(徐渻)이 서무(西廡)와 명륜당(明倫堂), 동·서의 재실(齋室)을 세웠다. 1602년(선조 35)에 감사 허욱(許頊)이 위판을 만들어 봉안하였다. 장도회(長都會) 거접(居接)의[51] 규정을 다시 설치하였는데 예전과 동일하다. 매년 3월과 9월에 시제(試製)를 설행하여 30인을 뽑아 16인은 문묘에 있게 하고 14인은 인현서원(仁賢書院)에 있게 한다.

정묘호란 때 참봉 양덕록(楊德祿)이 여러 유생을 이끌고 위판을 등에 짊어지고 피란을 떠났고 교노(校奴) 고남(高男) 등 5인이 제기를 땅에 파묻어서 죽을 때까지 신역(身役)을 면하였다.

병자호란 때 교생(校生) 노효익(盧孝翊)·김수탁(金秀鐸) 등 6인이 위판을 받들고 나가서 보산성(保山城)으로 피하였다.

제기는 예전에는 사기를 썼다. 1613년(광해군 5)에 감사 정사호(鄭賜湖)

가 교생을 모집할 때 면강첩(免講帖)[52]을 원하는 자들에게 놋쇠를 바치게 하여 4,000근을 얻어 제기를 주조하였다. 두 차례의 전란을 거치고도 온전하였다.

대성전(大成殿) 15칸, 동·서무(東西廡) 각각 21칸, 내·외 신문(神門)과 동·서 협문(挾門) 10칸, 전찬청(典饌廳) 7칸, 제기고(祭器庫) 2칸, 주고(酒庫) 2칸, 포주(庖廚) 3칸, 누상고(樓上庫)와 문 4칸.

명륜당(明倫堂) 9칸, 동·서 재실(齋室) 27칸, 동·서·남루(東西南樓) 9칸, 공궤청(供饋廳) 4칸, 대·소문(大小門) 4칸, 교청(校廳) 7칸, 작성고(作成庫) 7칸, 향실위판당(香室位版堂) 각 1칸, 내·외문 각 1칸.

위전(位田) 하아통(河阿筒) 밭 4일경, 서교장(西郊場) 논 20섬지기는 1666년(현종 7) 감사 이정영(李正英)이 획급(劃給)한 것이다. 용강(龍岡) 밭 77일 반경과 논 76섬 8마지기, 함종(咸從) 밭 10일경은 1670년(현종 11)에 감사 민유중(閔維重)이 장계를 올려 획급해 달라고 아뢰었다.

인현서원(仁賢書院) 창광산(蒼光山) 서쪽 기슭 신호사(神護寺) 옛 터에 있으며 은태사(殷太師)[53]의 화상을 봉안하고 있다. 1564년(명종 19)에 진사 양덕희(楊德禧) 등이 감사 정종영(鄭宗榮)에게 청하여 정사(精舍)를 창립하고 '학고당(學古堂)'이라고 이름하였다. 1576년(선조 9)에 감사 김계휘(金繼輝)가 규모를 확대하여 '홍범서원(洪範書院)'으로 이름을 붙이고 기자(箕子)를 받들고자 하였으나 실행되지 못했다. 임진왜란으로 서원의 건물이 불타서 1594년(선조 27)에 감사 이원익(李元翼)이 중건하고 '서검재(書劍齋)'라고 하였다. 1600년(선조 33)에 감사 서성(徐渻)이 기자(箕子)가 중국에서 무왕(武王)에게 홍범도(洪範圖)를 아뢰는 모습을 그린 조맹부

---

52 고강(考講)을 면제받으면서 학생신분을 유지하는 증명서.
53 기자(箕子)를 가리킨다.

(趙孟頫)의 그림을 얻어 서원에 보관하였다. 1604년(선조 37)에 감사 김신원(金信元)이 서륜당(叙倫堂)과 동·서 재(齋)를 건립하였고 1608년(선조 41) 가을에 참봉 김내성(金乃聲)과 생원 양덕록(楊德祿) 등이 사액해 달라는 상소문을 올려 '인현서원(仁賢書院)'이라는 이름을 하사받았다. 1613년(광해군 5) 봄에 원장 김태좌(金台佐)와 유사 조삼성(曹三省), 양덕록(楊德祿) 등이 감사 정사호(鄭賜湖)에게 인현전(仁賢殿)을 중건해 달라고 요청하였다. 1623년(광해군 15)에 양덕록이 소를 올려 기자 화상을 봉안하게 해달라고 요청하였다. 1626년(인조 4) 여름에 화가 이신흠(李臣欽)을 보내어 서원에 보관한 홍범도(洪範圖)의 초상화를 모사하게 했으나 기자의 화상이 봉안되지는 못하였다. 정묘호란 때 진본을 잃어버리고 초본(草本)만이 남았는데 1632년(인조 10)에 감사 민성휘(閔聖徽)가 다시 모사하게 하였다. 1633년(인조 11)에 향축을 하사받아 인현전에 봉안하였다. 서륜당은 이름을 '홍범'으로 바꾸었다.

1627년(인조 5)에 잃어버린 영정의 진본은 한씨(韓氏) 성의 중이 얻어서 장연(長淵)에 있는 학접사(鶴接寺)에 보관하였다. 중은 또 떠돌아 다니다가 간수하지 못할 것을 염려하여 한연희(韓連希)에게 맡겨두었는데, 한연희는 자신을 기자의 후손이라고 여기고 소중하게 보관하여 그 4세손 진태(晉泰)에게 전하였다. 1719년(숙종 45) 11월 20일에 한진태가 상자를 가지고 와서 본 서원에 돌려주었는데 본 서원의 초상화와 조금의 차이도 없었다. 상자는 서원에 안치하였다. 1721년(경종 1) 10월 21일에 한명후(韓命垕) 등이 황룡산성(黃龍山城)으로 옮겨 봉안해줄 것을 요청하는 소장을 올렸다.

1582년(선조 15)에 중국 사신 왕경민(王敬民)이 기자묘(箕子廟)를 참배하고 다음과 같은 서문을 지었다. "나는 하남(河南)의 서화(西華) 사람이다.

서화는 옛날에는 기(箕) 땅으로, 성사(聖師)가 기(箕) 땅에 봉해졌으므로 기자(箕子)라고 하였다. 지금 읍에는 기자대(箕子臺)가 있는데 대의 끝에 홍범당(洪範堂)이 있고 위패가 세워져 있다. 봄・가을에 제사를 지내니 그 연원이 오래되었다. 내가 약관의 나이에 책을 읽었을 때 그 안에는 홍범의 의미에 대한 설명과 어진 성인으로부터 교화받은 은택이 바탕을 이루고 있었다. 지금 만 리 밖에서 기자의 지역에 도착하여 사당의 모습을 우러러 보니 마치 직접 뵙는 것 같다"고 하였다.

1640년(인조 18)에 효종이 동궁시절 심양(瀋陽)으로 떠날 때 본 서원에 와서 직접 '봉림대군(鳳林大君)' 네 글자를 『심원록(尋院錄)』[54]에 썼다. 동궁의 방문 뒤에 따로 표구하여 홍범당에 보관하였다.

전각 건물 3칸, 내・외 신문(神門) 각 3칸, 전사청(典祠廳)과 문 4칸, 홍범당 5칸, 동・서 재(齋) 각 10칸, 남루(南樓) 3칸, 좌・우 익랑(翼廊) 각 2칸, 식당 3칸, 창고 2칸, 익랑(翼廊) 4칸.

서원에 딸려 있는 지전(地田) 3일경, 청룡록(靑龍麓) 밭 반일경, 외천(外川) 밭 조일경(朝日耕), 홍토부(興土部) 밭 1일반경 조일경과 논 2섬지기, 대물금(大勿金) 밭 7일경 조일경(朝日耕), 광법동(廣法洞) 밭 3일경과 논 6섬지기, 합지(蛤池)・구두(龜豆) 등 논・밭을 합해서 7결, 반포(反浦)[55] 논・밭을 합하여 7결, 여석우(礪石隅)의 논・밭을 합하여 6결, 중화(中和)・검암(檢巖)의 논 2섬지기, 서눌니(西訥尼) 니생처(泥生處)[56] 논 3섬지기, 청수리(靑水里) 누괵도(螻蟈島) 밭 3일경, 용강(龍岡) 적아통(赤牙筒) 논 7결 7부(負) 4속(束)은 서원을 만든 후에 획급한 것이다. 감봉통(甘伏筒) 논 9마지기, 신

---

54 서원을 방문한 인사의 방문기록.
55 반포(反浦) : 원래 논밭이 쓸려나간 곳으로 바뀐 곳. 수해로 포락(浦落)된 논밭.
56 홍수로 포락된 흙이 다시 퇴적되어 생긴 곳.

리통(新里筒) 논 1섬 10마지기와 밭 조일경은 신유년에 소호통(蘇湖筒) 논과 바꾸어 준 것이다. 서교(西郊) 논 7섬 7마지기는 1666년(현종 7)에 감사 이정영(李正英)이 획급하였다. 함종(咸從) 소정(小井) 논 10섬지기는 1670년(현종 11)에 감사 민유중(閔維重)이 계문을 올려 획급하였다.

용곡서원(龍谷書院) 용악산(龍岳山) 아래 용악사(龍岳寺) 옛 터에 있으니 곧 돈암(遯庵) 선우협(鮮于浹) 선생의 제사를 지내는 곳이다(註 : 초상화도 보관되어 있다. 1656년(효종 7)에 창건되었고 1658년(효종 9)에 봉안하였으며 1683년(숙종 9)에 사액되었고 1713년(숙종 39)에 비를 세웠다. 시험으로 강경(講經) 5인을, 제술(製述) 5인을 선발하여 서원에 거주하게 하였다. 1706년(숙종 32)에 감사 박권(朴權)과 서윤 조정만(趙正萬)이 제술생을 없애고 강경생을 충무재(忠武齋)로 옮기게 하고 따로 재주와 덕행을 갖춘 선비 10인을 선발하여 거주하게 하고는 그들을 '재행생(才行生)'이라고 하였다. 1714년(숙종 40)에 감사 민진원(閔鎭遠)은 그들을 '경의생(經義生)'이라고 하였다. 1718년(숙종 44) 감사 이조(李肇)는 재행생과 경의생 선발을 없애고 다시 강경생과 제술생의 규정을 만들었다.

정당(正堂) 3칸, 내·외 신문(神門) 각 3칸, 동·서 재실(齋室) 각 3칸, 전사청(典祀廳) 2칸, 유사청(有司廳) 4칸, 남루(南樓) 2칸, 창고 5칸, 고직방(庫直房) 3칸.

서원에 딸려 있는 밭 10일경은 1657년(효종 8) 서윤 최관(崔寬)이 획급하였다. 서둔(西屯) 논 15섬지기는 1658년(효종 9) 판관(判官) 이치(李穉)가 획급하였다. 서교(西郊) 둔전 논 4섬지기는 1666년(현종 7)에 감사 이정영(李正英)이 획급하였다. 박천(博川)과 덕안(德安)의 둔전 논 25섬지기, 은산(殷山)의 둔전 밭 8일경, 영유(永柔) 원당통(元堂筒) 논 56섬 5마지기, 외천(外川) 채소밭 20무(畝).

충무사우(忠武祠宇)는 창광산(蒼光山) 남쪽에 있다. 1645년(인조 23)에 감사 김세렴(金世濂)이 창건하였다. 처음에는 '양몽재(養蒙齋)'라고 불렀다가 1647년(인조 25)에 감사 정치화(鄭致和)가 강경생 10인을 선발하여 거주하게 하였다. 1670년(현종 11)에 감사 민유중(閔維重)이 고구려 대신 을지문덕의 위판을 봉안하였다. 1677년(숙종 3)에 사액되었다. 1718년(숙종 44)에 조선 진흥군(晉興君) 김양언(金良彦)을 배향하였다.

정당(正堂) 3칸, 신문(神門) 3칸, 강당 3칸, 동·서 재(齋) 각 5칸, 전사청(典祀廳) 3칸, 남루(南樓) 3칸, 창고 6칸.

재(齋)에 딸린 밭 1일경은 1645년(인조 23)에 감사 김세렴(金世濂)이 획급하였다. 이상(以上)은 성 내외 남포루(南砲樓)에서 함구문(含毬門)까지 밭 2일반경과 성 아래 인가(人家)를 1663년(현종 4)에 감사 정지화(鄭知和)가 절급(折給)하였다.

서교둔(西郊屯) 논 10섬지기, 밭 5일경과 서교(西郊) 시장(柴場)은 1666년(현종 7)에 감사 이정영(李正英)이 절급하였다. 함종둔(咸從屯) 논 40섬 1말 5되지기 밭 9일반경은 1670년(현종 11)에 감사 민유중(閔維重)이 절급하였다. 서둔(西屯) 논 15섬지기는 1701년(숙종 27)에 감사 조태채(趙泰采)가 절급하였다.

서산서원(西山書院) 서망일사(西望日寺) 옛 터에 있으니 바로 화포(花浦) 홍익한(洪翼漢) 선생의 제사를 지내는 곳이다. 선생은 병자호란 때 2부윤이 되었는데 이곳에서 척화를 한 일로 서원의 남쪽 두로도(豆老島)에 끌려갔는데 결국 적중에서 죽게 되어 마을 사람들도 안타깝게 여겼다. 1705년(숙종 31)에 사당을 세우고 1707년(숙종 33)에 봉안되었는데 전(前) 군수 김세화(金世熀), 진사 최태제(崔泰齊), 생원 조인수(曹仁壽) 등이 일을 주도하였다. 감사 조태구(趙泰耉)가 처음 만들었고 재생(齋生)은 6인이다.

정당 3칸, 신문 3칸, 동·서 재 각 3칸, 남루 3칸, 전사청 3칸, 창고와 문 8칸.

나재(懶齋) 홍명구(洪命耉) 선생을 함께 배향하였다.

서원에 딸린 밭 2일경, 삼화(三和) 감박통(甘朴筒) 논 6섬지기는 1706년(숙종 32)에 감사 박권(朴權)이 획급하였다. 용강(龍岡) 이사(耳寺) 밭 9일반경 논 12말 7되지기는 1707년(숙종 33)에 감사 조태구(趙泰耉)가 획급하였다.

양정재(養正齋) 외성(外城) 오탄(烏灘) 가에 있다. 1722년(경종 2)에 감사 이진검(李眞儉)이 아이들을 가르치는 규정을 처음 만들고 훈장을 두고 과정을 마련하였다. 1724년(경종 4)에 감사 오명항(吳命恒)이 이 재(齋)를 창건하여 어린 아이들이 학업을 익히는 곳으로 삼았다. 처음에는 '관란(觀瀾)'이라고 하였으나 1728년(영조 4)에 감사 윤유(尹游)가 '양정(養正)'으로 바꾸었고 대학사 윤순(尹淳)이 글씨를 썼다.

외천전(外川田) 32무 반(半)은 감사 오명항이 사서 지급하였다. 내천둔(內川屯) 밭 6일경, 홍토부(興土部) 논 1섬지기는 감사 윤유가 운산(雲山)에 있는 전답과 바꾸어 지급하였다. 또 동전 100냥과 면포 50필을 지급하여 상 줄 때의 자금으로 삼았다.

「**고적(古蹟)**」

1594년(선조 27)에 어떤 어부가 대동강에서 쇠로 된 닻을 건져 올렸는데 길이는 3파(把)였고 둘레는 1자였으며 아래에는 세 개의 갈고리가 있고 위에는 둥근 고리가 있었다. 이해에 또 하류 요포(腰浦)에서 닻 하나가 나왔는데 모양은 비슷했으나 조금 작았다. 풍수가가 말하기를 평양이 떠다니는 배의 형상이라고 하였다. 그래서 옛 사람들은 여기를 진(鎭)으로 삼았다고 한다.

1620년(광해군 12)에 참봉 조흡(趙洽)이 기자정(箕子井) 동쪽에서 땅을 파다가 오래된 거울을 주웠다. 뒤에는 양각에 20자가 처음부터 끝까지 둥글게 쓰여 있었는데 '동왕공(東王公)' 구절이 있었다. 세상에서 전하기를 정양문(正陽門) 밖 기자정 북쪽에 기자궁(箕子宮) 터가 있는데 늘 '동왕방(東王坊)'이라고 불려졌다고 해서 일시에 모두들 동왕(東王)을 기자(箕子)로 여기고 그 거울을 보물로 여기면서 그 글을 읽어보니 "東王公西周會年益壽民宜子孫吾陽陰眞自有道"였다. '서주회년(西周會年)'을 '맹진회년(孟津會年)'이라고 보았으나[57] 월사(月沙) 이정구(李廷龜)만은 "吾陽陰竟自有道東王公西国曾年益壽民宜子孫"이라고 읽으면서 "'오(吾)'자 위에 표점이 있는 것 같으니 마땅히 '오(吾)'자를 필두로 삼고, '진(眞)'자를 '경(鏡)'의 옛 글자인 '경(竟)'으로 보아야 한다. '주(周)'자는 흙속에서 부식되었지만 '국(國)'의 옛 글자인 '국(囯)'으로 읽어야 하며, '회(會)'자는 '증(增)'자의 옛 글자인 '증(曾)'으로 보아야 하니 모두 『한서』에 실려 있는 옛 통용자이며 또 그 글씨가 예서(隸書)인데 예서는 이사(李斯)가 만든 것이니 이는 기자 때의 글씨가 아니다. '동왕(東王)'은 동명왕(東明王)을 가리킨다"고 하여 글을 써서 기록하였다.[58] 여러 사람들은 거울이 기자궁의 옛 터에 나왔기 때문에 '동왕(東王)'을 기자(箕子)라고 생각했지만 월사 이정구는 이것이 예서이기 때문에 기자 시대에 제작된 것이 아니라고 하였다. 이 말을 봐도 거울은 오래된 것이다.

---

57 무왕(武王) 13년에 은(殷)나라 주왕(紂王)을 치기 위하여 맹진(孟津)에서 제후들과 크게 회합(會合)했을 때이다.

58 기자 고경(箕子古鏡)과 관련된 구체적인 내용이 이정구(李廷龜)의 「기성고경설(箕城古鏡說)」(『월사집(月沙集)』 권33)에 실려 있다.

정전제(井田制)는 3무(畝)의 길과 9무의 길을 기준으로 삼으니[59] 예부터 나무를 세워 표지로 삼고 '법수(法壽)'라고 불렀다. 변란을 거치면서 나무표지가 사라져서 1691년(숙종 17)에 다시 구획을 정리하고 네 모퉁이에 돌을 세워 경계를 표시했다. 『기자지(箕子志)』에 기록된 바로는 기자정(箕子井)의 남쪽 9무의 길은 동쪽으로 함구문 밖의 9무의 길까지만 있다고 하였는데 지금은 곧장 동성(東城)까지 이르는 십자대로를 만들고 있으니 여기에서 고적의 자취가 사라졌다고 할 수 있다.

갑오년에 북성(北城)을 만들 때 예전에 '기린굴(麒麟窟)'이라고 부르던 곳 동쪽에서 흙을 가져왔는데 돌로 쌓은 양면이 드러나서 대치하는 모습이 마치 수구성(水口城) 같았다. 그 사이는 불과 반 길 남짓이고 파보니 그 사이에 돌다리가 가로 놓여 있는데 길이가 1길, 깊이가 1길이 넘으며 가는 모래가 보였다. 가는 모래 아래에는 박석(磚石)이 놓여 있고 박석 아래에는 흙과 돌로 메워져 있다. 흙과 돌을 세 길쯤 파도 결국 쌓기 시작한 부분이 보이지 않았다. 동쪽으로 10보쯤 가면 돌로 쌓아 옆을 막아놓았다. 굴의 입구에서부터 또 남쪽으로 통하는 구멍 하나가 있는데 그 모습이 하나같이 동쪽 구멍과 같다. 위에는 뚜껑돌(蓋石)이 있고 남쪽으로 18보를 가서 암석 아래에서 끝난다. 또 동굴 입구에서 동쪽까지의 거리가 6보쯤 되는데 북쪽 방향으로 작은 구멍이 있다. 북쪽으로 3길쯤 가면 서쪽 방향으로 작은 구멍이 있다. 두 개의 구멍은 두 줄(雙行)로, 5보쯤에서 끝난다. 여기에서 또 돌로 쌓은 것이 있는데 동쪽에서 서쪽까지 20여 보이고 높이는 3자쯤 된다. 서쪽으로 산 아래까지 가서 꺾어서 남쪽으로 들어가면 남쪽으로 통하는 큰 구멍이 있다.

---

59 관련된 내용이 한치윤(韓致奫)의 「전제(田制)」(『해동역사(海東繹史)』 권25 「식화지(食貨志)」)에 실려 있다.

여기에서 또 다시 서쪽 방향으로 작은 구멍이 있는데 8보쯤 가면 벼랑 아래에 이르러 끝난다. 동쪽에서 구멍이 끝나는 곳에는 남쪽을 향해 큰 돌로 쌓은 계단이 있고 7보쯤 동쪽으로 들어가면 영명사에서 끝난다. 모든 구멍 안에는 층계가 있거나 평평한 대가 있거나 연못 모양이 있으며 곳에 따라 굴곡진 곳이 있어 매우 기이하다. 쌓여진 돌은 크기가 몇 개의 주먹만 하고 돌부리가 서로 지탱하는 것은 옛 사람이 이른바 '구문성(龜文城)' 같다. 지금까지 요철이 생기거나 떨어져나간 곳이 없으니 옛 사람들이 완전하고 견고하게 작업한다는 것을 여기에서도 볼 수 있어서 성을 쌓는 데에서 모범으로 삼을 만하다. 이것은 어떻게 쌓았는지는 알 수 없다. 동명왕의 구제궁(九梯宮) 옛 터는 지금은 영명사(永明寺)가 되었으니 옛 궁의 숨겨진 도랑(隱溝)인 듯하다. 예부터 '기린굴'이라고 이름을 붙인 것은 『평양지』에 실려 있으며 왕이 기린마를 타고 이 굴에 들어가서 땅 속에서 조천석(朝天石)으로 나갔다고 하니 '기린굴'이라는 이름은 아마도 이 때문일 것이다.

기자궁(箕子宮) 터는 『평양지』에 자세하다. 수 천 년 동안 봉표(封表)가 없어서 유민(遺民)들이 탄식한지 오래되었다. 1725년(영조 1)에 감사 이정제(李廷濟)가 조정에 장계를 올려 주원(周垣)[60]을 두르고 그 터 가운데 단 하나를 쌓아 표시하여 '구주(九疇)'로 이름 붙이고 남쪽으로는 '팔교단(八敎壇)'이라는 문 하나를 설치하였고 서쪽에는 사적을 기록한 비를 세웠다고 아뢰었다. 비는 각문(閣門) 밖에 있다. 밭 70무(畝)를 사서 9구(區)의 제도로 구획하고 유사를 두어 지키게 하였다.

양명포(揚命浦) 가에는 천강교(天降橋)가 있는데 세상에서 전하기를 동

---

60 주원(周垣) : 유원(壝垣)(사단 등 제단을 둘러싸고 있는 담) 주변을 다시 둘러싸고 있는 담.

명왕이 기린마를 타고 조천석에서 나와 하늘로 올라갔다가 이 다리에 내려왔다고 해서 '천강교'라는 이름이 붙었다고 한다. 지금 다리의 돌이 아직도 남아 있다.

「직역(職役)」

감영 소속(營屬)

육방(六房) 41인(솔인(率人) 20인)

지인(知印)[61] 25인(솔인 12인)

주사(主事) 20인(솔인 9인)

장생(掌生) 23인(솔인 10인)

율생(律生) 27인(솔인 13인)

의생(醫生) 25인(솔인 9인)

생도(生徒) 23인(솔인 9인)

이서리(吏書吏) 10인

감서리(監書吏) 1인

도서리(都書吏) 6인

통인(通引) 88인

시바우치(時波赤) 11명

취라치(吹螺赤) 45명

---

61 지방관의 관인을 보관하고 날인의 일을 맡던 토관직.

이마(理馬) 10명

효위(驍尉) 135명

노사령(奴使令) 23명

책장(冊匠) 10명

화원(畵員) 26명

각장(刻匠) 4명

화포장(火砲匠) 27명

각처의 사령(使令) 183명

총 장인(匠人) 337명

한인(汗人) 13명

아영 소속(亞營屬)

통인(通引) 10인

각종 나졸(羅卒) 32명

중영 소속(中營屬)

서기(書記) 22인

각종 사환(使喚) 16명

각종 나졸(羅卒) 116명

부 소속(府屬)

원리(元吏) 48인

가리(假吏)[62] 46인

통인(通引) 43인

각 곳의 별차(別差) 46명

---

[62] 다른 지방에서 와서 임시로 근무하는 아전.

각종 나졸(羅卒) 128명

각종 사환(使喚) 120명

각종 장인(匠人) 90명

「병제(兵制)」

감영 소속(營屬)

좌우 별장(左右別將) 2인

각 별부 천총(各別部千摠) 12인

교련관(敎鍊官) 8인

기고관(旗鼓官) 4인

별무사(別武士) 500인 1713년(숙종 39)에 감사 민진원(閔鎭遠)이 함경도의 친기위(親騎衛)의 예에 따라 창설하였다. 매년 2, 5, 8, 11월[63]에 활쏘기를 시험하여 우등 17인을 선발하여 4등까지 상을 주었다. 수석에 해당하는 1인에게는 장계를 올려 과거급제자의 자격을 하사해[64] 줄 것을 청하였고 몰기자(沒技者)[65]에게도 과거급제자의 자격을 하사하였다. 출신(出身)은[66] 변장(邊將)[67]에 임명하였다.

---

63 사중삭(四仲朔) : 춘, 하, 추, 동의 네 철의 각각 가운데 달.
64 사제(賜第) : 임금의 명령으로 특별히 과거에 급제한 사람과 똑같은 자격을 주는 일.
65 몰기(沒技) : 조선 시대 각종 무예 시험의 전과목에서 모두 우등 합격하는 일. 특히 무과(武科)의 시취(試取)에 있어서 유엽전(柳葉箭), 편전(片箭), 기추(騎芻) 등 정한 화살의 수를 다 맞히는 것을 말함. 이를 달성한 자를 몰기자(沒技者)라 하여 총점의 수석 합격자와 동격으로 대우하였음.

마병장(馬兵壯) 1,332명

친병당보(親兵塘報)[68] 각 표하관(標下官) 자보(資保)[69] 30,441명

장십부(壯十部)[70] 11,100명

각종 군관(軍官) 23,131인

수첩장군(守堞壯軍) 5,550인[註 : 1,110인은 본부 소속]

　각종 군관(軍官) 282인

　기패관(旗牌官) 92인

　보(保) 10,864명[註 : 2,237명은 본부 소속]

　표하(標下) 485명[註 : 97명은 본부 소속]

북성군(北城軍) 619명

아영 소속(亞營屬)

군관(軍官) 126인

중영 소속(中營屬)

각종 군관(軍官) 1,759인

부 소속(府屬)

중군(中軍) 1인

천총(千摠) 3인, 기고관(旗鼓官)·교련관(敎鍊官) 각 2인

기패관(旗牌官) 96인

66　고려·조선 시대 문·무과나 잡과에 급제하고 아직 출사(出仕)하지 못한 사람.
67　변장(邊將) : 변경을 지키는 장수(將帥)로 첨사(僉使)·만호(萬戶)·권관(權官) 등
　　을 통틀어 말함.
68　당보(塘報) : 척후병이 기(旗)를 가지고 높은 곳에 올라가 적의 정세를 살펴 알리는 일.
69　자보(資保) : 자장보(資裝保). 병역에 복무하지 아니하는 대신에 군사의 자장 값으
　　로 삼베나 쌀을 바치는 군보(軍保). 줄여 자보(資保)라고도 함.
70　1696년(숙종 22)에 평안도에 두었던 별무군(別武軍)의 다른 이름. 10부(部)로 편성
　　되었다.

각종 군관(軍官) 310인

주사군관(舟師軍官) 작대군(作隊軍) 804인

친병(親兵) 1,415명

관성 소속(管城屬)

중군(中軍) 1인

천총(千摠) 6인, 기고관(旗鼓官)·교련관(敎鍊官) 각 2인

기패관(旗牌官) 93인

각종 군관(軍官) 276인

중부군(中部軍) 3,444명

육로봉군(陸路烽軍) 73명

해망봉군(海望烽軍) 92명

「**봉수(烽燧)**」[註 : 『평양지』에서 상세하게 서술하였다.]

해망(海望)

가막지(加莫只) 지금은 없어졌다.

수화산(秀華山) 서쪽으로 마항(馬項)에 응하고, 동쪽으로 승령산(承令山)에 응한다.

승령산(承令山) 서쪽으로 수화산(秀華山)에 응하고 동쪽으로 만수대(萬壽臺)에 응한다.

만수대(萬壽臺) 서쪽으로 승령산(承令山)에 응하고 동쪽으로 감영 내에

보고한다.

　해망(海望) 서쪽 해안에서 곧바로 경도(京都)에 비춘다. 1710년(숙종 36)에 감사 권성(權偓)이 창설하였다. 이상 3곳 사이의 봉화는 영문(營門)에 보고한다.

　　　「역체(驛遞)」

　대동(大同)

　상등마 9필

　중등마 27필

　하등마 8필

　마위전(馬位田) 146결(結) 47부(負)

　관군(館軍) 290명

　고공(雇工) 116명

　노비(奴婢) 274명

　파발(擺撥) 대동관 앞에 있다.

　대정참(大井站) 부(府)의 남쪽 25리에 있다.

　부산참(斧山站) 부(府)의 북쪽 25리에 있다.

「교량(橋梁)」[註 : 『평양지』에서 상세하게 서술하였다.]

「토산(土産)」[註 : 『평양지』에서 상세하게 서술하였다.]

「논밭(土田)」

삼밭(麻田) 361결(結)

삼밭(麻田)은 성 안팎의 정지(井地)이다. 중세(中世) 때 삼을 심어 '삼밭(麻田)'이라고 불려졌다. 역대 성왕(聖王)의 옛 도읍이므로 정전(井田)의 유제(遺制)에는 모두 세금을 부과하지 않는다. 영숭전(永崇殿)에 태조 어진을 봉안한 후에 처음으로 메밀(蕎), 콩(菽), 녹두(菉)에 삼색세(三色稅)를 거두어 제수(祭需)에 공급하였다. 그 후에 영숭전은 없어졌지만 세금 부과는 남아있었는데 갑오년에 비로소 혁파되었다. 삼색세는 밭 전체에 세금을 부과하는 것이다. 1724년(경종 4)에 대신(臺臣) 조상경(趙尙慶)이 장계를 올리자 이전의 세금제도로 복귀시킬 것을 명하였으나 실행에 옮겨지지 못했다. 1728년(영조 4)에 감사 윤유(尹游)가 녹봉 8,000냥을 내어 본부에 속하게 하고 창고 하나를 만들어서 해마다 이자를 가지고 세금을 내는 데 사용하도록 하여 그 예전 제도를 회복하였다.

관둔전(官屯田) 250일경

논 170섬지기

민전(民田) 6,098결[註 : 삼밭의 결(結) 역시 여기에 들어간다]

논 1,166결 68부

잡탈(雜頉)[71] 2,056결

『평양지』에 기재된 밭 15,013결, 논 3,798결은 노인들이 전하기를 산림천택(山林川澤)을 모두 계산한 것이라고 한다. 어떤 사람은 예전의 민전(民田)이 지금은 관전(官田)이 된 경우가 많아서 민결(民結)이 이렇게 줄었다고 한다.

원기통(元機筒) 부 서쪽 둔전기(屯田機)에 있다. 둘레는 571자이다.

실제 경작하는 논은 5섬 7마지기이다.

막삼통(莫三筒) 부 서쪽 금려대(金呂代)에 있다. 둘레는 396자이다.

실제 경작하는 논은 6섬 12마지기이다.

심원통(深遠筒) 부 서쪽 감초리(甘草里)에 있다. 둘레는 1,936자이다.

실제 경작하는 논은 21섬 2마지기이다.

자은지통(者隱知筒) 부 서쪽 감초리(甘草里)에 있다. 둘레는 2,812자이다.

실제 경작하는 논은 23섬 10마지기이다.

신리통(新里筒) 부 서쪽 서제산(西祭山)에 있다. 둘레는 924자이다.

실제 경작하는 논은 14섬 12마지기이다.

보음통(甫音筒) 부 남쪽 남제산(南祭山)에 있다. 둘레는 3,542자이다.

실제 경작하는 논은 27섬 7마지기이다.

황경통(黃京筒)・**천통**(泉筒)・**장통**(長筒)・**주통**(走筒)・**사랑통**(士郞筒)・**장재통**(長才筒)・**유통**(柳筒)・**감복통**(甘伏筒)・**소장통**(所長筒)・**성재통**(聖才筒) 모두 없어졌다.

이상은 제언(堤堰, 제방)이다.

---

71 재해로 인해 수세(收稅)를 면제해 준 토지.

「공부(貢賦)」

진묵(眞墨) 1년에 6차례 매번 58정(丁)이다.
『평양지』에 기재된 각 절에서 바치는 바는 지금은 모두 없앴다.

「교방(敎坊)」

감영 기생(營妓) 45명
　악공(樂工) 9명
부 기생(府妓) 39명
　악공(樂工) 3명
　만전춘(滿殿春)·감군은(感君恩)·보허자(步虛子)·쌍화점(雙花店)·
한림별곡(翰林別曲)·서경별곡(西京別曲)·봉황음(鳳凰吟)·관서별곡(關西
別曲) 등의 곡은 지금은 전하지 않는다.

「원정(院亭)」

적교원(狄橋院) 부 서쪽 30리에 있는데 다시 설치하였다.

장수원(長水院) 부 동북쪽 30리에 있다.

동평원(東平院) 부 동쪽 30리에 있다.

흘이방원(屹伊坊院) 부 서쪽 40리에 있다.

군포우원(軍砲隅院) 부 북쪽 50리에 있다.

석포원(石浦院) 부 서쪽 35리에 있다.

태평동원(太平洞院) 부 서쪽 45리에 있다.

운천교원(雲川橋院) 부 서쪽 60리에 있다.

『평양지』에 수록된 여러 원(院)은 지금은 없다.

「불사(佛寺)」

반룡사(盤龍寺) 부 북쪽 40리 반룡산(盤龍山)에 있다.

봉국사(奉國寺) 부 동북쪽 50리 시족리(柴足里)에 있다.

안탑사(安塔寺) 부 서쪽 70리 소초두등(所草豆等)에 있다.

도증사(道證寺) 부 동쪽 50리 생이리(栍伊里)에 있다.

정수암(淨水菴) 부 북쪽 40리 청운산(靑雲山)에 있다.

석수암(石峀菴) 부 북쪽 40리 석수산(石峀山)에 있다.

법운암(法雲菴) 부 서쪽 30리 용악산(龍岳山)에 있다.

은암(隱菴) 부 북쪽 40리 건지산(乾支山)에 있다.

쌍계사(雙溪寺) 부 북쪽 90리 묵방산(墨坊山)에 있다.

안적사(安寂寺) 부 서쪽 80리 만덕산(萬德山)에 있다.

관음사(觀音寺) 만덕산(萬德山)에 있다.

영탑사(靈塔寺) 부 서쪽 40리 대보산(大寶山)에 있다.

백운사(白雲寺) 부 북쪽 40리 청운산(靑雲山)에 있다.

석묵사(石墨寺) 부 서쪽 90리 국영산(國靈山)에 있다.

식암(湜菴) 국영산(國靈山)에 있다.

암회사(巖回寺) 부 서쪽 80리 암회산(巖回山)에 있다.

관음사(觀音寺) 부 서쪽 100리 불곡산(佛谷山)에 있다.

은봉사(隱鳳寺) · **동망일사**(東望日寺) · **서망일사**(西望日寺) · **용악사**(龍岳寺) · **용천사**(用泉寺) · **천림사**(天林寺) · **화원사**(花元寺) 등 지금은 없어졌다.

「호구(戶口)」

민호(民戶) 27,081호(戶)

　남정(男丁) 60,661구(口)

　여정(女丁) 34,871구(口)

　감영 노(奴) 106구(口), 비(婢) 62구(口)

　부 노(奴) 97구(口), 비(婢) 73구(口)

제2장 『평양속지』 권2

「인물(人物)」

조견(趙狷) 초명은 윤(胤)으로, 조준(趙浚)의 동생이다. 포은(圃隱) 정몽
주(鄭夢周)와 도의의 사귐을 맺어 함께 왕실을 보좌하였으며 관직은 지
신사(知申事)[1]에 이르렀다. 고려말기 형 조준에게 모반에 참여할 뜻이
있음을 알고 울며 말하였다. "우리 집안은 (나라의) 교목이 아닙니까? 마
땅히 나라와 존망을 함께 해야 합니다"라고 하자 조준이 그 뜻을 꺾을
수 없다는 것을 알고 조윤에게 다시 영남을 다스리게 하였더니 "삼 년
만에 다시 역의 남루를 지나니, 옅은 매화 향기 잠시 머물라 하네. 술잔
들고 근심 달래며 노년을 보내려니, 평생에 이것 외에 무엇을 더 구하

---

1   고려 시대 밀직사의 정3품 관직. 왕명의 출납을 맡았음.

라(三年再過驛南樓, 細細梅香勸少留. 擧酒消憂堪送老, 平生此外不須求)" 시를 지었
다. 조윤이 돌아오기 전에 고려가 망하자 조윤은 통곡하며 두류산(頭流
山)으로 들어갔다. 우리 태조께서 호조전서(戶曹典書)로 임명하여 글을
내려 불렀으나 조윤은 "송산(松山)에서 고사리를 캐기를 바랄 뿐, 성인
(聖人)의 백성이 되기를 바라지 않습니다"라고 하고는 이름을 '견(犬)'으
로, 자를 '종견(從犬)'으로 바꾸었으니 나라가 망했는데도 죽지 않은 것
은 개와 같으며, 또 개에게는 주인을 연모하는 의리가 있다는 것을 취
했기 때문이다. 두류산에서 다시 청계산으로 들어가서 산 정상에 오를
때마다 송경(松京)을 바라보며 통곡하였기에 사람들이 그 봉우리를 '망
경봉(望京峯)'이라고 하였다. 태조께서 청계산에 행차하신 적이 있었는
데 조견은 얼굴을 감추고 나오지 않았다. 태조께서 그의 절개를 가상
하게 여겨 빈주(賓主)의 예로 보고자 하니 조견이 그제야 나왔으나 읍을
했을 뿐 절을 하지 않았고 거리낌 없는 말이 많았다. 그래도 태조께서
는 모두 받아들이고 돌아오실 때 청계 한 구비를 봉하여 편하게 거주하
라고 명하고 석실(石室)을 쌓아 하사했으나 조견은 결국 그곳에서 살지
않고 양주의 송산(松山)으로 옮겨 살았으며 이를 자호(自號)로 삼았다[註:
『평양지』에 없는 부분이라 지금 보완한다].

이승소(李承召) 호가 삼탄(三灘)이고 관직은 예조판서(禮曹判書)에 이르
렀다. 세조대에 청렴하고 검소하다고 알려져서 주상께서 내시에게 명
하여 그의 거처를 보고 오라고 명하자 3칸짜리 초가집이었다고 보고했
다. 주상께서 불러 "경은 관직이 육경(六卿[2]에 이르렀는데 집은 비바람
도 막지 못하고 사당(祠堂)도 없으니 어째서인가?"라고 물어보셨다. 이

---

2   육조(六曹)의 판서를 가리키던 총칭.

승소는 "신(臣)의 집은 평양에 있는데 큰형이 제사를 지내고 있습니다. 신은 타향에서 벼슬살이를 하고 있으니 몇 칸의 집으로도 충분합니다" 라고 대답하였다. 이때 병조판서 아무개가 입시하자 주상께서 이승소에게 "경은 병조판서와 잘 아는 사이인가?"라고 물어보시자 이승소가 "잘 알지 못합니다"라고 대답했다. 병조판서가 머리가 땅에 닿도록 절을 하면서 "저는 자녀가 많아서 큰 집을 지은 것입니다. 이승소는 마음속으로 이것을 잘못이라고 여겨서 신의 집과 문을 마주하고 있음에도 불구하고 한 번도 만난 적이 없습니다. 지금 주상의 질문을 받고 알지 못한다고 답한 이유는 이 때문입니다"라고 하였다. 성종 대에 명을 받아 『오례의주(五禮儀註)』를 편찬했으며 저술한 시문이 세상에 전한다(註 : 『평양지』에 없는 부분이라 지금 보완한다).

　　선우협(鮮于浹) 호가 돈암(遯菴)으로 은태사(殷太師)의 후예이다. 어려서는 향선생(鄕先生) 수박자(守朴子) 김태좌(金台佐)[3]에게서 『시경』, 『서경』, 『역경』, 『춘추』를 수학하였고 성장해서는 사서(四書)와 송나라 염락관민(濂洛關閩)[4]의 여러 책을 열심히 읽으며 심성이기(心性理氣)의 설을 추구하였다. 용악산(龍岳山)에 들어가 수십 년간 강독을 하여 홍범(洪範)의 유업을 계승하고 이학(理學)의 연원을 계발하였으니, 관서지방의 선비들이 유학을 알 수 있게 된 것은 실로 그의 덕분이다. 조정에서는 여러 차례 관직을 주려고 하였으나 나오지 않았다. 효종대에 이르러 조정에서 다시 사업(司業)[5]에 임명한다고 부르자 상소를 올려 사양하면서 치심궁

3　김태좌(1541~?) : 자 백섭(伯燮), 호 수박자(守朴子), 본관 공주(公州). 함경도도사, 안산군수, 중화부사, 상주목사, 금교찰방 등 주로 지방관을 역임하였다. 1798년 정조는 그로 인해 관서 지방 선비들이 성리의 학설을 알게 되었다고 평하였다.

4　송(宋)나라 유학자 네 사람을 가리키는 말이다. 염(濂)은 염계(濂溪) 주돈이(周敦頤), 낙(洛)은 명도(明道) 정호(程顥)와 이천(伊川) 정이(程頤) 형제, 관(關)은 횡거(橫渠) 장재(張載), 민(閩)은 회암(晦庵) 주희(朱熹)를 가리킨다.

리(治心窮理)의 요체를 진술하였다. 주상께서 가상히 여겨 받아들이시고 하교하여 특별히 부르셨는데 그는 대궐에 이르러 사은한 뒤 곧바로 돌아갔다. 주상께서는 그가 떠난 것을 아뢰지 않았다고 후사(喉司)[6]를 문책하셨다. 당시에 신독재(愼獨齋) 김집(金集), 여헌(旅軒) 장현광(張顯光), 시남(市南) 유계(兪棨), 백헌(白軒) 이경석(李景奭)과 같은 명망 있는 공들이 모두 그를 존경하고 중히 여기면서 '관서(關西)의 부자(夫子)'라고 불렀다. 저술은 『태극변해(太極辨解)』, 『태극문답(太極問答)』, 『성리서(性理書)』 등 여러 책이 세상에 전한다. 마을 사람들이 사당을 세워 제향하는데 용곡서원(龍谷書院)이 이곳이다.

김양언(金良彦) 만호(萬戶) 김덕수(金德秀)의 아들이다. 김덕수는 1618년 (광해군 10)에 심하(深河)의 전투[7]에서 전사하였다. 김양언은 북쪽을 바라보며 이를 갈면서 같은 하늘 아래 있을 수 없다고 맹세하고는 큰 글자로 '복수(復讐)'자를 써서 몸에 지니고 다녔다. 전사자의 자손 500인을 모아 '복수군(復讐軍)'이라고 하였다. 체찰사(體察使) 장만(張晩)이 장계를 올려 (김양언이) 복수장(復讐將)이 되어 항상 능한성(凌漢城)에 있다고 아뢰었다. 1624년(인조 2) 이괄의 난 때 척후장으로 분연히 일어나 안현(鞍峴)에 먼저 올라가서 적을 섬멸하여 진흥군(晉興君)에 책훈되고 태천현감(泰川縣監)에 제수되었다. 김양언은 아버지의 원수를 갚지 못했기 때문에 사양하며 관직에 나아가지 않았고 흰 옷에 흰 사립을 쓰고 변방을 지켰다. 1627년(인조 5) 봄에 안주성(安州城)에 들어가서 병마절도사 남이흥(南以興)의 휘하로 들어갔는데, 적들이 쳐들어왔다는 소식을 듣고 무리들에

---

5   조선시대 성균관(成均館)에 둔 정사품(正四品) 관직으로 정원은 1원이다.
6   조선 시대 왕명 출납을 맡았던 승정원(承政院)의 이칭.
7   1619년(광해군 11) 조선과 명의 연합군이 만주의 심하 부차(富車)에서 후금(後金)의 군대와 싸우다가 패배한 전투. 부차전투(富車戰鬪)라고도 한다.

게 말하기를, "우리가 평소에 편안히 잠을 자지 못하는 것은[8] 오직 적 때문인데 적이 이제 오니 원수를 갚을 수 있을 것이다. 한번 죽어 충효의 귀신이 되자"라고 하니 여러 사람들이 "그럽시다"라고 호응하였다. 잠시 뒤 적병이 성에 이르자 화살이 비처럼 모여 들었다. 김양언은 사기를 북돋우며 성가퀴에 올라 손수 경궁(勁弓)을 당겨 많은 적군들을 죽였기에 적들이 가까이 오려하지 않았다. 성이 함락되어 주장(主將)이 불에 타 죽자 김양언은 더욱 사나운 기세로 더욱 떨치고 일어나 시가전에 힘을 다했으며 홀로 편곤(鞭棍)[9]을 들고 분기하여 적을 죽였으니 적이 삼처럼 우수수 죽어 나갔다. 흩어졌다가 다시 병사를 모아서 진력하였으니 힘이 다해도 그치지 않고 크게 소리치며 전진하다가 십여 군데 상처를 입고 곧바로 못가에서 죽었다. 성이 함락된 지 며칠 뒤 그의 아들 김세호(金世豪)가 못에서 시신을 찾았는데 마치 살아있는 것처럼 노기가 서려있고 온 몸에 화살촉이 몇 되가 될 만큼 많았다. 이 일이 알려져 특별히 판중추부사(判中樞府事)에 추증되었고, 1630년(인조 8)에 정려되었다.[10] 그의 조부 김장련(金長鍊)도 임진왜란에서 전사했기에 임금이 사신(詞臣)들에게 명하여 『삼세순절기(三世殉節記)』를 지어 정문(旌門)에 걸어 놓게 하였다. 1658년(효종 9)에 충무사(忠武祠)에 배향되었다.

황윤후(黃胤後) 호가 월저(月渚)로, 총명하고 단아하며 뜻이 독실하고 학문을 좋아하며 문재와 덕행을 겸비하였다. 관리로 나아간 뒤 정묘호란을 당하자 집안 아이들과 인근 장정들을 모아 적군에게 달려가겠다

---

8   침과(枕戈) : 창을 베개 삼는다는 뜻이다. 나라를 걱정하여 편안히 자지 않는 태도 또는 날이 새면 적을 공격하려는 생각에 밤에도 창을 베고 잔다는 말.
9   쇠를 가지고 도리깨 모양으로 만든 병장기. 유성룡 장군의 건의로 임란 때 조총으로 싸운 왜군과 육박전을 할 때 사용하기 위해 만든 무기.
10   『조선왕조실록』 1630년 7월 3일 기사.

는 계획을 세웠다. 중화부(中和府)에 도착했을 때 이미 화친을 맺었다는 소식을 듣고 집으로 돌아와 주화론자들을 비판하는 상소문을 썼으나 현(縣)과 도(道)에서 막혀 위로 올라가지 못했다. 일찍이 필선(弼善)으로 오랫동안 춘방(春坊)에 있으면서 왕세자를 보좌하였다. 하루는 내전(內殿)에서 불러 주렴 밖으로 갔더니 특별히 청사단령(靑紗團領)을 하사하시며 하교하기를 "그대가 내 아들을 가르쳐 크게 인도한 공이 있다고 들었기에 이것을 상으로 준다"고 하였다. 그가 구성(龜城)의 부사가 되었을 때는 마침 전란이 끝난 뒤였으므로 잔약한 자를 소생하고 폐단을 제거하는 데 주력하였다. 관아에 가족들을 데리고 오지 않았으므로 관찰사 민성휘(閔聖徽)의 상계(上計)[11]에는 "적막하게 관아에 있는데 냉랭한 것이 마치 산승(山僧) 같았다"고 하였다. 저술한 글 또한 매우 맑고 아름다우며, 〈몽초부(夢草賦)〉와 중국 사신과 수창한 시가 세상에 회자되고 있다. 관직은 승지(承旨)에 이르렀다.

「효열(孝烈)」

전유부(田有富) 효자 전복룡(田伏龍)의 아들이다. 어려서부터 효심이 지극하였다. 아버지의 병이 위독하여 기절하자 손가락을 잘라 피를 마시게 하여 효험을 보았다. 이 일이 알려져 정려문이 세워졌다.

김서위(金瑞煒) 사인(士人)이다. 아버지가 병으로 기절하자 손가락을 잘

---

11 회계장부를 매년 중앙에 올리는 것.

라 피를 마시게 하여 효험을 보았다. 이 일이 알려져 정려문이 세워졌다.

전내적(田乃績) 호가 석포(石浦)이며 효자 전유부(田有富)의 아들이다. 뜻이 독실하고 학문에 힘썼고 덕행을 겸비하여 마을에서는 '대유(大儒)'라고 불렀다. 부모를 섬기는 정성은 더욱 천부적으로 타고나서 잠시라도 부모 곁을 떠나게 되면 아침저녁으로 바라보며 재배했다. 아버지가 병들자 3년 동안 밤마다 칠성(七星)에 기도하였으며 기절하자 손가락을 잘라 피를 먹였더니 다시 소생하였다. 그의 여종 고읍개(古邑介)는 정묘호란 때 적에게 쫓기다가 물에 뛰어들어 죽었고 그의 종 덕봉(德奉)은 자신의 아버지가 기절하자 손가락을 잘라 피를 마시게 하여 효험을 보았으므로 사람들이 그의 착한 행실의 감화를 받은 것이라고 여겼다. 후에 효렴(孝廉)으로 천거되어 종부시(宗簿寺) 주부(主簿)가 되었다. 숙종대에 지평(持平)으로 추증되었다.

황춘경(黃春卿) 무과 출신이다. 나이 열 몇 살에 어머니가 병으로 기절하자 손가락을 깨물어 피를 먹였더니 소생하였다. 임진년에 부친상을 당했으나 상중에도[12] 종군(從軍)하였고 종이로 신주를 만들어 옷에 넣고 다니면서 아침저녁으로 빠짐없이 제사를 지냈다. 국상(國喪) 이후에는 3년간 소박하고 거친 식사를 하였다. 이 일이 알려져 정려문이 세워졌다.

이지함(李至諴)·**이지성**(李至誠) 형제 사인(士人)이다. 아버지는 1618년(광해군 10)에 심하(深河) 전투에 종군하였다가 돌아오지 않아서 생사를 알 수 없었다. 형제는 평생 소복을 입고 고기를 먹지 않았으며 웃을 때도 이를 보이지 않았다. 이 일이 알려져 함께 정려문이 세워졌다.

강수(康銖) 진사(進士)이다. 열 살 때 모친상을 당했을 때 어른처럼 상

---

12 기복(起復): 부모의 상중(喪中)에 벼슬자리에 나아감.

을 치렀다. 얼마 지나지 않아 아버지가 또 병에 걸리자 밤낮으로 모셨으며 십여 년간 옷에서 허리띠를 풀지 않았다.[13] 아버지가 기절하자 손가락을 잘라 피를 마시게 하여 효험을 보았다. 이 일이 알려져 조세나 부역을 면제받았고[14] 제릉참봉(齊陵參奉)에 제수되었다.

김기련(金起連) 가죽 장인이다. 아버지가 병들어 기절하자 손가락을 잘라 피를 마시게 하여 효험을 보았다. 이 일이 알려져 정려문이 세워졌다.

김여득(金汝得) 아버지가 병들어 기절하자 손가락을 잘라 피를 마시게 하여 효험을 보았다. 이 일이 알려져 정려문이 세워졌다.

윤파유(尹坡瑜) 사인(士人)이다. 아버지가 대동강 얼음 위로 낚시하러 갔다가 얼음이 깨져 물에 빠졌다. 울부짖으며 구조하러 달려갔다가 같이 빠져 죽었다. 이 일이 알려져 정려문이 세워졌다.

황대요(黃戴堯) 진사이며 호는 동은(洞隱), 승지 황윤후(黃胤後)의 아들이다. 천부적으로 효성스러워서 부모님을 섬기는 데에 있어 극진하게 하지 않는 바가 없었다. 부친상과 모친상을 당하자 무덤가에 여막을 짓고 상이 끝날 때까지 죽을 먹었으며 아침저녁으로 성묘하여 곡을 했는데 비바람이 불어도 그치지 않았다. 이 일이 알려져 지평(持平)에 추증되었다.

양만영(楊萬榮) 장령(掌令) 양현망(楊顯望)의 아들이다. 문재와 행실이 탁월하고 효성을 타고나서 웃어른을 뵐 때는 뜻이 온순하였으며 공경하는 마음을 극진히 하였다. 급제 후 아침저녁으로 부모님을 떠나는 일을 차마 하지 못하여 출사하러 나아가는 일을 즐거워하지 않았다. 아버지가 병에 걸려 기절하자 허벅지 살을 베어 피를 약에 섞어 드렸더니 효

---

13 의불해대(衣不解帶) : 편안히 쉬거나 잘 수 없다는 뜻.
14 복호(復戶) : 조선시대 국가가 호(戶)에 부과하는 요역(徭役) 부담을 감면하거나 면제해 주던 제도.

험이 있었다. 이 사실이 알려져 정려문이 세워졌다.

박이업(朴己業) 관군(館軍)이다. 부모님을 섬김에 있어 정성과 효성을 다하였고 새벽에 문안인사를 올리고 밤에 잠자리를 보아 드리는데 예절에 어긋나는 바가 없었다. 이 일이 알려져 정려문이 세워졌다. 그의 형 박맹기(朴孟起)는 맹인으로 또한 효성이 지극했으므로 이 일이 알려져 조세나 부역을 면제받았다.

황대현(黃戴玄) 사인(士人)이다. 아버지의 병이 위독해져 기절하자 손가락을 잘라 피를 마시게 하여 효험을 보았다. 그 후 아버지의 병이 또 심해지자 이미 자른 손가락을 다시 잘라 손가락 마디가 남은 것이 없었다. 어머니가 임종할 때 배를 먹고 싶어했는데 그 병에서 꺼리는 음식이라 올리지 못했다. 이것을 한스럽게 여겨 평생 배를 먹지 않았다. 관에서 부역을 면제해주었다.[15]

황순승(黃順承) 호가 집암(執菴)으로 효자 황대요(黃戴堯)의 손자이다. 뜻이 독실하고 행실에 힘썼으며 부모님을 모심에 있어 매우 효성스러웠다. 아버지가 회국수를 좋아했는데, 아버지가 세상을 떠나자 평생 회국수를 먹지 않았다. 어머니가 병이 들자 손가락에서 피를 내어 약과 섞어 올렸고 똥의 쓰고 단 맛을 보면서 차도가 있는지 심해지는지를 살폈다. 부모의 상을 당하자 무덤가에 여막을 짓고 6년간 부모님의 유지를 받드는 데 정성을 다했다. 제사 때가 되면 한 겨울에 눈이 내려 춥더라도 반드시 목욕재계하였다. 부모가 세상을 떠난 뒤에는 평생 고기를 먹지 않아서 마을 아녀자들이 '고집(固執)'이라고 불렀다. 황순승은 효렴(孝廉)으로 천거되었고 관직이 직장(直長)에 이르렀다.

---

15 급복(給復) : 충신(忠臣)이나 효자(孝子)에게 부역(賦役)을 면제(免除)하여 줌.

최세율(崔世律) 부모님을 모심에 있어 매우 효성스러웠다. 몸소 낚시를 해서 매우 맛있는 음식을 올려 아버지가 100세까지 장수하였다. 병이 든 지 십년이 되었지만 어떤 경우에도 몸소 부모님을 모셨고 아이들에게 대신하도록 시킨 적이 없었으며 나이가 여든이 되어서도 소홀히 하지 않았다. 이 일이 알려져 나라에서 품계를 올려주고[16] 부역을 면제해 주었다.

전성리(田聖理) 효자 전내적(田乃績)의 손자이다. 어머니가 병이 들자 천지신명에게 기도했는데 정성을 다하지 않음이 없었다. 하루는 어머니가 기절하자 손가락을 잘라 피를 마시게 하여 효험을 보아 수명을 몇 개월 더 연장하였다. 관에서 부역을 면제해 주었다.

최후발(崔厚發) 천부적으로 효성이 지극했다. 나이 16세에 부친상을 당하였는데 상을 치르고 제사를 올리는 일에 모두 정성과 예를 다하였다. 아버지가 만든 어망을 상자에 넣어 보관하면서 영모(永慕)하는 마음을 기탁하였고 기일이면 언제나 그 어망을 가지고 물고기를 잡았는데 다른 사람들이 모두 못 잡을 때에도 그만은 유독 많이 잡았다. 예전에 큰물이 불어 고기가 없었을 때 그물로 대어 두 마리를 잡아 제수로 써서 사람들이 그의 효성에 하늘이 감동한 것이라고 탄복하였다. 모친상을 당해서는 3년간 무덤가에 여막을 지었는데 슬픔이 지나쳐 병이 들 정도였다. 가족이 육즙을 약에 타주자 병이 나았는데 이후에 이 사실을 알고 한탄하였다 복이 끝난 뒤에는 1년간 소박하고 거친 식사를 하였다. 마을 아녀자들이 모두 '최효자(崔孝子)'라고 불렀다.

한홍점(韓鴻漸) 태어난 지 첫돌이 되기 전에 아버지를 여의었고 아홉

---

16 가자(加資) : 품계를 올려 줌.

살에 모친상을 당했는데 슬픔이 지나쳐 병이 들 정도였다. 가족들이 육즙을 먹으라고 권하자 이를 피해 무덤 근처 절로 들어가서 상을 마쳤다. 자라서는 자신이 어려서 부친상 때 상복을 입지 못한 것을 한탄하여 3년간 추복(追服)[17]을 하였기에 마을 사람들이 칭찬하였다.

최응태(崔應台) 나이 11세에 어머니가 병이 들자 손가락을 잘라 피를 마시게 하여 효험을 보았다. 이 일이 알려져 조세나 부역을 면제받았다.

한화팔리(韓禾八里) 양인(良人)이다. 나이가 겨우 열 살이었으나 부친상을 추복(追服)하였고 15세 때는 형을 위해 손가락을 잘라 피를 마시게 하여 사람들이 모두 칭찬하였다.

김중서(金仲恕) 사인(士人)이다. 부모님을 극진한 효성으로 모셨으며 아버지가 병들어 기절하자 손가락을 잘라 피를 마시게 하여 효험을 얻었다. 1659년(효종 10)의 국상 때는 3년간 소박하고 거친 식사를 하였다. 이 일이 알려져 조세나 부역을 면제받았다.

김씨(金氏) 노부성(盧富成)의 아내이다. 시어머니를 매우 공경스럽게 모셨다. 시어머니가 전신이 마비가 되자 직접 때를 씻기고 용변을 도우며 공경을 다하였고 오랫동안 더욱 독실하게 하였다. 이 일이 알려져 조세나 부역을 면제받았다.

조씨(趙氏) 이세정(李世禎)의 아내이다. 집에 불이 나자 급한 상황에서 시부모의 신주를 안고 나오다가 문을 채 나오기도 전에 불에 타서 죽었다. 이 일이 알려져 정려문이 세워졌다.

이씨(李氏) 이시진(李時振)의 딸이다. 14세에 아버지가 병들어 기절하자 손가락을 잘라 피를 마시게 하여 효험을 보았다. 이 일이 알려져 조

---

17 상례 의식의 하나로써, 부모가 돌아갔을 때 나이가 어렸거나 또는 어떤 사고로 인하여 상복을 입지 못하였다가 나중에 상복을 입는 것.

세나 부역을 면제받았다.

　　노씨(盧氏) 사인(士人) 이식(李寔)의 아내이다. 어릴 때부터 효성으로 특출났는데 남편이 죽자 자신도 목을 매어 기절한 것을 가족들이 구하여 소생하였다. 시부모가 "우리 부부가 모두 늙고 눈이 멀었는데 아들이 죽고 며느리마저 죽는다면 우리는 누구에게 의지하느냐"며 울부짖자 노씨가 크게 깨닫는 바가 있어 죽으려던 시도를 멈추고 시부모를 극진하게 모시면서 기거할 때는 좌우에서 부축하고 머리를 빗고 세수할 때는 꼭 직접 도맡아 하였으며 20년이 되어서도 소홀함이 없었다. 이 일이 알려져 조세나 부역을 면제받았다.

　　주씨(朱氏) 사인(士人) 김정신(金鼎新)의 아내이다. 12세에 부친상을 치렀는데 어른과 매 한가지였다. 18세가 되었을 때 어머니가 병들어 기절하자 손가락을 잘라 피를 마시게 하여 효험을 보았다. 관에서 부역을 면제시켜[18] 주었다.

　　이씨(李氏) 사인(士人) 이질(李秩)의 아내이다. 남편의 상을 당하여 너무나 슬퍼하여 예법에 지나칠 정도였다. 평생 상복을 입고 고기를 먹지 않았다. 이 일이 알려져 정려문이 세워졌다.

　　이씨(李氏) 양인의 딸(良女)이다. 정묘호란 때 남편이 적에게 쫓겨 물에 뛰어들어 죽자 이씨도 따라 같이 뛰어들어 죽었다. 이 일이 알려져 정려문이 세워졌다.

　　이씨(李氏) 사인(士人) 김진(金珍)의 아내이다. 정묘호란 때 적병에게 쫓겨 아이를 업고 물에 뛰어들어 죽었다. 이 일이 알려져 정려문이 세워졌다.

　　안씨(安氏) 김수택(金秀澤)의 아내이다. 남편을 일찍 잃었다. 병자호란

18　견역(蠲役) : 부역을 면제하다.

때 아들 형제가 모두 군역(軍役)을 하러 종군하자 두 며느리를 데리고 벽지도(碧只島)에 들어갔다. 갑자기 적병과 마주치자 이들이 틀림없이 겁탈할 것이라고 보고 분연히 항전하다가 여러 차례 베여 죽었다. 이 일이 알려져 정려문이 세워졌다.

양개(楊介) 부의 노비이다. 신분이 미천하였으나 한 남편만을 섬겼고 남편이 죽자 평생 혼자 울면서 살았다. 이 일이 알려져 정려문이 세워졌다.

박씨(朴氏) 양인의 딸이다. 병자호란 때 위협을 당하자 욕보지 않으려고 물에 뛰어들어 죽었다. 이 일이 알려져 정려문이 세워졌다.

안씨(安氏) 교생(校生) 김애격(金愛格)의 아내이다. 김애격의 매부[19] 이지휼(李之恤)이 김애격과 재산을 다투다가 몸을 숨겨 자취를 감추었다. 이지휼의 아버지가 시신을 구해놓고 김애격이 자신의 아들을 몰래 살해한 것이라고 말하면서 무고하였고 살인사건의 재판 결과 결국 김애격이 죽게 되었다. 안씨는 남편이 억울하게 죽은 것을 원통하게 여겨서 남복을 입기도 하고 비구니가 되기도 하여 10년간 동냥을 하며 여러 읍을 찾아다니다가 이지휼을 수안(遂安) 땅에서 찾아내어 남편의 원수를 갚았다. 이 일이 알려져 정려문이 세워졌다.[20]

김씨(金氏) 사인(士人) 전우평(田遇平)의 아내이다. 남편이 죽자 예로서 장례를 치르고 밤낮으로 울면서 조금의 곡식도 먹지 않고 끝내 목을 매어 죽었다. 이 일이 알려져 정려문이 세워졌다.

이씨(李氏) 양인의 딸이다. 남편 이종복(李種福)이 보통강(普通江)에서 익사하자 이씨가 그 소식을 듣고 강으로 뛰어들었으나 구조당하여 죽지 못하였는데 끝내 목을 매어 죽었다. 이 일이 알려져 정려문이 세워졌다.

---

19 매서(妹壻) : 매부(妹夫). 누이의 남편. 손윗누이나 손아래 누이의 남편.
20 『현종실록』 1669년 7월 27일자 기사에 나와 있다.

김씨(金氏) 장발(張發)의 아내이다. 남편이 출타했을 때 나그네가 하룻밤을 묵으러 와서 겁탈하려고 하자 절개를 지키며 따르지 않았다가 나그네에게 칼에 찔려 죽었다. 이 일이 알려져 정려문이 세워졌다.

이씨(李氏) 문승민(文順敏)의 아내이다. 남편이 관에서 곡식을 빌려가지고 돌아오는 길에 의암강(衣巖江)에서 익사하였다. 시신을 수습하여 돌아와 장사를 지내고 그날로 약을 먹고 자결하였다. 이 일이 알려져 정려문이 세워졌다.

최씨(崔氏) 훈도(訓導) 김탕(金瀉)의 아내이다. 남편의 병이 위독하자 밤낮으로 울며 육신(六辰)에 기도하면서 자신의 수명을 덜어 남편의 명을 늘려 달라고 하였다. 남편의 상을 당해서는 3년간 슬피 울었고 복이 끝난 뒤에도 매월 초하룻날과 보름에는 반드시 음식을 올렸고[21] 평생 고기를 먹지 않아서 마을 사람들이 칭찬하였다.

양씨(楊氏) 사인(士人) 채우구(蔡禹龜)의 아내이다. 남편이 죽자 조금의 곡식도 먹지 않고 얼굴을 가리고 누워 있어서 친정어머니도 얼굴을 한번 보지 못했다. 결국 제사상 옆에서 죽었기에 마을 사람들이 칭찬하였다.

김응무(金應武) 무사(武士)이다. 임진왜란 때 왜병이 갑자기 동교(東郊)에 이르자 사람들이 대동강으로 달려갔으나 배가 없어 건너지 못하였고 하늘에 사무치도록 울부짖었으나 아무도 구하러 오는 사람이 없었다. 김응무가 분연히 병선(兵船)을 이끌고 건너가니 사람들이 다투어 건너려고 해서 배가 갑자기 가라앉으면서 뒤집혔다. 적이 배에 오르자 김응무가 활을 쏘아 죽였는데 적이 너무 많아서 화살도 소진하고 힘이 다해 죽음을 면하지 못하리라는 것을 알고 왜군 한 명을 안고 물에 뛰

---

21 상식(上食) : 상가(喪家)에서 조석으로 궤연 앞에 차려놓는 음식.

어들어 죽었다.

김장련(金長鍊) 무사(武士)이다. 동생 김장연(金長延)과 함께 임진왜란 때 부의 판관 이응해(李應獬)의 진영에서 전사하였다. 김장련의 아들 김덕수(金德秀)는 1618년(광해군 10) 심하(深河) 전투 때 김응하(金應河)의 진영에서 순절하였다.

최응해(崔應海) 무사(武士)이다. 1618년(광해군 10) 심하(深河) 전투 때 전(前) 주부(主簿)로 좌영장(左營將) 김응하(金應河)의 휘하에 들어가서 힘을 다해 싸웠으나 군대가 패하여 죽었다. 이 일이 알려져 정려되었고 공조참의(工曹參議)에 추증되었다.

양의시(楊懿時) 진사(進士)이다. 병자호란 때 마침 부친상을 당했다. 적에게 포로로 끌려가서 적들이 쇠고기를 짊어지고 따라가게 하자 양의시가 "내가 어찌 포로가 되어 구차하게 살면서 내 몸을 욕보이겠는가?"라고 하며 적을 욕하며 굽히지 않다가 여러 차례 베여 죽었다.

「과공(科貢)」

문과(文科)

홍내범(洪乃範) 사예(司藝)
최덕중(崔德重) 감찰(監察)
전벽(田闢) 예빈시정(禮賓寺正)

강문익(康文翼) 옹진현령(瓮津縣令)

노대민(盧大敏) 정자(正字)

조삼성(曹三省) 첨지(僉知)

이급(李級) 북평사(北評事)

황윤후(黃胤後) 승지(承旨)

이유(李愈) 한성우윤(漢城右尹)

김희일(金僖一) 대동찰방(大同察訪)

허관(許灌) 황해도사(黃海都事)

노상의(盧尙義) 이천부사(利川府使)

노상현(盧尙賢) 황해도사(黃海都事)

이진(李進) 검교(校檢)

전흡(田翕) 성균학유(成均學諭)

김기수(金起洙) 감찰(監察)

김종도(金宗道) 대동찰방(大同察訪)

김여욱(金汝旭) 태천현감(泰川縣監)

김시현(金時鉉) 예조좌랑(禮曹佐郎)

고진문(高進問) 연서찰방(延曙察訪)

강시성(康時省) 은산현감(殷山縣監)

김정(金鋌)

장세량(張世良) 정평부사(定平府使)

이시담(李時橝) 평산부사(平山府使)

양정신(楊廷藎) 사예(司藝)

김세희(金世熙) 전적(典籍)

김시욱(金時郁) 사예(司藝)

조관국(趙觀國) 옹진현령(甕津縣令)

양현망(楊顯望) 장령(掌令)

김의엽(金義燁) 예조정랑(禮曹正郎)

변사달(邊四達) 옹진현령(甕津縣令)

강서황(姜瑞璜) 무안현감(務安縣監)

김상환(金尙煥) 감찰(監察)

김세진(金世熠) 평산부사(平山府使)

황대인(黃戴仁) 결성현감(結城縣監)

김세형(金世衡) 감찰(監察)

김익구(金益九) 봉상첨정(奉常僉正)

김운승(金運乘) 예조정랑(禮曹正郎)

김상은(金相殷) 맹산현감(孟山縣監)

문유장(文有章) 음죽현감(陰竹縣監)

양만영(楊萬榮) 예조좌랑(禮曹佐郎)

조세규(趙世珪) 전적(典籍)

전이공(田以功)

조지중(趙之重) 통례(通禮)

최진하(崔鎭厦) 전적(典籍)

이상징(李祥徵) 예조좌랑(禮曹佐郎)

양성준(梁聖駿) 권지정자(權知正字)

전유경(全有慶) 전적(典籍)

이시항(李時恒) 병조정랑(兵曹正郎)

이수명(李秀蓂) 토산현감(兎山縣監)

이필(李珌) 만경현감(萬頃縣監)

장두주(張斗周) 운산군수(雲山郡守)

고승헌(高丞憲)

황민후(黃敏厚)

무과(武科)

박억(朴億) 주부(主簿) [註 : 임진왜란 의병장]

박희달(朴喜達) 군기시정(軍器寺正)

김용해(金龍海) 첨사(僉使)

김자택(金自澤) 주부(主簿) [註 : 임진왜란 의병장]

김준덕(金峻德) 은율현감(殷栗縣監)

최덕보(崔德輔) 공주판관(公州判官)

김계영(金桂英) 첨사(僉使)

최충수(崔忠秀) 덕천군수(德川郡守)

김태흘(金泰屹) 창성부사(昌城府使) [註 : 한풍군(漢豊君)]

이덕보(李德輔) 선천부사(宣川府使)

박몽기(朴夢箕) 첨사(僉使)

김내일(金乃逸) 첨사(僉使)

송천경(宋天擎) 첨사(僉使)

현수백(玄受白) 훈련부정(訓鍊副正)

최응수(崔應水) 선천부사(宣川府使) [註 : 결성군(結城君)]

정지성(鄭志誠) 삼등현령(三登縣令)

차중철(車仲轍) 맹산현감(孟山縣監)

김경일(金擎日) 첨사(僉使)

김순남(金順南) 첨사(僉使)

김지웅(金志雄) 맹산현감(孟山縣監)

신집(申緝) 첨사(僉使)

조선철(趙善哲) 이산군수(理山郡守)

김효신(金孝信) 한평군(漢平君)

김종휘(金宗輝) 첨사(僉使)

김기서(金起西) 첨사(僉使)

김예길(金禮吉) 첨사(僉使)

김보덕(金補德) 첨사(僉使)

차의린(車義驎) 위원군수(渭原郡守)

최성업(崔聖業) 오위장(五衛將)

성후방(成後昉) 첨사(僉使)

박승서(朴承瑞) 첨사(僉使)

김창서(金昌西) 첨사(僉使)

한무인(韓武仁) 첨사(僉使)

박진영(朴振英) 첨사(僉使)

김세로(金世老) 한녕군(漢寧君)

이후성(李後成) 이성현감(利城縣監)

노성래(盧省來) 우후(虞候)

조세걸(曹世傑) 동지(同知)

김윤찬(金胤鑽) 벽동군수(碧潼郡守)

김선길(金善吉) 순천군수(順川郡守)

김지도(金志道) 양덕현감(陽德縣監)

김명래(金命來) 동지(同知)

차만수(車萬壽) 첨사(僉使)

윤백령(尹百齡) 찰방(察訪)

이징괴(李徵槐) 첨사(僉使)

김몽원(金夢遠) 벽동군수(碧潼郡守)

이충방(李忠邦) 개천군수(价川郡守)

박예관(朴禮寬) 첨사(僉使)

문수원(文壽元) 위원군수(渭原郡守)

이정주(李廷冑) 첨사(僉使)

김필흥(金弼興) 첨사(僉使)

김윤국(金潤國) 찰방(察訪)

김양(金漾) 첨사(僉使)

김형(金衡) 첨사(僉使)

김몽칠(金夢七) 첨사(僉使)

양봉명(楊鳳鳴) 영장(營將)

조태성(趙泰星) 곽산군수(郭山郡守)

조흥린(趙興藺) 첨사(僉使)

음사(蔭仕)

김상안(金尙安) 송화현감(松和縣監)

전정균(田井均) 기린찰방(麒麟察訪)

이호변(李虎變) 전연사 직장(典涓司直長)

김세로(金世老) 중부참봉(中部參奉)

김태우(金台佑) 낭천현감(狼川縣監)

김균(金均) 강동현감(江東縣監)

이학정(李鶴禎) 첨지(僉知)

김순우(金純祐) 군자감 참봉(軍資監參奉)

장렴(張濂) 사재감 참봉(司宰監參奉)

양의직(楊懿直) 창릉참봉(昌陵參奉)

김여림(金汝霖) 군자감 참봉(軍資監參奉)

양덕록(楊德祿) 전옥참봉(典獄參奉)

조함(趙涵) 예빈시 참봉(禮賓寺參奉)

김사인(金士仁) 예빈시 참봉(禮賓寺參奉)

황윤선(黃胤先) 감찰(監察)

김우철(金友哲) 사재감 참봉(司宰監參奉)

김효강(金效剛) 제용감 참봉(濟用監參奉)

노덕규(盧德珪) 제용감 참봉(濟用監參奉)

김내성(金乃聲) 제릉참봉(齊陵參奉)

현우굉(玄宇宏) 군자감 직장(軍資監直長)

조흥종(曹興宗) 준원전 참봉(濬源殿參奉)

조흡(趙洽) 중부참봉(中部參奉)

선우협(鮮于浹) 성균사업(成均司業)

김수침(金守沈) 군자감 참봉(軍資監參奉)

노득인(盧得寅) 남부참봉(南部參奉)

현술선(玄述先) 익위사 익찬(翊衛司翊贊)

김세호(金世豪) 인제현감(麟蹄縣監)

현진선(玄進先) 예빈시 봉사(禮賓寺奉事)

강수(康銖) 제릉참봉(齊陵參奉)

전내적(田乃績) 종부시 주부(宗簿寺主簿)

강시척(康時惕) 경기(慶基)

이창겸(李昌謙) 감찰(監察)

김후징(金厚徵) 전생서 직장(典牲署直長)

황순승(黃順承) 전생서 직장(典牲署直長)

선우문(鮮于炆) 장릉참봉(莊陵參奉)

숭인전감(崇仁殿監)

선우식(鮮于寔)

선우흡(鮮于洽)

선우진(鮮于震)

선우즙(鮮于楫)

선우익(鮮于翼)

선우위(鮮于瑋)

선우임(鮮于任)

무남(武南)[22]

김적덕(金積德) 첨사(僉使)

이충백(李忠伯) 첨사(僉使)

김여인(金麗仁) 첨사(僉使)

최만하(崔萬厦) 첨사(僉使)

김경은(金慶殷) 첨사(僉使)

사마(司馬)

양의직(楊懿直)

김사종(金嗣宗)

강효리(康孝李)

김여협(金呂協)

강대립(康大立)

이우춘(李遇春)

최광정(崔光庭)

최달운(崔達雲)

황극신(黃克愼)

전벽(田闢) [註 : 문과 급제]

---

22 음직 무관. 『조선왕조실록』 1798년 12월 20일 기사에 "남행(南行, 음직)의 부장(部
將)으로서 과거에 합격하지 못한 채 출륙(出六)한 자를 '무남(武南)'이라고 한다"는
용례가 보인다.

양덕록(楊德祿)

현응백(玄應白)

박위(朴蔫)

양태형(楊泰亨)

최일유(崔一唯)

황윤후(黃胤後) [註 : 문과 급제]

홍기(洪驥)

김휴(金鑴)

김여우(金汝雨)

강수(康銖)

이응시(李應時)

김여욱(金汝旭) [註 : 문과 급제]

허관(許灌) [註 : 문과 급제]

양점형(楊漸亨)

이유(李愈) [註 : 문과 급제]

김해관(金海寬)

강유(康鈕)

황윤선(黃胤先)

양의시(楊懿時)

홍선(洪僎)

김의엽(金義燁) [註 : 문과 급제]

전흡(田翕) [註 : 문과 급제]

김대일(金大一)

양경억(楊景億)

김의광(金義光)

황대요(黃戴堯)

김정(金鋌)

노득인(盧得寅)

강시척(康時惕)

노몽수(盧夢脩)

황윤원(黃胤遠)

김기문(金起汶)

장경함(張慶涵)

조흥종(曹興宗)

조충제(趙忠濟)

조후빈(曹後彬)

김세혁(金世爀)

김영백(李英白)

홍우적(洪禹績)

윤린(尹隣)

이시담(李時橝) [註 : 문과 급제]

나계주(羅繼胄)

양의원(楊懿元)

김기만(金紀萬)

윤형민(尹衡敏)

변사달(邊四達) [註 : 문과 급제]

강시윤(康時胤)

김시환(金時煥)

강시진(康時晉)

양재창(楊再昌)

황대순(黃戴舜)

홍시만(洪時萬)

차이행(車以行)

최지원(崔志遠)

장우한(張遇漢)

나진조(羅進朝)

양현망(楊顯望) [註 : 문과 급제]

이창(李昶)

이창진(李昌震)

김선항(金善恒)

노경래(盧警來)

김만홍(金萬弘)

이진방(李震芳)

최이태(崔爾泰)

양만영(楊萬榮) [註 : 문과 급제]

김상윤(金尙潤)

강복주(姜服周)

조흥국(趙興國)

김세경(金世鏡)

양재명(楊再命)

이두최(李斗最)

이제한(李齊漢)

이창겸(李昌謙)

김기연(金起淵)

홍익중(洪益重)

강유(康揄)

홍백령(洪百齡)

최만용(崔萬容)

조광우(趙廣宇)

강진(康璡)

허석(許晳)

이동상(李東尙)

김장운(金長運)

김남윤(金南潤)

조인수(曹仁壽)

이만첨(李萬瞻)

김표준(金豹俊)

강유홍(康有弘)

이시항(李時恒) [註 : 문과 급제]

조석망(趙碩望)

이현술(李玄述)

김초중(金楚重)

황필진(黃必鎭)

김태형(金台衡)

장태갑(張台甲)

최형제(崔衡齊)

김성대(金聲大)

최종기(崔宗琦)

이두수(李斗壽)

이인채(李仁采)

김점(金漸)

양일제(楊日躋)

김치강(金致剛)

정해(鄭楷)

김덕제(金德齊)

오상후(吳尙垕)

김한명(金漢明)

황민후(黃敏厚) [註 : 문과 급제]

김학지(金潭之)

최태제(崔泰齊)

김학우(金學愚)

조경수(趙慶壽)

조경설(趙敬說)

조우황(趙宇潢)

「환적(宦蹟)」

관찰사(觀察使)

윤두수(尹斗壽) 1588년(선조 21)에 부임했다.

권징(權澂) 1590년(선조 23)에 부임했다.

윤탁연(尹卓然) 1592년(선조 25)에 부임했다.

송언신(宋言愼) 1592년(선조 25)에 부임했다.

이원익(李元翼) 1592년(선조 25)에 부임했다. 전란을 당해 어지러운 상황에서 유민(流民)들을 평안하게 하고 폐단을 잘 다스렸다. 적을 평정하고 역을 고르게 하였고 문(文)을 받들고 무(武)를 장려하여 규모가 매우 잘 갖추어졌고 마을이 다시 재건되었다. 우의정이 되어 조정으로 돌아가자 백성들이 부모처럼 사모하여 비를 세우고 생사당(生祠堂)을 지어떠난 뒤에도 그리워하는 마음을 기탁하였다. 생사당의 설립은 여기에서 비롯되었다.

윤승길(尹承吉) 1595년(선조 28)에 부임했다.

한응인(韓應寅) 1596년(선조 29)에 부임했다.

박홍로(朴弘老) 1598년(선조 31)에 부임했다.

서성(徐渻) 1599년(선조 32)에 부임했다.

허욱(許頊) 1601년(선조 34)에 부임했다.

김신원(金信元) 1603년(선조 36)에 부임했다.

한효순(韓孝純) 1605년(선조 38)에 부임했다.

박동량(朴東亮) 1605년(선조 38)에 부임했다.

한준겸(韓浚謙) 1607년(선조 40)에 부임했다.

이시발(李時發) 1608년(선조 41)에 부임했다.

최관(崔瓘) 1610년(광해군 2)에 부임했다.

정사호(鄭賜湖) 1612년(광해군 4)에 부임했다.

김신국(金藎國) 1613년(광해군 5)에 부임했다. 1623년(인조 1)에 다시 부임했다. 덕정비(德政碑)가 세워졌다.

안응형(安應亨) 1617년(광해군 9)에 부임했다.

박엽(朴燁) 1618년(광해군 10)에 부임해서 6년간 다스렸다. 1623년(인조 1)에 처형되었다.

이상길(李尙吉) 1623년(인조 1)에 부임했다. 덕정비가 세워졌다.

윤훤(尹暄) 1625년(인조 3)에 부임했다.

김기종(金起宗) 1627년(인조 5)에 부임했다. 생사당이 세워졌다.

김시양(金時讓) 1629년(인조 7)에 부임했다. 덕정비가 세워졌다.

민성휘(閔聖徽) 1630년(인조 8)에 부임했다. 1637년(인조 15)에 다시 부임했고 생사당이 세워졌다.

장신(張紳) 1633년(인조 11)에 부임했다.

홍명구(洪命耉) 1636년(인조 14)에 부임했다. 정충비(精忠碑)가 세워졌다.

남선(南銑) 1637년(인조 15)에 부임했다.

이현(李袨) 1637년(인조 15)에 부임했다.

정태화(鄭太和) 1640년(인조 18)에 부임했다. 선정비(善政碑)가 세워졌다.

심연(沈演) 1642년(인조 20)에 부임했다.

구봉서(具鳳瑞) 1642년(인조 20)에 부임했다. 유애비(遺愛碑)가 세워졌다.

김세렴(金世濂) 1644년(인조 22)에 부임했다. 덕정비가 세워졌다.

박서(朴遾) 1645년(인조 23)에 부임했다. 청백비(淸白碑)가 세워졌다.

임담(林墰) 1646년(인조 24)에 부임했다.

이만(李曼) 1647년(인조 25)에 부임했다. 1659년(효종 10)에 다시 부임했다.

정치화(鄭致和) 1647년(인조 25)에 부임했다. 선정비가 세워졌다.

허적(許積) 1649년(인조 27)에 부임했다. 1653년(효종 4)에 다시 부임했다. 생사당과 비가 세워졌다.

정유성(鄭維城) 1650년(효종 1)에 부임했다. 선정비가 세워졌다.[23]

오정일(吳挺一) 1652년(효종 3)에 부임했다. 선정비가 세워졌다.

심택(沈澤) 1655년(효종 6)에 부임했다.

유심(柳淰) 1656년(효종 7)에 부임했다. 선정비가 세워졌다.

김여옥(金汝鈺) 1659년(효종 10)에 부임했다.

임의백(任義伯) 1661년(현종 2)에 부임했다.

정지화(鄭知和) 1663년(현종 4)에 부임했다.

이정영(李正英) 1664년(현종 5)에 부임했다.

정만화(鄭萬和) 1666년(현종 7)에 부임했다. 생사당이 세워졌다.

이태연(李泰淵) 1668년(현종 9)에 부임했다.

민유중(閔維重) 1669년(현종 10)에 부임했다. 생사당이 세워졌다.

이만영(李萬榮) 1672년(현종 13)에 부임했다.[24]

오시수(吳始壽) 1672년(현종 13)에 부임했다.

신정(申晸) 1674년(현종 15)에 부임했다.

민종도(閔宗道) 1675년(숙종 1)에 부임했다.

이우정(李宇鼎) 1677년(숙종 3)에 부임했다.

---

23 『청선고』에는 정유성 위에 沈之源(1650년 부임)이 있는데 이 책에서는 이름이 실려 있지 않다.
24 『청선고』에는 '李晩英'으로 수록되어 있다.

김덕원(金德遠) 1678년(숙종 4)에 부임했다.

유하익(兪夏益) 1679년(숙종 5)에 부임했다.

유상운(柳尙運) 1680년(숙종 6)에 부임했다. 1684년(숙종 10)에 다시 부임했다. 생사당이 세워졌다.

김세화(李世華) 1682년(숙종 8)에 부임했다.

신익상(申翼相) 1683년(숙종 9)에 부임했다.

박태상(朴泰尙) 1685년(숙종 11)에 부임했다.

이세백(李世白) 1685년(숙종 11)에 부임했다. 생사당이 세워졌다.

오두인(吳斗寅) 1686년(숙종 12)에 부임했다.

윤이제(尹以濟) 1687년(숙종 13)에 부임했다.

이지익(李之翼) 1689년(숙종 15)에 부임했다.

민취도(閔就道) 1689년(숙종 15)에 부임했다.

심단(沈檀) 1691년(숙종 17)에 부임했다.

권해(權瑎) 1692년(숙종 18)에 부임했다.

이만원(李萬元) 1693년(숙종 19)에 부임했다. 생사당이 세워졌다.

이유(李濡) 1694년(숙종 20)에 부임했다. 생사당이 세워졌다.

민진주(閔鎭周) 1696년(숙종 22)에 부임했다.

이징명(李徵明) 1697년(숙종 23)에 부임했다.

정재희(鄭載禧) 1698년(숙종 24)에 부임했다.

홍만조(洪萬朝) 1698년(숙종 24)에 부임했다. 생사당이 세워졌다.

조태채(趙泰采) 1700년(숙종 26)에 부임했다. 생사당이 세워졌다.

이세재(李世載) 1701년(숙종 27)에 부임했다. 생사당이 세워졌다.

최석항(崔錫恒) 1703년(숙종 29)에 부임했다. 마애비(磨崖碑)가 세워졌다.

박권(朴權) 1705년(숙종 31)에 부임했다.

조태구(趙泰耉) 1706년(숙종 32)에 부임했다. 생사당과 마애비가 세워졌다.

윤지인(尹趾仁) 1708년(숙종 34)에 부임했다. 마애비가 세워졌다.

권성(權憕) 1710년(숙종 36)에 부임했다.

이제(李濟) 1710년(숙종 36)에 부임했다.

유집일(兪集一) 1712년(숙종 38)에 부임했다.

민진원(閔鎭遠) 1713년(숙종 39)에 부임했다.

조태로(趙泰老) 1715년(숙종 41)에 부임했다. 선정비가 세워졌다.

김유(金楺) 1717년(숙종 43)에 부임했다.

이조(李肇) 1718년(숙종 44)에 부임했다.

이택(李澤) 1719년(숙종 45)에 부임했다.

권업(權𢢜) 1720년(숙종 46)에 부임했다.

조도빈(趙道彬) 1721년(경종 1)에 부임했다.

이진검(李眞儉) 1722년(경종 2)에 부임했다.

오명항(吳命恒) 1723년(경종 3)에 부임했다.

이정제(李廷濟) 1724년(경종 4)에 부임했다.

윤헌주(尹憲柱) 1725년(영조 1)에 부임했다.

홍석보(洪錫輔) 1726년(영조 2)에 부임했다.

윤유(尹游) 1727년(영조 3)에 부임했다.

송인명(宋寅明) 1729년(영조 5)에 부임했다.

서윤(庶尹)

이원손(李元孫)

홍세공(洪世恭)

남복흥(南復興)

강대호(姜大虎) 임진왜란 뒤에 왔는데 관아 건물이 없어서 오동(烏洞) 민가에 거주하였다. 하루는 불이 나서 관리와 백성이 구하려고 왔는데 집에는 깨진 대그릇 하나와 작은 항아리 하나, 해진 이불과 수수쌀(唐米) 몇 말이 든 항아리뿐이었다. 마을 사람들이 "이번 불은 하늘이 우리 나으리의 청렴하고 검소한 덕을 보여주시려는 것이다"라고 하였다. 뒤에 청덕비(淸德碑)가 세워졌다.

한언침(韓彦琛)

강욱(姜昱)

원욱(元彧)

유공량(柳公亮) 선정비가 세워졌다.

이진빈(李軫賓) 유애비가 세워졌다.

이경천(李慶千)

박엽(朴燁)

이홍주(李弘冑)

이유연(李幼淵)

윤정(尹綎)

이명준(李命俊) 청백비가 세워졌다.

윤경(尹絅)

이상준(李尙俊)

조성립(趙誠立)

유도(柳塗)

정세미(鄭世美) 선정비가 세워졌다.

유진증(兪晉曾)

이후천(李後天)

윤신(尹璶)

윤형언(尹衡彦)

이민수(李敏樹)

허실(許實)

유질(柳秩) 1626년(인조 4)에 부임했다.

이영식(李永式) 1627년(인조 5)에 부임했다. 청백비가 세워졌다.

이래(李崍) 1630년(인조 8)에 부임했다.

이계(李啓) 1631년(인조 9)에 부임했다.

박수홍(朴守弘) 1631년(인조 9)에 부임했다. 선정비가 세워졌다.

이두양(李斗陽) 1633년(인조 11)에 부임했다. 선정비가 세워졌다.

도경유(都慶兪) 1634년(인조 12)에 부임했다.

이후양(李後陽) 1636년(인조 14)에 부임했다.

홍익한(洪翼漢) 1637년(인조 15)에 부임했다. 후금에게 붙잡혔다. 사당
이 세워졌다.

조정립(曹挺立) 1637년(인조 15)에 부임했다. 선정비가 세워졌다.

노협(盧協) 1641년(인조 19)에 부임했다.

남명우(南溟羽) 1642년(인조 20)에 부임했다.

이대순(李大純) 1644년(인조 22)에 부임했다.

정창주(鄭昌冑) 1644년(인조 22)에 부임했다. 선정비가 세워졌다.

유시정(柳時定) 1647년(인조 25)에 부임했다.

홍흥지(洪興祉) 1650년(효종 1)에 부임했다.

황위(黃暐) 1652년(효종 3)에 부임했다.

최문오(崔文澳) 1654년(효종 5)에 부임했다.

최관(崔寬) 1656년(효종 7)에 부임했다. 청선비(淸善碑)가 세워졌다. 판관(判官)으로 격하되었다.

남궁집(南宮鏶) 1657년(효종 8)에 부임했다.

이여택(李汝澤) 1657년(효종 8)에 부임했다.

이치(李穉) 1658년(효종 9)에 부임했다.

정채화(鄭釆和) 1659년(효종 10)에 부임했다.

김인량(金寅亮) 1663년(현종 4)에 부임했다.

이세화(李世華) 1663년(현종 4)에 부임했다.

황도명(黃道明) 1663년(현종 4)에 부임했다.

정재후(鄭載厚) 1664년(현종 5)에 부임했다. 서윤(庶尹)으로 격상되었다.

이기징(李箕徵) 1667년(현종 8)에 부임했다.

윤이제(尹以濟) 1669년(현종 10)에 부임했다.

유지발(柳之發) 1672년(현종 13)에 부임했다.

심추(沈樞) 1673년(현종 14)에 부임했다.

황도광(黃道光) 1674년(현종 15)에 부임했다.

목림형(睦林馨) 1677년(숙종 3)에 부임했다.

안집(安縑) 1678년(숙종 4)에 부임했다.

홍유구(洪有龜) 1681년(숙종 7)에 부임했다.

이광하(李光夏) 1683년(숙종 9)에 부임했다.

이증(李增) 1684년(숙종 10)에 부임했다.

정협(鄭俠) 1685년(숙종 11)에 부임했다.

강침(姜琛) 1687년(숙종 13)에 부임했다.

김봉지(金鳳至) 1690년(숙종 16)에 부임했다.

이규징(李奎徵) 1691년(숙종 17)에 부임했다.

이두령(李斗齡) 1692년(숙종 18)에 부임했다. 판관(判官)으로 격하되었다.

유이복(柳以復) 1694년(숙종 20)에 부임했다. 거사비(去思碑)가 세워졌다.

윤성우(尹聖瑀) 1696년(숙종 22)에 부임했다.

홍중기(洪重箕) 1698년(숙종 24)에 부임했다.

이세항(李世恒) 1700년(숙종 26)에 부임했다. 서윤(庶尹)으로 격상되었다. 비가 세워졌다.

경명회(慶明會) 1701년(숙종 27)에 부임했다.

윤세수(尹世綏) 1703년(숙종 29)에 부임했다. 생사당이 세워졌다.

조정만(趙正萬) 1705년(숙종 31)에 부임했다.

윤지경(尹趾慶) 1706년(숙종 32)에 부임했다. 생사당이 세워졌다.

신처화(申處華) 1708년(숙종 34)에 부임했다.

정복선(鄭復先) 1709년(숙종 35)에 부임했다.

황이장(黃爾章) 1711년(숙종 37)에 부임했다. 생사당이 세워졌다.

홍린(洪潾) 1713년(숙종 39)에 부임했다.

이기헌(李箕獻) 1715년(숙종 41)에 부임했다. 생사당이 세워졌다.

성수웅(成壽雄) 1717년(숙종 43)에 부임했다. 생사당이 세워졌다.

김상훈(金相勛) 1718년(숙종 44)에 부임했다.

한배의(韓配義) 1721년(경종 1)에 부임했다.

조하장(曹夏章) 1722년(경종 2)에 부임했다.

이보혁(李普赫) 1724년(경종 4)에 부임했다.

박창후(朴昌厚) 1725년(영조 1)에 부임했다.

김도흡(金道洽) 1726년(영조 2)에 부임했다.

정필영(鄭必寧) 1728년(영조 4)에 부임했다.

김태연(金泰衍) 1730년(영조 6)에 부임했다.

「고사(古事)」

612년(고구려 영양왕 23년 임신(壬申))[25]

수양제(隋煬帝)가 군사를 크게 내어 고구려를 공격하러 진군하다가 요동(遼東) 육합성(六合城)에서 멈추었다. 좌익위대장군(左翊衛大將軍) 내호아(來護兒)에게 강회(江淮) 수군(水軍)을 이끌고 배로 수백 리 바다를 건너 먼저 들어가게 하였다. 패수(浿水)에서 평양까지의 거리가 60리였다. 고구려군과 만나 진격하여 크게 격파한 뒤 내호아는 승기를 타고 왕성(王城)으로 가려고 하였다. 부총관(副摠管) 주법상(周法尙)이 말리면서 모든 군대가 다 오면 함께 진격하자고 청하였으나 내호아는 듣지 않고 정예병 수만 명을 뽑아 곧장 성 아래로 가게 하였다. 고구려에서는 나곽(羅郭)[26] 안 빈 절에 병사를 매복시켜 놓고 병사를 내어 내호아와 싸우면

---

25 본문에는 '신유(辛酉)'로 되어 있으나 612년은 임신(壬申)년이므로 고쳤다.

26 안팎의 이중으로 된 성곽의 바깥 성벽. 자성(子城) 또는 내성(內城)·왕성(王城)·재성(在城 : 왕궁과 관아를 둘러싼 성)의 바깥에 있는 넓은 주거지까지 에워싼 이중의 성벽을 일컬으며, 나곽(羅郭)이라고도 한다. 특히 도성(都城)의 구조에서 왕궁과

서 거짓으로 패하게 하였다. 내호아가 추격하여 성으로 들어와서는 병사들을 풀어놓고 약탈하게 하여 대오로 정렬되지 않게 되자 매복해 있던 병사들이 공격하였다. 내호아는 크게 패하여 간신히 포로 신세를 면하였지만 병사들 중 귀환한 자는 수천 명에 불과했다.

고구려 군사들이 배가 있는 곳까지 추격했으나 주법상이 진영을 정비하고 기다리고 있었으므로 고구려 군사들은 물러났다. 내호아는 군사들을 이끌고 바닷가로 돌아가서 주둔하면서 다시는 감히 그곳에 머물면서 여러 군대와 호응하고 접촉하려고 하지 않았다. 좌익위대장군(左翊衛大將軍) 우문술(宇文述)은 부여(扶餘) 길로 나오고 우대장군(右大將軍) 우중문(于仲文)은 낙랑(樂浪) 길로 나오고 우효위대장군(右驍衛大將軍) 형원항(荊元恒)은 요동(遼東) 길로 나오고 우익위대장군(右翊衛大將軍) 설세웅(薛世雄)은 옥저(沃沮) 길로 나오고 우둔위장군(右屯衛將軍) 신세웅(辛世雄)은 현도(玄菟) 길로 나오고 우어장군(右御將軍) 장근(張瑾)은 양평(襄平) 길로 나오고 우무위장군(右武衛將軍) 조효재(趙孝才)는 갈석(碣石) 길로 나오고 탁군태수검교좌무위장군(涿郡太守檢校左武衛將軍) 최홍승(崔弘昇)은 수성(遂城) 길로 나오고 검교우어장군(檢校右禦將軍) 위문승(衛文昇)은 증지(增地) 길로 나와서 모두 압록강 서쪽에서 집결하였다. 고구려왕은 대신 을지문덕(乙支文德)을 그 군영에 보내어 항복하는 척하고 실제로는 내부 사정을 살펴보게 하였다.

우중문이 이보다 앞서 만약 고구려왕과 을지문덕이 오면 반드시 사로잡으라는 밀지를 받아서 우중문이 그를 잡으려고 하는데 위무사(慰撫使)인 상서우승(尚書右丞) 유사룡(劉士龍)이 간곡하게 만류하여 우중문은

관청을 두른 왕성이나 재성의 둘레에 있는 일반주거지를 포용하여 크게 쌓은 성을 나타내는 용어로 흔히 쓴다.

결국 그 말을 들었다. 을지문덕이 돌아가자 곧 후회하여 사람을 보내 을지문덕에게 속여 말하기를, "또 할 말이 있으니 다시 오라"고 하였다. 을지문덕은 돌아보지도 않고 압록강을 건너 돌아갔다. 우중문과 우문 술 등은 을지문덕을 놓치고는 마음이 불안하였다. 우문술은 군량이 떨 어져서 돌아가자고 하였다. 우중문은 정예병을 시켜 을지문덕을 추격 하면 공이 있을 것이라고 했으나 우문술이 만류하였다. 우중문은 노하 여 "장군이 10만군을 거느리고도 작은 적도 격파하지 못하면서 무슨 낯으로 황제를 보려고 하는가?"라고 하면서 여러 장군들과 함께 강을 건너 을지문덕을 추격하였다. 을지문덕은 우문술의 군사들의 굶주린 기색을 보고는 그들을 지치게 하려고 싸울 때마다 도망쳤다. 우문술 등은 하루에도 일곱 번의 싸움을 모두 이기자 빨리 승리할 것이라고 믿 었고 또 여러 논의에 밀려 이에 동쪽으로 건너와 살수(薩水)까지 진격하 고 평양과 30리 떨어진 곳에 이르러 산에 의지하여 병영을 쳤다. 을지 문덕이 우중문에게 시를 보내어 "신통한 계책은 천문을 통달했고, 기 묘한 계책은 지리를 꿰뚫었네. 전쟁에 이겨 공이 이미 높으니, 만족하 고 이만 그치길(神策究天文, 妙算窮地理. 戰勝功旣高, 知足願云止)"이라고 하였 다. 우중문이 답서로 효유하자 을지문덕이 사신을 보내 항복하는 척 하면서 우문술에게 "만약 군대를 돌려서 가면 곧 왕을 모시고 행재소 를 찾아 뵙겠다"고 요청하였다. 우문술이 보니 병사들이 지쳐서 다시 싸울 수도 없고 또 평양성이 험하고 견고하여 속히 함락시키기는 어려 우므로 결국 그 속임수를 믿고 돌아갔다. 우문술 등이 방진(方陣)을 만 들며 가자 을지문덕은 군사를 출동시켜 사방에서 맹렬하게 싸우고 또 싸우면서 쫓아갔다.

가을 7월 살수에 이르러 수나라 군대가 반 정도 건너자 고구려 군사가 뒤에서 그 후군을 습격하여 우둔위장군 신세웅이 전사하였다. 이에 여러 군대가 모두 궤멸되어 항전할 수 없었다. 장병들은 도망쳐 하루 밤낮 만에 압록강에 도착하였으니 450리를 간 것이었다. 장군 왕인공 (王仁恭)이 후군(後軍)이 되어 고구려군을 쳐서 물리쳤다. 내호아는 우문 술 등이 패했다는 소식을 듣고 또한 군사를 이끌고 돌아갔다. 다만 위 문승 군대만이 온전하였다. 처음에 9군이 요동을 건너왔을 때에는 30만 5천명이었는데 요동성에 돌아간 사람은 2,700명이었고 수 만에 달하는 군량과 무기들이 탕진되었다. 수양제가 크게 노하여 우문술 등을 쇠사슬로 묶어 계묘일에 이끌고 돌아갔다.

사신(史臣)은 말한다. 을지문덕은 비록 혼란한 와중에서도 조용히 계획하여 싸우기도 하고 항복하기도 하는 기이한 계책을 통해 우중문을 꾀어 군사를 이끌고 돌아가게 하였다. 그 틈을 엿보아 사력을 다해 날카롭게 공격한 것이 마치 마른 나무를 꺾고 썩은 나무를 뽑아버리는 것 같았다. 천하의 200만의 무리들이 죽어 살수와 압록강의 혼령이 되었고 살아서 돌아간 자는 겨우 2,700인이었다. 수양제는 크게 패하여 도리어 천하의 웃음거리가 되었다. 고구려의 땅은 한쪽 구석에 떨어져 있고 평양의 외롭고 약한 군대로 천하의 큰 군대에 항거하여 전승을 거두었으니 사현(謝玄)[27]과 견주더라도 을지문덕이 낫다. 문무의 재능이 뛰어나고 지략과 용맹을 두루 갖춘 자가 아니라면 능히 이럴 수 있겠는가? 이후로부터는 신통한 무덕(武德)의 당태종도 안시성(安市城) 싸움에서 뜻을 이루지 못했고 요(遼), 금(金), 몽고(蒙古)의 흉악한 무리도 우리

---

27 전진(前秦)의 부견(符堅)이 383년 11월 동진(東晉)과 일어난 대규모 전투 '비수대전 (淝水大戰)'의 일로, 이 전투에서 동진의 장수 사현(謝玄)이 8만 군대를 이끌고 비수에서 부견의 100만 대군을 격파했다.

나라에 크게 해독을 끼치지 못했다. 금시(金始), 합란(哈丹), 홍구(紅寇)의 군사가 모두 우리나라에서 섬멸되었으니 천하 후세에서 우리나라를 강국으로 여겨 감히 경시하며 침범하지 못했던 것이 어찌 을지문덕이 강한 수나라를 꺾어 위엄을 세운 공적 덕분이 아니겠는가?

1592년(선조 25)

왜구(倭寇) 관백(關白) 도요토미 히데요시(平秀吉, 豊臣秀吉)[28]가 장수 고니시 유키나가(平行長, 小西行長)·가토 기요마사(平淸正, 加藤淸正) 등을 시켜 대대적으로 군사를 일으켜 침입해왔다.

4월 13일에 부산포(釜山浦)를 함락시키고 진격하여 동래(東萊)를 함락시킨 뒤 말을 타고 곧장 올라왔다. 순변사(巡邊使) 신립(申砬)이 충주(忠州)에서 패배하여 전사하였다.

29일 저녁에 급보가 전해져 이튿날 아침에 어가가 서쪽으로 행차하였다. 감사 송언신(宋言愼)이 평양부의 군사를 출동하여 말을 달려 황주(黃州)에 호종하러 왔다.

5월 7일 성중의 백성들이 나와서 재송원(栽松院)에서 임금의 어가를 맞았다. 어가는 패수를 건너 상아(上衙)[註 : 지금의 이아(二衙)]에 들어왔고

---

28 도요토미 히데요시(豊臣秀吉)이다. 『조선왕조실록』 및 국내 여러 자료에서는 임진왜란을 일으킨 주요 인물들의 성(姓)을 '平'으로 기록하고 있다. 풍신수길(豊臣秀吉)을 평수길(平秀吉), 소서행장(小西行長)을 평행장(平行長), 류천조신(柳川調信)을 평조신(平調信)로 바꾸는 식이다. 성을 '平'으로 쓰는 이유는 고려시대 주로 서국의 무사들을 지배했던 헤이시(平氏) 가문과 교류했던 흔적이라고 설명하는 설도 있다. 겐지가 일본을 지배한 뒤에도 일본의 무장들에 대해 헤이시의 '平'을 습관적으로 쓰고 있다는 것이다. 이 번역에서는 본문대로 하되 괄호에 원래 성을 부기하는 식으로 처리하였다. 또 고유명사는 가능하면 일본어 발음을 따랐다.

며칠 머문 뒤에 임금이 대동관문에 행차하자 장로(長老)들이 그 앞에 죽 늘어서서 함께 절을 하였고 임금이 이들을 위로하였다. 생원 양의직(楊懿直), 양덕록(楊德祿)이 상소하여 전란이 초래된 이유에 대해 극렬하게 개진하니 임금께서 답하여 말하시기를, "금일의 일은 나의 잘못이다. 상소문에서 진달한 뜻은 충성이 가상하다"라고 하였다. 이튿날에 임금이 함구문에 행차하여 손을 들어 정전의 구획을 가리켜 묻고는 성을 지키는 책략을 강론하셨고 좌의정 윤두수(尹斗壽)에게 명하여 도원수 김명원(金命元)과 순찰사 이원익(李元翼) 등을 이끌고 성을 지키게 하였다. 이때 성안의 백성들이 임금의 어가가 이곳을 떠나 피난 간다는 소식을 듣고 각자 흩어져 마을이 거의 비었다. 임금이 관문(館門)에 행차하여 성 안의 장로들을 불러 모아놓고 승지(承旨)에게 명하여 굳건히 지켜야 한다는 뜻을 효유하셨다. 장로 수십 인이 엎드려 절하며 통곡하고는 어명을 받들고 물러나왔다. 나누어 나와서 산과 계곡에 숨어 있던 남녀노소들을 불러 모아 모두 돌려보냈다.

6월 8일 적이 대동강 가에 도착했다. 윤두수는 이일(李鎰)을 시켜 병사들을 이끌고 강 하류의 얕은 개울을 지키게 하였다. 조정에서는 성에 있으면서 지킬 것인지 피난을 갈 것인지를 논의했는데 윤두수(尹斗壽)는 성에 있으면서 지킬 것을 주장했고 정철(鄭澈)은 피난 갈 것을 주장했다. 유성룡(柳成龍)이 말하기를, "지금 상황은 서울과는 다릅니다. 서울에서는 군과 백성이 무너져서 지키고 싶어도 방법이 없었지만, 이 성은 앞에는 강물로 막혀 있고 민심도 자못 견고하니 함께 굳건히 지키면서 명나라 군사의 지원을 기다릴 수 있습니다"고 하였다. 이원익이 나아가 말하기를, "나라의 군주는 마땅히 사직(社稷)을 사수해야 합니다. 비록 부모의 나라라 하더라도 의리상 가서는 안 됩니다. 지금 떠나면 어디로 간단 말입니까?"라고 하였고 군민 모두 "평양성은 험하고 견고하며 군량도 충분하니 사수하옵소서"라고 하였다. 임금이 용만(龍灣)으로 가기로 결정하고 내전(內殿)과 빈궁(嬪宮) 이하를 먼저 가도록 명하였다. 궁인이 현폭현(玄輻峴)을 나서자 성중의 백성들이 길을 막고 머물러 있기를 청하면서 소란을 피우는데 막을 길이 없었다. 유성룡이 문을 나와서 그 장로들을 불러 "너희들은 힘을 다해 성을 지키고자 하고 어가가 피난 가는 것을 바라지 않으니 나라를 위한 충성심이 지극하다. 그러나 이렇게 궁문(宮門)을 소란스럽게 해서는 안 된다"고 말하자 여러 백성들이 그 말을 듣고 머리를 숙이고 물러났다. 조정에서는 길을 막자고 주동한 우두머리 3인을 적발하여 목을 베었다.

6월 11일 임금이 성을 나섰다. 수레를 버리고 말을 탔는데 입고 있던 대포(大布)의 직령(直領)[29]이 진흙탕에 모두 젖자 길가에서 보고 있던 사람들이 모두 다 눈물을 흘렸다. 윤두수와 김명원, 유성룡, 이원익은 연광정에 있었고 송언신은 대동성문을 지키고 있었으며 병사(兵使) 이윤덕(李潤德)은 부벽루 위의 강을 지켰고 자산군수(慈山郡守) 윤유후(尹裕後)는 장경문(長慶門)을 지키고 있었다. 적이 동대원(東大院) 언덕 위에서 일자진(一字陳)으로 배치한 뒤 사납고 날랜 병사들이 세차게 퍼져 나왔는데 가볍고 재빨랐다. 전쟁에서 쓰인 장기 중 가장 뛰어난 것이 조총이었는데 탄환이 강을 건너 성으로 들어가서 어떤 경우에는 누각 기둥을 명중하여 몇 마디나 깊이 들어갔다. 우리 군대는 태평성대에 안주한 나머지 대포와 활쏘기 훈련을 하지 않아서 성 위에서 쏜 화포와 화살이 강으로 떨어졌고 소리도 맹렬하지 못하자 적들이 가볍게 보고 강변에 모

---

29 조선 시대에 무관이 입던 웃옷의 하나. 깃이 곧고 소매가 넓다.

여 몸을 씻었다. 대동강 상류에는 왕성탄(王城灘)이 있는데 급류인데다 물속에 바위가 많아서 여울길을 잘 알고 있는 사람이 아니라면 건널 수 없었다. 적병이 며칠 동안 물에 가로 막혀 건너지 못하자 경계태세가 매우 태만해졌다. 김명원이 밤을 틈타 습격하고 고언백(高彦伯)에게 정예병을 이끌고 부벽루 아래에서 몰래 배를 타고 군대 앞으로 건너가서 제1진을 습격하게 해서 적들을 많이 죽였다. 여러 곳에 주둔한 적이 놀라 크게 일어나자 우리 군대가 퇴각하였으나 미처 배에 오르기도 전에 익사한 자들이 많았다. 군대가 왕성탄 난류(亂流)에서 건너오자 적이 그제야 그곳의 수심이 얕다는 사실을 알고 군대를 건너게 했다. 왕성탄을 지키던 우리 군사는 화살 하나 쏘지 못하고 궤멸되었다.

12일 밤 우리 군대는 성을 버리고 궤멸되어 흩어졌다. 적군은 성 밖에 진을 치고 모란봉에 올라가 성안을 보았는데 고요하고 깃발이 늘어서 있어서 덫을 놓은 것이라고 생각하여 접근하지 않았다가 3일 뒤에야 비로소 성으로 들어갔다. 서윤 남복흥(南復興)이 적을 피해 용강(龍岡) 해변으로 들어가자 양덕록이 와서 "전쟁을 피해 다른 곳으로 가는 것은 의리상 마땅하지 못합니다. 군사와 군량미를 모아 적을 토벌할 계획을 세웁시다"라고 하자 남복흥이 그 말을 따라 군사 만여 명을 모아 부 서쪽 30리 밖에서 진영을 나누니 첫 번째 진영의 장군은 부의 판관 이응해(李應獬)이고 두 번째 진영의 장군은 출신(出身) 최침(崔琛), 세 번째 진영의 장군은 권관(權管) 김몽연(金夢淵), 네 번째 진영의 장군은 부장(部將) 이록(李祿)이었다. 삼화현령(三和縣令) 조기(趙沂), 용강현령(龍岡縣令) 신현(申俔), 강서현령(江西縣令) 유희(柳曦), 함종현령(咸從縣令) 이수(李璲), 증산현령(甑山縣令) 조의(趙誼), 영유현령(永柔縣令) 황숙(黃淑), 순안현령(順安縣令) 하홍수(河弘秀) 등이 병사를 이끌고 모여와 대보산(大寶山) 서쪽에 나란히 진을 쳤다. 평양부 사인(士人) 이덕암(李德嵓), 양덕록(楊德祿), 양의직(楊懿直)이 의병 300여 인을 모집하여 잠진(箴津)에 모여 호령하며 "적개진(敵愾陣)의 좌위장(左衛將)은 노덕규(盧德珪), 우위장(右衛將)은 김효강(金效剛)이다"라고 하였다. 조삼성(曹三省), 홍내범(洪乃範) 등이 의곡(義穀)을 모아 군량미를 대고 전 금부도사(禁府都事) 조호익(曺好益)이 평양부사람 현수백(玄受白), 김자택(金自澤), 박억(朴億) 등과 함께 군사 100여 인을 모아 동촌(東村)에 진을 치고 전 판관 장이덕(張以德)이 화원촌(花園村)에서 군사를 모았고 전 부장 고충경(高忠敬)이 광법동(廣法洞)에서 진을 쳤다. 이때 의병이 사방에서 일어나 적은 수의 왜적을 보면 반드시 쫓아가 잡았고 마을 촌부도 덤불 속에 모여 높은 곳에 올라가 적을 경계하며 적이 얼마나 많은지 또는 나아가는지 물러나는지를 헤아렸으니 모두 적을 죽이겠다는 마음이었다. 적 또한 무리를 이루어 나와서 우리나라 사람을 만나면 반드시 해쳤다. 처음에 조정에서 요동에 자문(咨文)을 보내[30] 위급함을 알리고 군대를 요청해서 명나라에서는 부총병(副摠兵) 조승훈(祖承訓), 유격장군(游擊將軍) 사유(史儒), 대조변(戴朝弁) 등에게 명하여 요(遼) 지방의 병사 3,000여 명을 거느리고 구하러 가게 했다.

7월 19일 평양을 공격하였는데 마침 큰 비가 와서 성 위에는 지키는 적이 없었다. 명나라 군대는 칠성문에서 돌격하여 곧장 대동관 앞으로 달려 내려가 수많은 적군들을 죽였다. 적이 크게 놀라 험하고 협소한 지형을 의지하여 마구 조총을 쏘았는데 성안의 길이 좁아서 말이 다리를 펼 수 없었다. 사유(史儒)와 대조변(戴朝弁) 및 천총(千摠) 장국충(張國忠), 마세륭(馬世隆) 등이 힘써 싸워 죽였으나 명나라 군대는 패주하여

---

30 이자(移咨) : 중국과 왕복하는 외교 문서를 보냄.

선연동(嬋姸洞)에 이르렀다. 쏟아지는 비와 진흙탕에 말이 배까지 잠겨 나오지 못하자 태반이 기세가 꺾였다. 조승훈(祖承訓)이 남은 병사를 이끌고 퇴각하여 요동으로 돌아갔다.

8월 1일 이원익이 순변사 이빈(李薲)이 평양부와 3현 13진의 병사를 이끌고 보통문 밖으로 가까이 접근하다가 적의 선봉을 만나 20여 급(級)을 죽였다. 이윽고 적이 크게 일어나서 우리 군이 사방에서 궤멸당하고 적군에게 공격을 받아 사망자가 들판에 가득 찼다. 이원익이 패하여 순안(順安)으로 돌아갔고 조방장(助防將) 김경서(金景瑞)의 군대는 돌아오지 못했다. 이원익은 "김경서는 죽었다"고 했는데 저녁 무렵에 김경서가 적장을 베고 백마를 탈취하여 온전한 군대로 돌아왔다. 이원익이 행재소에 달려가 아뢰자 방어사(防禦使)로 벼슬을 올려주었다. 유키나가(行長)의 부장(副將)[註: 이름은 알 수 없다. 야사에서는 고니시 히(小西飛)라고도 한다.] 중에 용맹이 뛰어난 자가 있었는데 앞장서서 공격하여 진을 함락시키자 유키나가가 믿고 중용(重用)하여 임무를 맡겼다. 부의 기생 계월향(桂月香)이 사로잡혀 매우 총애를 받았는데 탈출하려고 했지만 할 수가 없었다. 서성(西城)에 가서 친척들 안부를 살피겠다고 청하자 왜장이 허락하였다. 계월향은 성에 올라가서 슬프게 소리치며 "우리 오빠는 어디에 계시나요?"라고 연이어 계속해서 소리쳤다. 김경서(金景瑞)가 소리를 듣고 갔더니 계월향이 맞으면서 "만약 내가 탈출한다면 죽음으로 보답하겠습니다"라고 하였다. 김경서가 이를 허락하며 자신을 계월향의 오빠라고 하면서 성으로 들어갔다. 계월향은 왜장이 한밤에 곤히 자기를 기다려 김경서를 이끌고 장막 아래로 들어갔는데 왜장이 의자에 기대어 자다가 두 눈을 뜨고 쌍검을 어루만졌는데 온 얼굴이 모두 붉어져서 사람을 벨 듯하였다. 그래서 김경서가 칼을 뽑아 베자 왜장의 머리가 땅에 떨어졌지만 그러고도 검을 던졌는데 하나는 벽에 꽂혔고 하나는 기둥에 꽂혀 칼날이 반이나 들어갔다. 김경서는 그 머리를 들고 문을 나섰고 계월향은 옷깃을 잡고 뒤를 따랐다. 김경서는 둘 다 생명을 보전할 수는 없을 것이라고 생각하여 칼을 휘둘러 계향의 목을 베고 성을 넘어 돌아왔다. 이튿날 아침에 적은 왜장의 죽음을 알고 크게 놀라 기세가 어지럽고 위축되었다. 적은 마을집을 부수어 책성(柵城)을 견고하게 하고 밖으로는 밀덕(密德)과 모란봉(牧丹峯) 영숭전(永崇殿) 북쪽 정상에 토굴을 쌓았으며 관아의 섬돌을 모두 파내어 연광정 북쪽에 크게 구불구불한 토굴을 만들었는데 남쪽으로는 대동문을 둘러쌌고 서쪽으로는 풍월루에 이르렀다.

8월 25일 명나라 유격(游擊) 심유경(沈惟敬)이 와서 적의 상황을 정탐한 뒤 가인(家人) 심가왕(沈嘉旺)을 시켜 적중에 서신을 전하게 하며 묻기를, "당신들은 무엇 때문에 속국(屬國)을 깊숙이 침범하여 감히 황제에게 대항하는가?"라고 하였다. 유키나가가 이 서신을 보고 곧바로 답신을 보내 만나서 의논할 것을 청하였다. 심유경(沈惟敬)이 단기필마로 왜군의 진영에 들어오자 유키나가, 소 요시토시(平義智, 宗義智), 겐소(玄蘇) 등이 성대하게 호위를 하여 성 북쪽 10리 밖에서 모여 강복산(降福山) 아래로 나와 매우 공손하게 맞아 들였다. 심유경이 "천조(天朝)에서 속국(屬國)이 망해가는 것을 불쌍히 여겨 군대를 내어 구원하러 온 것이니 당신들이 마음을 바꾸어 군대를 해산한다면 일본의 백성들도 우리 백성과 마찬가지이니 천조(天朝)에서 마찬가지로 여기고 차별이 없게 할 것이니 어찌 토벌하겠는가?"라고 하였다. 유키나가 등이 화친을 약속하고 책봉과 공물을 요구하였다. 심유경이 약속하면서 "우리가 돌아가서 황제께 보고하면 마땅히 처분이 있을 것이다. 50일 안에 가서 돌아올 것이니 왜인은 서북쪽 10리 밖으로 나와 노략질을 하지 말고 조선인은 10리 안으로 들어가서 왜구와 다투지 말라"고 하고는 흰 비석을 세워 경계선으로 삼았다. 이로부터 적병은 한 발짝도 넘어오지 않았고 여러 읍의 창고 곡식은 그 덕분에 보전될 수 있었다. 심유경이 떠난 지 50일이 지나도 돌아오지 않자 왜적이 의심하여 말로 뜻을 밝혔다. 이 때 압록강에서 말에게 물을 먹이는 사람들은 더욱 두려워하였다.

11월 6일 심유경이 와서 다시 성으로 들어갔다. 며칠 머물러 있다가 덕의(德意)를 선유(宣諭)하고 다시 약속을 맹세한 뒤 작은 모자 몇만 정(頂)을 가져와서 두루 왜적에게 나누어 주었다. 그래서 적병의 숫자가 얼마인지를 알게 되자 돌아가 조정에 고한 뒤 그 갑절의 군대로 토벌하였다. 이일(李鎰)은 처음에 대동강 아래의 개울을 수비하고 있다가 성이 함락된 뒤에는 강을 건너 남쪽으로 황해도와 강원도 지역을 돌면서 병사를 모았다. 평양으로 돌아와서 임원평(林原坪)에 진을 치고 의병장 고충경(高忠敬)과 세력을 연합하여 베어죽이거나 사로잡는 전공이 많이 있었고 마침내는 이빈(李蘋)을 대신하여 이일을 순변사(巡邊使)로 삼았다. 명나라 조정에서는 병부시랑 송응창(宋應昌)을 경략(經略)으로 삼고 원외(員外) 유황상(劉黃裳)을 찬획(贊畫)으로 삼고 군무(軍務) 애유신(艾惟新)을 독향(督餉)으로 삼았다. 도독(都督) 이여송(李如松)을 제독(提督)으로 삼고 부총병(副摠兵) 양원(楊元)을 좌협대장(左協大將)으로 삼았다. 왕유익(王有翼), 왕유정(王維貞), 이여매(李如梅), 이여오(李如梧), 양소선(楊紹先),[31] 사대수(査大受), 손수렴(孫守廉), 이녕(李寧), 갈봉하(葛逢夏) 등은 모두 원·부총병(元副摠兵)에 통솔되었다. 이여백(李如栢)을 중협대장(中協大將)으로 삼았고 임

---

31 본문에는 '先'이 없으나 인명이므로 보충하였다.

자강(任自强), 이방춘(李芳春), 고책(高策), 전세정(錢世禎), 척금(戚金), 주홍모(周弘謨), 방시휘(方時輝), 고승(高昇), 왕문(王問) 등은 모두 이여백에게 통솔되었다. 부총병(副摠兵) 장세작(張世爵)을 우협대장(右協大將)으로 삼아 조승훈(祖承訓), 오유충(吳惟忠), 왕필적(王必迪), 조지목(趙之牧),[32] 장응충(張應种), 낙상지(駱尚志), 진방(陳邦), 곡수(谷燧), 양심(梁心) 등은 장세작(張世爵)에게 통솔되었다.

1593년(선조 26)

1월 6일 이여송이 군사 42,700여 명을 이끄는 삼협장(三協將)을 거느리고 성 북쪽 북망일(北望日) 근교에 진을 쳤다. 여러 장수들을 나누어 성 아래로 접근하자 왜적 2천여 명이 모란봉으로 올라가 고함을 지르며 포를 쏘았다. 왜적 1만여 명이 성 위에 줄을 지어 앞에는 녹각책자(鹿角柵子)[33]를 세우고 방패로 막으면서 칼을 휘둘렀는데 그 기세가 매우 강성했다. 왜적 4, 5천 명이 대장기를 세우고 북을 울리면서 나팔을 불고 성을 순시하였다. 성을 지키는 것이 견고하여 상황상 습격하는 것이 어렵게 되자 제독은 군대를 거두어 병영으로 되돌아갔다. 이날 좌방어사(左防禦使) 정의현(鄭義賢)과 우방어사(右防禦使) 김경서(金景瑞) 등이 군사 8천 명을 거느리고 함구문 밖에서 진을 쳤다. 적병이 몰래 대동문을 나와 수성(水城) 밖을 빙 돌면서 뒤에서 공격하였다. 우리 군대는 크게 패해 사망자가 17, 8명이었다. 이날 밤에 구름 기운이 남과 북에서 일어나 안

---

32 본문에는 '叔'이라고 되어 있으나 인명이므로 수정하였다.
33 사슴뿔처럼 만든 울타리.

퍄 두 진영의 형상을 만들었고 또 깃발이 늘어선 모습이 있었다. 잠시 뒤에 동남쪽에 진을 치니 구름이 사라졌다. 명나라 장수들은 모두 "우리가 이길 징조이다"라고 하였다. 다음날 아침에 왜장이 홍개(紅蓋)[34]를 들고 성을 순시하는데 붉은 옷을 입은 명나라 군사들을 보고 "이들은 절강병(浙江兵)이다. 저들은 사납고 거칠어 천하무적이다"라고 탄식하며 두려운 기색이 있었다. 적군은 매일 밤 몰래 나와 삼협장(三協將)의 진영을 습격했다가 관군에게 죽임을 당하고 물러났다. 이때 명나라 군사가 들판을 덮을 정도로 길게 수십 리를 뻗어 있었고 우리 군대는 서쪽으로 잡약산(雜藥山), 동쪽으로 목멱산(木覓山)에 주둔하고 있었다. 명나라 장수가 우리 군대에게 "당신들은 높은 산에 올라가서 그냥 관망해라. 내일 우리가 반드시 적을 격파할 것이다"라고 하였다.

8일 동틀 무렵 제독이 명라(鳴羅) 한 소리로 삼군을 나누어 이끌었다. 하나는 칠성문을 공격하고 다른 하나는 보통문을 공격하고 또 다른 하나는 함구문을 공격하였다. 제독이 친병(親兵) 200여 기(騎)를 이끌고 가서 지휘하자 장수들이 환호하였고 대포를 일제히 쏘니 소리가 천지를 진동하였다. 불화살은 성으로 들어가 나무들이 모두 다 불탔다. 적군은 성 위에서 긴 창과 큰 칼로 칼날을 나란히 아래로 드리웠는데 마치 고슴도치 털처럼 빽빽하였고 연환(鉛丸)과 화살, 돌팔매가 비처럼 마구 쏟아졌다. 제독은 직접 위축되어 물러나는 한 사람을 베어버리고 진영 앞에서 호령을 하였다. 낙상지(駱尙志)가 몸을 솟구쳐 먼저 오르고 오유충(吳惟忠)도 성에 달라붙어 올라가니 여러 군사들이 북을 치고 함성을 지르며 이를 따랐는데, 등에는 방패를 지고 창을 든 채 일제히 돌진하였다.

---

34 임금의 노부(鹵簿)에 쓰는 의장의 하나. 붉은 생초(生綃)에 용무늬를 그려 넣은 일산 (日傘).

낙상지는 겨드랑이에 대포를 끼고 크게 소리 치르며 총포를 쏘니 연기와 화염이 하늘에 자욱하여 마치 산을 쌓은 듯이 컴컴했다. 또 시체를 성 위로 던지자 왜적은 명나라 군대가 성 위로 날아 올라왔다고 생각하여 버티지 못하고 내성(內城)으로 퇴각하였다. 낙상지가 성문을 부순 뒤 승세를 타고 들어가자 기병과 보병이 구름처럼 모여들었다. 제독이 오차현(五車峴) 동쪽 어귀에 진을 치고 적의 소굴에 이르러 성에 불을 놓자 곧 불바다로 변하여 사망자가 성에 가득하였다. 왜적은 상황이 위축되자 토굴로 들어갔는데 토굴 위에는 구멍이 많이 뚫려 있어서 벌집처럼 보였다. 굴 안에서 총탄을 마구 쏘아대자 명나라 군대 역시 사망자가 많았다. 제독은 왜구를 궁지에 몰아 넣는 것을 염려하여 군대를 거두고 진영으로 되돌아왔다. 여러 장수가 모두 "왜적이 틀림없이 밤에 도망칠 것이니 군대를 나누어 가는 길을 끊어 돌아가는 것을 차단해야 합니다"라고 하자 제독이 "짐승도 궁지에 몰리면 덤비는 법이니 살 길을 주면서 공격하는 것이 낫다"라고 하였다. 유키나가(行長)가 장대선(張大膳)을 시켜 제독에게 "뜻하지 않게 나으리를 이렇게 화나게 만들었으니 목숨으로 대신하려고 합니다"라고 말을 전하였다. 제독이 김자귀(金自貴)를 보내 유키나가에게 "우리 군대가 힘으로 충분히 단번에 섬멸할 수 있지만 차마 사람의 목숨을 모두 다 도륙할 수는 없겠기에 너희가 살아날 길을 열어주려 하니 너희는 속히 여러 장수들과 함께 군문(軍門)으로 가서 내가 약속한 바를 들어라"라고 효유하였다. 유키나가가 답하기를, "우리가 물러날 때 뒤를 막는 일이 없도록 부탁드립니다"라고 하자 제독이 허락하였다. 이날 밤 삼경(三更)에 왜적이 대동문에서 도주하여 하루 밤낮 만에 평산(平山) 길에 도착했는데 쓰러져 죽은 자가 많았다. 송응창(宋應昌)이 승리할 계책을 아뢰어 말하기를 "왜병 중에서 죽은 사람이 2만여 명이고 조선인 중에서 포로가 된 자가 1,200명인데 각자 자기가 살던 곳으로 돌아갔다고 합니다. 평양은 이미 수복되었고 적군은 모두 도망갔으니 제독께서는 군사를 이끌고 적을 추격하십시오"라고 하였다. 이원익은 김경서 등이 거느린 군사들 중 싸울 수 없는 자들을 징발하여 황주(黃州)에 군량미와 말의 사료를 수송하게 하였다. 제독은 경성(京城)으로 진격하던 중 벽제(碧蹄)에서 적을 만나 싸웠는데 불리한 상황이 되었다. 어떤 자가 기요마사(淸正)가 함흥(咸興)에서 양맹(陽孟)을 넘어 평양을 습격했다고 말을 전하자 제독이 "평양은 근거지이니 만약 이 곳을 지키지 못한다면 대군이 돌아갈 길이 없다"라고 하며 마침내 군대를 돌려 평양으로 돌아가 주둔하였다.

겨울 10월 군대를 이끌고 돌아왔다. 제독이 돌아오자 어가도 환궁하는데 영유(永柔)에서 강서(江西)로 가는 도중에 비를 만났다. 평양부의 유생 오량(吳諒)이 흙비가 개이지 않으니 비가 갤 때까지 기다렸다가 여정에 오르기를 청하는 상소를 올렸으나 임금이 듣지 않고 길을 떠났다. 그러자 다시 어가 앞에 무릎을 꿇고 머무르기를 청하였다. 임금이 "나의 행차는 이미 정해진 것이라 중간에 그만둘 수 없다"고 하였다. 이날 큰 비가 와서 부 서촌(西村) 최륜(崔崙)의 집에서 하룻밤을 묵은 뒤 떠났다. 이때 명나라 군사가 계속 왕래하자 대동강에 뜬다리(浮橋)를 만들어 건너게 하였다. 이렇게 한 것이 몇 년이 되자 군문(軍門)에서 30리[35]마다 연이어 파발(擺撥)을 두었다.

---

35 일사(一舍) : 군사가 하루에 삼십 리를 걷고 하룻밤을 묵는다는 뜻으로, 삼십 리를 이르는 말.

1596년(선조 29)

11월 왜적이 다시 쳐들어와서 민심이 더욱 흉흉했다. 임금이 대신과 비변사(備局)의 여러 신하들을 불러들여 "기요마사(淸正)가 바다를 건너오면 반드시 곧바로 공격해올 것이다. 우리나라의 일은 매번 고비가 닥치면 당황하는 것이 문제이니 반드시 미리 준비해야 할 것이다"라고 하였다. 영의정 유성룡이 "주상께서 머물 곳으로 평양은 어떻습니까?"라고 하니 임금이 "서쪽으로 상국에 의지할 수 있으니 편하다"라고 하였다. 좌의정 김응남(金應南)이 "평양, 영변(寧邊) 모두 좋습니다. 명나라 군대도 믿을 만합니다"라고 하였고, 우의정 이원익이 "관서지방을 언제나 근거지로 삼는 것이 좋겠습니다"라고 하였다.

1597년(선조 30)

왜구의 장수 기요마사(淸正)가 군대를 크게 일으켜 다시 호남지방을 쳐들어왔다. 명나라에서는 도어사(都御使) 양호(楊鎬)를 경리(經理)로, 마귀(麻貴)를 제독(提督)으로 임명하여 이들이 군사 4만을 이끌고 구하러 왔다.

6월 경리가 와서 평양에 주둔하였다.

9월 남원성(南原城)이 함락되었다는 소식을 듣고 경리가 접반사(接伴使) 이덕형(李德馨)에게 일러 "상황이 이미 위험해졌다. 오늘 나는 왕경(王京)으로 진군할 것이다"라고 하였다. 곧바로 포를 세 발 발포하고 복건에 행의(行衣)[36]를 입고 말을 타고 나오자 1만 군사가 그를 따랐다. 이때 명나라

36　조선 시대에 유생(儒生)이 입던 웃옷. 소매가 넓은 두루마기로, 깃, 도련, 소매 끝에

군사가 오랫동안 머무르면서 식량이 부족해지자 평양부의 사인(士人) 이학정(李鶴禎), 김사인(金士仁), 조함(趙涵), 김여림(金汝霖), 양덕록(楊德祿), 양의직(楊懿直) 등이 의곡(義穀) 3천 석을 모아 군량미에 보태었다. 이학정은 통정(通政)에 특가(特加)되었고 나머지는 모두 참봉에 제수되었다.

1599년(선조 32)

명나라 사람 중에 땅을 잘 보는 이문통(李文通)이라는 자가 평양이 오래도록 왕의 기운이 있는 곳이라고 하였다. 선조대왕이 천도를 하려고 풍수가 3인을 시켜 이문통과 함께 터를 보게 하였다. 모란봉에서 용맥을 찾아[37] 아래로 내려가다가 이문통이 사창(司倉) 북쪽에 이르러 "이 곳이 길지(吉地)이다"라고 하였다. 또 남쪽으로 가다가 향교(鄕校)에 이르러 해압산(海鴨山)을 바라보며 "다만 아쉬운 점은 이 산이 곤(坤)괘에 속하는 미(未) 방향이라는 것이다. 만약 약간만 동쪽이었다면 왕업이 무궁할 땅이니 어찌 만년에 그치겠는가?"라고 하고는 곧바로 붓을 들고 산천에 경계선을 그으면서 "원근의 봉우리가 평양에 절을 하고 있는 형상이다"라고 하였다. 한 사람이 "물이 얕고 성이 낮은 것이 흠이다"라고 하니 이문통이 눈을 부릅뜨며 "네가 어찌 금릉(金陵)이 천하의 유명한 도시라는 것을 알겠느냐? 옛 사람 시 중에 "석두성 아래에 정박한다(石頭城下泊)"[38]라고 하였으니 이것이 금릉의 형상이다"라고 하였다. 붓을 들어

검은 천으로 선을 둘렀다.

37 심룡(尋龍): 풍수지리에서, 주맥이 되는 용을 찾는 일.

38 당나라 시인 가도(賈島)의 시 〈가구가 월중으로 돌아가는 것을 전송하며(送可久歸越中)〉에 나오는 시구이다.

향교 남쪽 행랑 서쪽 제2칸 북쪽 기둥에 "이곳이 바로 정전(正殿)을 세울 곳이다"라고 쓰고는 나무를 심어 그 아래에 표시하였다.

1624년(인조 2)

정월 평안도 병마절도사 이괄(李适)이 거병하여 반란을 일으키자 도원수 장만(張晩)과 감사 이상길(李尙吉)이 백성들을 규합하여 평양성을 수비하였다. 적이 샛길에서 강동(江東), 상원(祥原)을 경유하여 가자 장만이 군사를 이끌고 왕실을 구원하러 갔다. 김양언(金良彦), 김태흘(金泰屹), 최응수(崔應水)가 분연히 일어나 먼저 안현(鞍峴)에서 적을 섬멸하고 경도(京都)를 탈환하여 나라를 재건하였다. 임금께서 김양언 등 3인을 책훈(策勳)하시고 특별히 서북 인사들을 배려하여 수찬 이경석(李景奭)을 보내 어제(御題)를 하사하여 별과(別科)를 설행하였다. 장원 이유(李愈)가 전시(殿試)에 곧바로 응시할 수 있는 자격을 얻었고[39] 차석은 곧바로 회시(會試)에 응시할 수 있는 자격을 얻었다. 이때 역적 이괄이 경도(京都)에 들어가서 흥안군(興安君)[40]을 추대하고 여러 도(道)를 호령한다는 소문이 잘못 퍼졌다. 감사 이상길이 가족들을 데리고 가도(椵島)로 달려가서 모문룡(毛文龍)을 통해 명나라에 도움을 호소할 생각이었으나 안주(安州)에 이르러 이괄이 패하여 죽었다는 소식을 듣고 돌아왔다.

---

39 직부(直赴) : 전강(殿講), 절일제(節日製), 황감제(黃柑製), 통독(通讀), 외방 별과(外方別科), 권무과(勸武科) 등에 합격한 사람이 곧 복시(覆試)나 전시(殿試)에 응시할 수 있는 자격을 얻는 일.

40 흥안군 이제(興安君 李瑅, 1598~1624) : 선조의 열 번째 서자이자 광해군, 임해군, 정원군(인조의 생부)의 이복 동생.

1626년(인조 4)

8월 승지 이명한(李明漢)이 어제(御題)를 하사받고 와서 별과(別科)를 설행하여 사인(士人) 11인을 선발하였다. 장원 허관(許灌)은 곧바로 전시(殿試)에 응시할 수 있는 자격을 얻었고 나머지는 회시(會試)에 응시할 수 있는 자격을 얻었다.

1627년(인조 5)

정월 14일 금(金)나라가 크게 거병하자 강홍립(姜弘立), 박난영(朴蘭英), 한윤(韓潤) 같은 여러 투항한 적들이 인솔자가 되어 먼저 의주(義州)를 함락하였다.

15일 다시 능한성(凌漢城)에 가까워지자 성의 장수 정주목사(定州牧使) 김진(金瑨)이 그제야 달려와 감영에 알려왔다. 급박한 사이에 멀리 나간 군사를 불러들이지 못한 채 곧바로 평양부의 군사를 출동시키고 토착민인 전임자(前啣) 이유(李愈), 허관(許灌) 등에게 군사를 나누어 평양성을 지키게 하였다. 이보다 앞서 조정에서는 특별히 서북지방의 변란을 걱정하여 1625년(인조 3)에 윤훤(尹暄)을 팔도도체찰부사(八道都體察副使)로 삼고 평양에 관아를 설치하여[41] 평안도 순찰사(巡察使)를 겸하여 관할하게 하였다. 비록 규모를 높이기는 했지만 처음 창건한 것이라 모두 다 갖추지는 못했고 또한 임진왜란 뒤라 감사가 자성(慈城)으로 돌아가서 평양성은 버려두고 지키지 않았으므로 성과 해자(城池)와 시설이 모두

---

41 개부(開府) : 관아를 설치하고 소속 관원을 둠.

완정한 체재를 갖추지 못하였다. 체찰사[42]가 여러 차례 수리를 요청했으나 그때마다 대답을 듣지 못하여 체찰사가 체직을 요청하였는데 체직되기 전에 난이 갑자기 일어났다. 수하에 이끌고 갈 군사도 없고 그저 체부(體府)[43]에 소속된 방군(防軍) 약간 명이 있을 뿐이었다. 성 안의 백성들을 몰고 나와 대열을 편성하고 나누어 지키게 하였다. 주장(主將)이 비록 몸소 군사들을 위무하여 충성스러운 의기를 북돋웠으나 형세가 고립되어 의지할 곳이 없고 사람들에게도 굳은 의지가 없었다. 이때 큰 바람이 갑자기 불어 장수의 깃발이 꺾여 쓰러지자 장사(將士)들이 모두 아연실색하였다.

17일 능한(凌漢)이 함락되었다.

21일 안주(安州)도 함락되었다. 적의 형세는 폭풍과 소나기 같아 순식간에 순안(順安)에 이르렀고 사람들은 더욱 두려워하여 어찌할 바를 몰랐다. 이때 조정에서는 새로 호패법(號牌法)을 시행하여 백성들이 모두 의구심을 가졌고 원망하는 말들이 많이 나왔다. 평양사람 숭인감(崇仁監) 선우흡(鮮于洽)의 말을 빌어 장계를 올리자 호패법을 혁파하고 성을 순시하며 널리 효유하였으나 민심은 여전히 안정되지 못하였다.

22일 밤 삼경에 큰 별이 빛나면서 서쪽으로 떨어졌는데 소리가 우레처럼 커서 식자(識者)들이 걱정하였다. 때마침 적장 강홍립(姜弘立)이 노비 언이(彦伊)를 보내어 서신을 들고 성 아래로 도착하여 중군(中軍) 우치적(禹治績)과 칠성문 밖에서 만나 적의 상황을 유도심문하면서 거짓말로 선동하여 "적이 이미 성에 들어왔다"고 말하게 하였다. 성안에서는 놀라서 어지럽게 흩어지면서 성에 줄을 매달아 탈출하는 것을 금할

---

42 본문에는 '장수(帥)'라고 되어 있으나 문맥을 고려하여 모두 체찰사로 바꾸어 번역하였다.
43 조선 시대, 체찰사(體察使)가 머무르던 관청.

수 없었다. 체찰사는 하늘을 우러러 통곡하면서 "우리가 어찌 앞에 화약상자를 두고 목숨을 아끼겠는가? 적이 오기를 기다려 화약을 투하하고 목숨을 바치리라"라고 하자 여러 장수들이 옆에서 간언하기를 "체찰사가 빈 성을 지키느라 헛되이 죽어서는 안 됩니다. 이미 흩어진 군사들을 모았으니 다시 훗날 거병할 것을 도모하는 것이 좋겠습니다"라고 하였다. 체찰사가 "국사(國事)가 이 지경에 이르렀는데 내 어찌 목숨을 아까워한단 말인가?"라고 꾸짖자 종사(從事) 홍명구(洪命耉)가 "자고로 장수가 되어 어찌 병졸 하나 없이 빈 성에 앉아 죽음을 기다리며 떠나지 않겠습니까? 지금 큰 길[44]은 도적의 소굴이 되었지만 중산(中山)의 여러 읍은 아직도 온전하고 북로와 강변 두 곳을 통할 수 있으니 며칠간 징발하면 얼마 지나지 않아서 모여들 것이니 중산에 들어가서 병졸들을 수습한 뒤 적이 평양[45]을 지날 때 기회를 엿봐서 뒤를 공격하면 기습은 성공할 것입니다. 만약 그렇지 않다면 한번 싸우고 죽는다 해도 늦지 않을 것입니다"라고 하였다. 체찰사가 탄식하며 "나에겐 죽을 곳이 있다"라고 하고는 마침내 성을 나와 흩어진 병사를 거두었다. 평양을 떠나 80리를 가서 성천(成川)의 남창(南倉)에서 군량미를 보급받고 북쪽 군대와 강변의 군사를 기다렸다. 그리고 평양서윤 유질(柳秩)에게 군사를 수습하게 하고 평양남판관(平壤南判官) 권이길(權頤吉)에게 군사를 수습하게 하였으며 평양동전령(平壤東傳令) 용강현령(龍岡縣令) 이석달(李碩達)에게 3개 현의 군사를 모으게 하였다. 대동찰방(大同察訪) 이후천(李後天)이 산군(山郡)의 군사를 모집하여 별장(別將) 정지한(鄭至罕), 김진

---

44 직로(直路) : 서울에서 부산 또는 의주에 이르는 큰길.
45 '패(浿)'는 평양을 중심으로 한 부근 일대인 패서도(浿西道)를 가리키는 것으로 이해하였다.

룡(金震龍)을 안주(安州), 개천(价川) 두 읍에 파견하여 임시로 지키게 하면서 북군을 위로하러 가게 하거나 강변의 군사를 재촉하였다. 모든 군대가 차례로 와서 모이자 군대의 기세가 점차 높아졌다. 이때 강홍립이 성에 들어와서 사문(四門)에 방(榜)을 내걸어 "우리 군대가 임금을 주벌하는 것은 본디 회유하기 위해서이니 두 마음을 갖지도, 두려워하지도 말고 각자 산림에서 편안하게 농사를 짓도록 하라. 마을에는 틀림없이 재주는 가지고 있으나 펼치지 못한 자도 있을 것이고, 공명에 뜻을 둔 자도 있을 것이니 이때를 만나 분투하여 의병에 합류하러 군대로 오라. 함께 세상에서 보기 드문 공적을 도모하고 끝없는 명성을 영구하게 세우자"라고 하였다. 또 박난영에게 남아 성을 지키게 하고 우리 백성들에게 투항하도록 회유하니 이 소식을 듣는 사람들 모두 통탄하였다. 체찰사는 이렇게 방을 붙여 군사를 모으는 것을 기회로 삼아 용맹한 병사 10여 인을 선발하여 그 모집에 거짓으로 응모하여 성 안에 있게 하면서 성 밖에 있는 군대와 일시에 함께 거병하기로 약속했다. 정해진 시각을 하룻밤 남겨두고 체찰사의 명령이 갑자기 내려오자 일이 결국 이루어지지 못했다. 적이 활개를 쳐서 길이 끊어졌기 때문에 전후의 계획을 조정에 알릴 수 없었기 때문이다. 도로의 유언비어를 먼저 들은 행재소에서는 성을 궤멸시키기 3일 전에 대신들이 먼저 체찰사를 체직시키자고 청하였기에 서북 백성들이 모두 애통하고 안타까워하였다. 체찰사가 체직된 이후에 평안도의 방백 자리에 결원이 생기자 조정에서는 김기종(金起宗)을 파견하였다. 김기종은 강도(江都)에서 샛길(間道)을 따라 성천(成川)에 도착했다. 이때 후금 군대가 평산(平山)에 머물러 있었는데 별장 최충수(崔忠秀)가 흩어진 군사 수천 인을 모아 감사를 따라 가면서 끝까지 사력을 다했기 때문에 그 공으로 의주판관(義州判官)에 임명되었다. 사람들이 벽지도(碧只島)에 피난해 들어가자 출신(出身) 김준덕(金峻德), 유생 김성가(金聲價) 등이 군사 1000여 명을 모아서 물가에 경비를 세웠는데 그 공으로 김준덕은 은율현감(殷栗縣監)에 임명되었고 김성가는 주부(主簿)에 임명되었다. 후금의 군대가 평산에 체류했는데, 십여 명의 기병이 먼저 심양(瀋陽)에 들어가서 대동강을 건너 순안(順安)으로 향해 오자 평양부 판관 권이길(權頤吉), 별장 정지한(鄭至罕) 등이 500명의 기병을 데리고 추격하여 순안(順安) 치천원(稚川院)에 이르렀다. 적병은 마을 깊숙이 매복하고 있다가 우리 군대가 지나가기를 기다려서 뒤에서 화살을 난사하였다. 우리 군대는 군사를 버리고 사방으로 흩어졌다. 권이길은 죽었고 정지한은 거의 죽음을 면하지 못하는 상황이었는데 역사(力士) 이충백(李忠伯)이 편곤(鞭棍)으로 때려서 쫓아냈고 그 공으로 당상(堂上)에 올랐다. 숭인감 선우흡은 사업(司業) 선우협(鮮于浹)의 형으로, 그 또한 품행과 도의가 있었는데, 성이 함락되던 날 기자의 후손이라고 세습된 전감(殿監)의 직분으로 위판과 제기를 가지고 나오려다가 힘이 약해 등에 질 수가 없었다. 버리고 가려고 하려다가 마음으로 차마 할 수 없어서 결국 의관을 정돈하고 묘정(廟庭)에 엎드려 있었다. 결국 후금에게 붙잡혔으나 의리가 있다고 하여 풀려났다. 감사가 장계를 올려 "선우흡은 당초에는 죽음을 무릅쓰고 떠나지 않으려고 했고, 붙잡히고 나서는 자결하지 못하여 이렇게 시비의 의론을 초래했으니 조정에서 처분해주시기 바랍니다"라고 하였다. 선우흡은 이 일로 실직하여 마을 사람들이 이를 원통하게 여겼다. 진사 김여욱(金汝旭)이 이때 태학(太學)에 있다가 적군이 국경을 쳐들어왔다는 소식을 듣고 문묘의 위판을 들고 강화도로 들어갔다. 그 공으로 강릉참봉(康陵參奉)에 제수되었다.

1636년(인조 14)

춘신사(春信使)[46] 나덕헌(羅德憲)이 답장을 보내 이곽(李廓) 등을 심양(瀋陽)에 들어가게 하였는데 후금의 황제에게 협박을 당해 황제를 참칭하는 것을 축하하는 반열에 있다가 의주로 돌아왔다. 평안도 유생 등이 "나덕헌, 이곽 등이 수일 내로 평양에 도달할 것이니 속히 상방검(尚方劍)[47]을 내려주시면 두 사람의 머리를 베어 효시하고 심양으로 보내어 떨쳐 일어날 일로 삼겠습니다"라고 상소를 올렸다. 이 일은 비국(備局)으로 내려왔고 그 후 두 사람을 충군(充軍)[48]하였다. 가을에 만과(萬科)[49]를 설행하고 또 다시 어제(御題)를 하사하여 세 사람을 선발하라는 명을 내렸다. 급제자는 안주의 안헌민(安獻民)과 읍인 양경억(楊景億), 양점형(楊漸亨)이었지만 무사 중에는 다른 사람을 자기 대신 활쏘기 시험에 응시하게 하는 경우가 많았으므로 다시 무과를 설행하였는데 합격자 방목이 나오기도 전에 청의 군대가 갑자기 들이닥쳐서 문·무과 합격자 발표를 취소하였기에 평안도 사람들이 이를 원통해 하였다.

12월 11일 청 군사 수백 기(騎)가 불의의 습격을 가하자 감사 홍명구(洪命耉)는 장경문(長慶門)에서 백성과 군대를 이끌고 자모성(慈母城)에 휩

---

46 조선시대 봄에 후금(後金·淸)에 보내던 사신(使臣). 정묘호란(丁卯胡亂)의 화의 결과 조선은 후금과 형제국의 맹약을 맺고 매년 봄·가을에, 그들의 수도 심양(瀋陽)에 사신을 보내어 조공(朝貢)을 바쳐 왔다.

47 임금이 간악한 신하를 제거할 때 쓰는 날카로운 칼을 말함. 상방(尚方)은 원래 중국 한(漢)나라 때 천자(天子)가 쓰는 기물(器物)을 담당하였던 벼슬이나 기구를 가리키는 말임. 상방검은 『한서(漢書)』 주운전(朱雲傳)에 따르면, 주운이 언관이 아니었음에도 불구하고 당대의 권신인 태부(太傅) 장우(張禹)를 간신으로 지목하여 탄핵하면서 상방에 보관하던 좋은 칼을 하사받아 참수(斬首)할 것을 청했던 고사(故事)에서 유래되었음.

48 조선시대 형벌의 하나로, 변방의 군영에 충당하는 형벌.

49 만과(萬科) : 조선시대 많은 수의 인원을 합격자로 뽑던 과거. 주로 무과(武科)를 이른다.

쓸려 들어갔는데 청 군대가 이미 칠성문에 들어와 있었다. 이때 서윤 자리가 비어 있어서 백성들을 통솔할 수 없었기 때문에 동쪽에 속해 있는 자는 산골짜기로 달아나고 서쪽에 있던 자는 해변으로 도망쳤다. 마을 사람 전정(前正) 홍내범(洪乃範)과 전 찰방 강문익(康文翼), 전 현령 이덕보(李德輔), 전 현감 김준덕(金峻德), 전 봉사 현진선(玄進善), 숭인감 선우진(鮮于震), 전 참봉 양의직(楊懿直), 선우협(鮮于浹), 새로 급제한 양점형, 양경억, 진사 홍선(洪僎) 등이 유병(儒兵) 153인을 데리고 보산성(保山城)으로 들어가 수비했다. 홍명구는 막하의 전 감찰 강수(姜綏)에게 임시로 판관(判官)의 직분을 내려주고 흙덩이를 모아 토단(土團)을 쌓아 보산(保山)의 성보(城堡)로 들어가서 수비하였다. 강서현령(江西縣令) 이대순(李大純)이 성의 장수가 되어 백성들과 수비했는데 한 달이 지나도록 성의 장수가 곡식을 봉해 두고 내놓지 않아 백성들이 식량부족으로 대부분 얼어 죽거나 굶어죽었다.

1637년(인조 15)

정월 7일 서윤 홍익한(洪翼漢)이 혼란한 와중에 임명되어 샛길(間道)을 따라 힘들게 건너왔다. 정이산(鼎耳山)에서 합도(蛤島)를 건너 보산(保山)에 들어갔고 가판관(假判官)[50] 강수(姜綏)는 자모성(慈母城)으로 돌아왔다. 감사 홍명구는 평양부의 무사 이충백(李忠伯)과 김철봉(金鐵鋒), 박형(朴涧) 등을 성천과 순안 땅에 나누어 보냈는데 출몰하면서 적을 공격하여 제법 베어죽이거나 사로잡았다. 또 무사 조선철(趙善哲) 등 10명의 장사

---

50   교지를 받기 전 책임있는 자가 임시로 임명하는 판관직.

를 보내어 강동(江東)에서 출몰하여 황해도와 강원도 사이를 정탐하게 하여 많이 죽이고 포로로 잡았다. 청 군대가 대규모로 와서 곧바로 서울로 가자 어가는 남한산성으로 들어갔다. 청 군사가 성을 포위하자 성을 사수하는 것이 위태로워졌다.

11일 홍명구가 병마절도사 유림(柳琳)과 함께 군대를 이끌고 왕을 호위하러 샛길을 통해 금화현(金化縣)에 이르렀는데 적군 수백 기와 마주쳐서 이충백, 박형, 허로(許輅) 등을 시켜 정예병을 이끌고 공격하게 하였다. 50여 인을 죽이고 살아있는 사람은 포로로 삼았는데 수백 명이었다.

28일 감사와 병마절도사가 금화현 남산(南山)에 군대를 나누어 진을 쳤다. 적병이 들판을 뒤덮으며 오자 이충백이 크게 소리치며 곧바로 달려나가 먼저 올라온 자를 활을 쏴서 죽였다. 잠시 뒤에 적진이 대규모로 몰려오자 김철봉, 이상백(李尙白), 김상준(金尙俊), 지덕남(池德男), 송계인(宋繼仁) 등이 손에 칼을 들고 접전을 벌이다가 죽었다. 홍명구는 홀로 우뚝 서서 전투를 독려하다가 몸에 7, 8개의 화살을 맞고 죽었고 온 군대가 함몰되었다. 이충백, 신덕령(申德齡), 방식(方軾), 박형(朴泂), 이원룡(李元龍), 송인강(宋仁剛), 박순(朴洵), 이시백(李時白) 등은 유림(柳琳)의 군대에 가담하여 기세를 높여 힘껏 싸워 적을 대패시켰다. 이때 보산에서는 독자적으로 성을 지키던 장관(將官) 권환(權渙)이 중영장(中營將)이 되고 출신 강원숙(康元淑)이 좌영장(左營將)이 되고 출신 정순남(鄭順男)이 우영장(右營將)이 되었고 성을 지키는 자는 1,200여 명, 유격대 정예군이 500여 명, 성안의 백성들 또한 수만 명이었다. 청 군사 50여 기가 노략질하자 남녀 1000여 명이 성 아래로 다가왔다. 군사와 백성들은 의분에 가득 차 기세를 높이며 모두 한번 싸우기를 바라면서 "우리들이 책문(柵門)으로 나가서 역습하면 적을 쫓아낼 수 있고 포로로 잡힌 우리나라 사람들도 돌아올 수 있을 것입니다"라고 하였다. 성의 장수가 "저들이 만약 크게 노하여 대군을 이끌고 오면 어떻게 하느냐? 또 우리 군대는 갑옷을 입은 병사가 없으니 헛되이 적에게 죽을 수는 없다"라 하고는 곧바로 명령을 내려 "출전하자고 망언을 하는 자는 목을 베겠다"고 하니 감히 다시 그 말을 하는 자가 없었다. 백성들이 적군을 피해 용강(龍岡)의 해변으로 갔는데 청 군사 수십 기가 느닷없이 이르자 사람들이 놀라 두려워하며 그저 포로가 되기만을 기다리고 있었다. 평양부의 무사 정지성(鄭志成)이 홀로 갑옷을 입고 편곤(鞭棍)을 들고 분연히 일어나 적을 역습하자 적이 패하여 도망쳤고 피난을 온 사람들 수만 명이 이 덕분에 목숨을 보전할 수 있었다. 그 공으로 삼등현령(三登縣令)에 임명되었다.

3월 소현세자(昭顯世子)가 심양으로 들어갔다. 효종 때 봉림대군(鳳林大君)도 그곳에 있었다. 행차가 부의 접경 동대원(東大院)에 이르렀을 때 청 군대가 곳곳마다 진을 쳤다. 백성들은 보산성(保山城)에서 나와 길가에서 찾아뵈었는데 세자대군이 거듭 위로하셨다. 이날 순안(順安)으로 향했는데 평양부 사인 김성가, 양의강(楊懿剛), 나정언(羅廷彦) 등 60여 인이 부산촌(斧山村)까지 따라가서 술과 과일 및 행주(行廚)[51]의 반찬거리를 바쳤다. 세자대군이 살아있는 닭을 보고 "서울에서 여기로 올 때까지 닭소리를 듣지 못했는데 너희들은 어디서 가져왔느냐?" 하고 돌려보내어 번식하게 하라고 명하셨다.

---

51 임금의 거둥 때 음식을 담당한 임시 주방.

1638년(인조 16)

가을 청나라 사람들이 우리 군대를 징발하여 조정에서는 총독사(摠督使) 이시영(李時英)에게 평안도와 황해도 군사[52] 5천 명을 출동시켜 가게 하였다. 정명수(鄭命壽)가 "반드시 문·무 종사관(從事官)을 갖추어야 합니다"라고 하자 비국에서 계를 올려 "전벽(田闢)과 허관(許灌)이 마침 평양에 있으니 제가 데리고 가는 것이[53] 편할 듯합니다"라고 하였다. 허관은 병으로 일어나지 못했고 전벽은 의주에 이르자 또한 드러누워 가지 않았다. 두 사람 모두 체포되어 심문을 받았는데, 허관은 공초에서 "평소 무예를 익혔으나 대국을 공격할 때가 되자 묘책이 없었습니다"라고 하였다. 모두 남한(南漢)으로 유배되었다.

1643년(인조 21)

봄 감사 구봉서(具鳳瑞)가 1636년(인조 14)에 과거 합격자 발표를 취소하였기 때문에 별과(別科)를 설행하여 4명을 선발했는데 읍인 김여욱(金汝旭), 김시현(金時鉉)이 포함되었다고 장계를 올렸다.

---

52 서병(西兵) : 평안도와 황해도 군사.
53 대행(帶行) : 중국에 사신으로 가거나 지방관으로 파견되어 나갈 때 임무의 수행을 위해 관원 등을 데리고 가는 것을 말함. 또는 단순히 사람을 데리고 다니는 것을 말하기도 함.

1644년(인조 22)

소현세자가 다시 심양으로 들어가게 되어 대동강을 건너는데 산천
(山川)과 고적(古蹟)을 물었다. 무사 조선철(趙善哲)이 배에서 모시고 있으
면서 상세하게 응대하였다. 소현세자가 이를 기특하게 여겨 조선철,
김지웅(金之雄), 김경일(金擊日)을 모두 호위하도록 하였다. 2일간 머물면
서 여러 유생들을 모아 시험을 치르게 하였다. 친히 "월조는 남쪽 가지
에 둥지를 트네(越鳥巢南枝)"[54]로 부(賦)의 제목을 명하였고 이사(貳師)[55]
이명한(李明漢)에게 시 제목을 출제하게 했는데 "동쪽에서 온 보랏빛 상
서로운 구름이 함곡관에 가득하네(東來紫氣滿函關)"[56]였다. 부(賦)장원인
김의엽(金義燁), 시(詩) 장원인 양의원(楊懿元) 등 8명이 상을 받았는데 차
등이 있었다. 다음날 동궁이 구 포청(砲廳)의 터에 앉아 무사들을 모아
놓고 활쏘기를 보고 있었는데 바람이 장막을 걷어 올려 동궁을 덮치자
보는 사람들이 아연실색하였다. 이날 순안(順安)으로 향했는데 평양부
의 백성들이 병현(幷峴)에 줄지어 서서 전송하였다.[57] 동궁이 수레를 세
워 이들을 위로하고 홍내범을 불러 금권자(金圈子)[58]를 하사하고 이유(李
愈), 이급(李級)에게는 각각 담비가죽과 귀마개(耳掩)[59]를 하사하셨다.

---

54 중국 한나라 고시(古詩)로 전하는 고시십구수(古詩十九首) 중 첫번째 시 〈가고 또
    가시니(行行重行行)〉의 마지막 구절이다.
55 조선시대 세자시강원(世子侍講院)의 종일품(從一品) 문관으로 정원은 1원이다. 왕세
    자에게 경전(經典)·사서(史書)를 강의하고 도의를 가르치는 일을 맡아보았다. 정식
    칭호는 세자이사(世子貳師)로 의정부(議政府)의 좌·우찬성(左右贊成)이 겸임하였다.
56 두보의 시 〈가을 흥취 8수(秋興八首)〉 중 다섯 번째 시에 나오는 구절이다.
57 지송(祗送) : 백관(百官)이 임금의 거가(車駕)를 공경하여 보냄.
58 망건(網巾)에 달아 당줄을 꿰는 작은 고리. 망건의 좌우에 달아 당줄을 꿰어 거는 지
    름 1.2cm 내외의 작은 고리. 『오주연문장전산고』에는 1품은 만옥권(漫玉圈) 속칭
    옥환(玉環)을 하였고, 2품은 견우화(牽牛花)·매화·오이꽃 모양의 금관자를, 3품
    은 견우화·매화 모양의 옥관자를 썼다고 한다.

1648년(인조 26)

봄 고가청(雇價廳)⁶⁰에 불이 났다. 전란 이후에 이 창고를 설치하여 화포(貨布)를 비축하였다. 중화에서 의주에 이르기까지 각종 관청의 말(刷馬)⁶¹을 관에서 지급하고 품삯을 치러서 백성들을 번거롭게 하지 않았는데 화재가 발생하자 그 폐해가 백성들에게 미칠 터였다. 이유(李愈), 황윤선(黃胤先), 허관(許灌), 노상현(盧尙賢), 김시현(金時鉉), 김기수(金起洙) 등이 도내(道內)에서 의곡(義穀) 8천여 석을 모아 채워 넣었다. 나중에 그 공으로 이유는 한성우윤(漢城右尹)에 가자(加資)되었고 노상현은 호조참판에 추증되었다. 나머지는 모두 상을 받거나 증직되지는 못했다.

1669년(현종 10)

별도로 중신(重臣) 정지화(鄭知和)을 보내 별과를 설행하게 하여 4명을 뽑았다. 읍인 양현망(楊顯望), 김의엽(金義燁), 변사달(邊四達)이 그 속에 포함되었다.

---

59 이엄(耳掩) : 사모 밑에 쓰는 모피로 만든 귀덮개.
60 민간의 말을 삯을 주고 징발하는 일을 맡아보던 관아. 숙종 때 고마법(雇馬法)의 실시로 사신이나 수령 등 지방관의 교체와 영송(迎送)에 따른 제반 비용을 마련하기 위하여 설치하였다. 기본 재원을 민결(民結)에서 징수했기 때문에 고마조(雇馬租)·고마전(雇馬錢), 또는 방역전(防役錢)이라고도 하였다. 민고는 각 지방에서 전부(田賦) 이외의 잡역세 등을 담당하기 위해 설치된 것이다. 원래 법제적인 것은 아니고 각 지방의 관행에 따라 만들어졌다.
61 지방에 배치해 둔 관청용의 말을 이르던 말.

1695년(숙종 21)

별도로 중신 이세백(李世白)을 보내 별과를 설행하게 하였는데 청북(淸北)[62] 유생이 시험지에 '남북(南北)' 자로 표시하여 반은 청남(淸南)을, 반은 청북(淸北)을 뽑아달라고 청하였다. 읍인 조지중(趙之重)이 그 속에 포함되었다.

1717년(숙종 43)

별도로 중신 민진원(閔鎭遠)을 보내 1695년(숙종 21)의 예에 따라 별과를 설행하게 하였는데 읍인은 아무도 포함되지 않았다.

1728년(영조 4)

별도로 중신 김동필(金東弼)을 보내 별과를 설행하게 하고 강변(江邊) 1명을 더 뽑았다. 읍인 황민후(黃敏厚)가 그 속에 포함되었다.

---

62 평안도 청천강(淸川江) 이북. 청천강은 평안남도와 북도의 경계를 서남쪽으로 흘러 황해로 유입하는 강이므로 예로부터 평안도지방에서는 청천강을 기준으로 그 이북은 청북(淸北), 이남은 청남(淸南)이라고 했다.

제3장 『평양속지』 권3

「문담(文談)」

대관재(大觀齋) 심의(沈義)는 「기몽(記夢)」,[1]에서 우리나라 문인재사들을 하나하나 거론하였다. 고운(孤雲) 최치원(崔致遠)이 천자(天子)이고, 을지문덕(乙支文德), 익재(益齋) 이제현(李齊賢), 백운(白雲) 이규보(李奎報)가 재상이며, 목은(牧隱) 이색(李穡)이 문형(文衡)이며 심의 자신은 규벽부(奎璧府) 대학사(大學士)가 되어 북쪽 벽에서 주도하며 앉아있었다. 진화(陳澕)와 정지상(鄭知常)이 동쪽과 서쪽 벽에 있었고, 예산(猊山) 최해(崔瀣), 가정(稼亭) 이곡(李穀), 초은(樵隱) 이인복(李仁復), 제정(霽亭) 이달충(李達衷), 설곡(雪谷) 정보(鄭誧), 서하(西河) 임춘(林椿),[2] 삼봉(三峯) 정도전(鄭道傳), 역옹(櫟翁)

---

1 『대관재난고(大觀齋亂稿)』권4 「잡저(雜著)」에 실려 있다.

최자(崔滋), 탁영(濯纓) 김일손(金馹孫), 추강(秋江) 남효온(南孝溫)에게 문서를 담당하는 직책에 있었고 춘정(春亭) 변계량(卞季良)은 지인(知印)이고 사문(斯文) 유호인(兪好仁)은 서리(胥吏)였다. 또 김시습(金時習)이 적장(賊將)이어서 심의 자신이 단기필마로 적진에 나아가 항복을 받고 개선해서 돌아왔다는 꿈을 말하면서 예원(藝苑)의 인물평³을 제시하였다. 심의의 문장이 거리낌 없고 자유로웠으며 옛 사람을 압도하여 마치 아관(衙官)과 하인(隷僕)을 보듯이 하였다. 예컨대 을지문덕은 문장으로 우리나라 시학(詩學)의 조종(祖宗)이 되기 때문에 굳이 감히 필적하려 하지 않았지만 맑고 뛰어난 정지상의 경우라면 그 또한 어찌 북쪽 벽의 자리를 심의에 양보하려 하겠는가? 그의 기준이 무엇인지는 알 수 없지만 서경의 문장이 옛 사람에게 추대되었음을 또한 볼 수 있다.

이인로(李仁老)가 『파한집(破閑集)』에서 말하기를, "평양은 산과 강을 두르고 있으며 기상이 빼어나서 예부터 기인(奇人)과 남다른 선비(異士)들이 많이 배출되었다. 예종(睿宗) 때는 뛰어난 재주를 가진 정지상(鄭知常)이라는 자가 있었는데 과거시험에서 우수한 성적으로 뽑혀 궁궐에 들어갔고 충성을 다하여⁴ 옛 쟁신(諍臣)⁵의 풍모가 있었다. 예전에 장원정(長源亭)에 호종했을 때 다음과 같은 시를 지었다. "바람이 객선을 전송하는데 구름이 조각조각, 이슬 맺힌 궁궐 기와는 옥처럼 반짝반짝.⁶

---

2   본문에는 '春'으로 되어 있으나 오기이다.
3   월단평(月旦評) : 매달 첫달의 평이라는 뜻으로 인물에 대한 비평을 말한다. 후한(後漢) 말 여남(汝南:지금의 호북성)에 허소(許劭)와 사촌 형 허정(許靖)이 살고 있었다. 두 사람은 매달 초하루에 허소의 집에서 향당(鄕黨)의 인물들을 뽑아 비평하였는데 평가가 적절하여 사람들이 그 비평을 들으려고 몰려들어 '월단평'이라는 말이 생길 정도였다고 한다.
4   건건(蹇蹇) : 『역경(易經)』의 「건괘(蹇卦)」에 나오는 말이다. 난관에 부딪쳐 괴로워하면서도 충성을 다하는 모양.
5   쟁신(諍臣) : 임금의 잘못에 대하여 바른말로 간하는 신하.

버드나무 있는 문 닫힌 여덟 아홉 집, 밝은 달에 주렴 걷은 두 서너 사람들(風送客帆雲片片, 露凝宮瓦玉鱗鱗. 綠楊閉戶八九屋, 明月掩簾三兩人)." 그의 시어가 표일(飄逸)하고 탈속적인 것이 모두 이와 같았다"고 하였다.

1461년(세조 7) 세조가 서쪽으로 평양을 순행할 때 고령(高靈) 신숙주(申叔舟)가 북쪽으로 만주(滿住)[7]를 평정하려고 가다가 영흥(永興)에서 천령(串嶺)을 넘어 와서 기성(箕城)에서 어가를 영접하고 행재소의 신하들과 함께 대동강을 유람하였다. 신숙주가 다음과 같은 시를 지었다. "북쪽으로 오랑캐 평정함에 어찌 공을 논하랴? 여러 장수들 성상의 계책따라 힘을 다하네. 오늘 강가로 와서 술을 마시니 용안 지척에 오색구름이 짙구나(北平胡虜敢言功, 諸將輸勞聖算中. 今日往來江上飮, 天顔咫尺五雲濃)."

매월당(梅月堂) 김시습(金時習)이 자취를 감추고 승려가 되어 호를 '동봉대사(東峯大師)'라고 하였다. 서쪽을 유람하다가 대성산(大聖山)에 이르렀는데 그 골짜기의 산수를 너무 좋아하여 광법사(廣法寺)에 오래 머물렀다. 이때 그의 친구인 소윤(少尹) 김영유(金永濡)와 판관 박철손(朴哲孫)이 술을 가지고 가서 동봉 김시습에게 주었다. 김시습이 시를 지어 고마워하면서 "들자니 옛날의 산승은, 술을 사와 도연명을 맞았다지. 또어떤 전운사는, 산사에서 맘껏 마시고 노래했다네. 이 모두 호기로운 무리로, 세속에 거리낌이 없었네. 하물며 지금은 태평시절이라, 온 고을엔 밥 짓는 연기 피어오르네. 백성은 풍요롭고 농사를 즐기며, 정치

---

6   인린(鱗鱗) : 비늘처럼 빛이 나고 곱다.
7   본문의 '만주(滿住)'는 『조선왕조실록』 1461년 2월 14일 기사에 신숙주가 야인 건에 대해 아뢰는 기사에 '이만주(李滿住)'를 언급하고 있으므로 '이만주'를 가리키는 것으로 보인다. '이만주'는 조선 태종~세종대 여진족 오랑캐(兀良哈) 추장이다. 1424년(세종 6)을 전후하여 압록강 지류 파저강(婆猪江, 오늘날의 동가강(冬佳江)임.) 방면으로 남하한 오랑캐를 모아 건주본위(建州本衛)를 세우고 명 조정으로부터 건주위(建州衛) 도지휘첨사(都指揮僉事)에 임명되었다.

는 청렴하여 소란이 없네. 절간에 올라 이 소나무 소리 들어보게. 소나무 소리는 여운이 길어, 세속에 찌든 귀를 씻어줄 수 있네. 태수께선 수레를 재촉 마시고, 산수에서 다시 한 밤 묵어가시게. 달 밝고 서리 가득한데, 새벽 종소리 들으면 또한 즐거우리라(我聞古山僧, 沽酒引元亮. 亦有轉運使, 山寺恣飮唱. 是皆倜倘輩, 不爲時俗牽. 況此淸平時, 萬井生炊煙. 民富樂耕桑, 政淸無喧闐. 可以上招提, 聽此松風絃. 松風絃韻長, 亦能醒俗耳. 太守勿促駕, 更宿煙霞裏. 月明霜滿天, 晨鍾聞亦喜)"[8]라고 하였다. 그의 맑은 풍모와 고아한 절개가 고사리를 캐는 자들과 마찬가지이니 다른 사람을 놀라게 하는 시어가 어찌 다만 낙빈왕(駱賓王)처럼 음풍농월을 수식하는 정도에 그치겠는가? 그는 초사(楚辭)의 방식으로 〈단군(檀君)〉, 〈기자(箕子)〉, 〈후토(后土)〉, 〈분연(墳衍)〉 네 노래[9]를 지었는데 질탕하고도 서글퍼서 굴원[10]의 음조가 있었다. 또 〈패강곡(浿江曲)〉의 결구 "세상의 환락과 비탄은, 모두 한바탕 일장춘몽이네(世間歡樂與悲傷, 都是南柯夢一場)"[11] 역시 무한한 감개가 있다. 〈대동강에서 장사하는 아낙의 말을 기록하다(大同江記商婦語)〉[12]는 사물에 가탁한 비흥(比興)의 수법을 썼는데, 예컨대 "당신 마음은 두렁길 쑥대마냥, 나부끼며 정처 없이 떠다니네요. 제 마음은 실버들처럼, 뒤엉켜 항상 연모하고 있어요(君心陌上蓬, 飄飄無定趣. 妾心如柳絲, 糾結常戀慕)", "여린 아녀자의 마음은, 당신뿐 딴 마음이 없어요(婉變女兒心, 本守糜

---

8 『매월당집(梅月堂集)』권9에 실려 있다. 문집의 시 제목은 〈평양소윤 김영유와 판관 박철손이 특별이 광범사에 있는 나를 찾아와서 위로해주기에 시로 고마운 마음을 남긴다(平壤少尹金―永濡―判官朴―哲孫, 特來慰我廣法寺, 以詩謝而留之)〉이다. 문집에는 제5구 '倜'이 '儻'으로 되어 있다. 여기에서는 문집에 따라 번역하였다.
9 『매월당집』권9에 수록된 총4수의 〈초사 구가를 본떠(擬楚辭九歌)〉를 가리킨다.
10 상류(湘纍): 상수(湘水)에 죄없이 빠져 죽은 사람. 곧 굴원(屈原).
11 『매월당집』권9에 실려 있다.
12 『매월당집』권9에 수록된 시로, 시제는 〈대동강 가에서 장사하는 아낙의 말을 기록하다(大同江岸紀商婦語)〉이다.

他誓)" 등의 시어는 자신의 본심을 온전히 드러내고 있다.

1539년(중종 34) 좌찬성 소세양(蘇世讓)이 접빈사로 와서 평양에 머물 렀는데 날마다 풍악과 여색을 일삼으며 돌아가는 것을 잊을 정도로 빠 져 있었다. 유생 한 사람이 시를 지어 조롱하기를, "산대(山臺)[13]에 사는 참새는 원접사 녀석이라네(山臺棲鳥雀, 遠接長兒孫)"라고 하였다. 소세양 이 크게 앙심을 품고 조정을 돌아간 뒤 이 도(道)를 무고하여 청요직(淸 要職)으로 가는 길을 막아버렸다. 그의 원한은 굳이 말할 필요도 없겠지 만 한 구의 시어가 백년간 해독을 끼쳤으니 어찌 경솔한 문인들에게 교 훈이 되지 않겠는가? 옛 사람은 "시가 사람을 궁하게 한다(詩能窮人)"라 고 했지만 이 시와 같은 경우라면 한 사람을 궁하게 했을 뿐만 아니라 한 도의 사람들을 궁하게 했다고 말할 수 있다.

목은(牧隱) 이색(李穡)의 율시 〈부벽루(浮碧樓)〉는 음률이 절로 맞는데 천부적인 재능이라 배워서 도달할 수 있는 것이 아니다. 중국 사신 주지 번(朱之蕃)이 왔을 때 서경(西坰) 유근(柳根)이 빈접사였고 허균(許筠)이 종 사관(從事官)이었다. 중국사신이 "길가 관사의 벽에 어째서 당신 나라의 시가 없는가?"라고 하자 허균이 "사신이 지나가는 곳이라 감히 누추한 시 를 보시게 할 수 없어 관례상 없었습니다"라고 하였다. 태사(太史)가 "나 라가 비록 화이(華夷)로 나뉘어 있기는 하지만 시에 어찌 내외(內外)의 구 분이 있단 말이오? 게다가 지금은 천하가 한 집안이 되어 온 세상이 형제 이고 나와 당신이 모두 세상에 태어나서 천자의 백성이 되었으니 어찌 중국에 태어났다고 자랑한단 말이오?"라고 하였다. 목은 이색의 시를 보 고 나서는 종일 고심하다가 시를 짓지 못하고 웃으며 말했다. "날마다 이

---

13 산대놀음 따위와 같은 민속놀이를 하기 위하여 큰길가나 빈터에 마련한 임시 무대.

러한 시를 얻을 수 있다면 우리들은 한 시름 놓아도[14] 되겠소."

파담(坡潭) 윤계선(尹繼善)[15]이 선연동(嬋娟洞)을 지나면서 시를 지었다. "좋은 날 어느 곳에서 또 황혼을 맞으니, 가시나무가 쓸쓸히 무덤을 둘렀네. 한은 푸른 이끼로 스며들어 옥골을 감싸고, 꿈에 붉은 누각으로 가서 술잔을 대하네. 시든 꽃은 밤비에 향기가 간 데 없고, 이슬에 젖은 봄풀엔 눈물 자국 있구나. 누가 알았으랴, 낙양의 유협객이 산에 해 질 때 꽃다운 혼 조문할 줄을(佳期何處又黃昏, 荊棘蕭蕭擁墓門. 恨入碧苔纏玉骨, 夢來朱閣對金樽. 花殘夜雨香無迹, 露濕春蕪淚有痕. 誰識洛陽遊俠客, 半山斜日弔芳魂)." 석주(石洲) 권필(權韠) 또한 시를 지었다. "해마다 봄빛이 황량한 무덤에 이르니, 꽃은 새로 단장한 듯하고 잎은 치마 같구나. 끝없이 고운 혼은 계속해서 날아올라, 이제 비가 되었다가 다시 구름이 되는구나(年年春色到荒墳, 花似新粧葉似裙. 無限芳魂飛不斷, 祇今爲雨更爲雲)."[16] 윤계선의 시가 권필의 시보다는 못하지만 음운은 역시 청아하게 느껴진다.

1609년(광해군 1)에 서경(西坰) 유근(柳根)이 중국사신 웅화(熊化)을 영접하러 평양으로 가서 배를 타고 남호(南湖)를 유람하였다. 사신 웅화가 먼저 율시 한 수를 지어 보여주었는데 스스로 자랑하는 기색이 심하였다. 시는 "세상 일로 오가면서, 강산을 절로 구경하네. 성쇠에 감개가 많으니 옛날과 지금은 하나같이 부침이 있네. 강물엔 자라가 오가고, 갠 구름엔 신기루 맺혀 있네. 오늘같이 화창한 날엔 그저 취할 뿐 깊이 걱정 마오(來往成塵迹, 江山自勝遊. 盛衰多感慨, 今古一沈浮. 積水通鼇極, 晴雲結蜃樓. 趁玆風日好, 但醉莫深愁)"였다. 유근이 즉석에서 화운하여 올렸는데 "천

년 옛 도읍지, 맑은 술로 반나절 노닐었네. 비가 개어 구름은 흩어지고 바람이 세차 물보라 일어나네. 적벽엔 소동파의 달이 있고, 청산엔 사조의 누각이 있네. 강남과 완연히 흡사하니, 타향에서 시름겨워 마오(古國千年地, 淸樽半日遊. 雨晴雲葉散, 風急浪花浮. 赤壁蘇仙月, 靑山謝眺樓. 江南宛相似, 莫作異鄕愁)"[17]였다. 명나라 사신이 무릎을 치고 찬탄하며 "적벽(赤壁)"과 "청산(靑山)" 시구의 말과 의미는 자연스럽게 어우러져서 한 글자도 억지로 지은 데가 없다. 성당(盛唐)의 작품 사이에 놓는다고 해도 많이 못하지는 않을 것이다. 오늘은 내가 무릎을 꿇을 만하다"라고 하였다. 그 후 유근에게 더욱 정중하였다.

동고(東皐) 최립(崔岦)은 평양에 우거하며 초당을 짓고 '간이(簡易)'로 편액을 달았다. 1601년(선조 34)에 월사(月沙) 이정구(李廷龜)가 중국사신 고천준(顧天俊)의 빈접사로, 지봉(芝峯) 이수광(李睟光)이 연위사(延慰使)로, 남곽(南郭) 박동열(朴東說), 동악(東岳) 이안눌(李安訥), 학곡(鶴谷) 홍서봉(洪瑞鳳)이 종사관(從事官)으로, 남창(南窓) 김현성(金玄成), 오산(五山) 차천로(車天輅), 석주(石洲) 권필(權韠)이 제술관(製述官)으로 평양에 와서 모였는데 모두 그 시대의 문장의 거두였다. 간이당(簡易堂)에서 시를 수창했는데 월사 이정구가 동고 최립의 시에 화운하여 지은 시는 이러하다. "적막한 말세에 대아(大雅)는 사라졌으니, 문장의 종파 중 누가 잘하나. 천추의 붓으로 진한(秦漢) 시대를 전했으니, 온갖 새 울음 속에서도 봉황을 볼 수 있네. 타향에서 식량과 땔나무[18] 걱정 마시게. 하늘이 이 늙은

---

17 『서경집(西坰集)』「서경황화시집(西坰皇華詩集)」권4에 실려 있다. 문집의 시 제목은 〈삼가 남오에서 술 마시며 지은 시에 차운하다(敬次湖上飮走筆韻)〉이다. 문집에는 제2수 '樽'이 '尊'으로 되어 있다.

18 계옥(桂玉) : 계수나무와 옥. 땔나무가 계수나무보다 귀하고 쌀이 옥보다도 값이 비쌈. 물가가 높다는 뜻으로, 계옥지간(桂玉之艱)은 타향에서 물가고에 허덕인다는 뜻이다. 『전국책』「초책(楚策)」에 소진(蘇秦)이 초(楚) 나라에 가서 석 달 머물다가

이에게 문장을 많이 짓도록 했으니. 문장을 논함에 술 마시는 걸 허락한다면, 흥이 오를 때 초당을 찾아가리라(季世寥寥大雅亡, 詞源宗派孰能長. 千秋筆下傳秦漢, 百鳥喧中見鳳凰. 休恨他鄕貧桂玉, 天敎此老富篇章. 論文倘許傾家醞, 乘興還須過草堂).”[19] 지봉 이수광이 이어 화운하여 “시단에 이백과 두보 없다고 하지 마오. 공의 빛나는 문장이 겨룰 만함을 알겠으니. 지금도 태산북두의 명성을 우러르고, 어리석은 자도 봉황을 보고 상서로움을 아네. 길을 내니 쑥도 장후(蔣詡)[20]를 따르고, 배에 가득한 서화는 원장[21]에게 있네. 시의 소재 될 경치는 남은 것이 적으니, 다시 무슨 글을 이 당에 걸어볼까?(休道騷壇李杜亡, 知公文焰與爭長. 高名今古瞻山斗, 美瑞賢愚識鳳凰. 開逕蓬蒿追蔣詡, 滿船書畫比元章. 詩中物色分留少, 更把何詞揭此堂)”[22]라고 하였다. 월사 이정구를 비롯한 여러 공들이 이렇게 칭찬하고 인정하였으니 동고 최립이 당시 문장의 맹주였음을 볼 수 있다.

임진왜란 이후 누대가 모두 타 버리고 1608년(선조 41)에 연광정이 비로소 수리되었다. 이듬해 봄에 사신이 오자 빈접사 일행이 이 정자에 올랐다. 빈접사 서경(西坰) 유근(柳根)이 마침 아파서 합류하기 전에 시를 시

초왕에게 “초나라의 먹을 양식은 옥보다 귀하고 땔나무는 계수나무보다 귀합니다(楚國之食貴於玉 薪貴於桂)”라고 한 말에서 유래되었다.

19 『월사집』 권9에 실려 있다. 문집의 시 제목은 〈동고 최립의 시에 차운하다(次東皐崔立之-旹-韻)〉이다.

20 장후(蔣詡) : 전한(前漢)시대 두릉(杜陵) 사람. 자는 원경(元卿)이다. 청렴하고 강직한 관리였으나 왕망(王莽)이 정권을 잡고 부르자 병을 핑계하고 귀향한 뒤 죽었다. 고향에 돌아와 뜰에 세 갈래 좁은 길을 내고 구중(求中)과 양중(羊中) 두 벗과 조용히 은거 생활을 즐겨 ‘장후삼경(蔣詡三逕)’이란 고사를 남겼다.

21 원장(元章)은 송나라 사람 미불(米芾)의 자이다. 서화를 좋아하여 늘 가지고 다녔는데 강회발운사(江淮發運使)로 있을 때에는 자기 배에 패 하나를 세우고 거기에 ‘미가서화선(米家書畫船)’이라 썼다고 한다.

22 『지봉집(芝峯集)』 권11에 실려 있다. 문집의 시 제목은 〈간이당 시에 차운하다-간이당은 동지 최립의 당호이다(次簡易堂韻-簡易堂卽崔同知旹以堂爲號)〉이며 인용된 시는 제2수 중 제1수이다. 문집에는 ‘焰’이 燄으로 되어 있다.

어 부쳤다. "서쪽으로 왔을 땐 긴 길이 싫었는데, 대동강 강가에 서니 시야가 트여있네. 높은 정자에선 아득한 경치 바라볼 만하고, 멀리 온 길손은 올라와 그저 시름을 푸네. 봉황과 기린마는 다시 볼 수 없지만, 석굴과 황량한 대는 지금도 남아있네. 달이 뜨기 전 청산은 은은한데, 만고의 물결은 그저 절로 흐르네(西來厠厭道路脩, 眼豁浿江江上頭. 危亭縹緲可騁望, 遠客登臨聊寫憂. 鳳鳥麟馬不復見, 石窟荒臺今尙留. 靑山隱隱月未吐, 萬古滄波空自流)." 종사관 조희일(趙希逸)이 화운하였다. "전란 뒤 누대를 대략 수리했고, 옛 성 어귀 구 정자도 새로 지었네. 봄 강물 대해도 흥이 없건만, 좋은 날[23] 보내도 여전히 시름겹네. 늙고 병들면 적막감이 길어지는 법, 사신 일로 달려감에 어찌 잠시라도 머무르랴. 예전에 서쪽 순행 땐 외람되이 수행했는데, 오늘밤엔 등불 걸며 눈물을 흘리네(亂後樓臺略已脩, 舊亭新闢古城頭. 春江縱對渾無興, 練日纏經尙抱憂. 老病政須長寂寞, 駈馳何暇少遲留. 西巡昔歲叨隨軯, 今夜懸燈涕泗流)." 제술관 차천로(車天輅)가 화운하였다. "옥도끼로 칠보를 정련해도, 푸른 구름에서 맑은 빛은 다시 없으리. 안개가 땅에 자욱해서 아스라하고, 강물이 하늘을 칠 듯이 일렁거려도 근심은 사라지지 않네. 풍광이 함께 흘러가는 걸 보지 않고서, 시에 쓸 경치 남은 게 적다 말하지 마오. 누각에서 다행히 친구들 모였으니 어찌 깊은 밤 촛농 흐르는 걸 아쉬워하랴(七寶精慳玉斧脩, 淸輝無復碧雲頭. 霧垂壓地還迷望, 江動掀天未散憂. 不見風光共流轉, 休言物色少分留. 憑欄幸得賓朋會, 敢惜更深燭淚流)." 서경 유근이 이 세 수의 시에 대해 우열을 미처 정하지 못했다. 이때 동고 최립이 평양에 우거하고 있어서 그 또한 이 모임에 참석하였다. 최립의 시가 가장 나중에 도착했는데 시는 "시문의 동맹에 어찌 예의를 차리리. 한밤 중에 만나고

보니 머리가 세었네. 한 해의 봄기운이 강의 눈을 녹이는 때, 나라의 걱정 위로하는 중국의 은혜 내렸구나. 노성한 분이라 자주 나가서 영접하시니, 남겨둔 물색이 있든 말든 무슨 상관이리. 행차 앞에서 당돌하게 수창의 책임을 메웠으나, 새로 알게 된 일류명사들 뭐라고 할지 두렵다오 (文字同盟豈待脩, 閒忙此遇白交頭. 一年春動消江雪, 千里恩來慰國憂. 故遣老成頻出逆, 非關物色有分留. 行塵唐突惟酬塞, 却畏新知第一流)"**24**였다. 서경 유근이 박수를 치며 말했다. "이 노인은 예전처럼 꼿꼿하니, 가히 마지막에 온 사마상여가 객들의 오른쪽에 앉은 격이라고**25** 할 수 있습니다."

1620년(광해군 12)에 기자정(箕子井) 동쪽에서 오래된 거울을 얻었는데 거울 뒤에는 '동왕(東王)'자가 있어서 당시 사람들이 모두 기자의 거울이라고 생각했다. 참봉 양덕록(楊德祿)이 명(銘)을 썼는데 "밝은 둥글고 안은 밝으며, 하늘과 해의 형상이네. 서주 시대에 만들어지니 동방에선 덕을 칭송했네. 밝음이 땅속으로 들어가서 그 밝음을 덮어버려도, 밝은 것은 없어지지 않았으니 기자의 곧은 마음이네. 삼천년간 숨겨져 있다가 하루아침에 나왔는데, 글과 필획이 닳지 않았네. 용이 서린 다섯 상서에 사람들이 만세를 축원했네. 어찌 인수(仁壽)**26**만이 전란이 사라짐을 징험했으랴. 사람들이 이것 덕분에 동왕(東王)을 알게 되었으니

---

24 『간이집(簡易集)』 권8에 실려 있다. 시제는 〈원접사 유상국태사의 시를 이어 차운하다(次韻拜請遠接使柳相國台史)〉이다. 문집에는 제1구 '脩'가 '修'로 되어 있다.

25 사혜련(謝惠連)의 〈설부(雪賦)〉에 나오는 내용으로, 세모에 양왕(梁王)이 토원(兎園)에서 놀기로 하고 추양(鄒陽)과 매승(枚乘) 등 빈객들을 불러 잔치를 열었는데 그때 "사마상여가 마지막에 이르러 객들의 오른쪽에 자리하여(相如未至, 居客之右)" 왕의 요청에 따라 눈에 대한 부(賦)를 지었다.

26 인수(仁壽)는 중국 수(隋) 문제(文帝) 때의 연호로 601~604년간을 가리킨다. 이유원(李裕元)의 『임하필기』 권3에 수록된 「금해석묵편(金薤石墨編)」에 "수나라 인수경은 탕경도(湯景濤)가 서안(西安)에서 얻은 것이다. 살펴보건대 수 문제 개황(開皇) 9년 진(陳)을 멸하였는데 인수(仁壽) 때에 이르러서 무기를 사용하지 않은 효과가 이미 징험된 것이다"라는 서술이 있다(번역은 고전번역원 DB를 따랐다).

숨겨졌던 것을 밝히려고 그 빛을 밖으로 드러내지 않았네(外圓內明, 形天象日. 西周紀元, 東方頌德. 明入地中, 用晦其明. 明不可息, 箕子之貞. 三千載隱, 一朝而出. 惟文與畫, 不磨不泪. 龍盤五瑞, 人祝萬齡. 豈惟仁壽, 乃驗銷兵. 人賴此物, 始知東王. 於闡幽微, 不顯其光)"[27]라고 하였다. 사람들이 지금까지 전송하고 있다.

박엽(朴燁)이 감사였을 때 달빛을 받으며 법수교(法首橋)에 가서 "한 시대의 평안감사, 천 년간의 법수교. 아마도 오늘밤 저 달은, 결국 가련한 밤이 되리니(一代關西伯, 千年法首橋. 秪應今夜月, 終作可憐宵)"라는 시를 지은 적이 있었다. 박엽의 위세가 관서지방을 진동하였고 의기는 웅장하여 문장으로 표현된 것이 그의 질탕하고 번화한 모습과 어울렸는데 그의 시는 처량하고 가련하여 해가(薤歌)[28] 풍이라 사람들이 모두 의아해 했다. 얼마 지나지 않아 법수교에서 처형되었으니[29] 시참(詩讖)이 맞아떨어지는 것이 이와 같구나.

1634년(인조 12) 중국사신 정룡(程龍)이 조정으로 돌아갈 때 문학(文學) 황윤후(黃胤後)가 시를 지어 주었는데, "기개 있는 조정의 호걸, 명을 받들어 바다 모퉁이로 오셨네. 시서에 능한 명장이자, 가문 대대로 진정한 유자. 황제의 덕이 먼 나라에 알려지니,[30] 천자의 명성이 오랑캐를

---

27 양덕록이 지은 명은 『금석색(金石索)』에 실려 있는 인수경(仁壽鏡)의 명(銘)에 "선산이 나란히 빛을 발하고, 지산이 이름을 나란히 하네. 아침이면 꽃들이 피어나고, 밤이면 달빛이 흐르네. 용은 다섯 가지 상서를 서리우고, 난새는 짝 지어 춤을 추누나. 전해 듣기로 인수에 이르러서, 무기 쓰지 않은 효과가 징험됐다네(仙山竝照, 智山齊名. 花朝艶采, 月夜流明. 龍盤五瑞, 鸞舞雙情. 傳聞仁壽, 始驗銷兵)"을 염두에 둔 것으로 보인다.

28 상여 나갈 때 읊는 소리.

29 『조선왕조실록』 1623년 3월 13일 기사 「사신을 보내어 박엽·정준을 베게 하다」에 따르면 임금이 도원수 한준겸에게 은밀하게 유시하여 베게 했으며, 박엽의 죄명은 6년간 평안감사로 재직하면서 탐학한 짓으로 재물을 수탈, 축적했다는 것이었다.

30 유원(柔遠): 『시경』의 '유원능미(柔遠能邇)'에서 유래한 것으로 멀리 있는 것을 회유한다는 뜻으로서 조선시대에 대일외교정책인 문린정책(文隣定策)을 나타내는 말이다.

압도했네. 알겠구나, 일이 다 끝나면 훈업이 황도에 진동하리라는 것을(倜儻當朝傑, 承綸出海隅. 詩書古名將, 家世卽眞儒. 帝德方柔遠, 天聲已壓胡. 응지幹事日, 勳業振皇都)"이었다. 사신이 매우 칭찬하며 "이 시 빚을 무엇으로 갚으랴?" 하고는 곧바로 난 그림 한 폭을 그려 주었는데 붓놀림이 묘하고 정밀하여 실로 세상에 드문 기이한 작품이었다.

1638년(인조 16) 청나라에서 우리 군대를 징발하여 명나라를 공격하려고 하였다. 원수 이시영(李時英)이 허관(許灌)을 불러 종사관(從事官)로 삼았으나 허관은 가지 않았으므로 장형(杖刑)을 받고 남한(南漢)으로 유배되었다. 1640년(인조 18)에 청나라에서 다시 수군(水軍)을 요구해서 다시 허관을 종사관으로 삼았다. 원수 임경업(林敬業)은 허관이 따르지 않을 것을 알고 장계를 올려 파직시켰다. 종사관 허관이 "사신이 바다를 통할 수 없어 한탄했건만, 다시 보니 깃발이 강에 가득하네. 중원의 부로들 무슨 낯으로 보나? 도독과 감군이 이 길로 오네. 육천 명의 군대가 같은 날 출발하니, 임진년에서 경진년까지 49년 흘렀네. 지금 이 길이 요동을 평정하러 가는 것이 아닌데, 어찌하여 군영에 새벽 호각소리 우렁찬가?(已恨星槎海不開, 更看旌斾滿江隈. 中原父老何顔見, 都督監軍此路來. 兵甲六千同日發, 壬庚四十九年回. 今行不是平遼役, 何事牙門曉角催)" 시를 지었는데 그 강개한 기운과 절조는 사람을 곧추 서게 한다.

청음(淸陰) 김상헌(金尙憲)이 청나라와의 화친을 배척했던 일 때문에 심양관(瀋陽館)에 억류되었는데, 돈암(遯菴) 선우협(鮮于浹)이 형 선우흡(鮮于洽)과 함께 편지를 보내 안부를 묻고 시를 동봉하였다. 청음 김상헌이 답하여 "태사의 유풍이 오랫동안 전해져서, 태사의 자손 중엔 재주 있고 어진 이 많네. 선우자준(鮮于子駿)은 복성(福星)되어 하전 지방을 비추었고,[31] 선우백기(鮮于伯機)의 군건한 필력은 구름을 뛰어 넘었네.[32] 공후들의 후손은 분명히 처음으로 돌아가리니, 천도는 신명하여 끝내 어긋나지 않으리. 그대 집안 형제들은 쌍벽(雙璧)으로 알려졌는데, 경학과 문장을 겸비했다지. 평양성 남쪽에 옛 집 있는데, 정전 제도 변함이 없고 샘물도 그대로겠지. 강가의 정자를 '순수정(順受亭)'이라 하고, 평생의 궁달은 하늘을 따랐네. 이역 땅에 시 보내어 생사를 물어주니, 어찌 이 늙은이에게 정성을 다해주나. 손잡으며 회포를 토로할 길 없으니, 풍진이 막막하고 산천에 막혀있네. 바라건대 그대 절개를 지켜주어, 대대손손 선조의 명성 실추하지 마시게(太師遺風千古傳, 太師子孫多才賢. 子駿福星照河旬, 伯機健筆淩雲煙. 公侯之後必復始, 天道神明終不愆. 君家兄弟擅雙璧, 經學詞章稱兩全. 平壤城南是古宅, 井田不改泉依然. 臨江小亭名順受, 一生窮達聽於天. 寄詩異域問死生, 何取老物情拳拳. 不能握手吐幽懷, 風塵漠漠阻山川. 願君努力守苦節, 世世勿令忝厥先.)"[33]로 답하였다. 돈암 형제가 이역만리에 시를 보내 은근한 마음을 전한 것은 고결한[34] 절조를 숭상했기 때문이었고, 청음의 시 또한 돈암이 태사(太史)의 유풍을 계승할 수 있도록 격려한 것이었다. 시 한 구절에도 근심스럽거나 원망하는 말로 자신의 신세에 대해 언급하지 않았으니 화를 입은 때에 그의 침착한 모습을 여기에서 볼 수 있다.

화암(和菴) 장세량(張世良)이 돈암 선우협에게 수학하여 당대 대유(大

---

[31] 중국 송(宋)나라의 선우신(鮮于侁)을 가리킨다. 자준(子駿)은 자이다. 복성(福星)은 복을 내려주는 신이라는 뜻으로 한 지방의 일을 총괄하는 관원을 말한다. 선우신이 절동전운사(浙東轉運使)로 떠날 때 사마광(司馬光)이 "지금 동쪽 지역의 폐해를 구제하기 위해서는 자준이 아니면 불가능하니 그야말로 일로(一路)의 복성이라고 할 만하다"라고 말했다고 한다.

[32] 원(元)나라 서예가 선우추(鮮于樞)를 가리킨다. 자는 백기(伯機), 호는 곤학민(困學民)이다. 서예로 조맹부와 쌍벽을 이룰 만큼 유명하였고 그림과 시문에도 뛰어났다고 한다. 골동품 수집과 감정에도 일가견이 있었다.

[33] 『청음집』 권13에 수록되어 있다. 시제는 〈감으로 있는 선우협에게 보내 사례하다(寄謝鮮于監洽)〉이다. 제9구에 '古'가 '故'로, 제12구에 '一生'이 '百年'으로 되어 있다.

[34] 도해(蹈海) : 바다 가운데 몸을 잠근다는 뜻으로, 고결한 절조.

儒)가 되었다. 역학(易學)을 매우 좋아했고 늙어갈수록 더욱 침잠하여 도식을 그리거나 글을 쓰면서 정밀하게 공부하였다. 만년에는 순화촌 (順和村) 만경대(萬景臺) 아래에 살았고 "시골에 집 짓고 사니, 그윽한 골짜기는 구불구불. 버드나무 근처에선 이른 꾀꼬리 소리 들리고, 산이 높아 달이 느릿느릿 뜨네. 책은 좌우로 나눠 놓았고, 소나무와 국화는 들쭉날쭉하네. 다소간의 한가한 정취를, 깊이 알아줄 이 다시 누가 있을까?(村莊爲卜築, 幽邃谷逶迤. 柳近聞鸎早, 山高得月遲. 圖書分左右, 松菊任參差. 多少閑中趣, 深知更有誰)"라는 시를 지었다. 식자들은 그가 한거하는 풍미를 깊이 체득했다고 여겼다.

「신이(神異)」

1591년(선조 24)에 대동강 물이 동쪽 절반 정도가 피처럼 붉어져서 사람들이 모두 괴이하게 여겼다. 임진왜란 때에 왜병이 성 서쪽 30리 밖에서 나오지 않았다. •이 해 겨울 10월 영숭전(永崇殿) 후원에 아름드리 큰 두 그루의 잣나무가 바람이 불지 않는데도 저절로 꺾였는데 우레치는 듯한 소리가 났다.

1592년(선조 25) 4월 14일 밤에 영숭전 문이 저절로 열리더니 천군만마가 오는 소리가 들려서 온 성의 사람들이 두려워서 벌벌 떨었다.

1592년(선조 25)에 왜구가 기자묘 왼쪽을 한 길 깊이로 팠는데 땅이 단단하여 파낼 수가 없었다. 잠시 뒤에 구덩이에서 음악 소리가 나자 왜적들이 두려워하면서 파는 일을 그만두었다.

성의 누각은 예부터 장대하고 아름다웠는데 1593년(선조 26) 전쟁에서 모두 잿더미가 되었고, 오직 보통문루(普通門樓)만 불화살이 고슴도치 털처럼 모여드는 와중에서도 우뚝하게 홀로 남아서 중국 사람들이 이를 '신문(神門)'이라고 불렀다.

돈암 선우협이 12세 때 기자전 재실에서 책을 읽다가 낮잠을 들었는데 꿈에 어떤 사람이 우뚝 치솟은 높은 대(臺)로 데리고 갔다. 위에는 흰 옷을 입은 노인이 있었는데 위엄 있는 모습이 매우 엄숙하였다. 뜰에 무릎을 꿇게 하고는 5언시를 주며 "너의 감사가 지금 현폭현(玄輻峴)에 있을 것이니 이것을 가지고 가서 주어라"라고 하였다. 하품을 하고 기지개를 켜면서 깨어나 곧바로 그 시를 썼는데 붓 필치가 마치 신이 돕는 것 같았다. 감사가 있는 곳을 물어보니 과연 현폭현 활쏘기 시험장에 있었다. 마침내 시를 바쳤는데 시는 "옛날 제비의 후손,[35] 태어남에 때를 만나지 못했네.[36] 금(金)을 녹여 주나라의 화기(火氣)가 일어나니,[37] 훌륭한 자취 날로 새로워졌네. 여기에 와서 여우 무리를 가르쳤으니, 누가 진인이 되었던가? 옛날에 신농씨가 없었다면, 소와 양을 어찌 길들였으리. 세상이 황폐해져 아는 사람 없으니, 은혜는 잊혀지고 덕은 저버려졌네. 무덤은 무너진 성 밖에 있고, 사당은 차가운 창을 마주했

---

[35] 『시경』「상송(商頌)」〈현조(玄鳥)〉에 "하늘이 제비에게 명하여 내려와 상나라 조상을 낳았네(天明玄鳥, 降而生商)"가 있다. 모씨전에는 "현조는 제비이다(玄鳥, 鳦也)"라고 하였다.

[36] 『시경』「대아(大雅)」〈상유(桑柔)〉에 "나의 삶이 때를 만나지 못하고, 하늘의 두터운 노여움을 만났네(我生不辰, 逢天僤怒)"가 있다.

[37] 오행(五行)으로 왕조 교체를 설명하는 방식이다. 황제가 세운 나라를 토(土), 하나라를 목(木), 은나라를 금(金), 주나라를 화(火), 진나라를 수(水) 기운이 왕성한 왕조로 보았다.

네. 지금 그대 형제를 보노라니, 공자의 후예는 얼마나 되려나(上古玄黿
孫, 生而生不辰. 金銷周火起, 巨跡日月新. 來斯教狐黨, 何人作眞人. 昔微神農氏, 牛羊豈
可馴. 世荒人無識, 恩忘已德負. 尺墳殘城外, 孤祠對寒牖. 今對群鴈行, 何數仲尼後)"였
다. 감사가 이를 보고 기이하다고 여겨 장계를 올려 조정에 아뢰었다.
월사 이정구가 시를 두서너 번 읊은 뒤에 "'무덤은 무너진 성 밖에 있고,
사당은 차가운 창을 마주했네(尺墳殘城外, 孤祠對寒牖)' 구는 실로 신이한
시어이다"라고 하였다.[38]

　1632년(인조 10) 7월에 바다에서 고래가 밀물을 타고 올라와 대동강
하류의 물이 얕은 곳에 이르렀는데 옮길 수가 없어서 처치곤란이었다.
거주민들이 고래를 잘라보니 뼈가 기둥만큼 컸다. 마을 노인들이 말하
기를, "기이하구나! 이 고래는 임진(1592), 정묘(1627) 연간에 급수문(急水
門)에서 발견되었다. 지금 또 보게 되다니 오늘 이후에 심한 변고가 있
을까 걱정이다"라고 했는데 정말 병자호란이 일어났다.

　1636년(인조 14) 봄에 대동문루(大同門樓)를 중건하면서 부 북쪽 30리 밖
으로 돌을 끌어내어 보통문에 들여놨는데 돌 소리가 소 울음소리 같았다.

　부 남쪽 곤양포(昆陽浦)는 밀물과 썰물이 오가서 깊이를 헤아릴 수 없
다. 기묘(己卯)년간에 조수가 그치고 위 아래로 흐르지 않아 물살이 마
치 연못처럼 끊어져 막혔으나 잠시 뒤에 물살이 이어졌다.

　『국당배어(국당배어)』[39]에 "평양의 수수 줄기(秫莖)에 글자가 생겼는데
그 앞뒤로 하나 둘이 아니었다. 1625년(인조 3)에는 '동왕춘(董王春)'[40] 세 글

38　『둔암전서(遯菴全書)』의 행장과 연보에 이 일화와 시가 실려 있다. 여기에서는 선
　　우협이 꿈에서 본 인물이 흰 옷을 입은 위엄있는 노인이라고 하였으나 행장과 연보
　　에서는 꿈에서 기자(箕子)를 만났다고 명시하였다.
39　조선 효종 때의 문신인 정태제(鄭泰齊, 1612~1669)의 필기.
40　파자(破字)를 이용한 참언(讖言)으로 "정월에 오랑캐군이 쳐들어온다"는 뜻이다.
　　『연려실기술』별집 권5의 '천문전고(天文典故)'에 따르면 '동(董)'은 '초(艸)', '천

자가 있었고 1636년(인조 14)에는 '금산산(金山山)'[41] 세 글자가, 1647년(인조 25)에는 '고월멸어어양(古月滅於魚羊)'[42] 여섯 글자가 있었다"고 하였다.

「잡지(雜志)」

옛날 대성산(大聖山)에 사슴 발을 가진 부인이 있었는데, 한 번에 아들 아홉을 낳자 상서롭지 못하다고 생각해서 상자에 넣어 버렸다. 해류를 타고 중국으로 들어가서 누군가에게 거두어져서 양육되었다. 이 아이들이 장성하여 우리나라를 공격하였는데 자신의 부모 나라라는 것을 알게 되자 투구를 벗고 이 산으로 돌아와서 용지암(龍池菴)을 빼앗은 뒤 그곳에 머물렀다. 지금의 녹수암(鹿水菴) 두타사(頭陀寺)가 9불(佛)의 근원지라고 한다.

석다산(石多山)의 거주민들이 가장 많이 장수한다. 적어도 7, 80세 남짓이고 오래 산 사람은 100여 세라서 사람들은 노인성(老人星)[43]이 석다산을 비추고 있다고 한다.

1594년(선조 27)에 흉년으로 백성들이 굶주리자 잡약산(雜藥山) 아래의

(千)', '리(里)'가 결합한 것으로 천리 땅이 풀밭으로 변한다는 뜻이고 '왕춘(王春)'은 '정월(正月)'을 의미한다.

41 파자(破字)를 이용한 참언(讖言)으로 "후금이 출병한다(金出)"는 뜻으로 추측된다.

42 파자를 이용한 참언으로 "오랑캐가 조선에게 멸망한다(胡滅於鮮)"는 뜻이다.

43 남극노인성(南極老人星)이라고 부른다. 혹시라도 이 별을 보게 되면 매우 경사스러운 징조로 여겼고, 이 별을 보면 오래 산다고 여겨서 인간의 수명을 관장하는 별이라고 믿었다.

부드러운 흙으로 떡을 만들어 먹었는데 그 색깔은 연한 녹황색이고 맛은 달지도, 쓰지도 않았다. 배고파서 걷지도 못했던 역졸이 몇 개를 먹고 나서는 걸어 다닐 수 있게 되어서 사람들이 모두 기이하게 여겼다. 나중에 그 장소가 어딘지 알 수 없게 되었다.

명 사신 주지번(朱之蕃)이 연광정에서부터 배를 타고 거슬러 올라가 부벽루에 올라가서 "이곳은 소금릉(小金陵)이다"라고 감탄하였고, 또 다시 "작은 나라에 있어서 '소(小)'라고 했지만 실제로는 금릉보다 낫다"라고 하였다.

1624년(인조 2)에 내성(內城)을 쌓을 때 단군묘와 기자묘 두 사당 앞에서 고하고 제사를 지냈다. 하루는 비바람이 서북쪽에서 불어와 단군전의 취두(鷲頭),[44] 기자전 남문, 문묘 남쪽 모서리, 대동관 대문, 대동문 남쪽 기둥, 칠성문과 장경문 등에 벼락이 쳤고 장관(將官) 한 사람이 벼락에 맞아 죽었다.

1625년(인조 3) 을밀대 남쪽에 성을 쌓을 때 작은 쇠솥을 발견하여 돌로 덮어두었다. 그 가운데 작은 항아리가 있었는데 조각해 놓은 모습이 매우 기이했다. 항아리 안에는 기름 몇 되(升)가 있었다.

1627년(인조 5) 정월 13일 후금 군대가 의주를 함락하였다. 이보다 5, 6일 전에 여든 쯤되는 노승이 아침에 감사의 관아 대문을 두드리면서 "내 말을 들으면 무사할 것이고, 내 말을 듣지 않으면 헤아릴 수 없을 정도로 재앙이 닥칠 것이다"라고 하였는데, 문지기가 미쳤다고 생각하여 내쫓아 버렸다.

1592년(선조 25) 이전에는 관풍전(觀風殿)에서 송당현(松堂峴)까지 장송(長松)이 울창하였고 함구문(含毬門)에서 영귀루(詠歸樓)까지 수양버들이

---

44 전각이나 문루 따위의 용마루 양끝에 댄 장식.

길가에 드리워 있었으며 고리문(古里門)에서 차문(車門)까지 나무가 우거져 성을 빙 둘렀고 동대원(東大院)에서 재송원(裁松院)까지 좌우에 숲을 이루었는데 전란 이후에는 날로 적막해져서 사람들이 모두 탄식하였다.

외성의 정천(井泉)은 물맛이 달고 청량하지만 성안의 물맛은 달지 않다. 성 안팎의 물과 땅이 전혀 다른데, 어떤 사람은 도읍지의 땅은 사람과 말의 오물이 땅 속으로 스며들었기 때문에 물맛이 좋지 않다고 한다.

1639년(인조 17) 감사 민성휘(閔聖徽)가 옛 감영의 창고를 헐면서 땅을 파다가 백사(白沙) 벽돌 다섯 개를 발견했다. 길이가 4자이고 너비가 2촌, 두께가 2푼이었고 표면에 '간좌곤향(艮坐坤向)'[45]이 새겨져 있었다. 그래서 해당되는 그 자리에 묻어두었다.

박엽(朴燁)이 감사가 되었을 때 단도(椴島)에 양(梁)씨 성을 가진 사람이 관상[46]과 예물 (禮幣) 접대절차를 잘 안다는 이야기를 듣고 불러 들였다. 그 사람이 문에 이르자 박엽은 진서청(鎭西廳)에 위엄을 갖추어 의자에 앉고 나서야 비로소 불러 들였다. 그 사람은 당에 오른 뒤에도 선 채 절을 하지 않고 오랫동안 가만히 보다가 종이와 붓을 청해 "함부로 죽이는 칼을 목에 대지 마시오(莫浪殺劍在頸)" 6자를 써서 올렸다. 박엽이 크게 화내며 좌우의 관리들에게 끌고 나가라고 명하였다. 그 사람이 매우 곤궁하게 되어 걸식하다가 송태사(松泰寺)에 이르렀다. 이때 돈암(遯菴) 선우협(鮮于浹)은 어린 아이였으며 절에서 독서하고 있었는데 그 사람이 그 옆에 유숙하고 서성이면서 차마 떠나지 못하였다. 떠날 때 절의 중에게 "이 수재는 훗날 나라에서 제사를 지내줄 테니 자네들이

---

45 간방(艮方, 동북쪽)을 등지고 곤방(坤方, 남서쪽)을 향한 방향.
46 마의술(麻衣術) : 마의선사(麻衣禪師)가 제자 진박(陳搏)에게 전수한 관상법인 마의상법(麻衣相法)을 가리킨다.

아껴주게나"라고 하였다. 그 후에 박엽은 효수되고 돈암 또한 사당에 제향되었으니 양씨의 관상술은 참으로 신묘하다.

문희공(文僖公) 홍언필(洪彦弼)의 부인은 숙정공(肅靖公) 송질(宋軼)의 딸이다. 어렸을 때 숙정공을 따라 평양의 감영으로 와서 손수 뜰에 복숭아나무 한 그루를 심었다. 나중에 문희공을 따라 다시 왔는데 나뭇가지가 무성하게 자랐고 꽃도 번성하고 열매도 맺혀서 기뻐하였다. 이후에 아들 인재(忍齋) 홍섬(洪暹)을 따라 또다시 왔을 때는 나무가 이미 쇠락해져 있어 어루만지며 탄식했는데 곧 버드나무를 보고 우는[47] 감회가 있었던 것이다.

기자장(箕子杖)은 등나무 재질이다. 세상에 전해진 지 이미 오래되어 거의 썩어 부러질 지경이었다. 장식해서 주석 상자에 넣어 보관해 두었는데 임진왜란 때 잃어버렸으니 안타깝다.

부 동쪽 30리의 미륵현(彌勒峴)에 검은 흙이 있다. 도사(都事) 허관(許灌)이 말하기를, "이것은 석회다. 우리나라에서는 석탄을 쓸 줄 모르니 안타깝다. 만약 성을 지켜야 할 때가 되면 성안의 땔나무로는 매우 힘들 것이다. 내가 예부터 전하는 것을 고증하여 석탄을 만들었는데 작은 것은 벽돌만하여 한 끼 밥을 짓는 데에는 충분할 것이다. 그 방법은 검은 흙을 파서 황토와 물을 넣고 진흙으로 만들어 햇볕에 말려서 쓰는 것이다. 북경에서는 석탄으로 천단(天壇)을 지었으니, 나는 성을 방어할 때 쓸 수 있도록 대비하려고 한다.

---

47 읍류(泣柳): '금성에서 버드나무를 보고 울다'는 뜻의 금성읍류(金城泣柳). 진(晉)나라 시대의 환온(桓溫:자는 원자(元子))이 강릉(江陵)에서 북벌(北伐)하러 나갈 적에 금성을 지나가다가, 젊어서 낭야(瑯琊) 지방관으로 있을 때 심어 놓았던 버드나무들이 모두 이미 열 뼘이나 된 것을 보고, 감개하여 '나무가 오히려 저렇게 컸는데, 사람이 어떻게 늙지 않고 배기겠는가.' 하며, 가지들을 거머잡고 눈물을 흘렸다는 고사가 있다.

「시문(詩文)」

태조대왕어제(太祖大王御製)

〈서경 영전의 임금 초상화에 쓰다(題西京影殿御容)〉
薄相胡爲在此中　박복한 관상이 어찌 이 안에 있는가.
深思此理古人風　이 이치 숙고하면 고인의 풍모 있는 듯.
朝鮮始祖雖稱號　조선의 시조라고 부르고 있지만
德乏前賢愧不窮　덕이 선현보다 부족하니 부끄럽기 짝이 없네.

효종대왕어제(孝宗大王御製)

〈평양에 도착하여 떠나는 구오에게 주다(行到平壤, 贈別具鰲)〉
握手相看拭淚痕　악수하고 바라보며 눈물 자국 닦으니
綾羅芳草恨王孫　능라도의 고운 풀이 왕손을 원망하는 듯.
鄕關日暮知何處　고향땅에 해 저무니 어디로 가야하나.
一曲離歌枉斷魂　한 곡조 이별노래에 공연히 마음이 슬퍼지네.
[註 : 동궁으로 있을 때 인질이 되어 심양으로 들어갔다. 어가가 평양
에 도착했을 때 이 시를 지어 서울로 돌아가는 구오(具鰲)에게 주었다.]

숙종대왕어제(肅宗大王御製)

〈삼가 서경영전 시에 차운하다(敬次西京影殿韻)〉

龍袞煌煌玉殿中　　곤룡포가 영전에서 밝게 빛나니

八方咸仰至仁風　　온 백성들이 모두 어진 풍모 우러렀네.

靈長運祚徵金尺　　제왕의 천운은 금척[48]으로 판명 났으니

萬世千年永不窮　　만세토록 영원히 무궁하리라.

〈단군사(檀君祠)〉

東海聖人作　　동해에 성인이 나셨으니

曾聞並放勛　　요임금과[49] 같은 때였다지.

山椒遺廟在　　산마루에 사당에 있으니

檀木擁祥雲　　박달나무에 상서로운 구름이 둘러 있네.

〈기자묘(箕子墓)〉

千載孤墳何處尋　　천 년 전 무덤을 어디서 찾을까.

柳京城北樹森森　　평양성 북쪽에 나무가 빽빽한데.

世人豈識佯狂意　　사람들이 어찌 거짓으로 미친 뜻을 알까만

夫子猶知惻怛心　　부자께서는 오히려 슬퍼하는 마음 아셨네.

曾向周王傳道顯　　옛날 주왕에게 도를 밝게 전하고

48　금척(金尺) : 조선 태조가 건국하기 전에 꿈에 신령이 나타나 주었다는 금자를 상징
하여 만든 금빛 자로, 태조의 창업을 기려 정도전이 이 꿈의 내용을 가지고 금척무
(金尺舞)로 만들었다.

49　방훈(放勛) : 요(堯)를 가리킨다. 용의 성은 이기(伊耆), 호는 도당씨(陶唐氏)이며,
제요(帝堯) 또는 당요(唐堯)라고도 한다.

自封東土設敎深　동쪽나라에 스스로 봉하여 깊이 교화하였네.

平生壯志如終遂　평생의 장대한 뜻 끝까지 이루었으니

歷奠椒漿願一斟　제사 지내면서 산초주 한잔 드리고 싶네.

〈부벽루에서 옛 일에 느낀 바 있어(浮碧樓感古事)〉

前壓淸流後背峯　앞쪽 아래엔 맑은 강물, 뒤쪽 등 뒤엔 산봉우리

昔時聖祖駐飛龍　옛날 성조께서 행차를 머무르셨네.

偉哉神武太平業　위대하여라. 뛰어난 무공으로 태평성세 이루시니

應與江山長不窮　분명히 강산과 함께 영원히 무궁하리라.

왕학(王鶴)[50]

〈부벽루(浮碧樓)〉

旭日明朱檻　아침 해가 붉은 난간 비출 때

登臨見物華　올라가서 멋진 풍광을 바라보네.

嵐光雙島嶼　이내가 끼어있는 두 개의 섬,

煙火萬人家　연기가 피어오르는 온 마을.

江柳初含翠　강 버들이 푸른 빛 갓 머금고

山桃未吐花　산도화는 미처 꽃 피우기 전.

浮雲生遠樹　뜬 구름 먼 숲에서 피어나는데

疑是五陵霞　아마도 오릉[51]의 노을이리라.

50　명나라 사신. 1546년 1월에 시호(諡號)를 하사하는 사신으로 조선에 왔다.
51　오릉(五陵) : 한(漢)나라의 역대 제왕 다섯 능이 있는 곳.

주지번(朱之蕃)[52]

〈부벽루(浮碧樓)〉

山樓百仞聳奇觀　누각은 백 길 높이 멋진 풍경에 솟아있고
碧水粼粼入渺漫　푸른 강물 반짝반짝 아득한 바다로 흘러드네.
把酒臨風生遠思　술잔 들고 바람 맞으니 멀리 그리움이 생기는데
蓬萊宮闕更高寒　봉래산 궁궐은 더욱 더 높고 차구나.

양유년(梁有年)[53]

〈부벽루(浮碧樓)〉

望餘丘阜接浮嵐　이내 낀 언덕을 바라보노라니
水面玻璃萬頃涵　만이랑 물결이 모두 유리 같은 수면.
鍾梵一聲塵念淨　범종 한 소리에 속세 생각이 사라지니
高眠直欲借精藍　곧바로 절[54]에 가서 편히 잠들리라.

52　명나라 사신. 1606년에 황제의 장손자 탄생을 반포하는 조서를 받들고 한림원수찬
　　　(翰林院修撰) 직위로 조선에 왔다.
53　명나라 사신. 1606년에 주지번과 함께 형과급사중(刑科給事中)의 직위로 조선에 왔다.
54　정람(精藍) : 정사 가람(精舍伽藍)의 준말로 불교의 사원(寺院).

양도인(楊道寅)[55]

〈부벽루(浮碧樓)〉

瀰瀰江水來天河　출렁출렁 강물이 은하수에서 내려왔나

樓外晴光碧映波　누각 밖의 햇빛이 푸른 물결 비추네.

山織苔紋披錦繡　산이 짠 이끼 무늬는 비단을 펼친 듯

洲橫鰲背負綾羅　섬에 비낀 자라는 등에 비단을 짊어졌네.[56]

入眸樹色暮烟合　눈에 비친 나무엔 저녁연기가 더해지고

隔岸灘聲夕照過　강 너머 물결 소리에 낙조를 지나네.

遊興摠隨鷗上下　유람의 흥은 모두 갈매기 따라 올랐다 내렸다

何須翻出舊吟窠　어찌 굳이 예전에 읊던 시를 꺼내리오.

유홍훈(劉鴻訓)[57]

〈부벽루(浮碧樓)〉

輕風麗景漾晴川　산들바람에 풍경은 강물에 일렁이고

浮碧簷前載酒船　부벽루 앞에는 술을 실은 배가 있네.

遊客自來還自去　길손은 스스로 왔다가 스스로 가건만

孤亭終日醉江煙　정자는 온종일 강 연기에 취해 있구나.

왕몽윤(王夢尹)[58]

〈부벽루(浮碧樓)〉

江干樓閣倚層空	강가 누각이 창공에 기대 있어
把臂登臨興不窮	서로 팔을 잡고 오르니 흥취가 무궁하네.
幾樹雲飛綾島外	능라도 밖엔 몇 그루 나무에 구름이 지나고
千家烟鎖郡城中	성안 마을은 연기로 덮여 있네.
談深玉塵天花落	담소를 나누는데[59] 꽃비가 내려오고[60]
酒滿金巵霞氣融	술 가득한 술잔에 노을빛 흐르네.
暫息風塵舒嘯傲	잠시 풍진을 떠나 소요하지만
明朝車馬又悤悤	내일 아침엔 수레타고 또 바삐 가리라.

이승소(李承召)

〈부벽루(浮碧樓)〉

危樓百尺俯長流	백 척 누각에서 긴 강을 굽어보는데
渺渺煙波大野頭	자욱한 강 안개 들판 어귀에 있네.
翠巘當簷渾似畫	누각 맞은편의 푸른 산은 온통 그림 같고
淸風灑面解生秋	얼굴에 부는 맑은 바람에 가을임을 알겠네.

---

58 명나라 사신. 1626년에 황태자가 탄생하여 책립(冊立)한다는 조서를 받들고 공과급
사중(工科給事中)의 직위로 조선에 왔다.
59 옥주(玉塵) : 아름다운 먼지떨이를 가리킨다. 진(晉)나라 사람들이 청담을 나눌 때
언제나 이 먼지떨이를 휘둘렀다는 데에서 나온 말로 조용히 이야기 나누는 것을 비
유하는 말이다.
60 말이 훌륭해서 감동적이라는 뜻이다.

莫言勝地無人賞　　승경지에 감상하는 사람 없다고 하지 말게.

今見儒仙盡日留　　오늘 유자인 신선이 온종일 머물러 있으니.

更進陽關一杯酒　　다시 양관곡 이별 노래에 한 잔 술 올리니

明朝相憶路悠悠　　내일 아침엔 먼 길 위 그대들 그리우리라.[61]

有客倦行役　　사행길 오느라 힘든 손님이

乘閑一上樓　　한가한 틈을 타 누각에 올랐네.

雲橋擬凌漢　　높다란 다리는 하늘에 있는 듯,

風檻解生秋　　누각에 바람 불어 가을임을 알겠네.

列岫圍平野　　여러 산봉우리가 들판을 에워싸고

孤城拱上游　　성 하나가 강의 상류를 둘렀네.

興亡千古恨　　천고 흥망에 대한 한을

付與水東流　　동쪽으로 흐르는 강물에 부치네.[62]

서거정(徐居正)

〈부벽루(浮碧樓)〉

豪氣元龍百尺樓　　원룡[63] 같은 호기로 백 척 누각에 올랐더니

61　『삼탄집(三灘集)』권2에 실려 있다. 시제는 〈부벽루 자리에서 중국사신 진공과 고
　　공이 억지로 짓게 하여(浮碧樓筵上陳高兩天使强之作)〉이다.

62　『삼탄집』권5에 실려 있다. 시제는 〈부벽루. 목은의 시에 차운하다(浮碧樓次牧隱
　　韻)〉이다. 문집에는 제6구의 '拱'이 '控'으로 되어 있다.

63　원룡(元龍) : 후한(後漢) 진등(陳登)의 자. 허사(許汜)가 유비(劉備)와 천하의 인물을
　　논할 때 허사가 "전에 하비(下邳)를 지나면서 진등을 찾아가니 그가 손님에 대해 예
　　를 차리지 않고 자기는 큰 침상에 올라가고 객을 아래 침상에 눕히더군요"라고 하였
　　다. 유비가 "당신이 국사(國士)의 이름을 가지고 나라를 구하는 데 마음을 두지 않고

浿江雲物更淸幽	대동강의 풍경은 더욱 맑고 그윽하네.
四山靑送野無際	사방 산은 끝없는 들판에 푸르름을 보내고
一水白兼天盡頭	한 줄기 강은 하늘 끝과 흰빛을 함께 하네.
今日採蘋情不極	오늘 제사[64]는 정성이 그지 없으니
何年芳草恨能休	향기로운 풀은 언제나 한이 그치려나.
江山信美非吾土	강산은 참으로 아름답지만 내 땅이 아니니[65]
日暮煙波自在愁	저물녘 강 안개에 절로 시름겹구나.[66]

樓壓澄江倚晚風	맑은 강 위 누각에서 저녁 바람 쐬는데
人間咫尺隔塵紅	세상은 지척이지만 속세와 떨어져있네.
靑來未了山從北	끝없이 다가오는 푸른 산은 북쪽에서 뻗어있고
白去無心水自東	무심히 흘러가는 흰 강물은 동쪽에서 흘러오네.
望斷孤舟橫故渡	배 한 척 바라보니 옛 나루에 비껴 있고
眼穿獨鳥入長空	섬 하나 보노라니 창공으로 들어가네.
鵠峯漸近鴨江遠	곡령[67]에 다가갈수록 압록강과는 멀어지니
回首蓬萊是帝宮	생각건대 봉래산은 신선의 궁궐인가.[68]

밭을 구하고 집이나 물으니 들을 가치가 없어서 자기는 백 척 누각 위에 눕고 당신을
땅에 눕힌 겁니다. 어찌 그저 높은 평상, 낮은 평상의 문제겠습니까?"라고 하였다.
이 이야기는 진등의 호기로움을 보여주는 일화로 제시되고 있다.

64 채빈(採蘋) : 제수를 올려 제사를 지내는 것. 『시경』「소남(召南)」〈채빈(采蘋)〉에
"개구리밥을 뜨러 남쪽 시냇가로 가세. 마름풀을 뜨러 저 길가 도랑으로 가세
(于以采蘋, 南澗之濱. 于以采藻, 于彼行潦)" 구절이 있다.

65 삼국(三國) 시대 건안칠자(建安七子)의 한 사람인 왕찬(王粲)이 형주(荊州)에 있을
때 성루(城樓) 위에 올라가 울적한 마음으로 고향을 생각하며 지은 〈등루부(登樓
賦)〉에, "참으로 아름답지만 내 땅이 아니니, 어찌 잠시인들 머물 수 있으리(雖信美
而非吾土兮, 曾何足以少留)" 구절이 있다.

66 『사가시집(四佳詩集)』에 수록되어 있지 않다.

67 곡봉(鵠峯)은 곡령(鵠嶺)으로, 개성에 있는 송악산(松嶽山)의 별칭이다.

68 『사가시집』補遺2에 실려 있다. 시제는 〈부벽루 시에 차운하다(次浮碧樓韻)〉이다.

정희량(鄭希良)

〈부벽루(浮碧樓)〉

蒼茫塵事外	아득한 속세 바깥에
江月夜明樓	강 달빛이 밤에 밝은 누각.
宇宙鰲頭闊	우주에 신선세계[69] 열려 있어
溪山鶴背秋	산수를 학의 등에서 보네.
古人俱寂寞	옛 사람들 모두 적막하건만
吾輩得遨遊	우리들은 마음껏 유람했네.
遠勝登仙去	신선되어 가는 것보다 훨씬 낫건만
慙非靜者流	은자[70]가 아닌 것이 부끄럽네.[71]

기대승(奇大升)

〈부벽루(浮碧樓)〉

錦繡山前寺	금수산 앞에는 절.
大同江上樓	대동강 위에는 누대.
江山自今古	강산은 예전과 같은데

문집에는 제5구의 '故'가 '古'로 되어 있다.

69 오두(鰲頭): 신선 세계를 말한다. 삼신산(三神山)을 자라가 떠받치고 있다 한다.

70 정자(靜者): 청정한 도를 깊이 터득하여 세상에 초연한 사람으로, 보통 은사(隱士)나 승려를 가리킨다.

71 『허암유집(虛庵遺集)』권1에 실려 있다. 시제는 〈부벽루에 올라 목은 시에 차운하다(登浮碧樓次牧隱詩)〉이다. 문집에는 제3구 '鰲'가 '鼇'로 되어 있다. 문집에는 뒤에 "風流牧隱老, 詩筆動滄洲. 寂寞江山在, 吾今更倚樓." 구절이 더 있다.

往事幾春秋	옛 일은 몇 년이나 되었나.
粉壁留佳句	흰 벽에 멋진 시구 남아 있고
蒼崖記勝遊	푸른 벼랑에는 승경 유람 적혀 있네.
扁舟不迷路	조각배 타도 길을 잃지 않겠기에
余亦泝淸流	나도 맑은 물결 거슬러 올라가네.[72]

이이(李珥)

〈부벽루(浮碧樓)〉

箕城東畔浿江頭	평양성 동쪽 둔덕 대동강 어귀
中有縹緲之飛樓	그 사이 아스라이 솟아있는 누각.
靑山一望何袞袞	푸른 산 바라보니 어찌 그리 이어졌나.
白雲千載空悠悠	흰 구름 천년 동안 속절없이 흘러가네.
猩袍仙子此時過	붉은 도포[73] 입은 선자가 지금 왔는데
獜馬天孫何處遊	기린 말 탄 천손은 어디로 갔나.
玉簫吹澈彩雲盡	오색 구름가로 옥퉁소 부노라니
古國煙波人自愁	옛 도읍의 강 안개에 절로 시름겹네.[74]

畫欄危棟枕巃嵸	높은 누각은 우뚝하게 자리하여

---

72 『고봉집(高峯集)』 권1에 실려 있다. 시제는 〈목은 시에 차운하다(次牧隱韻)〉이다.
　　문집에는 제6구 '記'가 '識'으로 되어 있다.
73 성포(猩袍) : 성성이의 핏빛처럼 붉다 하여 붙은 이름으로 고관대작이 입는 홍포(紅袍).
74 『율곡전서(栗谷全書)』 권2에 실려 있다. 시제는 〈부벽루(浮碧樓)〉이다. 문집에는
　　제2구 '緲'가 '渺'로, 제6구 '獜'이 '麟'으로, 제7구 '雲'이 '霞'로 되어 있다.

俯瞰江流碧海通　강물을 바라보니 바다와 통해 있네.

水面落陰明寶鏡　그늘진 수면은 맑은 거울 같고

雲衢飛彩結晴虹　채색 구름 낀 하늘엔 무지개 맺혔네.

茫茫喬木迷荒磴　아득한 교목 사이로 돌계단이 희미하고

點點尖峯秀遠空　점점이 산봉우리는 하늘 위로 솟아 있네.

此是靑丘奇絶處　여기는 우리나라의 풍경 좋은 곳이라

謝樓滕閣可爭雄　사루[75]와 등왕각[76]과 자웅을 겨룰 만하네.[77]

三翠浮來鏡面洪　세 가지 푸른빛[78]이 넓은 수면위로 비쳐 오니

高樓物色浩無窮　높은 누각의 풍경이 끝없이 넓구나.

中分水抱綾羅島　중간에 나뉜 강물이 능라도를 두르고

一抹煙橫錦繡峯　한 줄기 연기가 금수봉에 비껴 있네.

木老城荒悲故國　노목과 황량한 성이 옛 도읍을 슬퍼하고

龍歸獜去想奇蹤　떠나간 기린마의 기이한 자취를 생각하네.

鷗盟未遂回舟下　은거의 꿈[79] 못 이룬 채 배를 돌려 내려오니

從此江山幾映空　여기서부터 강산은 얼마나 물에 비치려나.[80]

75　육조(六朝) 시대 제(齊) 나라의 시인 사조(謝朓)가 선성 태수(宣城太守)로 있을 때 세운 누대 이름으로 사조루(謝朓樓) 혹은 북루(北樓)라고도 한다.

76　중국 강서성(江西省)에 있는 등왕각(滕王閣)을 말한다. 등왕(滕王) 이원영(李元嬰)이 세우고 왕발(王勃)이 서(序)를 썼다.

77　『율곡전서』 권2에 실려 있다. 시제는 〈사신 황공의 부벽루 시에 차운하다(次黃天使浮碧樓韻)〉이다. 문집에는 제2구 '瞰'이 '闞'으로 되어 있다.

78　삼취(三翠) : 특정한 의미로 쓰인 용례가 발견되지는 않는다. 이 시에서는 푸른 하늘, 푸른 강, 푸른 숲을 포괄하는 의미로 쓰였다고 짐작된다.

79　구맹(鷗盟) : 갈매기와 사귄다는 뜻으로, 속세를 떠나 숨어살면서 자연을 즐김을 이르는 말.

80　『율곡전서』 권1에 실려 있다. 시제는 〈배를 타고 부벽루를 유람하며(乘船遊浮碧樓)〉이다. 문집에는 제6구 '獜'이 '麟'으로 되어 있다.

조희일(趙希逸)

〈부벽루(浮碧樓)〉

浮碧樓名擅地經　부벽루로 명성을 날린 이곳엔

山光水色漾空靑　산색과 물빛이 창공에 일렁이네.

飛來十里綾羅島　날 듯한 십리 너머 능라도,

削立千層錦繡屏　깎아지른 천 층의 금수산 병풍.

夢裏繁華如轉燭　꿈결에서 번화함은 촛불처럼 무상하고[81]

世間離合劇浮萍　세상에서 만남과 헤어짐은 부평초 같네.

白雲橋上同臨處　백운교 위 함께 왔더니

灝氣應添月滿欄　맑은 기운 더해져 달빛이 누각에 가득하네.[82]

유근(柳根)

〈부벽루(浮碧樓)〉

彩楫輕移浪　배 타고 가볍게 강물 위로 가면서

遺蹤問舊樓　유적과 옛 누각을 물어보네.

江山猶活畫　강산은 마치 살아있는 그림 같은데

風月幾經秋　경치는 몇 년의 세월을 거쳤던가.

正値淸和節　마침 화창한 4월[83]을 맞아

81　전촉(轉燭): 바람 따라 움직이는 촛불. 세상일의 변천과 흐름이 빠름.

82　『죽음집(竹陰集)』권7에 실려 있다. 시제는 〈부벽루 시에 차운하다(大浮碧樓韻)〉이다. 문집에는 제6구 '浮'가 '流'로 되어 있다.

83　청화절(淸和節): 음력 4월의 이칭.

眞成汗漫遊　　　정말 한가한 유람이 되었네.

烟霞開錦繡　　　안개가 금수산에 펼쳐 있고

翠壁倒澄流　　　푸른 절벽은 맑은 강물에 비치네.[84]

차천로(車天輅)

〈부벽루(浮碧樓)〉

春風立馬大江隈　　봄바람 부는데 대동강 가에 말을 세우고

倚劍雄心撥死灰　　칼 찬 웅대한 마음으로 적막함을 털어내네.

宇宙至今餘白首　　세상에서 지금껏 흰 머리만 남았으니

樓臺何處隔黃埃　　어느 곳의 누대가 속세와 떨어져 있나.

遺墟地老山高下　　옛 터에 땅은 유구한데 산은 오르락내리락,

曠野天長鳥去來　　광야에 하늘 넓은데 새가 오고 가네.

二十一年眞一夢　　21년의 세월 진실로 한바탕 꿈이라

尋思舊跡儘生哀　　옛 자취 생각하니 그저 슬퍼지네.[85]

闊岸啣天盡　　　넓은 강기슭은 온 하늘을 머금고

晴江繞郭流　　　맑은 강은 성을 둘러 흐르네.

夕陽沈遠海　　　석양이 먼 바다에 잠기고

84　『서경집(西坰集)』권4에 실려 있다. 시제는 〈삼가 두 분 사신의 '등부벽루' 시에 차운
　　하다(敬次兩使登浮碧樓韻)〉이다. 문집에는 제1구 '輕移'가 '移輕'으로 되어 있다.
85　『오산집(五山集)』권3에 실려 있다. 시제는 〈부벽루 옛 터를 유람하며 사신께 올릴
　　겸 여러 공들에게 보이다(遊浮碧樓舊址奉上使相兼示諸公)〉이다. 문집에는 제7구의
　　'二十一年'이 '二十二年'으로, 제8구의 '生'이 '堪'으로 되어 있다.

暮靄近長洲	저녁안개가 긴 섬에 다가가네.
千古箕王跡	오래된 기자의 유적
三春客子愁	봄날이건만 나그네는 시름겹네.
歸來如借便	돌아갈 때 빌릴 것은
一棹木蘭舟	노 하나와 목란배라네.[86]

차운로(車雲輅)

〈부벽루(浮碧樓)〉

浮碧層樓接絳河	부벽루는 은하수와 이어졌고
朝天猶記石盤陀	하늘에 조회한 일은 반석 위에 쓰여 있네.
雲橋歷落抛金輦	높은 다리 울퉁불퉁하여 수레를 버려두고
霧窟鎖沉斷玉珂	안개가 굴을 에워싸 말[87] 타고 갈 수 없네.
半壁寒花爭錦繡	절벽의 찬 꽃은 금수산과 다툴 듯 아리땁고
幾年芳草鬪綾羅	몇 년 된 방초는 능라도와 다툴 듯 곱네.
僧歸蕭寺客回棹	중이 절로 돌아가자 나그네는 배를 돌리니
千古興亡愁奈何	천고세월의 흥망에 시름을 어찌할까.

---

86 『오산속집』 권1에 실려 있다. 시제는 〈부벽루(浮碧樓)〉이다. 문집에는 제5구 '跡'이
'迹'으로 되어 있다.
87 옥가(玉珂) : 말굴레의 장식물.

김지남(金止男)

〈부벽루(浮碧樓)〉

嵐光黛綠水藍青	이내 낀 산은 검푸르고 물은 짙푸른데
依舊湖山似有情	예전 같은 산수는 마치 정이 있는 듯.
引舫細風魂已醒	배 타니 살랑바람에 정신이 번쩍 들고
倚空新搆眼仍明	하늘에 기댄 누정에선 시야가 밝아라.
沙長乍度落霞影	긴 모래사장에 잠시 저녁놀이 지나가고
津晚遠傳歸棹聲	저녁 나루엔 멀리서 돌아오는 뱃소리 들리네.
浹月淫霖今夕霽	한 달간의 장마가 오늘 저녁에야 그치니
天公元不薄浮生	하늘이 나를 박대하지 않는구나.[88]

이안눌(李安訥)

〈부벽루(浮碧樓)〉

蘭舟曾傍此江濆	예전에 이 강에서 목란배 탔는데
今上層樓瞰夕曛	오늘은 누각에 올라 석양을 바라보네.
彩棟拂霞紅縹緲	기둥에 저녁놀 일렁여 붉은 기운 아스라하고
香煙籠渚碧氛氳	연기가 물가에 자욱해 푸른 기운 싱그럽네.
身如華表千年鶴	내 몸은 화표주의 천년 학[89] 같은데

---

88 『용계유고(龍溪遺稿)』 권2에 실려 있다. 시제는 〈부벽루. 한세능의 시에 차운하다
 ─이하는 병진년 사은부사로 북경에 갈 때임(浮碧樓次韓世能韻─以下丙辰以恩副
 使赴京時)〉이다.
89 한(漢)나라 때 요동 사람 정령위(丁令威)가 죽은 뒤에 학으로 변해 요동 땅 고향으로

人作陽臺一段雲　사람들은 양대의 구름처럼 덧없네.

官酒易醒征路逈　관청의 술은 쉽게 깨고 갈 길은 먼데

採菱新調不堪聞　채릉가[90] 새 곡조를 차마 들을 수 없네.[91]

이식(李植)

〈부벽루(浮碧樓)〉

驪駒在路且停留　조랑말 타고서 갔다가 멈췄다가

扶病强登城北樓　병든 몸으로 억지로 성 북쪽 누각에 올랐네.

樓下長江碧於玉　누각 아래 긴 강은 옥보다 파랗고

樓頭炎景涼如秋　누각 어귀 뙤약볕은 가을인양 서늘하네.

漁村歷歷人依岸　강기슭에선 어촌이 환히 보이고

芳樹靑靑客繫舟　배를 매어 놓으니 녹음이 푸르네.

日暮萬峯攢刺眼　석양이 일만 봉우리에 걸려 눈부신데

五雲何處是神州　오색구름 어느 곳이 서울일까.[92]

돌아와 성문 화표주에 내려 앉았는데 어떤 소년이 활을 쏘려고 하자 공중을 배회하며 "집 떠난 지 천년 만에 돌아왔는데 성곽은 의구하나 사람은 다르구나"라며 떠나갔다고 한다.

90　악부(樂府) 〈청상곡(淸商曲)〉의 이름.

91　『동악집(東岳集)』 권13에 실려 있다. 시제는 〈부벽루에서 옛 일에 감회가 있어(浮碧樓感舊)〉이다. 문집에는 제1구의 '傍'이 '捞'으로 되어 있다.

92　『택당집(澤堂集)』 권3에 실려 있다. 시제는 〈부벽루에서 즉석으로 짓다(浮碧樓口占)〉이다. 문집에는 제7구의 '攢'이 '擯'으로 되어 있다.

정홍명(鄭弘溟)

〈부벽루(浮碧樓)〉

樓下淸湍勢轉豪	누각 아래 맑은 물결은 점차 거세져서
客心不盡與滔滔	끝없는 나그네 시름과 함께 도도히 흐르네.
沙鷗避棹飛相趁	갈매기는 노를 피해 따라 오고
海燕迎風舞自高	제비는 바람 맞아 춤추며 절로 높이 나네.
綾島雲煙開勝境	능라도엔 안개 걷혀 승경이 펼쳐지고
綺筵詩酒屬仙曹	술자리에선 시와 술로 신선들이 되었네.
誰知萬壑朝宗去	누가 알리오. 온 골짜기의 물이 바다로 흘러
遙接扶桑渤澥濤	멀리 부상과 발해에 닿으리라는 것을.[93]

김창흡(金昌翕)

〈부벽루(浮碧樓)〉

雪嶽幽棲客	설악에 은거한 길손이
關河又薄游	관하에 다시 노니네.
隨身有淸月	나를 따르는 맑은 달이 있고
卜夜在高樓	좋은 밤 골라 누각에 올랐네.
劍舞魚龍靜	칼춤에 물고기와 용도 조용하고
盃行星漢流	술잔이 돌며 은하수 흐르네.

---

93 『기암집(畸庵集)』 권3에 실려 있다. 시제는 〈정사의 '부벽루' 시에 차운하다(正使浮
碧樓韻)〉이다.

| 鷄鳴相顧起 | 새벽 닭 소리에 서로 보며 일어나건만 |
| 留興木蘭舟 | 목란배에는 흥이 남아 있구나. |

양도인(楊道寅)

〈연광정(練光亭)〉

星槎搖曳碧波來	사신의 배가 푸른 물결 타고 건너오니
翠黛樓頭面面開	푸른 산이 누각에 한폭 한폭 열렸네.
停棹中流浮綠蟻	중류에서 배를 멈춰 좋은 술을 마시고
夕陽遠眺水光洄	저물녘 멀리 흐르는 강물 빛을 바라보네.
洄波映火照江樹	소용돌이 물결에 어린 불빛이 강의 나무를 비추고
隱隱孤亭立江嶼	어슴푸레 정자는 강의 섬에 서 있네.
間雲搗練斷復續	다듬질 한 듯한 구름은 끊겼다가 이어지고
招招舟子來還去	손짓하는 뱃사공은 왔다가 다시 가네.
亭俯晴川半揖山	정자에서 맑은 강물 보니 산은 반쯤 절을 하고
萬千氣像落江灣	천만가지 기상으로 강물에 비쳐있네.
登臨讀遍吟風句	올라가서 시구들을 죽 읽어 보노라니
風流儒雅寄壁間	풍류 있는 문사의 아취가 벽에 걸려있네.
座下金馬人玉葉	자리에는 학사[94]와 귀인들 있어
引商刻羽和白雪	가락에 맞추어 백설곡을 따라 부르네.[95]

---

94 금마(金馬): 금마문(金馬門)으로 한나라 때 학사들을 초대하던 곳이었는데, 후에는 인하여 한림원이나 한림학사를 지칭한다.

95 전국 시대 초(楚)나라 송옥(宋玉)의 〈대초왕문(對楚王問)〉에 '하리(下里)'와 '파인(巴人)' 같은 대중 가요는 사람들 모두가 곧잘 따라 부르지만 '양춘(陽春)'이나 '백설(白雪)'

彩筆久入江淹夢	오색필은 강엄의 꿈속[96]으로 들어간 지 오래이니
乘興何須庾樓月	흥이 오른다고 어찌 유량 누각의 달[97]이 필요하리.
我憶江南麥穎秋	강남의 가을보리 떠오르나니
歸心千里駛江流	천리 길 고향 생각이 강물처럼 달려가네.
江山俯仰皆陳迹	강산을 바라보니 모두 다 옛 자취,
檀君箕子一荒丘	단군과 기자는 그저 황폐한 무덤만.
就令德巖擎天手	설령 덕암에게 하늘을 떠받치게 하더라도
城與江亭長在否	성과 강의 정자 오래 남을 수 있을까.
水光匹練似多情	비단 같은 물빛은 다정도 한 듯
收入亭心伴客酒	정자까지 길손 위해 술을 보내주네.
亭中練影帶鴉飛	정자에서 본 강엔 까마귀들이 날아가고
亭外江聲走漁磯	정자 밖에서 나는 강물 소리는 낚시터로 향하네.
閱盡冠蓋豪遊客	유람 끝낸 호쾌한 나그네들은
携得練光半影歸	비단 물결의 달빛을 들고 돌아가네.

유홍훈(劉鴻訓)

〈연광정(練光亭)〉

井田踏遍練光來	정전을 둘러본 뒤 연광정에 오니

과 같은 가곡은 너무 고상하기 때문에 따라 부르는 사람이 매우 드물다는 말이 나온다.

96 양(梁) 나라 때 문장가인 강엄(江淹)이 한번은 야정(冶亭)에서 잠을 자다가, 곽박(郭璞)이라고 자칭하는 노인이 와서 "내 붓이 그대에게 가 있은 지 여러 해이니, 이제는 나에게 돌려다오" 하므로, 자기 품속에서 오색필(五色筆)을 꺼내어 그에게 돌려준 꿈을 꾸었는데 그 후로는 좋은 시문을 전혀 짓지 못했다고 한다.

97 진(晉) 나라의 유량(庾亮)이 무창(武昌)의 총독으로 있을 때 달밤이면 남루(南樓)에 올라 시를 지었다 한다.

城上空亭已洞開	성 위의 정자라 확 트여 있구나.
萬里白沙明晶晶	만 리 길 모래사장이 환하게 밝고
江流至此獨瀠洄	강물이 여기에서 소용돌이치네.
岸上綠雲春暮樹	언덕의 푸른 구름과 늦봄의 나무가
拂舞天光盤島嶼	하늘빛에 춤추며 섬에 서려 있네.
漁舟千片逆樓舡	수많은 고깃배들 누선을 맞이하니
明日使臣從此去	내일 사신이 여기를 떠나서라네.
大江欲衍辟群山	대동강은 여러 산을 피해 흐르려하여
德巖漩作落星灣	덕암에서 소용돌이 쳐 은하수가 되네.
夜來擧火明額字	밤에 와서 횃불 들고 편액을 밝히니
此亭怳疑斗杓間	이 정자가 마치 북두칠성 사이에 있는 듯.
我欲題詩剪楮葉	닥나무 잎을 잘라 시를 쓰고 싶어서
仰見前人歌白雪	옛 사람의 백설곡[98]을 우러러 바라보네.
海岳風雲夢裡同	산수의 바람과 구름은 꿈속과 같아서
欲學流螢度明月	반딧불이처럼 밝은 달 건너고 싶네.
石火忽而六十秋	눈 깜짝할 사이에 60년이 되었건만
雕甍依舊俯江流	누각은 여전히 강물을 굽어보네.
江頭弔古應無數	강어귀에서 수많은 옛 일을 생각하니
感懷惟有殷仁丘	감회는 오직 은 현인의 무덤에 있네.
仙阮箜篌已在手	완함(阮咸)의 공후[99]는 갖고 있건만
昨日流音今日否	예전의 음악소리 지금도 남아 있을지.

---

98 전국 시대 초(楚)나라의 고아(高雅)한 가곡(歌曲) 이름

99 죽림칠현 중 한 사람인 완함(阮咸)은 비파를 잘 다루고 음률을 잘 알았다고 한다. 이 시에서 '공후'는 비파로 이해된다.

擬向主人披素心 　주인을 향해 감회를 털어놓으려는데

練影早落杯中酒 　달그림자가 술잔에 일찍 떨어지네.

連朝羽檄自西飛 　아침 되어 급보가 서쪽에서 날아들어

悔別滄溟負釣磯 　푸른 바다에서 낚시할 꿈 저버린 채 떠나네.

幸有大同江上色 　다행히 대동강 물빛이

時時搖曳待余歸 　때때로 일렁이며 내가 돌아오길 기다리리라.

이황(李滉)

〈연광정(練光亭)〉

縹緲城頭翼瓦齊 　아스라한 성 어귀의 기와가 나란한데

登臨惟覺遠山低 　올라보니 먼 산이 낮게 느껴지는구나.

殘雲返照迎初席 　구름이 붉게 물들 때 술자리가 시작되어

玉笛瑤琴送早雞 　옥피리 거문고 소리로 새벽까지 보내네.

檻外長江橫似練 　누각 밖 긴 강이 비단처럼 비껴있고

空中明月近堪梯 　하늘의 밝은 달은 타고 오를 듯 가깝네.

唐公此意眞先得 　당공[100]이 이 뜻을 먼저 얻었는데

恰把亭名二字題 　딱 맞게 두 글자로 정자 이름 지었구나.[101]

100 　이황의 〈평양 연광정에서 감사 상진 공의 밤잔치에 배석하다(平壤練光亭, 陪監司尙
公－震－夜讌)〉에 세주 "정자 이름은 당(唐)나라 이고(李皐) 공이 명명한 것으로 현
판에 쓰여 있다(亭名唐公皐所命, 且書額)"가 부기되어 있다.

101 　『퇴계집』 권1에 실려 있다. 문집의 시 제목은 〈평양 연광정에서 감사 상진 공의 밤
잔치를 배석하다(平壤練光亭, 陪監司尙公－震－夜讌)〉이다.

이이(李珥)

〈연광정(練光亭)〉

練光高閣臨江渚　연광정 높은 누각이 강가에 있는데
十里平波寒鏡開　십 리 잔잔한 물결 거울처럼 열렸네.
喬木遙看白鳥沒　아득히 교목을 보니 흰 새는 사라지고
古城逈抱靑雲回　멀리 옛 성을 안고 푸른 구름이 돌아드네.
擧手遲思揖喬晉　손 들어 저 멀리 교진[102]에게 절하고 싶고
掛帆直欲招登萊　돛 달아 곧장 봉래산을 오르고 싶네.
當風披氅動霞酌　바람 앞에 옷깃 헤치고 술 마시니
落日爲我猶徘徊　지는 해도 날 위해 머뭇거리는 듯.[103]

고경명(高敬命)

〈연광정(練光亭)〉

城根袞袞大江來　성 아래엔 출렁출렁 대동강이 흐르고
城頭翼翼層甍開　성 어귀엔 웅장하게 층루가 열려있네.
珠簾斜捲鏡光淨　주렴을 올려보니 강물 빛이 깨끗하고
白鳥飛盡靑天廻　흰 새 다 날아가 푸른 하늘이 아득하네.
津亭十里簇雲樹　십리 나루엔 높은 나무들이 모여 있고

---

[102] 교진(喬晉): 주 영왕(周靈王)의 태자인 왕자교(王子喬)를 가리키는데 나중에 신선
이 되어 승천했다고 한다.
[103] 『율곡전서』 권2에 실려 있다. 시제는 〈연광정(練光亭)〉이다. 문집에는 제6구 '招'가
'迢'로 되어 있다.

落照庚庚橫島嶼	석양이 비스듬히 섬에 비껴있네.
畫舡何處釆菱兒	연 따는 아이는 배 타고 어디로 갔나.
風飄香袂凌波去	바람에 옷자락 날리며 물결 타고 가네.
牡丹爲峯錦作山	모란은 봉우리, 금수는 산이 되고
粉堞倒浸平湖灣	성가퀴는 거꾸로 잔잔한 강물에 잠겼네.
繁華自昔擅東藩	예부터 번화함으로 이름을 날리더니
酒幔爭誇煙柳間	주점 깃발이 버들 사이로 다투어 뽐내네.
芳洲極目暗菰葉	저 멀리 모래섬을 바라보니 고엽[104]이 숨어 있고
藕絲時見佳人雪	때때로 아리따운 처녀가 연 줄기를 씻네.
我來訪古劃長嘯	고적을 방문하며 문득 길게 읊조리나니
朝天石老江心月	조천석은 오래되었고 강물엔 달 비치네.
箕封往迹三千秋	기자의 옛 자취는 삼천년이 흘렀는데
漢使風標第一流	중국사신의 풍치가 제일이라네.
江山遇賞天與奇	강산을 바라보니 천혜의 기이함이라
彷髴羽客仍丹丘	마치 신선 사는 단구 같아라.
却將玉堂揮翰手	옥당에서 붓을 휘두르고 싶지만
灑向遐荒知者否	이 먼 땅에 알아줄 자 있으랴.
江神定辦潤筆貲	강의 신이 글 솜씨를 알아주리니
笑倚江作葡萄酒	껄껄 기대니 강이 포도주 같네.
酒酣氣逸豪興飛	술 취하자 기운이 호쾌해지니
袖中卷盡東南歸	소매에 시권 넣어 동남땅으로 돌아가리라.[105]

---

104 중국 남방의 풍속에는 단오일(端午日)에 각서(角黍)를 만드는데, 고엽(菰葉)에다 찹쌀을 싸서 익힌다고 한다.

105 『제봉집』권1에 실려 있다. 시제는 〈연광정에서 저녁에 바라보며(練光亭晚眺)〉이다. 제7구 '舡'이 '船'으로 되어 있다. 문집에는 제26구의 '南'이 '海'로 되어 있다.

조희일(趙希逸)

〈연광정(練光亭)〉

古國春風動	옛 도읍에 봄바람 부는데
危樓遠客情	높은 누각엔 나그네 정이 있네.
霞翻日脚紫	저녁놀은 붉은 햇발로 변하고
鳥度鏡光明	새는 맑은 강물을 지나네.
拔地千尋壁	우뚝 솟은 천 길의 절벽
連雲百雉城	구름과 이어진 큰 성.[106]
坐來魂骨爽	가만히 있으니 정신이 상쾌하여
身世在瑤京	마치 신선세계에 있는 듯하네.[107]

차천로(車天輅)

〈연광정(練光亭)〉

練光橫帶石頭城	연광정은 석두성[108]에 걸쳐 있고
城上危亭丹碧明	성 위 누각엔 단청이 분명하네.
雨氣垂天紅日隱	비가 내릴 듯 해는 숨어있고
山光入檻白雲生	누각에 산색이 비치는데 흰 구름 솟아나네.

---

106 백치성(百雉城) : 큰 성. 1치는 높이가 1길(丈), 길이가 3길이라고 한다.
107 『죽음집』권4에 실려 있다. 문집의 시 제목은 〈양자점의 '연광정' 시에 차운하다(次梁子漸練光亭韻(慶遇)〉이다. 문집에는 제1구의 '故'가 '古'로 되어 있다.
108 석두성(石頭城) : 제(齊)나라 수도인 금릉(金陵). 평양을 금릉에 자주 빗대어 표현하였다.

登臨未作千杯興　정자에 올랐어도 아직 주흥이 일기 전인데

感慨空餘萬古情　부질없이 만고의 정에 감회가 생겨나네.

且泛畫舡移棹晚　이제 배 띄워 노 젓기엔 늦었지만

不妨沿月竝洲行　달 따라 모래섬으로 가도 괜찮으리라.[109]

권필(權韠)

〈연광정(練光亭)〉

澄江袞袞從東來　맑은 강 도도히 동쪽에서 흘러와서

使人一望心眼開　바라보는 사람의 마음을 펴게 하네.

汀花岸柳相晻映　물가의 꽃과 언덕의 버들이 서로를 비추고

白沙靑草爭縈洄　흰 모래와 푸른 풀이 다투어 휘감겼네.

連天蒼翠見遠樹　하늘과 이어진 푸른빛은 먼 나무이고

隔渚依微辨孤嶼　물가 저쪽 희미한 것은 외로운 섬이네.

有樓孤絶臨層城　누각이 홀로 솟아 층성 옆에 있는데

千載樓空鶴已去　천년 세월에 누각은 비고 학은 떠났네.

人傳錦繡堆成山　사람들은 비단이 쌓여 산이 되었다하고

山下湛湛成回灣　산 아래 맑은 물은 굽이를 이루었네.

天孫一去招不來　천손은 한번 떠난 뒤 불러도 오지 않고

空有舊跡留其間　그저 옛 자취만 이곳에 남아 있구나.

春風淡沲春水明　봄바람에 살랑이고 봄물은 환한데

---

[109] 『오산속집』 권2에 실려 있다. 문집의 시 제목은 〈연광정(練光亭)〉이다. 문집에는 제
5구의 '杯'가 '桮'로, 제7구의 '泛'이 '汎', '舡'이 '船'으로, 제4구의 '洄'가 '廻'로 되어 있다.

白鷗歷亂如飛雪　어지러운 갈매기는 날리는 눈송이 같네.

大野日落煙沈沈　해질녘 들판엔 안개로 어둑한데

更倚危欄待明月　다시 누각에 올라 밝은 달 기다리네.

此地興亡經幾秋　이 땅의 흥망성쇠 얼마나 거쳤던가.

古都寂寂江自流　옛 도읍지는 적막한데 강만 절로 흐르네.

只今山河留勝槪　지금 산하의 승경은 남아있지만

可憐歌舞餘荒丘　슬프게도 노래하고 춤추던 곳은 황량해져 버렸네.

一杯相屬莫停手　한잔 술 권하니 멈추지 말고 마시게.

死生夢幻君知否　죽고 사는 일 꿈인 것을 그대는 아는가.

不如捲取長江水　차라리 긴 강물을 둘둘 말아 가지고

倒瀉尊中作春酒　술병에 쏟아 부어 봄 술을 빚으리라.

自從猱馬乘雲飛　기린마가 구름 타고 날아간 뒤로

朝天之處空苔磯　조천석엔 그저 이끼만 남아있네.

安得相隨出六合　어이하면 그를 따라 세상을 벗어나서

驂鸞駕鶴無時歸　난새와 학을 타고 무시로 돌아올까.[110]

신흠(申欽)

〈연광정(練光亭)〉

十里湖光映畫簷　십리의 강물 빛이 처마를 비추는데

110 『석주별집』 권1에 실려 있다. 문집의 시 제목은 〈사신 허공의 '연광정만조' 시에 화
운하다(和許天使練光亭晩眺韻)〉이다. 문집에는 제3구 '腌'이 '掩'으로, 제25구 '猱'이
'麟'으로, 제24구 '尊'이 '樽'으로 되어 있다.

玉欄高處憩霞襜　높은 누각의 미인들 사이에서 쉬었네.

芙蓉帳暖堆香爐　따스한 부용 장막엔 향불 재가 쌓이고

翡翠簾疎透綵蟾　듬성한 비취 주렴으로 고운 달빛 들어오네.

幽恨惱人腸易結　그윽한 한으로 시름겨워 쉬이 애타는데

春宵如夢漏難添　꿈같은 봄날 밤은 늘리기가 어렵네.

燕臺謾就潘南賦　연대[111]에서 그저 반악(潘岳)의 부(賦)[112]를 지었으니

勝事欣逢四美兼　'사미'[113]를 갖춘 좋은 기회를 만나서 즐거웠네.[114]

이식(李植)

〈연광정(練光亭)〉

百尺城邊水半堤　높은 성 옆 강물엔 둑이 있는데

微瀾激激畵欄西　난간 서쪽에서 잔물결이 일렁이네.

孤輪欲上浮雲滅　둥근 달 떠오르려 하니 구름은 사라지고

平楚無垠遠嶽低　들판은 끝이 없어 먼 산이 낮게 보이네.

111　연대(燕臺) : 전국 시대 연(燕)나라 소왕(昭王)이 지어서 그 위에 천금(千金)을 쌓아
놓고 천하의 어진 선비를 초빙하였다는 누대로 일명 황금대(黃金臺)라고도 한다.

112　〈규 4885〉본에는 '潘南賦'가 '潘郞賦'로 되어 있다. 문맥상 '潘郞賦'로 해석하여 번역하
였다. '반랑(潘郞)'은 서진(西晉) 때 인물 반악(潘岳)이며 부(賦)를 잘 썼던 문인이다.

113　사미(四美) : 좋은 때, 아름다운 경치, 완상하는 마음, 즐거운 일. 남조(南朝) 사영운
(謝靈運)의 「위태자의 업중시집을 본 떠 쓴 서문(擬魏太子鄴中詩集序)」에 "천하에
좋은 때[良辰], 아름다운 경치[美景], 보고 즐기는 마음[賞心], 즐거운 일[樂事] 네 가지
가 다 갖춰지기 어렵다"고 하였다.

114　『상촌집』권15에 실려 있다. 문집의 시 제목은 〈평양에 돌아와 소윤 이공이 베풀어
준 잔치가 밤이 되어 파하자 연광정에서 잔 뒤 아침에 일어나 짓다(還到箕城少尹李
公─幼淵─爲設大享達夜乃罷宿練光亭朝起有作)〉이다. 문집에는 제7구 '謾'이 '漫'으
로 되어 있다.

秋渚賞高才子詠　가을 물가 완상하니 시인들 시 보다 낫고
澄江句合謫仙題　'징강' 구절[115]은 이백의 평에도 부합되네.
千年冷語何人識　천고의 품평을 누가 알아주랴.
不傳淸樽醉似泥　전할 수 없기에 맑은 술에 맘껏 취하리라.[116]

오준(吳竣)

〈연광정(練光亭)〉

遠客催歸斾　먼 곳 나그네가 갈 길을 재촉하다가
逢君作小遊　그대 만나 가벼운 유람을 떠났네.
天虛霞泛彩　빈 하늘에 저녁놀 붉게 떠 있고
江斂水凝秋　줄어든 강물엔 가을 기운 어려 있네.
杯渡親沙鳥　술잔이 돌자 새들이 가까이 오고
槎橫問斗牛　뗏목 타고 두우성[117]을 물어보네.
今宵倚寒閣　오늘밤 찬 누각에 기대어
見月憶吳洲　달을 보니 오나라 땅이 그립네.[118]

---

115 중국 남북조시대의 제(齊)나라 사조(謝朓, 자 현휘(玄暉))의 싯구 "맑은 강은 비단처
럼 깨끗하네(澄江淨如練)"는 나중에 이백의 시에도 등장할 정도로 유명했다.
116 『택당집』 권3에 실려 있다. 문집의 시 제목은 〈연광정에서 달을 완상하며 선조 용재
공의 시에 차운하다(練光亭翫月用先祖容齋公韻)〉이다. 문집에는 제7구 '冷'이 '冷'으
로 되어 있다.
117 두우(斗牛) : 이십팔수(二十八宿) 가운데 북방의 두성(斗星)과 우성(牛星)이다. 천자
의 도성을 가리키는 말이다. 옛날 하늘의 은하수와 통해 있는 뱃길로 뗏목을 타고
하늘로 올라가 견우와 직녀를 만나 보고 왔다는 전설에서 유래한 것이다.
118 『죽남당고』 권3에 실려 있다. 문집의 시 제목은 〈평양 서윤의 시에 차운하다(次平壤
庶尹)〉이다. 문집에는 제1구 '歸'가 '旋'으로, 제8구 '洲'가 '州'로 되어 있다.

김상헌(金尙憲)

〈연광정(練光亭)〉

華搆應煩鬼斧修	화려한 누각은 분명히 귀신이 깎았을 터
半空飛檻壓城頭	반공에 솟은 누각에서 성 어귀를 굽어보네.
元規不淺登臨興	원규[119]는 누각에서 흥취가 얕지 않았고
范老猶深進退憂	범로[120]는 오히려 진퇴에 걱정이 깊었지.
人事幾回興廢變	인간사는 흥망성쇠 얼마나 겪었던가.
江山長閱古今留	강산은 고금의 일 두루 보며 남아있네.
先王玉輦巡遊地	선왕께서 가마 타고 순수하셨던 곳을
今日經過更涕流	이제 지나자니 다시 눈물 흐르네.[121]

조경(趙絅)

〈연광정(練光亭)〉

練光亭子浿城頭	연광정은 대동강 가에 있어

---

119 원규는 진(晉)나라 때 태위(太尉)를 지낸 사람이다. 그가 무창(武昌)에 있을 때 하속(下屬)인 은호(殷浩)와 왕호지(王胡之) 등이 남루(南樓)에 올라가 놀다가 원규가 오는 것을 보고 자리를 피하려고 하자 원규가 말하기를, "제군들은 잠시 기다리라. 이 늙은이도 여기에 흥이 적지 않다" 하고는 함께 어울려 즐겁게 놀았다고 한다.

120 범로는 송(宋)나라 때의 명신인 범중엄(范仲淹)을 가리킨다. 「악양루기(岳陽樓記)」에서 천하의 근심을 먼저 걱정하고 천하의 즐거움을 나중에 누린다는 '선우후락(先憂後樂)'을 언급한 바 있다.

121 『청음집』 권5에 실려 있다. 문집의 시 제목은 〈서경 상공의 '연광정 중수' 시에 차운하다(次西坰使相練光亭重修韻)〉이다. 문집에는 제3구 '元規'와 '登臨'의 위치가, 제4구 '范老'와 '進退'의 위치가 바뀌어 있고, 제7구 '涕'가 '淚'로 되어 있다.

從古爭雄浮碧樓　예부터 부벽루와 자웅을 다투었네.

十里湖波窮目力　십리 물결은 끝없이 펼쳐있고

萬家燈火在簾鉤　온 마을 등불은 주렴에 걸려 있네.

侵階野色晴還雨　섬돌을 덮은 푸른 들판엔 맑았다가 비오고

排闥天風夏亦秋　문을 여니 바람은 여름인가 가을인가.

休道永明寺住近　영명사가 가까이 있다고 말하지 말게.

何如渡口繫蘭舟　나루에 목란주 매어놓는 것이 어떠한가.[122]

이경석(李景奭)

〈연광정(練光亭)〉

練光亭上欲斜暉　연광정에 해가 지려는데

獨倚危欄有所思　홀로 누각에 기대 생각해보네.

萬古興亡孤鳥外　만고의 흥망성쇠가 섬 밖에서 있었는데

一江風物九秋時　온 강의 풍경은 늦가을이네.

樓臺不復繁華事　누대는 다시 번화하지 않건만

客子空題感慨詩　나그네는 부질없이 감개의 시를 짓네.

悵望秦京何處是　슬프게 바라보니 서울은 어디인가.

煙波暝色自生悲　강 안개 어두워 절로 슬퍼지는구나.[123]

---

122 『용주유고』 권3에 실려 있다. 문집의 시 제목은 〈연광정(練光亭)〉이다. 문집에는 제
　　7구 '休道'가 '誰數'로 되어 있다.
123 『백헌집』 권5에 실려 있다. 문집의 시 제목은 〈연광정(練光亭)〉이다.

이은상(李殷相)

〈연광정(練光亭)〉

七日仙亭宿	칠일에 정자에서 잤는데
黃花九月秋	국화는 9월의 가을모습.
斜陽浿水上	석양에 대동강에서
獨泛李膺舟	홀로 이응의 배[124]를 띄웠네.[125]

서종태(徐宗泰)

〈연광정(練光亭)〉

浿水環城似大堤	대동강이 성을 감싸니 큰 둑 같은데
華譙臨望衆峯低	누각에서 바라보니 뭇 산이 나지막하네.
千年形勝名天下	천년의 형승이 세상에 유명하니
一域風謠接海西	이 지역의 풍속이 바다 서쪽에도 전해졌네.
畫角喧闐雲雪動	화각소리 요란하여 구름과 눈을 진동하고
綵舡搖蕩綺羅齊	채색배 흔들리는데 모두 비단옷이네.
練光拭目新來客	자세히 보니 연광정에 새 손님이 왔기에
詩退遲遲故倦題	천천히 시를 물리고 짐짓 시 짓기를 멈추네.

---

[124] 후한(後漢) 때 곽태(郭太)가 낙양(洛陽)에 있을 때 이응을 만나 친한 친구가 되었는데 후에 곽태가 고향을 돌아갈 때 수많은 선비들이 배웅을 나왔으나 이응하고만 배를 타고 건너가니 사람들이 신선인 것처럼 보았다는 고사가 전한다.
[125] 『동리집』 권8에 실려 있다. 문집의 시 제목은 〈평양에서 출발하며(發箕城)〉이다.

김상헌(金尙憲)

〈영명사(永明寺)〉

周遭古堞臨江水　둘러 있는 옛 성은 강가에 있는데

寥落禪房客到稀　적막한 선방 같아 길손이 거의 오지 않네.

烟雨萬林秋徑暗　안개비 오는 숲엔 가을길이 어둑한데

風波極浦暮帆歸　물결 이는 포구에 저녁배 돌아오네.

遊人白髮今生老　백발의 나그네는 지금은 늙어버렸고

陳迹蒼苔故事非　이끼 낀 옛 자취엔 옛 일도 사라졌네.

怊悵滿襟愁絶處　서글퍼라, 가슴 가득 시름겨우니

不堪千載更分飛　영원히 이별하는 것을 견딜 수 없네.[126]

김육(金堉)

〈함벽정(涵碧亭)〉

執熱吾何濯　이 무더위 뭘로 씻을까 하여

來登涵碧亭　함벽정에 올라 왔네.

大江波自綠　대동강의 물결은 절로 푸르고

綾島草新靑　능라도의 풀은 새로 푸르구나.

客裡身多病　나그네 신세라 병이 많고

---

126 『청음집』 권9에 실려 있다. 문집의 시 제목은 〈서장관 김거비의 '유영명사' 시를 차
운하다(次書狀金去非遊永明寺韻)〉이다. 문집에는 제3구 '徑'이 '逕'으로, 제8구 '載'
가 '里'로 되어 있다.

愁邊鬢已星	걱정근심에 귀밑머리 어느새 세어버렸네.
何時謝簪紱	언제 벼슬자리 그만두고
歸臥舊林坰	고향에 돌아가 지내보려나.[127]

주지번(朱之蕃)

〈쾌재정(快哉亭)〉

孤亭便遠眺	정자에서 멀리 바라보며
撫檻意悠哉	난간에 기대니 뜻이 아득하네.
龍奏風傳曲	용이 바람을 아뢰듯 노랫소리 울리고
鯨呑海入杯	고래가 바다를 삼키듯 술을 마시네.
康民餘舊井	순박한 백성들은 옛 정전 자리에 남아있고
縱目出高臺	경치 바라보러 누대로 나섰네.
秀靄橫千里	연무가 천리 길에 비껴있는데
蓬瀛幂畫開	신선 세계가 그림을 펼쳐낸 듯하네.

孤亭傑出海天空	정자가 텅 빈 바다 위에 솟아있는데
指點荒基說故宮	황량한 터를 가리키니 옛 궁궐 있었다 하네.
旅舍幽閒遺化美	그윽한 객사엔 아름다운 교화 남아있으니
只應重賦快哉風	그저 쾌재정의 풍교를 다시 시로 지어보리라.

---

127 『잠곡유고』 권2에 실려 있다. 문집의 시 제목은 〈함벽정. 두시를 차운하다(涵碧亭次杜韻)〉이다. 문집에는 제4구 '新'이 '空'으로 되어 있다.

정룡(程龍)[128]

〈쾌재정(快哉亭)〉

壤地多奇蹟	평양에는 기이한 유적이 많은데
此亭眞快哉	이 정자는 정말로 상쾌하구나.
聊將泉作酒	그저 샘물이 술이 된다니
權以丘爲杯	잠시 언덕으로 술잔을 만들어볼까.
纔入皇華館	황화관에 들어서자마자
復登海域臺	다시 강가 누대에 올랐네.
大野長江徹	들판을 긴 강이 관통하여
一望眼中開	바라보니 눈앞에 펼쳐지네.

박순(朴淳)

〈쾌재정(快哉亭)〉

高樹留仙躅	정자에 신선의 자취 남아있어
沖襟更渺哉	마음이 더욱 광활하구나.
山横靑落檻	산이 비껴있어 푸른빛이 누각에 떨어지고
江抱綠連杯	강물은 둘러있어 푸른빛이 술잔에 이어지네.
督府誇滕閣	독부는 등왕각을 뽐냈고
漳河擅鄴臺	장하[129]는 업대[130]로 유명했지.

---

128 명나라 사신. 1633년에 섬사람들을 안정시키고 속국(屬國)과 연합한다는 명목으로 부총병(副總兵)의 직위로 조선에 왔다.

風光俱領略	풍광을 모두 둘러보고 나니
今日眼還開	오늘에야 시야가 오히려 열렸네.[131]

이이(李珥)

〈쾌재정(快哉亭)〉

選勝頻移席	승경을 골라 자주 자리를 옮기다가
憑危更上亭	높은 곳에 있는 정자에 다시 올랐네.
帽因邀月側	갓은 달 보느라 젖혀두고
杯爲覓詩停	술잔은 시를 짓느라 멈추네.
綠幌低朱檻	푸른 술집 깃발이 누각 아래에 있고
華譙擁翠屛	화려한 누각은 푸른 산이 감쌌네.
都人爭拭目	평양 사람들 다투어 눈 비비고 보니
仙客幾回經	신선 같은 나그네들 몇 번이나 찾아왔던가.[132]

---

129 장하(漳河) : 중국 산서성(山西省)에서 발원하는 황하의 지류이다. 장수(漳水).

130 업대(鄴臺) : 조조(曹操)가 위(魏)의 왕이 되었을 때 업(鄴)에 빙정대(氷井臺), 동작대(銅雀臺), (金虎臺)를 세웠다.

131 『사암집』 권2에 실려 있다. 문집의 시 제목은 〈사신 성공의 '쾌재정' 시에 차운하다(次成天使快哉亭韻)〉이다. 문집에는 제2구의 '渺'가 '杳'로, 제8구의 '眼'이 '眠'으로 되어 있다.

132 『율곡전서』 권2에 실려 있다. 문집의 시 제목은 〈사신 왕공의 길에서 지은 여러 시에 차운하다(次王天使沿途諸作)〉 중 〈快哉亭〉이다. 문집에는 제2구 '憑'이 '凭'으로,

유홍(兪泓)

〈쾌재정(快哉亭)〉

國破遺基在	나라는 없어져도 터는 남아있고
城春感物華	성은 봄철이라 경물에 대한 느낌이 있네.
薛濤湖上曲	설도는 호숫가 구비에 있었고[133]
蘇小柳邊家	소소는 버드나무 있는 집에 있었네.[134]
海日生樓檻	바다의 해가 누대에서 솟아오르고
江雲濕砌花	강의 구름이 섬돌 꽃을 적시네.
終朝看不厭	온종일 봐도 질리지 않는데
野逈散晴霞	먼 들판엔 저녁놀이 흩어지네.[135]

유근(柳根)

〈쾌재정(快哉亭)〉

每憶新安老	신안의 옛일[136]을 생각할 때마다

---

133 설도는 당(唐)나라의 가기(歌妓). '호상(湖上)'은 설도가 연못 가에 살았다는 것을 가리키는 표현으로 보인다. 설도는 만년에 성도의 서교(西郊)에 있는 완화계(浣花溪) (일명 백화담(白花潭)) 근처 만리교 근방에서 은거했다.

134 이규보(李奎報)의 시 〈박학사가 앞의 시에 모두 화답한 시를 친히 찾아와서 준 것에 대해 다시 차운하다(又次韻朴學士揚和前詩, 親訪見贈))에 "또 듣기로는 이웃에 가야금 타는 이 있다고 하니, 버드나무 드리운 그늘 속 소소의 집이리라(更聞隣有彈箏手, 垂柳陰中蘇小家)" 구절이 있다.

135 『송당집』권4에 실려 있다. 문집의 시 제목은 〈아침에 쾌재정에 올라(早登快哉亭)〉이다.

136 『서경집』에 〈삼가 정사의 '정주 신안관에 들어가다' 시에 차운하다(敬次正使入定州新安館韻))로 볼 때 신안(新安)은 정주 신안관을 가리키는 것으로 보인다. 〈삼가 앞

長風溯快哉	긴 바람이 쾌재정에 불어오네.
煙霞隔蓬島	안개와 놀 너머에 봉래섬이 있고
雲月照瓊杯	구름과 달이 술잔을 비추네.
四十年前事	사십년 전에
登臨江上臺	강가의 누각에 올랐지.
淸遊今始繼	맑은 유람을 이제 비로소 이었는데
一醉好懷開	한번 취하자 마음이 활짝 열리네.[137]

권근(權近)

〈관풍전(觀風殿)〉

觀風古殿在層城	오래된 관풍전이 층성에 있어
尙想當時玉輦行	아직도 그때 임금께서 거둥하신 일 생각나네.
俗習八條敦禮讓	풍속은 팔조목 익혀 예의가 있고
天開一統嚮文明	처음으로 나라가 통일되어 문명이 있었네.
朝宗江水知民意	바다로 향하는 강물에서 백성을 뜻을 알겠고
洞達軒窓見聖情	활짝 트인 전각의 창에서 성인의 마음을 보네.
今日嗣王承祖武	오늘 왕위를 이어 선왕의 업적을 계승하시니
小臣何幸見昇平	태평시대 만났으니 얼마나 다행인지.[138]

의 시 운을 써서 명관노선생께 부치다(謹用前韻, 寄冥觀老先生)〉, 〈삼가 주은선생의
시에 감사하며(奉謝酒隱先生惠韻)〉 시도 신안에 있을 때 지은 시이다.
137 『서경황화시집』 권4에 실려 있다. 문집의 시 제목은 〈삼가 정사의 '쾌재정'에 차운
하다(敬次正使快哉亭韻)이다. 문집에는 제2구 '溯'가 '遡'로 되어 있다.
138 『양촌집』 권5에 실려 있다. 문집의 시 제목은 〈서도잡영. 이대제와 함께 그 시에 차
운하다(西都雜咏同李待制次其韻)〉이다. 문집에는 제6구 '見'이 '識'으로, 제7구 '承'

허종(許琮)

〈동문 소루(東門小樓)〉

不是仙都十二樓	신선세계의 열두 누각[139]이 아닌데
風光那得許淸幽	어떻게 그윽한 풍경을 얻었을까.
如登鶴馭雙雙翼	마치 두 날개 펼친 학을 타고 오른 듯
閑對鴉鬢萬萬頭	수많은 갈까마귀를 한가하게 바라보네.
一派江流何日盡	한 줄기 강물은 언제나 다하려나.
百年塵夢此中休	백년 속세의 꿈이 여기에서 사라지네.
杯尊爲我須臾住	술잔은 나를 위해 잠시 멈춰두고
湔却人間今古愁	고금의 인간세상 근심을 씻어보세.

주지번(朱之蕃)

〈읍호루(挹灝樓)〉

山城高處矗層樓	산성 높은 곳에 층루가 솟았는데
海甸風光萬里收	만 리 바닷가 풍광이 다 보이네.
明月一天流灝氣	하늘의 밝은 달에 맑은 기운 흐르니
不辭鯨吸滿金甌	고래처럼 맘껏 술 마셔보려 하네.

이 '繩'으로 되어 있다.
139 중국의 곤륜산(崑崙山) 선인(仙人)의 거처에 있다는 열두 채의 고루(高樓).

양유년(梁有年)

〈읍호루(挹灝樓)〉

江天灝彩正無涯　강의 맑은 빛깔 정말 끝이 없는데

挹取樓頭泛紫霞　누각에 붉은 놀 기운을 떠 왔네.

吹徹長風烟靄淨　긴 바람 불어 안개가 찬데

微茫島嶼指仙家　아스라한 섬들이 신선세계 같구나.

양도인(楊道寅)

〈읍호루(挹灝樓)〉

樓前泛泛沙棠舟　누각 앞에 사당주[140]를 띄웠더니

水湧晴川灝灝流　물결 쳐 맑은 강 넘실넘실 흐르네.

有客憑欄舒晚眺　누각에 길손 있어 저녁경치 바라보니

漁家沽酒上汀洲　고깃배 술 사러 강가로 올라오네.

주지번(朱之蕃)

〈풍월루(風月樓)〉

池上樓臺蘸綠波　못가의 누대가 푸른 물결에 비치는데

海風吹送月明多　바닷바람 불어와서 달빛이 많아라.

140　사당주(沙棠舟) : 곤륜산에 있는 나무 이름인데 신선의 배를 만드는 재목.

爲憐夜氣淸如許　좋은 밤기운 이다지도 맑으니
不種薔薇種芰荷　장미를 심지 않고 연꽃을 심어서라네.

양유년(梁有年)

〈풍월루(風月樓)〉
荷香暗遞風多力　연꽃 향기 살며시 오는 건 바람 덕분이고
酒盞明催月有功　술잔을 재촉하는 건 달빛 덕분이네.
貯得樓頭風月滿　누대에 가득 쌓아둔 바람과 달을 보니
城闉疑是蘂珠宮　이 성은 아마도 예주궁[141]이 아닐까.

이이(李珥)

〈풍월루(風月樓)〉
窮經度長夏　경전 공부에 긴 여름 보내느라
遇景慳吟詩　경치 보면서 시 짓는 일 드물었네.
綺窓倦來憑　피곤하여 비단 창에 기댔더니
幽興終難持　그윽한 정 끝내 견디기 힘들구나.
芙蓉滿綠渠　연잎이 푸른 연못에 가득하고
密雨隨風時　장대비가 바람에 날리는 때.
勢若風流陣　분위기는 마치 풍류진[142]인 듯

---

141 예주궁(蘂珠宮) : 신선이 사는 궁전.

艶粧相娛嬉　단장한 기생들 즐거워하네.

明珠走的皪　밝은 달이 환하게 비쳐오건만

翠蓋還敧危　연잎은 오히려 비스듬하네.

晩色有令姿　저녁이면 고운 모습이라

探玩吾非癡　완상하러 가는 건 집착이 아니라네.

安得踵濂溪　어찌 하면 주렴계[143]의 뒤를 이어

卒歲亦忘歸　남은 생애를 여기에서 보낼 수 있나.[144]

김수항(金壽恒)

〈망일헌(望日軒)〉

喜見新亭結構工　잘 지은 새 정자 보니 기쁜데

西關形勝此爲雄　관서의 형승 중에서 이곳이 제일이네.

龍灣襟帶難專美　용만은 요충지라 아름다울 수만은 없고

薩水樓臺亦下風　살수의 누대도 풍격이 낮네.

望眼欲窮千里外　천리 밖 끝까지 바라보려니

騰身如在半天中　몸이 둥실 허공에 떠오른 듯.

知君葵悃常傾日　임금을 향한 그대의 충성 알겠기에

142　풍류진(風流陣) : 당 현종(唐玄宗)이 양 귀비(楊貴妃)와 함께 술에 취하여 놀 때, 현종과 귀비가 각각 백여 명의 궁녀를 거느리고 양편으로 늘어서서, 풍류진이라 부르고 서로 공격하는 희롱을 하되 붉은 속치마를 입고 비단천으로 깃발을 만들었으며, 진 편은 큰 술잔으로 벌주를 마시게 하였다.

143　「애련설(愛蓮說)」을 지은 북송(北宋)의 유학자 주돈이(周敦頤).

144　『율곡전서』「습유(拾遺)」권1에 실려 있다. 문집의 시 제목은 〈풍월루에서 빗속에 연을 감상하며 차운하다(風月樓雨中賞蓮次韻)〉이다. 문집에는 제8구 '艶'이 '靚'으로, 제14구의 '亦忘歸'가 '忘歸期'로 되어 있다.

故闢軒窓正向東　일부러 창을 동쪽으로 열어 놓았네.[145]

名區物色句難工　명승지의 풍경은 시로도 짓기 어렵건만
絶塞行裝劍獨雄　변방의 군장엔 칼만 홀로 씩씩하네.
人事百年猶涕淚　백년 인간사에만도 눈물이 나는데
客懷千里又秋風　천리 길 객수에 가을바람까지 부네.
珠簾乍捲淸江上　주렴을 잠시 걷으니 맑은 강가라
畫閣悲吟落照中　누각에서 슬피 석양을 읊노라.
酒興詩情俱索莫　주흥과 시정이 모두 쓸쓸해져
夜深愁倚曲欄東　한밤중에 시름겹게 난간에 기대네.

오도일(吳道一)

〈망일헌(望日軒)〉

年來藻墨久抛工　근래에 시 잘 짓기는 포기한지 오래라
濟勝難誇筆力雄　유람하면서 웅건한 필세 자랑 못 하겠네.
故國興亡還感淚　옛 도읍지의 흥망에 오히려 눈물이 나고
異鄕登眺況秋風　이역의 누각에 올랐는데 가을바람까지 부네.
長烟落照蒼茫外　저물녘 안개는 아득한 들판 밖에 자욱하고
畫閣層城隱映中　층성의 누각은 강물에 은은하게 비치네.

---

[145] 『문곡집』 권2에 실려 있다. 문집의 시 제목은 〈평안감사 임공이 새로 감영 관아 동
쪽에 망일헌을 지었는데 내가 가서 묵었다. 감사가 시를 청하기에 써서 주다(關西方
伯任公(義伯)新構望日軒於營衙之東余適過宿方伯索題賦贈)〉이다. 문집에는 제5구
'望眼欲窮'이 '憑檻眼窮'으로, 제6구 '騰身如在'가 '卷簾身在'로 되어 있다.

他日續成輿地志　언젠가 지리서를 계승해서 짓는다면
此軒題品冠吾東　이 누각의 제영시가 나라에서 으뜸이리.

권해(權瑎)

〈망일헌(望日軒)〉

向晚層臺風色和　저물녘 누대엔 바람이 온화한데
入牕晴眺浩無涯　창으로 본 저녁 경치 끝없이 넓구나.
天邊岳出千頭碧　하늘가에 솟은 산은 천 봉우리 푸르고
城上江懸半面波　성 옆엔 걸린 강은 수면에 물결치네.
日暮平蕪箕子國　들판에 해 저무는 기자의 나라,
春深喬木乙支家　교목에 봄 깊어가는 을지문덕의 고장.
憑欄把酒墟消遣　누각에서 술 마시며 회포를 풀까 하니
此興南樓較孰多　이 흥취 남루와 비교하면 어디가 많을까.

김수항(金壽恒)

〈주변루(籌邊樓)〉

縹緲朱欄四望開　아스라한 누각은 사방이 트여있어
風雲萬里思悠哉　만 리의 풍운에 생각이 아득하네.
江流直抱孤城去　강물은 곧바로 성을 안고 흐르고
山勢橫分大野來　산세는 비스듬히 들판을 나눠서 오네.

勝景從今添物色　이제부터 승경에 봄 경치 더해질 테고
雄藩自古仗人才　옛날부터 큰 고을엔 인재가 믿을 만했네.
時淸不用籌邊策　태평세월이라 변방의 계책 쓸 일 없으니
且把南樓月下杯　남루에서 달빛 아래 술을 마시리라.

권해(權瑎)

〈주변루(籌邊樓)〉

小閣臨無地　작은 누각이 허공에 있어
危欄思渺茫　누각에 서면 생각이 아득하네.
隔城看水細　성 너머 가느다란 강물 보이고
環野得天長　들판을 감싼 하늘은 광활하네.
柳擁將軍幕　버들은 장군의 막사를 감싸고
花深女妓坊　꽃은 기생 동네에 활짝 피었네.
聖朝邊事少　태평성세라 변방 일 없어
詩酒翫年芳　시와 술로 봄날을 즐기노라.

주지번(朱之蕃)

〈을밀대(乙密臺)〉

山際高臺瞻乙密　산속 높은 누대에서 을밀대 바라보니
海中瑤島隔三神　바다의 요도 너머에 삼신산 있네.

仙飇來往渾無定　신선바람은 정처 없이 불어 대면서

笑謝塵寰車馬人　수레 타고 온 속세 사람을 비웃네.

양유년(梁有年)

〈을밀대(乙密臺)〉

虛亭高敝出山巓　정자는 탁 트여[146] 산 정상에 우뚝하고

海甸江天指顧邊　바닷가 강물은 지척 간에 있네.

騑牡敢云消旅況　사신으로 와서 어찌 유람을 말하랴마는

驂鸞端可挾飛仙　난새 탄 채 신선을 끼고 노닐 수 있겠네.[147]

구희직(歐希稷)[148]

〈망월정(望月亭)〉

月亭宜夜賞　망월정은 밤에 보는 게 낫고

不合淸晝來　대낮에는 오는 건 별로라네.

吹鳳孤秦玉　퉁소 불어 진의 농옥을 외롭게 하고[149]

146　본문에는 '歇'로 되어 있으나 의미상 '敝'의 오기로 판단하여 번역하였다.

147　협비선(挾飛仙) : 소식(蘇軾)의 〈적벽부(赤壁賦)〉에 "나는 신선을 끼고 놀았으면(挾飛仙而遨遊)" 구절이 나온다.

148　명나라 사신. 1568년(선조 1)에 시호를 하사하라는 명을 받고 조선에 방문했다.

149　『열선전』에 따르면 진 목공(秦穆公) 때 소사(蕭史)라는 사람이 퉁소를 잘 불었는데, 목공의 딸 농옥(弄玉)이 이를 좋아하기에 목공이 결혼시켰다. 이들 두 사람이 퉁소를 불면 봉황이 날아와서 모였으며 이 두 사람은 그 뒤에 봉황을 타고 날아갔다고 한다.

行雲恨楚臺	가는 구름은 초왕의 양대를 한탄하네.
劉琨吞嘯忍	유곤처럼 휘파람 부는 건[150] 차마 못하고
謝眺倚樓猜	사조가 누대에 올랐던 일 부럽구나.
安得同連璧	어떻게 해야 훌륭한 두 분[151]과 함께
彈冠待月開	갓의 먼지 털고 뜨는 달을 기다릴까.

고경명(高敬命)

⟨망월정(望月亭)⟩

獨夜憑危檻	홀로 밤에 누각에 앉아
開襟向北風	회포를 풀며 북풍을 쐬네.
金波披宿霧	금빛 물결이 안개를 헤치고
玉露下秋空	이슬이 가을 하늘에서 떨어지네.
炯徹水壺裡	깨끗한 마음에 비쳐오니
蒼茫灝氣中	아스라이 맑은 기운이네.
人看有圓缺	볼 때는 보름달도 그믐달도 있지만
天上一輪同	하늘에서는 언제나 둥근 달이네.[152]

---

150 진(晉) 나라 때 유곤(劉琨)이 진양 태수(晉陽太守)로 있을 적에, 호병(胡兵)에게 겹겹으로 포위를 당하자 유곤이 성루에 올라 긴 휘파람을 부니 호병이 이 소리를 듣고는 향수에 젖어있는 틈을 타서 포위망을 풀고 달아났다는 고사가 있다.
151 진(晉)나라 반악(潘岳)과 하후담(夏侯湛)은 서로 벗이었는데 두 사람의 용모와 문장이 워낙 뛰어나 두 사람이 함께 다니면 사람들이 좋은 구슬(璧)을 나란히 이었다는 뜻에서 연벽(連璧)이라고 불렸다.
152 『제봉집』 권1에 실려 있다. 문집의 시 제목은 ⟨망월정(望月亭)⟩이다.

최립(崔岦)

〈영귀루(詠歸樓)〉

清和正屬浴沂時　화창하여 기수에 목욕하기 좋은데

況復朱樓壓碧漪　더구나 누대가 푸른 물결 위에 있네.

風力欲爭杯酒力　바람은 술기운과 다투려하고

雨絲如亂陌楊絲　가랑비는 길가 버들처럼 어지럽네.

漫逢勝境猶皆景　그냥 승경지에 왔는데 오히려 모두 풍경이 좋고

時出豪言未必卮　때때로 호탕한 말 하는 데엔 술기운 필요 없네.

陶寫一場宜爛熳　한바탕 회포 푸는 데엔 취하는 게 나으리니

春深光景自遲遲　봄날의 경치는 절로 한가롭구나.[153]

유홍(兪泓)

〈영귀루(詠歸樓)〉

當時行樂處　당시의 행락처인데

最愛水邊樓　강가의 누각이 가장 좋네.

風景宛如昨　풍경은 완연히 예전 같은데

重登銷百憂　다시 오르니 근심이 사라지네.[154]

---

[153] 『간이문집』 권8에 실려 있다. 문집의 시 제목은 〈영귀루에 올라더니 가랑비가 오다'
시에 차운하다(次登詠歸樓遇微雨韻)〉이다. 문집에는 제5구 '景'이 '選'으로 되어 있다.

[154] 『송당집』 권2에 실려 있다. 문집의 시 제목은 〈영귀루(詠歸樓)〉이다.

조태구(趙泰耉)

〈영귀루(詠歸樓)〉

儒林勝會趁新晴　맑은 날 맞춰 선비들 모임 가지니

方伯風流桂棹輕　감사도 풍류 있어 가볍게 노 저어오네.

朝日凌波催赴約　약속을 지키느라 아침부터 배 타고 가니

一筵文酒共諸生　술자리엔 시와 술과 여러 사람들.

김시습(金時習)

〈봉황대(鳳凰臺)〉

鳳凰臺畔春草綠　봉황대엔 봄풀이 푸른데

鳳凰已去今不返　봉황은 떠나서 지금껏 오지 않네.

積石千里琳琅繁　천리 길 적벽엔 푸른 옥들이 찬란하고

河水湯湯復混混　강물은 넘실대며 끊임없이 흘러가네.

鳳兮鳳兮卽我都　봉황이여, 봉황이여. 우리 도읍에 오면

梧桐十萬生高岡　오동나무 십만 그루가 언덕에 나 있네.

又有猗猗竹萬竿　거기에 무성한 만 그루 대나무 있어

足以夷猶充我腸　느긋하게 내 배를 채울 수 있네.

況我國家久昇平　하물며 우리나라 태평세월 오래이니

覽輝莫戀千仞翔　천 길 위에서 빛을 발하며 나는 걸[155] 그리워마렴.

---

155 명나라 사신 동월(董越)의 〈조선부(朝鮮賦)〉에 "산이 성 밖을 둘렀는데 날아가는 봉
새가 빛을 발하는 환히 빛난다(山圍郭外矯然翔鳳之覽輝)"는 구절이 있다.

青史已書聖人作 역사서엔 성인이 있었다고 하는데
鳳兮來下諧宮商 봉황이 내려올 때 음악소리 어우러졌겠지.[156]

차천로(車天輅)

〈봉황대(鳳凰臺)〉

千仞岡頭石骨分 천 길 산 위엔 바위가 선명한데
逈臨無地出塵氛 멀리 허공에 있으니 속세를 벗어난 듯.
江通碧海生潮汐 강은 바다와 이어져 조수가 생겨나고
山近靑天合霧雲 산은 하늘과 가까워 안개가 자욱하네.
不盡鳥飛平楚外 끝없는 새들이 들판 밖으로 날아가고
遙看日落大荒垠 멀리 바라보니 지는 해가 먼 곳에 있네.
蘊眞愜遇堪留眼 보는 것마다 흡족하고 눈길을 둘 만하여
笑撥人寰幾聚蚊 인간세상 비웃으니 모기떼 얼마나 모였나.[157]

斷崖橫截作嶔岑 깎아지른 벼랑은 높고 험한데
拔地山根直萬尋 땅에 곧바로 만 길 산이 솟아났네.
雲壓夕陽天色逼 구름 아래 석양 있어 하늘이 가깝고
江分曠野海潮深 강이 들판에서 갈라져 조수가 깊구나.
蒼茫鳥渚連孤嶼 아스라한 물가는 섬과 이어졌고

---

156 『매월당집』권9에 실려 있다. 문집의 시 제목은 〈봉황대에서 봉황을 부르는 노래를 짓
다(鳳凰臺作招鳳歌)〉이다. 문집에는 제8구의 '我'가 '汝'로, 제9구 '家'가 '朝'로 되어 있다.
157 『오산속집』권2에 실려 있다. 문집의 시 제목은 〈봉황대(鳳凰臺)〉이다. 문집에는 제
7구 '愜'이 '協'으로 되어 있다.

蕭瑟漁村帶遠林　　쓸쓸한 어촌 마을은 숲과 이어졌네.

立馬上頭還把酒　　말 세우고 올랐다가 다시 술을 마시니

風光發興助長吟　　풍광에 흥취 올라 시를 읊어보네.

이진(李進)

〈석호정(石湖亭)〉

結社大江干　　대동강 가에서 모임을 여니

餘生祗自安　　여생은 그저 편안하구나.

歲飢妨獨醉　　흉년이라 홀로 취하기 힘들고

身病惻微官　　병든 몸이라 말직도 겁이 나네.

弄鶴憑危礎　　돌길을 올라 학과 놀고

觀魚俯曲欄　　정자에서 물고기를 바라보네.

經過多海客　　거쳐 가는 많은 나그네들은

妄作散仙看　　멋대로 신선인냥 바라보네.

김류(金瑬)

〈석호정(石湖亭)〉

爲與世無干　　세상에 얽매임 없어

心將身共安　　마음과 몸이 편안하네.

服田輸土稅　　농사지으며 토지세 내고

占歲驗天官	한해의 작황은 하늘 보고 아네.
野望頻移几	들판 바라보러 자주 자리 옮기고
春眠獨倚欄	봄잠에 취해 홀로 난간에 기댔네.
魚標晚潮落	저녁에 썰물 빠져 물고기 나타나면
時喚小童看	이따금 아이 불러 보라고 하네.

浿水似康干	대동강은 강간하[158]와 비슷한데
新亭得地安	새 정자를 평탄한 땅에 지었네.
食魚須釣艇	물고기 먹으려면 낚시를 해야 하니
送菜豈園官	나물 보내주는 이 어찌 관리이리오.[159]
剪草開花逕	풀을 잘라 꽃길을 열고
牽蘿補藥欄	넝쿨을 끌어와 난간을 보수하네.
眞仙分不淺	진정한 신선은 도 얕지 않으니
莫作野翁看	시골 늙은이로 보지 말게나.

이명한(李明漢)

〈석호정(石湖亭)〉

| 詩法逼方干 | 시법은 방간[160]과 같고 |

---

158 『당서(唐書)』를 보면, "복골(僕骨)에서 동북쪽으로 1천 리 되는 곳에서 강간하(康干河)라는 물이 있다. 소나무를 잘라서 거기에 던져 넣으면 3년이 지난 뒤에 돌로 변하는데, 이 돌을 강간석(康干石)이라고 한다" 하였다.

159 두보가 기주지방을 갔을 때 기주 도독의 채소밭을 가꾸는 관리가 도독의 명으로 두보에게 나물을 가져다 주면서 명목만 채울 뿐 성의 없이 대하자 이를 개탄하여 두보가 〈원관이 나물을 보내다(園官送菜)〉라는 시를 지었다고 한다.

客居追幼安	나그네 삶은 유안[161]을 따르네.
樽前唯樂聖	술잔 앞에선 청주만 좋아하니[162]
林下豈辭官	숲에 산다고 어찌 벼슬을 사양하랴.
海氣雲生硯	바다 기운에 구름이 벼루에서 생겨나고
潮聲雨入欄	조수 우렁차 비가 난간에 들어오네.
暮年同社興	노년에 벗들과 함께한 흥취가
留得一篇看	한 편의 시권에 남아있네.[163]

웅화(熊化)[164]

〈대동관(大同館)〉

郵亭閑課是詩篇	객사에서 한가하게 시를 짓고
對坐爐煙意悄然	화롯가에 앉아있으니 울적하구나.
細雨五更留客夜	새벽의 가랑비가 객을 붙잡는데
薰風一榻困人天	훈풍이 평상에 불어 노곤하여라.

---

160 방간(方干) : 당(唐) 나라 사람으로 자는 웅비(雄飛). 시재(詩才)가 있었으며 끝내 벼
  슬하지 못하고 회계(會稽)의 경호(鏡湖)에 은거하였다.
161 관령(管寧)을 가리킨다. 관령의 자가 유안(幼安)인데 삼국 시대 위(魏) 나라 사람으
  로서 황건(黃巾)의 난을 피해 요동(遼東)으로 옮겨 왔는데 이때 바다 건너 피난온 사
  람들이 모두 그에게 모여들어 금세 촌락을 이루었다고 한다.
162 두보(杜甫)의 〈음중팔선가(飮中八仙歌)〉에 "좌상은 날마다 주흥으로 만전을 허비
  하여, 술을 큰 고래가 백천을 들이마시듯 하고, 술 마실 땐 청주만 즐기고 탁주는 피
  한다 하네(左相日興費萬錢 飮如長鯨吸百川 銜杯樂聖稱避賢)"가 있다.
163 『백주집』 권6에 실려 있다. 문집의 시 제목은 〈이비서랑의 '석호정'에 차운하다(次
  李祕書(進)石湖亭韻)〉이다. 문집에는 제4구의 '辭'가 '休'로 되어 있다.
164 명나라 사신. 1609년(광해군 1)에 시호를 하사하기 위해 행인사행인(行人司行人)의
  직위로 조선에 왔다.

思親日暮憐萱草　저물녘 부모님 생각나 원추리꽃[165] 애닮은데
惜別春歸怨杜鵑　봄날 헤어짐에 두견새를 원망하네.
獨上高臺望京國　홀로 누대에 올라 서울을 바라보니
蒼蒼雲樹萬山連　푸른 나무에 온 산이 이어져 있네.

신흠(申欽)

〈대동관(大同館)〉

生涯不及計然謀　인생은 계연[166]을 못 따라가니
簪笏長慚負故丘　벼슬하느라 떠난 고향에 면목 없네.
萬里又爲燕塞客　만 리 길에 또 변방[167]의 나그네 되어
一年重泛浿江舟　일 년에 두 번이나 대동강 배를 띄웠네.
魂銷關路猶馳傳　변방 길 마음 아파도 오히려 말을 몰았더니
望盡鄕原怯上樓　고향땅 다 보일까 누대 오르기 겁나네.
華館寂寥寒夜永　객관은 적막하고 차가운 밤은 너무 길어
坐燒銀燭數更籌　앉아서 촛불 태우며 시간만[168] 재네.[169]

165　『시경』「위풍(衛風)」〈백혜(伯兮)〉에 "어떡하면 원추리를 얻어서 북쪽 뒤꼍에 심어
　　볼까. 떠난 사람 생각에 내 마음만 병드누내焉得萱草 言樹之背 願言思伯 使我心痎]"
　　구절이 있다.
166　계연(計然) : 춘추 시대 월(越)나라 사람으로 특히 치부술(致富術)에 뛰어났는데, 월
　　왕 구천(句踐)과 범려(范蠡)가 모두 계연의 계책을 써서 거부(巨富)가 되었다.
167　연새(燕塞) : 연경(燕京)으로 가는 변새인 요동 일대를 가리킨다.
168　경주(更籌) : 밤의 시각을 재는 데 쓰이는 시계의 일종. 대나무가지를 이용하여 시간
　　을 잰다.
169　『상촌집』권15에 실려 있다. 문집의 시 제목은 〈밤에 대동관에 앉아서(大同館夜
　　坐)〉이다.

권필(權韠)

〈대동관(大同館)〉

年年長作異鄕遊	해마다 늘 타향에 노니는 몸
倚遍天涯處處樓	하늘 끝 먼 곳엔 곳곳마다 누각이네.
南走剩看方丈色	남쪽에서는 방장산 경치 실컷 보고
西來又渡浿江流	서쪽에서는 또다시 대동강을 건넜네.
征途漠漠塵生眼	가는 길 아득한데 눈에 먼지 들어오고
身事悠悠雪滿頭	이내 몸은 유유하여 흰 눈이 머리에 가득하네.
此夜好懷懷不淺	이 밤에 좋은 정취가 얕지 않기에
直敎從事到靑州	곧바로 좋은 술 마시고 취해[170] 보리라.[171]

공용경(龔用卿)

〈재송원(栽松院)〉

| 樹林蒼翠蔭芳溝 | 멀리 푸른 숲이 시내에 그늘을 드리우고 |
| 午影交加匝地幽 | 낮 그림자 어우러져 어디나[172] 그윽하네. |

---

170 진(晉) 나라 환온(桓溫)이 술을 마실 때마다 품평을 잘 하는 주부(主簿)가 먼저 술을 맛보고는, 좋은 술에 대해서는 '청주종사(靑州從事)'라 하고 시원찮은 술에 대해서는 '평원도독(平原督郵)'이라고 했다. 청주(靑州)에 제군(齊郡)이 있고 평원(平原)에 격현(鬲縣)이 있는 것에 빗대어, 좋은 술은 배꼽 아래(臍下)에까지 이르고 나쁜 술은 격막(鬲膜) 근처까지만 간다는 뜻에서였다고 한다.

171 『석주별집』 권1에 실려 있다. 문집의 시 제목은 〈평양 객관에서 자민, 휘세와 함께 밤에 술을 마시며 열지의 황주시에 차운하다(平壤客館與子敏輝世夜酌次說之黃州詩韻)〉이다. 문집에는 제5구 '生'이 '隨'로, 제7구 '懷不淺'이 '還不淺'으로 되어 있다.

172 잡지(匝地) : 드넓은 대지 어디에나 두루 가득함.

疑是淡煙芳草路　풀길엔 옅은 안개가 낀 것일까.

寒驢十里作春遊　십리 길 나귀 타고 봄 구경하는구나.

오준(吳竣)

〈재송원(栽松院)〉

雲葉離離泛遠山　구름이 뭉게뭉게 먼 산에 떠 있어

倦鞭孤望未全闌　천천히 말에서 보니 모두 가린 건 아니네.

詩驕欲吐玲瓏語　시흥이 올라 영롱한 시어를 짓고자 하는데

物態猶含媚嫵顔　경치가 오히려 아리따운 모습을 하고 있네.

百二重關爲表裏　험한 관문[173]이 표리를 이루고

三千脩路此中間　삼천 리 길이 그 사이에 있네.

鍾聲暮出藤蘿外　종소리가 저물녘 등나무 밖으로 울리니

煙寺遙思着懶殘　멀리서 안개 낀 절의 고승[174]을 생각하네.[175]

---

173 두보(杜甫)의 시 〈여러 장수 5수(諸將五首)〉 중 제3수에 "낙양성 궁궐이 봉화불로 변했으니, 진나라 관문 험고하다 말하지 말게(洛陽宮殿化爲烽, 休道秦關百二重)"가 있다. '백이(百二)'는 진의 관문이 험하고 견고하여 2만명으로 100만명을 감당할 수 있다는 의미로 해석되기도 하고 100만명으로 그 두 배를 감당할 수 있다는 의미로 해석되기도 한다.

174 당(唐)나라 때 고승(高僧) 명찬 선사(明瓚禪師)가 게을러서 남이 먹고 남은 찌꺼기 음식만을 먹었다 하여 그를 나잔(懶殘)이라고 불렀다고 한다.

175 『죽남당고(竹南堂稿)』 권4 상에 실려 있다. 문집의 시 제목은 〈재송원 도중(栽松院道中)〉이다.

최명길(崔鳴吉)

〈단군사(檀君祠)〉

甲子開基遠	먼 옛날 갑자년[176]에 터가 열렸고
神人異迹存	신인의 신이한 행적 있었지.
餘風看舊俗	유풍을 옛 풍속에서 볼 수 있으니
祠屋匝重垣	사당은 겹담으로 둘러싸여 있네.
亦有東明配	또한 동명왕 사당이 나란히 있어
遙瞻象設尊	멀리 우러러보니 석물이 높이 있네.
興亡千古恨	천고의 흥망성쇠에 대해 한탄하며
一酌奠芳蓀	창포주 한 잔을 올리네.[177]

김육(金堉)

〈단군사(檀君祠)〉

神聖爲民主	신인이 임금을 세우시어
天人降紫霄	천인이 하늘에서 내려왔네.
東方始君長	동방에 처음 임금 생겼고

---

176 안정복의 『동사강목(東史綱目)』에 『동국통감(東國通鑑)』과 『고려사(高麗史)』「지리지(地理志)」에 모두, "당요 무진년에 단군이 평양(平壤)에 도읍하였다"라는 구절을 근거로 "요(堯)의 즉위가 상원갑자(上元甲子) 갑진(甲辰)에 있었으니 무진(戊辰)은 곧 25년이다. 신익성(申翊聖)이 지은 『경세서보편(經世書補編)』에도 요(堯)의 25년 무진으로 단군의 원년을 삼았기 때문에 그것을 따른다"가 나온다.
177 『지천집』 권1에 실려 있다. 문집의 시 제목은 〈김시랑의 '단군묘'에 차운하다(次金侍郎檀君廟韻)〉이다. 문집에는 제4구 '匝'이 '市'으로 되어 있다.

中國幷唐堯	중국의 요임금의 시대와 같았네.
太白龍飛遠	태백산의 용은 멀리 날아가고
阿斯鶴去遙	아사달의 학 아득히 떠나갔네.
荒凉遺殿在	황량한 전각만이 남아서
俎豆奠黃蕉	제수 갖추어[178] 제사 드리네.[179]

정두경(鄭斗卿)

〈단군사(檀君祠)〉

有聖生東海	성인이 동해에 태어나니
于時竝放勛	이때는 요임금과 같은 시대.
扶桑賓白日	부상에서 해를 맞고
檀木上靑雲	박달나무는 하늘 위로 솟았네.
天地侯初建	이 땅에 제후를 처음 세웠으나
山河氣未分	산하는 아직 혼돈상태였네.
戊辰千歲壽	무진년부터 천 년을 살았으니
吾欲獻吾君	우리 임금 위해 축수하려네.[180]

---

[178] 한유(韓愈)의 「유주나지묘비(柳州羅池廟碑)」에 "여지는 빨갛고 바나나는 노란데, 고기와 채소의 제수를 자사의 사당에 올리네[荔子丹兮蕉黃 雜肴蔬兮進侯堂]"라고 한 데서 온 말이다. 전하여 붉은 여지와 노란 바나나는 곧 때에 따라 제향(祭享) 올리는 일을 말한다.

[179] 『잠곡유고』 권2에 실려 있다. 문집의 시 제목은 〈단군전(檀君殿)〉이다.

[180] 『동명집』 권3에 실려 있다. 문집의 시 제목은 〈단군사(檀君祠)〉이다. 문집에는 제6 수 '未'가 '不'로 되어 있다.

〈동명왕사(東明王祠)〉

王儉都雄壯	왕검성 도읍지는 웅장했는데
天孫事寂寥	천손의 일 이제 적막해졌네.
白雲曾見馬	흰 구름에 말이 보였다는데
滄海不聞橋	바다의 다리[181] 얘긴 들을 길 없네.
怳惚神仙化	황홀하게 신선이 되었으니
興亡歲代遙	흥망성쇠는 세월 지나 아득하구나.
獨留文武井	오직 문무정[182]이 남아있어
猶得認前朝	전 왕조의 것임을 알 수 있네.[183]

동월(董越)

〈기자묘(箕子廟)〉

玉馬西周不共朝	옥마[184] 타고 서주에 조회가지 않았으니
冠裳東國儼清標	의복은 이 나라가 점잖고 단정하네.
高風謾說凌三代	좋은 풍속은 삼대보다 낫다고 하는데
遺教猶聞守八條	교화가 남아 여전히 팔조목을 지킨다 하네.
廟古松枝惟有鶴	옛 사당 소나무엔 학이 있는데
林深桑椹已無鴞	깊은 숲 오디에는 올빼미 없네.

---

181 고주몽(高朱蒙)이 형제와 사이가 좋지 않아 졸본부여(卒本扶餘)로 가기 위하여 물을 건너려 하자, 자라와 물고기떼들이 모여 다리를 놓아 주었다고 한다.

182 평양성 부벽루 뒤쪽 아래에 있다.

183 『동명집』 권3에 실려 있다. 문집의 시 제목은 〈동명왕사(東明王祠)〉이다.

184 허균의 〈구월산 단군사(九月山檀君祠)〉에 "우 임금은 도산에서 제후를 모으고, 기자는 옥마 타고 봉지에 왔네(禹會塗山龍, 箕封玉馬旋)" 구절이 나온다.

驛程旌節三春暮　사행길에 봄이 저무려는데

幾欲臨風賦大招　바람 맞으며 〈대초〉편[185]을 지으려 하네.

진감(陳鑑)

〈기자묘(箕子廟)〉

炮烙煙飛王氣衰　포락[186] 연기 날면서 왕기는 쇠했고

佯狂心事有琴知　미친 척하는 심사는 거문고가 알아줬네.

言垂千載存洪範　말씀은 천년 동안 홍범에 남아 있기에

人到三韓謁舊祠　삼한에 와서 옛 사당에 참배하네.

地老天荒名不泯　세월이 흘러도 명성은 사라지지 않고

風淸月白鶴歸遲　맑은 바람 밝은 달에 학도 천천히 돌아가네.

東藩自是分封國　동국이 이때부터 봉해진[187] 나라 되었으니

民俗依然似昔時　백성들 풍속은 여전히 옛날과 같네.

---

185 대초(大招): 『초사(楚辭)』의 편명으로 죽은 사람을 초혼(招魂)하거나 애도하는 뜻
　　으로 쓰인다.

186 포락(炮烙): 은(殷) 주왕(紂王)이 기름을 칠한 구리 기둥 밑에 불을 피워놓아 뜨겁게
　　달군 다음 죄인에게 그 위를 걷도록 한 형벌. 죄인이 걷다가 미끄러져 불 위에 떨어
　　지면 달기와 함께 이를 보며 웃었다고 한다.

187 중국에서 군주가 땅을 나누어주며 제후를 봉하던 일.

김안국(金安國)

〈기자묘(箕子廟)〉

傷痛殷宗覆暴昏　은나라 왕실을 걱정하며 폭정을 아뢰다가
東來猶爲化蛙喧　동쪽으로 와서는 오히려 백성들 교화했네.
千年故國無徵迹　천년 옛 도읍지엔 증거할 유적이 없고
只有當時畫井痕　그저 당시에 그린 정전의 흔적만 있네.[188]

유홍(兪泓)

〈기자묘(箕子廟)〉

事隔千年只一朝　천 년 전 사적으로 왕조 하나 있는데
依然廟貌想高標　사당은 그대로라 고상한 풍모 떠오르네.
春苔雨長侵碑色　봄 이끼가 장마로 비석에 스며들고
雲木風低入戶條　높은 나무는 낮게 분 바람에 집으로 들어오네.
中土未回浮海轍　배 타고 본국에 돌아가지 못했지만
好音曾變食桑鴞　오디 먹은 올빼미[189]처럼 교화를 펼쳤네.
楚些題罷增怊悵　초혼의 싯구 짓고 나자 더욱 서글퍼지니

---

188 『모재집』권8에 실려 있다. 문집의 시 제목은 〈가는 길을 읊다 10수 절수'에 차운하
　　다(次逃征十絶韻)〉 총10수 중 제5수 〈기자묘(箕子廟)〉이다. 문집에는 제2구 '蛙'가
　　'哇'로 되어 있다.
189 상효(桑鴞) : 교화에 감화를 받아 지난날의 흉포함을 고치고 착하게 되었다는 뜻. 올
　　빼미는 흉한 소리로 우는 새인데 오디를 먹으면 좋은 소리를 낸다고 한다. 『시경』
　　「노송(魯頌)」〈반수(泮水)〉에 "이리저리 나는 저 올빼미, 저 반궁의 숲에 모였네. 우
　　리 뽕나무 오디를 먹고, 내 소리 좋아지리라 생각하네(翩翩飛鴞, 集于泮林. 食我桑
　　黮, 懷我好音)"라고 하였다.

萬古英魂不敢招　만고 영웅의 혼을 감히 부르지 못하네.[190]

이수광(李睟光)

〈기자묘(箕子廟)〉

海外分封示不賓　바다 밖에서 봉하여 벼슬 않는 뜻 보이니
八條餘化未全湮　팔조목의 교화가 완전히 사라진 건 아니네.
故都禾黍空成穗　옛 도읍의 기장은 부질없이 영글고
遺廟松杉老作鱗　사당의 소나무는 늙어서 비늘 모양.
義炳君臣天地大　군신간의 밝은 의리는 천지처럼 크고
心傳疇範日星新　홍범을 마음으로 전하니 나날이 새롭네.
千年俎豆應無替　영원히 이대로 제사 지내야 할 것이니
山有春薇澗有蘋　산에는 봄 고사리, 개울엔 마름[191] 있네.[192]

---

190 『송당집』 권4에 실려 있다. 문집의 시 제목은 〈평양의 기자묘를 찾아가서(平壤謁箕
　子廟)〉이고 총3수 중 제2수이다. 문집에는 제7수 '怊'가 '惆'로 되어 있다.
191 『시경』「소남(召南)」〈채빈(采蘋)〉에 "이에 마름을 뜯기를 남쪽 시내에서 하도다.
　이에 마름을 뜯기를 저 흘러가는 도랑에서 하도다(于以采蘋 南澗之濱 于以采藻 于彼
　行潦)" 하였다. 제사를 경건히 지낸다는 뜻이다.
192 『지봉집』 권14에 실려 있다. 문집의 시 제목은 〈'기자묘'에 차운하다(次箕子廟)〉이
　고 총2수 중 제1수이다.

정경세(鄭經世)

〈기자묘(箕子廟)〉

吾衽能令右	우리 옷깃 오른쪽으로 매게 하였나니
公車孰使東	수레는 어느 누가 동쪽으로 가게 했나.
道行夷不陋	도가 행해져 오랑캐라도 누추하지 않았으니
仁遠國還空	인을 멀리하면[193] 나라가 도리어 비게 되리라.
何者非天意	무엇인들 하늘의 뜻이 아니랴.
無然怨牧宮	목궁[194]을 그리 원망하지 말지니.
千秋禮遺廟	천 년 사당에 예를 갖춰 올리니
髣髴聽陳洪	홍범의 말씀 들리는 듯하네.[195]

---

193 『논어(論語)』「술이(述而)」에 "인이 멀리 있는가. 내가 인을 하고자 하면 인이 당장 이르는 것이다(仁遠乎哉! 我欲仁, 斯仁至矣)" 하였다.

194 하(夏)나라 걸왕(桀王)의 궁전 이름. 『맹자』「만장 상(萬章上)」에 이르기를, "『상서(尙書)』「이훈(伊訓)」에 '하늘의 토벌이 처음 내려져 목궁을 공격함은 내가 박읍(亳邑)으로부터 시작했다.' 하였다." 구절이 있다.

195 『우복집』 권1에 실려 있다. 문집의 시 제목은 〈지난 갑신년 봄에 내가 논어를 읽다가 꿈에 기자사에 가서 감회를 율시로 지었는데 깨고 그 수련을 썼더니 같이 간 사람 중에 어떤 자가 놀리면서 평상시에 지은 것보다 낫다고 하였다. 25년 뒤 기유년 가을에 내가 동지사로 평양을 거쳐 갔는데 이때 군왕을 위해 참복을 입고 있어서 사우로 들어가지 못하고 사당 아래에서 바라보며 절만 하고는 마침내 꿈속의 구를 생각하며 율시를 지었다(往在甲申春余方讀論語夢謁箕子祠有感賦一短律覺而記其首聯以語同伴則或戲之云覺時作還不及後二十五年己酉秋余以冬至使過平壤時方爲君服斬不得入祠宇瞻拜于廟下遂憶夢中句足成短律)〉이다. 문집에는 제4구 '還'이 '乃'로 되어 있다.

최명길(崔鳴吉)

〈기자묘(箕子廟)〉

道啓陳疇日	계도하여 홍범구주 진언했는데
心驚建丑辰	건축월에 마음이 놀랐네.[196]
殷墟空灑涕	은나라 터 보고 괜히 눈물 흐르니
鰈域竟歸仁	우리나라가[197] 결국 인에 귀의했네.
香火祠堂舊	향불 올린 사당은 오래 됐건만
丹靑畫像新	단청 칠한 화상은 새로 했구나.
明夷看苦意	명이 괘의 괴로운 뜻을 보면서[198]
千載重沾巾	천년 뒤에 다시 눈물 흘리네.[199]

정두경(鄭斗卿)

〈기자묘(箕子廟)〉

亳社歸玄鳥	상나라 서울로 제비[200]는 돌아가고

---

196 은나라는 건축월(建丑月)을 정월로 삼았는데, 축월은 음력 12월을 말한다. 주(周)나라는 건자월(建子月), 즉 음력 11월을 정월로 하였고, 하(夏)나라는 건인월(建寅月), 즉 음력 1월을 정월로 하였다.

197 접역(鰈域) : 가자미가 나는 바다 연안이라는 뜻으로 우리나라를 가리킨다.

198 혼군(昏君)의 시대에 현인이 고난을 받는 것을 상징한 《주역》 명이괘(明夷卦) 상(象)에 "밝음의 덩어리가 땅속으로 들어가는 상이 명이이니, 군자는 이 상을 보고서 무리를 대할 적에 어둠을 써서 밝게 한다(明入地中 明夷 君子以 莅衆 用晦而明)"라는 말이 나온다.

199 『지천집』 권1에 실려 있다. 문집의 시 제목은 〈기자묘, 김시랑의 시에 차운하다(箕子廟次金侍郎韻)〉이다. 문집에는 제2구 '建'이 '達'로 되어 있다.

200 중국 고대 은(殷)나라의 시조는 제비의 자식이라고 전한다. 은나라 조상을 낳은 선조 간적(簡狄)이 물가에서 목욕을 하고 있을 때 제비가 알을 낳고 갔는데 그 제비 알

河舟見白魚	황해 배 안에 흰 물고기가 나타났네.[201]
還將八條敎	다시 팔조목의 가르침을 가지고
來作九夷居	동쪽 나라로 와서 살았네.
海外無周粟	바다 밖이라 주의 곡식 먹지 않았고
天中有洛書	하늘에서 낙서가 생겨났네.
故宮今已沒	옛 궁궐 지금은 사라졌지만
禾黍似殷墟	벼와 기장 보니 마치 은나라 터 같네.[202]

송응창(宋應昌)[203]

〈기자묘(箕子墓)〉

夫子懷明德	부자께서는 밝은 덕 지니셨으나
生而遇不辰	태어남에 제 때를 만나지 못했네.
爲奴非避禍	화를 피하러 노비된 것이 아니니[204]
諱過乃全仁	잘못을 숨겨주고 인을 이뤘네.
疇範三才備	홍범에는 삼재가 갖추어졌으니
身名百代新	명성은 백대가 흘러도 새로우리라.

을 먹어서 은나라의 시조를 낳았다고 한다.
201 무왕(武王)이 주(紂)를 정벌하기 위해 배를 타고 황하를 건너는데, 백어(白魚)가 배안으로 뛰어 들어왔다. 무왕은 이를 은(殷)을 쳐서 이길 징조라고 생각하고 정벌하러 갔다.
202 『동명집』 권3에 실려 있다. 문집의 시 제목은 〈기자사(箕子祠)〉이다.
203 명나라 사신. 1593년에 도성 수복을 위해 군민을 고무하라는 문서를 전달하기 위해 경략(經略)의 직위로 조선에 왔다.
204 『논어』 「미자(微子)」에 "미자는 망명하고 기자는 노예가 되었으며 비간은 간언하다 죽었다. 공자는 '은나라에 세 어진 이가 있었다'고 하였다(微子去之, 箕子爲之奴, 比干諫而死. 孔子日 : '殷有三仁焉!'" 구절이 있다.

| 卽今恢復國 | 이제 원래로 회복되었으니 |
| 猶自顯經綸 | 여전히 경륜이 환히 드러나 있네. |

自廢非常調	스스로 그만뒀으니 평범한 관리[205] 아니요,
從權身中淸	권세를 따랐으나 그 한 몸은 청렴했네.
佯狂暫時事	미친 척한 것도 잠시의 일,
忠藎百年名	충성으로 오랫동안 이름났네.
帶礪承周祐	오랫동안[206] 주나라[207]를 받들어서
封茅守世盟	봉해진 땅을 대대로 지키리라 맹세했네.
殷勤酹杯酒	정성스레 잔에 술을 따르며
灑泣見吾情	눈물을 흘리며 내 심정을 보이네.

정룡(程龍)

〈기자묘(箕子墓)〉

皇華過此筆如峯	사신들 이곳 지나며 산처럼 시 남겼으니
下拜抒誠詩句窮	절하며 정성껏 시구를 살펴보네.
賢聖心同明月皎	성현의 마음은 밝은 달과 같고
松丘古墓大文宗	솔 언덕 옛 무덤은 문화의 종주이네.

---

205 상조(常調) : 평상(平常)의 관리로 선발되었다는 말로, 곧 평범한 관리라는 뜻.
206 한 나라 고조가 천하를 통일한 뒤에 공신(功臣)들을 봉한 뒤 "황하수(黃河水)가 띠 (帶)처럼 되고 태산이 숫돌(礪)만큼 닳도록 나라를 길이 편안하게 하여 자손에게 전 하자"라고 결의하였다.
207 『서경(書經)』「다사(多士)」에 "우리 주나라가 천명의 도우심을 받아 하늘의 밝은 위 엄을 가지고 왕의 형벌을 행하였다(我有周佑命 將天明威 致王罰)" 구절이 있다.

양경우(梁慶遇)

〈기자묘(箕子墓)〉

箕聖西來日	기자가 서쪽에서 오던 날
君臨析木墟	임금이 석목진[208]에서 맞았네.
殷猶存禮樂	은나라에는 예악이 있었고
周已混車書	주나라도 제도를 통일했네.
舊國千年後	옛 도읍지는 천년 뒤에
荒墳四尺餘	네 자쯤 되는 황량한 무덤 되었네.
忠臣與孝子	충신과 효자를 보면
遺化此何如	끼친 교화가 얼마인가.[209]

차천로(車天輅)

〈기자묘(箕子墓)〉

百世師先聖	백세동안 옛 성인 사표였으나
千年國故墟	천년 후에 도읍은 옛 터 되었네.
明夷傳易繇	명이는 주역의 괘[210]로 전하고

---

208 석목(析木) : 석목진(析木津). 기성(箕星)과 두성(斗星) 사이에 천한(天漢 은하수)이 있고, 기성이 목(木)에 속하기 때문에 석목의 나루라고 한 것인데, 지역으로는 바로 요동(遼東) 땅을 의미한다.

209 『제호집』 권5에 실려 있다. 문집의 시 제목은 〈오산의 '기자묘'에 차운하다(次五山 箕子墓)〉이다. 문집에는 제2수 '析'이 '柝'으로 되어 있다.

210 『주역』 '명이(明夷)'에 "어려울 때에도 바르게 함이 이롭다는 것은 그 밝음을 숨기는 것이다. 안으로 어려움을 겪을 때에도 자신의 뜻을 바르게 하는 것이니 기자가 이러 했다(利艱貞, 晦其明也. 內難而能正其志, 箕子以之)" 구절이 있다.

洪範入周書	홍범은 주서[211]에 들어가게 되었네.
古墓殘碑在	옛 무덤엔 낡은 비가 남아있고
荒山古木餘	황량한 산엔 고목이 남아있네.
浿水流不盡	대동강은 끝없이 흐르는데
遺化共何如	남겨진 교화는 모두 어떠한지.[212]

조경(趙絅)

〈기자묘(箕子墓)〉

罔僕干周志乃伸	주의 신하 되지 않으려는[213] 뜻을 펴서
佯狂還合齒三仁	미친 척하니 오히려 어진 세 사람이 되었네.
公陳洪範心無我	홍범을 아뢴 마음엔 사사로움 없었으니
何陋東夷德有隣	덕 있는 곳에 이웃 있는 동쪽 나라가 어찌 보잘것 없으랴.
六七王風吹海日	6, 7명의 어진 왕풍[214]이 바다 너머 불어오고
五千殷士作鮮民	오천 명의 은나라 사람 조선백성 되었네.
至今報祀修丘壟	지금껏 제사 지내고 무덤 잘 보수했으니
白馬威儀若隔晨	백마[215]의 위의가 마치 어제 일 같네.[216]

---

211 『서경』 「주서(周書)」에 홍범에 대한 내용이 있다.
212 『오산속집』 권1에 실려 있다. 문집의 시 제목은 〈기자묘(箕子墓)〉이다. 문집에는 제 6구 '古'가 '拱'으로, 제7구 '水'가 '江'으로 되어 있다.
213 망복(罔僕): 망국의 신하로서 새 왕조의 신하가 되지 않겠다는 절개. 『서경』 「미자(微子)」에서 은(殷)나라가 망하려는 즈음에 기자(箕子)가 "은나라가 망하더라도 나는 남의 신하가 되지 않으리라(商其淪喪 我罔爲臣僕)"라고 한 대목이 있다.
214 『맹자』 「공손추(公孫丑)」에 "탕(湯)으로부터 무정(武丁)에 이르기까지 성현 같은 임금 6, 7명이 있었으므로 천하가 은(殷)나라로 돌아간 지 오래다(由湯至於武丁賢聖之君六七作天下歸殷久矣)"라고 하였다.

이경석(李景奭)

〈기자묘(箕子墓)〉

不敢私疇範	감히 홍범을 사사로이 하지 못해
東來啓我民	동쪽으로 와서 우리 백성 계도했네.
佯狂終見義	미친 척하며 결국 의리를 보였으니
先聖竝稱仁	옛 성현과 나란히 어질다고 일컬어졌네.
周自三千士	주나라엔 삼천 명의 군사 있었고[217]
殷猶半萬人	은나라에서도 오히려 오천 명이 왔네.
西行想白馬	서쪽으로 가면서 백마를 생각하니
弔古倍傷神	옛 일 생각에 갑절이나 마음이 아프네.[218]

이민구(李敏求)

〈기자묘(箕子墓)〉

箕子墓門秋日鮮	기자의 무덤은 가을이라 선명한데
行人灑淚石羊前	행인들은 석물 앞에서 눈물을 흘리네.
周邦運啓仁賢去	주나라 건국되자 현인들은 떠나갔고

---

215 기자가 조선에 봉해진 뒤 백마를 타고 주(周) 나라에 조회 가던 중, 은 나라의 폐허를 지나면서 맥수가(麥秀歌)를 지어 자신의 슬픈 회포를 말하였다고 한다.
216 『용주유고』 권3에 실려 있다. 문집의 시 제목은 〈기자묘에 참배하며(謁箕子墓)〉이다. 문집에는 제7구 '璧'이 '隴'으로 되어 있다.
217 주무왕(周武王)이 은(殷) 나라의 목야(牧野)를 칠 때 군사가 3천이었다.
218 『백헌집』 권5에 실려 있다. 문집의 시 제목은 〈기자묘에 참배함에 느낀 바 있어(謁箕子墓有感)〉이다.

孔壁書開大法傳	공자의 벽에서 책 나와 큰 법도 전해졌네.
江上閭閻通御井	강가 민가에도 어정[219]이 통해 있고
城邊經界辨公田	성 주변 경계에서도 공전을 알 수 있네.
殷墟麥秀休深恨	은허에 무성한 보리이삭을 한탄 말지니
此地蓬蒿又幾年	이 땅이 쑥대밭 된 지 또 얼마였던가.[220]

주지번(朱之蕃)

〈민충단(愍忠壇)〉

纍纍盈道左	줄줄이 길가에 가득한 건
盡是戰士墳	모두 다 전사의 무덤.
七尺委一朝	칠 척의 몸 나라에 바쳐
萬里遊英魂	만 리 먼 곳의 혼이 되었네.
憶昔壬癸間	임진년과 계사년 떠올려보니
海沸騰妖氛	물결치는 바다에 요기가 서렸지.
焚掠無留行	방화와 약탈이 거침이 없어
蹂踐半東藩	이 나라를 거의 유린했었지.
赫然張皇威	혁혁하게 황제의 위엄 떨쳐서
樓舡渡三軍	누선 타고 삼군이 건너 왔네.
攻堅催强鋒	강한 힘 내세워 견고한 성 공격하며
轉戰朝日昏	하루 종일 이곳저곳에서 싸웠네.

---

219 어정(御井) : 임금에게 올릴 물을 긷던 우물.
220 『동주전집』 권8에 실려 있다. 문집의 시 제목은 〈기자묘(箕子墓)〉이다.

拔幟登崇城　　높은 성에 올라 아군의 깃발 꽂으니[221]

矢石蝟毛紛　　퍼붓는 화살이 고슴도치마냥 어지러웠네.

報國靡顧身　　나라를 위해 제 한 몸 돌보지 않으니

竹帛冀垂勳　　나라에 공을 세우기를[222] 바랄 뿐.

視死坦如歸　　집에 가는 양 죽음에 초연했고

爲厲伸煩寃　　원한을 풀 듯 적을 죽였네.

不恤枯萬骨　　많은 군사의 죽음을 돌보지 않고

拯此一邦存　　이곳을 구원하여 나라 있게 하셨네.

生當太平世　　살아서는 태평성세 만났으나

罹禍信無門　　재앙은 진실로 문이 따로 없구나.[223]

靑燐搖慘月　　도깨비불이 슬픈 달빛에 흔들리고

怒氣盤秋雲　　노기는 가을 구름에 서려 있네.

啼血化鵑歸　　피 토하듯 우는 두견새 되어 돌아가려니

何處爲家園　　어느 곳이 우리 집 뜰인가.

大將逐驕虜　　대장으로 교만한 오랑캐 물리치고

捐軀酬主恩　　이 몸 바쳐 임금님 은혜를 갚노라.

爾曹生相依　　그대들 서로 의지하며 살지니

九原歸忠勤　　충성스러운 이들 구원에 묻혔네.

---

221 발치(拔幟) : 발치역치(拔幟易幟). 적군의 깃발을 뽑아 버리고 아군의 깃발을 꽂는
다는 뜻.

222 후한(後漢)의 광무제(光武帝)가 동북 지방을 평정하기 위해 업(鄴) 지방에 왔을 때
등우(鄧禹)라는 친구가 와서 "오직 그대의 위엄과 덕이 사해를 뒤덮기를 바라며 저
는 미약하나마 힘을 보태 공명이 죽백에 드리우기를 바란다(但願明公威德加於四海,
禹得效其尺寸垂功名於竹帛耳)"고 한 말에서 유래된 표현이다.

223 무문(無門) : '문이 따로 없다'는 의미는 정경세(鄭經世)의 〈귀거래사에 차운하다(次
歸去來辭)〉의 "궁함과 통함은 운명에 따른 것, 화와 복은 일정한 문이 따로 없네(窮
通有命, 禍福無門)"의 맥락에서처럼 운명에 따른 것이라는 의미로 이해된다.

禦侮藉陰佑　　침략을 막아낸 건 음덕 덕분이니

永爲正乾坤　　영원히 세상을 바르게 하리라.

양유년(梁有年)

〈민충단(愍忠壇)〉

一戰功成復古京　　한번 싸운 전공으로 서울을 회복했으니

捐軀千載有餘榮　　이 한 몸 바친 것 영원한 영광되리라.

志期賊滅寧俱死　　적을 물리치리라 결심하니 차라리 죽을 지언정

身在師中敢愛生　　군대에 있는 이 몸 어찌 살기를 바라랴.

異域山河靈爽著　　이역의 산하에서 용맹한 영령들 나타나니

百年閨閣夢魂驚　　그 당시 집에서는 깜짝 놀랐으리라.

不堪此日經過處　　차마 이 날 지나갈 수 없으니

脉脉鄕邦感慨情　　끊임없이 나라에 대한 감개의 정 생겨나네.

왕몽윤(王夢尹)

〈민충단(愍忠壇)〉

昨日戰城西　　어제 성 서쪽에서 싸웠는데

今日戰城北　　오늘 성 북쪽에서 싸우네.

城門半夜風雨聲　　한밤 성문에는 비바람 소리

睥睨微茫天地黑　　바라보니 아득하여 세상이 어둡네.

島夷開門借一攻　왜적이 문을 열어 공격을 하니

頭顱落處寶刀雄　머리를 벤 곳에 보검이 웅장하네.

城中梟獍牙猶礪　성 안의 효경[224]은 이가 오히려 날카롭고

城外烏鳶腹已充　성 밖의 까마귀는 배가 벌써 불렀구나.

歸來捲土夷虜走　권토중래 하러오니 오랑캐들 달아나고

屬國群臣笑飮酒　속국의 군신들은 웃으며 술 마시네.

赤囊一日奏長楊　급한 보고[225]를 하루아침에 행궁[226]에 아뢰니

將軍肘後金如斗　장군은 팔뚝에 한 말 만한 금인(金印)을 찼네.[227]

惟有蔓草寒煙白骨枯　찬 연기 긴 덩굴풀에 백골만 말라 있어

至今燐火飛淵藪　지금까지 도깨비불 풀숲을 나는구나.

君不見東漢元勳馬伏波　그대 보지 못했나, 동한에 공 세운 복파장군이[228]

裹革爲家氣若河　말가죽을 집으로 삼으니[229] 그 기개 황하 같았네.[230]

壯士有身思報主　장사는 몸을 바쳐 임금의 은혜에 보답하는 법,

忍令螻蟻啄橫戈　어찌 개미들에게 군사들을 쪼게 하랴.

---

224 효경(梟獍) : 효(梟)는 올빼미요 경(獍)은 호랑이처럼 생겼으면서 몸집이 작은 외눈박이 짐승. 제 어미 아비를 해치고 잡아먹는 불효막심한 금수(禽獸)라는 뜻이다.

225 적낭(赤囊) : 적백낭(赤白囊). 위급한 사태를 조정에 보고하기 위하여 급히 올려 보내는 변방의 행낭(行囊).

226 장양(長楊) : 궁전의 이름. 원래 진(秦)나라의 옛 궁전인데, 한(漢)나라에서 수리하여 행행할 때 사용하는 장소로 삼았다.

227 『세설신어』「우회(尤悔)」에 따르면 진(晉)나라 주의(周顗)가 "올해에는 저 역적들을 죽여서 반드시 말통 만큼 큰 금인(金印)을 팔뚝 위에 차리라"고 하였다.

228 후한(後漢) 광무제(光武帝) 때 교지(交阯)를 정벌한 복파장군(伏波將軍) 마원(馬援)을 가리킨다.

229 『후한서』「마원전(馬援傳)」에서 마원이 자청하여 출정하면서 "지금 흉노와 오환(烏桓)이 북쪽 변경을 시끄럽게 하고 있다. 이들을 정벌할 것을 청하리라. 사나이는 마땅히 변방 싸움터에서 죽어야만 한다. 말가죽으로 시체를 싸서 돌아와 장사를 지낼 뿐이다(以馬革裹尸還葬耳) 어찌 침대 위에 누워 시중을 받으며 죽을 수 있겠는가?"라고 하였다는 대목이 있다.

230 과혁(裹革) : 과혁지시(裹革之屍). 말가죽에 싼 시체라는 뜻으로, 전사한 사람의 시체.

絶島鼓聲喧	외딴 섬에 둥둥 북이 울리는데
樓舡渡虎賁	누선 타고 호위대[231]가 건너왔네.
三軍爭破釜	삼군은 결사의 각오[232]를 다투다가
七載始還轅	7년 만에 비로소 수레 돌려 돌아갔네.
海外重開國	바다 밖 나라 다시 개국을 하게 되었으나
師中未返魂	군사들은 혼조차도 돌아오지 못했네.
青苔生白骨	푸른 이끼가 백골에 돋아나는데
山月幾黃昏	산의 달은 몇 번이나 졌던가.
天兵下海門	천자의 군대가 바다로 나와서
戰血海波渾	전장의 피가 바다를 물들였네.
萬里春閨夢	만 리 너머 봄 규방의 꿈은
三秋夜月魂	삼년간 달의 넋이 되었네.
忠肝神鬼泣	충성스러운 마음은 귀신도 흐느꼈고
浩氣古今存	넓은 기개는 지금도 남아있네.
男子榮名立	사나이의 영예로운 명성 세워졌으니
浮生那復論	부질없는 인생 또 무엇을 논하랴.

---

231 호분(虎賁) : 호랑이처럼 용감하고 날래다는 뜻으로, 천자(天子)를 가까이에서 호위
하는 군대.
232 파부(破釜) : 파부침주(破釜沈舟). 『초한지』에서 유래가 된 고사성어로 밥 지을 솥
을 깨뜨리고 돌아갈 때 타고 갈 배를 가라앉힌다는 뜻. 결사의 각오로 출진하다.

유근(柳根)

〈민충단(愍忠壇)〉

藩邦控扼衛神京　번국을 제압하여 황제의 서울 지켰으니

拒賊輸忠死亦榮　적을 막고 충성을 다해 죽어도 영광이네.

天意固存期恤小　하늘의 뜻이 있어 소국을 불쌍히 여기시니

王師賈勇却忘生　천자의 군대 용맹을 뽐내며 생사를 잊었네.

乾坤震盪仁無敵　천지가 요동치니 인은 천하무적이요,

鋒鏑摧傷事可驚　창과 화살 꺾이니 상황이 놀랄 만하네.

遙望空壇賦詩吊　멀리 빈 단 보며 시를 지어 애도하나니

九原應慰未歸情　땅에 묻혀 돌아가지 못한 마음을 위로하리라.[233]

김육(金堉)

〈민충단(愍忠壇)〉

城下三間屋　성 아래에 세 칸짜리 집이 있고

壇前鳴咽泉　단 앞에는 흐느끼는 냇물 있네.

忠魂應共語　충혼은 마땅히 모두 말하겠지만

烈氣竟誰傳　장렬했던 그 기개는 누가 전하리.

故國千山外　고국은 수많은 산 너머에 있고,

他鄉一水邊　타향은 한 줄기 강가에 있네.

---

[233] 『서경황화시집(西坰皇華詩集)』 권4에 실려 있다. 문집의 시 제목은 〈삼가 부사의 '민충단시'에 차운하다(敬次副使愍忠壇詩韻)〉이다.

男兒死所死　사나이로 죽을 곳에서 죽었으니
何必淚潸然　어찌 줄줄 눈물 흘리겠는가.[234]

주지번(朱之蕃)

〈정전(井田)〉

箕封舊俗惟耕稼　기자가 봉해진 옛 시절의 풍속은 농사짓는 일,
有事西疇正及春　밭갈이 할 서쪽 밭엔 마침 봄이 이르렀네.[235]
阡陌未開遺制在　밭둑길 개간하지 않았지만 제도는 남아있어
民需潤澤國當新　백성의 삶이 윤택하니 나라도 새로워지리라.

양유년(梁有年)

〈정전(井田)〉

千載箕封幾變遷　천 년 전 기자가 봉해진 뒤 얼마나 바뀌었나.
宜民古法至今傳　백성에게 알맞은 법이 지금도 전하지네.
淳風猶自存耕鑿　순박한 풍속은 농사일에 남아있기에
不問河源問井田　황하의 수원을 묻지 않고[236] 정전을 물어보네.

---

234 『잠곡유고』권2에 실려 있다. 문집의 시 제목은 〈민충단. 두시에 차운하다(愍忠壇次杜韻)〉이다.
235 도잠(陶潛)의 〈귀거래사(歸去來辭)〉에 "농부가 내게 찾아와 봄이 왔다 일러주니, 앞으로는 서쪽 밭에서 밭을 갈련다(農人告余以春及, 將有事於西疇)" 구절이 있다.
236 『형초세시기(荊楚歲時記)』에 장건(張騫)이 황하의 수원(河源)을 찾아가는데, "뗏목을 타고 한 달을 지나서 한 곳에 당도하니, 성곽(城郭)은 주부(州府)와 같고 실내(室

차천로(車天輅)

〈정전(井田)〉

晚出含毬覓井田	저녁에 함구문을 나와 정전을 찾아가니
至今遺迹仰仁賢	지금 남아 있는 유적에서 성현을 우러르네.
立圭軒帝分州制	헌원황제[237] 토규[238]를 세워 땅을 나눴고
畫壞朝鮮建國年	땅을 구획한 건 조선이 건국했을 때.
已用九疇遵禹貢	구주[239]를 써 우공의 뜻 따랐으니
詎知三變決秦阡	어찌 세 번 변해 진나라의 천맥법[240] 될 줄 알았나.
東韓禮樂衣冠俗	동쪽 나라의 예악과 의관 풍속엔
聖化千秋萬古傳	성인의 교화가 영원히 전해지리라.

양도인(楊道寅)

〈기자정(箕子井)〉

洌泉深處水晶寒	찬 샘 깊은 곳에 수정이 찬데

內)에 한 여자가 베를 짜고 있으며, 또 한 남자는 소를 끌고 하수에 와서 물을 마셨다"
는 구절이 나온다.

237 헌제(軒帝) : 전설상의 임금인 황제헌원(黃帝軒轅).

238 입규(立圭) : 토규(土圭)를 세웠다는 뜻인 것으로 보인다. 토규는 옛날 주(周) 나라
때에, 땅의 깊이를 재고 해의 그림자를 분변하던 그릇이다.

239 구주(九疇) : 중국 하(夏)나라 우왕(禹王)이 남겼다는 정치 도덕의 아홉 가지 원칙.
오행, 오사, 팔정, 오기, 황극, 삼덕, 계의, 서징 및 오복과 육극.

240 천맥법(阡陌法) : 상앙(商鞅)이 진 효공(秦孝公)에게 발탁된 뒤에 경지정리 차원에서
천맥을 없애는 천맥법을 마련했다. 천맥은 토지의 경계에 있는 길로, 정전법(井田法)
에서는 도랑과 두둑의 역할을 했던 수(遂), 구(溝), 혁(洫), 회(澮)가 사방을 에워쌌으
나 천맥법에서는 이 제도가 토지 활용에서 누수가 있다고 여겨서 도랑을 사방으로
터 버리고 두둑을 무너뜨려 평탄하게 한 뒤 이 공간도 모두 농토로 조성하였다.

氷雪凝來一樣看　얼음이 얼어 한 가지로 보이네.

夜靜甓涵千古月　고요한 밤 벽돌담은 천고의 달을 품어

至今流澤猶堪飡　지금까지 은택으로 마실 만하네.

차천로(車天輅)

〈기자정(箕子井)〉

百尺寒泉澈地淸　백 척 찬 샘이 바닥까지 맑은데

汲深分碧轆轤聲　푸른 물 퍼 올리는 도르래 소리.

一杯頓解相如渴　물 한 잔에 상여의 소갈증도[241] 해갈되니

却想衢樽酌萬生　도리어 물동이[242] 두어 온 백성에게 주고 싶네.[243]

주지번(朱之蕃)

〈모란봉(牧丹峯)〉

日麗霞蒸海國春　햇빛 화창하고 노을 낀 바닷가의 봄

牧丹峯色翠嶙峋　모란봉의 색깔은 푸른빛이 겹겹이네.

---

[241] 한(漢)나라의 문장가인 사마상여(司馬相如)가 항상 목이 마르는 소갈증, 즉 당뇨병
(糖尿病)을 앓았다고 한다.

[242] 구준(衢樽) : 사람마다 실컷 마시도록 대로(大路)에 놓아둔 술동이. 임금의 어진 정
사를 비유할 때 쓰는 말이다. 『회남자』 「무칭훈(繆稱訓)」에 "성인의 도는 마치 대로
에 술동이를 놔두고서 지나는 사람마다 크고 작은 양에 따라 각자 적당히 마시게 하
는 것과 같다(聖人之道 猶中衢而置尊邪 過者斟酌 多少不同 各得所宜)"고 하였다.

[243] 『오산속집』 권1에 실려 있다. 문집의 시 제목은 〈기자정(箕子井)〉이다. 문집에는 제1
구 '澈'이 '徹'로, 제3구 '杯'가 '桮'로, 제4구 '却想'이 '卻勝'으로, '樽'이 '罇'으로 되어 있다.

尋常花萼難相似　평범한 꽃들도 서로 비슷하지 않은데
華岳蓮開玉井新　화악의 연꽃 피어[244] 우물이 새롭네.

양유년(梁有年)

〈모란봉(牧丹峯)〉

山開錦繡麗春陽　산에 비단 펼쳐있고 봄빛도 아리따운데
更有奇峯獨占芳　기이한 봉우리까지 있어 가장 아름답네.
萬壑千巖如衆卉　온 골짜기와 바위는 마치 꽃이 만발한 듯
也輸艶質號花王　아름다움을 보이니 꽃의 왕이라 불리네.

최립(崔岦)

〈모란봉(牧丹峯)〉

一上危峯四望平　높은 봉우리 올라서니 사방이 나지막한데
知因形勢作名城　알겠구나, 형세 따라 성 이름 지었음을.
地靈斧鑿了無迹　땅 귀신이 흔적 없이 도끼로 쳐낸 듯
天樂笙簫如有聲　하늘나라 피리 소리도 들려오는 듯.
將坐林風淸宴席　숲 바람 청량한 잔치 자리에 앉으려 하는데
未歸江月滿空舡　달빛 가득 실은 빈 배는 아직 돌아오지 않았네.

---

244 한유(韓愈)의 시 〈옛 뜻(古意)〉에 "태화(太華) 봉우리 샘의 연꽃, 꽃피니 뿌리가 길기도 하네(太華峰頭玉井蓮, 開花十丈藕如船)"라는 구절이 있다.

不緣造物供仙賞　조물주가 이 선경을 보여줄 마음 없었다면

安得花時連日晴　어찌 꽃 필 때 연일 맑겠는가.

侑行何處不樓臺　술자리 벌일 누대가 어딘들 아니랴만

爭似危峰屐印苔　이끼 밟고 올라온 이 높은 봉우리 같으랴.

影與蛟龍蟠水底　그림자는 교룡과 물 아래 서려 있고

勢窮鵰鶚掠天廻　너무 높아 수리도 하늘을 스치고 돌아가네.

城依終古猶興廢　성은 영원히 흥성하고 망하겠지만

路繞何時了往來　돌아든 길은 언제나 왕래가 멈추려나.

縱是仙遊自快活　신선 유람하면 절로 쾌활해진다 하지만

登臨未厭感懷開　올라와서 회포를 푸니 언제나 좋네.[245]

유홍(兪泓)

〈모란봉(牧丹峯)〉

梯空直上倚雲臺　사다리로 곧장 올라 누대에 기댔더니

登眺危巔步紫苔　바라보니 높은 산도 이끼 긴 길 걷는 듯하리.

亂嶂崩騰臨水盡　무너질 듯한 여러 봉우리는 물가에 있고

長江浩渺抱村回　넓고 넓은 긴 강은 마을을 휘감았네.

風花點點隨高下　바람에 꽃은 점점이 아래로 떨어지고

沙鳥雙雙自去來　모래가 새는 쌍쌍이 절로 왔다 갔다.

---

[245] 『간이문집』 권8에 실려 있다. 문집의 시 제목은 〈'제모란봉' 시에 차운하다(次題牧
丹峯韻)〉이다.

他日夢遊應記取　　훗날 꿈에 유람한다면 분명 기억나리라.

牡丹高朶半空開　　허공에서 피어있는 모란꽃 한 가지가.²⁴⁶

왕학(王鶴)

⟨대동강(大同江)⟩

帆動拂煙霞　　돛이 일렁여 안개를 헤쳐 가며

樓舡出兩涯　　누선을 타고 양 기슭에 나왔네.

試看江裏楫　　강 위의 배를 보게나.

謾擬海邊槎　　마치 바다에 있는 배인 듯.

氷解魚隨浪　　얼음이 녹아 물고기가 물결을 따르고

風和鸛聚沙　　바람이 따뜻하여 까마귀가 모래사장에 모였네.

春思同逝水　　봄 그리움은 물과 함께 흘러가니

何處是京華　　어느 곳에 서울이 있는지.

주지번(朱之蕃)

⟨대동강(大同江)⟩

東來春雨漲春江　　동쪽에서 오는 봄비에 봄강이 불어

閑泛江天畫檣雙　　한가하게 배 위로 누선을 띄웠네.

江水不隨鄉國異　　강물은 고국과 다르지 않아서

---

246 『송당집(松塘集)』 권4에 실려 있다. 문집의 시 제목은 ⟨모란봉(牡丹峰)⟩이다. 문집
에는 제8구 '高'가 '孤'로 되어 있다.

聲同楊子共淙淙　물소리가 양자강처럼 출렁출렁.

양유년(梁有年)

〈대동강(大同江)〉

古堞芳洲一水陽　고성에 모래톱, 한 줄기 강물
東流往事幾星霜　동쪽으로 흐르니 지난일은 얼마나 되었나.
平波輕織風紋細　잔잔한 물결은 바람이 가볍게 실을 짠 듯
巨檻橫挖舞袖長　큰 누각은 소매를 옆으로 끈 듯 길구나.
入網金鱗絲作膾　그물 안의 금린어는 잘게 회를 만들고
傾樽玉罍醉爲鄕　술병 기울여 마시니 취향(醉鄕)이 되네.
更憐萬炬城頭暮　성 어귀에 수많은 횃불 더욱 보기 좋으니
疑是銀河列宿光　무수한 별 빛나는 은하수인가.

왕몽윤(王夢尹)

〈대동강(大同江)〉

平壤天開劃大江　하늘이 평양을 열어 큰 강으로 나누니
練光浮碧裊霞幢　연광정과 부벽루엔 붉은 깃발 일렁이네.
蚕頭東望依沙渚　잠두 동쪽을 바라보니 모래사장 있고
鳳尾西來賁海邦　봉황 꼬리가 서쪽으로 와서 나라를 장식하네.
夾岸鸎飛聲嚦嚦　기슭 사이에 꾀꼬리 날며 꾀꼴꾀꼴 우는데

中流鷗渡影雙雙　중류에 물새는 쌍쌍이 날아가네.

澄波遠借瀟湘色　맑은 물결은 저 멀리서 소상강[247] 빛을 빌려왔나

一曲猶堪倒玉缸　강물 한 구비는 오히려 옥항아리 부은 듯.

이승소(李承召)

〈대동강(大同江)〉

青山如畫抱雄城　그림 같은 청산은 큰 성을 휘감고

下有江流一道淸　아래에 강물은 한 줄기 맑아라.

欲向魚磯尋舊隱　낚시터로 향하면서 은거지 찾으려니

悔從蝸角競虛名　달팽이 뿔 위에서 허명을 다툰 일 후회되네.

岸花送客紛紛落　언덕의 꽃은 길손을 전송하며 하늘하늘 떨어지고

錦纜牽舟緩緩行　비단 같은 닻줄이 배를 끌어 천천히 떠가네.

楊柳滿汀春半老　버들은 물가에 가득하여 봄은 지려 하는데

絮飛如雪逐風輕　눈 같은 버들개지 살랑살랑 바람을 좇네.[248]

윤근수(尹根壽)

〈대동강(大同江)〉

浮碧樓前碧水流　부벽루 앞에 푸른 강물 흐르는데

247　중국의 상강(湘江)을 가리킨다. 그 강물이 깊고 맑기 때문에 붙여진 이름이다.
248　『삼탄집』권5에 실려 있다. 문집의 시 제목은 〈평양 대동강에서 진한림의 시에 차운하다(平壤大同江次陳翰林(鑑)詩韻)〉이다.

大同門外繫蘭舟　대동문 밖에 목란주 매어났네.

長堤綠草年年色　긴 둑의 푸른 풀은 해마다 똑같지만

獨倚春風憶舊遊　홀로 봄바람 맞으며 옛 유람 생각하네.[249]

이덕형(李德馨)

〈대동강(大同江)〉

官程脩柳鬱金枝　관청의 버드나무 가지는 온통 금빛이고

南院天桃相發輝　남원의 복사꽃은 서로 빛을 발하네.

無賴狂風吹盡日　무뢰한 광풍이 종일 불어대어

亂花如雪渡江飛　꽃잎이 눈처럼 강을 건너 날아가네.[250]

차천로(車天輅)

〈대동강(大同江)〉

坐穩龍驤萬斛舟　앉으니 편안하여 수군[251]의 거함에 탄 듯한데

俯臨春水碧悠悠　봄 강물 바라보니 푸른빛이 아득하네.

層波半豁危城角　층층 물결이 높은 성에 펼쳐져 있고

---

249 『월정집』권2에 실려 있다. 문집의 시 제목은 〈평양소윤에게 써 주다(寄贈箕城少尹)〉이며 총4수 중 제3수이다.

250 『한음문고』권1에 실려 있다. 문집의 시 제목은 〈대동강 절구 2수(浿江二絶)〉이며 총2수 중 제1수이다. 문집에는 제2구 '輝'가 '揮'로 되어 있다.

251 용양(龍驤) : 수군(水軍)을 가리킨다. 서진(西晉)의 용양장군(龍驤將軍) 왕준(王濬)이 수군을 이끌고 오(吳)나라를 정벌하여 금릉(金陵)을 함락시킨 고사가 있다.

遠色橫分曠野頭　아련한 빛이 넓은 들판에 가로 놓였네.

地盡海門低落日　육지가 끝난 바다에 해가 지고

天浮烟樹接長洲　안개 낀 강물은 긴 섬에 닿아있네.

沙汀繫纜頻回首　강가에 닻줄 맨 뒤 자꾸 고개 돌리니

却恨風情異昔遊　풍정이 예전 유람 때와 달라서 안타깝구나.[252]

최립(崔岦)

〈대동강(大同江)〉

馬厭沿山路　말로 산길 따라 가는 것에 질려서

舟耽並水城　배로 자꾸 강가 성을 아울러 가네.

渚風欺激灩　물가 바람은 살랑살랑 장난 치고

煙水鬪分明　안개 낀 나무는 다투어 선명하네.

花落依依泛　꽃잎은 떨어져서 둥실 떠가고

鷗來故故輕　갈매기는 와서 일부러 천천히 나네.

休言微物態　이러한 풍경이 아니라면

不與管將迎　맞고 보내는 일 않겠다고 말하지 말게.[253]

---

252 『오산집』 권3에 실려 있다. 문집의 시 제목은 〈대동강 배에서 사신께 올리면서 여러
　　 공들에게 보여주다(大同舟中奉上使相兼示諸公)〉이다.
253 『간이문집』 권8에 실려 있다. 문집의 시 제목은 〈다시 대동강에 배를 띄우다〉 시에
　　 차운하다(次重泛大同江韻)〉이다. 문집에는 제4구 '水'가 '樹'로 되어 있다.

이정구(李廷龜)

〈대동강(大同江)〉

二月南湖春水多　2월의 남호엔 봄물이 불어
畫船斜日響琴歌　저물녘 배에선 거문고와 노랫소리.
遊人醉後歸應晚　노니는 이들 취한 뒤엔 늦게 돌아가리니
莫遣東風生逆波　물결 거슬러 일게 하는 동풍아, 불지 마라.

芳草萋萋雨後多　무성한 방초는 비온 뒤에 더 많아져
夕陽洲畔采菱歌　해질녘 물가에선 마름 따는 노래 부르네.
佳人十幅綃裙綠　미인의 열 폭 짜리 푸른 비단 치마는
染出南湖春水波　남호 봄 강물에서 물든 것이네.²⁵⁴

彩鷁揚春渚　채색한 배가 봄 물가에 떠가니
輕波漾日華　가벼운 물결이 햇살에 일렁이네.
參差孤寺樹　들쭉날쭉한 외로운 절의 나무,
濃淡別村花　짙고 옅은 외딴 마을의 꽃들.
雪落堆盤膾　눈송이 떨어진 듯 쟁반에 수북한 회,
風喧引路笳　바람이 부는 듯 길 인도하는 피리소리.
却愁秋候至　도리어 가을 올까 걱정하나니
星漢杳仙槎　은하수가 신선 뗏목에 아스라하네.²⁵⁵

---

254 『월사집』권10에 실려 있다. 문집의 시 제목은 〈대동강에 배를 띄우며 옛 사람의 시
　　에 차운하다(大同江泛舟次前人韻)〉이다. 문집에는 제2수 제2구의 '采'가 '採'로, 제4
　　구 '湖'가 '江'으로 되어 있다.
255 『월사집』권12에 실려 있다. 문집의 시 제목은 〈감군이 길 따라 지은 시에 차운하다

권필(權韠)

〈대동강(大同江)〉

浿江春水綠潺湲　대동강 봄 강물 푸르게 흐르는데

玉節東來住彩舫　옥절이 동쪽나라 와서 배에서 머무네.

薄暮林巒生翠靄　저물녘 숲에는 푸른 안개 일어나고

中流簫鼓殷靑天　강 가운데 풍악 소리 푸른 하늘에 울리네.

樽臨極浦邀新月　초승달 뜰 때 술동이가 먼 물가로 오고

筆駕驚濤瀉瀑川　폭포가 쏟아내듯 호쾌하게 붓을 휘두르네.

多謝明珠分及我　고맙게도 명주를 내게 나눠 주시니

探來應値老龍眠　분명 늙은 용이 잠잘 때 가져온 것이리라.[256]

신흠(申欽)

〈대동강(大同江)〉

丹樓隱隱望如霞　붉은 누각 은은하게 놀 같이 보이니

蘋末香風漾晚波　물풀 끝 산들바람에 저녁 물결 일렁이네.

知有蘭舟依渚泊　목란주가 모래섬에 정박하고 있는지

隔林遙唱浪淘沙　숲 너머 멀리에서 〈낭도사〉[257] 노래 들리네.[258]

（次監軍沿途所作韻）〉이며, 대동강(大同江)에 대한 시다. 총11수 중 제5수이다.

[256] 『석주별집』권1에 실려 있다. 문집의 시 제목은 〈사신께 올려 패강 유람에서 지은
시를 보이는 시에 차운하다(次韻謝上使書示遊浿江之作)〉이다. 문집에는 제2구 '住'
가 '駐'로, 제5구 '樽'이 '罇'으로 되어 있다.

[257] 낭도사(浪陶沙) : 당(唐)나라 교방곡(敎坊曲)의 이름. 뱃놀이를 소재로 하여 칠언 절
구로 지은 백거이의 〈낭도사사(浪陶沙詞)〉 6수가 유명하다.

주지번(朱之蕃)

〈능라도(綾羅島)〉

崚嶒岳色疊江沱　높은 산색 강물에 겹겹이 비치는데

麗日晴嵐景色多　맑은 날 이내 개어 수많은 풍경들.

擧國服儒裁布素　온 나라 선비들이 흰 옷을 지어입어

穠華端不讓綾羅　아름다운 꽃빛이 능라도만 못하지 않네.

양유년(梁有年)

〈능라도(綾羅島)〉

曾向支機取石來　그 옛날 지기석[259]을 갖고 왔으니

蛟宮海市爲誰開　용궁과 신기루는 누굴 위해 열어놨나.

輪將遙接煙波外　이걸 가지고 멀리 물결 너머에 두려하니

堆積綾羅待剪裁　가득 쌓인 비단은 마름질하기만 기다리네.

---

258 『상촌고』 권19에 실려 있다. 문집의 시 제목은 〈대동강에 돌아와서 배 위에서 즉석으로 짓다(還到浿江船上口占)〉이다.

259 지기석(支機石)은 베틀을 괴는 돌을 말한다. 장건이 사명(使命)을 받들고 서역(西域)에 나갔던 길에 떼를 타고 황하(黃河)의 근원을 한없이 거슬러 올라가다가 어느 곳에 이르렀는데 한 여인은 방 안에서 베를 짜고, 한 남자는 소를 끌고 은하의 물을 먹이고 있었다. 장건이 이곳이 어디냐고 묻자 여인이 지기석(支機石) 하나를 주면서 "성도(成都)의 엄군평(嚴君平)에게 가서 물어보라"고 하였다. 장건이 돌아와서 엄군평을 찾아 지기석을 보여주자 엄군평이 말하기를 "이것은 곧 직녀(織女)의 지기석이다. 아무 연월일에 객성(客星)이 견우와 직녀를 범했는데, 지금 헤아려 보니, 그때가 바로 이 사람이 은하에 당도한 때였도다"라고 했다는 전설에서 온 말이다.

양도인(楊道寅)

〈능라도(綾羅島)〉

匹練中分靑草洲　비단물결이 푸른 모래섬을 나누니
浣紗人在銀灘頭　비단 씻는 사람은 백은탄에 있네.
擣成江上綾羅綵　강가 능라도의 비단을 다듬이질 하여
萬里晴光一島浮　만 리 맑은 빛깔이 온 섬에 떠 있네.

차천로(車天輅)

〈능라도(綾羅島)〉

靑山際海螺鬢列　바다 끝 푸른 산엔 봉우리가 늘어섰고
白石橫波劍戟廉　흰 돌은 물결 위로 창살처럼 솟아있네.
巫峽浿江俱絶勝　무협과 대동강은 둘 다 빼어난 절경이라
飛來負去兩無嫌　날아오든 짊어지고 가든 둘 다 상관없으리.

주지번(朱之蕃)

〈기린굴(麒麟窟)〉

三窟經營憐校兎　굴 세 개 파놓는 토끼가 불쌍하나니
九天寥廓指麒麟　아득한 하늘에 기린마를 보라.
但寶不貪無外慕　그저 욕심 없고 딴 걸 부러워 않았으니
隨緣陸海摠仙眞　육지와 바다나 모두 진짜 선경이네.

양유년(梁有年)

〈기린굴(麒麟窟)〉

八駿荒遊傳穆滿　팔준마[260] 주유는 주목왕 일이라고 전하는데

列仙幻迹記東明　신선들은 자취는 동명왕 기록에 남아있네.

漢庭千里還須却　천리 너머 한 조정에선 오히려 사양해서

不遣麒麟浪得名　기린마에게 헛된 명성 얻게 하지 않았네.

유홍훈(劉鴻訓)

〈기린굴(麒麟窟)〉

眞人旣闢小洪荒　진인이 이미 작은 세상을 열어

跨得金麟入彼蒼　기린마 타고 하늘로 올라갔네.

爲問鼎湖何處是　묻노니 정호[261]는 어디에 있는가.

空留石窟老江鄕　부질없이 석굴만 남아 강가에서 늙어가네.

---

260 목만(穆滿) : 주 목왕(周穆王)을 말한다. 『사요취선(史要聚選)』「제왕(帝王)」에 "목왕의 이름은 만(滿)이고 소왕(昭王)의 아들인데 팔준마를 타고 온 세상을 주유했으며 도룡주(屠龍州)에서 말에게 물을 먹였다'고 하였다.

261 중국의 선사시대(先史時代)에 황제(黃帝)라는 임금이 정호(鼎湖)라는 호숫가에서 죽어서 그 신하들이 그의 남겨 놓은 활[弓]을 붙들고 울었다고 한다.

주지번(朱之蕃)

〈조천석(朝天石)〉

絳節霓旋咫尺臨 붉은 부절[262]과 깃발[263]이 지척에 와 있으니
朝天一騎五雲深 말타고 사행길 오는데 오색구름 깊네.
惟餘石下潺湲水 오직 바위 아래 잔잔한 물결 있어
猶似當年笙鶴音 그날 학 울음소리 들려오는 듯.

양유년(梁有年)

〈조천석(朝天石)〉

仙客朝天去不還 선객은 하늘에 조회하러 간 뒤 돌아오지 않는데
馬蹄穿石迹猶傳 말발굽 돌에 남아 흔적이 아직도 전하네.
祗應化鶴歸來日 분명 학으로 변해 돌아오는 날에는
依舊蒼山鎖暮煙 예전처럼 푸른 산엔 저녁연기 자욱하리.

주지번(朱之蕃)

〈덕암(德巖)〉

大同江上千尋石 대동강 가 천 길의 바위
抗立洪濤易見功 세찬 물결에 버티고 서서 쉽게 공을 볼 수 있네.

---

262 옛날에 사신이 지니고 갔던 신표(信標).
263 구름과 놀로 만든 선인의 깃발.

聖德自崇波自靜　성덕은 절로 높고 물결 절로 고요하니
萬邦應共識皇風　온 나라가 모두 황제의 풍교를 알리라.

양유년(梁有年)

〈덕암(德巖)〉

由來地德稱能載　예부터 지덕은 만물을 싣는 것이라 했는데
川湧巖根藉奠安　시냇물이 바위에 요동쳐도 탄탄하기만 하네.
試問含靈與寶藏　백성[264]과 보물에 대해 물어보려 하니
何如獨立障洪瀾　어찌 하여 큰 물결 막고 홀로 서 있는가.

유홍훈(劉鴻訓)

〈덕암(德巖)〉

石負江城江嚙石　성은 바위 위에 있고 강물은 바위를 침식하니
小鰲斷石遺一隻　자라[265]가 바위 자른 뒤 그 하나를 남겨뒀네.
平壤千秋永不傾　평양은 영원히 무너지지 않으리라.
石是主人江是客　바위가 주인이고 강이 나그네이기에.

---

264 중생을 말한다. 함은 가진다는 뜻으로, 중생은 각각 심령(心靈)을 가지고 있어서 함령이라 한다.
265 바다 속에 자라 여섯 마리가 삼신산을 이고 떠다닌다는 전설이 있다.

주지번(朱之蕃)

〈주암(酒巖)〉

三杯百悶破香醪　막걸리 세 잔 술에 온갖 근심 깨어지고

邀月尋仙興更豪　달 보러 선경을 가니 흥이 다시 이는구나.

但得棲巖甘痛飲　그저 산에 살며 맘껏 술이나 마시면 그뿐

何須幽憤讀離騷　어찌 굳이 울분에 차 〈이소〉를 읽으랴.

양유년(梁有年)

〈주암(酒巖)〉

列星垂象泉名郡　샘으로 유명한 곳에 별들이 빛나는데

世有仙人定酒家　세상에 선인들이 이곳을 술집으로 정했네.

天啓靈巖招飲者　하늘이 신령한 바위 만들어 마실 사람 부르느라

故敎玉乳滴流霞　일부러 맑은 젖을 신선의 술[266]에 떨어뜨렸나.

유홍훈(劉鴻訓)

〈주암(酒巖)〉

漢水葡萄李白饞　한수는 포도주 같아 이백이 욕심냈는데[267]

---

266 신선이 마시는 좋은 술을 말한다. 두보(杜甫)의 〈종무생일(宗武生日)〉에 "유하를 조
　　각조각 나누어서, 방울방울 천천히 기울이노래流霞分片片 涓滴就徐傾"하였다.
267 이백(李白)의 〈양양가(襄陽歌)〉에 "멀리 한수는 오래 머리처럼 푸르러, 흡사 포도주

東方何以酒爲巖　동쪽나라 어이하여 술을 바위이름으로 삼았나.
不知奇事鎖沈盡　알 수 없는 기이한 일들 모두 사라져 버리고
洗盞江亭下夜帆　강정에서 술을 따르며[268] 밤배로 내려오네.

주지번(朱之蕃)

〈백은탄(白銀灘)〉

廻風蹙浪鼓灘聲　돌풍에 파도 쳐서 북 치는 듯한 여울 소리
萬疊銀花眼底生　만 겹의 은 같은 꽃 아래에 생겨나네.
疑向山陰浮短棹　산음[269]으로 배 띄워 가려고 하는데
千峯晴雪月中明　수많은 봉우리 눈 개이니 달빛이 밝구나.

양유년(梁有年)

〈백은탄(白銀灘)〉

怒濤千丈卷新潮　천 길이나 높은 파도 새 파도에 말려
散作銀鱗萬點飄　은빛 비늘 흩어져서 뿔뿔이 떨어지네.
直欲尋仙蓬島上　곧바로 봉래섬의 선경을 찾으려 하니
凌空白日好成橋　하늘 높이 햇빛이 다리를 만들어주네.

가 갓 익을 때 같구나(遙看漢水鴨頭綠, 恰似葡萄初釀醱)" 구절이 있다.
268 세잔(洗盞) : 세잔갱작(洗盞更酌). 잔을 씻고 술을 새로 따른다는 뜻.
269 중국 절강성 회계현 산음(山陰) 지방에는 난정(蘭亭)이 있어 동진(東晉) 때에 많은
명사들이 모임을 가졌다.

유홍훈(劉鴻訓)

〈백은탄(白銀灘)〉

筆牀茗椀繡江干　필상[270]엔 찻잔 있고 난간에 비단물결

竟日題詩興未闌　종일 시를 지어도 흥이 가라앉지 않네.

曾繹杜陵吟夜識　두보의 '야식' 구[271]를 찾아본 적 있었는데

眼前先見白銀灘　눈앞에 먼저 백은탄이 보이는구나.

양도인(楊道寅)

〈백은탄(白銀灘)〉

淺灘流日白於銀　얕은 개울 흐르는데 은보다 희니

片石浮沈漵水濱　여울 가엔 돌들이 뜨고 잠겼네.

畵舫蘭橈灘上過　그림배 노 저어 개울을 지나는데

空餘晩照石粼粼　부질없이 석양에 돌만 반짝반짝.

이수광(李睟光)

〈선연동(嬋娟洞)〉

一夢姸華去不廻　한바탕 꿈에 어여쁜 꽃들 가고 오지 않으니

---

270 필상(筆牀) : 붓을 걸어 두는 기구.

271 두보의 시 〈장씨 은거지에 대해 짓다(題張氏隱居)〉에 "욕심 없어 밤이면 금은 기운
알아보고, 명리와 세속의 화근 멀리하고 사슴과 노니네(不貪夜識金銀氣, 遠害朝看
麋鹿遊)" 구절이 있다.

野花猶似笑顔開　들꽃이 오히려 미소를 활짝 짓는 듯.

尋香蛺蝶飛無數　향기 찾는 나비가 무수히 나는데

應有春魂幻花來　분명히 봄 혼이 꽃 되어 온 것이리라.[272]

홍주원(洪柱元)

〈선연동(嬋娟洞)〉

荒原多少薛濤墳　황량한 언덕 얼마간은 설도[273]의 무덤,

魂作陽臺片片雲　혼은 양대의 조각 구름 되었으리.

最是春來芳草綠　무엇보다 봄철 푸른 풀빛 보노라면

綺筵猶想舞時裙　오히려 술자리에서 춤추던 그 모습 떠오르네.[274]

홍익한(洪翼漢)

〈보산성(保山城)〉

落月低江水接天　달은 강에 지고 강은 하늘과 이어지는데

孤臣心事曉燈前　새벽 등불 앞에 외로운 신하의 마음.

---

272 『지봉집』 권16에 실려 있다. 문집의 시 제목은 〈선연동(嬋娟洞)〉이다. 문집에는 제1
구 '廻'가 '回'로, 제4구 '花'가 '化'로 되어 있다.

273 당(唐)나라 때의 여류 시인으로 자는 홍도(洪度)이며, 설도(薛陶)라고도 한다. 사대
부가(士大夫家)의 딸이었으나 기생이 되어 백거이(白居易) 등과 교유하였으며, 원
진(元稹)과 친하여 그가 촉 땅으로 좌천된 뒤로는 촉 땅 성도(成都)의 완화계(浣花
溪)에 가서 여생을 보냈다.

274 『무하당유고』 책7에 실려 있다. 문집의 시 제목은 〈'선연동' 시에 차운하다(次嬋娟
洞韻)〉이다.

嬰城鼓角兵三百　고각 울리며 성 지켰던[275] 병사 삼백 명,

匝地干戈路幾千　땅에 가득한 방패와 창이 길에 얼마나 있었나.

靑漢快機今若此　하늘이 쾌청한데 이제 이렇게 되었으니

翠華消息尙茫然　임금의 수레[276] 소식 아직도 아득하네.

深坐達朝垂淚盡　아침까지 앉았노라니 눈물은 말랐고

濺衣哀血欲成泉　옷을 적시는 피로 샘을 이루겠네.[277]

月黑關河路　어둔 밤 관하의 길

荒林虎欲行　황량한 숲 호랑이 나올 듯하네.

翹心思國士　마음은 선비를 생각하고

扶義募鄕兵　의를 위해 의병을 모았네.

默究皇天意　묵묵히 천자의 뜻을 생각하니

艱虞獨夜情　어려울 때 홀로 밤을 보내는 심정.

數聲何處笛　몇몇 가락 어느 곳 피리소리인가

吹恨滿江城　한을 담은 소리 강성에 가득하네.[278]

정룡(程龍)

〈평양에서 옛 일을 생각하다(箕城弔古)〉

憶昔當年義旅興　예전 그 때 의병들 일어났고

275　영성(嬰城) : 농성(籠城)하여 굳게 지킴.
276　취화(翠華) : 푸른 깃털 장식의 깃발 혹은 수레. 대가(大駕)나 제왕의 대칭.
277　『화포유고』 권1에 실려 있다. 문집의 시 제목은 〈새벽에 회포를 풀다(曉吟遣懷)〉이다.
278　『화포유고』 권1에 실려 있다. 문집의 시 제목은 〈보산성 밤에 강가 피리소리를 듣고 느낌이 있어 짓다(寶山城夜聞江上笛聲感而賦之)〉이다.

天兵初下氣先聲　천병이 갓 내려오니 기개가 먼저 울렸지.

東藩固保山河在　동쪽나라를 지켜 산하는 남아 있는데

戰血將軍劍尙腥　피 흘려 싸운 장군의 칼은 아직 피비린내.

相持對壘陣初圓　둥근 진 치고 보루 쌓아 대치했다가

矢石交攻勝負間　승부의 순간에 화살과 돌로 공격했네.

頃刻塵飛紅日蔽　순식간에 먼지 일어 붉은 해를 가리니

神號鬼哭振山川　귀신의 울부짖음이 산천을 뒤흔드네.

荒丘義墓已多年　황폐한 언덕의 무덤은 생긴지 오래

嘿恨沈冤何日捐　잠겨있는 원한은 언제나 사라질까.

春去秋來天地老　봄이 가고 가을 와서 세상도 늙어가는데

不知寒食屬誰憐　모르겠구나. 한식날 누구 위해 슬퍼할지.

決命爭功不顧前　목숨 걸고 싸우며 앞날 생각지 않았으니

死榮生辱壯心堅　사생과 영욕에 장대한 마음 씩씩해지네.

忠靈赫赫歸鄕土　충혼은 혁혁하게 고향으로 돌아가리니

芳草萋萋啼杜鵑　풀만 무성한데 두견새가 우는구나.

강왈광(姜曰廣)[279]

〈평양에서 옛 일을 생각하다(箕城弔古)〉

烟老濕山山積憂	안개는 산을 적시고, 산엔 근심 쌓였는데
日瘦淡淡慘欲收	해도 여위어 담담하게 참혹한 풍경 거두려는 듯.
苔草陰圻延古意	응달의 이끼와 풀에서 옛 뜻을 보건만
虫響吟根寒不浮	나무의 벌레 소리는 차갑게 가라앉았네.
井田梗莽紛狐兎	정전은 황량해져 토끼 굴만 분분하고
頹垣鳥雀聲啾啾	무너진 담엔 새들이 짹짹 울어대네.
天荒地懶春無主	황폐한 천지엔 봄이 와도 주인이 없고
城下浿江空自流	성 아래 대동강은 그저 절로 흘러가네.
麒麟一去何時返	기린마는 떠나가서 언제나 돌아오나,
練光望斷飛龍秋	연광정에서 바라보니 비룡이 뛰노네.[280]
四顧江山思寂寥	사방의 강산을 돌아보니 적막한 생각 뿐,
黑松深處忽樵唱	검은 소나무 깊은 곳에 홀연 나무꾼 노랫소리.
青繩斷絶晝沈沈	임금[281]이 없어져서 낮인데도 어둑하고
昔時宮殿今塵块	그 옛날 궁전은 이제 먼지가 되었네.
可憐歌舞竝成塵	가련히도 춤추며 노래하던 곳도 먼지 되어
歎息未了風吹斷	탄식이 이어지니 바람도 불지 않네.

---

279 명나라 사신. 1633년 10월에 섬사람들을 안정시키고 속국(屬國)과 연합한다는 명목으로 조선에 들어왔다.

280 『한서』에 수록된 〈방중가(房中歌)〉에 "飛龍秋游上天" 구절이 있는데 주석에는 '추(秋)'가 나는 모양이라고 하였다. 『장자』에 말을 모는 기술로 '추가'(秋駕)'에 대한 언급이 있는 것으로 볼 때 '추(秋)'는 말을 타고 날아가는 모습을 가리킨다.

281 청승(青繩) : 푸른색의 노끈. 전하여 임금이 있는 곳. 왕건(王建)의 〈온천궁행(溫泉宮行)〉에 "시월 초하룻날 천자가 오셨는데, 푸른 끈 친 어로에는 먼지 한 점 없었네. [十月一日天子來 青繩御路無塵埃]" 구절이 있다.

樵夫指點譯糢糊　나무꾼이 가리키는데 역관의 말 모호하니

蛇龍得失抛公案　임진, 계사년의 득실은 따질 수 없구나.

日落鵑啼噴血忙　해질녘 두견새 울음은 피를 토하는 듯,

幽壙嘩嘩相凌亂　무덤에선 어지러이 울부짖네.

老狸號起地中人　살쾡이가 땅 속 사람들을 불러일으켜

夜牛白骨出相語　한밤중 백골이 나와 말하네.

烟裏聞聲細濛濛　안개 속에 들리는 소리 가늘어 흐릿한데

陰風莫吹舊塵去　바람아 불지마라 옛 먼지 사라지니.

怨結重泉淚不滅　원한 맺은 중천에선 눈물이 가실 날 없겠고

滴盡斷碑殘礎洳　눈물방울 비석에 떨어져 주춧돌만 닳는구나.

陰房露冷鬼燈昏　응달 방엔 이슬 차고 푸른 등불 켜 있는데

空山雲閉月影黑　빈산엔 구름에 가려 달그림자 어둡구나.

天鷄千峯叫不白　새벽닭 온 산에 울어도 말 전할 수 없고

愁雲塡迷招不得　시름겨운 구름이 어둑해져 부를 수 없네.

이식(李植)

〈평양에서 옛 일을 생각하다(箕城弔古)〉

夸娥力弊愚公憂　과아씨 힘 쇠해지자 우공이 근심하니[282]

海底三山抛不收　바다 아래 삼신산도 거두지 못했네.

---

282 『열자(列子)』 「탕문(湯問)」에 따르면 북산(北山)의 우공(愚公)이 산에 가로막혀 다
니기 힘들어지자 가족들과 함께 산을 옮기려고 매일 흙을 퍼 나르기 시작하였다. 처
음에는 산신령이 비웃었으나 끝까지 해내려는 우공의 뜻을 알고는 천제(天帝)에게
아뢰었더니 천제가 힘이 센 과아씨(夸娥氏)를 내려 보내 그 산을 등에 업고 다른 곳
에 옮기게 했다고 한다.

析木東躔照樂浪	석목[283] 동쪽 별자리는 낙랑을 비추어
支祈掣鎖高城浮	지기[284]가 쇠줄 끌자 성곽이 떠올라 흔들렸네.
蒼麟夜去蹴扶桑	푸른 기린마는 밤길 가다 부상을 걷어차고
側耳醓瓮蚊吟啾	술 단지에 귀 기울이니 모기떼들 소리.
錦繡爲山綻不縫	금수산 찢어져 꿰매지지 못했으니
能令浿水西南流	대동강인들 서남쪽으로 잘 흘렀으랴.
南湖女兒歌玉樹	남호의 아가씨들 옥수가[285]를 부르고
松栢作薪芙蓉秋	소나무는 땔감 되고 부용도 시들었네.
麻姑兩鬢蘆花色	마고선녀 귀밑머리 갈대꽃처럼 희고
翁仲笑答銅仙唱	옹중[286]은 웃으며 동선의 노래[287]에 화답하네.
丹靑繡出李摠戎	단청 갑옷 입고 나선 이총융,[288]
虎睛炯炯射坌坱	범 같은 눈으로 왜적들을 쏘아봤지.
蠻兒三窟眞瓦礫	왜적들 세 굴을 자갈로 채워봤으나
龍泉斫江江未斷	용천검으로 강을 찍어도 강을 끊지 못했네.

---

283 하늘의 석목성(析木星) 별자리에 속한 분야. 기성(箕星)과 두성(斗星) 사이에 은하수가 있고, 기성이 목(木)에 속하기 때문에 석목의 나루라고 한 것인데, 지역으로는 요동(遼東) 땅에 해당한다.

284 물귀신 이름. 우(禹)가 홍수를 다스리면서 회와(淮渦)의 물귀신인 지기를 잡아 경진(庚辰)이라는 물귀신에게 인계했는데, 경진이 그를 귀산(龜山)의 발에다가 족쇄를 채워두고 회수가 잘 흐르도록 했다고 한다.

285 진 후주(陳後主)가 즐겨 부르다가 나라를 망친 옥수후정화곡(玉樹後庭花曲). 망국의 노래.

286 옹중(翁仲) : 무덤 앞에 서 있는 석인(石人)을 이른 말.

287 위 명제(魏明帝) 경초(景初) 원년에 한 무제(漢武帝)가 일찍이 건장궁(建章宮)에 건조(建造)해 놓은 금선 승로반(金仙承露盤)을 위도(魏都)인 낙양(洛陽)으로 옮겼는바, 처음 이 승로반을 뜯어낼 때는 승로반이 절단되면서 굉음(轟音)이 10리 밖까지 들렸고, 승로반을 수레에 실을 적에는 금선(金仙)이 눈물을 줄줄 흘렸다는 고사에서 온 말인데, 이 고사를 두고 당(唐)나라 이하(李賀)가 일찍이 〈금동선인사한가(金銅仙人辭漢歌)〉를 지었다.

288 이여송(李如松)을 가리킨다.

精靈黯黯叫不醒　　정령들은 캄캄하여 불러도 깨지 않고

白日鼬鼠嚙香案　　한낮엔 쥐들이 제단을 갉아대네.

黃昏簷鐸弔啼鬼　　저물녘 풍경소리 우는 넋 위로하고

雨濕坑壕燐墮亂　　비가 오면 참호엔 도깨비불 어지럽네.

城中春酒數百斛　　성안에 봄 술 수백 섬과

明月人家管弦語　　밝은 달밤 인가의 풍악 소리.

不須擧盂澆荒壟　　술잔 들어 황량한 무덤에 뿌릴 필요 없으리,

英雄陳迹泥鴻去　　영웅의 자취는 눈 위의 기러기 발자국 같은 것.

北山瘞槨槨已毀　　북산에 묻은 관, 관은 이미 깨어지고

漢水沈碑碑亦泐　　한수에 빠뜨린 비석,[289] 비석 역시 닳았으리.

八條歌誦變荒唲　　팔조목 노래는 조잡하게 변했건만

東方之月開昏黑　　동쪽 달이 어둔 하늘 열어젖혔네.

鐵犁耕破井字訛　　쟁기로 정전 밭두둑 갈아엎을 때

往往血鏃田中得　　이따금 피 묻은 화살촉 밭에서 나온다네.[290]

---

[289] 진(晉)나라 두예(杜預)가 형주(荊州)를 지키는 대장으로 있으면서 자신의 공적이 세상에 남겨지지 않을까봐 두 개의 비석에 자신의 사적을 새겨 하나는 산에 세워 두고 하나는 후일 산천이 변하여 산이 못이 되고 못이 육지가 될 것을 예상하여 연못 속에 던졌다.

[290] 『택당집』 권3에 실려 있다. 문집의 시 제목은 〈사신 강공이 이장길 체를 따라 지은 '평양의 옛 일을 생각하다' 시에 차운하다(次姜天使平壤弔古效李長吉體)〉이다. 문집에는 제1구 '弊'가 '敝'으로, 제15구 '三'이 '二'로, '眞'이 '壙'으로, 제22구 '管弦'이 '絃管'으로, 제26구 '泐'이 '泐'으로 되어 있다.

정홍명(鄭弘溟)

〈평양에서 옛 일을 생각하다(箕城弔古)〉

有手不須挹翠勺	손 있어도 푸른 빛깔 떠 담지 못하고
有耳不須聆絃索	귀 있어도 거문고 소리 감상 못하네.
使華新詞動哀玉	사신의 새로 쓴 시 슬피 옥이 울리는 듯[291]
讀來頓覺醒六鑿	읽어보니 감각과 의식[292]을 일깨우네.
浿江悲風生夕瀾	대동강 슬픈 바람 저녁 물결에 불어와
滿眼凄迷雲物寒	눈에 가득 처량하니 풍경이 차갑네.
箕封井落存舊俗	기자 나라의 퇴락한 정전에 옛 풍속 남아있고
百年禮樂稱東韓	백년의 예악으로 동쪽나라 일컬어졌네.
憶昨島夷干天怒	지난날 왜적이 천자를 노엽게 하여
王師濯征擁貔虎	군대가 출정하여 비호같이 포위하였지.
雷霆震疊勢壓卵	천둥벼락 치듯이 쉽게 제압하여[293]
進迫鹿島嚴旗鼓	녹도로 진격하여[294] 깃발과 북을 울렸네.
豺牙無計逞噬呑	승냥이 이빨로도 집어삼킬 방도 없어
中宵鳥竄仍波奔	한밤중에 새처럼 서둘러 도망쳤지.

---

291 애옥(哀玉) : 옥이 울리는 소리가 처량하고 맑은 것. 두보(杜甫)의 〈판관 설십이 어른이 보내준 시에 삼가 수창하다(奉酬薛十二丈判官見贈)〉에서 "맑은 글은 애옥을 울리는 듯하고, 도를 보는 것은 신형에서 나온 것 같네(清文動哀玉 見道發新硎)" 구절이 있다.

292 육착(六鑿) : 오관(五官)과 의식(意識), 혼돈(渾沌)한 자연(自然)을 파서 구멍을 내었다고 '육착'이라는 이름이 붙었다.

293 압란(壓卵) : 태산압란(泰山壓卵). 큰 산이 알을 누른다는 뜻으로, 매우 강하여 상대가 없거나, 일이 너무 쉬운 경우를 가리킨다.

294 전겸익(錢謙益)이 임진왜란 때 출정한 명나라 장수 모문룡(毛文龍)에게 보낸 시 〈동강의 모총융에게 보내다(寄東江毛總戎)〉에 "고요한 밤 봉화불 녹도까지 이어지고, 달 밝은 밤 전통은 타기를 지나가네(夜靜擧烽連鹿島, 月明傳箭過䃕磯)" 구절이 있다.

三京舊物次第收　삼경[295]의 영토를 차례로 수복하고

疆場靜掃煙塵昏　강역의 전란의 기운 모두 쓸어냈네.

天上分明懸漢月　하늘엔 환하게 고국의 달[296]이 걸렸고

陣前森索妖星沒　진영은 삼엄하여 재앙의 별이 사라졌네.

藩邦再造是帝力　이 나라 재건한 건 황제의 덕분이니

臣民稽首拱北闕　신민들 북궐 향해 두 손 모아 절하네.

況今遼薊虜馬驚　하물며 지금은 요계에 오랑캐 요란하여

諸將扼腕思蕩平　여러 장군들 분개하며 소탕하려 하는 때.

我王敵愾圖報效　우리 임금 적개심으로 보은하려 하나니

白日定照丹衷明　태양이 필시 충정단심 비춰 주리라.[297]

고천준(顧天俊)[298]

〈서도 잡영(西都雜詠)〉

城垣東北跨山脊　성벽은 동북쪽으로 산마루를 걸터앉고

浿水西南繞阡陌　대동강은 서남쪽으로 들판을 감아 흐르네.

袤延散漫守旣難　남북으로 길게 뻗어 지키기 어려운데

295　남경(南京)인 서울, 중경(中京)인 개성(開城), 서경(西京)인 평양(平壤).

296　한월(漢月) : 조국 산하를 비추는 달. 두보(杜甫)의 〈전출새(前出塞)〉 7에 "이미 한월을 멀리 떠나왔는데, 어느 때나 성을 쌓고 돌아갈거나(已去漢月遠 何時築城還)" 구절이 있다.

297　『기암집』 권3에 실려 있다. 문집의 시 제목은 〈부사의 '평양의 옛 일을 생각하다' 운으로 짓다(副使平壤弔古韻)〉이다. 문집에는 제12구 '島'가 '頭'로, 제20구 '首'가 '顙'로 되어 있다.

298　명나라 사신. 1602년에 황태자를 책립한다는 조서를 반포하기 위해 한림원시강(翰林院侍講)의 직위로 조선에 왔다.

況乃積弱非朝夕　하물며 점점 약해져 조석도 지킬 수 없네.

狡夷乘虛席卷來　왜적들 빈틈을 타 휩쓸어 달려오니

閽城惶惶門自開　온 성이 당황하여 문이 절로 열렸네.

四郊草木染腥穢　사방의 초목에 피비린내 적시고

萬姓棟宇成灰埃　백성들 집은 잿더미로 변했네.

羽書告急明光殿　격문 보내 급히 황제[299]께 아뢰니

天子垂憐許救援　천자께서 불쌍히 여겨 구원을 허락하셨네,

十萬雄兵詔渡江　십만의 강성한 군대 명령받아 강 건너

三面圍城首鏖戰　삼면으로 성을 포위해 무찔러 싸웠지.

鐵馬嘶風生暗塵　군마가 바람에 울며 달리니 어둔 먼지 일어나고

甲光射日鋪細鱗　갑옷이 햇빛에 빛나 잔 비늘이 펼쳐졌네.

廟謨預算若指掌　조정에선 손바닥 보듯 전황을 예상했고

上將援枹不顧身　장군은 제 몸 돌보지 않고 북을 울렸네.[300]

城頭矢石如雨集　성 머리엔 화살과 돌이 비 오듯 쏟아지는데

中軍忽聽鼓聲急　중군이 홀연 급한 북소리 들고는

蟻附人人仰面攻　모두들 개미처럼 기어 올라가서

爭欲先登一當十　다투어 먼저 올라 일당백 접전을 벌였네.

接刃先登豈必生　먼저 오른 이들 칼로 베니 어찌 살기를 바랄까,

不抃頸血功不成　목숨을 버리지 않으면 공도 못 이루는 법.

直前陷陣戰死者　곧바로 나아가 적진을 함락하며 전사한 자들은

盡是勇敢精銳兵　모두 다 용감한 정예병이었네.

斬戮鯨鯢紛山積　못된 고래 베어 산에 가득 쌓였으니

---

299 명광전(明光殿) : 한대의 궁전 이름으로, 전하여 대궐을 가리킨다.
300 예전에 외적이 침입해 오거나 군대를 진격시킬 때에 북을 울려서 알렸다.

從此么麿遠逃避	여기에서 얼마나 멀리 도망갔던가.
南窮海島東至江	남쪽으로는 바다 섬, 동쪽으로는 강
一時全復三韓地	한 순간에 모두 삼한 땅을 수복했네.
驛路逶迤過戰場	구불구불 역로 따라 전장을 지나보니
接天荒草帶斜陽	하늘 끝까지 황량한 풀은 석양빛 띠고 있네.
纍纍旅塚遍山谷	온 산 골짜기엔 줄줄이 늘어선 병사들 무덤
觸目驚心生感傷	보이는 곳마다 마음이 놀라고 가슴 아프네.
閨夢含啼思正苦	규방의 꿈에 울고 그리움에 괴롭겠지만
誰知野死魂無主	누가 알아주랴, 주인 없는 전사자의 넋을.
寒食清明近已過	한식과 청명절을 근래에 지났는데
紙錢不到墳前土	지전은 무덤 앞에 이르지도 않았네.
城中居民各聚族	성안 사람들 가족끼리 모여 살며
太平今得徼餘福	태평성세 누리며 많은 복을 누리네.
夜靜月明安枕臥	고요하고 달 밝은 밤 편안히 잠들 때면
城外游魂向城哭	성 밖 떠도는 영혼은 성을 향해 통곡하네.

왕몽윤(王夢尹)

〈서도 잡영(西都雜詠)〉

莫問前朝事	전조의 일을 묻지 말게.
寒煙鎖舊都	찬 연기 옛 도읍에 자욱하니.
江流斜日碎	강물은 석양빛에 부서지고
山入遠天無	산은 먼 하늘로 사라진다.

王伯千秋盡	왕도는 천년 뒤에 사라지고
乾坤一鴈孤	세상엔 외로운 기러기 한 마리.
空餘憑弔意	부질없이 이로써 조문하나니
風雨暗遙途	비바람에 먼 길이 어둡네.

서거정(徐居正)

⟨서도 잡영(西都雜詠)⟩

浿水吾今幾度過	지금 내가 대동강을 몇 번이나 건넜나,
故都興廢淚雙沱	옛 도읍의 흥망성쇠에 두 눈엔 눈물만.
天荒地破江山變	세상이 생겨나면서부터 강산이 변해 왔고
物換星移歲月多	풍경과 별자리 달라지면서 세월도 많이 흘렀네.
過客每瞻箕子廟	나그네는 매번 기자묘를 올라다 보고
行人遙指發盧河	행인들은 멀리 발로하[301]를 가리키네.
隋唐渺渺俱陳迹	수나라 당나라 일은 아득한 자취 되었으니
不用登臨慷慨歌	누각에 올라 강개한 노래 부를 필요 없다네.[302]

---

301 발로하(發盧河) : 평양성(平壤城) 서쪽에 있는 강 이름인데, 당 고종(唐高宗) 때 영주
 도독(營州都督) 이근행(李謹行)이 이곳에서 신라의 군대를 격파했다고 한다.
302 『사가집』「보유(補遺)」 2에 실려 있다. 문집의 시 제목은 ⟨정사 '대동강 다시 건너며'
 에 차운하다(次韻正使重過大同江)⟩이다.

김인후(金麟厚)

〈서도 잡영(西都雜詠)〉

檀君生有異	단군은 출생이 남달랐고
箕子敎無窮	기자의 가르침은 끝이 없네.
井畫存遺制	정전은 자취가 남아있고
科條革舊風	팔조목은 옛 풍습을 혁신했네.
流亡聞衛滿	망명 온 위만 이야기를 들었고
崛起說朱蒙	대단한 인물로 주몽을 말한다네.
俎豆初循禮	제사는 처음부터 예를 따랐고
弓矛後尙戎	활과 창으로 후에 무를 숭상했네.
漢皇開樂浪	한 황제가 낙랑을 열었고
唐室置安東	당 왕실이 안동을 두었네.
錦繡峯巒麗	금수산은 봉우리가 아리땁고
綾羅島嶼雄	능라도는 섬이 웅대하네.
兎山荒草樹	토산은 풀과 나무가 황량하고
麟窟暗蒿蓬	기린굴은 덤불 속에 숨겨있네.
石沒朝天迹	바위엔 조천의 자취 패어 있고
巖專捍水功	바위는 물 막아준 공이 있네.
浿江誰作鎭	대동강에 누가 진을 만들었나.
龍堰謾成宮	용언엔 부질없이 궁 만들었네.
不復臨長樂	다시는 장락궁에 가지 않으려는데
山河繞永崇	산하는 영숭전을 둘렀네.[303]

유홍(兪泓)

〈서도 잡영(西都雜詠)〉

箕封千里舊寶區　기자는 천리 밖 옛 도읍에 봉해졌는데

遺俗家家聽讀書　풍속은 집집마다 소리 내어 책 읽는 것.

潮滿渡頭通海舶　나루터에 밀물 밀려와 배가 통하고

市依沙步賣江魚　모래사장에 시장 열려 생선을 파네.

酒回小雨催詩後　가랑비에 술잔 돌려 시 쓰라 독촉하고

興發高樓縱目初　누각에서 흥이 올라 맘껏 바라보네.

薄暮烟村信馬去　저물녘 연기 나는 마을로 말에 몸을 실으니

東風花落鳥啼餘　동풍에 꽃 떨어지고 새가 우는구나.[304]

윤두수(尹斗壽)

〈서도 잡영(西都雜詠)〉

亂後傷心瓦礫餘　전란 후 상심이 기와조각에 남아있고

練光浮碧亦成虛　연광정과 부벽루도 또한 텅 비어 있네.

衝冠怒髮緣何事　화나서 관에 머리칼이 솟구친 건 왜인가,

不斬樓蘭憤未攄　누란왕[305]을 베지 못해 분이 풀리지 않아서네.[306]

---

303 『하서전집』 권10에 실려 있다. 문집의 시 제목은 〈서도(西都)〉이다.

304 『송당집』 권4에 실려 있다. 문집의 시 제목은 〈율시(律詩)〉이다.

305 한(漢) 나라 소제(昭帝) 때 부개자(傅介子)가 대완(大宛)에 사신으로 갔다가 서역의 국왕인 누란왕(樓蘭王)의 머리를 베어가지고 돌아와 의양후(義陽侯)에 봉해졌다.

306 『오음유고』 권2에 실려 있다. 문집의 시 제목은 〈전란 후에 평양을 지나며 느낀 바 있어(亂後過平壤有感)〉이다. 문집에는 제1구 '亂後'가 '萬戶'로, 제2구 '虛'가 '墟'로 되어 있다.

關外羈愁不自裁　관문 밖 객수를 다스리기 어려운데
一春詩興賴官梅　관청 매화 보니 봄날 시흥이 일어나네.
日長公館文書靜　한낮의 공관에는 문서 처리 한가한데
時有高僧數往來　때때로 고승이 자주 왕래하는구나.[307]

최명길(崔鳴吉)

〈서도 잡영(西都雜詠)〉

箕都元在浿江西　평양은 원래 대동강 서쪽에 있었으니
千古興亡落日淒　천고의 흥망성쇠 석양에 처량하네.
浮碧樓臨春水闊　부벽루 앞의 봄물은 광활하고
牡丹峯與白雲齊　모란봉은 흰 구름과 나란하네.
俗沾聖化猶知禮　성인의 교화 입어 그래도 예의를 알건만
民似驚禽未定棲　백성은 놀란 새처럼 정해진 거처가 없네.
暫近甘棠看惠政　잠시 감당나무로 가서 정치를 보려하여
平明騎馬踏晴泥　아침에 말을 타고 진흙 밟으며 가리라.[308]

---

307 『오음유고』 권1에 실려 있다. 문집의 시 제목은 〈또(又)〉이며, 총2수 중 제2수이다.
　　문집에는 제1구 '愁'가 '懷'로, 제2구 '興'이 '思'로, 제4구 '時'가 '惟'로 되어 있다.
308 『지천집』 권6에 실려 있다. 문집의 시 제목은 〈동명시에 화창하다(和東溟詩)〉이고
　　총2수 중 제1수이다. 문집에는 제5구 '沾'이 '霑'으로, 제7구 '甘'이 '召'로 되어 있다.

박미(朴瀰)

〈서도 잡영(西都雜詠)〉

檀下神人始此都 박달나무 아래 신인이 처음 이곳에 도읍을 세워
至今遺廟古城隅 지금껏 사당이 옛 성 모퉁이에 있네.
不知當日阿斯達 알 수 없어라. 그 때 아사달에서도
亦有攀髥墮者無 임금의 죽음을 애통해한 이[309] 있었을지. [제1수]

周家井制出鄒賢 주나라 정전제도 맹자가 말했지만
猶是其詳不得傳 그래도 상세한 내용은 전하지 않았네.
試向含毬門外望 함구문 밖을 향해 바라보게나,
平郊十里卽商田 십리 평야가 바로 상나라 정전이네.[310] [제3수]

文筆高峯剗盡平 높은 문필봉을 평평하게 깎았다가
千秋留得妬賢聲 오래도록 현인을 시기한다는 악명 얻었네.[311]
長堤南浦才情語 긴 둑과 남포 같은 정감 있는 시어는
直到天荒不昧名 곧바로 하늘 끝까지 이름을 알렸네. [제9수]

---

309 『사기(史記)』 권28 「봉선서(封禪書)」에 따르면 전설상의 제왕인 황제(黃帝)가 형산 (荊山) 아래에서 솥(鼎)을 주조하여 완성하자 하늘에서 용이 내려와 황제를 태우고 승천하였는데, 이때 신하와 후궁 70여 명이 용을 타고 함께 하늘로 올라가고 나머지 사람들은 용의 수염을 잡으니 수염이 뽑혀 떨어지면서 황제의 활과 검(劍)이 함께 떨 어졌다. 이에 남은 백성들은 그 활과 검을 끌어안고 우러러 하늘을 바라보았다 한다.
310 박미의 〈서경감술〉의 해당 시 아래 "평양부의 정전은 田字 두 개가 겹쳐있는데 가운 데가 公田이다. 參議 韓百謙이 직접 측량해보더니 '이렇다면 맹자가 말한 정전은 주 나라 제도이고, 이것은 바로 商나라 정전이다'라 하였다"라는 주가 있다.
311 박미의 〈서경감술〉의 해당 시 아래 "서경의 강 너머에 봉우리가 있는데 문필봉(文筆 峯)이라 한다. 예로부터 서경은 이 봉우리 때문에 문사들이 연이어 나왔다 전해지는 데, 김부식이 정지상을 죽이고 나서 이 봉우리를 평평하게 깎아 억눌러 인재가 쇠하 게 되었다고 한다"라는 주가 있다.

朝天片石出江潯　조천석은 강 위로 나와 있고

麟窟苔封草樹深　기린굴은 이끼 덮혀 초목에 덮혔네.

惆悵天孫何處去　슬프구나, 천손은 어디로 갔나,

野棠花發古祠陰　해당화만 옛 사당에 피어 있구나. [제13수]

浮碧樓前永明寺　부벽루 앞 영명사,

大同門畔練光亭　대동문 옆 연광정.

誰教橫着綾羅島　누가 능라도를 가로질러

草綠裙腰十里靑　초록 치마로 십리를 푸르게 했나. [제14수]

快哉亭下萬家烟　쾌재정 아래 온 마을 연기,

風月樓前十丈蓮　풍월루 앞의 열 길 연꽃.

道是教坊纔咫尺　교방이 지척에 있다고 하는데

夜深歌管惱人眠　한밤의 풍악소리 자는 이를 괴롭히네. [제15수]

停驂遙望鳳凰臺　말 멈추고 멀리 봉황대를 바라보니

臺下潮聲隱似雷　대 아래 조수 소리 우레 같구나.

二水三山無限好　두 강과 세 산은 무한히 아름다운데

何人更是謫仙才　누가 다시 이백의 재주 가졌나.[312] [제17수]

藩官十隊列前庭　관리들이 열 줄로 앞뜰에 늘어섰는데

烏帽猩袍黑角鞓　검은 사모 붉은 도포에 검은 띠 맸네.

---

312 이백(李白)의 〈금릉 봉황대를 올라(登金陵鳳凰臺)〉에 "삼산은 푸른 하나 밖에 잠겨
　　있고 두 물길은 백로주에서 나뉘네(三山半落靑天外, 二水中分白鷺州)" 구절이 있다.

別有紅粧香滿袂　거기에 소매 가득 향기 나는 기생들이

一時齊禮鎭西廳　동시에 진서청에서 같이 예를 올리네.[313] [제20수]

笙歌鏡裏彩舟橫　풍악 울리며 강에 놀잇배 비껴있는데

千炬須臾不夜城　수많은 횃불로 금세 불야성 이루었네.

幽窟魚龍渾慣識　깊은 굴 속 어룡들도 모두 익숙해졌으니

肯愁光燭十尋泓　어찌 열 길 물속까지 비칠까 걱정하리. [제25수]

千尋彩架五衢前　큰 길 앞의 천 길 채색한 횃대에

色色輕羅繩索懸　색색의 비단으로 끈을 매달았네.

分付半仙天上去　그네[314]에게 부탁하여 하늘로 오르려나.

鬢邊嬌嚲翠花鈿　머리 양 옆에 나부끼는 비취꽃 장식.[315] [제26수]

外城傳道太師城　외성은 태사의 성이라는데

絃誦洋洋比屋聲　집집마다 우렁찬 책 읽는 소리.

看取年年發科甲　해마다 장원급제 나오는 걸 보니

桂林强半是遺氓　장원급제자[316] 태반이 유민이리라.[317] [제5수][318]

---

313 박미의 〈서경감술〉의 해당 시 아래 "진서각(鎭西閣)은 관찰사의 본청이다. 서경에
서 사람들이 말하는 '상아대청(上衙大廳)'이라는 것이 이것인데 지금은 없어지고 소
윤의 관아가 되었다고 한다. 토관직(土官職)는 정5품에 그치므로 오직 검은 띠만 두
르는데, 매달 그믐과 보름에 여러 기생들이 함께 예식에 참여한다"라는 주가 있다.

314 반선(半仙) : 그네의 별칭. 당 현종(唐玄宗) 때 한식날이 되면 궁중에서 그네를 뛰게
하여 이를 보고 즐기었는데, 현종이 그 그네 뛰는 것을 '반선의 놀이(半仙之戲)'라고
했던 데서 온 말이다.

315 박미의 〈서경감술〉의 해당 시 아래 "서경에서는 단오절에 화려한 횃대를 거리에 세
우고 비단으로 끈을 만들어 기생들에게 그네놀이를 시킨다"라는 주가 있다.

316 진 무제(晉武帝) 때 극선(郤詵)이 현량 대책(賢良對策)에서 장원(壯元)을 하였는데,
소감을 묻는 무제의 질문에 "계수나무 숲의 가지 하나요, 곤륜산의 옥돌 한 조각입

이상질(李尙質)

〈서도 잡영(西都雜詠)〉

君不見平壤城	그대 보지 못하였나, 평양성은
靑山粉堞周遭在	푸른 산이 성을 두르고 있네.
朱樓畫閣紛綺羅	붉고 아름다운 누각엔 기생들 많아
歌舞千年長不廢	춤과 노래는 영원히 사라지지 않네.
黃金結客少年場	황금으로 맺어진 소년들 모임에
寶瑟娼家紅錦香	비파 타는 기생의 붉은 비단 향기롭네.
關西使者日相望	관서의 사신들 날마다 바라보니
銀鞍玉勒生輝光	은 안장 옥 굴레 빛이 찬란하네.
寂寞前朝不須悲	적막한 옛 왕조 슬퍼하지 말지니
東風芳草燕子飛	봄바람에 풀 나고 제비도 날아오네.
太白神人何處去	태백산 신인[319]은 어디로 떠나갔나.
朝天麟馬更不歸	조천하러 간 기린마 돌아오지 않네.
楊柳靑靑浿江碧	버드나무 파릇파릇 대동강 푸른데
人去人來豈終極	사람은 가고 오고 어찌 끝이 있으랴.
臺傾空有鳳凰名	기운 누대엔 부질없이 봉황 이름이 붙고

니다(桂林之一枝 崑山之片玉)"라고 답한 고사가 전한다.

317 박미의 〈서경감술〉의 해당 시 아래 "외성은 기자가 도읍한 곳으로 지금도 사대부들은 모두 여기에 사는데, 장원 급제자가 끊이지 않아 지금은 더욱 번성하였다"라는 주가 있다.

318 『분서집』 권8에 실려 있다. 문집의 시 제목은 〈서경의 감회를 쓰다(西京感述)〉이고 총30수로 이루어져 있다. 문집에는 제14수 제3구 '着'이 '著'로, 제20수 제3구 '粧'이 '裝', '袂'가 '袖'로, 제26수 제1구 '千'이 '十'으로, 제2구 '繩'이 '縲'로, 제5수 제2구 '絃'이 '弦'으로 되어 있다.

319 단군을 가리킨다.

山舊猶存錦繡色 　유구한 산에는 여전히 비단 빛깔 남아있네.

故人方爲點馬行 　친구는 이제 말을 점검하러 떠나니

萬里關河空復情 　만리 변방에서 공연히 다시 착잡해지네.

請君關外莫留連 　그대 변방 밖에서 오래 머물지 말게,

須計行程早還京 　가는 길 헤아리며 빨리 돌아오게나.[320]

홍세태(洪世泰)

〈서도 잡영(西都雜詠)〉

王儉雄都百丈城 　왕검성 도읍지에 높이 솟은 성

大同門外大江平 　대동문 밖엔 잔잔한 대동강.

樓臺直向空中出 　누대는 곧장 하늘로 솟아올랐는데

人物皆從鏡裏行 　사람들이 모두 강물에서 나오네.

千古井田分野色 　천고의 정전은 들빛이 완연하고

萬家弦管雜潮聲 　온 마을 풍악소리 조수소리에 섞였네.

佳人慣唱南湖曲 　기생들은 늘상 남포의 노래 부르는데

落日烟波是別情 　황혼의 안개 긴 물결이 이별의 정이네.[321]

---

320 『가주집』권4에 실려 있다. 문집의 시 제목은 〈평양 노래. 관서로 가는 이점마를 전
　송하다(平壤歌送李點馬之關西)〉이다.
321 『유하집』권11에 실려 있다. 문집의 시 제목은 〈대동문루(大同門樓)－辛未〉이다. 문집
　에는 제6구 '弦'이 '絃'으로, 제7구 '佳人慣唱'이 '靑娥莫唱'으로 되어 있다. 규장각본『평양
　속지』에는 제7구 '南湖'까지만 있고 제8구는 없다. 여기에서는 문집의 시로 보충하였다.

최립(崔岦)

⟨기성 우거(箕城寓居)⟩

雄藩本籍古京華　이 큰 고을은 원래 화려한 옛 서울이라

游冶傾城樂事多　미인들과 노니는 멋진 일이 많았었네.

亂後居人翻朴陋　전란 뒤론 사람들이 다시 소박해졌는지

廢園皆種木綿花　황폐한 뜰에 모두 목면화를 심었구나. [322]

김류(金瑬)

⟨기성 우거(箕城寓居)⟩

江花飄拂錦帆香　강에 꽃이 나풀거리고 놀잇배 향기로운데

奈此狂風起土囊　광풍이 땅에 일어나니 이를 어찌하랴.

蕩蹴蛟龍高浪湧　교룡이 요동쳐 거센 물결 일어나고

橫驅灩澦怒聲長　염여퇴[323]가 몰아쳐 성난 소리 길구나.

槎通碧海逾千里　배는 바다와 통해 천리 길을 가건만

身遠丹霄滯一方　이 몸은 궁궐과 먼 곳에 머물러 있네.

日夕試登亭上望　저물녘 정자에 올라가 바라보니

塞天無際亂山蒼　변방 하늘은 끝이 없고 첩첩 산은 푸르구나.

---

[322] 『간이문집』 권8에 실려 있다. 문집의 시 제목은 ⟨감사 박응소공의 시에 화운하다(有和方伯朴公應邵)⟩이다. 문집에는 제1구 '籍'이 '藉'로, 제2구 '游'가 '遊'로 되어 있다.

[323] 염여(灩澦) : 염여퇴(灩澦堆)의 준말로, 배를 타고 무사히 건너기가 거의 불가능할 정도로 험하다는 장강(長江) 구당협(瞿塘峽)의 여울물 이름.

홍서봉(洪瑞鳳)

〈기성 우거(箕城寓居)〉

淹速從爲客	나그네 신세로 잠시 머무나니
行藏未有宜	나아감과 물러남도 적절치 않네.
肺萎初止酒	폐병을 앓아 처음으로 술을 끊고
心弱更休詩	심약해져서 다시 시를 짓지 않네.
借屋三間窄	좁디좁은 세 칸 집을 빌렸으니
資身一策癡	살아갈 계책도 알 수 없구나.
惟當龍臥穩	그저 편안히 와룡처럼 있으리니
不必要人知	알아줄 사람은 필요치 않네.[324]

권필(權韠)

〈기성 우거(箕城寓居)〉

客子勞勞塵滿衣	피곤한 타지 생활에 먼지가 옷에 가득,
山人何事更敲扉	산의 중은 무슨 일로 다시 문을 두드리나.
晴軒相對忽惆悵	마루에서 서로 대하다 문득 서글퍼지니
花落故園猶未歸	옛 동산에 꽃 지는데 아직도 못 돌아갔네.[325]

---

[324] 『학곡집』 권3에 실려 있다. 문집의 시 제목은 〈평양에 우거하며 병중에 글을 써서 내형 유연숙에게 보이다(流寓平壤病臥書示內兄柳淵叔(潚))〉이다.
[325] 『석주별집』 권1에 실려 있다. 문집의 시 제목은 〈평양에 우거하는데 중이 찾아오다(平壤寓居有僧來訪)〉이다. 문집에는 제2구 '事'가 '幸'으로, '更'이 '肯'으로 되어 있다.

이달(李達)

〈기성 우거(箕城寓居)〉

教坊南畔獨行遲 교방 남쪽 길을 홀로 천천히 가는데
樓閣重重處處疑 겹겹 누각은 가는 곳마다 있는 듯.
明月滿街人寂寂 밝은 달빛 가득한 길에 인적 없는데
夜深吹送玉參差 깊은 밤 들려오는 옥피리 소리.[326]

背指孤城遠 등 뒤로 멀리 성을 가리켰는데
鳴榔渡客舟 노 두드리며 배로 건너가네.[327]
驛亭朝日晚 역참에는 아침 해가 늦게 뜨고
江樹早蟬秋 강가 나무에는 매미도 사라졌네.
久滯常歸計 머문 지 오래라 늘 돌아갈 생각하고
臨行又別愁 갈 때가 되면 또 이별에 시름겹네.
隨身無長物 몸에 지닐 변변한 물건도 없어
長嘯看吳鉤 길게 휘파람 불며 검[328]을 보노라.[329]

---

326 『손곡시집』 권6에 실려 있다. 문집의 시 제목은 〈서경(西京)〉이다.
327 명랑(鳴榔) : 고기가 놀래서 그물 속으로 들어가도록 뱃전에서 노를 치며 소리를 내는 것.
328 오구(吳鉤) : 갈고리 모양으로 휘어진 병기(兵器)로, 춘추 시대 오(吳)나라 사람이 이
   를 잘 만들었기 때문에 오구라고 일컫는데, 후에는 예리한 검을 뜻하는 말로 쓰인다.
329 『손곡시집』 권3에 실려 있다. 문집의 시 제목은 〈대동강을 건너며 재송정에 대해 짓
   다(渡浿江題裁松亭)〉이다.

허석(許皙)

〈봄에 부벽루에서 노닐다(春遊浮碧樓)〉

書生屈迹蓬茨下	서생이란 보잘 것 없이 띠집에서
半世悲歌感慨者	반평생 슬픈 노래로 강개한 사람.
嘐嘐今古俛仰間	뜻만 높아[330] 고금을 살펴보면서
遣興詩毫日揮灑	흥 올라 시 쓴다고 매일 붓 휘둘렀네.
江城霽景忽破霧	갑자기 안개 걷혀 강성엔 개인 풍경,
桃李千門垂柳路	문엔 복사꽃과 오얏꽃, 길엔 수양버들.
鶯歌互答燕舞爭	꾀꼬리 지저귀고 제비 서로 춤추고
暖風遲日春將暮	살랑바람 부는데 봄은 곧 지려하네.
是時湖山人自得	이 시절 강산에서 사람들 득의하니
西州素稱繁華國	평양은 원래 번화한 도읍이라 했지.
凝粧耀渚彩舡唧	놀잇배 탄 기생들 물 위에 어리고
雨歇長洲芳草色	비 개니 모래섬은 싱그러운 푸른 빛.
儂家老屋兀然白	내 오래된 집은 뚜렷한 흰색이고
雀羅門巷苔生碧	썰렁한[331] 골목에는 이끼가 푸르구나.
無聊空賦餞春詩	무료하게 그저 봄 전별시 짓노라니
馬卿文章徒四壁	문장가 사마상여[332] 집도 달랑 벽만 네 개.[333]

---

330 효효(嘐嘐) : 이상(理想)이 높아서 옛 사람만 본받으려 한다는 뜻.
331 작라(雀羅) : 참새 잡는 그물이라는 뜻으로, 아무도 찾아오지 않는 썰렁한 집을 비유할 때 쓰는 말.
332 마경(馬卿) : 전한(前漢) 때 문장가인 사마상여(司馬相如)를 가리킨다. 장경(長卿)은 그의 자이다.
333 『사기』「사마상여열전(司馬相如列傳)」에 따르면 탁왕손(卓王孫)의 딸 탁문군(卓文君)이 밤에 도망해서 상여와 같이 그의 고향 집에 갔더니 달랑 네 벽만 있었다고 한다.

風塵末路迹久卷	말세 풍진의 자취는 걷힌 지 오래
老顔不許隣兒見	늙은 얼굴은 이웃아이에게도 안 보여주리.
好事德翼能起予	좋은 일과 덕업만이 나를 일으키리니
詩酒豪情先溢面	시와 술로 호탕한 정 먼저 얼굴에 넘친다.
晴川笑指大同水	웃으며 대동강 맑은 물을 가리키며
上游春光婀娜裏	하늘거리는 봄빛 속에 올라가 유람하네.
神仙之窟綺羅場	신선굴과 능라도에
粉堞蒼崖橫十里	성과 푸른 산이 십리에 비껴있네.
輕槳駕出晚江口	가볍게 노 저으며 저녁 강가를 나서니
穿入蒼蒼煙渚柳	스며드는 푸른빛은 안개 낀 물가의 버들.
山如錦繡島如羅	산은 비단 같고 섬도 비단 같고
灘有白銀巖有酒	여울은 백은이 있고 바위엔 술이 있네.
危樓屹立壓臺亭	높은 누각 우뚝 솟아 다른 정자를 압도하니
翼然金碧凌空冥	넓은 누각 단청이 하늘 위로 솟아있네.
層梯踏盡入窓牕	층층계단 밟고 오르니 창이 확 트여
眼底江山無限靑	눈 아래 강산은 끝없이 푸르구나.
扶桑簇簇海外梢	부상엔 바다 밖 나무들이 모두 모였고
一點蓬萊東縹緲	한 점 봉래섬은 동쪽에 아득하네.
三韓不芥九雲胸	삼한은 막힘없이 아홉 빛깔 구름을 품고
泰山方知天下小	태산에서 비로소 천하가 작음을 아네.
飮酣落日心猶壯	술 취한 저녁에 마음은 씩씩해져
一聲長嘯層崖響	긴 휘파람 소리가 벼랑에 메아리치네.
氷襟怮爽羽欲生	마음은 상쾌하여 날개가 돋는 듯
况然坐我瑤臺上	황홀하여 내가 요대에 앉은 듯.

傲睨乾坤勢太兀　세상 우뚝한 모습 흘겨보면서

散仙上訴眞皇闕　산선[334]으로 옥황상제에게 아뢰어볼까.

天司禁網恢而疎　하늘 위엔 법망이 넓고도 성글어

任我之狂容我濶　내 거칠고 어리석음을 받아주네.

明河手挽濯余髮　맑은 강물 손으로 떠서 머리를 씻으니

破碎星光漂欲沒　부서진 별빛이 떠돌다 사라지려 하네.

王喬進舃麻姑爬　왕교의 신발[335]에 마고선녀 새 발톱

方朔小兒寧我忽　동방삭 이 녀석을 내 어이 소홀하랴.[336]

德春玉女容華騁　봄이라 미인들의 예쁜 얼굴이 펴지고

白日驂鸞雲路永　한낮에 난새 타니 구름길이 길구나.

三生眞分在前身　삼생[337]이 나뉜다면 전생에 있는지

世間回首秋波冷　세상을 돌아보니 가을 물결 차네.

仙漿餉我九竅空　신선의 술로 대접받으니 몸의 구멍[338]이 비어

毛髮脩然輕御風　머리카락 날리며 가볍게 바람에 나부끼네.

擧手欲謝騰身去　손을 들어 감사하려는데 몸이 떠 사라지고

草草浮生煙火中　보잘 것 없는 인생사 연기 속에 있네.

牽情一夢若炊黍　한 바탕 꿈에 이끌리니 잠시 잠깐인데

已見仙籍題名許　이미 신선의 명부에 있는 이름을 봤다네.

---

334 산선(散仙) : 벼슬자리 없는 신선,

335 『후한서』「왕교열전(王喬列傳)」에 따르면 동한(東漢) 사람 왕교가 섭현(葉縣)의 수령으로 있으면서 도술을 부려 자신의 신발을 물오리로 변하게 한 뒤 그것을 타고서 조정으로 날아왔다는 전설이 있다.

336 동방삭이 서왕모(西王母)의 복숭아를 훔쳐 먹어 장수하였다는 전설을 염두에 둔 표현이다.

337 삼생(三生) : 불가의 문자로서 전세(前世)·현세(現世)·후세(後世)를 가리킨다.

338 구규(九竅) : 사람의 몸에 있는 아홉 개의 구멍. 눈, 코, 귀의 여섯 구멍과 입, 항문, 요도의 세 구멍을 통틀어 이른다.

茫茫弱海路不迷	아득한 약수의 길 잘 알겠거니
閬風玄圃曾行處	낭풍과 현포[339] 같은 선계는 이미 갔던 곳.
滄桑飜覆年幾千	상전벽해된 지 몇 천 년이 흘렀나.
上淸鷄犬今依然	상청의 닭과 개는 지금도 여전하리라.
蛾眉蕭颯仙亦老	아미산은 쓸쓸하고 신선도 늙었으니
碧桃花下瑤池前	푸른 복숭아 꽃 아래 요지 앞에 있네.
鸞凰先戒雄鳩逝	난황은 앞에서 경계하고[340] 숫비둘기는 날아가는데[341]
靈氛爲余占之細	영분[342]이 나를 위해 자세히 점쳐줬네.
楚峽佳期雨疑雲	무산의 좋은 때는 비구름이 있을 땐가,
湘川妙瑟兄難弟	상수의 비파소리 난형난제로구나.
蘭洲采采琪花明	무성한 난주엔 기화요초 선명하니
晚來凝立春風楹	저녁에 와서 봄바람에 가만히 서 있네.
紅巾消息待延佇	홍건적 소식을 오래 기다렸으니
我姑酌彼金罍盈	나 그저 저 술독을 마시려하네.
手拂白雲雲滿袂	손으로 떨쳐내도 흰 구름 소매에 가득한데
廣陵一曲鳴仙藝	광릉산 한 곡조[343]를 기생이 부르네.
放心散漫將何之	마음 편히 자유롭게 어디를 갈까.

---

339 현포(玄圃) : 신선이 사는 곳으로 곤륜산(崑崙山) 꼭대기에 있다 한다.

340 굴원(屈原)의 〈이소(離騷)〉에 "난새와 봉황은 날 위해 앞에서 경계하고, 뇌사는 나에게 미비한 점 일러 주네(鸞皇爲余先戒兮 雷師告余以未具)" 구절이 있다.

341 굴원(屈原)의 〈이소(離騷)〉에 "숫비둘기 울며 날아가지만 나는 오히려 그 경박함이 싫네(雄鳩之鳴逝兮, 余猶惡其佻巧)" 구절이 있다.

342 영분(靈氛) : 옛날에 점을 쳐서 길흉을 잘 알아맞히었다는 사람 이름이다.

343 광릉산(廣陵散) : 거문고 곡조. 진(晉)의 혜강(嵇康)이 사마소(司馬昭)에게 끌려 동시(東市)의 형장으로 갔을 때 태학생(太學生) 3천 명이 나서서 그를 스승으로 모시겠다고 청했으나 사마소는 그를 불허했다. 이에 혜강은 그 전에 화양정(華陽亭)에서 자면서 어느 나그네에게 전수받았던 광릉산을 마지막으로 거문고 가락에 울려 퉁겼다고 한다. 이 시에서는 잊혀진 옛 곡조의 의미로 사용되었다.

一鶴東飛滄海唳　학은 동쪽 바다로 날면서 우네.

三年病肺尙生渴　삼년간 폐병에다 소갈증이 생겨나니

欲借金莖交玉屑　금빛 기둥을 빌려 옥가루 타 먹고 싶네.[344]

靑蛇電擊袖裏風　청사검이 벼락 쳐 소매에서 바람 불고

障空妖魔散如雪　하늘 가린 요마가 눈처럼 흩어지네.

啗瓜何必食海棗　오이를 먹을 뿐[345] 어찌 반드시 해조를 먹으랴[346]

放筆且將開詩抱　붓을 휘두르며 장치 시로 회포 풀리라.

三山半落二水分　세 산은 보일 듯 말 듯 두 강은 나뉘었으니

謫仙先我雄詞好　적강한 신선이 앞서 웅혼한 시를 지었네.

騷人大抵閑愁足　시인이란 대저 한가롭고도 수심겨워서

醉來訪古江之曲　취한 뒤 고적 찾아 강가로 가네.

天孫一去九梯空　천손이 떠나가서 구제궁은 비었건만

伯都山河餘舊幅　큰 고을의 산하에 옛 모습 남아있네.

麟窟荒凉幾歲月　황량한 기린굴 얼마나 흘렀던가.

朝天石老蒼苔滑　조천석도 오래되어 푸른 이끼 미끄럽네.

風景不殊佳氣散　풍경은 그대론데 좋은 기운 흩어졌고

空江水綠漁歌發　빈 강물 푸른데 어부가 부르네.

東流衮衮古今平　동쪽 물결 출렁출렁 고금에 잔잔한데

---

344 금경(金莖) : 한 무제(漢武帝)가 감로(甘露)를 받으려고 세웠던 선인장(仙人掌) 두 기둥. 무제는 방사(方士)의 말을 듣고 하늘에서 내리는 이슬을 받아 먹으면 오래 산다는 말을 믿고 승로반(承露盤)을 높이 27길이나 되게 만들어서 이슬을 받아 옥가루를 타서 마시었다.

345 고시(古詩) 〈고아행(孤兒行)〉에 "6월에 오이 수확하면 이 오이 수레 끌고 집까지 가져오다 오이 수레 엎어져도 도와주는 사람 드물고 오이 먹는 사람만 많았다네(六月收瓜, 將是瓜車, 來到還家. 瓜車反覆, 助我者少, 啗瓜者多)" 구절이 있다.

346 해조(海棗) : 선진시대(先秦時代)의 방사(方士) 안기생(安期生)은 봉래도(蓬萊島)에서 사는데 오이만한 크기의 대추를 먹고 산다 한다.

白塔殘陽山鳥聲　백탑엔 석양지고 산엔 새가 지저귀네.

玉殿何許野寺古　궁궐 어디쯤에 절은 오래되었는데

金仙照水魚龍驚　불상이 강에 비쳐 어룡이 놀라네.

人事須臾浩劫長　짧은 인간사가 영겁의 세월이니

興亡欲問天蒼茫　흥망성쇠를 아득한 하늘에 물으려네.

黃昏絲竹壓僧氣　황혼의 풍악소리 절 기운 누르고

佛燈明滅天王堂　천왕당에선 절의 등불 명멸하네.

酒暖金觴飛似羽　데운 술은 날개 있는 듯 전해지고

天花亂落成紅雨　하늘 꽃³⁴⁷은 떨어져 붉은 꽃비 되었네.

窮愁安在興如濤　시름 깊으니 파도 같은 흥취 어디에 있나.

我能秦聲君楚舞　내가 진나라 노래 부를테니 그대 초나라 춤추게.

醉鄕逃身亦一道　취향으로 은거함도 또 하나의 방법이니

玉山不妨前楹倒　옥산의 앞 기둥 무너진들 어떠랴.

布衣淸寒勿須歎　맑고 가난한 포의를 한탄 마시게.

風流猶勝厖眉老　풍류는 오히려 눈썹 흰 노승보다 낫구나.

群娥一笑百花開　여러 기생 웃고 온갖 꽃 만발하니

鼓聲殷殷靑山雷　북소리 은은하게 청산에 우레치는 듯.

歌扇三落傑句就　부채 치며 매화삼락 명구³⁴⁸를 부르고

老客先醉長松摧　소나무 아래에서 노객은 먼저 취했네.

歸槎憂月袖支機　돌아가는 배엔 달빛이, 소매엔 지기석 있는데

夜深風露生於衣　밤 깊어 바람과 이슬이 옷에서 생겨나네.

---

347 부처가 설법할 때 하늘에서 연꽃 모양의 각종 만다라화(曼陀羅花)가 비처럼 쏟아졌다고 하는데, 보통 고승의 설법을 비유할 때 쓰이는 표현이다.

348 삼락(三落) : 비파곡조인 〈매화삼롱(梅花三弄)〉을 가리킨다.

迎潮東郭曉鍾落	밀물 들어오는 동쪽 성곽엔 새벽 종 울리고.
添酒南城長笛飛	남쪽 성에서 술 따르니 피리 소리 들려오네.
清懷倚醉春雲吐	취한 김에 맑은 정회를 봄 구름처럼 토하니
較勝旗亭知不武	어느 술집 나은지 알 수 없지만[349]
今宵所得亦已多	오늘밤 얻은 것 또한 이미 많구나.
一斗千篇猶鬱怒	술 마시고 지은 시엔 노기가 서려있네.
詞鋒無敵筆陣整	글 솜씨는 거침없고 붓놀림은 단정한데
赤幟騷壇紛係頸	시단에서 제일이고자[350] 분분히 목을 매네.
遊於方外全其天	방외로 노닐어야 천성이 보존되리니
去矣人間一危穽	떠나리라. 세상은 하나의 함정이구나.
圭磨角矗痛刮豪	모난 부분 다듬어서 호기를 없앴나니
幾把畦園抽水棹	밭두둑엔 얼마나 물을 끌어와야 하나.
閑中風味老更淡	한가한 풍미는 늙으니 담담해지고
小山松雲生白毫	작은 산의 구름 낀 솔처럼 흰털이 생겨나네.
叢間甦得千年狗	수풀에선 천년된 개모양의 구기자[351]를 깎건만
淨債尋常行處有	시 빚은 보통 가는 곳마다 있네.[352]

---

349 불무(不武) : 목적하는 바를 실현할 수 없음. 좌구명(左丘明)의 『좌전』 선공(宣公) 4년에 "선한 뜻을 가졌어도 힘이 없다면 선에 이를 수 없다(仁而不武, 無能達也)" 구절이 나온다.

350 적치(赤幟) : 스스로 어떤 분야에 일가를 이룬 것을 말한다. 한(漢)나라의 장수 한신(韓信)이 조(趙)나라를 치면서 조나라의 군사를 유인하여 성벽을 비우고 나와 싸우게 한 뒤에 재빠른 기병(騎兵)을 가려 성벽으로 달려 들어가 조나라의 깃발을 뽑고 한나라의 붉은 깃발을 세워 전쟁을 승리로 이끌었던 데서 유래하였다.

351 천년구(千年狗) : 개처럼 생긴 구기자의 모습을 가리키는 것으로 보인다. 전설에 따르면 천년이 된 구기자는 모양이 개처럼 생겼다고 한다.

352 정채(淨債) : 청정채(淸淨債). 남에게 시를 지어 주어 보답해야 할 빚을 말한다. 소식(蘇軾)의 시 〈호사부와 법화산을 유람하며(與胡祠部游法華山)〉에 "이번 유람 기념하는 새 시 짓지 않는다면, 산속의 청정한 빚 지게 될까 두렵도다(不將新句紀玆游 恐負山中淸淨債)"라는 구절이 있다.

滄浪濯足亦自取	창랑에서 발 씻는 일 또한 자신의 선택,
倘會風雲有此手	만약 풍운이 이 손 안에 있기만 하다면.
行莊深得屈伸權	은거하며 깊이 출처의 추를 얻어
計活多少君平錢	엄군평에게 돈을 주고 살아갈 계책 물으리라.
飄然勝日不羈樂	좋은 날 표연하게 매어 있지 않고 즐기리니
別是淸江無事天	또한 맑은 강에 일이 없겠지.
水底醉眠眞好矣	물가에서 취해 자면 진정 좋을테니.
願爾丹靑狀得此	그림으로 이 광경 그려내고 싶구나.
脫巾露髮蓮葉舟	두건 벗어 머리 드러내고 연잎 배를 타면
名以老仙人必指	사람들 필시 늙은 신선이라 부르겠지.
虛空今亦綠駬軭	하늘에는 지금도 녹이[353]가 다니리니
罔象迎我希夷送	망상[354]은 나를 맞고 희이[355]는 전송하리.
冥然窅然俛欠申	멍하니 있다가 문득 하품과 기지개하는데
枕肘舡頭卽一夢	뱃전에서의 잠깐 자며 한바탕 꿈을 꾸었네.

---

353 녹이(綠駬) : 주(周)나라 목왕(穆王)이 천하를 주유하면서 타고 다녔다는 여덟 필의
  준마 중 하나.
354 망상(罔象) : 물속에 사는 괴물의 이름이다 『사기』 「공자세가(孔子世家)」, "물속의
  괴룡(怪龍)을 망상이라 한다"고 하였다.
355 희이(希夷) : 도(道)를 비유한 말이다. 『도덕경』에 "도는 보려고 해도 볼 수 없으니
  그것을 '이'라고 하고, 들으려고 해도 들을 수 없으니 그것을 '희'라고 한다(視之不見
  名曰夷, 聽之不聞名曰希)" 구절이 있다.

제4장 『평양속지』 권4

숙종대왕 어제(肅宗大王御製) 〈기자찬(箕子贊)〉

痛紂淫虐	슬프게도 주왕 음학하여
殷祚將傾	은나라 왕조가 무너질 지경.
是用大諫	이에 크게 간하였으니
曰惟至誠	오직 정성을 다했을 뿐.
道傳洪範	도를 홍범으로 전하며
九類以成	아홉 항목을 이루었네.[1]

---

1 아홉 항목(九類) : 『서경』 「홍범(洪範)」에 따르면 오행(五行), 오사(五事), 팔정(八政), 오기(五紀), 황극(皇極), 삼덕(三德), 계의(稽疑), 서징(庶徵), 오복(五福)의 홍범구주(洪範九疇). 주(周) 무왕(武王)의 물음에 기자가 대답한 것이다.

| 化被東土 | 교화가 동쪽 땅에 펼쳐지니 |
| 八條乃明 | 팔조목이 이에 분명해졌네. |

설정총(薛廷寵), 「평양 유람기(遊平壤記)」

평양은 원래 기자의 옛 도읍지다. 당(唐) 이전에는 고구려 사람들이 살았다. 한 무제(漢武帝)가 낙랑군(樂浪郡)을 설치하고 당 고종(唐高宗)이 도호부(都護府)를 세운 것은 모두 이 지역의 승경과 고적이 다른 군에 비해 유독 많기 때문이다.

내가 홍산태사(鴻山太史) 화찰(華察)과 함께 동쪽으로 강을 건너 평양에 머물면서 역관에게 "이곳에 문묘와 기자묘, 단군묘, 동명왕묘 등 여러 사당이 있다는데 어디에 있으며, 어째서 먼저 가지 않는가?"라고 묻자 "객관의 서쪽에서 약간 북쪽에 높은 산 넓은 언덕이 있는데 소나무가 울창한 곳이 문묘이고 그 오른쪽 사당이 기자묘, 왼쪽 사당이 단군묘와 동명왕묘입니다. 빨리 가시지요"라고 하여 나무가 우거져 있는 길에 도착하였더니 제자원(弟子員)들이 길 오른쪽에 늘어서 있는데 준수한 선비들이었다. 사당에 들어가서 엎드려 절하고 당에 올라가서 사방을 둘러보았다. 비록 사당의 규모가 대단하지는 않지만 필수적인 것은 모두 갖추었고 비품은 제 위치에 있지만 새 건물 같지는 않았다. 나와서 강당에 앉으니 학관(學官)이 제자원들을 데리고 와서 인사를 하였다. 이를 끝낸 뒤에 기자묘를 참배했는데 새 편액에 예전의 글들이 걸려 있었다. 모두 조정의 걸출한 공들의 제영이었고 앞에는 비정(碑亭)이 있었는데 이 나라의 대부가 쓴 것이었다.

다시 단군묘와 동명왕묘를 참배했는데 저녁이 되려는 참이었다. 연광정으로 가서 올라가보니 정자가 성 위에 있고 대동강 가에 있었다. 찬상(贊相) 소세양(蘇世讓)과 관찰사 김인손(金麟孫)이 갈 채비를 하고 성 밖 강가에서 기다리고 있었고 종관(從官)과 목수(牧守) 이하는 차림을 단정히 하고 도열하여 위에서 활을 쏘는데 빗맞는 것이 없었고 모습도 예악에 견주어볼 때 충분히 덕을 볼 수 있었다.[2] 성을 내려와 풍월루로 올라가 성 안을 바라보니 사면은 푸른 산이고 아래에는 연못이 있는데 연을 심었고 물고기를 기르고 있었는데 이때 연꽃은 아직 피지 않았다. 저물녘이 되어서 객관으로 돌아왔다. 다음 날 강을 건넜는데 배들은 모두 채색을 칠했고 띠를 엮어 정자를 만들어 놓았다. 하늘을 나는 듯 푸른 강물 위에서 강가를 가리키며 돌아올 때 다 보자고 약속하였는데 4월 상순이었다.

한 달을 넘기지 않고 돌아가는 길에 생양관에서 묵었는데 마침 모란 꽃이 만발하여 태사가 나를 불렀다. 오랫동안 완상하고 있는데 역관이 말하기를, "빨리 강가 부벽루에 올라가십시오"라고 하여 마침내 말을 타고 갔다. 강에 이르기 전 10여 리의 길 양쪽에 느릅나무와 버드나무가 푸른빛으로 숲을 이루고 시냇물은 넘실거리는데 바라보니 아득하였다. 강에 도착했더니 배가 이미 대기중이었다. 배를 타고 건너가서 누각에 올라 바라보았다. 이때 소세양과 김인손, 두 공이 동행했고 이

---

2 관덕(觀德) : 활쏘기. 『예기(禮記)』「사의(射義)」에 "활쏘기는 진퇴(進退)와 주선(周旋)이 반드시 예(禮)에 맞아야 한다. 마음이 바르고 자세가 곧아야 활과 화살을 잡을 때 안정되고 든든하며, 이런 다음에야 과녁을 맞힐 수 있다. 이래서 덕행을 보게 되는 것이다"라고 하였다. 활 쏘는 터를 관덕정(觀德亭)이라고 한다.

조판서 성세창(成世昌) 또한 명을 받들어 송별연[3]에 왔다. 엷은 구름이 떠 상쾌하고 물빛과 산색이 물결에 흔들렸다. 자리에서 사방을 바라보니 누대와 성곽이 마치 그림 속에 있는 듯 했고 앞에 두 줄기 강물이 흐르는데 초가집이 물가에 들쭉날쭉하였고 들판에는 풀이 무성하고 꽃들이 옹기종기 모여 있었다. 역관이 "이곳이 능라도입니다"라고 하였다. 멀리 강 위 기슭을 바라보니 작은 언덕이 솟아 있었는데 앉을 만한 여유가 있었다. 역관이 "이곳이 주암입니다. 옛날에는 술이 나와서 아래로 흘렀답니다"라고 하였다. 나는 말이 안 된다고 일소에 부치면서도 이태백의 주천(酒泉)에 대한 이야기[4]가 떠올랐으므로 그럴 수도 있다고 생각하였다. 또 백은탄이 있는데 맑은 물이 세차게 흐르고 물결에 빛이 반짝거렸다. 그 뒤에 금수산 모란봉이 있었는데 모두 초성(肖城)의 동쪽 담으로 벽을 삼았다. 우뚝하게 서서 홍수를 막는 것은 실로 덕암이다. 이때 다시 강 너머로 활을 쏜 뒤 줄을 잡아당겨서 화살을 수습하여 통에 넣고 올라갔다. 판서 성공은 복귀 명령을 받아 먼저 떠나갔고 우리들은 활쏘기를 오랫동안 보았다. 을밀대는 성 안에 있는데 을밀선(乙密仙)의 유적이라고 한다. 그 외 기린굴, 읍호루, 정전 유제 같은 곳은 가보지 못했다. 아직 가보지 못한 곳이 많이 있지만 어둑한 하늘에 비가 몇 방울 떨어지자 급히 성으로 들어갔다.

다음날 새벽에 객관 안으로 가서 쾌재정에 올라갔는데 먼 산과 긴 강이 탁 트여 있는 조망이었다. 성을 나선 뒤 얼마 되지 않아 기자묘를 참배하였는데 나무는 심어져 있었지만 건물은 없었고 두 자쯤 되는 돌비

3 　조연(祖宴) : 길 떠나는 사람을 송별하는 연회.
4 　이백(李白)의 〈홀로 술을 마시며(獨酌)〉에 "하늘이 술을 좋아하지 않았다면 하늘엔 주성이 없었으리라. 땅이 술을 좋아하지 않았다면 땅엔 주천이 없었으리라(天若不愛酒, 酒星不在天. 地若不愛酒, 地應無酒泉)" 구절이 있다.

석이 있는데 매우 초라했다. 역관이 "감히 옛 것을 바꿀 수 없었습니다"라고 하였다. 앞에는 작은 당(堂)이 있는데 유사(有司)가 제사를 맡아보던 곳이다. 여러 산들이 빙 둘렀고 숲의 나무가 가리고 있으며 바람이 쏴쏴 옷에 불어와서 처연하게 옛 일과 충성스러운 뜻에 대한 감개가 떠올랐고 그래서 사(詞)를 지어 애도하였다. 생각건대 조선은 바다 밖 멀리 있어서 좋은 기회를 만나지 않았더라면 사명을 받들어 오는 일이 없었을 것이니 내가 이 유람을 한 것이 어찌 우연이겠는가. 기록하여 언젠가 펼쳐 보면 그 경치가 떠오를 것이니 미진한 부분은 나중에 방문하는 사람이 보완하기를 기다린다.

1539년(중종 34) 여름 4월 23일 설정총 쓰다.

주지번(朱之蕃),
「무열사 이여송 장군의 제문(武烈祠祭李將軍如松文)」

1606년(선조 39) 4월 28일 춘방유덕(春坊諭德) 주지번과 급사중(給事中) 양유년(梁有年)이 삼가 고(故) 대장군 앙성(仰城) 이공의 영령에 제향하며 아룁니다. 호걸로 빼어나게 태어나 강물과 산의 정기를 받아 만리장성을 지키셨으니 살아 계셨을때는 나라의 동량이 되었고 돌아가셨으니 뭇 별이 되셨을 것입니다. 초상화에 모습이 있어 아름다운 명성은 다함이 없으리니 예전에 이웃나라에 위세를 떨치며 왜구가 경거망동을 할 때 황제께서 동쪽 나라를 돌아보시어 부월을 주시며 정벌을 명하여 출진을 맹세하니 압록강물이 빛나고 깃발이 이르는 곳마다 이겨 번국이 재생할 수 있게 되었습니다. 적은 바람에 풀이 쓸리듯이 쓰러지고 쥐와 고래처럼 달아났으니 포악한 이들을 단속하고 위급한 상황을 잡아 평정하였습니다. 칠종칠금(七縱七擒)의 계책으로 설복시켜 공을 세웠으니 백세의 송덕(頌德)이 가득하고 성대하여 사당에서 숭앙받을 바일 것입니다. 번국에서 일찍이 흠모하여 위엄어린 명망을 생각하고 있으니 영령께서 명령을 받드심에 그 길을 따르며 배례하고 정성을 다하여 삼가 제주(祭酒)를 올립니다. 생전과 같이 혼이 와서 흠향하시리니 이르소서, 신령이여. 삼가 흠향하소서.

김부일(金富佾), 「용언궁 잔치 치어[5](龍堰宮大宴致語)」[6]

반경(盤庚)에서 은(殷)으로 도읍지를 옮긴 것은 만세(萬歲)의 이익을 도모함이고 호발(虎發)이 호경(鎬京)에 있는 것은 한 순간의 즐거움을 취한 것이 아닐 것입니다. 밝고 어진 사람들이 모이고 멀고 가까운 곳의 사람들이 달려오기 때문입니다.

삼가 생각하옵건대 성상께서 상지(上智)의 자질을 몸에 지니고 중흥의 공업을 어루만지셨습니다. 성인이 짓고 현인이 그대로 서술하니 삼대의 문장이 찬연히 빛나고 다스림이 정해지고 공이 이루어진 것이 탁

---

5   치어(致語) : 궁중의 악사가 음악에 맞추어 올리는 찬양의 말.
6   『동문선』 권104에 실려 있다.

월하였습니다. 백년의 예악으로 어찌 만백성이 번성하기만 했겠습니까. 모두 다 구서(九敍)[7]를 노래로 만들게 하였습니다. 거듭 태사(太史)의 말씀을 어기고 서북 사람들의 바람에 따라 이곳이 임금의 덕이 길한 곳이라 하였으니 실로 왕성의 옛터입니다. 이에 유사(有司)에게 칙명을 내려 새 대궐을 짓게 하셨으니 비록 웅장하지도 않고 아름답지도 않아 많은 사람들이 보기에는 충분하지 않겠지만 검소하게 한 것과 사치스럽게 한 것이 중도(中道)에 알맞게 하였습니다. 이미 대장(大壯)[8]의 법규에 부합하여 이에 사간(斯干)의 시[9]로 낙성하여야 할 것입니다. 드디어 좋은 때를 골라 행차를 하시기로 하여 바로 장락궁에서 건원전(乾元殿)[10]으로 옮겨가셔서 여러 관리들의 조회를 보시고 여러 영령들의 하강을 맞이하였는데 이때에 하늘이 그 덕을 살피시어 윤택하게 하셨고 땅이 보배를 아끼지 않아 상서로운 옥이 났습니다. 기자의 풍습을 흥기함이 오늘날 딱 맞고 요양(遼陽)의 땅이 다시 우리 영토에 들어오는 것을 보게 되었으니 실로 고금에 만나기 어려운 일입니다. 마땅히 여러 사람들과 함께 즐겨야 할 것입니다. 수괘(需卦)의 상(象)을 살펴[11] 담로(湛

---

7 『서경』에서 우(禹)가 순(舜)에게, "구덕(九德 수(水)·화(火)·금(金)·목(木)·토(土)·곡(穀)·정도(正徒)·이용(利用)·후생(厚生))이 이미 순조롭게 되었으니, 그것을 노래할 만합니다" 하였다.

8 『주역』「계사전 하(繫辭傳下)」에 "상고(上古) 시대에는 굴속에 살고 들판에 거처했는데 후세에 성인(聖人)이 사는 곳을 궁실(宮室)로 바꾸어 위에는 들보를 얹고 아래에는 서까래를 얹음으로써 풍우(風雨)에 대비했으니, 이는 대장괘(大壯卦)에서 취한 것이다" 하였다.

9 주나라 여왕(厲王)이 포학하게 굴다가 체(彘)로 쫓겨나 죽은 뒤 아들 선왕(宣王)이 즉위하여 정치를 개혁하고 덕정(德政)을 펴서 중흥을 이루었다. 선왕이 새 궁실을 낙성한 것을 축하한 『시경』「소아(小雅)」〈사간(斯干)〉에 "대나무가 총생(叢生)하듯, 소나무가 무성하듯(如竹苞矣 如松茂矣)"이 나온다.

10 본문에는 '乾干'으로 되어 있으나 『동문선』에는 '乾元'으로 되어 있다. 문맥상 여기에서는 『동문선』을 따랐다.

11 『주역(周易)』에서 수괘(需卦)의 상사(象辭)에 "구름이 하늘로 올라가는 것이 수괘이

露)[12]의 자리를 크게 열어주시니 옥을 단 인끈이 쟁쟁 울리고 갓을 쓴 사람들이 모여 광대한 음악을 아홉 번 연주하니 황홀한 소리가 마치 천상의 소리를 듣는 듯합니다. 군자는 만년을 바라며 대아(大雅)의 축수를 올립니다. 옛날 하후(夏后)의 도산(塗山) 모임[13]과 한황(漢皇)의 패수(沛水) 유람은 전후의 자취를 보면 때만 다를 뿐 경사라는 점에서는 같습니다. 신들이 외람되게도 악부(樂府)에 참여하여 나라의 즐거움을 받들며 부족한 글 솜씨를 생각하지 않고 구호(口號)를 올립니다.

이지저(李之氐), 「대화궁 잔치 치어(大花宮大宴致語)」[14]

"상제(上帝)가 진(震)에 나와 건(乾)을 탔다"[15]는 말은 때의 운수에 맞았다고 하겠으나, 임금이 호경(鎬京)에 있으면서 술을 마시는 것은 진실로 여러 사람들과 함께 즐거워하는 것입니다. 늦봄에 잔치를 열어 즐기시니 생각건대 예는 〈어리(魚麗)〉[16]의 갖추어짐을 강론하셔야 하고 시는 〈기취(旣

다. 군자는 이 상을 취하여 마시고 먹고 잔치하고 즐거워한다(雲上於天需, 君子以飮食宴樂)" 구절이 있다.
12 『시경』「소아(小雅)」의 편명으로, 천자가 제후에게 잔치를 베풀어 주는 내용이다.
13 하우씨(夏禹氏)가 도산(塗山)에서 제후(諸侯)들과 회맹(會盟)하였는데 옥백(玉帛)을 들고 조회 온 나라가 만(萬)에 달했다고 한다.
14 『동문선』권104에 실려 있다.
15 『주역』「설괘전(說卦傳)」에 "상제가 동방에 나오다(帝出乎震)" 구절이 있다. 진(震)은 방위상으로 동쪽에 해당한다. "건을 탔다(乘乾)"는 제위에 올랐다는 뜻이다.
16 『시경』「소아」, 〈어리(魚麗)〉에 "군자에게 술이 있으니, 맛있고도 풍성하다(君子有酒, 旨且多)" 구절이 있다.

醉))[17]의 어짊을 노래해야 할 것입니다. 백성이 세상에 난 이래로 아직 오늘날과 같이 성대하게 임금께서 돌봐주신 적이 없었고 또 오래도록 상서로움을 내려주셔서 장관이 일신하였으니 환호성이 사방에서 일어납니다.

삼가 생각건대 황상께서는 슬기로우셔서 성인(聖人)이 되셨고 신묘한 재능으로 기미를 알아채시며 도가 커서 이름 지을 수가 없으니 비록 당요(唐堯)의 성대한 덕을 가지고 계시지만 해가 기울도록 밥을 먹을 겨를도 없이 오히려 문왕(文王)의 삼가고 조심하는 마음을[18] 고수하고 계십니다. 침체된 것을 일으키고 폐단을 없애어 모든 정사가 닦였고 충을 밝히고 선한 것을 이루게 하니 간사한 자들이 떠나가게 되었습니다. 이런 이유로 땅은 보배를 아끼지 않아서 상서로운 금이 동도(東道)에서 나오고 하늘이 명을 이루어 신령스러운 옥새가 서주(西州)에서 나왔으니 그래도 겸양하면서 안주하지 않고 언제나 걱정하고 애쓰는 일로 자처하셨습니다. 세상을 도와 백성의 어른노릇을 하는 일은 덕이 있는 사람에게 맡기는 일보다 나은 것이 없지만, 나라를 세우고 도읍지를 건립하는 일에 하늘의 뜻을 저버릴 수는 없는 일이라 결국 평양의 땅 중에서 대화(大花)의 형세를 골랐으니 비단 위(魏)나라처럼 좋은 산하를 얻었을 뿐만 아니라 낙양(洛陽)처럼 천하의 중심을 얻은 것입니다. 다만 (터는) 응하는 바는 있으나 제대로 된 때를 만나지 못했기에 옛날에는 어두웠으나 오늘날에는 밝게 드러났습니다. 『주역』의 '사방을 순행한다'의 뜻[19]을 취하고 『우서(虞書)』의 순수(巡狩)의 글을 살피시어 금수레

---

17 『시경』「대아」〈기취(旣醉)〉에 "이미 술로써 취하고, 이미 은덕으로 배불렀으니, 군자께서는 만년토록, 당신의 큰 복을 크게 누리리로다(旣醉以酒 旣飽以德 君子萬年 介爾景福)" 구절이 있다.

18 『시경』「대아」〈대명(大明)〉에 "문왕께서는 삼가고 조심하셔서, 하느님을 밝게 섬기고 맑은 복을 누리시니, 그 분의 덕 어긋나지 않아 나라를 받으셨네(維此文王, 小心翼翼. 昭事上帝, 聿懷多福. 厥德不回 以受方國)" 구절이 나온다.

를 우레와 같이 움직여 보좌에 군림하시니 사람들이 서로 기뻐하며 "우리 임금님을 기다렸는데 오셨으니 우리는 살아났다"[20]고 말하며 피리 같은 관악기 소리가 막 들리지 시작하자 "우리 왕께서 음악을 연주하셨으면"[21]이라고 합니다. 잔치 음식을 차려서 아랫사람들의 마음에 답해주셨고 음식을 먹으면서 군신들의 충정을 다 하게 하셔서 이미 주나라의 아(雅)에 부합하였으며 한번 놀고 한번 즐기심이 제후의 법도가 되었으니 이 또한 하나라의 속담에서 말한 것[22]과 부합합니다. 기쁨은 사람과 귀신을 움직이고 경사는 천하에 고루 퍼지니 이미 순임금의 덕을 펴서 간무(干舞)와 우무(羽舞)를 동서 양 계단에서 춤추게 하시고[23] 나아가 도산(塗山)의 조회에 예물을 가지고 온 것이 만국(萬國)임을 보았습니다. 저희들이 외람되게 법부(法部)에 있어서 민요를 채집하여 임금께 받들어 올리고 감히 구호(口號)를 드리옵니다.

---

19 성방(省方) : 사방을 순행하다. 『주역』에서 관괘(觀卦)의 상(象)에 "선왕이 이 관괘를 보고서, 사방을 순행하며 두루 살피고 백성의 풍속을 관찰하여 교화를 베풀었다(先王以省方觀民設敎)"가 나온다.

20 『서경』「중훼지고(仲虺之誥)」에 "우리 임금님 오시기를 기다렸는데, 임금님이 오셨으니 우리는 이제 살아났다(徯予后, 后來其蘇)"라는 말이 나온다

21 『맹자』「양혜왕 하(梁惠王下)」에 "지금 왕께서 여기에서 음악을 연주하심에 백성들이 왕의 종소리와 북소리, 피리 같은 관악기의 소리를 듣고서 모두 즐거워하면서 기뻐하는 기색으로 서로 말하기를, '우리 왕께서 아프지 않으신가 보다. 어떻게 음악을 연주하시는가?'라고 한다. (…중략…) 이는 다름이 아니라 백성들과 함께 즐겼기 때문이다(今王鼓樂於此, 百姓聞王鐘鼓之聲‧管籥之音, 擧欣欣然有喜色而相告曰 : '吾王庶幾無疾病與? 何以能鼓樂也?' (…중략…) 此無他與民同樂也)" 구절이 있다.

22 『맹자』「양혜왕 하(梁惠王下)」에 "봄에는 밭갈이가 잘 되었는지 살펴보고 부족한 것이 있으면 보충해 주고, 가을에는 수확이 잘 되었는지 살펴보고 부족한 것이 있으면 도와줍니다. 그래서 하나라 속담에도 '우리 왕이 유람하지 않으면 우리가 어떻게 쉬며, 우리 왕이 즐기지 않으면 우리가 어떻게 도움을 받겠는가' 하였으니 한번 유람하고 한번 즐김이 제후들의 법도가 되었습니다(春省耕而補不足, 秋省斂而助不給. 夏諺曰 : '吾王不遊, 吾何以休. 吾王不豫, 吾何以助.' 一遊一豫, 爲諸侯度)." 구절이 있다.

23 『서경』「대우모(大禹謨)」에서 우순씨(虞舜氏)가 문덕(文德)을 크게 발휘하여 양 섬돌 사이에서 무무(武舞)인 간무(干舞)와 문무(文舞)인 우무(羽舞)를 춤추니 70일째 되는 날 유묘(有苗)가 감화되어 귀의했다는 내용이 나온다.

김부식(金富軾), 「서경 적도 묘청을 평정한 뒤 승전을 아뢰는 표문(平西京賊妙淸獻捷表)」[24]

신 부식(富軾) 등은 아룁니다. 지난 1135년(인종 13) 봄 정월에 서경(西京)이 모반을 꾀하여 신 등이 엎드려 제명(制命)을 받들고 출정하였으나 지리가 험하고 성이 견고하여 오래토록 평정하지 못하였습니다. 그래서 겨울 10월부터 그 성 서남쪽 모퉁이에 흙과 나무를 쌓아 산을 만들어 포차(砲車)를 그 위에 늘어놓고 큰 돌을 날리니 돌에 맞은 곳은 모두 무너져서 이로써 크게 공격하여 성문과 성위의 담이 모두 부서졌습니다. 금년 2월 19일 새벽을 기하여 몰래 군사를 출동시켜 쳐들어가니 적이 무너져 항거하지 못하였습니다. 역도들이 원수(元帥) 최영(崔永)과 부원수(副元帥) 조광(趙匡)의 시체를 가지고 나와 항복하였으므로 신 등은 성안에 들어가서 성궐(城闕)을 청소하고, 군사와 백성들을 위로하였습니다.

왕의 군사는 정벌은 있으나 전쟁은 없으니 하늘의 권위가 미치는 곳에는 그날로 누그러지는 것입니다. 신이 듣건대 한광무(漢光武)가 외효(隗囂)를 쳐서 3년 만에 이겼고, 당(唐) 덕종(德宗)이 이희열(李希烈)을 토벌하여 4년 만에 평정하였다고 하는데, 무지한 간흉(奸兇)이 우리 성읍(城邑)를 점령하여 죄가 이미 효경(梟獍)보다 더하고 악이 또한 구산(丘山)만큼 쌓였습니다. 오직 성산(聖算)이 실수가 없으시어, 1년 만에 이처럼 이기셨습니다. 입을 봉하고[25] 성을 넘어 군사를 벌여 성문을 공격하였고

---

24 『동문선』 권44에 실려 있다. 『동문선』의 글 제목은 「서경을 평정한 뒤 승전을 아뢰는 표문(平西京獻捷表)」이다.
25 함매(銜枚) : 입에 물건을 물려서 말을 못하게 하는 것.

군사들이 막 칼을 휘두르자마자 적이 이미 기운을 잃어서 보병(步兵)과 기병이 용맹을 떨쳐 번개같이 공격하고 고함지르면서 앞으로 나아갔습니다. 파도가 무너지는 듯 구름 모양의 깃발에 우레가 치는 듯 곧장 고래의 지느러미를 베고 바람 소리와 학의 울음소리[26]가 섞여 무기 소리가 나자 솥 안의 물고기가 살려고 그 안을 빙 돌고 숲의 새가 놀라 날아 모두 흩어졌으니 자신의 죄가 무거워 스스로 죽음을 면치 못할 것을 안 자는 식구들과 함께 불에 타 죽고, 비겁하여 자결을 못한 자는 형벌[27]을 달게 여기고 포로가 되었으니 오랜 기간의 근심이 하루아침에 풀렸습니다.

이에 회서(淮西)에 들어가 성상(聖上)의 뜻을 선포하니 거꾸로 매달렸던 것을 푼 것 같았고 장안(長安)을 수복하여 위로하니 유민(遺民)들이 돌아와 머물겠다고 하였습니다. 어찌 시전(市廛)만이 변하지 않았겠습니까? 우뚝하게 성궐(城闕)도 모두 무사하였고 해독이 이미 제거되고 피비린내도 씻겼기에 드디어 이궁(離宮)의 먼지를 청소하고 원묘(原廟)의 의관(衣冠)을 우러러보니 선왕의 위패[28]는 그대로이고 안석[29]도 예전과 같았습니다. 부로(父老)와 남녀노소, 어부와 나무꾼들이 모두 펄쩍 뛰며 다투어 앞으로 나오고 환호하며 말하기를 "오늘 다시 왕의 백성이 될 줄은 생각지도 못했다"고 합니다. 이는 바로 폐하께서 천지가 늘 생겨남을 본받으시고 신무(神武)를 쓰면서도 죽이지 않으시므로, 삼령

---

26 풍성학려(風聲鶴唳):『진서(晉書)』「사현재기(謝玄載記)」에 나오는 구절로, 중국 전진(前秦) 때 진왕 부견(苻堅)이 비수(淝水)에서 동진(東晉)의 명장 사현(謝玄)에게 대패하고 도망갈 때 바람소리와 학의 울음소리를 듣고 추격병이라고 생각하여 놀랐다고 한다.

27 정확(鼎鑊): 형구로 사람을 삶는 큰 솥.

28 보좌(黼座): 선왕의 위패를 모신 곳.

29 잉궤(仍几): 안석을 생시와 같이 놓아두는 것.『주례』의 춘관(春官) 사궤연(司几筵)에도 "무릇 길사(吉事)에는 안석을 새로 바꾸고 흉사(凶事)에는 안석을 그대로 쓴다[凶事仍几]"고 하였다.

(三靈)[30]이 복을 내리고 사해가 정성을 바쳐 번개처럼 치고 바람같이 달려 전쟁[31]을 하여 평정하고, 드넓은 강과 우뚝 솟은 산으로 진실로 만세의 안녕을 품게 된 것입니다. 신 등은 몸소 뛰어난 계책을 받들어, 나가서 군율(軍律)를 맡아 성신(聖神)의 도움에 힘입어 단죄하고 평정하였으니 장수의 재목이 아니어서 속전속결[32]하지 못해 부끄럽습니다만 춤출 듯 기쁜 마음은 평소의 만 배나 더합니다.

권근(權近), 「태조대왕 어제시 서문(太祖大王御製詩序)」[33]

삼가 생각건대 태상왕(太上王)께서 북쪽으로 순행하시다가 평양에서 잠시 머물면서 당신의 초상화를 보시고 절구 1수를 지으셨는데, 겸양하는 덕에 잘못을 후회하는 뜻이 가득하게 밖으로 드러났습니다. 우리 주상전하께서 이를 듣고 기뻐하여 삼가 그 시에 차운하셨고 대소 신료들 또한 대부분 화운하여 올렸습니다. 전하께서는 신 권근에게 명하여 그 책머리에 서문을 쓰라고 명하셨습니다. 신 권근이 생각건대 예부터 왕이 갖추어야 할 덕으로는 왕업을 전하는 것보다 큰 것이 없고, 효로는 뜻을 잇는 것보다 큰 것이 없습니다. 왕업을 전할 수 있어야 종사(宗

---

30 삼령(三靈) : 천신(天神), 지기(地祇), 인귀(人鬼).
31 일융(一戎) : 전쟁. 『서경』「무성(武成)」에 "한번 갑옷을 입으니 천하가 평정되었다(一戎衣, 天下大定)" 구절이 있다.
32 졸속(拙速) : 손자(孫子)와 오자(吳子)의 병서(兵書)에, "공교롭게 하면서 더딘 것보다는 졸렬해도 빠른 것이 낫다"고 하였다.
33 『양촌집』권19에 실려 있다. 제목은 「태상왕 어제시 서문(上製詩序)」이다.

社)를 맡길 데가 있고 뜻을 계승할 수 있어야 국운이 더욱 영원해질 것입니다. 만약 그렇지 못하다면 혼란을 초래하여 자기 나라를 위험하게 할 것이니 이는 고금에 모두 한결 같은 것입니다. 우리 조선이라는 나라는 실로 태상왕의 신무(神武)한 덕을 바탕으로 하였으며 또한 우리 전하께서는 나라의 운세를 밝게 통찰하여 그 때에 맞추어 의병을 일으켜 장군과 재상을 이끌고 왕업을 이루는 것을 도와서 영원한 왕업의 기틀을 마련하셨습니다.

1398년(태조 7)에 간신들이 우리 태상왕께서 편찮으실 때를 틈타 몰래 나쁜 마음을 품고 어린 왕자를 세워 왕실을 약하게 만들고 국운을 옮기려 하였는데 다행히 하늘의 도움과 충신들의 노력이 있어 간흉한 무리들이 자멸하고 종사가 다시 안정되었습니다. 태상왕께서도 하늘의 마음을 분명히 아시고 왕위를 적장자에게 물려주시어 대통(大統)을 바르게 하셨고 우리 전하께서는 공덕으로 왕위를 잇고 정성을 다해 정치에 힘써서 중의(衆意)가 안정되었고 어진 덕이 상국(上國)에 알려져 작위가 친왕(親王)들과 나란하셨습니다. 나라의 위세가 공고해지고 크나큰 복록이 더욱 길어진다면 우리 태상왕이 잘 전하신 현명함과 전하께서 잘 계승한 공은 고금에 드물 것입니다.

아아, 훌륭합니다. 예전에 태상왕께서 동쪽과 북쪽 지방을 순행하시면서 오래도록 돌아오지 않으시자 우리 전하께서 아침저녁으로 그리워하며 스스로를 책망하고 울면서 효성의 지극함으로 하늘을 감동시켰습니다. 태상왕께서 잘못을 깨달아 뉘우치고는 수레를 명하여 돌아오면서 또 이 시를 지어 그 뜻을 나타내셨습니다.

예전에 진 목공(秦穆公)이 잘못을 뉘우친 맹세는 공자가 『서경』에 넣었고,[34] 위무공(衛武公)이 잘못을 뉘우친 시는 공자가 「아(雅)」편에 수록

하였으니,[35] 비록 성현이라고 해도 잘못이 없을 수는 없지만 잘못을 뉘우치는 것이 미덕이 되기 때문에 공자가 이 두 분이 쓴 것을 『시경』과 『서경』에 수록하여 그들이 잘못을 뉘우친 것의 아름다움을 밝혀 만세토록 보이려고 하신 것입니다. 지금 우리 태상왕의 이 시 역시 『시경』, 『서경』에 수록한 것과 함께 후세에 전함으로써 우리 조선의 자손들에게 영원한 귀감이 되도록 해야 할 것입니다.

1392년(태조 1)[36] 12월 일 신 권근이 절하고 머리를 숙이며 삼가 서문을 씁니다.

김시습(金時習), 〈구가를 본뜨다(擬九歌)〉[37]

帝子降兮香峯   천제의 아들이 묘향산에[38] 내려오셨을 때

熊虎嘷兮毛鬞茸   곰과 호랑이는 울부짖으며 털이 무성했네.

---

34 『서경』의 「진서(秦誓)」의 내용은 바로 진 목공(秦穆公)이 정(鄭)나라를 잘못 정벌했다가, 진 양공(晉襄公)에게 크게 패배하고는 스스로 크게 잘못을 뉘우쳐서 신하들에게 훈시한 것이다.

35 『시경』「대아」, 〈억(抑)〉 시는 위(衛)나라 무공(武公)이 나이 95세가 되었는데도 자신을 경계하기 위해 지은 시로, 날마다 곁에서 외게 하여 스스로를 경계하였다고 한다.

36 문집에도 "洪武二十五年"이라고 하였으나 내용상 이 시가 쓰여진 시점은 태종대이므로 위의 연도는 오기로 판단된다.

37 『매월당집』 권9에 실려 있다. 문집의 시 제목은 〈초사 구가를 본뜨다(擬楚辭九歌)〉이다. 총4수인데 문집에서는 제1수의 제4구·제8구·제16구의 '骞'이 '蹇'으로, 제7구의 '繢'이 '績'으로, 제2수(箕子)의 제4구·제18구의 '骞'이 '蹇', '垣'이 '坤'로, 제12구의 '遙'가 '逢'로, 제17구의 '藉藉'가 '蘊藉'로 되어 있다.

38 신인(神人)이 태백산(太白山) 단목(檀木) 아래에 내려오셨다는 기록에서 태백산은 영변(寧邊) 묘향산(妙香山)을 가리킨다.

錫靈劑兮化人	영약을 내려주어 사람으로 만드시니
謇轉續兮相嬗	왕위를 계승하고 선양하셨네.
檀君來兮阿丘	단군이 아사달로 내려가시니
臣妾走兮挾輈	부인들이 달려가서 수레 옆에 있었네.[39]
靈繽紛兮來遊	혼령이 분분히 나와서 노니시니
謇揖讓兮僂僂	절하고 사례하며 정성을 다했네.
明酒兮犧尊	맑은 술을 제사상에 올리고
燔黍兮捭豚	기장쌀을 익히고 돼지고기도 올렸네.
擊缶鼓兮吹卷蘆	술통과 북을 치고 갈댓잎을 부니
奠羞菲兮心愉愉	제수는 소박하지만 마음이 흐뭇하네.
公尸喜兮顔酡	제후와 시동은 기뻐 얼굴이 불그레하고
羌屢舞兮傞傞	그칠 줄 모르고 춤을 추네.
靈降福兮穰穰	신령의 복 내려 넘치고 넘치니
謇歡樂兮無疆	기쁨과 즐거움은 끝이 없구나.

이상은 단군사(檀君祠)이다.

天命兮玄鳥	하늘이 제비에게 명하여
錫勇智兮載肇	지혜와 용기를 주어 나라를 열게 하셨네.
終淵藪兮潰且焚	결국 못과 숲은 무너져 불탔으니
謇不摺兮姬垣	떨치지 못하고 주나라[40]가 에워쌌네.

---

39 단군 관련 기록에서는 주(周) 나라 무왕(武王) 기묘년에 기자를 조선에 봉하니, 단군이 당장경(唐臧京)으로 옮겼다가 뒤에 아사달산에 숨어 신(神)이 되었다고 표현하는데 이를 단군의 죽음을 암시하는 것으로 이해하고 있다. '협주(挾輈)'는 『춘추좌씨전』에서 수레를 먼저 차지하려고 "수레의 멍에를 옆에 끼고 달아나다(挾輈以走)"는 용례가 나오지만 여기에서는 단군의 죽음이라는 맥락을 살려서 수레 옆에 있다는 의미로 이해하였다.

訪陳範兮助風燄　찾아가 홍범을 아뢰고 찬란하게 도와서

分茅我土兮天塹　우리 땅에 봉해지니[41] 천연의 요새이네.

長江兮如帶　긴 강은 띠 두른 것 같고

原隰兮莐莐　언덕과 습지는 무성하네.

聿來兮浚澮　드디어 와서 도랑을 파니

荏菽兮施施　깨와 콩도 무성하였네.

牖頑兮八條　어리석은 백성을 팔조목으로 일깨우시니

靈胡不來以消遙　신령은 어찌 와서 소요하지 않는가.

鼓瑟兮吹簫　거문고를 타고 퉁소를 불며

以濩兮以韶　탕왕의 호(濩), 순임금의 소(韶)로 하셨네.

靈之來兮孔昭　신령이 오시어 매우 밝으니

酌鬯兮奠斝　울창주를 따라 술잔을 제사상에 올리네.

禮貌兮藉藉　예의 갖춘 모습이 훌륭하니

謇靈修兮來歡　진실로 어진 임금 오셔서 기뻐하소서.

歌盛德兮未闌　성대한 덕을 노래함이 끝이 없어라.

이상은 기자사(箕子祠)이다.

戴九曲兮巍巍　아홉 구비에 산이 우뚝우뚝

養黔蒼兮萬國　만국의 백성들을 기르셨네.

被髮兮鬅鬆　머리는 풀어헤쳐 더부룩하셨고

靈蹲踥兮涌空　신령으로 오셨다가 하늘로 가시네.

40　희원(姬垣) : 의미가 분명하게 드러나는 용례를 찾기는 어려우나 주(周)나라 성(姓)이 희(姬)이므로 주나라로 이해하고 번역하였다.

41　분모(分茅) : 제후에 봉해지는 것을 말한다. 천자의 대사(大社)에는 오색의 흙을 쌓아서 단(壇)을 만드는데, 옛날 천자가 제후를 봉할 때에는 그 땅의 방위에 걸맞은 색깔의 흙을 단에서 떠서 흰 띠풀(白茅)에 담아 수여했기 때문에 생긴 말이다

吹塤兮擊缶　　나팔을 불고 장구를 치니
疏緩節兮矯手　　느린 박자 따라 손을 들어 올리시네.
雨我畎兮公私　　우리 공전과 사전에 비를 내려주시니
露溥溥兮禾纍纍　　이슬이 널리 내려 벼이삭이 영글었네.
庶民豐殞兮酒醴馨　백성의 풍년이 균등하여 감주가 향기로우니
神永依兮爀靈　　신이여, 길이 빛나는 신령에게 의지하소서.
이상은 후토(后土)이다.

儼宮殿兮人物　　근엄한 궁전 속의 인물
靈之棲兮洞穴　　신령이 깃든 듯한 동굴.
波滃滃兮相撞　　물결이 출렁출렁 서로 부딪히니
謇壯猛兮磨瀧　　거센 물결 서로 갈고 닦였네.
民嘲噱兮亂哤　　백성들은 비웃고 어지럽게 떠들어서
神祗怒兮洪洚　　천신(天神)과 지기(地祇)가 노하여 큰 비를 내리니
激砅兮潰堤　　격랑이 바위를 치고 둑을 무너뜨려
歙忽兮端倪　　순식간에 태초의 혼돈 상태.
奠桂酒兮激羽　　제사상의 계주는 찰랑거리고
吹龍笛兮擊鼉鼓　　젓대를 불고 북[42]을 치네.
令溪壑兮安流　　계곡물을 편안히 흐르게 하고
使浿水兮悠悠　　대동강 물을 유유히 흐르게 하신다면
民安堵兮環居　　백성들은 안도해 둘러 살면서
賴神力兮煦嘘　　신의 힘 덕분에 숨을 쉬게 되리라.
이상은 물가(墳衍)이다.

42 타고(鼉鼓) : 악어 가죽으로 만든 북.

차천로(車天輅), 「평양성에서 왜적을 격파한 것에 대한 포고문[43](破平壤城倭賊露布)」[44]

 덕을 거스르는 자는 망하고 덕을 따르는 자는 창성하리니 길흉은 전쟁을 벌이기도 전에 일찌감치 판가름 나며, 정의의 군사는 굳세지만 불의의 군사는 쇠약하므로 승부는 서로 버티고 있는 사이에 곧바로 결정됩니다. 이는 손바닥을 뒤집듯이 쉬운 일이니 마르고 썩은 나뭇가지를 꺾는 것이 어찌 어렵겠습니까. 이에 파죽지세를 틈타서 격문을 전달하는 공을 드러내었습니다. 최상의 군대는 적군의 계략을 깨부수는 것이고 위대한 무용은 대적할 적이 없는 것입니다. 예로부터 오랑캐에 대해 걱정하는 것은 항상 불시의 습격이었으니, 강성하여 중화를 어지럽힐 때도 있었고 교만해져 중국을 침략한 적도 있었습니다. 험윤(獫狁)이 초(焦)땅과 호(穫)땅에 자리 잡았을 때는[45] 주왕도 정벌에 나섰고 토번(吐藩)이 경성(京城)을 침략하자 당(唐) 대종(代宗)도 결국에 피난을 갔었습니다.[46] 그러나 왕의 군대가 방어하니 오랑캐의 기병이 섬멸되었습니다. 처음에는 포학하여 중국을 침범하였으나 결국에는 패배하여 다

---

43 승전 보고를 알리는 포고문. 글자 자체는 하나로 문서에 봉투를 봉하지 않는다는 것으로 공개적으로 선포한다는 의미가 담겨 있다. 『문장연기(文章緣起)』에 "한(漢)나라 가홍(賈洪)이 마초(馬超)가 조조(曹操)를 칠 적에 노포를 지었다"와 「봉씨문견기(封氏聞見記)」에 "노포는 승전보의 별명이다. 한대부터 있었다"라고 한 용례를 보면 승전보뿐만 아니라 선전포고를 할 때도 쓴 것으로 보이나 후대로 오면서 승전보로만 쓰였다.

44 『오산집』권6에 실려 있다.

45 『시경』〈유월(六月)〉에, "험윤이 스스로 헤아리지 못하고서 초 땅과 호 땅에 정연하게 거처하였다(獫狁匪茹 整居焦穫)" 구절이 있다.

46 『신당서』에 "광덕(廣德) 초기에 토번이 경성으로 들어오자 대종이 협주(陝州)로 피난하였다"가 나온다.

시 일어설 수 없게 된 것입니다.

저 아득한 일본은 바다 가운데 있습니다. 치아를 까맣게 물들이고 이마에 문신을 새기는 것은 옛날부터 남월(南粤)의 풍속을 따랐고 채색 옷과 풀옷[47]은 또한 서거(西渠)의 습속에 젖어든 것입니다. 이리와 같은 사나운 마음을 가져서 도둑질하는 것을 능사로 삼고 사람의 얼굴을 한 짐승[48]이어서 죽이는 것을 정치의 핵심으로 여겼습니다. 스스로 개구리처럼 떼를 짓고 그저 벌과 전갈 같은 독만 믿고서 견고한 것을 등지고 복종하지 않은 것은 역대로 늘 그러했으며 공물을 가지고 조회한 것은 성조(聖朝)에 이르러서야 교화된 것이었습니다. 청운(靑雲)이 음기와 조화를 이룰 때를 맞춰[49] 파도가 잔잔할 때 바다를 항해하였고 개미들이 달려드는 것처럼 순임금의 예악을 흠모하고 한(漢)나라 관시(關市)의 재화를 이리처럼 탐하였습니다. 그래서 회유하여 단절하지 않고 마음대로 왕래하도록 내버려 두었습니다. 새로운 관백(關伯) 도요토미 히데요시(平秀吉, 豊臣秀吉)는 목수의 어린 아이로 노복이 남긴 종자였는데 아케치 미스히데(明知光秀)를 위협하여 자리를 빼앗아서 오다 노부나가(織田信長)의 뒤를 이었음을 나타냈습니다.[50] 또한 날개를 빌려 빨리 날려고 하니 과거의 잘못을 뉘우치고 성의를 보일 줄 알았는데, 우리나라의 포로를 대궐(金闕)에 바치고 중국 사신을 변방의 관문에서 보자고 요청하였으니 승냥이처럼 끊임없는 야욕을 가지고 감히 하잘 것 없는 모기

---

47 『서경』「우공(禹貢)」에 "섬 오랑캐는 풀옷을 입는다(島夷卉服)"라고 하였다.

48 시육(視肉) : 소의 모양을 한 신화 속 동물로 고기를 베어내고 금방 다시 생겨난다고 한다.

49 『해내십주기(海內十洲記)』에 "푸른 구름에 음 기운이 조화되어(靑雲干呂) 한 달이 넘도록 흩어지지 않고 있으니, 중국에 현재 도를 좋아하는 임금이 있는 것이다"라고 하였다.

50 도요토미 히데요시는 오다 노부나가의 휘하에서 두각을 나타내 중용되었는데 또 다른 가신(家臣)인 아케치 미쓰히데의 모반으로 오다 노부나가가 할복 자살하자 부하들을 이끌고 돌아와 반군을 진압하고 실권을 장악했다.

같은 힘에 의지하려고 할 줄 어찌 생각이나 했겠습니까? 주(周)나라의 허점을 안다고 도리어 대국을 경시하려 들었고 진(秦)나라에 인물이 없다고 생각하자 곧바로 상국(上國)을 잠식하자고 하였습니다. 우리의 액운[51]을 요행으로 여겨 조삼모사의 꾀를 부렸습니다. 한(漢)나라가 먼저 잘못하지 않았는데 초(楚)나라의 살기가[52] 매우 나빴습니다. 변방에 경보가 울리니 좀도둑이 안에서 들끓었습니다. 이에 임금님이 서울을 떠나 어가가 의주(義州)로 들어갔습니다. 삼경(三京)이 함락되고 종묘[53]가 전란의 기운에 뒤덮였습니다. 이리같이 바라보다가 순식간에 경기 지역을 에워싸더니 왜구의 군막이 얼마 안 되어 서울에 가득하였습니다. 300년 의관과 문물이 모두 잿더미가 되고 2,000리 들판과 구릉이 전부 검붉은 피로 물들어 버렸습니다. 백성들이 짓밟히고 모든 군사들이 전사하였습니다.[54] 나라가 망하니 온 강토의 백성이 어육이 되었고 왕실이 불타자 백성들이 고단해졌습니다. 하찮은 송곳이나 칼까지 긁어 가고 한 오라기 실이나 한 톨의 곡식도 빼앗아 갔습니다. 적들이 해치는 죄가 가득 찼고 함부로 없애는 악이 첩첩이 쌓였습니다. 평양을 함락하여 교활한 토끼의 소굴이 되었고 대동강을 전선으로 하여 맹호가 버티는 근거지가 되었습니다. 교외에 군마가 나타나니 누가 전답의 새를

---

51 양구(陽九) : 뜻밖의 불행한 일. 음양가(陰陽家)가 수리(數理)에서 풀어낸 말로, 양(陽)의 재앙 다섯과 음(陰)의 재앙 넷을 합친 아홉의 수를 이른다.

52 초분(楚氛) : 왜적의 진영에서 발산되는 요기(妖氣)를 가리킨다. 『춘추좌전(春秋左傳)』 양공(襄公) 27년 조에 "초나라 진영의 분위기가 매우 심상치 않으니, 대처하기 어려운 일이 벌어질까 두렵다(楚氛甚惡, 懼難)"라고 하였다.

53 칠묘(七廟) : 원래는 주(周)나라 때 천자(天子)의 종묘(宗廟)로서, 태조(太祖)의 종묘와 삼소(三昭)·삼목(三穆)을 총칭하는 것이었는데, 후대에 와서는 일반적인 임금의 종묘를 가리키는 말로도 쓰였다.

54 『포박자』에 "중국 주(周)나라 목왕(穆王)이 남정(南征)할 때, 전군(全軍)이 전사하여 군자(君子)는 원숭이와 학이 되고, 소인(小人)은 물여우와 벌레로 변했다고 한다(周穆王南征, 一軍盡化, 君子爲猿爲鶴, 小人爲蟲爲沙)"라고 하였다.

잡으려고 하겠습니까. 뱀과 돼지가 방 안에 들어오니 옷의 모기처럼 몰아내기 어려웠습니다.

　다행히 주상 전하께서 와신상담하며 설욕의 의지를 보이시고 우(禹) 임금과 탕(湯)임금처럼 자신을 탓하셨으며[55] 선왕(宣王)과 광무제(光武帝)[56]처럼 몸가짐을 조심하셨습니다.[57] 격노하여 무용(武勇)을 펼치시고 애통해하는 교서를 자주 하달하셨으니 북소리 속에서는 늘 장수의 신하로서의 직분을 생각하고 섬광이 부딪히는 속에서는 항상 병졸의 무리를 생각하였습니다. 위대한 덕은 천자에게 좋게 보였고 지극한 정성은 신명을 감동시켰습니다. 이 때문에 천자께서 멸망한 나라를 일으켜 세워 끊어진 제사를 이어주는 인애를 베풀고 안의 중화와 밖의 오랑캐에 대한 의리를 엄하게 하였습니다. 제후가 멸망하는 것을 방치해 두고 구원하지 않는 것은 제 환공(齊桓公)도 부끄러워하였고, 위(衛)나라가 멸망하자 다시 일으켜 세운 것은 『춘추』에서도 허여한 것이었습니다. 행인(行人)[58]을 보내어 위문하였고 재화를 풀어서 하사하였습니다. 호부(虎符)[59]로 요동의 웅대한 병력을 점검하고 용절(龍節)로 계문(薊門)의 견고한 군대를 징발하였습니다. 해릉(海陵)의 붉은 곡식을 실어 보내고

55　『좌전』 장공(莊公) 1년 조에 "우·탕(禹湯)은 자신에게 돌렸기 때문에 그 흥왕(興旺)함이 성했다"라고 하였다.

56　주 나라 선왕(宣王)의 사실은 『모시』〈운한(雲漢)〉의 서문에 있다. "선왕이 여왕의 뒤를 이어서 안으로 난을 떨칠 생각을 가졌는데 가뭄의 재앙을 만나 두려워하여 몸가짐을 조심하여 행실을 닦아 그 재앙을 사라지게 하고자 하니 천하의 사람들이 왕화가 다시 행하여 백성들이 보살핌을 받게 됨을 기뻐한 까닭으로 이 시를 지었다(宣王承厲王之烈, 內有撥亂之志, 遇災而懼, 側身脩行, 欲銷去之, 天下喜於王化復行, 百姓見憂, 故作是詩也.)"라고 하였다.

57　이응희(李應禧)의 시 〈변방 소식(變報)〉에 "염파와 이목은 지금 어디에 있나. 선왕과 광무제는 노하여 정벌했으리(廉牧今安在, 宣光赫怒臨)" 구절이 있다.

58　황제의 명을 전달하고 책봉 등의 일을 관장하는 벼슬.

59　병력을 동원할 때 쓰는 신표.

무고(武庫)의 황색 깃발을 나누어 주었습니다. 위성(胃星)[60]이 하늘의 창고를 관통하고 구름은 학탁(鶴澤)[61]에서 걷혔습니다. 이에 문신들이 책략을 꾸미고 무신들이 원수가 되어 대궐에서 염파(廉頗)와 이목(李牧)이 나오고 변새에서 위청(衛青)과 곽거병(霍去病)이 나왔습니다. 건장한 병졸이 10만이었고 용맹한 장수가 3,000명이었습니다. 높은 칼날은 구름을 쓸었고 긴 수레바퀴는 들판을 울렸으며 활은 지는 달을 당겼고 칼은 긴 하늘에 기대었습니다. 장군의 막사에는 서리가 차고 금정(金精)[62]은 밤에 엄숙하였습니다. 질서정연한 깃발과 당당한 군진은 기자의 산천에 종횡으로 놓여있고 혁혁한 명성과 찬란한 위엄은 단군의 지역에 펼쳐졌습니다. 천자의 군대가 사방에서 합하니 풍운도 전쟁을 도와주었고 갑옷이 천 겹으로 쌓이니 초목도 깃발을 알아보았습니다. 포화는 우레처럼 천지 사방을 놀래었고 화살은 은빛 비처럼 하늘에서 쏟아졌습니다. 외로운 평양성에 도착하여 대군이 세 겹으로 포위하였습니다. 조조(曹操)가 땅 속으로 뚫어 낸 길이 있으니[63] 어찌 번거롭게 백 개의 구멍을 내겠으며 공수반(公輸班)[64]의 운제(雲梯)가 있으니 아홉 번 공격하는 기술을 쓸 필요가 없습니다. 마치 자리의 위에서 행군한 것처럼 오랑캐가 눈앞에 있어 팔 다리 사이에서 적병을 놀리는 것처럼 하였습니다. 황제께서 군대를 내려보내시니 하늘에는 복별(伏鱉)[65]이 드리웠

---

60 별 이름. 점술가들은 이 별이 하늘의 창고이며 오곡의 풍년과 흉년을 관장한다고 여겼다.
61 별 이름. 이 별이 나타나면 그 아래에 있는 나라는 풍년이 든다고 한다.
62 금정(金精) : 병란(兵亂)을 주관한다는 태백성(太白星)의 별칭.
63 『자치통감』에 따르면 조조가 업(鄴)으로 진군할 때 토산(土山)과 지도(地道)를 만들어 공격하였다고 한다.
64 춘추시대 노(魯)나라에 있던 유명한 목수이다. 공을 공격하는 운제 등 여러 가지 기구를 만들었다.
65 별 이름. 순시(旬始). 전쟁을 주관하는 별.

고 들판에는 용들이 싸웠습니다. 긴 무지개가 태양을 꿰뚫자 황제가 성을 공격하는 이로움을 이용하였고 태백(太白)이 달 속으로 들어가니 별이 적병을 섬멸하는 상서를 보였습니다.

적병이 처음에는 어쩔 줄을 몰라 하다가[66] 성을 등지고 한 차례 싸웠습니다. 사마귀 앞발 같은 병기를 모아 놓고 모기떼처럼 모여 웅성웅성 우레 같은 소리를 내었습니다. 전갈처럼 독을 쏘아 사람을 해치려 하고 승냥이처럼 이를 갈며 싸우려고 하였습니다. 망령되이 선봉이 전세를 만회할 줄만 알았지 독류(獨柳)에 머리가 매달릴 줄을[67] 몰랐습니다. 천막 위 둥지에서 살던 제비처럼 간신히 살아났으나 땅굴 속에 개미처럼 목숨이 오락가락하였습니다. 요사하고 괴이한 도깨비는 이슬보다 더 빨리 사라지리니 어찌 숨만 붙어있는 혼을 공격하겠습니까. 그러나 사슴을 쫓느라 곧바로 양을 끌어오지 못했습니다. 명나라 군사는 앞에서 막고 우리 군사는 뒤에서 쫓았습니다. 병사들은 용맹을 뽐내고 사람들은 앞 다투어 먼저 성에 올라갔습니다. 돌을 사람에게 던지기도 하고 벽처럼 늘어서서 투구를 던지기도 하고 고슴도치처럼 육박하기도 하고 달팽이 뿔처럼 손으로 치기도 하였습니다. 방패가 숲처럼 늘어서고 창이 연기처럼 가로질렀습니다.[68] 광채가 번득이는 창칼을 뚫으니 주위에 우레 같은 소리가 진동하였습니다. 대장의 기와 북을 세우니 말울음소리에 붕새 등의 바람을 일으켰고 중군의 진영[69]을 정돈하니 기

66　수서(首鼠) : 구멍에서 머리만 내밀고 엿보는 쥐라는 뜻으로, 어쩔 줄을 모르고 망설이는 모양을 비유적으로 이르는 말.
67　『구당서』에 "무자년에 유벽(劉闢)과 그의 아들 초랑(超郞) 등 9명을 독류수(獨柳樹) 아래에서 참수하였다"라고 하였다.
68　좌사(左思)의 〈오도부(吳都賦)〉에 "집에 학슬이, 문에 서거가 있다(家鶴膝, 戶有犀渠)" 구절이 있는데 그 주에 "서거는 방패이다(渠楯也)'라고 하였다. 학슬은 창이다.
69　관(鸛)과 아(鵝)는 진(陣)의 이름이다. 관은 산마루에 진을 치는 것이고 아는 배수진

뼈하는 기운은 소 눈망울까지 쌓인 눈[70]을 녹였습니다. 태산을 거꾸로 들어 장중하게 새알을 짓누르고 세찬 기세의 불을 부채질하여 통쾌하게 새털을 불태웠습니다. 전공은 손자(孫子)의 화공(火攻)처럼 신기했고 위엄은 곤양(昆陽)의 우레처럼 진동하였습니다. 쇠창은 서쪽으로 해를 물러나게 하였고 철마(鐵馬)는 장강의 얼음 위를 달렸습니다. 전장의 피가 바닷물처럼 튀기니 살기가 호랑이 소굴을 찔렀고 적병의 시체가 산처럼 쌓이니 요사한 기운이 성문[71]에 꽉 찼습니다. 토굴에 불을 때고 둥지를 뒤엎으니 여우가 달아나고 토끼가 달아났습니다. 동탁(董卓)의 배꼽에 불을 붙이고[72] 월지(月支)의 두개골로 술을 마셨습니다.[73] 장적(長狄)을 파묻어 목구멍을 짓이겼고 치우(蚩尤)를 참수한 다음 고삐를 잘랐습니다. 요행히 끓는 솥에서 문드러지지 않고 칼날의 끝에 목숨을 부지하여 쥐처럼 달아나고 새처럼 놀라니 다 같이 한나라의 북소리에 정신이 달아났고 바람 소리와 학 울음소리도 모두 다 진(晉)나라 군대인 줄로 알고 간담이 서늘하였습니다. 소문이 이미 항전의 깃발을 놀라게 하니 잔당이 창을 버리고 달아났습니다. 모두들 적병을 포획하여 형벌을 가하였으니 어찌 고기를 씹어 먹고 가죽을 깔고 앉았을 뿐이겠습니까. 이에 막부에 공로를 보고하니, 군문(軍門)에서 수급을 세었습니다. 병기를 쌓아 놓으니 웅이산(熊耳山)만큼 높았고 솥[74]을 눕히고 깃발을 높이

을 치는 것이다.
70 『전국책』「위책(魏策)」에 "위 혜왕(魏惠王)이 죽어 장삿날을 받아 놓았는데 큰 눈이 내려 소의 눈 높이까지 쌓이자 성벽이 무너졌다"는 표현이 나온다.
71 어문(魚門) : 춘추시대 주(邾)나라 도성의 대문.
72 『후한서』「동탁열전(董卓列傳)」에 "동탁의 시체를 시내 거리에 내놓았는데 그때 날씨가 한창 무더웠다. 동탁이 원래 비대하여 기름이 땅바닥으로 흘러내렸다. 시체를 지키는 병사가 동탁의 배꼽에 불을 붙였더니 며칠간 꺼지지 않고 탔다"고 하였다.
73 『사기』「대완열전(大宛列傳)」에 "흉노가 월지왕(月氏王)을 격파하고 그의 머리로 술잔을 만들었습니다" 구절이 나온다.

세웠습니다. 신속하게 비린내를 씻어 내니 사방의 교외에 많았던 진지가 없어졌고 하늘에 참혹한 기운이 씻겨지니 삼전(三箭)의 긴 노래[75]가 들렸습니다. 이는 하늘이 도와준 것이지 사람의 힘으로 한 것이 아닙니다. 이제 막 하읍(下邑)으로 계속 밀고 나가 곧바로 상경(上京)으로 올라갈 것입니다. 매달 승리했다는 글을 세 번 올리고 날마다 백 리의 강토를 넓혀 갈 것입니다. 나라의 깊은 수치를 씻고 조종(祖宗)의 산하를 수복할 것입니다. 흉악한 무리를 깨끗이 청소하니 비가 남주(南州)의 귤밭에 뿌렸고, 추악한 것들을 제거하니 바람이 동해의 파도를 일으켰습니다. 마땅히 한 척의 배도 돌아가지 않게 하고 한 대의 수레도 돌려보내지 않을 것입니다. 전장의 백골은 감싸 주는 은혜를 입을 것이고 변방의 창생은 길이 생성의 업에 안착할 것입니다. 이는 모두 다 천자께서 만 리를 내다보시어 사방의 오랑캐를 막아주신 덕분입니다. 황제의 덕은 무어라 명명하기 어려우며 황제의 위엄은 먼 곳에 미쳤습니다.

신 등은 조정의 밖에서 명을 받고 행진(行陣)의 사이에서 근무하면서 천자의 신성한 위엄에 의지하여 조정의 계책을 따르고 있습니다. 임금의 적을 공격하리니[76] 아무도 우리를 막지 못할 것입니다. 맹수처럼 싸워서 황제의 군대를 빛내리니 산을 쌓고 돌을 세워서 업적을 새겨도 부족할 것이고 고래 같은 적을 도륙하여 적군의 무덤[77]을 쌓을 것이니 다

---

74 조두(刁斗) : 구리로 만든 솥 같은 기구. 군중(軍中)에서는 낮에는 이것으로 음식을 만들고 밤에는 이것을 두드려 군사들을 경계하였다.
75 당나라 설인귀(薛仁貴)가 천산(天山)의 돌궐(突厥)을 공격할 적에 화살 세 발을 발사하여 세 명을 잇달아 사살하자 10여 만이나 되는 돌궐의 군사들이 사기가 꺾여 모두 항복하였는데, 이에 군중(軍中)이 "장군이 화살 셋으로 천산을 평정하니, 장사들이 길이 노래하며 한관에 들어가네[將軍三箭定天山 壯士長歌入漢關]"라고 노래 불렀다는 고사가 전한다.
76 『춘추좌전』에 "왕이 노하는 바를 적대시한다(敵王所愾)"라고 하였다.
77 경관(京觀) : 무공을 과시하기 위해 많은 적의 시체를 쌓아서 거대한 무덤을 만든 것.

만 적을 섬멸하여 전장의 기운을 청소해야 할 것입니다. 군대의 위용을 장중하게 하여 시운(時運)을 회복하기 위해 왼손에는 깃털을 들고 오른손에는 피리를 들었으니[78] 대아(大雅)의 모습을 펴시옵소서. 문(文)으로는 위엄을 있게 하고 무(武)로는 전쟁을 그쳐야 하리니 중흥의 아름다움을 다하옵소서.

이정구(李廷龜), 「열운정기(閱雲亭記)」[79]

서쪽 일대의 역 중에서 대동(大同)이 큰데, 지역의 요충이 되는 곳이다. 관할 구역이 모두 길을 따라 있는 역인데 사신이 경유지이며 공물이 운송되는 곳이라 왕래하는 관원의 행차가 매우 분주하여 역에 속한 관원들이 영접과 전송에 시달려 쉴 겨를이 없다. 업무가 너무 간략하면 사람들이 방만해지는 문제가 있고 번다한 상태로 두면 백성들이 너무나 피로하다. 게다가 장군 휘하에 있어 아전과 군사가 교만하고, 황량한 변방이라 군졸들이 어리석고 고집스러워서 첩보와 응접의 번다함은 거의 큰 부(府)와 비슷하다. 이런 까닭에 팔로(八路) 중에서 이 역이 가장 다스리기 어려워서 책임자 선발도 신중하게 한다. 그래서 예로부터 반드시 요직을 거치고 아랫사람들을 제압할 수 있는 사람을 선발하

---

78 우약(羽籥) : 고대에 제사를 지내거나 연향을 할 적에 춤추는 자가 가지고 추던 무구(舞具)와 악기로, 우(羽)는 꿩의 깃털이고, 약(籥)은 관악기(管樂器)이다.
79 『월사집』 권37에 실려 있다.

여 이 직책을 맡겼다. 그러나 조정의 요직을 거친 이들은 문아(文雅)하면 혹 실무에 서툴고 맑고 고상하면 혹 번다한 임무를 수치로 여겨 음풍농월(吟風弄月)하고 한가로이 지내면서 임기가 차기만 기다리니, 이 직임에 발탁한 뜻이 어찌 진실로 그렇게 하는 데 있겠는가. 객사가 예전에는 공관(公館) 옆에 있었는데 전란을 거친 뒤에는 없어지고 말았다. 내가 10여 년간 사신으로 왕래하면서 거의 한 해도 거르지 않았는데 역관사를 보면 여전히 폐허로 있었으며 역승(驛丞)에 대해 물어보니 촌가(村家)에 우거하고 있다고 하였다. 이에 내가 탄식하며 "재력(材力)이 아직도 부족한 것인가, 아니면 문아하고 고상한 나머지 이렇게 된 것인가?"라고 한 적이 있었다.

1603년(선조 36)에 조희보(趙希輔, 자 백익(伯益))가 사간원의 사간(司諫)으로 있다가 외직으로 쫓겨났고, 재차 좌천되어 이 역(驛)의 승(丞)이 되었다. 이곳의 역승은 신중히 선임하는 자리이지만 조희보의 좌천 또한 심했으므로 사람들은 간혹 "조희보가 낮은 자리를 부끄럽게 여겨 업무를 탐탁지 않게 생각할 것이다"라고 하였으나, 나만은 틀림없이 그렇지 않을 것이라고 여겼다. 그 이듬해 내가 또 사명을 받고 중국으로 가면서 이곳에 들어섰는데, 말이 거리에서 뛰고 있기에 조희보의 정사가 말에 이르렀음을 알게 되었고 영접하는 군졸의 일이 간략하지도 번다하지도 않아서 조희보의 재능이 사람들에게 이르렀음을 알게 되었다. 그리고 나서 그 관사를 보니 예전의 황량한 폐허였던 곳에 우뚝하고 큰 건물이 있어서 다시 조희보가 업무에 성실하여 번거로운 일을 꺼리지 않았다는 것을 알게 되었다.

조희보가 관사의 열운정(閱雲亭)에서 술자리를 열고 나를 초대했다. 정자의 이름은 예전 그대로였고 조희보가 신축한 것은 화려하지도 않고 소박하지도 않았으며 옛 사람들보다 사치스럽지도 않았다. 서늘한 마루와 따뜻한 방은 손님을 들일 만하고 굽은 난간과 긴 회랑은 한가히 거닐 만하였다. 아아, 정자의 흥폐(興廢)는 진실로 때가 있는 법이지만 그 또한 사람을 기다려 흥성함이 이와 같은 것이다. 강산이 눈앞에 호쾌하게 펼쳐져 있다는 점에서 평양이 천고(千古)의 명승지라는 점은 굳이 내가 서술할 필요가 없을 것이다. 나는 조희보가 직무에 성실한 것을 축하했고 내 말이 틀리지 않음을 거듭 기뻐하였다. 마침내 이 글을 써서 벽에 걸어 놓게 하여 후세의 군자를 경계하고자 한다.

이정구(李廷龜), 「숭인전 비문(崇仁殿碑文)」[80]

은(殷)나라가 망했을 때 세 사람의 처신은 같지 않았지만 공자는 이들을 함께 '삼인(三仁)'이라고 하였고 주자는 이 세 사람이 처지가 바뀌었더라도 모두 그러하였을 것이라고 여겼습니다. 신은 생각건대 기자(箕子)가 주(紂)왕에게 충간한 것이 비간(比干)보다 먼저였는데 주왕이 죽이지 않고 가둔 것은 하늘이 그렇게 한 것입니다. 무왕(武王)이 다른 곳에 봉하지 않고 조선에 봉한 것도 또한 하늘이 그렇게 한 것입니다. 왜 그렇겠습니까? 하늘이 하도(河圖)를 복희씨(伏羲氏)에게 주었으나 팔괘(八卦)의 변화가 여전히 드러나지 않았는데 문왕(文王)이 갇히고 나서야

---

80 『월사집』 권45에 실려 있다. 제목은 「기자묘비명(箕子廟碑銘)」이다. 문집에는 명(銘)의 제9구 '是'가 '寔'으로, 제49구 '黍稷馨香'가 '牲肥酒香'으로 되어 있다.

비로소 『역』의 단(象, 괘사)을 자세히 설명하였습니다. 하늘이 낙서(洛書)를 우(禹)임금에게 주었으나 그래도 구주(九疇)의 수는 밝혀지지 않았는데 기자가 곤경에 처하고서야 비로소 홍범(洪範)을 서술하였습니다. 천인(天人)의 묘한 이치가 이에 크게 밝혀지고 제왕 정치의 큰 줄기와 법도가 천하 후세에 전해질 수 있게 되었습니다. 만약 문왕이 『역』을 자세히 설명하지 않고 기자가 구주를 서술하지 않았더라면 하도와 낙서는 그저 하나도 규명되지 못하여 혼돈 상태였을 것입니다. 하늘이 복희씨와 우임금에게 준 것이 어찌 진실로 그렇게 하려던 것이겠습니까? 이것이 하늘의 뜻이 아니라면 누구의 뜻이겠습니까?

또 하늘이 백성을 냄에 반드시 성현을 내려주어 임금과 스승으로 만들어 백성들이 삶을 영위할 수 있게 하고 가르침을 세워주시니 복희씨, 헌원씨(軒轅氏), 요임금, 순임금이 중국을 교화한 것이 이러한 예입니다. 우리나라는 비록 외진 곳이지만 또한 하늘의 백성입니다. 그러나 단군 때부터 인문이 드러나지 못하여 무지몽매한 상태였으니 만약 기자의 팔조목의 가르침이 없었더라면 끝내 오랑캐의 습속을 면하지 못했을 것입니다. 기자가 우리나라를 교화한 것은 복희씨, 헌원씨, 요임금, 순임금이 중국을 교화한 것과 마찬가지로 그렇게 하지 않을 수 없는 이유가 있었을 따름이니 이 또한 하늘이 뜻이 아니라면 누구의 뜻이겠습니까? 하늘이 기자를 죽이지 않은 것은 도를 전하기 위해서였고 백성을 교화하기 위해서였으니 기자가 죽고 싶어 한들 할 수 있었겠습니까? 무왕이 조선에 봉하고 싶지 않다고 그렇게 할 수 있었겠습니까? 그러니 기자가 우리 도학에 끼친 공로는 실로 천하의 온 나라가 함께 덕을 본 것인데 직접 가르침을 받은 은혜는 우리나라가 가장 많았습니다. 삼한(三韓)이 영원토록 사람이 사람 노릇을 할 수 있게 한 공덕이 얼마나 대단합니까?

공자의 도는 비록 크지만 오랑캐의 나라에는 교화가 미치지 못한 바가 있습니다. 기자가 우리나라를 교화한 것은 공자가 태어나기 전의 일이었습니다. 그래서 공자는 배를 타고 가서 살고 싶다는 뜻까지 가지게 된 것이니 예의와 문명의 교화가 여기에서 시작된 지 오래되었습니다. 만약 기자의 교화가 먼저 있지 않았더라면 후대에 공자의 도가 있다고 해도 그 교화가 어찌 쉽게 들어올 수 있었겠습니까? 그러니 우리나라가 기자를 숭배하고 그 은덕에 보답하는 예는 공자와 같은 수준으로 높여야 할 것입니다. 그러나 아직도 제사지내는 곳이 많지 않고 그 후손을 세우지 못하였으니 참으로 유감스러운 일입니다만 또한 아마도 기다린 바가 있었을 것입니다.

우리 전하께서 즉위하신 지 3년째 되는 해인 1611년(광해군 3)에 본도의 선비 조삼성(曹三省)·양덕록(楊德祿)·정민(鄭旻) 등이 연달아 항소하여 말하기를 "사서(史書)에 의하면 기자 이후 41세(世)인 준(準)에 이르러 위만(衛滿)에게 축출되었으며 마한(馬韓) 말엽에 후손 세 사람이 있었는데 친(親)은 후대에 한씨(韓氏)가 되었고 평(平)은 기씨(奇氏)가 되었고 양(諒)은 용강(龍岡) 오석산(烏石山)에 들어가 선우(鮮于)에게 계통을 전했다고 합니다. 그 세계(世系)는 운서(韻書)에서 '선우는 자성(子姓)[81]인데 주(周)나라가 기자를 조선에 봉하였고 둘째 아들 중(仲)이 우(于) 땅을 식읍으로 받았기 때문에 씨(氏)가 선우가 된 것이다' 하였고 『강목(綱目)』에서는 '기자가 조선에 봉해졌고 그 아들이 우 땅을 식읍으로 받았기에 선우를 성(姓)으로 삼게 되었다' 하였습니다. 조맹부(趙孟頫)가 선우추(鮮于樞)에게 준 시에 '기자의 후손에 수염 많은 사람이 많다(箕子之後多鬚翁)'라고 하였

---

81 자성(子姓)은 은(殷)나라 왕의 성씨이다.

으니 선우가 기자의 후손임은 이미 명백하게 드러나지 않겠습니까. 홍무(洪武) 연간에 선우경(鮮于景)이라는 사람이 중령별장(中領別將)이 되었고 그 7대손 식(寔)이 태천(泰川)에서 와서 기자묘(箕子廟) 곁에 산 지가 어언 10년이 되었습니다. 청컨대 선우식에게 기자의 제사를 맡게 하소서" 하였습니다. 전하께서 그 일을 중히 여겨 예관(禮官)에게 명하여 대신에게 자문하게 하는 한편 본도(本道)에 명하여 선우식을 찾아가서 물어보고 복계(覆啓)하게[82] 하였는데 일이 모두 근거가 있었습니다. 조정 의론이 모두 찬성하여 드디어 선우씨를 기자의 후손으로 정하였습니다. 이듬해인 1612년(광해군 4) 봄에 어명으로 사당에 '숭인(崇仁)'이라는 전호(殿號)를 걸고 선우식에게 전감(殿監) 벼슬을 내리고 자손 대대로 이어받게 하였습니다.

옛날 주 무왕(周武王)이 황제와 요·순의 후손을 찾아서 삼각(三恪)[83]으로 삼고 그 선조의 제사를 모시게 하였으니 성인이 덕을 숭상하고 끊어진 세대를 이어 제사를 지내게 해주는 뜻은 천고에 걸쳐 똑같다고 하겠습니다. 그리고 부윤에게 명하여 묘도(墓道)를 만들고 사우를 수리하게 하였으며 제전(祭田)[84]과 수호(守戶)를 증설하여 제수를 공급하고 청소를 하게 하였습니다. 또 무릇 성(姓)이 선우인 사람은 세금과 부역을 면제하고 군적에 넣지도 않음으로써 그들로 하여금 기자의 사당 아래 모여 살게 하는 한편 근신(近臣)을 보내 향을 가지고 가서 사당에 축제(祝祭)하여 고유(告由)하게 하였으니 기자를 존숭하는 예전(禮典)이 이에 이르러

---

82 임무를 마치고 돌아와 임금에게 아뢰는 일.
83 삼각(三恪) : 주 나라 무왕이 천하를 얻은 뒤 전 왕조의 후예를 왕후로 삼고 '삼각'이라고 하였는데 전 왕조는 우(虞), 하(夏), 은(殷)이라고 하는 설도 있고 황제(黃帝), 요(堯), 순(舜)이라고 하는 설도 있다.
84 제전(祭田) : 제례에 소용되는 비용을 마련하기 위해 설정한 토지.

더할 나위 없게 되었습니다. 이는 실로 올바른 도리를 기르게 하고 세도(世道)를 만회하는 일대 기회인 것입니다. 아아, 성대합니다.

당초 1576년(선조 9)에 본도의 선비들이 성사(聖師)의 유택을 존모하여 부 서남쪽 창광산(蒼光山) 아래 서원을 세우고 강당을 설치, 이름을 홍범서원(洪範書院)이라 하여 유생들이 기자를 존숭하고 도학을 강학하는 장소로 삼았습니다. 그리고 1608년(선조 41) 겨울에 인현서원(仁賢書院)이라는 사액을 받았습니다.

이에 이르러 관찰사 정사호(鄭賜湖)가 조정에 보고하기를 "지금 기자전(箕子殿)에 명호를 걸고 후손을 세워 제사를 지내게 한 것은 수천 년 이래 없었던 성대한 일입니다. 이 지역의 백성들이 모두 부사(父師)에게 문명의 교화를 다시 입은 것처럼 기뻐서 뛰면서 모두 이 사실을 비석에 새겨 크나큰 경사를 기리기를 바라고 있습니다. 바라건대 유신(儒臣)을 시켜 전후의 사적을 기술하여 사람들이 우러러 쳐다보고 영원히 후세에 전해질 수 있게 하소서" 하였습니다. 전하께서 승낙하시고 신에게 서술하라고 명하셨습니다. 신이 마침 예관(禮官)이라 이 일을 의논하는 자리에 참석하여 세상에 드문 예전(禮典)을 목도하였으므로 명을 받고 황공하여 감히 문사가 천하고 누추하여 글을 지을 수 없다고 사양할 수 없었습니다. 삼가 머리를 조아려 절하고 명을 바칩니다. 명은 다음과 같습니다.

天錫大範	하늘이 법도를 내려 주시니
神禹則之	우임금께서 법칙으로 삼으시고
以傳殷師	기자에게 전하셨네.
殷師嗣興	기자가 계승하여 흥기시키니
蒙難乃闡	감춰진 뜻이 드러나서

人文始顯	인문이 비로소 밝아졌네.
爰敍彝倫	이에 윤리를 펼쳐내어
以承聖問	성인의 물음에 대답하시니
是維帝訓	이는 상제의 가르침이네.
旣師武王	이미 무왕의 스승이 되시어
錫民之極	백성들의 표준을 내려 주시고
義罔臣僕	의리상 신하로 섬기지 않으셨네.
天地變化	하늘과 땅의 변화에서
我得其正	그 바른 이치를 얻어서
明夷自靖	명이괘[85]로 도모하셨네.
乃睠東土	이에 동쪽나라를 돌아보시고
乃推斯道	이에 도를 미루어 폈으니
實天所造	실로 하늘이 그렇게 만들었네.
無遠無陋	먼 곳도 없고 누추한 곳도 없이
八條以化	팔조의 법으로 교화를 펴시어
變夷爲夏	오랑캐를 중화로 바꾸셨네.
仁涵于膚	어진 덕이 피부에 스며들어
道不拾遺	길에 떨어진 물건을 줍지 않으니
禮義之治	예의가 구현된 치세였네.
巍乎盛德	높구나. 성대한 덕이여
百世以欽	백세토록 길이 우러르리니
受賜到今	그 은덕이 지금까지 이어지네.

---

85 『주역』의 명이괘(明夷卦)는 어진 사람이 참소를 당하는 괘이다.

浿水西涯	패수의 서쪽 기슭에는
不沫井洫	정전의 옛터가 남아 있으니
神跡如昨	신성한 자취가 엊그제 일 같네.
肇祠于麗	고려 때 사당을 지었으나
禮式不備	예식이 갖추어지지 못했고
寢遠以弛	세월이 갈수록 해이해졌네.
遙遙聖緒	아득한 성인의 계통은
不絶來雲	후손이 끊이지 않고 이어졌으나
派散支分	지파가 흩어지고 나뉘었었지.
惟明我后	밝으신 우리 임금께서는
遵範建極	홍범을 따라 법도를 세우시고
遠紹絶學	멀리 전승이 끊어진 학문을 이으셨네.
殿有美號	사당에는 아름다운 명호가 있고
院有華額	서원에는 빛나는 사액이 걸렸으니
盆光且碩	더욱 빛나고 또 성대하여라.
立後繼絶	후손을 세워 끊어진 계통을 잇고
永襲世爵	영원히 벼슬을 세습하게 하셨으니
式是三恪	삼각을 본받은 것이네.
特祀于廟	사당에 특별한 향사를 모시니
黍稷馨香	기장은 향기롭고
禮意洋洋	예의가 넘쳐흐르네.
猗歟我王	훌륭하여라, 우리 왕이시여
聖謨其承	성인의 가르침을 이으셔서
賁我中興	이 나라의 중흥을 이루시네.

墜典畢擧	실추된 예전을 모두 정비하니
縟儀彬彬	그 의식의 법도가 찬란하여
千古一新	천고에 면모를 일신하였네.
於乎不顯	아아, 드러나지 않겠는가.
文在於玆	문이 바로 여기에 있으니
沒世之思	영원토록 사람들 사모하리라.

최립(崔岦), 「생사당 이완평 제문(生祠堂祭李完平文)」[86]

誠敬之寓	정성과 공경을 깃들여
神明之享	신명께 제사 드림에
祭於是名	이에 제문이라 이름 합니다.
鎭望我依	명망에 우리가 의지하여
照臨我仰	오실 때 우러렀으니
于嶽于星	산과도 같고 별과 같으셨지요.
依仰在人	의지와 숭앙을 한 몸에 받으시니
我生我養	우리가 나고 자라남은
獨匪神明	신명의 은덕이 아니겠습니까.

---

[86] 『간이집』권1에 실려 있다. 제목은 「평양 백성을 위해 이상공의 생사당에 올리는 제
문(爲平壤士民祭李相公生祠文)」이다. 문집에는 제40구 '以'가 '由'로, 제56구 '虛'가
'墟'로, 제113구 '舒'가 '敍'로, 제129구 '無'가 '毋'로 되어 있다.

旣或去我	혹여 우리를 떠나신다면
何以不忘	무엇으로 잊지 않을까요.
維敬維誠	오직 공경하고 정성을 바칩니다.
矧仁之被	더구나 인의를 베푸셨으니
如水于壤	대지를 적시는 강물처럼
爰遂流行	마침내 흘러 나갔지요.
心之交感	마음으로 교감하는
一理不爽	이 이치는 변함이 없으니
靡哲與氓	현인이 백성과 다를까요.
有閟其宇	삼가 사당을 세우고
有儼其像	공손히 초상화를 모시고
我求微精	미천한 정성을 올립니다.
孰謂其遠	누가 신명이 멀다 하겠습니까.
不我還往	우리가 미처 돌아가기도 전에
而格于冥	보이지 않게 이르시겠지요.
憲憲我公	위대한 우리 공이시여
今之上相	이제 영상에 올라
冠冕朝廷	조정에서 높은 위치가 되셨지요.
古先誰似	역사에서 보면 누구와 같을까요.
伊尹呂尙	이윤과 같고 여상과 같으시니
志與遇幷	뜻도 같고 지우(知遇)도 받으셨지요.
王佐之澤	임금을 보좌하는 은택은
期月將暢	일 년[87]이면 창대해지리니
曷有區程	어찌 한계가 있겠습니까.

我輩鄙人	우리는 비천한 사람들
徒循疇曩	그저 공의 자취를 돌아보며
誦其典刑	공의 전범을 칭송합니다.
蓋在壬辰	지난 임진년에
邦家播蕩	임금께서 난리를 피하실 때
上保岐岯	서쪽 땅에 머무르셨습니다.
公以八座	공께서는 판서로 계셔서
命攬巡鞅	순찰사의 임무를 받으시고
則尹我京	평양부윤이 되셨습니다.
安民之政	백성을 안정시키는 정사는
朝藉宿望	조정에서 예전부터 명망이 있어
輿聽亦傾	모두들 기대하였습니다.
及公下手	공께서 정사에 착수하시자
雖屬草創	비록 어수선한 때였지만
綽然有成	여유롭게 이루어졌습니다.
八路學壞	팔도의 학교가 무너져서
斯文幾喪	사문이 망하려는 때에
公首治黌	공께서 먼저 학교를 세우셨지요.
中外師散	서울과 지방에서 군대가 흩어질 때
一旅誰倡	군사를 누가 일으켰습니까.
公勤練兵	공께서 군사 훈련에 힘을 쓰셨습니다.

---

87 『논어』에서 자로(子路)가 "만일 나를 등용해 주기만 한다면, 1년 정도만 한다 하더라도 그런대로 기틀을 잡을 수 있을 것이요, 3년이면 성취하는 바가 있게 될 것이다(苟有用我者, 朞月而已可也, 三年有成)"하고 말한 대목이 있다.

亂離飢疫	전란 중에 기아와 전염병 돌 때
省撫虛莽	폐허의 백성을 어루만져 주시고
起死以耕	사지에서 일으켜 농사짓게 하셨지요.
大援西來	구원병이 서쪽에서 건너올 때
孚驩軍將	중국 장수의 환심을 사서
以無擾驚	소요사태가 없게 하셨습니다.
自奉貶削	당신의 생활을 검약하게 하셨으니
性而非强	천성이지 억지로 한 게 아니어서
吏化於淸	관리들도 청렴하게 감화되었습니다.
務親細大	크고 작은 일은 몸소 힘쓰시면서도
然不鞅掌	바쁘고 피곤해하지 않으셨기에
民無滯情	응어리진 백성들이 없었습니다.
其存體統	체통을 유지하면서도
河海爲量	강과 바다 같은 도량으로
怨用不生	원망이 생겨나지 않았습니다.
其辦公幹	공무를 처리함에 있어서도
游未趣償	바라는 게 없는 듯 여유로우셨지만
人見鬼營	훌륭한 경영 솜씨를 보았습니다.
不多敎條	교화의 조목을 많이 두지 않고
追呼懸牓	불러서 말하고 관아에 게시하면
應如律令	마치 율령과 같았습니다.
囹圄空虛	감옥은 텅 비어있고
恥在犯杖	장형도 수치로 여겼으니
禁絶于萌	죄의 싹을 근절했기 때문입니다.

公之爲心	공께서 마음 쓰심은
父母子諒	부모처럼 너그러웠으니
何僞於嬰	어찌 아이 같은 백성을 속였겠습니까.
公之施設	공께서 정사를 베푸심은
造化無妄	조물주처럼 거짓이 없어
覿者自榮	보는 사람마다 영광이었습니다.
我敢私公	감히 우리만의 공으로만 삼겠습니까.
廟堂之上	묘당 위에서도
久膺丹靑	길이 역사에 남을 것입니다.
何不公懷	어찌 공을 생각하지 않겠습니까.
震凌甫亢	힘들 때면 지켜 주셨고
撤我幪帡	우리의 누명도 벗겨주셨습니다.
名後損黃	명성은 나중에 황패[88]보다 나을테고
器幾失蔣	도량도 어찌 장완[89]만 못할까마는
彼專杙楹	저들은 오로지 말뚝으로 기둥을 삼았습니다.[90]
狄徵自寧	적인걸이 영주에서 부름을 받거나[91]

---

88 서한(西漢)의 유명한 대신 황패(黃霸)를 가리키는 것으로 보인다.

89 삼국시대 촉(蜀)의 중신(重臣)인 장완(蔣琬)을 가리키는 것으로 보인다. 제갈량이 장완을 가르켜 "국가를 다스릴 국량이지 고을을 다스릴 재목이 아니다(社稷之器, 非 百里之才也)"라고 말한 바 있다.

90 익영(杙楹) : 이익위영(以杙爲楹). 말뚝을 기둥으로 삼다. 한유(韓愈)의 「진학해(進 學解)」에 "이것은 이른바 말뚝으로 기둥을 삼지 않는다고 목수를 힐난하고 창양으 로 수명을 연장시키려 한다고 의사를 비난하며 독초인 희령을 바치는 것과 같은 일 이다(是所謂詰匠氏之不以杙爲楹, 而訾醫師以昌陽引年, 欲進其狶苓也)" 구절이 있 다. 이 대목은 광해군대 이원익의 환로가 평탄치 못했던 것을 비유한 것이다.

91 당(唐)나라 때의 명신 적인걸(狄仁傑)이 영주 자사(寧州刺史)로 선정(善政)을 베풀 다가, 어사(御史) 곽한(郭翰)의 추천을 받고 조정으로 나아갔는데, 명(明)나라 때까 지도 영주 백성들이 적인걸의 사당에 제사를 올렸다고 한다.

宋愛遺廣	송경이 광주에서 사랑을 받는 것을[92]
差與重輕	겨우 공과 견줄 수 있을 것입니다.
嗟公之賢	아아, 공의 현명함을
世必法象	세상에서는 틀림없이 모범으로 삼고
我急歌銘	우리가 급히 노래로 새깁니다.
廟貌之敬	사당의 모습의 경건함은
甘棠起想	감당[93]을 떠오르게 해
聖言則經	공의 말씀이 경전이 되었습니다.
關西雖博	관서 땅이 넓다지만
公履攸枉	공께서 부임하셨던 곳에서
尤在玆城	이곳은 특별합니다.
我之有廟	우리가 사당을 세워서
匪曰顯敞	밝게 드러내야하지 않겠습니까.
義切墻羹	성현의 사모하는[94] 의리에도 적실합니다.
乙密之岡	을밀대 저 언덕에는
佳氣藹盎	좋은 기운이 넘쳐흐르니
爲公將迎	공을 장차 맞기 위해서이고
大同之津	대동강 물결은

---

92 당(唐)나라 때의 명상(名相) 송경(宋璟)이 광주 도독(廣州都督)이 되었을 때, 백성들의 초가집에 자주 화재가 발생하자, 기와를 구워 지붕을 얹도록 함으로써 불이 번지는 환란을 막는 등 선정을 베풀어서 백성들이 송덕비를 세워 그를 기렸다고 한다.

93 주(周)나라 소공(召公)이 감당나무 아래에서 선정을 베풀어서 백성들이 〈감당(甘棠)〉 시를 지었다고 한다.

94 갱장(羹墻) : 선현을 사모하는 일. 『후한서』 「이고전(李固傳)」에 따르면 요(堯) 임금이 죽은 뒤에 순(舜) 임금이 너무도 그를 사모한 나머지, 자리에 앉으면 담벼락에 요 임금의 모습이 어른거리고 밥을 먹을 때에는 요 임금의 얼굴이 국그릇 속에 비쳤다고 한다.

淸吹舒漾	맑은 소리로 출렁거리니
爲公先聲	공을 위해 인도하는 소리입니다.
有來纏纏	성대하게 오셔서
于我悢悢	우리를 달래주시려고
登降堂庭	당에 올랐다가 뜰로 내려가시네요.
我是以觀	우리는 이 광경을 보는 듯
警欬猶響	공의 기침 소리 들리는 듯
飮食潔馨	조촐한 음식을 드시는 듯합니다.
近有百年	최근 백 년 간에
遠窮參兩	궁벽한 천지는[95]
春秋之丁	춘추시대를 맞은 듯 했습니다.
我其世事	우리는 그 세상에서도
歲常無恙	매년 늘 탈이 없었고
豐我稻秔	우리의 곡식도 풍성했지요.
我何報公	우리가 무엇으로 공께 보답할까요.
公我終毗	공께서 우리에게 끝까지 복을 내려주시니
公無謙貞	공께서는 겸손하게 사양마시고
亦毋怠斁	또한 싫증내시지도 마시기를.
俾或乖曠	혹시라도 마음을 저버리시면
重我悼悼	거듭 우리는 슬플 것입니다.

---

[95] 『주역』「설괘전(說卦傳)」에 옛날 성인이 역(易)을 만들 때에 "하늘의 수를 3으로 하고 땅의 수를 2로 하여 수를 세웠다(參天兩地而倚數)"라고 하였다.

최립(崔岦), 「영허당기(盈虛堂記)」⁹⁶

내가 금년에 조정에서 쫓겨나⁹⁷ 평양에서 떠돌며 우거(寓居)하였는데 200년이나 된 관사(官舍)와 부고(府庫)가 지난번의 전란을 겪으면서 모두 없어진 상황이었다. 소윤(少尹) 강공(姜公)이 성안의 창고에 있는 곳간을 수리하여 다시 물자를 비축할 수 있게 한 다음에, 다시 작은 당을 지어 관리와 백성을 접대할 수 있게 하였다. 그리고 당의 뜰 모퉁이에 연못을 만들고 연꽃을 심어 놓았다.

하루는 나에게 당의 이름을 짓고 기문을 써달라고 요청하였는데, 나는 원래부터 공이 전란 중에도 잘 다스렸던 점을 흠모했으므로 한 마디 해달라는 요청을 사양하지 않기로 하였다. 이에 당의 이름을 '영허당(盈虛堂)'으로 짓겠다고 했더니 공이 "그대는 한유(韓愈)가 말한바 '비워서 온갖 아름다움이 모여들게 하고, 채워서 악한 것들을 내보낸다(虛以鍾其美, 盈以出其惡)'⁹⁸는 뜻을 취하려고 하는 것이 아닌가. 마치 나의 연못에 대해 말한 듯하다. 내가 여기에 당을 만들다보니 연못을 만들 생각이 있었던 것은 아니지만 연못을 두게 되었고 여기에 연못이 만들다보니 연꽃을 심을 생각이 있었던 것은 아니지만 연꽃을 심게 되었다. 이 또한 여기에 대해 그 사이에 말할 만한 것이 없다고까지 할 수는 없겠지만 그래도 이렇게 당의 이름을 지으면서 다른 사람의 말을 빌려오면 이

---

96   『간이집』 권2에 실려 있다.
97   이 글이 쓰여진 시점은 1598년으로 보인다. 이때 최립은 공주(公州)에 명을 받들고 갔다가 병으로 복귀하라는 명령을 지체하여 체직되었다. 이때부터 송도(松都)에 머물다가 평양으로 옮겨 가 몇 년간 우거하였다.
98   한유의 「연희정기(燕喜亭記)」에 나오는 구절이다.

는 내 뜻과는 벗어난 일인 듯도 하니, 나는 그 연못을 감상할 여유가 거의 없기 때문이다"라고 하였다.

내가 "그렇다면 내가 특별히 설명하지 않을 수 있겠는가. '영허(盈虛)'라는 말은 연못에만 해당되는 것이 아니네. 온갖 곡식이 때에 따라 이루어지면 그것을 거두어들여 채우게 되니 이것이 곳간의 '영(盈)'이고, 농사철에는 도와주기 위해 곳간의 곡식을 내놓게 되니 이것이 곳간의 '허(虛)'이다. 곳간이 비면 백성들이 장차 채워줄 것이고, 차게 되면 백성들을 도우러 곳간을 비울 것이다. 곳간은 백성들과 함께 차고 비고 시기에 따라 차고 비니, 차고 비는 도(道) 가운데에서도 이것은 더욱 중요한 것이다.

당에 앉아 있노라면 문서더미를 안고 오는 아전들과 주판(籌板)을 잡고 계산하는 자들과 도필(刀筆)을 쥐고 옆에서 보좌하는 자들이 담당하고 있는 일의 긴급 여부에 따라 차례로 나왔다가 일을 마친 순서에 따라 차례로 물러갈 것이니, 이것이 당(堂)의 영허(盈虛)일 것이다. 뜰에서 정사를 행하노라면, 말 섬의 곡식을 평평하게 미는 자들과 짐을 등에 메고 오는 자들과 분주하게 뛰어다니며 심부름을 하는 자들과 약속 날짜에 맞춰 출두하는 백성들과 자신의 정당함을 호소하러 오는 자들이 해가 뜨면서 모이기 시작했다가 해가 지면 모두 뿔뿔이 흩어질 것이니, 이것이 뜰의 영허(盈虛)라고 해야 할 것이다. 연못에 대해서도 말하자면 영허(盈虛)의 뜻을 취한 것은 한유의 설에서 볼 수 있다. 날마다 악(惡)을 쫓아내고 선(善)을 맞아들이는 것은 진실로 군자의 덕이다. 봄에는 얼음물이 풀리고 여름에는 물이 넘치다가 가을에는 물이 빠지고 겨울에는 꽁꽁 얼어붙고 또다시 물이 풀리게 되어 영허(盈虛)의 뜻이 될 터이니 이 어찌 다함이 있겠는가.

연꽃에 눈을 돌려보면 뿌리는 '우(藕)'라고 하고 뿌리에서 줄기가 나오면 그 줄기를 '가(茄)'라 하며, 그 줄기에서 잎이 돋아나면 '가(蕸)'라 하고, 꽃이 피면 그 이름을 '함담(菡萏)'이라고 한다. 꽃이 열매를 맺게 되면 '연(蓮)'이라고 하는데 연 속의 '적(菂)'과 적(菂) 속의 '의(薏)'는 모두 물기가 있어야 살 수 있다. 수면 위로 솟으면 솟을수록 물기가 줄어드니 이것은 한편으로는 연꽃을 채우는 것이고, 한편으로는 연못을 비게 하는 것이라 반드시 비로 물을 불어나게 하고 샘물로 끊임없이 물을 대주어 고갈되지 않게 해주어야 할 것이니 이 또한 사소한 영허(盈虛)의 현상이라고 무시해서는 안 된다. 비유를 하자면 연못의 물은 백성의 힘이요, 관청에서 백성의 힘을 가지고 여러 일을 하는 것이니 명실상부하게 일이 이루어지도록 하는 것이 가(茄)와 가(蕸)와 함담(菡萏)과 연(蓮)과 적(菂)을 얻어 내려는 노력인 것이다. 이를 취할 때에도 물의 깊이가 혹시 얕아지지 않을까 걱정해야 하며 물의 양을 더 늘려 계속해서 물을 대주려고 힘쓰지 않는다면 영허(盈虛)의 도리를 깨달았다고 할 수가 없을 것이다.

이뿐만이 아니다. 천지(天地)에 근본해서 말해 본다면, 차고 비는 것은 기(氣)이고, 차게 하고 비게 하는 것은 이(理)이다. 사람이라고 다르겠는가. 공이 날마다 밖에서 차고 비는 일들을 접한다면 저 기(氣)라는 것은 피폐해지지 않을 수 없다. 그런데 차고 비게 하는 것은 안에 있으니 그 안에 있는 것이 이(理)이다. 이(理)가 어찌 늘어나거나 줄어들겠는가. 이 때문에 일이 바야흐로 닥쳐올 때는 기뻐하기도 하고 놀라기도 하고 성내기도 하고 노여워하기도 하는데 접할 때마다 이렇게 한다면 중심을 가지고 절제할 수 없게 된다. 이것이 바야흐로 찰 때인데 이를 조절하면서 중도에서 이탈하지 않는 사람은 거의 없을 것이다. 일이 아직 닥치기 전에는 생각하지 않다가 일이 지나간 뒤에 성찰하게 되는데 이는 바야흐로 빌 때이며 처음부터 영허(盈虛)를 제어하는 것이 함께 갖추어져 있다. 따라서 허(虛)를 유지하는 가운데 영(盈)을 진정시킬 수 있게 되므로 망령된 행동을 하지 않을 수 있게 된다. 이것이 동(動)과 정(靜)을 분리할 수 없는 가운데에서도 군자는 반드시 정(靜)을 위주로 인륜을 세우는 것과 마찬가지가 아닌가. 이 또한 영허(盈虛)의 설이므로 공이 정사를 행함에 보탬이 될 것이다. 공은 어떠한가"라고 하였다.

공이 "훌륭하도다, 그 말이여. 내가 말한 것에 그치지 않으면서도 또한 내 뜻을 벗어나지도 않았다"고 하였다. 이에 글을 써서 영허당의 기문으로 삼는다.

신흠(申欽), 「서창기(西倉記)」[99]

평양은 옛날 큰 도회였다. 지대가 띄엄띄엄 여러 갈래로 나와 있고 사람들이 사는 마을과도 거리가 너무 멀어서 부(府)로 무엇을 실어 나르려면 반드시 하룻밤을 묵어야 비로소 닿을 수 있고, 장마철이나 눈이 내리고 얼음이 얼면 마소가 여기저기서 많이 죽어 백성들이 괴로움을 당하는 데도, 거의 몇 백 년을 바꾸지 않고 그대로 지내왔다. 박엽(朴燁, 자 叔夜)공이 그곳 서윤(庶尹)에 임명되어 부임하자마자 즉시 장계를 갖추어 조정에 보고하고 부의 서쪽 감초리(甘草里)에 있는 나한사(羅漢寺)

---

99 『상촌고』권23에 실려 있다. 제목은 「평양서창기(平壤西倉記)」이다.

빈터에다 큰 창고 하나를 세운 뒤에 이름을 '서창(西倉)'이라고 하였다. 공사를 시작하려 할 때, 어려운 시기에 호화스러운 일[100]이라고 말하는 자가 있어 공이 공사를 하는 사람에게 당부하여 "목재는 서낭당[101]의 것을 쓰고 기와는 불당(佛堂)의 것을 쓰라"고 하였는데, 평양부의 풍속이 음사(淫祠)를 좋아하여 큰 나무를 심어 서낭당을 만들고 거실 바른편에는 불당을 세워 풍악 소리가 그칠 날이 없고 끊임없이 분주하게 가서 남보다 뒤질세라 정성껏 받들어 모셨기 때문이었다.

처음 명령이 떨어질 때는 모두 꺼려서 감히 착수를 하지 못했는데 공이 그 중의 한두 그루를 베게 하여 목재로 쓰자 그제야 백성들도 모두 의혹을 풀고 서로 다투어 일에 종사하며 도끼질하고 건물을 쌓으면서 서로 돌아보며 힘써 일했기 때문에 5개월 만에 공사가 끝나고 무당을 불러 제사를 지내는 일 또한 점점 사라져 갔다. 그곳 부로(父老)들은 술과 고기를 가지고 와서 먹이기도 하였고 눈물을 흘리는 자까지 있었으며, 백성들이 사는 서쪽 성 아래에는 환곡을 빌려주는 곳이 생겨나 부(府)까지 갈 필요가 없어져서 길이 겨우 10분의 3, 4 정도로 줄어들었기 때문에 사람들은 저녁밥을 두 번 지을 필요가 없고 마소 역시 땀을 흘리지 않고도 갑절이나 더 많은 양을 가져올 수 있었다. 원근(遠近)의 사람들이 와 보고는 입을 모아 칭송하기를, "하루아침에 몇 백 년 동안 이어진 폐단을 고쳤으니 어찌 그리도 은혜로운가. 일을 하면서도 어떻게 했는지도 모르게 하였으니 어쩌면 백성도 그리 번거롭게 안 했을까"

---

100 거영(擧嬴) : 시굴거영(時屈擧嬴). 시대가 어려운데 사치하는 것. 『사기』 「한세가(韓世家)」에, "지난해에 진(秦)나라에게 의양(宜陽)을 빼앗기고 금년에는 가뭄이 들었는데, 소후(昭侯)가 이러한 시기에 백성을 구휼하는 것을 급하게 여기지 않고 도리어 더욱 사치하니, 이것이 '시굴거영'이다"라고 하였다.
101 총사(叢祠) : 잡신(雜神)을 모시는 사당(祠堂).

하였다. 동양(東陽) 신흠(申欽)이 이 소식을 듣고는 감탄하여 다음과 같이 말하였다.

박공의 재주는 내가 알고 있다. 그는 일을 할 때면 마치 장상군(長桑君)이 담을 보듯 훤히 알고,[102] 일을 결정할 때는 포정씨(庖丁氏)가 칼을 놀리듯이 하며, 일에 착수할 때면 마치 터진 강물이나 빠른 바람처럼 거칠 것이 없었다. 침체된 것을 일으키고 폐단을 보수하는 것은 그저 여사로 하는 것 뿐 박공에 대해 말할 것도 못 된다. 그러나 백년의 걱정거리가 박공 덕분에 혁파되고 5개월의 공사를 백성이 모르게 끝냈으며 일 하나로 사교(邪敎)를 물리치고 실제 도움되는 일을 했으니 박공 같은 사람이야말로 무엇에 먼저 힘써야 하는 지를 아는 사람이 아니겠는가. 그의 재주가 빈틈이 없다는 것이 더욱 잘 드러났다.

작년에 박공이 서윤이 되어 나갔을 때 내가 그에게 해준 말이 있었다. 금년 봄에 내가 영위사(迎慰使)로 용만(龍灣)에 갈 때 그 지방을 지나게 되어 백성들에게 물어 보았더니 백성들이 편하다고 했고, 관리들에게 물어 보았더니 관리들도 안정되어 있었으며, 정사에 대해 물어 보았더니 정사도 잘 되어가고 있었다. 관우(館宇)・성벽(城壁)・저치(貯峙) 기계(器械)에 이르기까지 공과 사를 막론하고 온갖 일들이 모두 환하게 혁신되지 않은 것이 없었다. 내가 했던 말이 헛되지 않아 기뻤으니 그의 재주가 미치는 바가 어찌 평양에 그치고 말 뿐이겠는가. 이는 기록해 둘 만한 것이다. 박공의 이름은 엽(燁)이고, 금성인(錦城人)이며 때는 1606년

---

102 『사기』「편작창공열전(扁鵲倉公列傳)」에 전국(戰國) 시대의 신인(神人) 장상군(長桑君)이 편작(扁鵲)에게 무슨 약물을 주면서 그 약을 먹고 나면 무언가 보이는 게 있을 것이라고 했는데, 편작이 그 약을 먹은 후 담을 보았더니 담 밖의 사람이 훤히 투시되어 그 후로는 사람을 보아도 그 사람 오장육부가 훤히 보여 병이 어디에 있음을 금방 알았다고 한다.

(선조 39) 6월 하순이었다.

자헌대부(資憲大夫) 병조판서 겸 예문관제학(兵曹判書兼藝文館提學) 신흠
(申欽)이 쓰다.

임숙영(任叔英), 「연광정 서문(練光亭序)」[103]

신선세계[104]를 관장하는 궁전을 동쪽으로 발해(渤海)에 띄우고 오색
빛깔이 반짝이는 대궐을 서쪽으로 곤륜산 앞에 두니 이는 아마도 문물
이 모이는 곳이고 추위와 더위가 고른 곳이기 때문이리라. 겹겹이 세
운 난간과 층층이 쌓인 안개가 큰 부(府)의 길을 타 넘고 높은 처마[105]가
바람을 머금고 시원하게 트여있는 층성(層城)을 끼고 있으니 아름다워
라, 연광(練光)이라는 정자여.

높고 밝은 자리에 자리 잡았고 환히 트인 명소에 있으며 화려한 기둥
과 용마루에 단청한 들보와 기둥이며 높다란 사다리와 넓은 시렁이 있
어 먼 곳을 조망할 규모가 만들어졌고 산골짜기를 비추고 강가에 서 있
어서 시원한 바람을 쐬는 의의가 갖추어졌다. 이렇게 옥 같은 서까래
를 안에 만들어 두고 단청한 문을 밖으로 열어 붉은 까마귀[106]보다 더

---

103 『소암집(疎菴集)』 권5에 실려 있다.
104 삼천(三天) : 도교(道敎)에서 말하는 신선이 사는 곳. 옥청(玉淸)·상청(上淸)·태청
    (太淸)을 말한다.
105 반우(反宇) : 높은 처마.
106 적오(赤烏) : 붉은 까마귀. 주(周) 나라 무왕(武王)이 주(紂)를 치기 위해 맹진(孟津)
    을 건너간 뒤에 불기운이 왕의 막사에 흘러들어와 붉은 까마귀로 변했는데 다리가

환하고, 고니[107]를 굽어볼 정도로 험준하다. 구리로 된 문고리와 옥 같
은 문이 굽이진 포구의 아침 구름 위로 날아오를 듯 하고, 멋진 장막과
주렴이 긴 모래섬의 저녁달을 가린다. 맑은 달빛은 다함이 없고 즐거
운 흥취는 끝이 없으니 어찌 업대(鄴臺) 정도에 그치겠는가. 수양관(睢陽
館)에서는 군사 훈련하는 소리가 들리니 그저 근심을 잊겠노라 할 뿐.
장관이 회포를 펼치게 하고 유람하여 경물을 살피니 재택(梓澤)[108]과 견
줄 만한 것은 물고기와 연못만이 아니며, 저 가시나무 문과 짝할 것이
말 타는 곳만은 아닐 것이다. 중원에 있는 도성에서 멀고 가까운 곳을
다 둘러봐도 만나기 어려울 것이며 천상과 인간세상의 진경과 범속한
곳을 다 보아도 거의 마주치지 못할 것이다.

이제 그 강역이 소호(少昊)[109]에서 나누어지고 위치는 중턱에 있어 거
리에는 화려한 시장과 술집이 즐비하다. 9리[110]의 길과 감영[111]이 있는
도회지로, 널리 요새지[112]를 가지고 있어 천혜의 지리적 이점이 있는
곳이고 옆으로는 수륙으로 통한다. 높은 누각이 길가에 있는데 집에는
맛있는 음식에 비단옷을 입은 이가 있고, 높은 누각이 구름처럼 이어
있는데 방은 으리으리하게 호사스럽다.[113] 유협은 장안[114]에 가득하고

셋이었다는 고사가 전한다.
107 『한서』「장량전(張良傳)」에 "홍곡(鴻鵠)이 높이 날다 단번에 천리를 간다(鴻鵠高飛,
一擧千里)." 구절이 나온다.
108 진(晉) 나라 부호(富豪) 석숭(石崇)의 별장이 있는 금곡(金谷).
109 중국의 전설 시대 제왕으로서 황제(黃帝)의 손자이며 이름은 지(摯)이다. 금덕(金
德)으로 왕이 되었다 하여 금천씨(金天氏)라 하였다.
110 중국 절강성 항주(杭州)에 있는 서호의 구리(九里)는 당나라 때 항주 자사(杭州刺史)
로 있던 원인경(袁仁敬)이 행춘교(行春橋)에서부터 영은사(靈隱寺)까지 9리의 길
좌우에 각 세 줄씩 소나무를 심어 무성하게 자라게 한 데서 나온 말이다.
111 삼문(三門) : 대궐이나 관아 앞에 있는 문.
112 금탕(金湯) : 금성탕지(金城湯池)의 준말로, 굳건한 요새지를 말한다.
113 경주금혈(瓊廚金穴) : 후한(後漢) 곽황후(郭皇后)의 아우 곽황(郭況)은 황금을 주조하
는 사업으로 부자가 되었다. 집안의 정자와 누각 또한 옥과 보석으로 장식을 해서 당

여자들은 대도회지보다 사치스럽다.

　아아, 태백산(太白山)의 신인(神人)이 신령한 기운을 갖고 내려 오셨으며, 은(殷)[115]의 공자(公子)가 교화를 베풀고 인(仁)을 행하셨기에 천 년 간 여광(餘光)을 드리웠고 만대에 여파(餘波)를 떨쳤으니 지금의 풍속은 옛 것을 계승한 것으로 올바른 규범을 따라 함께 귀의한다. 하(夏)나라가 세워지고 은(殷)나라가 이를 이어 큰 규범을 서술하고 모두 일관되게 하였으니 백성과 만물이 이를 통해 선으로 인도되고 관리들이 이를 통해 잘 다스릴 수 있었다. 관찰사 박동량(朴東亮) 공은 금성(錦城) 사람이다. 백호(白虎)가 새벽에 울어[116] 먼저 두 빛(雙光)의 길조에 응했고 금거북이가 왼편으로 돌아보며 미리 오등(五等) 관직[117]의 상서로움을 드러냈으니 고아한 자태는 뭇별에서 내려온 것이었고 수려한 기질은 산악의 정기를 받은 것이었다. 의주[118]로 호종하여 왕명을 보좌한 공이 으뜸이고 시운이 안정될 무렵에는 그 한 몸에 세상을 구제해 줄 것이라는 신망을 받고 있었다. 선행은 비석에 남아있고 사적은 역사에 기록되어 있으니, 양독절(楊督節)[119]의 명성으로는 마땅히 재상의 반열에 올

시 사람들이 그의 집을 '경주금혈'이라고 불렀다고 한다. 호사스러운 집을 비유한다.

114 삼보(三輔) : 한대(漢代)에 장안(長安)을 경조(京兆)·풍익(馮翊)·부풍(扶風) 세 구역으로 가르고 삼보라 하였다.

115 조가(朝歌) : 은(殷)나라 주(紂)왕이 도읍한 곳.

116 북주(北周)의 유신(庾信)이 쓴 「제왕께 백토표를 올리며(爲齊王進白兎表)」에 "신이 아뢰나니 땅을 확장하려 하면 백호가 새벽에 울 것이며 자취가 널리 하신다면 노루가 들어와 공물을 바칠 것입니다. (臣聞輿圖欲遠, 則玉虎晨鳴, 轍迹方開, 則銀獐入貢)" 구절이 있다.

117 오등(五等) : 공(公)·후(侯)·백(伯)·자(子)·남(男) 등 다섯 등급의 직위.

118 건유(乾維) : 건방(乾方). 여기서는 우리나라의 의주(義州) 분야이다.

119 양독절(楊督節) : '양독절(楊督節)'로 쓰인 용례를 발견할 수 없어 확정하기는 어려우나 한(漢) 나라 때 양복(楊僕)으로 생각된다. 양복은 주작도위(主爵都尉)가 되고 또 누선장군(樓船將軍)이 되어 장량후(將梁侯)까지 겸대할 정도로 뛰어난 무공을 자랑했고 남월(南越)을 정벌하여 공을 세웠다.

라야 마땅하지만 사이오(謝夷吾)의 선정[120]을 잠시 서쪽 지역에 베풀어서 화려한 집이 서문(西門)에 찬란히 빛났고 붉은 부절(符節)이 북쪽 땅에서 나부꼈다. 변방에서 고결한 마음을 가지시어 만물이 모두 맑아졌고 관문에 밝은 지혜[121]를 드리워서 온갖 정령이 모두 엄숙해졌다. 옷을 하사하시는 특별한 은혜를 받들었고 걷어 올린 휘장[122]에서 옛 일을 익혀서 위엄이 수륙이 있는 땅에 미쳤고 은혜가 신명이 있는 곳에 퍼졌다. 관문 땅[123]의 나이든 사람들은 의로운 가르침을 듣고 마음이 놀랐으며 6군의 시골 백성들은 어진 풍도를 선망하며 반색하였다.

서윤 이홍주(李弘冑)는 완산(完山) 사람이다. 석기린(石麒麟)의 모습[124]과 금마(金馬) 같은 재주가 하늘에 있는 해와 달, 별에 가까웠고 왕실의 혈족과 닿아 있다. 유학의 아홉 학파에서 제자백가로 학계에서 재주를 뽐냈고, 남궁(南宮)의 동관(東觀)[125]으로 서고(書庫)에서 꽃다운 명성이 넘

---

120 사이오는 동한(東漢) 사람으로, 자가 요경(堯卿)이며 회계(會稽) 산음(山陰) 사람이다. 형주자사(荊州刺史)를 거쳐 거록태수(鉅鹿太守)가 되었는데 백성들을 사랑하여 덕으로 교화하여 선정의 치적이 있었다고 한다.
121 수경(水鏡) : 세상과 인물을 꿰뚫어 보는 예지. 후한의 방덕공(龐德公)이 사마휘(司馬徽)를 보고 수경(水鏡) 선생이라 불렀고, 진(晉)의 위관(衛瓘)이 악광(樂廣)을 보고 인수경(人水鏡)이라 불렀다.
122 건유(褰帷) : 백성을 직접 대면하고 보살피려는 방백의 성의를 가리키는 말.『후한서』「가종전(賈琮傳)」에 후한(後漢) 가종(賈琮)이 기주 자사(冀州刺史)가 되었을 때, 방백은 모름지기 멀리 보고 널리 들으면서 미악(美惡)을 규찰해야 한다면서 수레의 휘장을 벗기도록 한 고사가 전한다.
123 삼진(三秦) : 중국의 관중(關中)을 달리 이르는 말로 오늘날의 섬서성(陝西省) 일대를 가리킨다.
124 『남사(南史)』「서릉전(徐陵傳)」에 "나이 두어 살 때 집 사람이 그를 데리고 중 석보지(釋寶誌)를 만났더니, 석보지가 그의 이마를 만지면서, '이 아이는 하늘 위의 석기린(石麒麟)이다.' 하였다"는 구절이 나온다.
125 본문에는 '남관동궁(南觀東宮)'으로 되어 있으나 내용상 '남궁동관(南宮東觀)'의 의미로 이해했다. 동한(東漢) 때 낙양의 남궁(南宮)에 동관(東觀)을 두었는데 여기서 반고(班固) 등이 『한서(漢書)』를 수찬(修撰)하였다. 장제(章帝)와 화제(和帝) 때 황궁의 장서각으로 삼았다.

쳤다. 설선(薛宣)의 정사(政事)[126]가 여러 관료들에게 다 퍼지기도 전에, 적방진(翟方進)[127]의 정치로 먼저 대윤(大尹)에 올랐다. 유려한 문장은 멀리 백호를 타고 광야를 가는 듯하고 뛰어난 자취는 멀리 푸른 소를 타고 관문을 넘는 듯하다.[128] 덕행과 교화는 부하(傅嘏)[129]와 통하고 위엄과 명철함은 원안(袁安)[130]보다 나으니 석실(石室)과 옥당(玉堂)은 옛 것을 좋아하고 유자를 존중하는 방법이고, 부들 회초리[131]는 형벌을 중시하되 살생을 삼가는 마음가짐이다. 여러 고을을 선도하는 명성을 드날렸고 삼왕(三王)의 뒤를 이었으니 곽급(郭伋)의 은택이 영천(潁川)에서만 이름을 날린 것도[132] 아니었고 오자(吳資)의 새벽바람이 파군(巴郡)에서만 높았던 것도[133] 아닐 것이다. 모든 부(府)가 군의 풍도에 교화되어 같아

---

126 설중승(薛中丞) : 설선(薛宣)을 가리킨다. 서한(西漢) 때 사람으로 성제(成帝) 때에 어사중승(御史中丞)이 되었으며 상벌이 분명하고 법을 공평하게 적용하여 부임했던 곳에서는 모두 이를 모범으로 삼았고 백성들에게 관대하고 어질어서 사람들이 그의 위의(威儀)를 좋아했다고 한다.

127 적사직(翟司直) : 적방진(翟方進)을 가리킨다. 서한(西漢) 상채(上蔡) 사람으로, 삭방자사(朔方刺史)가 되었을 때 업무를 잘 처리하여 위명(威名)이 높았다고 한다.

128 『열선전』에 노자(老子)가 서쪽으로 떠나갈 때 관령(關令) 윤희(尹喜)가 멀리 바라보니 자색(紫色) 기운이 떠 있는 것이 보였는데, 과연 얼마 뒤에 노자가 푸른색 소를 타고 관문을 지나가더라는 전설이 전한다.

129 부하(傅嘏) : 삼국시대 위(魏)나라의 중신으로 하남윤(河南尹)이 되었을 때 덕교(德敎)를 바탕으로 하여 잘 다스렸다고 한다.

130 『후한서』 「원안열전(袁安列傳)」에 후한 화제(和帝) 때 사도(司徒) 원안이 "공경들과 국가의 일에 대해서 이야기할 적마다 탄식을 하며 눈물을 흘리지 않은 적이 없었으므로, 천자로부터 대신들에 이르기까지 모두가 그를 믿고 의지하였다"는 대목이 나온다.

131 포편(蒲鞭) : 때려도 아프지 않도록 부들 가지로 만든 회초리를 말한다. 후한(後漢) 유관(劉寬)이 남양 태수(南陽太守)로 있을 적에 관리와 백성들이 혹 과실을 범하더라도 형벌 대신 포편으로 다스려서 스스로 부끄러움을 느끼게 하여 감화시킨 고사가 있다.

132 곽세후(郭細侯) : 동한(東漢) 때의 곽급(郭伋)의 자이다. 곽급은 지방관을 두루 지내면서 정치를 잘하여 그가 가는 고을마다 사람들이 모두 나와서 환영하였다. 병주(幷州)에 재차 부임하였을 때에는, 서하(西河)에 이르자 어린이 수백 명이 죽마(竹馬)를 타고 길에 나와 환영하였다고 한다.

133 『화양국지(華陽國志)』에 "오자(吳資)가 파군 태수(巴郡太守)로 있으면서 자주 풍년이 들자 사람들이 '새벽 바람 솔솔 불어오더니, 단비 내려 벼 싹을 적시네. 우리 공께

졌고 자사(刺史)의 칭찬을 얻어 풍속이 어우러졌다. 흥취는 숙자(叔子)보다 뛰어나니 어찌 현산(峴山)을 오르는 풍류가 없었을 것이며,[134] 글은 휴문(休文)보다 뛰어나 동양(東陽)에서의 상태로까지[135] 떨어지지 않았다. 유람을 좋아하되 오랫동안 자리를 비워두지 않았고 정자를 지었지만 오랫동안 공무를 등한시하지 않았다. 이 때문에 공무를 하다가 여가가 생기면 풍속을 보러 짬을 내어 깃발을 들고 여러 겹의 문들을 지났고 학 날개 같은 수레를 높이 뽐내며 은거하여[136] 깊숙이 있는 집에 들어갔다. 함께 한 벗들은 당시 객관에 있던 빈객들이었고 벗들을 부를 때는 수레에 진번(陳蕃)의 자리라고 써 주었던 것처럼[137] 하였으니 절차탁마하는[138] 여러 현인들을 모아 끝까지 따뜻하게 대하였고, 성대한 잔치[139]를 베풀면서도 즐기되 황음(荒淫)하지는 않았다.

서 시무를 걱정하시어, 그 덕으로 우리들은 살기 편하다네(習習晨風動 澍雨潤禾苗 我后恤時務 我人以優饒)' 했다" 하였다.

134 현산(峴山) : 지금 호북성 양양현(襄陽縣) 남쪽에 있는 산인데, 진(晉) 나라 양호(羊祜)가 오(吳) 나라의 접경인 양양을 진수(鎭守)할 때 이 산에 올라 놀았는데, 그가 죽자 사람들이 그 자리에 비를 세우니 보는 자가 모두 슬프게 울어 타루비(墮淚碑)라 하였다. 숙자(叔子)는 양호의 자이다.

135 휴문(休文) : 동양 태수(東陽太守)를 지낸 남조 양(南朝梁)의 시인 심약(沈約)의 자이다. 태수로 나간 지 1백여 일 만에 허리띠를 몇 번이나 다시 졸라맬 정도로 몸이 수척해졌다고 한다.

136 삼휴(三休) : 세 가지 쉬어야 할 이유라는 뜻. 당나라 때 시인 사공도(司空圖)가 만년에 벼슬에서 물러나 중조산(中條山) 왕관곡(王官谷)에 삼휴정(三休亭) 또는 휴휴정(休休亭)이라는 정자를 짓고, 그 기문(記文)인 〈휴휴정기(休休亭記)〉에 "첫째는 재주를 헤아려 보니 쉬는 게 마땅하고, 둘째는 분수를 헤아려 보니 쉬는 게 마땅하고, 셋째는 귀 먹고 노망했으니 쉬는 게 마땅하다(蓋量其才一宜休, 揣其分二宜休, 耄且聵三宜休)"라고 한 데서 유래하였다.

137 후한 때 태위(太尉) 주경(周景)이 진번(陳蕃)을 불러 별가(別駕)로 삼았으나 취임하지 않자, 주경이 별가의 수레에 쓰기를 "이 자리는 중거(仲擧 : 진번의 자)가 앉을 자리이다"라고 하였다고 한다.

138 표변(豹變) : 『주역』에서 혁괘(革卦) 상륙(上六)에 대해 "군자는 표범같이 변함이요, 소인은 면모를 고치는 것이다(上六, 君子豹變, 小人革面)"라고 하였다. 나날이 새로워지는 것을 비유한 말이다.

이때는 오행의 목(木)에 속하고 계절은 봄에 해당되어 부평초는 우거지고 곡우(穀雨)가 그쳤으며 제비가 돌아오고 봄바람이 불어왔다. 산천은 수려하여 새로 빤 비단 같지 않은 것이 없었고 섬은 아스라하지만 또한 조수를 보는 즐거움이 있었다. 도성의 사람과 시골의 노인들이 봄옷으로 치장한 채 왕래하였으며, 한(漢)나라 여인과 상비(湘妃)[140]가 빛을 발하며 출몰하였다. 이에 맛있는 음식을 다시 차리고 맑은 술을 주고받으니 아리따운 여인들[141]과 절세가인[142]이 있었다. 초(楚)나라와 오(吳)나라의 미인들의 자태에 매혹되면 옥패(玉佩)로 보답하기 어렵지만 연(燕)나라와 조(趙)나라의 미인들의 모습에 경도되면 돈으로 상을 줄 수 있으니 구름이 피어나는 듯 번개가 치는 듯이 작은 마을에선 새 노래를 부르고 봉황을 보는 듯 난새가 돌아오는 듯이 앞 시내에서 옛 춤을 추는데 큰 집보다도 여유롭고 들판보다도 더 잘 보인다. 복사꽃과 버들잎이 싱그러움을 다투고 보리이삭과 부들 싹이 함께 무성하다. 연못의 빽빽한 대나무는 복야(僕射)의 술자리에서 빛나고 강가의 문금(文禽)은 장수(漳水)의 자리[143]에 그림자가 비치니 술과 음식이 낭자하고 읊은 시가 많았다.

아아, 좋은 일은 늘 있기 어려우니 과거의 자취가 여기에 있다. 별이

---

139 녹명(鹿鳴) :『시경』「소아(小雅)」의 편명. 원래 임금이 신하를 위해 연회를 베풀며 연주하던 악가(樂歌)였으나 후대에는 군현의 장리(長吏)가 향시(鄕試)에 급제한 거인들을 초치하여 향음주례(鄕飮酒禮)를 베풀어 주며 그들의 전도(前途)를 축복하는 뜻으로 이 노래를 부르게 하였다.
140 두보의 〈미파행(渼陂行)〉에 "상비와 한나라 여인들 나와서 노래하고 춤추나니, 금지 취기 그 빛이 있는 듯 없는 듯 모호하네(湘妃漢女出歌舞, 金支翠旗光有無)" 구절이 있다. 상비는 순임금의 비인 아황(娥皇)과 여영(女英)이고 한녀는 주(周)나라 때 정교보(鄭交甫)가 초(楚)나라를 노닐다가 한고대(漢皐臺) 아래에서 만난 신녀(神女)이다.
141 남국가인(南國佳人) : 초(楚)나라에 미인들이 많았으므로 이렇게 말한 것이다.
142 동가녀(東家處子) :『문선』의 〈등도자호색부(登徒子好色賦)〉에 따르면 송옥의 동쪽 이웃집에 절세 미인이 살고 있었다고 한다.
143 호북성(湖北城) 당양현(當陽縣) 동남쪽 장수(漳水) 위에 중선루(仲宣樓)가 있는데, 왕찬이 여기에 올라서 〈중선루부〉를 지어 유명하다.

돌고 날이 저무니 하늘의 운행은 멈추는 법이 없음을 알겠고, 즐거움이 사라지고 슬픔이 밀려오니 사람의 감정이란 곧바로 변한다는 것을 절감한다. 한양 북쪽에서 종남산(終南山)을 바라보고 요하(遼河西)의 서쪽에서 중국을 가리키니 변방[144]은 천만 겹인데 우리나라에서 바라보니 촉급한 음악소리는 고국의 소리가 아니요, 아름다운 경치와 좋은 시절은 타향에서의 나날들이다. 나 아무개는 우리나라의 보잘 것 없는 선비이고 남쪽 지방의 평범한 백성이라 최표(崔儦)[145]만큼 책을 읽지도 않았고 계량(季良)[146]처럼 학문에 부지런하지도 않았다. 평생을 떠돌면서 항상 〈등악양루(登岳陽樓)〉의 비탄을 안고 있었고, 행로가 험난하여 언제나 갈림길에서 울며 탄식하였다. 푸른 물결과 넓은 바다가 밀려오고 떠나온 고향의 둥근달이 관문에 낮게 떠 긴 강을 비춘다. 나그네가 되어 그저 중랑(中郎)의 신분[147]으로 황급히 손님을 맞았고[148] 중선태부(仲宣太傅)가 잔치를 열 때 먼저 차윤(車胤)[149]을 불러 종과 북을 울리며 즐겁게 해주었다. 글을 지으라고 명하시니 비록 뛰어난 재주는[150] 아니지만 그래도 술 석 되의 벌이 두렵고, 시로는 소소(蘇紹)[151]에게 부끄럽지

---

144 자새(紫塞) : 변방. 진(秦) 나라가 쌓은 국경의 장성(長城) 흙빛이 붉어서 이러한 이름이 붙었다. 또는 북방 국경인 안문(雁門)에는 풀빛이 붉어서 '자새'라고도 한다.

145 기숙(岐叔) : 최표(崔儦)의 자이다. 수(隋)나라 사람으로, 방에 "책 오천 권을 읽지 않으면 이 방으로 들어올 수 없다"고 써놓을 정도로 책을 많이 읽었다고 한다.

146 누구를 가리키는 지 미상이다.

147 사마상여가 중랑장(中郎將)이 되어 고향인 파촉(巴蜀) 땅에 사신으로 갔을 적에 촉군 태수(蜀郡太守) 이하가 모두 교영(郊迎)하였으며, 현령(縣令)은 '몸소 쇠뇌를 등에 지고 앞장서서 달림으로써' 존경하는 뜻을 보였다고 한다.

148 도사(倒屣) : 신을 거꾸로 신다. 황급하게 손님을 맞이하는 것을 비유하는 말이다.

149 진(晉)나라 사람. 형설지공(螢雪之功) 고사의 주인공인데 이글에서는 임숙영 자신을 지칭한다.

150 『남사(南史)』「사령운전(謝靈運傳)」에 사령운이 "온 천하의 재주가 모두 한 섬인데 조식(曹植)이 8두(斗)를 얻었고 내가 1두(斗)를 얻었고 나머지는 고금(古今) 사람들이 차지했다"고 말하는 대목이 나온다.

만 그래도 금곡(金谷)[152]의 노래를 읊으며 글로는 흥공(興公)[153]보다 못하지만 그래도 난정(蘭亭)의 서문을 짓는다.

이경석(李景奭), 「홍충렬공 정충비명(洪忠烈公精忠碑銘)」[154]

대장부가 군대를 거느리고 적을 마주할 때 성패는 하늘의 뜻이고 죽음은 진실로 자신에게 달려 있는 법이다. 이미 하늘도 어찌할 수 없을 때 자신에게 달려 있는 것에 힘쓰는 자는 거의 없다. 슬프도다. 만약 죽음으로써 장수들을 일으키고 전사함으로써 전쟁을 이겼다면 그 공적은 또한 어떠할까.

1636년(인조 14) 겨울 12월에 청나라 병사가 대거 침입하여 5일 만에 서울에 밀어닥쳤고 순식간에 남한산성을 포위했다. 나라의 명맥이 끊어지지는 않았으나 실낱같았고 사방의 근왕병들은 무너져 궤멸되거나 적을 피하며 나아가지 않았다. 이에 관찰사[155] 중에서 진격하여 죽은 사람

---

151 석숭(石崇)이 쓴 「금곡시서(金谷詩序)」에 따르면 참석한 사람은 모두 30인인데 오왕사의랑(吳王師議郞)이자 관중후(關中侯)인 시평공(始平公) 소소(蘇紹)가 나이 오십으로 가장 으뜸이었다고 한다.
152 금곡원(金谷園). 진(晉) 나라 석숭(石崇)이 왕후(王詡)를 송별하기 위해 별장이 있는 금곡에서 연회를 마련하고 참석한 사람들에게 각자 시를 짓게 하고 짓지 못한 자는 벌주서 말을 마시게 했다고 한다. 뒤에 이 모임에서 지은 시를 모으고 자신이 「금곡시서(金谷詩序)」를 썼다. 왕희지(王羲之)는 「금곡시서(金谷詩序)」를 모방하여 「난정서(蘭亭序)」를 지었다고 한다.
153 흥공(興公)은 진(晉) 나라 손작(孫綽)의 자(字)이다. 손작이 젊어서 산수(山水)에 노닐며 은거하는 고상한 생활을 할 뜻을 수초부(遂初賦)로 표현하였다.
154 『백헌집』 권45에 실려 있다. 제목은 「정충비명(精忠碑銘)」이다.

이 한 사람 있었으니 평안도관찰사 홍군뿐이었다. 홍군이 죽은 지 일 년이 지났는데도 관서지방 사람들은 더욱 더 존모하여 홍군의 업적을 길이 남기고자 하여 정충비(精忠碑)를 세웠으며 그 일을 하기 전에 나에게 명(銘)을 지어달라고 청하였다. 나는 홍공과 예전에 교유한 적이 있어서 어느 누구도 나보다 홍공을 깊이 알지는 못할 것이므로 적임자가 아니라고 사양할 수 없었다. 나는 눈물을 닦고 그 일의 자초지종을 서술한다.

　홍군은 남양(南陽) 사람이고 이름은 명구(命耈), 자는 (元老), 호는 나재(懶齋)이다. 어려서는 남달리 영특하였고, 일찍 문과에 급제하여 명성이 더욱 커졌다. 지금 임금 때 조정에서 대정(大庭)을 열고 문사들을 시험했는데 군이 수석이었다. 이조전랑(吏曹佐郎)으로 있어서 품계가 올라 통정대부(通政大夫)가 되었으며 승정원에 들어갔다. 그때 사람들이 홍군이 매우 문아(文雅)하다고 칭찬했지만 모친을 모시기 위해 안동부사로 나갔다. 이어 관찰사로 승직하였는데 빛나는 명성이 있어서 사람들이 군이 백성들을 잘 다스린다는 사실도 알게 되었다. 조정으로 돌아온 뒤에 평안도관찰사 자리가 공석이고 변방에서 외적의 침입에 대한 근심이 커져갔는데 조정에서 적임자를 찾기가 어렵자 군이 명에 응하여 특별히 가선대부(嘉善大夫)로 올라갔고 조부 홍성민(洪聖民)이 광국공신(光國功臣)에 책훈되자 관례에 따라 남령군(南寧君)에 봉해졌다. 그때 전임자 장신(張紳)이 머물러 있자 그런 이유로 부임하지 않았고 군이 곧바로 상소를 올려[156] 새로 가자된 것을 환수해달라고 청했으나 임금께서 윤허하지 않겠다고 답하셨으니 기다렸다가 등용하려고 하셨기 때

---

155 방악(方岳) : 감사의 직책. 원래는 요(堯)의 시대에 사악(四岳)이 국정을 다스렸는데, 사악은 곧 사방의 악(岳)이므로 이를 '방악'이라고 하였다.
156 노장(露章) : 장주(章奏)를 구체적으로 드러내어 남이 볼 수 있게 하는 것을 노장(露章)이라 한다.

문이다. 오래지 않아 다시 벼슬을 제수하여 가게 되었다. 군이 도착한 뒤에 맨 먼저 평양을 서쪽 지방의 울타리이므로 반드시 성을 증축하여 지켜야 한다고 하면서 역마(驛馬)를 보내어 조정에 두세 차례 아뢰었으나 조정에서는 당시 상황이 좋지 않아 어렵다고 하고 그저 자모산성(慈母山城)을 수비하게 하였다. 군은 요청이 받아들여지지 않자 자모산성을 보수하는 일을 끝내고 성으로 가서 최춘명(崔春命)의 사당을 지어 제사 지냈는데 그는 고려시대의 부장(副將)으로, 죽음으로써 성을 지킨 사람이었다. 병력을 모아 크게 훈련을 시켜서 이충백(李忠伯)과 김철봉(金鐵鋒) 등에게 거느리게 하였다.

변란이 일어났다는 소식을 듣고 성과 고을로 가서 각각 굳게 수비하였고 몸소 병사와 백성들을 이끌고 자모산성으로 들어갔으니 아무도 감히 뒤쳐지지 않았다. 적병이 대동강을 건너오자 군은 장수들에게 의(義)를 떨치자고 눈물을 흘리며 깨우치니 전장에 나가겠다고 자원하는 자가 태반이었다. 그래서 여러 장수를 거느리고 망궐례(望闕禮)를 행한 뒤 사당의 위패 앞에 무릎을 꿇고 삼별장(三別將) 장훈(張曛), 김운해(金運海), 한항길(韓恒吉) 등에게 명하여 800여 인의 병졸을 주고 추격하게 하였더니 모두 눈물을 흘리며 인사하고 떠났는데 전투에서 적을 베고 포로를 잡는 공이 대단했다. 또 이충백(李忠伯), 김철봉(金鐵鋒), 박형(朴泂) 등을 나누어 성천(成川), 순안(順安) 등지로 보내 출몰하며 습격하게 하였고 막하의 강수(姜綏)를 임시로 평양판관(平壤判官)에 임명하여 흙더미를 쌓아 사람들을 보산성(保山城)으로 들어가게 하여[157] 보호하였는데 모두 평소에 계획해 둔 바였다. 남한산성의 급박한 상황을 듣고 나서는 더욱

---

157 입보(入保) : 안전지대에 일시 들어와 보호를 받는 일.

더 분격하며 피눈물을 뿌리며 성가퀴에 올라 죽기로 맹세하고 병졸 수천 인을 뽑았다. 이때 훈련도감의 초관(哨官)[158] 구양승(具陽升), 어영청의 초관(哨官) 박흥룡(朴興龍)이 오백 명의 포수(炮手)를 거느리고 안주(安州)를 방어하고 있다가 군령이 내려와서 모인다는 소식을 듣고 병사들을 배불리 먹인 뒤 전란에 투입하기로 약속하였다. 성안에 있는 사람들이 청하기를 "조정의 운명은 이미 이 성에 달려 있으니 원컨대 무장(武將)을 보내어 경거망동으로 군사들과 백성들의 바람을 저버리지 않도록 해주십시오"라고 하였다. 군은 임금이 포위된 상태에 있었기 때문에 외성(外城)을 돌아볼 겨를이 없어서 꾸짖으며 물러나게 하였더니 아무도 감히 다시 말하지 않았다. 병사(兵使) 유림(柳琳)에게 군대를 합치자고 재촉하였으나 유림이 곧바로 오지 않아 군이 먼저 출발하였다. 유림이 단기필마로 와서는 "우리 두 사람이 모두 가면 가서 속성(屬城)은 더 이상 통솔할 사람이 없습니다. 지금 순사(巡使)를 따라 가는 것은 원수(元帥)의 명령도 아닙니다"라고 하였다. 군이 대의(大義)로 꾸짖었는데 말하는 어조가 엄하고 매서웠으므로 유림이 기가 꺾여 달려 나가 병사 3,000여 인을 이끌고 강동(江東)으로 따라갔고 결국 유림을 선봉장으로 삼았다. 길에서 여러 차례 적과 마주쳐서 싸우고 진격하였다. 군이 중심이 되어 병사를 나누어 지원하기도 하고 기습하기도 하였다. 다투어 수급을 베어 바치고 노략질한 물건을 빼앗아오면 그때마다 군사들에게 음식을 내려주고 상을 주어 위로하였다. 행군이 금화현(金化縣)에 이르자 척후병이 적 6백 기(騎)가 앞길에 매복하고 있다고 아뢰었다. 그러자 이충백(李忠伯), 박형(朴泂), 허로(許輅) 등에게 정예병을 뽑아 이끌고 가라고 명

---

158 각 군영(軍營)에 속해 한 초(哨)를 거느리던 종구품 무관.

하여 50여 인을 쳐서 죽였는데 살아서 포로가 된 사람만 수백 인이었고 말과 소 200여 마리를 얻었다. 군은 군대가 야영하면 비상상황에 대처하기가[159] 힘들다고 생각해서 병사(兵使)와 함께 현의 남쪽 산에 진을 치자고 의논하였다. 다음날 저녁에 청나라 군사가 남한산성에서 우수한 병사를 뽑아 들판을 뒤덮으며 몰려 왔는데 하룻밤 사이에 포위하며 다가와서 사방에서 전투가 벌어졌다. 여러 대포알이 발사되자 처음에는 감히 다가가지 못하다가 이윽고 힘을 합쳐 돌격하였으나 뒤에 지원군이 아무도 없었다. 군이 홀로 서서 전투를 독려하였지만 중과부적임을 알고 봉인(封印)을 소리(小吏)에게 주어 보낸 뒤 끝까지 요지부동으로 있다가 전사하였다. 이때가 1637년(인조 15) 정월 28일이었다.

군이 전사하자 여러 장군과 사졸들이 유림의 군대로 들어가서 하나로 통합하였다. 종일 죽음을 불사하고 싸워 결국 적을 퇴각시켰으니 이는 사력을 다해 싸운 덕분으로 군이 이끌어낸 것이다. 임금이 도성으로 돌아와서 홍군의 전사소식을 비로소 듣고 애통해하며 이조판서(吏曹判書)를 추증하고 가는 길에 관을 호위하라고 명하고 예관(禮官)을 보내 제사를 지내주고 그의 모부인(母夫人)에게 녹봉을 내렸으니 특별한 예우였다. 처음에 군이 진군할 때 적이 신계(新溪)에 있다는 소식을 듣고 습격하여 직로(直路)로 와서 남한산성의 적들을 막으려 하였는데 유림이 완전한 계책이 아니라고 하고 원수(元帥)를 찾아가 여러 도(道)의 군사들이 모두 갖추어진 뒤에 진격하는 것이 좋겠다고 하였다. 홍군이 "노장의 말을 듣지 않을 수 없다"고 하면서 결국 골짜기를 따라 산길로

---

159 응졸(應卒) : 갑작스럽게 닥치는 위급한 상황에 잘 대처하는 것. 『묵자(墨子)』「칠환(七患)」에 "마음에 준비하는 생각이 없으면 위급상황에 대처할 수 없다(心無備慮 無以應卒)" 구절이 나온다.

돌아가서 중도(中道)에 이르렀다. 유림이 더욱 더 적을 두려워하여 여러 차례 다시 안주(安州)로 가자고 말하여 홍군이 유림에 대해 불쾌하게 여기며 그때마다 몹시 질책했으며 그의 군대를 부끄럽게 여겼다. 유림은 위급한 상황을 보고서도 구해내지 못했는데 상등(上等)의 공을 차지하여 이 또한 불공평하였기에 관서지방 사람들 가운데 분하고 통한해하지 않는 사람이 없었다.

평양의 선비 조시열(趙時說)이 장서기(掌書記)로 홍군 휘하에 있었는데 그 전말을 매우 상세하게 알고 있어서 임금에 글을 올려 성토하였는데 요약하면 "금화현 남산에 동쪽과 서쪽 두 언덕이 있는데 동쪽이 험하여 병사가 먼저 그 동쪽을 점거하고 감사가 서쪽에 진을 쳤습니다. 망을 보던 자가 '큰 적이 오는데 선봉에 갑옷을 입은 자가 매우 많습니다'라고 하자 감사가 그 사람의 겁 많음을 비웃으며 진영을 둘러보는 병사(兵使)에게 '죽으려 하면 살고, 살려고 하면 죽는다. 마음과 힘을 모은다면 이기지 못할 리가 없다'라고 하였습니다. 모든 군사들이 귀를 기울여 듣고 전투에 나가 싸웠습니다. 적들은 대포에 사람들이 많이 죽자 상황을 봐서 일제히 순안현령(順安縣令) 허로(許輅)가 지키고 있는 곳을 공격하였습니다. 감사는 수하의 군사를 모두 보내 구원하게 하였습니다. 처음에 진을 쳤을 때 중군(中軍) 이일원(李一元)이 그 형세를 보더니 이일원이 병사(兵使) 쪽으로 합류하였습니다. 병사(兵使)가 먼저 험한 언덕을 점거했고 감사가 진을 친 곳은 그 반대쪽이었는데 병사가 진을 친 곳과의 거리는 수십 무(武)[160]도 되지 않았습니다. 군대를 합치게 하자 병사는 허약한 군졸을 과장했는데 실제로는 적을 막을 만한 군대도 아

---

160 무(武) : 반보(半步), 석 자.

니었으나 해가 저물어 이를 살펴볼 수 없었던 것입니다. 이에 이르러 지원군을 보내라고 독려했으나 또 다시 보내려고 하지 않았습니다. 적이 그 빈 곳을 틈타자 허로는 결국 전사하고 말았습니다. 이때 저만 감사 옆에 있어서 곧바로 화살과 돌이 날아오자 잠시 퇴각하여 병사와 함께 있으며 기다려 보자고 하였습니다만 눈을 부릅뜨고 '네가 어찌 감히 망언을 하느냐. 내가 물러나면 군사들이 모두 물러날 것이다'라고 하면서 꾸짖었습니다. 전투가 오래 지속되자 전사자도 상당하였습니다. 이충백이 크게 부르짖으며 앞으로 진격하며 먼저 성 위로 올라오는 자들을 쏘아 죽였는데 포수 김봉(金奉), 장격(張格) 등이 예리한 무기로 20여 인을 맞추어 거의 이기려하는 상황에서 적이 군사를 풀었습니다. 김철봉(金鐵鋒), 이상백(李尙白), 김상준(金尙俊), 지덕남(池德男), 지승란(池承蘭), 송계인(宋繼仁) 등은 모두 장교(將校)로 손에 칼을 들고 육박전을 벌이다 전사하였습니다. 감사는 칼을 들고 분격하여 소리치면서 끝내 한 발짝도 움직이지 않았습니다. 휘하의 이충백(李忠伯), 신덕령(申德齡), 방식(方軾), 박형(朴泂), 이원룡(李元龍), 송천강(宋天剛), 박순(朴洵), 이시백(李時白), 구양승(具陽升), 박흥룡(朴興龍) 등이 별동대로 유림의 군대에 군사들을 보내 험한 지리에 의지하여 각기 힘껏 싸웠습니다. 대포와 활이 연달아 발사되어 적의 시체가 많이 쌓여 대패하자 달아났으며 날도 또한 저물었습니다. 이충백, 박형, 이원룡 등은 감사의 시신이 있는 곳을 찾아갔는데 몸에 7, 8개의 화살이 꽂혀 있었습니다. 얼굴과 팔에는 칼자국이 나 있어 이시백과 이원룡이 자신의 옷을 벗어 시신을 싸서 장사를 지냈습니다"라고 하였다. 또 말하기를, "예전에 만약 감사가 유림의 말을 따라 안변 길로 갔다면 금화현의 승리를 이룰 수 있었겠습니까"라고 하였으니 그 상소는 구구절절이 길게 쓰여 있었다.

평안도사(平安都事) 전벽(田闢) 또한 여러 진중의 살아남은 군졸들에게 상황을 물어본 적이 있어 매우 상세히 알고 있다. 임금이 더욱 가상히 여겨 휘하의 장수들에게 차등 있게 상을 내렸다. 내가 예전에 입시해서 임금께 "옛 사람이 말하기를, '격앙된 마음으로 목숨을 바치기는 쉽지만 침착하게 사지로 나아가는 것은 어렵다(慷慨殺身易, 從容就死難)'고 하였습니다. 홍군의 죽음은 한 번 죽어 두 가지를 얻었다고 할 수 있습니다"라고 말씀드린 적이 있었다. 임금께서는 한숨을 쉬며 "그렇다. 크게 쓸 사람인데 애석하다"고 하셨다. 예전에 수찬(修撰) 김홍욱(金弘郁)과 함께 홍문관에서 입직을 할 때 김홍욱이 "어느 날 왕명을 받든 어사가 관동지방 금화현의 전장에 갔는데 싸우던 당시의 일을 말해 줄 역졸 하나가 있었네. 그 사람은 바위의 동굴 속에 숨어 있으면서 감사가 진영 앞에 있는 것을 보았는데 적들이 여러 차례 나아가고 물러나면서 전사한 사람이 이루 셀 수가 없을 정도라고 했네"라고 하였다.

아아, 홍군 같은 자를 대장부라 할 수 있지 않을까. 자신에게 달려 있는 죽음에 과감하여 사람들로 하여금 감동하게 하였고 몸은 죽었지만 명예가 세워졌으니 어찌 의롭지 않겠는가. 홍군은 기색이 온화하고 평소의 행동거지는 따뜻하였으나 대의를 위해 절개를 지켜야 할 때가 오자 마치 서리 맞은 소나무와 눈 맞은 잣나무가 우뚝한 것처럼 위엄이 있었다. 정묘호란(1627) 때 평양성을 지키면서 아침저녁으로 위급해지자 홍군은 어사(御史)의 호패를 들고 길을 가고 있던 중이라 도성으로 돌아갈 수도 있었는데도 곧바로 말을 타고 성으로 들어와서 성에 있던 사람들이 모두 뛸 듯이 기뻐하였다. 청(淸)이 아직 국호를 바꾸지 않을 때라 용골대(龍骨大), 마부대(馬夫大) 두 사람이 황제를 칭하는 글을 가지고 몽고(蒙古) 장군과 함께 왔다. 홍군은 몽고인과 평소에 왕래하지 않았으므로 예의가 아니라고 생각하여 곧바로 상소를 올려 배척하고 관계를 끊을 것을 요청하였다. 나덕헌(羅德憲)이 심양(瀋陽)에 사신으로 갔는데 마침 국호를 세울 때여서 [註: 나덕헌에게 절을 올리고 하례하라고 위협하였으나 나덕헌이 따르지 않아 갖은 곤욕을 당하였다.[161] 홍군도 이것이 욕된 명령이라고 여겨서 상방검(尙方劍)[162]을 빌려 주시면 목을 베어 올리겠다고 청하자 이를 듣는 사람들이 두려워서 떨었다. 예전에 가도(椵島)[163]에 들어가서 중국 장수에게 "아아, 분발하시오. 적과 함께 살지 않겠다고 맹세한다면 모두들 공경하고 따를 것입니다"라고 하였다. 적이 틀림없이 오리라는 것을 알고 모친에게 먼저 서울로 돌아가시라고 말씀드린 뒤 병사들에게 반드시 죽겠다는 각오를 보이고 부인을 남게 하여 이를 확고하게 하였으니 그의 강건함은 천부적인 것일 것이다. 결국 절개 있게 죽었으니 아마도 본래부터 작정해서 그런 것이리라. 정충(精忠)으로 불러도 또한 마땅하지 않으랴. 서쪽 사대부들이 그를 경모하여 최공(崔公)의 사당에 합사했으나 충분치 않다고 여겨서 다시 비석을 만들었으니 이 또한 충의가 격발한 바일 것이며 이 또한 가상한 일이다. 명(銘)은 다음과 같다.

南陽之洪	남양 홍씨는
世有聞人	대대로 명성이 있었네.
文而且武	문과 무를 겸비하였으니

---

161 『조선왕조실록』 1636년 4월 26일자 기사에 관련 내용이 나온다.
162 상방검(尙方劍) : 칼 이름. 한(漢)의 성제(成帝) 때 괴리(槐里)의 태수 주운(朱雲)이 황제에게 상소한 글에, "상방검을 빌려 주시면 아첨하는 신하 장우(張禹)의 목을 끊겠다"고 하였다.
163 가도(椵島) 모문룡이 부(府)를 설치했던 곳이다. 선천(宣川)의 신미도(身彌島) 모문룡이 여기에 군병을 주둔했었다

君實邁倫	군은 실로 뛰어났네.
旣績于南	남쪽에서 공을 쌓았고
乃蕃乎西	서쪽에 울타리[164]를 쳤으며
克飭戎政	군사훈련에 힘을 써서
不肅而齊	엄하지 않아도 가지런했네.
薰之以和	온화하게 가르치셨고
說禮敦詩	예와 시에 돈독하였으니
義形仁洽	인과 의가 드러나서
士勸民怡	백성들이 권면하고 즐거워했네.
運遭陽九	불행한 때를 만났으니
敵深以疾	적들은 무성하고 빨랐네.
泣望行在	행재소를 울며 바라봐도
南漢阻絶	남한산성은 막혀 끊어졌네.
惟玆之僻	이곳 한 구석에서
吾忍退處	내 어찌 차마 물러나랴.
苟活何顔	구차하게 산다면 무슨 면목이리,[165]
一死已許	한번 죽으면 그만인 것을.
鼓行而前	군사들 고무하며 진격하니
誰敢我沮	누가 감히 나를 막으랴.
戰比獲利	전투에서 이기니
庶幾天助	거의 하늘이 돕는 듯 했네.
彼驕而狠	저들은 사나워서

---

164 문집에는 '蕃'이 '藩'으로 되어 있는데 여기에서는 문맥상 문집을 따랐다.
165 문집에는 '顔'이 '安'으로 되어 있으나 본문대로 번역하였다.

有違指畫	계획했던 것과 달랐지만
介敵乘之	적을 막아 싸움에서 이기니
曾不戮力	힘을 다하지 않은 적이 없었네.
何求爲我	어찌 나를 위해서 빌겠냐마는[166]
聽我藐藐	내 말을 듣는 척도 하지 않네.[167]
衆寡之懸	군사의 많고 적음이 현격하건만
惟義之取	오직 의를 따를 뿐.
特立如植	홀로 우뚝 서니
膽裂髮豎	간담이 떨어지고 머리털이 곤두서리.
風號日昏	바람은 부르짖고 해는 지는데
神祇爲怒	천지신명이 노하였네.
睢陽有魂	수양성[168]에 넋이 있으리니
歸與爲伍	함께 돌아가 대오를 이루리라.
七尺之僵	7척의 시신이
群校感發	여러 장교들을 감발시켜
東岡却敵	동쪽 언덕에서 적을 물리치니
寔賴餘卒	진실로 남은 군졸 덕분이네.
始不階命	처음엔 명을 따르지 않았지만
爰勇其入	이에 용감하게 들어가서

---

166 『시경』「대아(大雅)」〈운한(雲漢)〉에 "어찌 나를 위하려고 해서이겠는가. 여러 대신들을 안정시키려고 함이네. 하늘을 우러러보니, 언제나 그 편안하게 해주실는지(何求爲我, 以戾庶正, 瞻仰昊天, 曷惠其寧)" 구절이 있다.

167 『시경』「대아(大雅)」〈억(抑)〉에 "나는 너에게 순순히 타일러 주어도, 너는 나의 말을 듣는 척도 하지 않네(誨爾諄諄, 聽我藐藐)" 구절이 있다.

168 장순(張巡)과 허원(許遠)이 안녹산(安祿山)의 난 때에 수양(睢陽)에서 고립되어 사력을 다해 성을 지켜 싸우다가 전사하였다.

終焉殺身	결국 이 한 몸 바쳤으니
懦者欻立	나약한 이들을 순식간에 일으키네.
徵猶不進	불러도 나아가지 않는 자들
亦獨何心	또한 홀로 어떤 마음이었을까.
死榮於生	죽음이 삶보다 영광스럽기에
四海攸欽	온 세상에서 흠모하는 바 되었네.
孰孝於親	누가 부모에게 효도를 한다고
或虧臣職	신하의 직분 저버렸는가.
惟公效節	오직 공만이 절개를 보이니
自家而國	집안에서 나라로 확대되었네.
烈烈精忠	열렬한 충정은
光爭日月	해와 달과 빛을 다투네.
西人戴之	서쪽지방 사람들이 슬퍼하며
享以芬苾	제수 갖추어[169] 제사 드리네.
樹厥風聲	이 풍도와 명성을 세우니
敢闕貞珉	어찌 비석을 없을 수 있으리.
曷不相勗	어찌 권면하지 않으랴.
孝子忠臣	효자와 충신 됨을.
大江滔滔	큰 강물은 도도히 흐르고
高峯屹屹	높은 봉우리는 우뚝하리니
江斷峯夷	강이 끊어지고 봉우리가 평평해져도
公名不滅	공의 명성은 영원하리라.

---

169 분필(芬苾) : 제사 음식. 『시경』「소아(小雅)」〈초초자자(楚楚者茨)〉에 "정결하고 향기로
운 효손의 제사에, 신령이 그 음식을 달게 받았다.[苾芬孝祀 神嗜飮食]" 구절이 나온다.

정두경(鄭斗卿), 「삼애당기(三愛堂記)」[170]

평양서윤 유시정(柳時定, 자 안세(安世))이 편지를 보내어 나에게 글을 지어 주기를 요청하면서 "관아의 서쪽에 빈 터가 있는데 옛날에 서헌(西軒)이었다고도 하고 아니라고도 하는데 없어진 지 오래되었습니다. 내가 그 터에 몇 칸 집을 세워 '삼애당(三愛堂)'이라고 당호를 걸었는데 '삼애'라는 것은 송나라 유자 예장(豫章) 나종언(羅從彦)[171]의 말에서 따온 것입니다. 그가 말하기를 "임금을 사랑하기를 아버지를 사랑하듯이 하고 나라를 사랑하기를 집안을 사랑하듯이 하고 백성을 사랑하기를 자식을 사랑하듯이 하라" 하였습니다. 나는 이 말을 따서 당호로 삼았으니 그대는 나를 위해 기문을 지어 주십시오"라고 하기에 내가 승낙하였다.

나종언이 말한 '삼애'는 내가 보건대 실제로는 일애(一愛)이다. 어찌하여 세 가지로 나누겠는가. 하나라고 한다면 무엇일까. 임금을 사랑하는 것일 뿐이다. 아버지처럼 임금을 사랑한다면 충성이 지극한 것이다. 충성이 지극하다면 나라는 임금의 집이고 백성은 임금의 자식이니 어찌 임금을 아버지처럼 여기면서 나라를 집으로 생각하지 않고 백성을 자식으로 생각하지 않겠는가. 그러하니 사랑이 비록 세 가지가 있다고 해도 실제로는 하나이니 사랑에 어찌 세 가지가 있겠는가. 그러나 천하의 일에는 안과 밖이 있어 정성이 안에 있으면 효험이 밖으로

---

170 『동명집』 권11에 실려 있다.

171 나종언(1072~1135) : 송나라 경학자. 자는 중소(仲素), 호는 예장(豫章), 검주(劍州, 복건성 남평) 사람이다. 오의(吳儀), 양시(楊時), 정이(程頤)에게 수학하였고 양시, 이통(李侗)과 함께 '남건삼선생(南劍三先生)'으로 불렸다. 그는 양시의 학문을 계승하여 문인 이통에게 전하였고 이통이 다시 주희(朱熹)에게 전하였기 때문에 정이에서 주희로 이어지는 학맥에서 중요한 위치를 점하고 있다.

드러나는 법이다. 만약에 나라를 사랑하고 백성을 사랑한 것의 효과가 없다면 비록 임금을 사랑하는 정성이 있다고 해도 어떻게 그 안에 있는 것을 드러낼 수 있겠는가. 나종언의 말 또한 이것이리라.

유공이 이곳의 서윤이 된 후에 내가 그 정사에 대해 들은 바가 있었는데 지금 당호를 보니 그의 마음가짐을 알 수 있다. 유공의 안과 밖이 일치된 것이다. 옛 사람은 궤안에 간언하는 말을 써 두고 침소에는 경계하는 말을 써 놓았는데 이는 모두 눈으로 보면서 그 뜻을 생각하고자 했던 것이다. 유공의 뒤를 이어서 서쪽 지역을 맡은 사람들이 아침저녁으로 이 당에 거처하면서 그 뜻을 생각한다면 비록 나랏일을 치지도 외하면서 백성들에게 은택을 베풀려고 하지 않아도 또한 그렇게 할 수 없을 것이다. 그러니 이 당호가 어찌 도움 되는 바가 적겠는가.

송시열(宋時烈), 「용곡서원 비문(龍谷書院碑文)」[172]

은(殷)이 멸망하고 주(周)가 일어나자 기자(箕子)가 동쪽으로 와서 문치(文治)와 교화(教化)를 크게 펴서 이(夷)가 변화시켜 화(華)가 되었다. 그러나 세대가 멀어지면서 도읍지가 황량해졌고 자손들도 쇠락해져 고증할 수가 없음은 하(夏)의 후예인 기(杞)보다 더 심하다.

---

[172] 『송자대전』 권172에 실려 있다. 제목은 「둔암 선우공 묘갈명(遯菴鮮于公墓碣銘)」이다. 문집에는 명(銘)의 제20구 '敢或'이 '或敢'으로, 제25구 '弟'가 '悌'로, 제42구 '慟'이 '痛'으로 되어 있다.

본조(本朝)가 개국한 뒤 문교(文教)가 서쪽 지방까지 미쳐서 선우(鮮于) 공이라는 사람이 있었으니 이름이 협(浹), 자가 중윤(仲潤)으로, 기자의 후예이다. 옛 도읍지에서 우뚝 솟아나서 아득한 원류(源流)를 찾고 이미 없어진 단서를 탐색하였다. 그러나 팔조(八條)의 문서는 사라졌고 홍범(洪範)의 뜻은 깊어서 결국 송대 성리학[173]의 서적을 통해 심성이기(心性理氣)에 관한 모든 학설을 탐구하였는데, 기자의 심법(心法)이 송(宋) 나라 유학자들을 통해 크게 밝아졌기 때문에 차례로 원류를 따라 거슬러 올라가려는 것이었다.

그리하여 공은 훌륭하게도 서쪽 지역의 유가의 종가가 되었고 그를 따라 배우려고 하는 문도도 매우 많았다. 공은 마침내 자리에 올라 강설하면서 한결같이 성현(聖賢)의 글로써 그들을 일깨웠고 이때부터 서쪽 지역 선비들이 성리(性理)의 학설을 알 수 있게 되었다. 공은 자기가 독학(獨學)으로 고루(孤陋)한 폐단이 있을까봐 동남쪽을 유람하기도 하고 각처의 산천을 두루 보았으며 결국 도산서원(陶山書院)에 이르러 이황(李滉) 선생의 유서(遺書)와 서원에 소장된 책들을 열람하고, 그런 뒤에 인동(仁同)으로 가서 여헌(旅軒) 장현광(張顯光) 선생에게 인사를 드린 뒤에 며칠 있다가 돌아왔다. 마침내 사서(四書) 등에 주력하면서, "우리 도(道)가 여기 있는데 어찌 딴 데에서 찾겠는가"라고 하고 여러 생도들과 함께 용악산(龍岳山)으로 들어가 강독하고 가르친 지가 거의 몇 십 년이 되었다.

조정에서 여러 차례 직책을 제수하였지만 나아가지 않다가 인조(仁祖) 말엽에 성균 사업(成均司業)이 되었다. 인조가 승하하자 대궐 아래로 가서 곡하였다. 그때 신독재(愼獨齋) 김집(金集)선생이 부름을 받고 서울

---

173 염락관민(濂洛關閩) : 염계(濂溪)의 주돈이(周敦頤), 낙양(洛陽)의 정자(程子), 관중(關中)의 장재(張載), 민중(閩中)의 주자를 통칭한 것이다.

에 와 있었는데 공이 다시 예물을 들고 찾아가 뵈었다. 김 선생은 조용하고 성의 있게 그를 대하면서 매우 정민(精敏)하다는 칭찬을 하였고 공은 곧바로 서쪽 지방으로 되돌아갔다.

효종대왕(孝宗大王)이 사방의 어진 선비들을 불러 모으면서 공을 다시 사업(司業)으로 부르셨다. 이어 평안도에 명을 내려 빨리 보내도록 하였으나 공은 사양하고 "『대학(大學)』 한 편은 규모가 크고 절목(節目)이 갖추어져 있어 도(道)에 들어가는 문이고 모든 경전의 강령(綱領)이오니, 제왕(帝王)으로서 하루에 1, 2단(段)씩 숙독하고 정밀하게 생각하여 지극한 이치와 자신의 마음이 하나가 된 뒤에야 쓰임이 있게 할 수 있을 것입니다"라고 상소문을 올렸다. 또 "덕성(德性)을 높여 이 마음을 함양(涵養)해야만 큰 근본이 서는 것입니다. 참으로 장중하고 겸허하고 엄숙하고 두려워하는 태도로 이 마음을 간직하여 물욕(物欲)이 엄습하여 어지럽게 하지 않는 경지가 되면 사리를 관찰할 때 어디를 가거나 통하지 않음이 없을 것이고 이것으로 정사를 행하면 어떤 일을 처리하더라도 합당하지 않음이 없을 것입니다"라고 아뢰었다.

또 "마음이란 일신(一身)의 주인으로서 인(仁)·의(義)·예(禮)·지(智)의 성(性)을 갖추고 있다가 그것이 발동하여 측은(惻隱)·수오(羞惡)·사양(辭讓)·시비(是非)의 감정이 되는 것입니다. 그것이 이른바 '마음이 성품과 감정을 통솔하고 있다(心統性情)'는 것입니다. 마음은 하나뿐이지만 그것이 성명(性命)의 바른 데서 기원했을 때는 도심(道心)이 되는 것이고, 형기(形氣)의 사사로움에서 싹트면 인심(人心)이 되는 것입니다. 임금께서는 반드시 경(敬)을 주로 삼고 독공(篤恭)하며 정밀하게 살피고 전일하게 지켜서 언제나 도심이 일신의 주(主)가 되게 하고 인심이 그의 명령만을 듣게 한다면, 위태로운 인심이 안정이 될 것이고 은미한 도심이

드러나 무슨 일을 하거라도 틀림없이 중도를 얻을 것입니다. 대개 마음
이란 허령(虛靈)하고 신묘(神妙)하며 그 체(體)가 한 치 마음속에 다 들어
있어 크기가 천지(天地)와 같고 그 용(用)은 매우 작은 데에서 나와 천지
와 흐름을 함께하고 있습니다. 그러므로 그 크기로 말하면 무외(無外)의
끝까지 가서 포괄되지 않은 것이 없고 또 작기로 말하면 아무런 형체가
없는 데까지 이르지만 만물이 거기에 관련되지 않은 것이 없습니다. 처
음 외물에 감응되기 이전에는 맑고도 깨어있어 마치 비어 있는 거울 같
고 평형을 유지하는 저울 같습니다. 일단 외물에 감응하게 되면 호오(好
惡)와 고하(高下)로 그대로 나타나게 되니 인심이 천심과 합치되어 하늘
과 똑같이 되는 것입니다"라고 하였다.

또 "하늘의 도는 만물을 생육하는 것을 마음으로 삼고 심원하여 그
침이 없고,[174] 땅의 도는 만물을 형성하는 것을 마음으로 삼아 그 일을
그치지 않으며, 왕이 된 자의 도는 하늘과 땅이 하는 일을 마음으로 삼
아 그를 본받아 그치지 않고 하는 것이니, 이 세 가지의 그치지 않음은
본분은 비록 다르지만 이치는 하나입니다. 하늘과 땅의 도는 항상 보
여 주는 것이고[貞觀], 해와 달의 도는 항상 밝혀 주는 것이며[貞明], 왕이
된 자의 도는 항상 큰 본보기가 되는 것이니[貞夫大觀] 이 세 개의 정(貞)
도 이치는 마찬가지입니다. 그러므로 하늘과 땅이 변함이 없이 생육하
고 형성할 수 있고, 해와 달이 변함없이 만물을 비출 수 있으며, 성인(聖
人)이 도(道)의 변함이 없이 천하(天下)를 교화하여 이루게 하는 것입니
다. 왕이 된 자가 하늘의 도를 본받아 덕(德)을 닦고 도(道)를 융화되게
하지 않아서야 되겠습니까"라고 하였다.

---

174 『시경』 「주송(周頌)」 〈유천지명(維天之命)〉에, "하늘의 명이 아, 심원하여 그치지
　 않는다[維天之命, 於穆不已]"라고 하였다.

또 "요순(堯舜)은 천지에 중화(中和)의 도를 지극하게 하여 수많은 성 왕(聖王)의 조종(祖宗)이 되는 분입니다. 그의 도에는 밝고 은미함의 구 별도 없고 안팎의 구분도 없으며 선후(先後)와 본말(本末)이 하나로 관통 합니다. 그러나 그 절목은 군신(君臣)·부자(父子)·형제(兄弟)·부부(婦 夫)·붕우(朋友)의 범위를 벗어나지 않습니다. 요순의 마음가짐으로 요 순의 정치를 실행한다면 요순이 되기에 무슨 어려움이 있겠습니까"라 고 하였다.

임금이 답하기를, "마음을 다스리고 이치를 궁구하는 요체로 이보다 큰 것이 없다. 내 마땅히 가슴에 새겨 잊지 않으리라"라고 하셨다. 그해 9월에 다시 대장(大葬)의 장례에 달려갔다가 돌아왔는데 1653년(효종 4) 에 임금이 교서를 내려 특소(特召)하자 대궐에 이르러 사은하고 며칠을 머물렀으나 인대(引對)하지 못하였다.

공은 처음에는 포의(布衣)로 부름을 받는 것이 고사(故事)가 있는 일이 라고 생각했으므로 한 차례 가서 임금을 뵙고 평소 닦았던 학문을 개진 하려 하려 했는데 여의치 않았으므로 결국 돌아가고 말았다. 그 후 상 이 그것을 알고는 그가 떠나는 것을 아뢰지 않았다고 승지(承旨)를 꾸짖 었다. 이해 12월 22일 세상을 떴다. 임종할 때 치상(治喪) 범절을 모두 예문(禮文)에 따라 할 것을 유언하고 또 부인들을 모두 나가게 하였다. 서쪽 지방 노소(老小)·귀천(貴賤)할 것 없이 달려와 곡하는 사람들이 길 에 이어졌다. 공이 살던 평양부(平壤府) 서쪽 합지(蛤池) 연대동(煙臺洞)에 장례를 치르고, 문인(門人)들이 묘 앞에다 '돈암 선생(遯菴先生)'이라고 썼 다. 왕은 부의(賻儀)를 내리도록 명하였다. 그 후 경연(經筵)에서 신하가 아뢰기를, "선우협(鮮于浹)은 학업이 매우 독실하였고 식견도 높았으며 관서지방 사람들이 다소나마 나아갈 방향을 알게 된 것이 모두 그 사람의 덕분이었습니다"라고 하였다. 임금이 사헌부 집의(司憲府執義)를 추증하도록 명하였고, 평양과 태천(泰川) 사람들은 각각 제사를 지낼 사당을 세웠다. 아들 즙(檝)이 뒤를 이어 숭인전 감(崇仁殿監)이 되었다.

선우씨의 족보에 의하면, 은(殷)의 태사(太師)가 조선(朝鮮)에 와서 임금이 된 뒤에 아들 중(仲)을 두었는데 그의 식읍(食邑)이 우(于)였기 때문에 이렇게 해서 복성(複姓)이 되었다. 고려 시대에 정(靖)이라는 이름의 사람이 중서 주서(中書注書)를 하였고, 석(碩)은 죽주 부윤(竹州府尹)이었으며, 적(迪)은 소윤(少尹)이었다. 조선(朝鮮)에 접어들어 경(景)은 중령별장(中領別將)이었고, 그의 아들 선(燧)은 부정(副正)이었으며 강(江)은 건공장군(建功將軍)이었는데 강(江)이 공의 5대조(祖)이다. 고조(高祖)는 침(琛)이고 증조는 난(鸞)인데 다 교수(敎授)였고, 조부 춘(春)은 주부(主簿)이고 아버지 식(寔)은 숭인전감이다. 대대로 태천에 살다가 숭인전감 때 공이 비로소 평양으로 왔다. 숭인전은 평양에 있는데 태사(太師)의 사당이며 선우씨가 대대로 감(監)이 되었다. 어머니는 경주 이씨(慶州李氏)로 어모장군(禦侮將軍) 억수(億壽)의 딸인데, 1588년(선조 21)에 공을 낳았다.

공은 어려서부터 영리하고 단정했으며 언행에 늘 삼감이 있었다. 겨우 여덟 살 때 도보로 몇 백 리를 걸을 만큼 굳세고 힘도 있었다. 항상 친족들에게 말하기를 "우리들은 성인(聖人)의 후손이니 반드시 효(孝)·제(悌)·충(忠)·신(信)을 힘써 행함으로써 선조를 욕되게 하지 말아야 합니다" 하니 족성들이 모두 "아이가 무엇을 알기에 이런 말을 하는가. 우리들이 노력하지 않아서야 되겠는가" 하였다. 한번은 낮잠을 자다가 꿈에 태사인 듯한 사람이 시를 주기에 그것을 관부(官府)에 바쳤다. 관부에서는 곧 나라에 태사의 사당과 분묘를 개수(改修)하게 해달라고 청하였다. 태사의 무덤이 평양부 북쪽에서 오랫동안 황폐해져 있었기 때문이다.

22세 때 처음으로 향선생(鄕先生) 김태좌(金台佐)에게 나아가 사서(四書)를 배웠는데 3년 동안 그것을 숙독하고 반복한 뒤에 비로소 『시경(詩經)』·『서경(書經)』·『춘추(春秋)』를 배웠다. 공이 『서경』을 배울 때 '기삼백(朞三百)'에 이르러 김공이 알 수 없다고 하여 그냥 넘기려 하자, 공은 그 길로 문을 닫고 앉아 수십 일을 두고 연구 끝에 결국 알아내었다. 김공은 기뻐하면서 "이 사람은 후일에 반드시 대성(大成)할 것이다"라고 하였다. 28세에서 32세까지 4년 동안에 연이어 부모(父母)의 상을 당했는데 장사를 치르고 제사를 올리는 것을 한결같이 『가례(家禮)』대로 하였고, 또 김공의 상에도 아버지 상을 당했을 때와 같이 하니 그의 아내 김씨가 "공께서 심상(心喪)[175]을 치르는데 내가 그냥 지낼 수 있는가"라고 하고는 3년 동안 고기를 먹지 않았다. 사는 곳은 비바람을 가리지 못했고, 아내와 자식들은 굶주림과 추위를 면하지 못했지만 처신하는 모습에 여유가 있었으며, 혹 인물을 논평하거나 정치에 대해 시비를 따지는 사람이 있으면 입을 다물고 대답하지 않았다. 그러므로 고을 사람들이 어리석든 지식이 많든 간에 모두 아끼고 경모했으며 교화를 받아 감복하지 않은 자가 없었다.

공의 학문하는 방법은 마음을 쏟고 힘을 다하여 조금도 게으른 모습이 없었으며, 알 때까지 그만두지 않았고[176] 배고프고 목마른 것도 잊었으며, 깨달은 바가 있으면 곧 그것을 책에다 적어 놓았다. 밤에는 베개에 기댄 채 눈을 붙이는 둥 마는 둥했고 잠을 깨고 나서는 이불을 끼고 앉아 혹 아침까지도 그대로 앉아 있기도 하였다. "학문을 함에 요령

---

175 심상(心喪) : 상복(喪服)을 입지 않으면서 화려한 의복과 주육(酒肉)을 금하는 것이다.
176 『중용』에 "분명히 변별할 때까지 그만두지 않고 터득할 때까지 그만두지 않는다(不明不措, 不得不措)" 구절이 나온다.

을 얻지 못하여 30년 공부를 헛되이 소비하고 늘그막에야 조금 얻은 것이 있었다"라고 했고, 또 마음을 간직하기가 매우 어렵다는 말을 한 적이 있었다.

저서로는 『태극변해(太極辨解)』·『태극문답(太極問答)』과 성리(性理)에 관한 책들이 집에 소장되어 있는데 그 대의(大義)는 모두 정주(程朱)의 맥락에 바탕을 둔 것이었다. 그중에는 아직 정리되지 못한 학설들이 있는데, 하늘이 만약 그에게 수명을 더 주었더라면 반드시 정밀하게 가다듬어서 후학들에게 도움이 되는 바가 끝이 없었을 것이다.

아아, 지금 태사(太師) 때부터 2천 7백년이나 되었으니 그 계통을 분명하게 엮기란 어렵다. 더욱이 전해지지 못했다면 더욱 찾기 어려울 것이나 자나 깨나 옛일을 더듬으며 분발하고 흥기함으로써 학설을 수립하여 교훈을 남겼고, 『주역』과 홍범(洪範)까지 논술하였다. 1649년(인조 27)에 효종대왕(孝宗大王)에게 진언(進言)했던 것으로 말하면 모두 민락(閩洛)의 학설에서 벗어남이 없이 황극(皇極)의 부언(敷言)까지 거슬러 올라갔으므로 우리 성조(聖祖)는 그를 겸허한 자세로 받아들이고 또 가상히 여겨 '내 마땅히 가슴에 새겨 잊지 않으리라' 하였으니 대왕께서 치우침 없이 받아들이신 규모와 도량도 여기에서 함께 엿볼 수 있다 하겠다.

서쪽 지방 사람들이 공의 법도 있는 행동을 보고 처음에는 비웃다가 중간에는 믿었고 끝에 가서는 존경하게 되어 모두들 성현(聖賢)을 사모할 줄 알고 성리학도 밝혀야 한다는 것을 알게 하였으니 그의 공로 또한 크다고 할 수 있다. 이는 우리 왕조에서 점차 교화되었기 때문이며 아마도 태사의 영령이 말없이 도와서 된 것이리라. 서쪽 지방 사람들이 그의 사당에 사액(賜額)을 청하는 상소를 하였는데, 조정 논의가 쉽게 결정되지 않았다. 내가 동춘당(同春堂) 송준길(宋浚吉)과 함께 홍명하

(洪命夏)에게 "그가 서쪽 지방의 우뚝한 인물로 뜻을 돈독히 하고 애써 실천하여 성리의 학설로 그 지방 사람들을 일깨웠으니 참으로 호걸스러운 선비이다. 국가에서 표장(表章)할 데가 그보다 더한 데가 어디 있겠는가?"라고 하였더니 홍공이 "그들이 만약 다시 청해 온다면 내가 힘써 주장하겠다"라고 하였다. 이번에 공의 문하 사람들이 공의 묘 앞에 비석을 세우려고 하면서 이담(李橝)이 쓴 행장을 들고 와 나에게 이 글을 청하였다. 다음과 같이 명(銘)을 쓴다.

箕子明夷	기자가 고난을 당해
東來敍疇	동으로 와 홍범을 폈으니
遙遙厥緒	멀고 먼 그 전통은
厥有源流	그 원류 있었네.
惟公寔承	오직 공이 이어받았으니
如禹之歐	우 임금의 구양(歐陽)씨[177] 같네.
曷不愛敬	어찌 경모하지 않으랴.
矧惟其侯	더구나 그 분인 것을.
恒奮曰余	항상 분연하게 말씀하시네. 내가
玄緒雖悠	비록 먼 후예지만
一氣攸傳	하나의 기운이 전하는바
性亦相猶	성품도 서로 같다.
敢棄其道	어찌 감히 그 길을 버리고

---

[177] 구양(歐陽)이라는 성(姓)은 사(姒) 성에서 나왔으며 봉지(封地)와 벼슬 이름으로 씨(氏)를 삼았다고 한다. 사(姒) 성은 중국 상고(上古) 8대 성 중 하나로 시조는 하(夏) 왕조를 개국했던 우(禹) 임금이다.

不耽不由	즐겨하지 않고 가지 않을 것인가.
況有程朱	더구나 정자와 주자가 있어
闡發眇幽	오묘한 이치 밝혔으니
觀法甚近	본받을 법이 매우 가까워
由此可求	이 길로 구하면 되니
覃思苦索	성의 다하여 사색하며
罔敢或休	잠시도 쉬려 하지 않았네.
其奧其微	깊고도 은미한 이치를
式探式鉤	찾고 또 찾아내어
學旣有得	학문에서 깨우친 바가 있어
爲師則優	좋은 스승 될 수 있었네.
禮順孝弟	예의와 순종, 효와 우애는
由公而修	공으로 인해 닦여졌고
暴傲誕逸	횡포하고 방종한 무리는
由公而羞	공으로 인해 부끄러워했네.
皋音旣亮	높은 이름 멀리 퍼져
爰徹冕旒	임금께 알려지니
旌招鼎至	여러 차례 벼슬로 불러
盍告嘉猷	좋은 계책 아뢰라 하셨네.
上陳堯舜	위로는 요순에 대해 아뢰었고
下曁孔周	아래로는 주공과 공자에 이르렀네.
以及閩洛	정자와 주자를 언급하여
以啓以抽	임금의 뜻 일깨우니
上曰兪哉	임금이 옳다 하고

實如毛輶	실로 털을 드는 것처럼 여기셨네.[178]
睿眷斯隆	임금에서 깊이 아껴주셨는데
公魂忽遊	공이 홀연 세상을 떠났으니
百夫緦麻	수많은 사람들이 상복을 입고
慟纏西陬	서쪽 고을이 모두 슬픔에 잠겼네.
倬高狀明	훌륭한 자취 밝히려 하여
有碣斯丘	무덤 앞에 비를 세우고
我作銘文	내가 이 명을 지어
以詔千秋	천추에 알리려 하네.

송시열(宋時烈), 「충무사우기(忠武祠宇記)」[179]

1668년(현종 9)에 한산(韓山) 이태연(李泰淵)이 평안감사(平安監司)가 되자 나에게 편지를 보내어 "옛날 고구려 을지문덕(乙支文德)이, 수 양제(隋煬帝)가 쳐들어왔을 때 적은 군사로 백만 대군을 막아서 나라를 지키고 백성들 보호하였습니다. 그때부터 강국(强國)이라 불리게 되었으니 포악한 금(金)나라와 원(元)나라도 언제나 꺼려 감히 포학한 짓을 함부로 하지 못했습니다. 그 공적이 미치는 바는 크고도 원대했으니 이런 까

---

178 『시경』「대아(大雅)」, 〈증민(烝民)〉에 "덕행은 털을 드는 것처럼 쉬운데도, 그것을 제대로 들어 행하는 자는 드무네(德輶如毛, 民鮮克擧之)" 구절이 나온다.
179 『송자대전』권142에 실려 있다. 제목은 「평양부 을지공 사우기(平壤府乙支公祠宇記)」이다.

닭에 국사(國史)에 기록되었고 유민(遺民)들이 사모하는 것입니다. 이번에 사당을 세워 제향하여 그 공에 보답하려고 하는데 어떻습니까?"라고 하였다.

내가 서글픈 마음으로 편지를 쓰기를, "이런 일이 있었습니까. 옛날과 지금은 상황이 다릅니다. 그때는 동쪽 3분의 1을 가진 나라로 막강한 무력이 이와 같았는데 그 뒤에는 6천리의 땅을 차지하고도 적들의 침입을 받는 한탄스러운 일이 있었으니 왜 그렇겠습니까. 아마도 사람이 어떻게 하느냐에 달린 것이겠지요. 그렇다면 비록 우주를 초월해서도 잊지 않고 추모해서 아침저녁으로 만나듯이 하여야 할 것입니다. 하물며 옛 도읍지의 유민(遺民)이지 않습니까. 또 서쪽지방에 고증할 문헌이 없어진 지 오래되었습니다. 공이 그 원류를 밝혀 모든 일의 시작으로 삼았으니 기록할 만한 것은 무공(武功)만이 아닙니다"라고 하였다.

얼마 되지 않아 이태연 공이 갑자기 세상을 떠나서 사당은 완성 단계에서 중지되었기에 서도 백성들의 애석해함이 그치지 않았다. 여흥(驪興) 민유중(閔維重) 공이 그 후임이 되어 공사를 진척시켜 완공하였다. 7월 을해일을 택하여 위판(位版)을 봉안하고 예에 맞게 제향을 한 뒤 나에게 편지를 보내어 기문을 써줄 것을 청하였다.

내가 생각건대 성왕(聖王)이 제사의 전범을 만들 때에는 옛 성현만이 아니라 공훈이 있는 자를 모두 포함시켰다. 그래서 주(周)나라 관제에서 사훈씨(司勳氏)[180]가 공적을 태상(太常)에 기록하고 대제(大祭)로 제사지냈으며, 『상서(尙書)』에서도 공적을 기록하고 원훈(元勳)의 제사를 지냈다는 글이 있고 『예기』에서는 "죽음으로써 국사에 힘썼다면 제사지

---

180 사훈씨(司勳氏) : 공로에 따라 등급을 정하여 토지를 상으로 주는 일을 맡은 관리.

내고, 열심히 일해서 나라를 안정시켰다면 제사지내고 큰 재앙을 그치게 하고 큰 환란을 막았다면 제사지낸다"고 하였다. 지금 을지문덕 공은 큰 재앙을 그치게 하여 큰 환란을 막았고 죽음을 무릅쓰고 국사에 힘써 나라를 안정시켰다고 할 수 있으니 그 공을 기록하고 제사를 지내며 사훈(司勳)에 기재하는 것도 그만둘 수 없는데 어찌 그 일이 전 왕조에 있었던 일이라고 크게 보답하지 않겠는가. 이공(李公)의 뜻은 아름답다고 할 수 있는데 민공이 그 아름다움을 완성시켰으니 천하의 선(善)을 공정하게 하여 사사로움이 개재될 수 없게 하셨음을 더욱 볼 수 있을 따름이다.

그런데 다시 당시의 상황을 논하자면 작은 속국(屬國)으로 중국에 대항하여 천자의 군대를 무찔러 죽이고 천자(天子)의 수레를 공격하여 제후(諸侯)의 법도를 크게 잃었으니, 그때 수(隋)나라의 역사에는 틀림없이 수갈(繻葛)의 필법(筆法)[181]으로 기록되었을 것이다. 그러나 저 수 양제란 자는 아비를 죽이고 아비의 후궁을 간음하여 천지에 용납되지 못할 죄인이다. 만약에 제 환공(齊桓公)이나 진 문공(晉文公) 같은 군주가 있었더라면 비록 바다 너머 나라라 하더라도 오히려 그 죄를 성토해서 진옹(秦雍)의 교외에서 만인이 보는 가운데 죽였을 것이다. 하물며 수 양제는 스스로 우리나라에 죽으러 온 것이리라. 공은 소국의 약한 군사로 사나운 칼날을 크게 꺾음으로써 마침내 헛되이 죽지 말라는 노래[182]

---

181 수갈(繻葛)의 필법(筆法) : '수갈'은 정(鄭)의 지명(地名). 노 환공(魯桓公) 5년 가을에 채(蔡)·위(衛)·진(陳)이 주왕(周王)을 따라 정(鄭)을 치자, 정백(鄭伯)이 수갈에서 맞아 싸워서 주의 군사를 대패시켰는데 주왕을 위해 이를 휘(諱)하여 '싸웠다'고도 '대패했다'고도 쓰지 않은 『춘추(春秋)』의 필법을 말한다.
182 수 양제(隋煬帝)가 고구려를 치기 위하여 산동(山東) 지방에 조서를 내려 군사를 징발하고 백성을 동원시켜 군량을 운반하게 하므로 백성들이 곤궁에 빠져 도적이 되었고, 괜히 요동에 나갔다가 헛되이 죽지 말라는 노래를 유포하자 징발된 군사들이

가 천하의 난리를 일으켜 수 양제의 종족이 씨도 없게 되었으니, 인심을 크게 통쾌하게 했다 할 만하다. 공의 공로는 한갓 작은 나라에서 큰 재앙을 그치게 하고 큰 환란을 막은 것뿐만이 아니었다.

아아, 공은 비록 아득히 멀리 있지만 대단한 그의 정령은 틀림없이 죽었다고 없어지지는 않았을 것이다. 주공(周公)이 성왕(成王)에게 큰 공적을 말해주면서 "네가 명을 받아 왕실(王室)을 잘 도와라"라고 하셨으니 주공의 가르침처럼 공의 사라지지 않은 정령이 우리나라를 도와서 외적을 막고 임금의 계책을 굳건히 하리라는 것을 어찌 알겠는가. 두 분의 뜻도 또한 여기에 있지 않았을까. 아아, 슬프다.

1670년(현종 11) 중추(仲秋)에 은진(恩津) 송시열(宋時烈)이 쓰다.

최석정(崔錫鼎), 「효종대왕 어필 발문(孝宗大王御筆跋)」[183]

1697년(숙종 23)에 신 최석정은 사명을 받들고 연경에 가던 중에 평양에 들러 인현서원(仁賢書院)의 기자 초상화를 참배하였습니다. 심원록(尋院錄)을 찾아보았더니 우리 성조 효종께서 동궁이셨을 때 남기신 어필이 있었는데 성이 함락되어 화친을 맺던 즈음이라 청나라 사람들이 우리 세자대군과 고관의 자식들을 인질로 요구하던 때였습니다. 효종이 봉림대군(鳳林大君)으로서 심양(瀋陽)에 들어가 있으면서 1637년(인조

대거 도적의 무리에 가담했다고 한다.
183 『명곡집(明谷集)』 권12에 실려 있다. 제목은 「용잠심원록 발문(龍潛尋院錄跋)」이다.

15)에서 1645년(인조 23)까지 그 사이에 여러 차례 오갔는데 이것은 1640년(인조 18)에 이곳을 지날 때 지은 것이었습니다. 신 최석정이 손을 씻고 두 손으로 떠받들어 자세히 살펴보니 마치 직접 용안을 뵙는 듯했고 먼지를 치운[184] 거둥 행차 길을 따라 걷는 것 같았으니 후세 보잘 것 없는 신하의 지극한 행운이 아니겠습니까.

성이 함락되고 화친의 맹약을 한 지 60년이 흘렀는데 그 사이 인간사의 변천과 세운(世運)의 변화 또한 많았습니다. 효종께서 동쪽으로 돌아오신 뒤 왕세자로서 하늘에 고한 뒤 천명을 받아 종묘의 제사를 받들어 올리게 되었습니다. 인조께서 세상을 떠나신 뒤에 왕위에 올라 여러 신하들 앞에 군림하신 지가 10년이 되었으며 을병(乙丙) 연간[185]의 재해 때는 오직 한결같이 재앙을 씻어내는 것에 힘쓰셨습니다. 때를 기다려 비축하고[186] 노역을 줄이려는 계획은 하루도 해이해지거나 잊은 적이 없었으나 염두에 두신 대업을 이루기도 전에 중간에 세상을 떠나셨으니 충신과 지사들의 통한이 지금도 끊이지 않습니다. 하물며 대대로 녹을 받는 관리로서 세상을 떠나신 지 십년 뒤에 유묵을 보게 되었으니 농사짓는 백성들이 슬퍼한 나머지 활을 붙잡고[187] 자취를 따르기를 기다릴 것도 없이 스스로 깨닫지 못하는 사이에 탄식하면서 눈물을 흘렸습니다. 생각해보니 이 『심원록』 책자의 장황이 오래되어 닳았으므로 마땅히 개수해야 했습니다.

---

184 천필(天蹕) : 임금의 거둥 때 청도(清道)하는 소리.

185 1695년(숙종 21, 乙亥)과 1696년(숙종 22, 丙子)을 말한다. 소위 '을병양년(乙丙兩年)'이라고 하며 기록적인 대흉년이었다.

186 『시경』〈작(酌)〉에 "아, 성대한 왕의 군대여, 도를 따라 힘을 기르며 때로 감춘다(於鑠王師, 遵養時晦)" 구절이 나온다.

187 포궁(抱弓) : 황제(黃帝)가 용을 타고 하늘로 올라갈 때, 용이 황제의 활을 떨어뜨렸는데, 이에 백성들이 활을 부여안고 호곡하며 앙모했다는 이야기가 전한다.

신 최석정이 관찰사 민진주(閔鎭周)에게 부탁하여 장인들을 불러 다시 장정을 하고 상자를 만들어 오래도록 간직하면서 나중에 볼 사람들을 위해 꾸미고자 하였습니다. 방백이 저 최석정에게 권말에 한 마디 말을 써달라고 해서 승낙했는데 미처 겨를이 없었습니다. 그해 가을 사행을 갔다가 돌아왔는데 통판(通判) 윤성우(尹聖瑀)가 편지를 보내 "책자의 장정이 완성되었는데 어찌 해서 발문을 보내 주시지 않습니까?"라고 하였습니다. 노쇠하고 아픈데다 먼 길을 다녀온 여파로 오랫동안 붓과 벼루를 놓고 있어서 글을 쓸 수 없었으나 그래도 이미 승낙해놓고 결국 사양하면 안 될 것 같아 몇 줄을 쓰는 것으로 이 요청에 답하고자 합니다.

유상운(柳尚運), 「학규증수서문(學規增修序)」

　평양부는 한 도(道)의 도회지인데, 여러 생도들이 모여 거접(居接)할 때의 규약은 있지만 재임(齋任)[188]을 두지 않아서 이들을 규제하고 단속할 방법이 없었다. 내가 이 때문에 처음에 왔을 때는 재임을 두었고 다시 관찰사로 왔을 때는 이 때문에 뒤에 재임을 다시 두었던 것이다.[189]

---

188 재임(齋任) : 성균관이나 향교에서 숙식하며 공부하는 유생으로, 그 안의 일을 맡아 보던 임원.

189 유상운(柳尚運)은 1680년과 1684년, 두 차례에 평안도관찰사에 제수되었다. 실록으로는 1680년에서 1682년까지, 1684년에서 1685년까지 관찰사로 재직했던 사실을 확인할 수 있다.

지금의 의론은 재임이 의논하여 추천하는 것이 공정하지 못하니 이를 혁파하자는 것이 그 하나이고, 학당에서 쫓아내는 벌을 자기 호오(好惡)에 따라 하니 이를 혁파하자는 것이 다른 하나이다. 학당에 있지 않은 유생이 재회(齋會)[190]에 들어오면 재생(齋生)들이 함께 어울리지 않으니 더욱 이들이 함께 무리를 지어 자신과 다른 사람을 배척하는 모습을 볼 수 있다고 한다. 진실로 그러하다면 이는 재임을 맡은 자의 잘못이지 어찌 '재임' 자체의 문제이겠는가. 이런 이유로 이것을 갑자기 혁파한다면 발꿈치를 잘랐다고 신발을 없애는 것과 같지 않겠는가.

지금은 잠시 그대로 두면서 이후의 대책을 기다리기로 한다. 다만 절목(節目)을 보니 재임이 권점(圈點)을 할 때 언제나 맨 위에 추천된 사람을 고르는 것은 태학(太學)의 관례를 따른 것 같다. 그러니 당초에 의논하여 추천할 때 만약 조금이라도 공정한 마음에서 벗어나지 않는다면 반드시 맨 위에 추천된 사람을 골라 사람들의 의견에 합치되도록 해야 할 것이다. 재정과 일을 맡을 사람을 논의할 때에 시속(時俗)에 따라 이전 사람들을 비방하거나 관청을 비난하는 등의 일은 진실로 악습이다. 예컨대 학당의 재회하는 곳이 아닌 데에서 분명한 사안에 대해 아무개가 재정을 논하고 아무개가 시속을 따르고 아무개가 비방하며 아무개가 비난한다고 비방한다거나 학당에 있지 않은 유생의 재회에 들어가서 벌을 준다면 이는 규제로 단속하고 바로잡아야 한다. 이러한 분란을 가져오는 것이 어찌 우리가 앞서 만들고 나중에 이를 거듭하는 뜻이겠는가.

---

190 유생들이 자치활동을 하던 기구. 유생들은 내부적인 문제는 재회를 통해 자치적으로 해결하였고 대외적인 문제에 대해서는 상소를 올리거나 집단 행동을 하기도 하였다.

앞으로는 의논하여 추천할 때에 비슷한 사람들[191] 가운데 생원·진
사로 합격한 지 오래된 사람이나 연장자를 선정하여 차례로 임명하고
학당에서 재회할 때 분명한 10개 조목 이외에는 절대 함부로 규제해서
는 안 될 것이다. 만약 일이 관청 일과 관련된 것이라면 관청의 법대로
하면 되고, 일이 향중(鄕中)의 일과 관련된 것이라면 향론(鄕論)에 따르
면 되니 더욱 간섭해서는 안 된다. 재임을 맡은 자는 더욱 노력해야 하
며 논란거리를 주지 않도록 해야 할 것이다.

박세채(朴世采), 「학규증수발문(學規增修跋)」[192]

평양은 기자(箕子)가 다스린 곳이다. 고려에서는 서경(西京)이라고 했
고 조선에 들어와서도 문교(文教)는 바뀌지 않아서 학당과 서원을 두어
선비 양성을 전담한다. 다만 그 이른바 규제(規制)라는 것이 없어서 많
은 사람들이 병폐로 여겼다.

1681년(숙종7)[193]에 문화(文化) 유상운(柳尙運) 공이 관서 관찰사로 나갈
때 이를 탄식하면서 곰곰이 생각한 끝에 처음으로 태학(太學)의 제도를

---

191 지추덕제(地醜德齊) : 제후들의 땅이 비슷하고 덕도 같다는 뜻. 『맹자』「공손추 하
(公孫丑下)」에 "지금 천하가 영토도 비슷하고 임금의 덕도 비슷해서 누가 더 뛰어나
다 할 수 없는 것은 다름이 아니라 자기가 가르칠 수 있는 사람을 신하로 삼기 좋아
하고 자기가 가르침을 받아야 할 사람을 신하로 삼기 좋아하지 않기 때문이다(今天
下, 地醜德齊, 莫能相尙, 無他, 好臣其所教.而不好臣其所受教)" 구절이 나온다.
192 문집 『남계집(南溪集)』에 실려 있지 않은 글이다.
193 본문에는 '今上八年辛酉'라고 되어 있으나 1681년은 숙종 7년이다. 유상운은 1680년
5월과 1684년 2월에 평안도관찰사에 임명되었다.

본떠 절목(節目)을 만들었는데 이 하나로 모두 해결되지 않았다. 고령(高靈) 신익상(申翼相)이 이를 이어 합쳐서 학규(學規) 수십 조항을 만들었다.

1685년(숙종 11) 여름에 유공이 마침 다시 관찰사로 왔는데 유생 홍시만(洪時萬)이 와서 나에게 보여주며 가르침을 청하였다. 내가 조언으로 "이 책은 규제에 있어서 금지하는 부분에 대해서는 또한 정밀하면서도 요약적이고 해박하면서도 상세하다고 할 수 있다. 그렇지만 오히려 성현이 사람들을 가르친 것으로 학문을 삼은 뜻이 적은데 어디에 있는가?"라고 하였다. 대답하기를 "일찍이 신익성 공에게 명을 들은 바는 우리들이 할 수 있는 것의 시비만 가리는 것입니다. 훗날을 기다려 끝까지 가르침을 듣고자 합니다"라고 하였다.

내가 진실로 그 말에 흥미를 느껴 삼가 정자와 주자 두 선생의 여러 잠언과 백록동규(白鹿洞規)를 가지고 홍군에게 말해 주었다. 또 두 공은 모두 평생의 친구이자 옛 도읍지에 임명된 뒤 선비들의 행동거지에 대한 규약을 만들어 전후에 매우 힘을 쏟았으므로 반드시 이를 알아야만 한다. 이에 감히 권말에 대략 쓴다. 무릇 '동규(洞規)'에서 이른바 '규(規)'라는 것은 반드시 취할 만한 말을 반복하고 상세하게 하여 통절함을 느끼도록 해야 하는 것이니 정문일침(頂門一鍼)을 위한 것만이 아니다. 유학을 공부하는 무리라면 어찌 서로 열심히 노력하지 않겠는가.

평안도관찰사 역임 목록

출전 『淸選考』, * 표시는 『조선왕조실록』으로 보충했음

	이름	부임해	이름	부임해
태조	趙溫	1392	安景良	
	李居易	1394	安叔老	
정종	李稷	1400		
태종	李原	1404	鄭鑌	
	洪恕	1404	金輅	1406
	林整		朴訔	1409
	咸傳霖		黃喜	1417
세종	河演	1427	趙從生	
	洪汝方	1427	金景諴	
	權踶	1427	鄭苯	1442
	朴葵	1431	韓確	1447
	李叔畤	1433	安崇善	1447
	鄭欽之	1434	權克和	1447
	朴安臣	1435	金連枝	1447
문종	朴以昌		鄭而漢	1451*
단종	趙遂良	1453	奇虔*	1453*
세조	金連枝*	1457*	金謙光	1463
	元孝然	1458 (1457*)	李克培	1463 (1468*)
	曺孝文	1459	吳伯昌	1465
	李允孫*	1461	金之慶	1465
	金磺*	1461	安哲孫	
	韓繼美	1462	許琮	1468
예종	魚世謙	1469	李尹仁	1469
성종	李繼孫	1470	李崇元	1483
	徐居正	1471	申浚	1484
	鄭文烱	1472	成俔	1486
	吳凝		柳輊	1491
	鄭敬祖		朴楗	
	玄錫圭	1478	李則	
	李坡	1478	鄭佸	1494

	이름	부임해	이름	부임해
연산군	柳洵		柳順汀	1504
	蔡壽	1502	金瑄	
	曺叔沂	1503	安琛	1506
중종	金崶	1507	李世應	1528
	李繼孟	1512	李芑	1529
	權鈞	1514 (1513*)	申公濟	1531
	安潤德	1515	潘碩枰	1533
	申鏛		李龜齡	1535
	許磁	1519 (1528 재임)	金麟孫	1537
	柳聃年	1521	尙震	1539
	尹金孫	1523	閔齊仁	1542
	金克成	1523	柳灌	1544
	尹殷輔	1525		
인종	黃憲	1545		
명종	李浚慶	1545	兪絳	1558
	宋瑎	1548	金鎧	1560
	曺光遠	1549	李樑	1561
	金明胤	1551	李潤慶	1562
	洪暹	1552	任說	1562
	李命珪	1554	鄭宗榮	1563
	丁應斗	1556 (1565 재임)	金德龍	1566
선조	吳祥	1568	權徵	1590
	成世章	1570	尹卓然	1592
	柳景深	1571	宋言愼	1592
	尹毅中	1571	李元翼	1592
	李文馨	1573	尹承吉	1595
	李俊民	1575 (1577 재임)	韓應寅	1596
	金繼輝	1575	朴弘老	1598
	李陽元	1578	徐渚	1599
	李遴	1580	許頊	1601
	盧稙	1582	金信元	1603
	兪泓	1584	韓孝純	1605
	柳塤	1586	朴東亮	1605
	金睟	1587	韓浚謙	1607
	尹斗壽	1588		
광해군	李時發	1608	金藎國	1613 (1623 재임)
	崔瓘	1610	安應亨	1617
	鄭賜湖	1612	朴燁	1618

	이름	부임해	이름	부임해
인조	李尙吉	1623	鄭太和	1640
	尹暄	1625	沈演	1642
	金起宗		具鳳瑞	1642
	金時讓	1629	金世濂	1644
	閔聖徽	1630 (1637 재임)	朴遾	1645
	張紳	1633	林墰	1646
	洪命耇	1636	李曼	1647 (1659 재임)
	南銑	1637	鄭致和	1647
	李袨	1637	許積	1649 (1683 재임)
효종	沈之源	1650	沈澤	1655
	鄭維城	1650	柳淰	1656
	吳挺一	1652	金汝鈺	1659
현종	任義伯	1661	閔維重	1669
	鄭知和	1663	李晩榮	1672
	李正英	1664	吳始壽	1672
	鄭萬和	1666	申㲁	1674
	李泰淵	1668		
숙종	閔宗道	1675	李徵明	1697
	李宇鼎	1677	鄭載禧	1698
	金德遠	1678	洪萬朝	1698
	兪夏益	1679	趙泰采	1700
	柳尙遠	1680	李世載	1701
	李世華	1682	崔錫恒	1703
	申翼相	1683	朴權	1705
	柳尙運	1684	趙泰耇	1706
	朴泰尙	1685	尹趾仁	1708
	李世白	1685	權愭	1710
	吳斗寅	1686	李濟	1710
	尹以濟	1687	兪集一	1712
	李之翼	1689	閔鎭遠	1713
	閔就道	1689	趙泰老	1715
	沈檀	1691	金楺	1717
	權瑎	1692	李肇	1718
	李萬元	1693	李澤	1719
	李濡	1694	權慄	1720
	閔鎭周	1696		
경종	趙道彬	1721	吳命恒	1723
	李眞儉	1722		

	이름	부임해	이름	부임해
영조	李廷濟	1724	金尙魯	1751
	尹憲柱	1725	洪象漢	1752
	洪錫輔	1726	李台重	1754
	尹游	1727	李㙫	1756
	宋寅明	1729	洪鳳漢	1756
	尹惠教	1730	閔百祥	1757
	金取魯	1730	李成中	1759
	宋眞明	1731	鄭翬良	1760
	權以鎭	1733	李昌壽	1761
	朴師洙	1734	鄭弘淳	1762
	趙顯命	1735	黃仁儉	1764
	申思喆	1736	申晦	1765
	尹陽來	1736	金尙喆	1766
	趙遠命	1737	朴相德	1766
	閔應洙	1738	鄭實	1767
	徐宗玉	1740	李景祜	1768
	尹淳	1741	閔百興	1769
	李周鎭	1741	趙曮	1770
	趙觀彬	1742	具允鈺	1771
	金若魯	1742	尹東暹	1772
	金始炯	1744	洪麟漢	1773
	李宗城	1745	蔡濟恭	1774
	李箕鎭	1746	洪趾海	1775
	趙榮國	1747	徐命膺	1776
	李宗白	1749		
정조	洪樂純	1777	金履素	1787
	金鍾秀	1778	鄭昌聖	1789
	李徽之	1779	沈顗之	1790
	鄭尙淳	1780	洪良浩	1791
	金華鎭	1781	李秉模	1792
	徐浩修	1782	金思穆	1794
	李性源	1783	金載瓚	1795
	鄭民始	1784	朴宗甲	1796
	鄭一祥	1785	閔鍾顯	1798
	趙㻐	1786	韓用龜	1799
	兪彦鎬	1786	李泰永	1799
	李命植	1787		

	이름	부임해	이름	부임해
순조	金勉柱	1801	沈象奎	1819
	金文淳	1803	李魯益	1821
	李書九	1804	金履喬	1821
	李勉兢	1805	金敎根	1823
	趙得永	1807	朴宗薰	1825
	徐榮輔	1808	李羲甲	1826
	李晩秀	1810	徐能輔	1827
	鄭晩錫	1811	金魯敬	1828
	李相璜	1815	金學淳	1830
	徐有聞	1816	沈能岳	1832
	李肇源	1818	鄭元容	1833
헌종	李紀淵	1835	李憲球	1842
	朴晦壽	1837	趙秉鉉	1844
	鄭基善	1838	洪在喆	1845
	金蘭淳	1839	趙鶴年	1846
	金興根	1841	趙斗淳	1848
철종	洪鍾應	1850	徐念淳	1857
	李鶴秀	1852	金箕晩	1858
	金炳冀	1852	徐戴淳	1859
	曹錫雨	1853 미부임	金炳㴻	1860
	南秉哲	1853	尹致定	1861
	李景在	1853	李謙在	1863
	李圭祊	1855	洪祐吉	1863
	金鼎集	1855		
고종	朴珪壽	1866	金炳德	1882 미부임
	韓啓源	1869	閔泳穆	1882 미부임
	南廷順	1872	金永壽	1882
	申應朝	1873	閔應植	1884
	趙成夏	1874	南廷哲	1885
	金尙鉉	1876	閔泳徽	1887
	閔泳緯	1878	閔丙奭	1890
	金炳德	1881	金晩植	1894
	閔泳緯	1881 미부임		

18세기 후반 조선의 지식인 연암 박지원은 "법고(法古)하면서도 변통할 줄 알고 창신(創新)하면서도 능히 전아(典雅)할 수 있는" 경지를 추구했다. 옛 것에만 얽매이거나 새로운 것만 추종하는 세태를 경계했기 때문이다. 박지원이 거론한 "법고창신"의 정신은, 오늘날의 우리 학문이 처한 현실에서도 소중한 지침이 될 수 있을 것이다. 규장각한국학연구원은 이로부터 우리 학문이 나아갈 방향을 찾고자 하며, 이에 걸맞은 연구 성과를 모아 "규장각 학술총서"라는 이름으로 간행하고자 한다.

우리 연구원은 전근대로부터 근대에 이르기까지의 귀중한 기록문화 유산을 소장하고 있다. 우리 연구원에서는 이들 유산을 원형대로 보존하고 적절하게 관리하는 데 최선을 다하고 있지만, 한편으로는 이들에 대한 정밀한 연구로 우리 시대의 학문을 개척하는 것이 또한 중요한 보존이며 관리라고 판단하고 있다. 우리 연구원이 소장한 기록문화 유산은 국가의 운영, 인간의 삶과 의식 그리고 세계와의 만남에 대한 생생한 기록을 담고 있으므로, 무궁무진한 연구의 원천이 될 수 있을 것이다. 기왕의 한국학 연구가 이러한 사실을 입증하고 있는 바이거니와, "법고창신"의 학문적 전통을 만들어가고자 하는 "규장각 학술총서"는 보다 큰 학문적 성과를 통해 이를 다시 입증할 수 있으리라 기대한다.

"규장각 학술총서"에는 다양한 방식, 그리고 다양한 형태의 학술서적이 포함될 것이다. 개인 명의가 있는가 하면 공동의 명의로 간행되는 것도 있을 것이다. 전문적인 연구서가 있는가 하면 일반 독자까지 고려한 단행본도 있을 것이며, 고전의 주석을 포함한 각종 번역서나 자료집도 포함될 것이다. 또 연구 대상으로서의 자료의 범위와 주제 또한 다양할 것이다. 이는 한국학을 선도하고자 하는 우리 연구원의 포부와 기대를 반영하는 것이다. 우리 연구원에서 추구하는 "법고창신의 학문"이 깊어질수록, 우리 총서는 더욱 다양한 모습을 지닐 수 있을 것이다. 우리 총서의 성과물 하나 하나가 한국 인문학의 성장에 기여하는 디딤돌이 될 수 있기를 기대한다.

2014년 규장각한국학연구원장 김인걸